Peter Franzisky, Kirstin Kabasci

Oman

oman11-002.pf

سلطنة عمان

Sultania ʿuman – Sultanat Oman

Impressum

Peter Franzisky, Kirstin Kabasci
Reise Know-How Oman

erschienen im Reise Know-How Verlag Peter Rump GmbH,
Osnabrücker Str. 79, 33649 Bielefeld

**11., neu bearbeitete
und aktualisierte Auflage 2020**

ISBN 978-3-8317-3332-3

Gestaltung und Bearbeitung
Umschlag: G. Pawlak, P. Rump (Layout);
M. Luck (Realisierung)
Inhalt: G. Pawlak (Layout); M. Luck (Realisierung)
Fotonachweis: P. Franzisky (pf), A. Seuss (as),
Th. und B. Hollitzer (th), U. Dewald (ud),
P. Maissenbacher (pcm), J. Pfänder (jp)
Kartografie: H. Newe, C. Raisin, der Verlag
Lektorat: M. Luck

Druck und Bindung
Himmer GmbH, Augsburg

Printed in Germany

Reise Know-How Bücher finden Sie in allen gut sortierten Buchhandlungen. Falls nicht, kann Ihre Buchhandlung unsere Bücher hier bestellen:
D: Prolit, prolit.de und alle Barsortimente
CH: AVA Verlagsauslieferung AG, ava.ch
A, Südtirol: Mohr Morawa Buchvertrieb, mohrmorawa.at
B, LUX, NL: Willems Adventure, willemsadventure.nl
oder direkt über den Verlag: **www.reise-know-how.de**

Bildlegende Umschlag und Vorspann
(alle Bilder von P. Franzisky außer Titelbild:
https://stock.adobe.com © SLDigi)
Titelbild: Moschee Sultan Qaboos
(Mihrab/Gebetsnische) in Muscat
Vordere Umschlagklappe: Arabischer Kaffee
im Bait al-Safah Museum in Al-Hamra
S. 1: In Oman fühlen sich auch Kinder wohl
S. 2/3: Poollandschaft im Al-Bustan Palace Hotel
Umschlag hinten: Der Islam ist Staatsreligion in Oman
Hintere Umschlagklappe: In den Bergen bzw. Wadis
zeigt sich Oman auch von seiner grünen Seite

oman20_030 pf

Wir freuen uns über Kritik, Kommentare und Verbesserungsvorschläge, gern auch per E-Mail an info@reise-know-how.de.

Alle Informationen in diesem Buch sind von den Autoren mit größter Sorgfalt gesammelt und vom Lektorat des Verlages gewissenhaft bearbeitet und überprüft worden.

Da inhaltliche und sachliche Fehler nicht ausgeschlossen werden können, erklärt der Verlag, dass alle Angaben im Sinne der Produkthaftung ohne Garantie erfolgen und dass Verlag wie Autoren keinerlei Verantwortung und Haftung für inhaltliche und sachliche Fehler übernehmen.

Die Nennung von Firmen und ihren Produkten und ihre Reihenfolge sind als Beispiel ohne Wertung gegenüber anderen anzusehen. Qualitäts- und Quantitätsangaben sind rein subjektive Einschätzungen der Autoren und dienen keinesfalls der Bewerbung von Firmen oder Produkten.

Peter Franzisky
Kirstin Kabasci

OMAN

Vorwort

Das Sultanat Oman **im Südosten der Arabischen Halbinsel** hat in den letzten 20 Jahren enorm an Bekanntheit hinzugewonnen. Inmitten einer Region, die politisch nicht gerade ruhig ist, hat es sich den Ruf einer friedlichen Oase erarbeitet, in der es sich angenehm reisen lässt. Viele Besucher spüren schon bei der Ankunft am Flughafen eine friedfertige und **entspannte Atmosphäre,** was entscheidend zu dem ganz besonderen Reiz Omans als Reiseland beiträgt.

Erste Station für die meisten Besucher ist **Muscat,** eine moderne Großstadt, die mit ihren gefälligen und in der Regel nicht (allzu) protzigen Neubauten einen ganz eigenen Stil entwickelt hat. Orientalische Märkte, moderne Einkaufszentren oder sehenswerte Museen – jeder findet hier etwas Passendes.

Verlässt man die Hauptstadtregion, wandelt sich das Bild, das nun von Kontrasten geprägt wird. Alte Lehmsiedlungen und neue Wohnviertel liegen dicht an dicht. Schroffe Berge und tief eingeschnittene grüne Täler wechseln sich ab. Die Sanddünen der Wahiba-Wüste reichen bis ans Meer, wo man sich im warmen Wasser des Indischen Ozeans den Sand abwaschen kann.

Das **Reisen ist unkompliziert,** sei es mit Reiseleiter oder auf eigene Faust im Mietwagen – beides hat seine Vorteile und geht problemlos. Die Dichte und Auswahl an Hotels hat stark zugenommen und reicht vom landestypischen Guesthouse bis zum Luxushotel.

Aber doch sind all diese Punkte nur ein Teil des Ganzen. Eigentlich noch wichtiger sind die Menschen, deren **Freundlichkeit und Hilfsbereitschaft** immer wieder unglaublich sind. Wer selbst mit dem Wagen unterwegs ist, dem ist schon fast zu wünschen, sich einmal in den Bergen zu verfahren oder eine Panne zu haben, denn in solchen Situationen ergeben sich oft unerwartete Erlebnisse, die zu den nachhaltigsten und schönsten Erinnerungen führen.

Die Omanis haben eine sehr unaufdringliche und zurückhaltende, aber stolze Art. Begegnet man ihnen auf Augenhöhe – **respektvoll und offen** –, dann ergeben sich oft Kontakte, die den Besucher spüren lassen, dass kultureller Austausch und Gastfreundschaft keine leeren Worte sind.

Anmerkungen zum Gebrauch dieses Buches

In **neun Kapitel** aufgeteilt, befassen sich die ersten sechs mit den Regionen des Landes: Hier finden sich die Sehenswürdigkeiten Omans, viele Routenbeschreibungen und praktische Hinweise zu Hotels, Restaurants, Märkten, Festen etc. Das Kapitel „Praktische Tipps A–Z" verschafft einen Überblick zu allen für Reisende wichtigen Fragen; insbesondere bei der Reisevorbereitung ist dieser Abschnitt von großem Nutzen. Im Kapitel „Land und Leute" wird umfassend über geografische, religiöse, kulturelle, gesellschaftliche, historische und politische Hintergründe informiert. Im Anhang finden sich u.a. eine Sprachhilfe, ein ausführliches Glossar und das Register.

> Strandkunst bei Taqah

Es sei noch angemerkt, dass sich in Oman vieles rasant **schnell verändert.** Restaurants öffnen und schließen, Hotels wechseln das Management und die Preise, Pisten werden zu Asphaltstraßen und ändern damit oft auch ihren Verlauf. Bitte bedenken Sie dies, wenn Sie auf Informationen stoßen sollten, die nicht (mehr) stimmen und sehen Sie alle Angaben immer mit einer gewissen Toleranz und orientalischen Gelassenheit.

Alle **Preisangaben und Statistiken** beruhen auf dem Jahr **2019,** sofern nicht anders angegeben.

Was uns schließlich wichtig ist: Auch die vorliegende **11. Auflage** will und kann nicht jede sehenswerte Stelle in Oman beschreiben. Einige Orte – vor allem abgelegene Dörfer und Wadis, die unter einem starken Besucherandrang leiden könnten – werden nur kurz oder gar nicht erwähnt. So bleibt auch Platz für ganz persönliche Entdeckungen.

Eine letzte Anmerkung: Unmittelbar vor Drucklegung dieses Reiseführers verstarb **Sultan Qaboos** am 10. Januar 2020. Wir konnten dies noch an vielen Stellen im Buch berücksichtigen, doch haben Sie bitte Verständnis, wenn mancherorts evtl. noch von Sultan *Qaboos* die Rede ist, auch wenn sein Cousin *Haitham bin Tariq bin Taimur Al Said* die Nachfolge als Sultan angetreten hat.

Wir freuen uns sehr über Leserkommentare mit Ergänzungen und Verbesserungsvorschlägen. **Schreiben Sie bitte an den Verlag,** der die Hinweise dann weiterleitet. Eine Nennung der Seitenzahl und der benutzten Auflage ist dabei hilfreich. Besonders ausführliche Ergänzungen und Tipps werden mit einem Kauderwelsch-Sprachführer des Reise Know-How Verlages belohnt.

Wir wünschen allen Lesern eine gute Reise, einen angenehmen Aufenthalt in diesem (noch) geheimnisvollen Sultanat und ein **„Herzlich willkommen"** – *ahlan wa-sahlan,*

أهلا وسهلا

Kirstin Kabasci

oman20_023 pf

Inhalt

Vorwort 4
Exkurse 9
Karten, Hinweise zur Benutzung 10
Steckbrief Oman 11
Die Regionen und Routen 12
Drei Reiserouten 14
Oman: Zu jeder Zeit 22
Top 10 – Oman entdecken 24
Top 10 – Omans Kultur kennenlernen 26

Städte, Regionen, Routen 29

1 Capital Area – die Hauptstadtregion 31

Überblick 31
Geschichte 32
Muscat 34
Die Orte südlich von Muscat 46
Mutrah 49
Ruwi 56
Qurum und Al-Khuwair 58
Seeb 65
Botanischer Garten 66
Praktische Infos zur Capital Area 66
Strände bei Yiti,
Bandar Khayran und Al-Sifah 93
Ausflüge von der Capital Area 95

2 Die Küstenebene Batinah 97

Überblick 97

Die Batinah von Osten nach Westen 100
Barka 101
Bait Na'aman 103
Wadi Abiyad und die Blauen Pools 104
Ras al-Sawadi 106
Al-Suwaiq 107
Von Al-Suwaiq nach Sohar 108
Sohar 108
Von Sohar nach Shinas 119
Shinas 120

Die Gegend um Nakhl und Rustaq 121
Nakhl 122
Wadi Mistal 123
Wadi Abiyad 123
Wadi Bani Kharus 124
Wadi Bani Awf 124
Rustaq 125
Wadi Sahtan 127
Al-Hazm 128

3 Inner-Oman – Al-Dakhiliyah 131

Überblick 131

Über den Suma'il-Pass nach Nizwa 132
Fanja 135
Bidbid 135
Suma'il 136
Wadi Qurai 136
Izki 136
Imti 137
Birkat al-Mauz 137
Nizwa 139
Manah und Fort Faiqain 149

Jebel Akhdar: Saiq-Plateau und Wadi Muaydin 151
Wadi Muaydin 152
Ru'us 153
Al-Aqur 154

Westlich von Nizwa 157
Tanuf/Wadi Tanuf 157

Al-Hoota Cave/Sharaf al-Alamayn 158
Al-Hamra 160
Misfah 161
Durch das Wadi Ghul auf den Jebel Shams 162
Wadi Nakhar 164
Bahla 166
Palast von Jabrin 168

Die Region Al-Dhahirah 171
Ibri 171
Die Gräber bei Bat und Al-Ayn 173
Von Ibri durch den Hajar nach Norden 176

Buraimi 177
Al-Ain, Oasen Khutwa, Mahdah und das Fossiliental 184

4 Der Osten – Al-Sharqiyah 187
Überblick 187

Entlang der Küste nach Sur 189
Wadi Dhayqah und Wadi Suwayh 190
Quriat 191
Umq Bowl 193
Wadi Shab 193
Wadi Tiwi 194

Durchs Landesinnere nach Sur 196
Durch das Wadi Samad nach Sinaw 197
Ibra 201
Al-Mudayrib 205
Al-Qabil 206
Al-Mintirib 210
Al-Hawaiyah 212
Wadi Bani Khalid 212
Sur 217

Rundfahrt durch den Ja'alan 224
Ras al-Hadd 225
Ras al-Jinz 230
Bani Bu Ali 232
Bani Bu Hassan 233
Al-Wafi 235

Insel Masirah 235

5 Der Süden – Dhofar 239
Überblick 239
Aus der Geschichte des Dhofar 240

Von Muscat nach Salalah 243
Qarat Kibrit 248
Salalah 252

Nördlich von Salalah: Jebel Qara 265
Wadi Ayoun 267

Östlich von Salalah: Taqah, Khor Rouri und Mirbat 268
Ain Razat 268
Ain Hamran 269
Ain Tabrook und Ain Athoum 270
Taqah 270
Khor Rouri und Samhuram 271
Mirbat 275
Jebel Samhan 277
Wadi Darbat 277
Tawi Attair Sinkhole 278
Variante durch das Wadi Hinna 279

Westlich von Salalah: Mughsayl und Jebel al-Qamar 280
Mughsayl 286
Jebel al-Qamar 287

6 Musandam 291
Überblick 291
Praktische Infos 294

Khasab 296

Die Berge Musandams 304
Westlich von Khasab 304
Felsenritzungen im Wadi Qadah 305
Südlich von Khasab 307
Khor Najd und Birkat al-Khaldiyah 307

Durch Musandams Buchten 310
Khor Shimm 310
Kumzar 313

Dibba und Madha 314
Dibba 314
Von Dibba nach Ras al-Khaimah 315
Wadi Madha 317

7 Praktische Tipps A–Z 319

Als Gast in Oman 320
Anreise 329
Autofahren und Mietwagen 337
Barrierefreies Reisen 345
Diplomatische Vertretungen 345
Einreisebestimmungen 346
Essen und Trinken 348
Feste und Feiertage 352
Fotografieren und Filmen 356
Geld 358
Gesundheit 361
Informationsstellen 369
Kinder auf Reise 372
Kleidung und Gepäck 374
Klima und Reisezeit 375
LGBT+ 377
Maße und Gewichte 377
Medien 378
Nachtleben 380
Notfall und Hilfe 381
Öffentliche Verkehrsmittel 385
Öffnungszeiten 388
Post 390
Reiseveranstalter 391
Sicherheit 394
Souvenirs 395
Sport und Freizeit 396
Strom 405
Telekommunikation 405
Unterkunft 408
Versicherungen 411
Zeit 412
Zollbestimmungen 413

8 Land und Leute 415

Geografie 416
Geologie 421
Klima 434
Flora 435
Fauna 439
Religion – der Islam 451
Geschichte 469
Staat und Politik 494
Natur und Umweltschutz 506
Wirtschaft 511
Bevölkerung und Gesellschaft 539
Kultur und Traditionen 555

9 Anhang 591

Reise-Gesundheitsinformationen 592
Sprache 594
Literatur 600
Landkarten und Stadtpläne 605
Glossar 606
Register 614
Die Autoren 624

Exkurse

Capital Area – die Hauptstadtregion

Muscat und die Muskatnuss 40
Timothy Severin und die „Sohar" 50
Zauber einer blauen Welt: Delfine und Wale 69
Das Royal Opera House Muscat 78
Im Hennastudio 84

Die Küstenebene Batinah

Bullfight in der Batinah 109
Eine Legende von Sindbad dem Seefahrer 116

Inner-Oman – Al-Dakhiliyah

Pionierfahrt nach Oman 178

Der Osten – Al-Sharqiyah

Monumente der Ewigkeit und Versammlungsort der Geister 207
Vom Winde verweht – die Sandwüste Wahiba 213
Meeresschildkröten im Mondschein 226

Der Süden – Dhofar

Entlang der Ostküste 245
Ubar, das „Atlantis der Wüste" 250
Rub al-Khali – das „Leere Viertel" 263
Weihrauch – das duftende Goldharz des glücklichen Arabien 281

Musandam

Das Handelsreich Hormuz und der Persisch-Arabische Golf 298

Praktische Tipps A–Z

Problematik des Tourismus 322
Auto-mobil im Sand 342
Der Zyklon „Gonu" im Sommer 2007 376
Die Seeseite des Sultanats – Tauchen und Schnorcheln in Oman 399

Land und Leute

Oman – ein Paradies der Geologie 425
Das Kamel – O-man's best friend 440
Oman für Ornithologen 446
Archäologie im Dhofar 474
Sultan Qaboos (1940–2020) 495
Oryx – Königin der Antilopen 508
Auslandsinvestitionen in Oman 512
Amouage – das kostbarste Parfüm der Welt 529
Studieren in Oman 542
Qahwa – arabischer Zaubertrank mit Tradition 569
Omans süßeste Versuchung – Halwa 573

Karten

Übersicht Oman Umschlag vorn
Die Regionen und Routen in Oman 12
Drei Routenvorschläge 15, 17, 21

Kapitelkarten
Muscat: Hauptstadtregion (Capital Area) Umschlag hinten
Küstenebene Batinah 98
Inner-Oman (Al-Dakhiliyah) 132
Osten (Al-Sharqiyah) 188
Süden (Dhofar) 240
Musandam 292

Stadtpläne und sonstige Karten
Buraimi 180
Khasab 300
Khor Rouri 272
Muscat Altstadt 37
Mutrah und Ruwi 52
Nizwa: Fort und Souq-Bereich 142
Nizwa (Anfahrt über den Suma'il-Pass) 134
Nizwa (westlich von) 158
Qurum 60
Salalah 256
Shisr/Ubar 250
Sohar 112
Sur 218

Thematische Karten
Die Weihrauchstraßen der Antike 282
Handelswege der omanischen Seefahrer 478
Erdölfelder und -pipelines in Oman 516
Bodenschätze in Oman 536
Forts und Festungen in Nordoman 582

Hinweise zur Benutzung

Preise der Hotels

Die Preise der Hotels bzw. Unterkünfte werden in diesem Reiseführer genau angegeben; unterteilt werden können die Häuser in die Kategorien Luxus, Mittelklasse und einfache Hotels.

- In einem **5-Sterne-Hotel** beträgt der Preis für ein Doppelzimmer (DZ) **ab 120 RO.** Eine Suite kostet mehrere hundert Rial.
- **Mittelklassehotels** verlangen für ein DZ **ab 60 RO,** und auch sie besitzen meist ein oder mehrere Restaurants und einen Pool; die Zimmer sind klimatisiert und haben ein Telefon, einen Fernseher sowie ein eigenes Bad.
- Es gibt auch diverse **einfache Hotels;** hier kann man ein DZ für **20 RO** bekommen. Westliche Touristen trifft man nur selten an, obwohl die Hotels über ein kleines Restaurant verfügen und die Zimmer mit Bad, Klimaanlage und TV ausgestattet sind. Man darf jedoch nicht immer perfekte Sauberkeit erwarten – wer ganz sichergehen will, nimmt einen dünnen Jugendherbergsschlafsack und ein eigenes Handtuch mit.

Nicht verpassen!
In jedem Kapitel sind **(touristische) Highlights** hervorgehoben – man erkennt sie an der **gelben Hinterlegung.**

Unser Tipp: …
… **besonders empfehlenswerte Unterkünfte, Restaurants und sonstige besondere Empfehlungen der Autoren** sind entsprechend gekennzeichnet.

Der **Schmetterling** zeigt Unterkunfts- und Gastro-Betriebe sowie andere Einrichtungen an, die sich um einen **ökologisch ausgewogenen und nachhaltigen Tourismus** bemühen.

1 2 Die **Ziffern** in den farbigen Kästchen bei den **praktischen Informationen zu den Orten** verweisen auf den jeweiligen Legendeneintrag im entsprechenden Stadtplan.

Updates nach Redaktionsschluss

Auf der Produktseite dieses Reiseführers **im Internetshop des Verlages** finden sich zusätzliche Informationen und wichtige Änderungen.

Internet-Adressen

Die Internet-Adressen in diesem Buch können – bedingt durch den Zeilenumbruch – so getrennt werden, dass ein **Trennstrich** erscheint, **der nicht zur Adresse gehören muss!**

Abkürzungen

AC: engl. „air condition" = „Klimaanlage"
a. D.: „anno Domini", lat. „im Jahre des Herrn", gregorianische Zeitrechnung
a. H.: „anno Hijra", muslimische Zeitrechnung ab dem gregorianischen Jahr 622
Bldg.: engl. „building" = „Gebäude"
Bs: Baisa, omanische Währungseinheit
DZ/EZ: Doppelzimmer/Einzelzimmer
GCC: „Golf-Kooperationsrat"
H. E.: engl. „His Exellency", Anrede und Titel
H. H.: engl. „His Highness", Anrede und Titel (für Mitglieder der Königsfamilie)
OPEC: „Organisation der Erdöl exportierenden Länder"
RO: „Rial Omani", oman. Währungseinheit
P.D.O.: „Petroleum Development Oman", halbstaatliche Ölgesellschaft, größte des Landes
R/A: engl. „roundabout" = „Kreisverkehr"
Rd.: engl. „road" = „Straße"
St.: engl. „street" = „Straße"

Zwei Tipps

- Eine Seite mit GPS-Daten der wichtigsten Hotels und Sehenswürdigkeiten findet man online unter **www.bedu.de/GPS.**
- Visabeantragung online nur unter **www.rop.gov.om** – eine Anleitung dazu findet sich unter **www.bedu.de/pdf/oman/evisa_oman.pdf.**

Steckbrief Oman

- **Fläche:** 309.500 km²
- **Höchster Berg:** Jebel Shams (3009 m)
- **Hauptstadt: Muscat**
- **Einwohner: 4,63 Mio.** (2019)
- **Staatsoberhaupt:** Sultan *Haitham bin Tariq bin Taimur Al Said*
- **Staatsform:** Absolute Monarchie mit beratendem Parlament
- **Nationalfeiertag: 18. November**
- **Sprachen: Arabisch** (Englisch, Hindi und Swahili weit verbreitet)
- **Religion: Islam,** vorwiegend Ibaditen
- **Währung: Rial Omani** (1 RO = 1000 Baisa = 2,33 Euro = 2,55 SFr; Stand: Anfang 2020)
- **Lebenserwartung:** 76 Jahre
- **Bevölkerungswachstum:** 3% pro Jahr
- **Internationale Tel.-Vorwahl: 00968**
- **Strom:** 220 V, 50 Hz (brit. Steckersystem)
- **Zeitverschiebung:** MEZ + 3 Std.

Die Regionen und Routen in Oman

Routenübersicht — **Seite**

1 Die Capital Area 31
2a Die Batinah von Osten nach Westen 100
2b Die Gegend um Nakhl und Rustaq 121
3a Über den Suma'il-Pass nach Nizwa 132
3b Westlich von Nizwa 157
3c Die Region Al-Dhahirah 171
4a Entlang der Küste nach Sur 189
4b Durch das Landesinnere nach Sur 196
4c Rundfahrt durch den Ja'alan 224
4d Insel Masirah 235
5a Von Muscat nach Salalah 243
5b Entlang der Ostküste 245
5c Nördlich von Salalah: Jebel Qara 265
5d Östlich von Salalah: Taqah, Khor Rouri und Mirbat 268
5e Westlich von Salalah: Mughsayl und Jebel al-Qamar 280
6a Die Berge Musandams 304
6b Durch Musandams Buchten 310
6c Dibba und Madha 314

Die Regionen im Überblick

1 Capital Area/Muscat | 31

Die dicht besiedelte **Hauptstadtregion** rund um das historische Muscat ist das moderne Herz des Landes und das politische wie wirtschaftliche Zentrum. Sehenswert sind zahlreiche Museen und vor allem die Ortsteile Alt-Muscat und Mutrah. In Alt-Muscat sollte man einen Bummel durch die **Altstadt** (S. 37), bei dem man auch überraschend nahe an den Sultanspalast herankommt, nicht versäumen. **Mutrah** (S. 49) ist wesentlich lebendiger: Der Gemüsemarkt bietet am Vormittag ein besonders buntes Bild, und im Souq kann man auf Entdeckungsreise durch Gassen, die mit Weihrauchduft erfüllt sind, gehen.

2 Küstenebene Batinah | 97

Die Batinah ist das Hauptanbaugebiet landwirtschaftlicher Produkte und zieht sich als **schmaler Küstenstreifen** über 250 km in Richtung Nordwesten bis in die Vereinigten Arabischen Emirate. Die wichtigsten Städte sind **Sohar** (S. 108), einst eine bedeutende Hafenstadt, von deren Glanz außer dem Fort aber nicht allzu viel erhalten blieb, Barka und Al-Suwaiq, die beide zu einem langen Strandspaziergang einladen. Die Ortschaften Nakhl, Rustaq und Al-Hazm – alle etwas landeinwärts am Fuße der Berge gelegen – beeindrucken durch ihre mächtigen Festungen und heißen Quellen.

3 Inner-Oman | 131

Bestimmend für die Region Al-Dakhiliyah ist das **Hajar-Gebirge.** Die Region ist mit ihren Wadis und Hochplateaus nicht nur die landschaftlich schönste des Landes, sondern bietet auch eine Fülle von historischen Sehenswürdigkeiten: **Nizwa** (S. 139) mit seinem imposanten Fort und dem Souq, das im Bürgerkrieg zerstörte Lehmdorf Tanuf, Bahla, ebenfalls mit einem stilvollen Souq und einer Festung, sowie der prächtige **Palast von Jabrin** (S. 168) sind nur einige Beispiele Einen Besuch wert sind auch die Tiermärkte am Wochenende, zu denen die Bewohner der Umgebung teils von weit her anreisen.

4 Der Osten | 187

Die östliche Region bietet große landschaftliche Abwechslung: Berge mit kahlen Kalksteinfelsen, tief eingeschnittene Wadis und grüne Oasen sowie die Sandwüste **Ramlat al-Wahiba.** Der wichtigste Ort der Region ist **Sur** (S. 217), seit Jahrhunderten das Schiffsbauzentrum des Landes. Von den Orten am Südrand der Berge sind vor allem Ibra mit seinem bunten Mittwochsmarkt von und für Frauen, Al-Mudayrib mit seiner festungsartigen Dorfarchitektur, Mintirib als Oasenort am Rand der Wüste und **Bani Bu Ali** (S. 232) mit einer Festung und einer ungewöhnlichen Kuppelmoschee sehenswert.

5 Der Süden | 239

Der südliche Teil des Landes, der Dhofar, nimmt etwa **ein Drittel der gesamten Landesfläche** ein. Durch die Monsunregenfälle im Sommer hat er eine völlig andere Vegetation. Die Hauptstadt **Salalah** (S. 252) ist eine moderne Stadt. Die anderen sehenswerten Orte haben mit der Weihrauchstraße zu tun: die Häfen von Al-Baleed und Samhuram, aber auch die Ausgrabungsstätte von Shisr. Direkt dahinter beginnt die **Rub al-Khali** (S. 263), die größte zusammenhängende Sandwüste der Erde – sicherlich die spektakulärste Gegend der Region.

6 Musandam | 291

Die Exklave Musandam ragt in die **Straße von Hormuz** hinein und ist vom restlichen Oman abgetrennt. Die Berge fallen hier steil zum Meer hin ab, sodass die Buchten wie Fjorde wirken. Ausflüge vom beschaulichen Hauptort **Khasab** (S. 296) führen auf den Jebel Harim mit toller Aussicht und per Dhau in den Khor Shimm, den schönsten Fjord.

Drei Reiserouten

Wie man die Reiseroute plant, hängt außer von den persönlichen Vorlieben und Schwerpunkten besonders von der **Wahl des Verkehrsmittels** ab. Wer mit einem Allradwagen (4WD) unterwegs ist und vielleicht auch Campingübernachtungen einplant, hat ganz andere Möglichkeiten als derjenige, der mit öffentlichen Verkehrsmitteln oder einem normalen Pkw reist. Wer wandern möchte, sollte ein paar Tage mehr einplanen, aber auch bedenken, dass man die meisten Ausgangspunkte nur mit einem 4WD erreichen kann. Die folgenden Routenvorschläge können daher nur eine grobe Orientierung geben. Die Flugtage sind in der Gesamtdauer noch nicht berücksichtigt.

Da bei der Wahl der Reiseroute auch die **Markttage** eine Rolle spielen können, hier eine Übersicht der wichtigsten Wochenmärkte (alle am Vormittag, teils sehr früh, ab ca. 8 Uhr):

- **Tiermarkt Nizwa** (S. 144): freitags
- **Tiermarkt Bahla** (S. 167): freitags (auch samstags, aber sehr klein)
- **Tiermarkt Ibri** (S. 172): freitags
- **Frauenmarkt Ibra** (S. 202): mittwochs
- **Wochenmarkt Al-Mintirib** (S. 211): dienstags
- **Wochen- und Tiermarkt Sinaw** (S. 200): donnerstags

Warenangebot auf dem Mutrah Souq

oman20_026 pf

8 Tage im Norden Omans

Auf einer **Gesamtstrecke von ca. 1000 Kilometern** sind hier die wichtigsten Sehenswürdigkeiten an der Küste und in den Bergen Nordomans enthalten. Die Tour ist **mit jedem Wagen möglich,** auch mit einem normalen Pkw. Mit einem Geländewagen hat man aber natürlich mehr Möglichkeiten für Abstecher.

Mit öffentlichen Verkehrsmitteln ist die Reise ebenfalls machbar, aber man muss etwas mehr Zeit einplanen und unbedingt den Fahrplan der omanischen Busse unter www.mwasalat.om prüfen, da viele nur ein- oder zweimal täglich fahren. Außerdem muss man sich auf die Städte konzentrieren, da Abstecher kaum möglich sind.

Tag 1: Muscat

In Muscat sollte man auf jeden Fall die **Große Moschee** und den Regierungsbezirk mit dem **Sultanspalast** besuchen. Zur Einstimmung auf das Land sind auch das **Museum Bait al-Zubair** und der **Mutrah Souq** gut geeignet.

Tag 2: Muscat – Sur (ca. 200 km)

Entlang der Küste in Richtung Osten lohnt sich ein kurzer Stopp in **Quriyat** und am Sinkhole, dann ein längerer am **Wadi Shab.** Am Nachmittag dann ein Besuch der Dhauwerften in **Sur** (alternativ Weiterfahrt bis **Ras al-Hadd** oder **Ras al-Jinz** zum Besuch des Schildkrötenstrandes).

Tag 3: Sur – Wahiba (ca. 220 km)

Über Al-Kamil geht es nach Süden, dann auf der neuen Autobahn nach Westen. Nicht verpassen sollte man den Abstecher ins **Wadi Bani Khalid,** dann weiter in die Wüste in eines der Camps am Nordrand der Wahiba.

Tag 4: Wahiba – Nizwa (ca. 180 km)

Wenn man gut plant, ist am Vormittag der **Besuch des Frauenmarktes** in Ibra möglich (nur mittwochs). Weiterfahrt bis Nizwa, dort Besichtigung von **Souq** und **Fort.**

Tage 5 und 6: Rund um Nizwa

Zwei Tagesausflüge in die Umgebung Nizwas führen zu den **Forts von Jabrin und Bahla,** in die **Bergdörfer Misfah und Al-Hamra,** zur **Al-Hoota Cave** und ins **Wadi Tanuf** sowie nach **Manah** südlich von Nizwa.

Tag 7: Nizwa – Muscat (ca. 180 km)

Rückfahrt über die Autobahn nach Muscat, evtl. mit **Abstecher nach Barka und Nakhl.**

Tag 8: Muscat

Am letzten Tag ist das **Nationalmuseum** in Alt-Muscat ideal, um das Gesehene nochmal Revue passieren zu lassen. Und am Abend bietet sich natürlich noch einmal ein Bummel entlang der **Corniche** und durch den **Souq** in Mutrah an.

Camping in der Einsamkeit der Rub al-Khali

oman20_025 pf

12 Tage im Norden Omans

Die etwas längere Variante durch den Norden gestaltet sich ähnlich wie die achttägige Tour, aber **per 4WD.** Somit hat man hier Zeit und Gelegenheit für **Wanderungen und abgelegenere Ziele.** Die Gesamtstrecke beträgt etwa **1500 Kilometer.**

Tag 1: Muscat

In Muscat sollte man auf jeden Fall die **Große Moschee** und den Regierungsbezirk mit dem **Sultanspalast** besuchen. Zur Einstimmung auf das Land sind auch das **Museum Bait al-Zubair** und der **Mutrah Souq** gut geeignet.

Tag 2: Muscat – Wadi Shab (ca. 190 km)

Auf dem Weg nach Osten kann man den schönen Abstecher zum **Wadi-Dhayqah-Damm** und ins **Wadi Suwayh** machen. Am Nachmittag noch ins **Wadi Tiwi,** dann Übernachtung beim **Wadi Shab.**

Tag 3: Wadi Shab – Sur (ca. 50 km)

Gleich am Morgen könnte man eine **Wanderung im Wadi Shab** unternehmen. Am Nachmittag dann ein Besuch der Dhauwerften in **Sur** (alternativ Weiterfahrt bis **Ras al-Hadd** oder **Ras al-Jinz** zum Besuch des Schildkrötenstrandes).

Tag 4: Sur – Wahiba (ca. 220 km)

Über Al-Kamil geht es nach Süden, dann auf der neuen Autobahn nach Westen. Nicht verpassen sollte man den Abstecher ins **Wadi Bani Khalid,** dann weiter in die Wüste in eines der Camps am Nordrand der Wahiba.

Tag 5: Wahiba – Nizwa (ca. 180 km)

Wenn man gut plant, ist am Vormittag der **Besuch des Frauenmarktes** in Ibra möglich (nur am Mittwoch). Weiterfahrt bis Nizwa, dort Besichtigung von **Souq** und **Fort.**

Tage 6–9: Rund um Nizwa

Vier Tage rund um Nizwa kann man gut füllen, wenn man gerne kleine Wanderungen unternimmt und mit Geländewagen unterwegs ist. Außer den oben genannten Zielen bei den Tagen 5 und 6 im achttägigen Routenvorschlag sind die beiden **Berge Jebel Akhdar** und **Jebel Shams** eine Option, wo man jeweils circa vierstündige Wanderungen unternehmen kann. Zudem ist ein Abstecher ins **Wadi Nakhar** am Fuße des Jebel Shams ein Muss. Übernachten kann man in Nizwa, man könnte aber auch ein bis zwei Nächte in die Berge verlegen.

Tag 10: Nizwa – Wadi Mistal/Wakan (ca. 160 km)

Die Fahrt über den Sharaf al-Alamayn ins **Wadi Bani Awf** ist eine spektakuläre Alternative zur Autobahn, allerdings auch eine fahrerische Herausforderung. Auch die letzten Kilometer nach **Wakan** im **Wadi Mistal** sind anspruchsvoll – die Landschaft entschädigt dafür voll und ganz.

Tag 11: Wakan – Muscat (ca. 150 km)

Noch ein Abstecher ins **Wadi Abiyadh** und ein Stopp in **Nakhl,** dann hat man wieder die Hauptstadt erreicht.

Tag 12: Muscat

Am letzten Tag ist das **Nationalmuseum** in Alt-Muscat ideal, um das Gesehene nochmal Revue passieren zu lassen. Und am Abend bietet sich natürlich noch einmal ein Bummel entlang der **Corniche** und durch den **Souq** in Mutrah an.

Verlängerungsoptionen für diese beiden Routenvorschläge

4 Tage Salalah

Für den **Süden** reichen drei bis vier Tage ggf. plus gewünschter Zeit zum Baden. Als Wagen tut es ein **kleiner bis mittle-**

oman20_027 pf

rer Pkw. Wer nicht selbst fahren möchte, sollte entweder einen **Wagen mit Fahrer** mieten oder ein **Taxi** tageweise anheuern. Hat man die Oman-Air-Frühmaschine genommen, ist man gegen 10.30 Uhr in Salalah. Den Nachmittag könnte man für die **Ausgrabungsstätte von Al-Baleed** und das **Weihrauchmuseum** nutzen, am Abend bietet sich dann noch ein Bummel über den **Weihrauchsouq** an. An den Tagen 2 und 3 sind Tagesausflüge in den Westen und Osten von Salalah eine Option. Der Westen mit der **Lagune von Mughsayl** und der Straße auf den **Jebel Qamar** ist nicht ganz so umfangreich, so dass man morgens zunächst die Moschee besuchen könnte. Im Osten sind **Taqah** und **Khor Rouri** sowie **Wadi Darbat, Tawi Attair** und **Mirbat** die wichtigsten Ziele. Am letzten Tag Rückflug nach Muscat.

3 Tage Musandam

In Musandam muss man das Programm auf jeden Fall über eine **Agentur** buchen, sinnvollerweise vorab. Mit der Morgenmaschine ist man bereits gegen 9 Uhr in **Khasab** und kann am gleichen Tag noch die **Dhau-Tour in den Fjord Khor Simm** unternehmen.

Am zweiten Tag folgt dann die Tour auf den **Jebel Harim** sowie ein Besuch des Hafens, des Forts an der Corniche und (evtl. gleich morgens) der Moschee, bevor es am dritten Tag nach Muscat zurück oder nach Dubai weitergeht.

< Leuchter im Gebetsraum der Mohamed al-Ameen Mosque in Muscat

20 Tage durch ganz Oman

Die große Tour von Muscat entlang der Ostküste bis Salalah und durch das Landesinnere bis in die Berge rund um Nizwa geht über eine Gesamtstrecke von ca. **2800 Kilometer.** Sie bietet einen Rundum-Einblick in die verschiedenen Landschaftsformen, ist aber eigentlich nur **mit Geländewagen und Campingausrüstung** sinnvoll. Theoretisch ist die Tour auch mit festen Quartieren möglich, aber an der Ostküste gibt es nur sehr wenige Unterkünfte, sodass zügiges Fahren bis Salalah mit nur einer Übernachtung in Duqm nötig ist. Somit bleibt kaum Zeit für die Sehenswürdigkeiten an der Strecke. In der beschriebenen Form per 4WD sind zwar einige lange Fahrtage zu meistern, doch mit rund drei Wochen Zeit ist die Tour dennoch ganz entspannt zu bewältigen.

Zu einer möglichen **Verlängerung** von drei Tagen in Musandam siehe oben. Bei vier Wochen wäre auch der Landweg nach Musandam eine Option, aber die Grenzen zu den V.A.E. sind etwas zeitraubend.

Bei Erdölbohrungen ist man in der Rub al-Khali auf schwefelhaltiges Grundwasser gestoßen, das einen kleinen See bildet

oman12_024 pf

Tage 1–4: Muscat – Sur – Wahiba

Siehe „12 Tage im Norden Omans“.

Tage 5–8: Entlang der Ostküste

Über **Bani Bu Ali** geht es an die Ostküste und diese immer entlang nach Süden. Wenn man nicht campt, kann man in **Al-Ashkhara** und **Duqm** übernachten, danach gibt es bis Salalah nur noch die Möglichkeit zu zelten, zum Beispiel in Madrakah, Sharbitat oder im Wadi Shuwaymiyah.

Tage 8–10: Salalah

Drei Tage für Salalah und Umgebung (siehe oben Verlängerungsoption „4 Tage Salalah“).

Tage 11–13: Rückfahrt in den Norden

Die fast **1000 Kilometer** zurück in den Norden kann man zweimal sehr schön mit Zeltnächten unterbrechen: Zunächst über **Shisr** in die Dünen bei **Hashman,** dann zurück auf die Hauptstraße und bei **Mughshin** erneut eine Nacht im Sand der Rub al-Khali verbringen.

Tage 14–20: Nizwa und Rückfahrt nach Muscat

Siehe oben Tage 6–12 in „12 Tage im Norden Omans“.

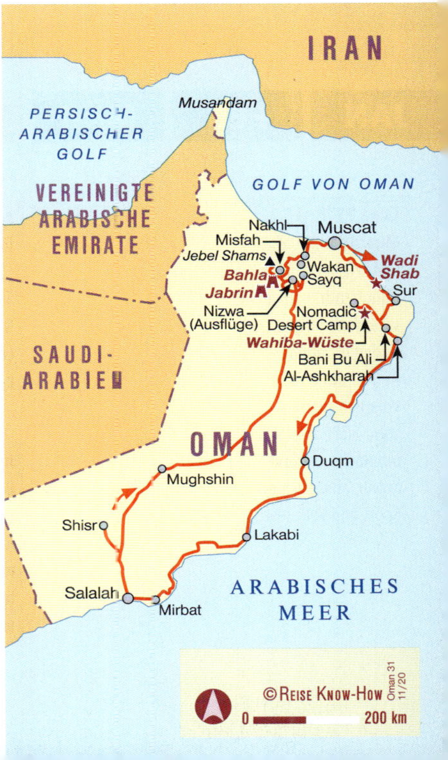

Mitte Februar: Tour Oman, einwöchiges Radrennen im Norden.

April: Rosen- und Obstbaumblüte auf dem Jebel Akhdar – die schönste Zeit für einen Besuch des „Grünen Berges".

Mai: Eid al-Fitr, dreitägiges Fest zum Ende des Ramadhan (2020 ab etwa 23.5.; 2021 ab etwa 12.5.; 2022 ab etwa 2.5.).

Januar bis März: Ideale Reisezeit mit angenehmen Temperaturen um die 25–30° C.

Mai bis September: Sommer,

JAN | **FEB** | **MÄR** | **APR** | **MAI** | **JUN**

Etwa 15.1.–15.2.: Muscat Festival, Kulturfestival in der Hauptstadt – an verschiedenen Orten finden unzählige Aufführungen und Veranstaltungen statt; alles dreht sich um Handwerk und Kultur, aber auch um Sport und Volksfest.

April/Mai: Ramadhan, heiliger muslimischer Fastenmonat (2020 ab etwa 23.4.; 2021 ab etwa 12.4.; 2022 ab etwa 2.4.); es gelten Beschränkungen im öffentlichen Leben, die z.T. auch Touristen betreffen.

April: Bedingt geeignete Reisezeit mit Tagestemperaturen um die 35° C.

Juli:
Eid al-Adha, dreitägiges islamisches Opferfest (2020 ab etwa 30.7.; 2021 ab etwa 20.7.; 2022 ab etwa 9.7.).

im Norden sehr heiß (45° C), aber günstige Hotelpreise.

Oktober:
Bedingt geeignete Reisezeit mit Tagestemperaturen um die 35° C.

November bis Dezember:
Ideale Reisezeit mit angenehmen Temperaturen um die 25–30° C.

JUL | AUG | SEP | OKT | NOV | DEZ

Mitte Juni bis Mitte September:
Khareef, Regenzeit im Dhofar, Hochsaison mit teuren Hotelpreisen, nur für arabische Touristen interessant.

Mitte Sept. bis Mitte Okt.: Grüner Dhofar, rund um Salalah ist alles noch grün, das Meer allerdings eignet sich (noch) nicht zum Baden.

18.11.:
Nationalfeiertag, zu dem sich das ganze Land rausputzt; die arbeitsfreien Tage sind meist erst etwa eine Woche später.

Top 10 – Oman entdecken

oman20_028 pf

Mutrah Souq | 49

Der **größte und abwechslungsreichste Souq (Basar) des Landes** liegt am Hafen in Muscats Ortsteil Mutrah. Hier werden schon seit Jahrhunderten Waren gehandelt. Auch wenn heute viele Läden auf Touristen eingestellt sind, ist er bei den Omanis noch immer ein beliebter Treffpunkt zum Einkaufen und Bummeln.

oman20_029 pf

Wadi Shab | 193

Wer dieses enge Tal wirklich erleben möchte, muss den Wagen gleich am Anfang stehen lassen und ungefähr eine Stunde hineinwandern. Belohnt wird man nicht nur mit einer **grandiosen Landschaft,** sondern auch durch eine **Bademöglichkeit in klaren Felsenpools** am Ende des etwas kraxeligen Weges.

oman20_031 pf

Al-Bustan Palace Hotel | 46

Viele verbinden Oman mit Luxus und Geschichten aus 1001 Nacht – dieses **prunkvolle Hotel** gibt ihnen Recht. Und wer sich eine Übernachtung in diesem Palasthotel nicht leisten kann oder will, kann es sich trotzdem ansehen, indem er eine Pause in einem der Cafés oder hervorragenden Restaurants einlegt.

oman20_032 pf

Rub al-Khali | 263

Die **vielleicht eindrucksvollste Landschaft Omans** erstreckt sich über Hunderte von Kilometern im Grenzgebiet zu Saudi-Arabien. Wer Einsamkeit und spektakuläre Dünen sucht, ist hier in der **größten Sandwüste der Erde** genau richtig – allerdings nur im Rahmen einer geführten Tour oder mit viel Vorbereitung, Erfahrung und mindestens zwei 4WD-Wagen.

oman20_033 pf

Wahiba Wüstencamps | 206

Wer **eine Nacht inmitten von Sand** verbringen möchte, kann dies auch im Rahmen einer Hotelrundreise in einem der festen Camps am Nordrand der Sandwüste Wahiba tun. Der Standard reicht dabei von einfach und authentisch bis hin zu luxuriös. Das trägt auf jeden Fall zum Erleben und Verstehen des Landes bei.

Top 10 – Oman entdecken

Musandam | 291

Der abgelegene Landesteil ganz im Norden Omans ist ein ganz besonderes landschaftliches Highlight. **Fjordähnliche Buchten** bestimmen das Bild der zerklüfteten Küste. Wer Delfine sehen möchte, hat bei einer **Tour auf einer traditionellen Dhau durch den Khor Shimm** die besten Chancen.

oman20_034 pf

National Museum Muscat | 44

Eine ideale Einstimmung vor einer Rundreise ist ein Besuch des größten Museums des Landes, das ausführlich und anschaulich über die **Geschichte und Kultur des Sultanats** informiert. Aber auch am Ende einer Reise lohnt eine Visite, um das Gesehene und Erlebte besser einordnen zu können.

oman20_035 pf

Jebel Shams | 165

Die **Berge rund um Nizwa** sind die landschaftlich abwechslungsreichste Region des Landes. Der Höhepunkt im wahrsten Sinne des Wortes ist der Jebel Shams mit **3009 Metern.** Der Gipfel ist Sperrgebiet, aber etwas unterhalb kann man eine tolle Wanderung entlang der Abbruchkante des „Grand Canyon Omans" machen.

oman20_036 pf

Wadi Bani Awf und Wadi Sahtan | 124, 127

Viele der einst abenteuerlichen Pisten durch Omans Berge sind mittlerweile asphaltiert, doch im Wadi Bani Awf und im Wadi Sahtan kann man – einen Geländewagen vorausgesetzt – immer noch **Spaß auf Offroad-Strecken** haben. Aber nicht nur das Fahren ist ein Erlebnis, die einsame Landschaft und die kleinen Bergdörfer sind es ebenfalls.

oman20_037 pf

Manah | 150

Lange Zeit war die **Altstadt** von Manah südlich von Nizwa wegen Renovierung geschlossen. Nun kann man die verlassene Siedlung aus Lehmbauten wieder besuchen. Mehrere Moscheen, aber auch Befestigungsanlagen und zahlreiche Wohnhäuser findet man in dieser Geschlossenheit nirgendwo sonst in Oman.

oman20_038 pf

Top 10 – Omans Kultur kennenlernen

oman20_039 pf

Muscat Festival | 92

Immer Mitte Januar bis Mitte Februar findet in Muscat ein großes **Kultur- und Freizeitfestival** statt. Während es die Omanis mehr zu den Sportveranstaltungen zieht, sind für ausländische Besucher vor allem die Ausstellungen und Vorführungen zu Geschichte, Kultur und traditioneller Lebensweise im Stadtteil Amerat interessant.

oman20_040 pf

Qahwa | 569

Ohne den **arabischen Kaffee** Qahwa ist keine Einladung denkbar. Bekommt man ein Tässchen des ungesüßten und gewürzten Getränks angeboten, sollte man es unbedingt probieren. Normalerweise wird nachgeschenkt, und nachdem man zwei oder drei Stück getrunken hat, gibt man die Tasse an den Gastgeber zurück.

oman20_041 pf

Datteln | 528

Die **Dattelernte im Spätsommer** war früher im Jahresverlauf ein wichtiger Termin, der das Leben der Nomaden mit prägte. In den Oasen im Landesinneren sind die Früchte nach wie vor ein wichtiges landwirtschaftliches Produkt und noch immer fester Teil der Ernährung. Eine Begrüßung mit Qahwa ist ohne Datteln nicht vorstellbar.

oman20_042 pf

Bait al-Safah Museum | 161

Das kleine renovierte Lehmhaus in der Altstadt von Al-Hamra ist **kein „normales" Museum, sondern ein lebendiges.** Hier führen Frauen vor, wie frisches Brot über dem offenen Feuer gebacken oder wie Öl aus Samenkapseln gewonnen wird. Und als Abschluss gibt es Qahwa und Datteln!

oman20_043 pf

Nizwa Fort | 141

Das mächtige Fort von Nizwa wurde aufwendig renoviert, stand aber im Inneren lange Zeit fast leer. Kürzlich wurde es umgebaut und beherbergt nun auch eine interessante **Ausstellung zu Geschichte und Kultur.** Zusätzlich wird es gelegentlich durch Tanz- und Musikaufführungen mit Leben erfüllt.

Top 10 – Omans Kultur kennenlernen

Wochenmärkte | 14, 533

Auf den Märkten im Freien geht es bunt und lebhaft zu – eine gute Gelegenheit, ein Stück **Alltagsleben** mitzubekommen. Meist werden Haushaltswaren, Gemüse und Obst angeboten, ferner gibt es eine Tierauktion. Auch wenn kaum ein Tourist hier etwas kaufen wird, allein das Zusammenkommen der Menschen lohnt den Besuch.

oman20_044 pf

Halwa | 573

Die **geleeartige Süßigkeit** Halwa wird vor allem an Feiertagen serviert und hat mit ihrem hohen Anteil an Gewürzen und Rosenwasser ein ganz eigenes Aroma. Inzwischen wird Halwa in Fabriken produziert, aber in kleinen Orten wie Al-Hamra finden sich noch immer Halwaköche, die es unter ständigem Rühren mit riesigen Kochlöffeln langsam einkochen.

oman20_045 pf

Bait al-Zubair Museum | 45

Das private Museum am Rande der Altstadt von Muscat berherbergt eine schöne Ausstellung, die man auch als **Völkerkundemuseum** bezeichnen könnte. Sie gibt einen Einblick in die Traditionen Omans. Hinzu kommen immer wieder interessante Sonderausstellungen von Künstlern und Fotografen.

oman20_046 pf

Kamelrennen | 442

Unter den Nomaden haben Kamelrennen eine **lange Tradition,** heute ist die Züchtung schneller Renner ein lukratives Geschäft. Kamelrennen gibt es als sportliche Veranstaltung mit Robotern als Jockey und als Freizeitspaß mit echten Reitern. Leider haben beide eines gemeinsam: Es ist fast unmöglich, die Termine im Voraus zu erfahren.

oman20_047 pf

Kleine Guesthouses | 74, 147, 155, 162

In den letzten Jahren sind zahlreiche kleine Unterkünfte entstanden, die sich **angenehm von den Standardhotels unterscheiden.** So kann man nun in Muscat in Pensionen wohnen, in Nizwa in renovierten Lehmhäusern und in kleinen Bergdörfern wie Misfah oder Wakan in urigen ehemaligen Wohnhäusern.

oman20_048 pf

Al-Dakhiliyah (Inner-Oman) | 131
Al-Sharqiyah (Osten) | 187
Batinah (Küstenebene) | 97
Capital Area (Hauptstadtregion) | 31
Musandam | 291
Dhofar (Süden) | 239

Städte, Regionen, Routen

Grüne Oasen und endlose Sandwüsten, Berglandschaften und Meeresküsten, bunte Folklore und archäologische Fundstätten, arabisch-orientalische Kultur und modernes Leben – Oman ist ein Reiseland voller Kontraste und echter Gastfreundschaft!

< Ausflug in die Wahiba-Wüste

NICHT VERPASSEN!

- Die Altstadt von Muscat | 37
- Bait al-Zubair Museum | 45
- Mutrah Souq | 49
- Sultan's Armed Forces Museum in Ruwi | 57
- Sultan Qaboos Grand Mosque | 64
- Zauber einer blauen Welt: Delfine und Wale | 69
- Im Hennastudio | 84

Diese Tipps sind gelb hinterlegt.

1

oman073 pf

1 CAPITAL AREA – DIE HAUPTSTADTREGION

Die Hauptstadtregion dehnt sich als **schmaler Streifen von Ost nach West über etwa 60 km** aus. Ein hervorragend ausgebautes Netz an Schnellstraßen verbindet alle wichtigen Stadtteile miteinander. Die Capital Area reicht von der Stadt Seeb im Westen bis zu den Fischerdörfern Al-Bustan und Qantab im Osten, verwaltungstechnisch gehört sogar Quriat noch zu Muscat.

Überblick

Bezeichnet man heute **Muscat** als die **Hauptstadt Omans,** dann ist damit nicht allein der historische Ort Muscat gemeint, sondern die Capital Area, also die ganze Hauptstadtregion. Muscat allein ist flächenmäßig viel zu klein, um all den Verwaltungseinrichtungen, Ministerien, Botschaften und Behörden Platz zu bieten. Hier wohnt auch nur ein kleiner Teil der insgesamt etwa **1,45 Mio. Einwohner** der gesamten Capital Area.

Bei der **Landspitze Ras al-Hamra** wird das Gebiet in zwei Teile getrennt. Westlich von ihr tritt das Hajar-Gebirge in einem weiten Bogen landeinwärts zurück. Hier dehnt sich eine nur wenige Kilometer breite Küstenebene aus, die sich westwärts zur Batinah erweitert. Diese Ebene hat es ermöglicht, dass die Stadtteile Qurum, Medinat Qaboos, Al-Khuwair, Ghubrah und Ghalla zumindest an der Autobahn (Sultan Qaboos Street) zu einer Siedlungsfläche zusammengewachsen sind. Bei den Oasen um Bowshar, beim Industriegebiet von Rusayl und bei Seeb (internationaler Flughafen) erreicht die Capital Area ihre wei-

⌃ Geschützt durch die Berge: die Altstadt von Muscat

teste Ausdehnung ins Landesinnere. Östlich von Ras al-Hamra erheben sich mächtige schwarze Ophiolithberge bis direkt an das Meer. Die Felsmassen rahmen die Stadt ein und begrenzen die Siedlungsfläche, sodass die meisten Stadtteile in **Buchten** (Muscat, Mutrah, Sidab, Al-Bustan, Qantab) oder in **Wadi-Mündungen** (Darsayt, Wadi Kabir, Ruwi, Wattayah) liegen. Hier finden sich vornehmlich Wohn- und Regierungsbereiche mit Geschäftsansiedlungen.

Der Ausbau und das Wachstum der Capital Area gehen weiter – langsam, aber unaufhaltsam werden überall freie Flächen erschlossen und neue Straßen angelegt. Zugleich ist Muscat eine sehr saubere Stadt und erhielt diesbezüglich 2003 sogar einen Preis der UNESCO.

Geschichte

Muscat, diese sagenumwobene und märchenhafte Stadt am Golf von Oman, besitzt eine **lange und bewegte Vergangenheit** – die Spuren der Besiedlung reichen schätzungsweise 10.000 Jahre zurück. An Bedeutung gewann sie aber erst im Mittelalter. Die ältesten historischen Quellen belegen Muscat namentlich im 9. Jahrhundert, als Angehörige des Azd-Stammes mit ihren Schiffen bis Madagaskar segelten. Schriften aus dem späten 10. Jahrhundert berichten von Handelsbeziehungen mit dem Jemen und Indien. Auch Berühmtheiten wie *Idrisi, Ibn Battuta* und *Marco Polo* schenken Muscat in ihren Abhandlungen Aufmerksamkeit – doch war die Stadt zu dieser Zeit eher eine **Küstensiedlung** als eine bedeutende Handelsstadt. Diesen Rang hatte damals einzig Sohar inne.

Seit 1270 stand Muscat zusammen mit Sohar und Qalhat unter dem **Einfluss von Hormuz** (siehe auch Exkurs „Das Handelsreich Hormuz und der Persisch-Arabische Golf" im Kapitel „Musandam"). Aufgrund seiner geschützten Hafenbucht, die durch vorgelagerte Inseln und Halbinseln einzig eine enge, vom Meer her kaum zu erkennende Einfahrt besitzt, entwickelte sich Muscat zu einer wichtigen Hafenstadt. Die Seeleute konnten sich die **günstigen Monsunwinde** zunutze machen, außerdem war die Stadt leicht zu verteidigen, da die Berge einen mächtigen natürlichen Felsenriegel bilden und vor Angriffen aus dem Landesinneren bewahrten. Der berühmte omanische Navigator *Ahmad bin Majid* beschreibt Muscat im Jahr 1490 als *„weltweit einzigartige Hafenstadt. Jahr für Jahr werden in enormer Geschäftigkeit Datteln, Pferde, Pflanzenöle und Stoffe gehandelt. Muscat liegt vor den Winden geborgen, sichert die Versorgung mit frischem Wasser, und seine freundlichen Einwohner lieben die Fremden."*

Diese Vorteile erkannten 1507 auch die **Portugiesen.** Unter der Führung von *Afonso de Albuquerque* eroberten sie Muscat und verleibten es ihrem Kolonialreich ein. 150 Jahre lang stand Muscat unter portugiesischer Herrschaft, die zur militärischen Sicherung diverse Festungsanlagen (u. a. auch die beiden mächtigen Forts Mirani und Jalali) errichteten. Als die Portugiesen 1622 Hormuz an die Briten und Perser verloren, verlegten sie ihre Flotte von dort nach Muscat, doch schon wenige Jahrzehnte später gelang es Imam Sultan bin Saif, sie endgültig aus Oman zu vertreiben.

Im **Bürgerkrieg Anfang des 18. Jahrhunderts,** der aus den Nachfolgestreitigkeiten der Al-Ya'aruba-Dynastie entstand, rief Imam Saif die Perser zu Hilfe. Sie kamen nicht uneigennützig, sondern besetzten gleich Teile Nordomans, darunter auch Muscat. Mitte des 18. Jahrhunderts gelang es *Ahmed bin Said Al Bu Said,* die Perser in die Flucht zu schlagen und die Herrschaft des Imamats zu übernehmen. Die Auseinandersetzungen um die Nachfolge des Imams und die Stammeskämpfe fanden ein Ende.

Unter dem Aufstieg der noch heute regierenden **Al-Bu-Said-Dynastie** begann ein neues Kapitel der Geschichtsschreibung von Muscat, denn *Hamad bin Said* verlegte den Regierungssitz Ende des 18. Jahrhunderts in diese Stadt. Die omanischen Handelsbeziehungen dehnten sich weiter aus, und Muscat wuchs zum Zentrum und zur **Drehscheibe eines führenden Handelsimperiums** heran. Bis Mitte des 19. Jahrhunderts kontrollierte Oman weite Teile des Indischen Ozeans bis nach Ostafrika. Diese Seehandelsbeziehungen waren es, die Muscat in der Folgezeit maßgeblich prägten. Die Stadt orientierte sich immer eher seewärts als zur Arabischen Halbinsel. Internationalität und kosmopolitische Offenheit gehören daher bis heute zu den Wesenszügen von Muscat, das dennoch eine arabische Stadt ist.

Nach der Spaltung des Sultanates in einen omanischen und einen sansibarischen Teil Mitte des 19. Jahrhunderts versank Muscat wie der Rest des Landes für etwa einhundert Jahre in historischer Stille, wirtschaftlicher Stagnation und **internationaler Isolation.** Erst 1929 entstand die erste Asphaltstraße in Oman – eine Verbindung zwischen dem Palast in Muscat und dem Handelshafen in Mutrah.

Die **Geschichte Muscats als omanische Hauptstadt** ist noch gar nicht so alt. Erst unter der Dynastie der *Al Bu Said* vor gut 200 Jahren wurde sie zum Regierungssitz ernannt und der Sultanssitz von Rustaq in den damals neu erbauten Palast verlegt. Die Buchten von Muscat und dem benachbarten Mutrah waren schon länger Handelszentrum. Doch Muscat war nicht die Hauptstadt des gesamten Landes, denn im Landesinneren entstand unter der Führung des Imams ein eigenständiger Herrschaftsbereich. Der Widerstand der Imame im Landesinneren gegen den Sultan an der Küste hielt noch lange an. Erst 1959 gelang es Sultan *Said bin Taimur,* Vater von Sultan *Qaboos,* diesen mit Hilfe der Briten endgültig zu brechen und seine Herrschaft über ganz Oman auszubreiten. Trotzdem war Muscat noch immer nicht die wirkliche Hauptstadt, denn Sultan *Taimur* lebte abgeschieden in Salalah. In Muscat gab es lediglich drei kleine „Regierungsbüros", die von Briten unterhalten und geführt wurden.

Als 1970 sein Sohn Sultan *Qaboos* die Regierung übernahm, konzentrierte sich seine Aufmerksamkeit besonders auf Muscat, denn ihr **Ausbau zur Capital Area** sollte einen Entwicklungsschub für das ganze Land mit sich bringen und eine Identifikation mit der neuen omanischen Staatlichkeit bewirken. Schulen, Krankenhäuser und Einrichtungen zur Wasser- und Stromversorgung entstanden. Pläne zur Stadt- und Verkehrsentwicklung wurden ausgearbeitet. Der Ausbau des **Hafens von Mutrah** zu einem internationalen Handelshafen begann. Die Stadt expandierte in einem unglaublichen Tempo. Wo heute die modernen Verwaltungsgebäude Muscats stehen, befanden sich vor 50 Jahren noch Lehm-, Stein- oder Palmwedelhütten *(areesh),* die oft mit Plastikplanen, Wellblech oder Sperrholz erweitert wurden. Das Gebiet der noblen Vorstadtvillen (in Qurum und Al-Khuwair), der großen Einkaufszentren und der vielen Parks war ödes und trockenes Land. Zur **Expansion** gehörten aber auch nachhaltige **Umstrukturierungen,** besonders im Gebiet der Bucht von Muscat. Nichts erinnert heute mehr an die historische Stadt mit ihrem lebhaften Souq und dem einst so wichtigen Hafen. Der stadtplanerische Ehrgeiz hat diesem, aber auch anderen Stadtteilen seinen Stempel aufgedrückt – nicht die geschichtliche Entwicklung. Dabei herrscht der Trend vor, traditionell **omanische Architekturmerkmale** aufzugreifen. Heute ist dieser Grundgedanke fester Bestandteil der gültigen Bauverordnung des Landes. Dadurch gewinnen die neuen Gebäude eine nationale Identität, und die Stadt wird vor dem Phänomen bewahrt, dass in vielen aufstrebenden Städten Modernität mit Gesichtslosigkeit einhergeht.

oman074 pf

Aufteilung der Capital Area

Aufgrund der historischen und auch geografischen Gegebenheiten bietet sich eine Aufteilung der Capital Area in **vier Zonen** an:

- **Muscat und die südlichen Orte**
- **Mutrah mit dem Hafen Mina Qaboos**
- **Ruwi, Wadi Kabir und der „Mutrah Business District"**
- **die westlichen Vororte**

Durch diese Differenzierung gewinnt die riesige Capital Area an **Übersichtlichkeit.** Anhand dieser Aufteilung werden die einzelnen Stadtteile, deren Gestalt, Funktionen sowie Sehenswürdigkeiten vorgestellt – diese Struktur findet sich auch in den daran anschließenden praktischen Informationen.

Muscat مسقط

Übersetzt bedeutet „Muscat", von der arabischen Wortwurzel „saqat" abgeleitet, „der Ort des Fallens". Im übertragenen Sinn steht der Name für einen Anker, der ins Wasser fällt, also **„der Ankerplatz"**, oder für die Berge, die zum Wasser hin steil abfallen.

Durch diese zwar malerische, eingekesselte Lage zwischen den hohen, tiefschwarzen Felsen gleicht das **Klima** in Muscat im Sommer manchmal durchaus dem eines Backofens. Im 14. Jahrhundert schrieb der arabische Geograf *Abdul Razak: „Die Hitze in Muscat war so groß, daß einem das Knochenmark verbrannte, das Schwert im Schaft schmolz und die Edelsteine der Degen in Kohlestückchen verwandelt wurden.“* Die Wintertemperaturen – von Dezember bis Februar durchschnittlich zwischen 20 und 25°C – sind dagegen sehr angenehm.

Im Einklang zur schroffen Landschaft und der bewegten Geschichte der Stadt stehen die alles überragenden **Festungen Mirani und Jalali.** Wie aus einer anderen Welt wirkt dagegen der monumentale **Sultanspalast,** dessen eigentümliche Form gar nicht ins Bild passt. Architektonisch ist Muscat eine sehr interessante Fusion aus Vergangenheit und Gegenwart – wobei die Vergangenheit nicht wirklich alt ist, sondern durch moderne Architekturelemente und Stadtplanung neu dargestellt wird. Vom alten Muscat existieren nur noch historische Beschreibungen und Zeichnungen.

1688 besuchte der Deutsche **Engelbert Kaempfer** als einer der ersten Europäer Muscat auf seinem Weg nach Indien. In seinen von *K. Meier Lemgo* bearbeiteten Reisetagebüchern (erschienen im Franz Steiner Verlag 1968) schreibt er: *„Die Häuser der Stadt sind teils Tamerhütten (Hütten aus Palmzweigmatten, Anm. d. Verfasser) … und in der Mehrzahl gibt es Steinhäuser, luftig und hinreichend geräumig. … Der Bazar oder Markt bedeckte einen großen Raum, bestand aus bedeckten und teils auch gewölbten Gassen, die sich kreuzweise oder quadratisch kreuzweise regelmäßig schneiden und parallel durchlaufen. Sie waren reich versehen mit halb- und ganzseidenen Leinwandwaren, Gewürzen, Gummata, Kaffee und Esswaren: große, süße, fleischige Mangopflaumen, die besten und lieblichsten, die ich jemals in indischen Ländern gefunden. … Ferner allerhand süße, kleine, steinige, frische und vom vorigen Jahre eingepackte Datteln … kleine, saure Limonen, … Zwiebeln und Knoblauch: alles das war in größtem Überfluß vorhanden … Wir fanden wenig Butter, Milch und Hühner zu kaufen, wiewohl es dem Lande nicht daran gebricht, wie auch an Schafen, Ziegen und Rindern, sondern all das so guten Preises … Oberwähntes wird von den Bauern allhier mehr zu Wasser als zu Lande von den Dörfern herangebracht.“*

Der deutsche Forschungsreisende **Carsten Niebuhr** schildert in seinen Reisebeschreibungen aus dem Jahr 1778, auf dem Markt herrsche *„… ein Überfluß von allerhand schönen Früchten. Das Fleisch ist hier in Menge und sehr gut, und die See liefert einen Überfluß von Fischen. Von den Produkten, die von Oman ausgeführt werden, sind die Datteln das Vornehmste. Hiervon gehen aus verschiedenen Häfen ganze Schiffsladungen voll nach dem arabischen Meerbusen, nach Indien und anderen Gegenden. Maskat ist auch die Niederlage der meisten Waren, die aus dem persischen Meerbusen nach Hadramaut, Jemen, Hedjas und ganz Indien oder von da an den persischen Meerbusen gebracht werden sollen.“*

Die Hauptstadt des „neuen“ Oman sollte ein für alle sichtbares Zeichen des Neuanfangs und der Modernisierung werden. Innerhalb der Stadtmauer stehen heute zum größten Teil **Palast- und Regierungsgebäude** – Muscat hat sich in einen piekfein herausgeputzten **Verwaltungs- und Repräsentierbezirk** gewandelt.

Bis in die frühen 1980er Jahre wurden nur wenige Zugeständnisse an den Autoverkehr gemacht. Doch 1984 riss man einen Großteil der Altstadt und des Souqs ab, um Platz für den **Diwan** des Sultans und seine Garde zu schaffen. Die engen Gassen des Souq Dakhel sind verschwunden, und das Stadtbild wird nun von breiten Straßen, großen prächtigen Gebäuden und gepflegten Grünanlagen bestimmt – Wohnhäuser gibt es nur noch wenige. Der zweite Teil von **Muscats früherem Souq,** der außerhalb der Stadtmauer gelegene kleinere Bereich namens „Haji“, existiert noch – allerdings nur mit wenigen Läden und einem alltäglichen Warenangebot.

Besonders am Wochenende, wenn der Verwaltungsapparat zum Stillstand kommt, ist die Altstadt wie ausgestorben. Die autofreie Innenstadt wird dann fast zur Realität, auch wenn man das Leben auf der Straße vermissen mag. Die meisten Menschen, die man dann hier trifft, sind indische Gärtner und Straßenfeger sowie das omanische Wachpersonal vor den Regierungsgebäuden.

Sehenswertes

Die Altstadt

Obwohl die „Altstadt“ von Muscat **heute eher stadtplanerisches Ideal als historisches Wachstum** beschreibt, ist eine Besichtigung durchaus lohnend – vielleicht auch gerade deshalb. Wirklich Altes gibt es kaum, aber die Gesamtanlage ist sehenswert und geschmackvoll gestaltet.

Zwar sind viele der alten prächtigen Wohnhäuser verschwunden, aber einige dieser sogenannten **Baits** stehen noch heute. Das arabische Wort „Bait“ bedeutet eigentlich nichts weiter als „Haus“, steht hier aber für **große Häuser wohlhabender Handelsfamilien.** Fast alle Baits besitzen einen rechteckigen Grundriss und zwei Stockwerke mit dicken Mauern, die im Sommer vor der Hitze schützten. In der unteren Etage waren Ställe, Lager und Küche untergebracht, darüber die Wohnräume. Während unten allein durch schmale Schlitze, zugleich Schießscharten zur Verteidigung, Licht einfiel, gab es im oberen Stockwerk hohe, teilweise mit Stukkaturen verblendete Spitzbogenfenster, die eine gute Belüftung zuließen. Fenster und Türen bestanden aus massivem, reich mit Schnitzwerk verziertem Holz. Um den Innenhof verliefen schattige Galerien, die mit Holzbrüstungen versehen waren. Das Flachdach diente als Schlafplatz in den heißen Sommermonaten. Zum Teil war hier ein kleiner Raum aufgesetzt, der als luftiger Empfangsraum genutzt wurde. Das **Bait Fransa,** das heute das Omani-French Museum beherbergt, ist momentan das einzige dieser Gebäude, das auch von innen zu besichtigen ist (s. u.).

Seit dem späten Mittelalter besitzt Muscat eine Stadtmauer, und noch heute wird die Altstadt und die Bucht von Muscat von einer **Stadtmauer** umgeben, die (heute mit Unterbrechung) von Bergrücken zu Bergrücken verläuft. Die portugiesischen Besatzer ließen sie Anfang des 17. Jahrhunderts neu erbauen und verstärken. Wenige Jahrzehnte später wurde sie von einem Graben umgeben. Er sollte Flutwellen durch das nördlichste Stadttor (Bab al-Mithaib) und weiter durch das Wadi al-Uwar am Fuß der nördlich begrenzenden Felswand ins Meer leiten. Im Juni 1890 regnete es allerdings so stark, dass der Mauergraben überlief und von den 5000 Einwohnern Muscats 700 ertranken. Sultan Said hatte zuvor eine neue Einfassung mit mächtigen Kanonentürmen und vier Toreingängen errichten lassen. Im Laufe der Zeit verfiel die Stadtmauer jedoch stark. Die 1979 rekonstruierte Anlage mit ihren modernen Toren hat nichts mehr mit dem alten Bauwerk gemein.

Da die Altstadt überschaubar ist, empfiehlt sich eine Besichtigung zu Fuß. Als Startpunkt bietet sich das **Bab**

Kabir, das „große Tor“, an. Heute ein breiter Betondurchlass, war es früher so schmal, dass es mit aufkommendem Autoverkehr immer wieder angefahren wurde. Vor 1970 war es üblich, das Tor drei Stunden nach Sonnenuntergang zu schließen. Danach durfte es nur mit schriftlicher Genehmigung des Stadtkommandanten passiert werden.

Geht man vom Bab Kabir in die Altstadt, befindet sich linker Hand die **Polizeistation** Muscats. Früher stand hier ein kleineres einstöckiges Gebäude, in dem das Hauptquartier der gesamten omanischen Polizei untergebracht war.

Auf der rechten Straßenseite liegt das **Bait Fransa,** das „Franzosenhaus“, in dem heute das Omani-French Museum eingerichtet ist. Im übernächsten Abschnitt wird es genauer beschrieben.

Einige Meter weiter, ebenfalls auf der rechten Seite der Straße, folgt das **Bait Nadir** aus dem 18. Jahrhundert, benannt nach *Sayyid Nadir bin Faisal,* einem Großonkel von Sultan *Qaboos.* In ihm war von den 1970er Jahren bis 1988 ein Museum untergebracht. Heute steht das ansehnliche Kaufmannshaus leer, da es renoviert wird.

oman072 as

Gegenüber dem Bait Nadir erkennt man die kleine Moschee **Masjid al-Wakil** an ihrer bunt gekachelten Kuppel. Ein Stück weiter steht auf der gleichen Straßenseite das **Bait Garaiza,** das größte der alten Handelshäuser Muscats. Es wurde etwa 1630 an der Stelle errichtet, wo zuvor Gebäude der Portugiesen aus der Zeit um 1527 standen. Darin hatte sich eine Faktorei, die Wohnung des Kommandeurs und auch eine Kapelle befunden. Von dieser Kirche (portugiesisch *Igrezia*) stammt der heutige Name des Gebäudes, der nur leicht ins Arabische abgewandelt wurde. Nach der Vertreibung der Portugiesen nutzten die omanischen Imame das Haus als Residenz, wenn sie sich in Muscat aufhielten. Sultan *bin Ahmed* residierte im Bait Garaiza von seiner Amtsübernahme 1792 bis zum Bau des benachbarten Palastes. Nach seinem Umzug wurde das Haus aufgegeben und verfiel. Das heutige Gebäude ist eine Mischung aus Restauration und Rekonstruktion und wird von der Regierung als Gästehaus genutzt.

Vor dem Bait Garaiza stecken, auf den ersten Blick wie simple Poller wirkend, **14 Kanonen** kopfüber in den Pflastersteinen des Bürgersteigs. Sie waren Ende des 19. Jahrhunderts ein Geschenk des indischen Gouverneurs an Sultan *Faisal bin Turki,* der sie allerdings als nutzlos empfand und in die Erde versenken ließ.

Rechts neben dem Bait Garaiza steht die **Masjid al-Khor.** Mit ihrer blauen Kuppel und den blauen Kacheln bietet sie einen schönen Kontrast zum dahinter liegenden graubraunen Fort Mirani (siehe nächsten Abschnitt). Hinter der Moschee führt eine Straße zum **Bab Muthab,** dem westlichsten Stadttor.

Der „Arbeitspalast" des Sultans

Geht man noch ein Stück geradeaus bis zum Meer, so erreicht man an der von hohen, schwarzen Felsen eingeschlossenen **Bucht von Muscat** eine schöne Aussichtsstelle. Hier, wo sich einst der Hafen Khor Jetty befand, genießt man eine herrliche Aussicht auf die an beiden Flanken befindlichen Forts Mirani im Westen und Jalali im Osten und auf den die Bucht dominierenden Sultanspalast. Die Bucht wird durch die **Insel Jazirat Muscat** begrenzt, auf der sich ebenfalls eine kleine Befestigungsanlage (Sirat al-Sharqiyah) befindet. Die Felsenwand der Insel ist übersät mit Inschriften. Sie stammen von Seeleuten, die sich verewigt haben, während sie auf ihre Weiterfahrt warteten. Als Hafen besitzen die Gewässer heute lediglich noch Bedeutung für die Marine, die am nordwestlichen Ende der benachbarten **Bucht Mukalla** einen Stützpunkt unter-

Muscat und die Muskatnuss

von Dr. Heike Abicht

Ach ja, **die Muskatnuss heißt doch so, weil sie aus Muscat kommt!?** Oder lief nicht ihr Handel über die omanische Hauptstadt? Oder hat am Ende die Stadt ihren Namen von der Nuss? Leider alles falsch! Der Name der Hauptstadt Muscat (gesprochen *Masskatt*) stammt von dem arabischen Wort „ma" für „Ort" und „saqat" für „fallen" ab, es ist also der Ort des Fallens, wobei unklar ist, ob der Name sich auf die jäh zum Meer hin abfallenden Berge oder die ins Wasser fallenden Anker der Handelsschiffe bezieht.

Der Name der Muskatnuss hingegen leitet sich von der bis weit ins Mittelalter üblichen Bezeichnung **„nuces moschatae",** d. h. „den nach Moschus riechenden Nüssen" ab.

Die Muskatnuss *(Myristica fragrans,* von griech. *myron:* Balsam, Wohlgeruch, und lat. *fragrare:* riechen) wächst am **Muskatnussbaum,** der bis Ende des 18. Jahrhunderts fast ausschließlich auf einer winzigen, unzugänglichen Inselgruppe der Südmolukken, den Banda-Inseln, wuchs. Im Abendland wurde die Muskatnuss erst im 11. Jahrhundert bekannt, was gut informierten arabischen Ärzten und deren Kontakten zu orientalischen Händlern zu verdanken war. Nach ihrer anfänglich ausschließlichen Nutzung als Arzneidroge (Magen- und Darmleiden, Hauterkrankungen, Rauschmittel, Aphrodisiakum) ist die Muskatnuss heute eine nur zu Würzzwecken verwendete Speisezutat. Bis 1800 umgab die Muskatnuss immer ein Hauch von Luxus. Wer es sich leisten konnte, trug eine kleine Reibe bei sich und würzte Speisen und Getränke mit einer Prise, knabberte kandierte Nüsse zum Wein oder trug sie an juwelengeschmückten Ketten bei sich. Erst nachdem das Handelsmonopol der Niederländer gefallen war, fiel der künstlich hochgetriebene Preis, und die Muskatnuss geriet in Vergessenheit. Bis kurz nach 1900, als erstmals einer der Wirkstoffe von Ecstasy isoliert wurde – aus den Phenylpropan-Derivaten der Muskatnuss.

Und noch ein Irrtum: Das, was wir Muskatnuss nennen, ist **botanisch gesehen keine Nuss,** sondern der Samen der Pfirsich-ähnlichen Frucht des immergrünen, rein tropischen Muskatnussbaumes.

hält. Ihr westlicher Ausgang bewacht die 1985 renovierte Festungsanlage Sirat al-Gharbiyah.

Von der Bucht ein Stück zurück, gegenüber dem Bait Garaiza links abgebogen, befinden sich zu beiden Seiten der Straße große Regierungsgebäude. Sie beherbergen den **Diwan,** das Büro des Sultans. Danach erreicht man den prunkvollen Haupteingang des **Sultanspalastes (Qasr al-Alam).** Der pompöse Bau stellt, im wahrsten Sinne des Wortes, die gesamte Stadt in seinen Schatten. An dieser Stelle haben die Al-Bu-Said-Regenten seit Beginn des 19. Jahrhunderts ihre Residenzen platziert. Die heutige Anlage ist ein erweiterter Neubau aus den frühen 1970er Jahren. Das alte Gebäude entsprach in Baustil und Größe den Baits, war allerdings in einem sehr schlechten Zustand, sodass man es komplett abriss. Eine indische Firma übernahm Planung und Konzeption des neuen Palastes. Zunächst entstand er auf der Fläche des alten Gebäudes, doch schon bald begann man, ihn zu erweitern. Diese Expansion war einer der Hauptgründe für die Veränderung und Einebnung der Altstadt Muscats. Um Platz für den Ausbau zu schaffen, siedelte man indische Händler, die im Viertel neben dem Palast wohnten, gegen großzügige Entschädigungen um und riss den alten Souq Dakhel ab. Nach und nach entwickelte sich die Stadt zu einem **Palastbezirk** ohne eigentliches Leben. In der Bevölkerung wurde Kritik wegen der immer weiter ansteigenden Kosten laut. Auch der Baustil, der sich nicht an omanischen Traditionen orientiert, und die gewaltigen, die Stadt beherrschenden Dimensionen des Palastes fanden nicht nur Anklang.

Neben dem Hauptgebäude, das von einem großen Flachdach überragt wird, befinden sich links die Frauengemächer und ein Bereich für Gäste. Rechts schließen sich der Thronsaal sowie die Empfangshalle an. Genutzt wird der Palast für offizielle Anlässe sowie den Empfang und die Bewirtung von Staatsgästen. Die Wohnresidenz des Sultans befindet sich dagegen am westlichen Rand der Capital Area bei Seeb.

Gegenüber dem Palasteingang steht die kleine, aber sehr schöne Moschee **Masjid al-Zawawi.** Ihr Minarett ist kein massiver Bau, sondern eine luftige Konstruktion aus Säulen und Bögen.

Links neben der Moschee befinden sich ein kleines Krankenhaus für das Personal des Palastbezirkes und anschließend das östlichste Stadttor, das **Bab Waljat.** Dahinter, ebenfalls auf der rechten Straßenseite, folgt das **Bait al-Safarah,** in dem früher das omanische Außenministerium untergebracht war. Besonders sehenswert ist die hölzerne, graue Eingangstür mit ihren aufwendigen Schnitzereien. Im mächtigen Bau gegenüber, dem **Bait al-Waljat,** ist die Königliche Garde *(Royal Guard)* des Sultans untergebracht.

Hinter dem Bait al-Waljat befand sich bis vor wenigen Jahren das Gebäude der **ehemaligen britischen Botschaft,** das inzwischen abgerissen wurde. Die Anwesenheit britischer Repräsentanten in Muscat hat eine lange Geschichte. Doch nachdem von 1800 bis 1809 vier Engländer im Dienst verstarben, wurde die Vertretung wegen des „ungesunden Klimas" geschlossen. 30 Jahre später entsandte man erneut einen Briten, der jedoch auf Sansibar residierte, das zu dieser Zeit Hauptstadt Omans war. Erst nach der

Teilung des Sultanats verlegte man den Sitz 1861 wieder nach Muscat. Seit 1995 befindet sich die Botschaft von Großbritannien in Al-Khuwair, wo sich der Großteil der ausländischen Vertretungen niedergelassen hat.

Die Forts Mirani und Jalali

Aufgrund seiner bewegten Geschichte waren **Wach- und Verteidigungsanlagen** für Muscat schon immer von großer Bedeutung. Dazu gehörte ein System korrespondierender Wachtürme (arab. *burj*) auf den umliegenden Bergkuppen, Mauerwerke mit Toren an den Passübergängen zu den Nachbarorten, die Stadtmauer, die Festung **Sirat al-Gharbiyah** am westlichen Ende der Bucht nördlich des Marinestützpunktes und eine kleine Wehranlage gegenüber auf der Insel Jazirat Muscat.

Die alles überragenden und wichtigsten Bauten sind jedoch die **Forts Mirani und Jalali**. Sie liegen am Rand des Palastbezirkes und der Altstadt und bilden so den Abschluss der Stadtmauer zum Meer hin. Westlich vom Palast des Sultans steht das **Fort Mirani.** Sein Bau wurde von dem Portugiesen *Manuel da Souza Coutinho* Anfang des 16. Jahrhunderts auf den Resten einer omanischen Festung begonnen, jedoch erst fertiggestellt, nachdem die Osmanen 1550 und 1581 Muscat angriffen, plünderten und für kurze Zeit einnahmen. Man hatte nun die Wichtigkeit eines soliden Forts

oman075 ud

erkannt, beendete zügig die Bauarbeiten und legte auch eine riesige Zisterne an, die 300 Männer zwei Jahre lang mit Wasser versorgen konnte.

Das Fort hieß unter den Portugiesen „Capitan", weil hier ihr Kommandeur wohnte. Der heutige Name Mirani ist möglicherweise aus dem portugiesischen Wort „Almirante", was übersetzt Admiral bedeutet, entstanden.

Die Lage des Forts erlaubt es, sowohl die Bucht als auch das Gebiet vor den Stadttoren unter Beschuss zu nehmen. Die Kanonen des Forts wurden jedoch bis auf wenige Ausnahmen dazu verwendet, ankommende Schiffe zu begrüßen oder davor zu warnen, bei Dunkelheit in den Hafen einzulaufen, da dies nicht erlaubt war. Auch das Schließen der Stadttore nach Einbruch der Dunkelheit wurde durch drei Kanonenschüsse bekannt gemacht.

Um das Fort rankt sich eine nette **Legende:** Als sich die Besatzungszeit der Portugiesen ihrem Ende zuneigte, konnte Imam *Sultan bin Saif* es nur durch eine List einnehmen. Zu Hilfe kam ihm ein indischer Kaufmann, der die Portugiesen mit allen notwendigen Dingen versorgte. Der portugiesische Kommandant hatte ein Auge auf die schöne Tochter des Kaufmanns geworfen und wollte sie gerne heiraten. Der Kaufmann lehnte jedoch ab, worauf ihm die Aufkündigung der Lieferverträge angedroht wurde. So willigte er schließlich doch ein, erbat sich aber eine einjährige Vorbereitungszeit. Einige Zeit später erstattete er dem Kommandanten Bericht, dass das Fort und seine Ausstattung nicht in einem Zustand sei, der einer längeren Belagerung standhalten könnte. Er schlug den Austausch des Wassers in den Zisternen, der Vorräte und des Pulvers vor. Alles wurde aus dem Fort entfernt – jedoch nicht ersetzt. Stattdessen informierte der Kaufmann den Imam, der das Fort einnehmen konnte und die Portugiesen endgültig vertrieb.

Am östlichen Ende Muscats steht auf einem vorgelagerten Felsen hoch über der Stadt das **Fort Jalali.** Die Quellen über den Namen des portugiesischen Erbauers sind widersprüchlich; sie sind sich jedoch einig, dass die Anlage im Jahre 1588 an der Stelle eines älteren Forts fertig gestellt wurde. Auch vom Fort Jalali aus konnte die Seite des offenen Meeres überwacht und beschossen werden. Beide Forts zusammen machten Bucht und Hafen von Muscat nahezu uneinnehmbar. Der Zweck der Anlagen war es, Muscat als einen wichtigen portugiesischen Seestützpunkt aufzubauen. Die Portugiesen erhofften sich davon eine Monopolstellung im ertragreichen Seehandel vom Roten Meer nach Indien.

Nachdem die Portugiesen 1622 Hormuz im Persisch-Arabischen Golf an die Perser verloren, wurde Muscat zu ihrer wichtigsten Stellung in der Golfregion. Sie bauten die Forts als Schutz gegen die Perser aus.

Die Anlagen wurden oft verändert und erweitert. Fort Jalali war bis in die frühen 1970er Jahre ein Gefängnis. Heute präsentieren sich alle Forts renoviert, können allerdings momentan nicht von innen besichtigt werden. Das als Museum eingerichtete Fort Jalali steht nur Staatsgästen offen.

◁ Fort Jalali

National Museum

2016 wurde direkt gegenüber des Palastes das neue National Museum eröffnet. Es ersetzt das ehemalige National Museum in Ruwi und das frühere Oman Museum. Die **neue Ausstellung** ist in einem großen und geschmackvoll gestalteten Gebäude untergebracht und bietet einen **Querschnitt durch die omanische Geschichte und Kultur.**

Im Erdgeschoss befindet sich ein großer Haupt- und Empfangsraum mit einigen Ausstellungsstücken aus den Bereichen Schmuck und Kleidung. Von hier aus geht es in die Halle zur Seefahrtsgeschichte mit Modellen diverser Dhautypen sowie traditionellen Werkzeugen. Nebenan befinden sich Waffen aus verschiedenen Epochen und Regionen. Hier ist auch ein kleines Kino untergebracht, in dem ein etwa 15-minütiger Film abwechselnd in Englisch und Arabisch läuft. Er führt mit schönen Bildern durch die Geschichte und Entwicklung des Landes.

In den weiteren Hallen und Räumen sind Münzen zu sehen, ferner gibt es Informationen zum Falaj-System sowie zur Architektur mit Modellen mehrerer Forts und traditioneller Haustypen.

In der oberen Etage geht es um die Frühgeschichte, um den Islam und um die jüngere Staatsgeschichte sowie Musikinstrumente.

Man sollte sich Zeit für den Besuch nehmen, denn die Ausstellung ist zwar schön und großräumig präsentiert, aber **manchmal fehlt etwas der rote Faden,** sodass die Anordnung der Exponate nicht immer schlüssig wirkt. Je nach Interesse – und je nachdem, wie sehr man Texte und die zahlreichen interaktiven Stationen mit Filmen und Zusatzinfos nutzt – sollte man mindestens zwei Stunden für einen Rundgang einplanen.

Gut geeignet ist der Besuch als Einstimmung vor einer Rundreise, vielleicht aber noch besser zum **Vertiefen** danach. Dann kann man die Dinge besser einordnen, die am Anfang in diesem Umfang vielleicht etwas erschlagend sind.

Angenehm auch, dass das Museum **am Wochenende geöffnet** ist, wenn sonst in Muscat vieles geschlossen hat und die Möglichkeiten für Unternehmungen eher begrenzt sind.

■ **Info:** Geöffnet Sa bis Do 10–17 Uhr, Fr 14–18 Uhr, Tel. 22081500, Eintritt 5 RO.

Omani-French Museum

Das omanisch-französische Museum ist im **Bait Fransa,** der ehemaligen französischen Botschaft, untergebracht. Dokumentiert wird die 200-jährige Geschichte der franko-omanischen Beziehungen. Ein ganzer Raum ist einem Staatsbesuch von Sultan *Qaboos* in Frankreich gewidmet. Daneben werden die Handelswege und -beziehungen zwischen Oman und Frankreich dargestellt. Ursprünglich war das Bait Fransa Wohnhaus von *Ghaliah bint Salim,* einer Nichte des Sultans *Said bin Sultan* (1804–1856). 1896 bot Sultan *Faisal bin Turki* das Haus den Franzosen als Konsulat an, worauf es bis 1920 das Büro der Botschaft und die Wohnung verschiedener Konsuln beherbergte. Die Kosten für die Renovierung und den Ausbau als Museum übernahm der französische Staat.

Auch wenn die **Ausstellung** aus nichtfranzösischer Sicht nicht übermäßig interessant erscheint, so lohnt ein Besuch allein schon wegen des **Gebäudes.** Bait Fransa ist das einzige alte Bait, das von innen besichtigt werden kann. Es besitzt wie alle traditionellen großen Muscat-Häuser einen rechteckigen Grundriss und hat zwei Stockwerke, die sich um einen Innenhof gruppieren. Das Erdgeschoss diente als Lageretage, die Wohnräume befanden sich im ersten Stock, der majlis-Empfangsraum auf der Dachterrasse. Das Besondere am Bait Fransa ist eine Kombination arabischer und indischer Stilelemente, ein persönlicher Wunsch der ursprünglichen Bewohnerin *Ghaliah bint Salim.* Die oberste Etage verfügt über eine zum Innenhof gelegene Galerie. Im Inneren zeigen sich die vielen geschnitzten Holztüren und Fenstergitter besonders schön restauriert.

Info: Geöffnet Sa bis Do 8–13.30 Uhr, Fr geschlossen, Tel. 24736613 und 93341903, Eintritt 500 Bs.

Bait al-Zubair Museum

Dieses in einem rekonstruierten Altstadthaus eingerichtete Museum zeigt vor allem das **kulturelle Erbe des Landes.** Die 1998 eröffnete und permanent erweiterte Ausstellung ist sehr übersichtlich und informativ präsentiert. Neben schönen Schmuckstücken, Kunsthandwerk und Waffen sind auch historische Dokumente, Landkarten und Fotos zu sehen. Sehr interessant sind die **traditionellen Gewänder,** mit denen die unterschiedlichen Stile der verschiedenen Landesteile verdeutlicht werden. Alle Gegenstände stammen aus dem Privatbesitz der prominenten Familie *Zubair.*

Gegenüber vom Hauptgebäude des Museums liegt das kleine **Bait Dalalil,** in dem man ein typisches omanisches Haus eingerichtet hat (nur mit Führung zu besichtigen, Sa bis Do 11 und 17.10 Uhr), außerdem gehören weitere Nebengebäude zum Gesamtkomplex, in denen interessante Sonderausstellungen präsentiert werden. Komplettiert wird das Museum durch ein Café und ein Souvenirlädchen.

Info: Lage gegenüber dem Bab Kabir, geöffnet Sa bis Do 9.30–18 Uhr, Fr geschlossen, Tel. 22084700, Eintritt 2 RO, www.baitalzubair.com.

Saidia School Museum

Das kleine Museum erzählt die **Geschichte der Schulen und Erziehung** in Oman – nicht spektakulär, aber einen kurzen Besuch wert. Das Haupttor ist meist verschlossen, der eigentliche Eingang befindet sich links vom Gebäude (über den Parkplatz gehen).

Info: Geöffnet So bis Do 9–13 und 16–19 Uhr, Fr und Sa geschlossen, Eintritt frei. Ein netter, englisch sprechender Guide führt durch die Ausstellung.

Muscat Gate Museum (Brückenmuseum)

Das überschaubare Museum im **Stadttor** am Ortseingang aus Richtung Mutrah zeigt mit detailgetreuen Darstellungen, Bildern und Schautafeln in englischer Sprache die **Geschichte Muscats.** Dabei wird besonders auf die Al-Bu-Said-Dynastie eingegangen, da sie ausschlaggebend dafür war, dass Muscat heute die Hauptstadt des Landes ist. Detaillierte Modelle veranschaulichen die Geologie rund um Muscat. Das Ganze kann man in einem 20-minütigen Film noch vertiefen. Die Wachen, die im Museum Dienst tun, sehen mit ihren Maschinenpistolen zwar ein wenig bedrohlich aus, aber nach einem freundlichen Hallo hellen sich ihre Gesichter auf.

Info: Geöffnet So bis Do 8–14 Uhr, Fr und Sa geschlossen, Tel. 99328754, Eintritt 1 RO.

Aussichtspunkte

Der schönste Blick auf die Bucht von Muscat ergibt sich (insbesondere am späten Nachmittag und in der Nacht) von der **alten Passstraße** aus, die von Mutrah über Riyam nach Muscat führt. Sie wurde 1929 eröffnet, war die erste Asphaltstraße des Landes und bis zum Bau der Uferstraße von Mutrah die einzige Verbindung für Fahrzeuge in die Hauptstadt. Sämtlicher Verkehr lief bis dahin durch dieses schmale und kurvenreiche Nadelöhr. Hat man die Passhöhe hinter sich gelassen, hat man einen **schönen Blick** auf die Altstadt, den Palastbezirk und die alten Forts.

An der **Corniche** zwischen Muscat und Mutrah steht ein **Wachturm.** Von seiner Spitze erkennt man die Ausmaße des Hafens von Mutrah, der die Bucht beherrscht, besonders gut.

Die Orte südlich von Muscat

Die Dörfer und Buchten südlich von Muscat sind **über eine Asphaltstraße zu erreichen.** Sie windet sich zum Teil eindrucksvoll an den Felswänden entlang, und man muss steile Steigungen bewältigen. Dabei ergeben sich immer wieder schöne Ausblicke auf die Bergwelt und die kleinen Buchten, in denen man Dörfer, den Jachtclub, das Aquarium, das Al-Bustan Palace Hotel, schöne Strände und eine Tauchschule findet.

Verlässt man Muscat südwärts, so gelangt man durch eine freigesprengte Felswand schon nach 1 km in das Städtchen **Sidab.** Es besitzt einen Hafen der Marine und einen Fischerhafen, in der Bucht liegen häufig Dhaus vor Anker.

Hinter einer Oman-Oil-Tankstelle geht eine Straße links in das Dorf **Haramel** ab. Erst der Bau dieser Straße 1983 ermöglichte die Fahrt mit dem Auto direkt in den kleinen Ort. Früher war es nur per Boot zu erreichen. In der Bucht stehen die Ruinen eines alten Gebäudes, das einst als Quarantänestation für ankommende Schiffe diente.

In der nächsten Bucht liegt der **alte Jachthafen der Capital Area,** dessen **Strand** gegen eine kleine Eintrittsgebühr benutzt werden kann und der eine gute Möglichkeit zum Baden bietet, wenn man in einem Stadthotel ohne Strand wohnt.

In der übernächsten Bucht befinden sich ein Meeresforschungslabor mit kleinem **Aquarium** (s.u.) und der **Jachthafen Marina Bandar al-Rowdha.** Verschiedene Wassersportarten und Bootstouren sind von hier aus möglich, eine Preisliste hängt aus. Ein Café und Restaurant laden zum Verweilen ein, den Pool können Gäste des Restaurants mitnutzen.

Kurz darauf erreicht man die weite Bucht von **Al-Bustan;** in ihrer nördlichen Hälfte befindet sich das Dorf Al-Bustan. Die Bewohner wurden seinerzeit hierher umgesiedelt, um im südlichen Teil der Bucht Platz für den riesigen Komplex des **Al-Bustan Palace Hotel** (s.u.) zu schaffen. Dazu wurden Felsen weggesprengt, sodass eine große, ebene Fläche entstand. Lediglich einen Felsen hat man als Sichtschutz zwischen Dorf und Hotel stehen gelassen.

Auf der landeinwärtigen Seite der Straße befinden sich große, geschmackvoll gestaltete Gebäude, in denen das **omanische Parlament** tagt.

Von der Bucht bei Al-Bustan führt die Straße nach Südwesten über einen steilen Bergpass weiter in die Stadtteile Wadi Kabir und Ruwi. Nach der Hälfte des steilen Anstiegs passiert man ein **Mosaik,** das als Hintergrund für einen beleuchteten künstlichen **Wasserfall** dient. Kurz hinter dem Mosaik teilt sich die Straße. Südwärts, nach Qantab, führt sie noch weiter bergauf. Diese spektakuläre Straße verbindet vier weitere Buchten im Süden Muscats mit der Hauptstadt. In der nördlichsten Bucht liegt das kleine **Fischerdorf Qantab,** ein ruhiger Ort mit einem kleinen Palmenhain.

In der nächsten Bucht befinden sich die Ruinen von **Jissah,** für die Portugiesen einst ein Ort von Bedeutung. Sie landeten zunächst hier, um dann Muscat einzunehmen. Später war Jissah als Kohlenstation für französische Dampfschiffe geplant. Allerdings führte dies zu Zwistigkeiten mit den Briten, sodass die Übereinkunft mit Frankreich aufgekündigt wurde. Ein schöner öffentlicher Strand erfreute sich besonders am Wochenende großer Beliebtheit. Derzeit ist die gesamte Bucht großräumig abgesperrt und nicht zugänglich, da hier Apartments und Hotels entstehen, die 2020 eröffnen sollen (Infos unter muscatbay.com).

Eine Bucht weiter liegt die **Tauchschule und Unterkunft Muscat Hills Resort.** Die Schule bietet sowohl einzelne Tauchgänge mit Ausrüstungsverleih als auch ganze Kurse an und verfügt auch über einen Swimmingpool (siehe auch Exkurs „Die Seeseite des Sultanats").

Schließlich erreicht man die südlichste der vier Buchten. Hier liegt ein großer **Hotelkomplex der Shangri-La-Kette** mit mehr als 600 Betten. Er besteht aus drei einzelnen Hotels der 5- und 6-Sterne-Kategorie, die an einem schönen Privatstrand liegen.

Aquarium

In der Bucht des Jachthafens Marina Bandar al-Rowdha liegt das **Marine Science and Fisheries Center,** ein Meeresforschungszentrum, das auch ein öffentliches Aquarium beherbergt. Allerdings ist es sehr klein und in Anbetracht des Fischreichtums Omans eher eine Enttäuschung. Zu sehen sind verschiedene Fisch-, Muschel- und Korallenarten sowie Meeresschildkröten.

■ **Info:** Geöffnet So bis Do 8–14 Uhr, Fr und Sa geschlossen, Tel. 24740061, Eintritt frei.

Al-Bustan Palace Hotel

Wenn auf irgendein öffentlich zugängliches Gebäude in Oman die allgemein verbreitete Vorstellung eines Palastes aus 1001 Nacht zutrifft, dann auf das Al-Bustan Palace Hotel. Schon von Weitem kann man das **achteckige Monument** mit seinen neun Stockwerken und der golden schimmernden Kuppel erkennen. Rund um das Hotel legte man einen riesigen Garten – arabisch *bustan* – künstlich an. Die fruchtbare Gartenerde stammt aus der Gegend südlich von Fujairah in den Vereinigten Arabischen Emiraten, die meisten Pflanzen sind indischer Herkunft.

Noch märchenhafter als die äußere Fassade zeigt sich das **Innere des Prunkbaus.** Beim Eintritt raubt dem Besucher nicht nur die weihrauchverhangene Luft den Atem, sondern auch der Anblick der fast 40 m hohen, mit Brunnen, Spiegeln und Marmor geschmückten Lobby, in welcher ein Swarowski-Kronleuchter das Ambiente zusätzlich veredelt. Zum Hotel gehören neben diversen Shops, Banken, Cafés, Restaurants und verschiedenen Sportstätten auch Konferenzräume, ein Ballsaal und ein Auditorium. Nicht zu Unrecht wurde es wiederholt als „Best Hotel in the Middle East" ausgezeichnet.

Der **Majan-Ballsaal** wird vornehmlich für große Hochzeitsfeierlichkeiten, Konferenzen oder Modenschauen genutzt. In ihm finden 1000 Gäste Platz.

Das mit knallrotem Samt ausgelegte **Auditorium** bietet 600 Sitzplätze und eine Ehrenloge für den Sultan.

Neben alledem verfügt das Hotel über **250 Zimmer, Apartments und Suiten.** Die gesamte oberste Etage mit sechs Suiten ist den Gästen des Sultans vorbehalten. Hier sind die Wasserhähne aus purem Gold. Aber auch die Suiten der siebten und achten Etage haben mit bis zu 160 m^2 die Ausmaße einer großen Wohnung. Und die Wasserhähne sind immerhin noch vergoldet.

Ursprünglich wurde das Gebäude gar nicht als Hotel konzipiert, sondern anlässlich der ersten Golfstaaten-Konferenz 1985 als Gästehaus der Teilnehmer geplant. **Das Konzept entwarfen europäische Architekten.** Die sechs Suiten der obersten Etage waren für die Präsidenten der sechs Golfstaaten vorgesehen, der achte Stock für die Ministerpräsidenten und die darunter liegenden Stockwerke für entsprechend rangniedere Konferenzteilnehmer. In nur zwei Jahren wurden 70.000 Kubikmeter Beton, 7000 Tonnen Stahl und 800 Tonnen Marmor von über 3500 meist indischen Arbeitern verbaut. 1985, nachdem 250 Millionen US-Dollar in den Bau geflossen waren, war das Hotel rechtzeitig zur Konferenz fertig.

Seit einer umfassenden Renovierung im Jahr 2008 wirkt das Hotel etwas zeitgemäßer, der Garten- und Poolbereich wurde dem modernen Hoteldesign angepasst. Das Management wechselte von der InterContinental-Kette zu Ritz Carlton. 2017/18 war das Hotel erneut für längere Zeit wegen einer **Umgestaltung** geschlossen. Die Cafés und Restaurants des Hotels sind auch für Gäste zugänglich, die nicht vor Ort übernachten.

Mutrah مطرح

Die **Nachbarstadt Muscats,** oft als ihre „Zwillingsstadt" bezeichnet, liegt nur etwa **3 km westlich der Hauptstadt.** Auch hier bildet eine geschützte Bucht einen natürlichen Hafen, doch im Gegensatz zu Muscat war Mutrah leicht von der Landseite her angreifbar, da es nicht durch hohe Bergketten geschützt ist.

In historischen Quellen findet Mutrah kaum Erwähnung. Erst ab Anfang des 19. Jahrhunderts wird über ihre Bedeutung als Hafen- und Handelsstadt berichtet. Dass Mutrah aus dem Schatten von Muscat heraustreten konnte, lag am Niedergang der internationalen Seehandelsbeziehungen Omans. Für die Händler in Muscat wurde die Nachbarstadt interessant, weil der **Inlandsmarkt** an Bedeutung gewann und damit die gute Anbindung ins Landesinnere, die Mutrah auszeichnete. Die Zeit als **Handelszentrum** brach an.

Anfang des 20. Jahrhunderts hatte Mutrah sogar mehr Einwohner als Muscat. Ein weiterer Vorteil dieses Standortes war die größere und tiefere Bucht, die sich besser für die damals aufkommenden Dampfschiffe eignete.

In der **Anlage der Nachbarstädte** finden sich einige Parallelen. Wie in Muscat schützten auch in Mutrah zwei Festungen an den äußeren Enden die Bucht (heute ist nur noch eine erhalten). Die Wohn- und Geschäftsviertel befanden sich entlang des Strandes und waren durch eine Stadtmauer zu den Bergen hin abgesichert. Auch in Mutrah wurden diese Befestigungsanlagen durch zahlreiche Wachtürme ergänzt.

Bei allen Gemeinsamkeiten ist Mutrah heute doch ganz anders als Muscat. Durch den modernen Hafen ist sie die **Handelsmetropole** des Landes. Doch trotz aller Modernisierungen ist Mutrah relativ **ursprünglich** geblieben. Ob auf dem Fisch- oder Gemüsemarkt, im Souq oder an der Corniche: Hier findet man das **orientalische Flair,** das man in Muscat oft vermisst. Wirkt die Hauptstadt vornehm und zurückhaltend, so ist Mutrah laut, manchmal hektisch, immer aber lebhaft und interessant.

Sehenswertes

Mutrah Souq

2006 wurde der Souq einer **Großrenovierung** unterzogen. Seither wirkt er deutlich aufgeräumter, ist aber auch touristischer geworden. Zumindest in den kleinen Seitengassen bietet sich aber noch das alte orientalische Bild. Bis 1970 galt das Verbot von Sultan *Taimur,* bauliche Veränderungen vorzunehmen. Lediglich im Falle eines Brandes durften Gebäude erneuert werden, doch auch dann mussten die alte Form und Größe wieder hergestellt werden.

Betritt man den Souq durch das Haupteingangstor, das genau auf der Höhe der Fußgängerampel (sogar mit akustischem Signal für Blinde) steht, so gelangt man in die **Hauptgasse Khor Bamba,** die das Souqgebiet in zwei Hälften trennt: östlich der **Souq Kabir,** der Markt der Großhändler, westlich der **Souq Saghir,** der Einzelhandelsmarkt. Bis Mitte des 20. Jahrhunderts gab es eine strikte Trennung zwischen diesen beiden Bereichen. Heute ist diese Struk-

Timothy Severin und die „Sohar"

von Peter Franzisky und Kirstin Kabasci

In der Mitte des Kreisverkehrs vor dem Palasthotel Al-Bustan steht eine **Original-Dhau,** die auf den Namen „Sohar" getauft ist und mit der der Ire *Timothy Severin* **von Oman nach China** gesegelt ist. Er startete diese ganz besondere Seefahrt zum zehnten omanischen Nationalfeiertag am 23. November 1980. Severin wollte beweisen, dass die im 8. Jahrhundert stattgefundenen Schiffsreisen zwischen Arabien und China technisch möglich waren. Severin organisierte den detailgetreuen Nachbau eines mittelalterlichen arabischen Segelbootes, dem der Name der Geburtsstadt von *Sindbad dem Seefahrer* gegeben wurde. Sultan Qaboos persönlich unterstützte dieses Projekt, finanziert wurde es vom Ministerium für Nationales Erbe und Kultur.

Zum **Bau der „Sohar"** wurden 140 Tonnen Holz benötigt, das traditionell von der Malabar-Küste in Indien geholt wird. In Oman gibt es keine Bäume, die groß genug wären, um gutes Holz für den Schiffbau zu liefern. Mit Hilfe von 640.000 m Kokosfäden (von ca. 50.000 Kokosnüssen) wurden die Planken in arabischer Schiffsbautechnik „vernäht". Ältere omanische Schiffsbauer sagten, ein genähtes Schiff sei flexibler, es könne nicht so leicht auseinanderbrechen, wenn es gegen ein Korallenriff stieß, sondern den Aufprall geschmeidig abfangen. Manche behaupteten gar, dass sich am Meeresboden ein großer Magnet befände, der die Eisennägel aus dem Rumpf zöge, wenn man mit dem Schiff darüber hinwegfuhr …

Die „Sohar" ist das letzte Schiff, das in dieser früher in Oman weit verbreiteten Technik gebaut wurde. Heute werden die Planken mit langen Stahlnägeln festgenagelt. Europäische In-

oman077 pf

genieure hielten den Bau nicht nur für undurchführbar, sondern auch für unfinanzierbar. Nachdem die Planken mehrfach eingepasst, nachgearbeitet und vernäht waren, wurde zum Schluss die Holzoberfläche dünn mit aufgetautem Baumgummi bestrichen und darüber wiederum ein dünner Streifen Musselingewebe festgeklopft. An der Außenseite des Rumpfes wurden die Löcher mit Kitt abgedichtet, die Ritzen zwischen den Planken wurden mit Kokosnussfasern ausgestopft, die regelmäßig geölt werden mussten. Die Sorgfalt hatte ihren Preis: Ein solches Schiff zu bauen, erforderte zwei- oder dreimal so viel Zeit, als wenn man es genagelt hätte.

An Bord der „Sohar" gingen **zwanzig Mann Besatzung,** darunter Timothy Severin als Kapitän und drei Wissenschaftler. Als Reiseproviant befanden sich u. a. eine Tonne edelster omanischer Datteln unter Deck.

Für die fast **6000 Meilen** von Muscat bis Kanton benötigte das Segelschiff knapp **siebeneinhalb Monate.** Dabei folgte es exakt der alten arabischen Route über die Lakkadiven, die Malabar-Küste, Sri Lanka, die Straße von Malakka und das chinesische Meer. Die Fahrt war genauso abenteuerlich und gefährlich wie Jahrhunderte zuvor, begleitet von Krankheiten, Wassermangel, Proviantknappheit, Hitze, Stürmen, Mastbruch und Piraten.

Nach der Fahrt hat Timothy Severin seine Abenteuer im Buch „Auf den Spuren Sindbads von Arabien nach China" (hrsg. von Hoffmann und Campe) niedergeschrieben. Leider ist das Buch nur noch antiquarisch erhältlich.

tur zwar noch erkennbar, doch sie löst sich langsam auf. Viele Läden beziehen auch den Raum vor ihrem Geschäft in ihre Ausstellungsfläche mit ein. Das bunte und geschäftige Treiben macht den Markt zum orientalischsten Souq in Oman. **Die meisten Geschäfte haben von 9–12.30 und 16.30–21 Uhr geöffnet,** freitags bleiben einige geschlossen. Freitagnachmittag/-abend ist aber eine gute Zeit für einen Besuch, denn dann sind viele Omanis unterwegs.

Die engen, verwinkelten Gassen lassen das Gebiet wie ein **Labyrinth** erscheinen. Nur da und dort dringen ein paar Sonnenstrahlen durch kleine Öffnungen in den Dächern der gedeckten Gassen. Überall riecht es nach Süßigkeiten, Gewürzen, Weihrauch, Räucherwerk, Duftölen und Parfüm.

Das Angebot ist **nach Warengruppen getrennt,** so wie auf arabischen Märkten üblich. Waren des täglichen Bedarfs werden hier genauso feilgeboten wie traditionelle Handwerksartikel und orientalische Souvenirs. Natürlich fehlen auch **Weihrauch(-brenner)** nicht. Viele Stände und Geschäfte bieten die wohlriechende Produktpalette der omanischen **Duftwelt** an. In Blechdosen, meist gold- oder silberfarben, schlummert eine Vielfalt an Duftstoffen, die zum Verdampfen auf einen Weihrauchbrenner mit glühender Kohle gelegt werden. Daneben findet man **Gewürze** – nicht nur omanische, sondern auch viele, die in der indischen Küche Verwendung finden. **Henna** wird als Pulver und fertige Tubenpaste verkauft. **Halwa-Läden** bieten die verschiedenen Varianten dieser Süßigkeit an. Und dazwischen immer wieder Plastikprodukte und Textilien aus Fernost und Indien.

Mutrah und Ruwi

Übernachtung

- 2 Nuzha Hotel Apartments
- 4 Riyam Hotel
- 5 Marina
- 7 Naseem
- 9 Mutrah
- 11 Al-Falaj
- 13 Golden Tulip Headington Hotel
- 14 Haffa House
- 16 Tulip Inn Downtown Hotel Ruwi
- 22 Sun City
- 26 Sheraton Oman
- 27 Hala Hotel Apartments
- 28 Crystal Suites
- 29 Golden Oasis

Essen und Trinken

- 1 Cave Restaurants
- 5 Al-Boom
- 6 Bait al-Luban, La Brasserie, Fishers Grilled
- 7 Royal House Restaurant
- 8 Straßenlokal, Al-Rafee/Saiseas, Corniche Café, Kurkum
- 10 Sakeena's Kitchen
- 11 Tokyo Taro
- 12 Lazeez
- 15 La Terrazza
- 16 Dar Tajine, La Pizzeria
- 18 Park Way
- 19 Omar al-Khayyam
- 20 Arab World Restaurant
- 23 Woodlands
- 24 Bin Ateeq
- 25 Four Foods

Einkaufen

- 3 Lulu-Supermarkt
- 17 Oman Commercial Centre
- 21 Khimji Megastore

Läden mit **Goldschmuck** findet man am Rand des Souqs zum Sur al-Lawatiyah. **Geldwechsler** haben ihre Geschäfte hauptsächlich beim Haupteingang.

Biegt man hinter dem Haupteingangstor von der Hauptgasse direkt den ersten Seitenweg nach rechts ab, so wird der erste Teil dieser Gasse, die parallel zur Corniche verläuft, von den Auslagen mit **Stoffen und Kleidungsstücken** in allen Farben bestimmt. Die meisten sind vom indischen Subkontinent importiert, so wie die vielen Saris – lange Stoffbahnen, die von den indischen Frauen getragen werden. Aber auch bunte, mit gold- oder silberfarbenen Applikationen verzierte omanische Frauen- und Kinderkleider werden angeboten. Hinter Stapeln farbiger Stoffballen sitzen die Händler in ihren Ladenzeilen. Einige der Läden haben sich auf die **omanischen Kappen (kumma)** und **Turbantücher** aus feiner Kaschmirwolle spezialisiert, die in allen Preislagen verkauft werden.

In der westlichen Hälfte dieser Gasse (an der Engstelle rechts halten!) finden sich zahlreiche Läden mit **Silberwaren** wie Schmuck, Schwerter, Kaffeekannen, Rosenwassersprinkler, Weihrauchbrenner und Dosen in allen Größen. Auch kunstvoll gearbeitete, alte und neue **Krummdolche** *(khanjar)* hängen an den Eingangstüren. Sie sind der Stolz eines jeden Omani, vom Beduinen bis zum Minister. Auch Töpferwaren wie Krüge zum Wasserkühlen und große Truhen *(sanduq)* werden angeboten.

Am oberen Ende der Hauptgasse Khor Bamba endet das überdachte Gebiet des Souqs. Hier, am ehemaligen Stadttor Bab Addarwazah, wo früher der Lagerplatz der Kamelkarawanen aus dem Landesinneren war, hat sich ein moderner **Straßensouq** etabliert. Heute findet man hier vorwiegend Waren des täglichen Gebrauchs, aber auch einige Läden mit Souvenirs und Weihrauch.

Für eine Verschnaufpause bieten sich **Cafés und Fruchtsaftläden** an. Ein kleines Café befindet sich kurz hinter dem oberen Haupteingang auf der linken Seite, Fruchtsaftläden mit Imbiss liegen direkt an der Corniche beim unteren Haupteingang.

Bait al-Baranda

Das kleine und sehr nette Museum ist in einem **restaurierten historischen Gebäude** untergebracht, das von 1909–33 eine Klinik der Amerikanischen Mission war. Der Name Al-Baranda stammt angeblich vom Wort Veranda ab.

Die **Ausstellung** ist sehr anschaulich und ansprechend gestaltet. Sie umfasst Fotos von Muscat, die Alt und Neu gegenüberstellen, einen geologischen Abriss, Infos zur Geschichte, zu moderner Kunst und vieles mehr.

■ **Info:** Lage direkt am Fisch-Kreisverkehr (beim Naseem Hotel), geöffnet Sa bis Mi 9–13 und 16–18 Uhr, Do nur 9–13 Uhr, Fr geschlossen, Eintritt 1 RO, Tel. 24714262. Fotografieren ist nicht erlaubt.

Die Corniche

1982 angelegt und 2005 neu gestaltet und herausgeputzt, ist die Uferstraße die **wichtigste Straße Mutrahs** und der Stolz der Bewohner. Im Nordosten beginnt sie am Hafen Mina Qaboos und führt dann entlang der Bucht über den Ortsteil Riyam bis zum Dorf Kalbooh.

oman078 pf

Die „Sharia al-Bahri", die künstlich angelegte **„Meeresstraße"**, verläuft streckenweise auf Betonpfeilern und liegt deutlich höher als der ehemalige Strand.

Fährt man die Corniche von West nach Ost, so liegt am Anfang der Strecke der **Hafen Mina Qaboos.** Aus dem durch die Bucht gebildeten Naturhafen entstanden, ist er heute der größte Hafen Omans. 1974 gebaut, wurde er oft erweitert, um mit dem wachsenden Warenumschlag Schritt halten zu können. Eine moderne Container-Verladestation bestimmt (noch) das Bild des Hafens. Die früher so zahlreichen Dhaus sind fast völlig verschwunden.

Fassade in Mutrahs Stadtteil Al-Lawatiyah

In diesem Bereich ist ein groß angelegter **Umbau** im Gange, denn der eigentliche Handelshafen wurde komplett nach Sohar verlagert. Das gesamte Areal soll zu einer **Flaniermeile** entwickelt werden.

Vor dem Hafen liegt der **Fischsouq.** In dem modernen Gebäude wird ein großes Sortiment an Meerestieren angeboten. Vor allem vormittags herrscht hier ein buntes Treiben. Der Fischmarkt dehnt sich auf den **angrenzenden Strand** aus, wo die Fischer ihren Fang frisch anliefern. Besonders frühmorgens ist die Bucht voller kleiner Fiberglasboote. Kleine Fische werden direkt aus dem Boot verkauft, größere auf Decken oder Plastikmatten ausgebreitet oder in die benachbarte Souqhalle getragen. Die Auswahl reicht von Sardinen über Thunfische und den beliebten King-Fish (Königsmakrele) bis hin zu Haien.

Die Uferstraße säumen **Handelshäuser** aus dem 19. Jahrhundert, die den Reichtum vergangener Zeiten offenbaren. Ihr Stil mit Spitzbogenfenstern, Balkonen, Gesimsen und kunstvollen Gittern unterscheidet sich deutlich von anderen Kaufmannsresidenzen im Land. Die aufwendig dekorierten, weiß getünchten Häuser zeugen von indischen und pakistanischen Einflüssen.

Vor dem Bau der Corniche standen die Häuser direkt am Strand. Die Schiffe wurden davor ausgeladen und die Waren in die untersten Etagen der Häuser gebracht, die als Lager- und Büroräume dienten. In den oberen Stockwerken befanden sich die Wohnräume der Familie.

Hinter der Front dieser alten Handelshäuser liegt der „verbotene" Stadtteil **Hellat Sur al-Lawatiyah,** ein enges, typisch orientalisch-islamisches Gassengewirr mit vielen Sackgassen. In dem Viertel lebt die schiitische Sekte der Lawatis, im 16. Jahrhundert aus Pakistan zugewandert. In der Vergangenheit arbeiteten sie als Handwerker (Zimmermänner, Schiffsbauer und Weber), heute betätigen sie sich hauptsächlich im Handel. Daher stammt auch die Bezeichnung *khojah* (= arab. „Händler), wie die Glaubensgemeinschaft der Lawatis oft genannt wird. Viele der Händler im Souq von Mutrah sind Lawatis. Das Viertel ist rundherum von einer hohen Mauer umgeben und hat nur zwei Eingänge. Am Tor an der Hafenseite weist ein Schild „Residential Area" darauf hin, dass Fremde unerwünscht sind. Jeder Nicht-Lawati wird höflich, aber bestimmt aus dem Viertel verwiesen, was die Omanis schon seit Jahrhunderten respektieren.

Wenn man den Haupteingang zum Souq (s. o.) passiert, fällt der Blick auf das auf einem steilen Felsen thronende **Fort** von Mutrah. Es stammt aus der Zeit der Portugiesen und ist heute in Staatsbesitz und renoviert. 2018 wurde es offiziell für das Publikum eröffnet. Der Besuch ist nicht sonderlich spektakulär, aber der Blick von oben auf den Hafen sehr schön. Der Eingang befindet sich auf der Rückseite, geöffnet ist Sa bis Do 9–18.30 Uhr, Fr 9–11 und 14–18.30 Uhr, Eintritt 500 Bs.

Etwas weiter erreicht man in einem kleinen alten Haus **Ghalya's Museum.** Die Ausstellung bietet eine Mischung aus moderner Kunst und Museumsstücken wie z. B. altem Schmuck. Geöffnet Sa bis Do 9.30–18 Uhr, Eintritt 1 RO, Tel. 24711640, www.ghalyasmuseum.com.

Auf der linken Seite der Straße befindet sich ein **Felsen mit Wasserfällen,** die abends beleuchtet werden, daneben lebensgroße Tiere aus Kunststoff. Mit solchen Plastiken versucht man im ganzen Land, die Straßenränder zu verschönern. „Beautification" heißt das Stichwort, unter dem Dinge aus Kultur und Natur des Landes nachgebildet werden.

Am östlichen Ende der Corniche liegt der Stadtteil Riyam mit dem **Riyam Park.** Seine größte Attraktion ist schon von Weitem sichtbar: ein weißer Aussichtsturm in Form eines „UFOs" auf einer abgetragenen Bergkuppe. Dieses für ausländische Augen so futuristisch anmutende Gebilde ist ein alltäglicher omanischer Weihrauchbrenner. Geöffnet ist der Park Sa bis Do von 15–24 Uhr und Fr von 8–24 Uhr, der Dienstag ist Frauen und Kindern vorbehalten.

In dem kleinen Ort Riyam beginnt die **alte Passstraße** nach Muscat. Im Jahr 1929 erbaut, war sie die erste Asphaltstraße in Oman und fünfzig Jahre lang die einzige Straßenverbindung in die Hauptstadt.

Unser Tipp: Gegenüber dem Riyam Park, an der kleinen Abzweigung nach rechts in der Linkskurve der Straße, beginnt eine schöne **zweistündige Wanderung.** Sie führt zunächst auf etwas schotterigem Untergrund den Berg hinauf, um dann hinter dem Sattel durch die felsige Landschaft zu führen. Man ist nicht weit vom Trubel der Corniche entfernt – und doch in einer komplett anderen Welt. Vorbei an einer alten verlassenen Siedlung geht es durch ein schmales Wadi zurück in Richtung Mutrah. Oft steht hier in den Wintermonaten noch etwas Wasser. An einem Friedhof erreicht man Mutrah nicht weit entfernt vom oberen Eingang zum Souq, sodass man noch einen Bummel anschließen kann. Die Gesamtstrecke beträgt knapp 3 km (ab Riyam bis zum Beginn von Mutrah, plus Rückweg zum Wagen, Höhenmeter etwa 200). Wollen Sie die Tour in der umgekehrten Richtung machen, so biegen Sie am Schild „Hillat al-Dakah" von der Straße, die um den Souq herumführt, nach rechts ab.

Als nächstes erreicht man den kleinen Ort **Kalbooh** am Ende der Corniche. Vor dem Bau der Straße war er vom Rest der Welt abgeschnitten und nur über kleine Fußwege durch die Berge oder mit dem Boot zu erreichen. Auch Kalbooh hat einen neuen öffentlichen **Park** mit Palmen, Rasen, einem Kinderspielplatz, Toiletten und einem Pizza-Hut-Kiosk, der am Abend ein beliebter Treffpunkt zum Bummeln ist. Hinter dem Dorf beginnt der oben beschriebene Stadtbereich von Muscat.

Ruwi روي

Im Gegensatz zu Muscat und Mutrah ist Ruwi keine historisch gewachsene Stadt, sondern ein im Zuge des Ausbaus der Capital Area **neu geplanter Stadtteil.** Schon 1970 wurde die Notwendigkeit einer Ausweitung von Mutrah erkannt, da sowohl hier wie auch in Muscat die Berge das Siedlungs- und Gewerbegebiet beschränken. Das Becken von Ruwi, das nur durch einen Bergrücken von Mutrah getrennt liegt, bot sich an. Mit Ausnahme des Militärcamps Bait al-Falaj und einer Landepiste für Flugzeuge war das Gebiet bis dahin unbebaut.

Das Gelände zwischen dem Bergrücken und der eigentlichen kleinen Siedlung Ruwi im Südwesten des Beckens entwickelte sich zum modernen **Geschäfts- und Bankenviertel.** In der Erschließungsphase wurde es **Greater Mutrah** genannt, eine Bezeichnung, die man noch heute oft hört. Alternativ hierzu wird das Gebiet auch als **Mutrah Business District (MBD)** betitelt. Nach und nach setzt sich aber der Name Ruwi für das gesamte Becken durch. Zu dem Gebiet zählen auch die **Ortsteile Wadi Kabir,** südöstlich von Ruwi, und **Hamriyah,** südlich davon.

Ruwi, vor allem aber die kleineren Ortsteile wie Hamriyah, Wadi Adai und Wadi Kabir sowie das landeinwärts an der Straße nach Quriat gelegene Medinat al-Nahdah, gelten als Wohngebiete einkommensschwacher Bevölkerungsschichten. Der Anteil an asiatischen Gastarbeitern ist hier besonders hoch.

Drei wichtige **Orientierungspunkte** Ruwis sind der Omantel-Tower, der Turm der staatlichen Telefongesellschaft, das Sheraton Hotel und der Ruwi Roundabout beim Oman Commercial Centre (OCC) und dem Ruwi Hotel. Die Verbindung zwischen Sheraton und Ruwi Roundabout, die **Al-Jaame Street,** ist die zentrale Straße Ruwis. Geht oder fährt man sie vom Hotel in Richtung Ruwi Roundabout, so folgt links das Ministerium für Handel und Industrie. Daneben eine gewaltige Uhrsäule, in deren Sockel etliche Fernsehmonitore eingearbeitet wurden. Am Abend ist sie Treffpunkt der Gastarbeiter. Etwas weiter liegen rechter Hand die Sultan-Qaboos-Moschee und die zentrale Busstation sowie gegenüber der Abfahrtsort der Minibusse und Sammeltaxis. Wenige Meter weiter beginnt die Ruwi Souq Street.

Die **Al-Tijari Street,** die auf den Omantel-Tower zuführt, war bis 1973 Teil des Flughafens von Muscat, der nach dem Bau des neuen Flughafens in Seeb geschlossen wurde. Hier liegt die omanische Zentralbank, viele weitere große Banken haben ihren Hauptsitz in diesem Viertel.

Sehenswertes

Sultan's Armed Forces Museum im Bait al-Falaj

Das Bait al-Falaj, 1845 als **Sommergartenhaus des Sultans Said bin Sultan** errichtet, wurde wegen seiner strategisch bedeutenden Lage am Hauptweg von Muscat ins Landesinnere in Form eines Forts angelegt. Die nachfolgenden Sultane nutzten das Gebäude dann auch als solches: Ab 1913 war es Hauptquartier von Sultan *Taimur bin Faisals* Armee. 1915 spielte das Fort eine wichtige Rolle bei der Verteidigung gegen die Truppen des Imams, die wieder einmal versuchten, Muscat zu erobern und die Macht des Sultans zu brechen. Von 1921 an war die Anlage Hauptquartier der „Muscat Levy Corps", der ersten Militäreinheit der Royal Oman Police. Und von 1957 bis 1978 wurde das Bait al-Falaj als **Armeehauptquartier** Omans genutzt. Anschließend gestaltete man es zu einem **militärhistorischen Museum** um.

Ein Besuch lohnt sich. Die erste Etage informiert über die **Geschichte Omans.** Im zweiten Stock werden die omanischen Streitkräfte – Armee, Luftwaffe, Marine und die königliche Garde des Sultans – vorgestellt. Die Ausstellungsräume sind alle sehr ideenreich eingerichtet und ausstaffiert. Auf dem angrenzenden Gelände befindet sich eine **Kaserne,** und auch das Museum ist noch fest in Soldatenhänden. Besucher werden von einem (nicht unbedingt englisch sprechenden) Armeebediensteten herumgeführt, das Fotografieren ist nur in wenigen Räumen gestattet.

Info: Geöffnet So bis Do 8–13.30 Uhr, Sa 9–12 und 15–18 Uhr, Fr geschlossen, Eintritt 1 RO, Tel. 24312648.

Ruwi Souq

Der Souq von Ruwi breitet sich **rund um die Ruwi Souq Street** aus. Ein omanischer Spruch lautet: „Was man im Ruwi Souq nicht kaufen kann, findet man in ganz Oman nicht." Dabei muss man die traditionellen Handwerksgegenstände, wie sie in Mutrah zu erstehen sind, allerdings ausklammern, denn sie sucht man in Ruwi vergeblich. Das Spektrum der

Läden dieses Straßensouqs reicht vom Videoverleih über Schuhgeschäfte und Baumaterialien bis zum großen Supermarkt. Die meisten Läden bieten Haushaltswaren, Elektroartikel, Stoffe und Bekleidung an.

Außerdem finden sich zahlreiche kleine, vorwiegend indische **Imbisslokale.** Statt omanischer dishdashas sieht man hier vornehmlich Träger indischer Sarongs und Saris – zu manchen Tageszeiten scheint Bombay näher als Oman. Besonders abends herrscht hier reges, indisch dominiertes Leben, das man von der Terrasse des Arab World Restaurant in der Souq Street gut beobachten kann.

Souq al-Jama'a

Auf dem **Freitagsmarkt,** dem Souq al-Jama'a, in Wadi Kabir bekommt man von Sicherheitsnadeln über gebrauchte Waschmaschinen bis hin zum Landrover fast alles. Das bunte Treiben beginnt früh am Morgen und dauert bis in den Abend hinein. Zwar ist das Warensortiment nicht übermäßig spektakulär, jedoch zeigt der Markt ein Stück Alltagsleben der Omanis.

Das Gelände liegt in Wadi Kabir direkt an der Hauptstraße von Ruwi nach Al-Bustan neben den Hallen des großen Obst- und Gemüsemarktes.

Sonstiges

Fährt man die Al-Jaame Street vom Sheraton Hotel zum OCC, so kann man am Berghang oberhalb des Einkaufszentrums deutlich das **Felsprofil eines Kopfes** erkennen.

In der ersten Etage des Postamtes am Turm der Telefongesellschaft in Ruwi befindet sich in der Philatelie-Abteilung eine **Briefmarkenausstellung,** in der alle omanischen Briefmarken, auch die aus Sansibar, zu bewundern sind. Anhand der teils sehr schönen Marken erhält man zugleich einen bunten Einblick in Geschichte und Kultur des Landes. Geöffnet Sa bis Mi 7.30–14 Uhr.

Wer sich für historische Münzen interessiert, besucht in der Central Bank of Oman in Ruwi (gegenüber der HSBC Bank) die **numismatische Ausstellung.** Geöffnet ist sie Sa bis Mi 8.30–12.30 Uhr, Eintritt 250 Bs, Tel. 24796102.

Qurum und Al-Khuwair

قرم الخوير

Die **Orte westlich von Muscat und Mutrah** entstanden zum größten Teil erst nach 1970 oder entwickelten sich seither von einem kleinen Dorf zu einem modernen Stadtteil. Sie liegen fast alle entlang der Küste; nur wenige Siedlungen wie z. B. Bowshar sind weiter im Landesinneren. Seit den 1970er Jahren wurden hier Wohn-, Regierungs- und Geschäftsviertel errichtet.

Fährt man vom Hafen in Mutrah in Richtung Westen, so passiert man zunächst **Darsayt,** eine kleinere Ortschaft, anschließend **Mina al-Fahal.** Hier stehen eine moderne Raffinerie, ein Ölverladeterminal und das Hauptquartier der wichtigsten Ölgesellschaft PDO. Dahinter liegen rechts der Straße die **Qurum Heights,** ein landschaftlich reizvolles

Villenwohngebiet für die höheren Einkommensschichten, und die **Landspitze Ras al-Hamra,** bekannt vor allem durch ihre frühgeschichtlichen Ausgrabungen (siehe „Geschichte").

Am Seih-al-Malih-Kreisverkehr geht es rechts zu den Qurum Hights mit dem Crowne Plaza Hotel und dem Sultan Qaboos Garden und zur Petrol Exhibition. Links, entlang des Wadis, ist ein **modernes Einkaufsviertel** entstanden; große Shopping Centres sind hier wie Pilze aus dem Boden geschossen.

Kurz darauf erreicht man das Naturschutzgebiet Qurum Natural Reserve Park. Hier beginnt der **Strand Shati al-Qurum,** der sich die Küste bis Seeb entlangzieht. Abends nutzen ihn einheimische Jugendkicker und auch Jogger. Im Fastenmonat Ramadhan herrscht hier schon fast Volksfestatmosphäre, wenn nach Sonnenuntergang das Essen wieder gestattet ist. Zahlreiche Restaurants und Imbissbuden bauen im Freien Sitzgelegenheiten auf, und man sitzt zum Essen oder für eine Wasserpfeife zusammen. An diesem Strand liegt auch das Inter-Continental Hotel, das nun rechter Hand auftaucht. In seiner Nähe befindet sich das **Children's Museum.**

Im schmalen Streifen zwischen Inter-Continental Hotel und Autobahn steht das **Royal Opera House Muscat** (vgl. entsprechenden Exkurs).

Der **Highway** ist auch auf dem folgenden Stück **vier- bis achtspurig** ausgebaut. Trotzdem ist er zu den Stoßzeiten morgens, frühnachmittags und abends chronisch verstopft. Man hat eine zweite Autobahn parallel etwas weiter in Richtung Berge gebaut, die Entlastung bringt – zumindest für eine Weile. Fußgänger haben keine Chance, da kaum an den Bau von Über- oder Unterführungen gedacht wurde. Diese einseitige Ausrichtung auf das Auto ist typisch für diesen Teil der Hauptstadtregion mit seinen relativ großen Entfernungen.

Interessanter als die Fahrt auf der Schnellstraße ist es, eine der **Parallelstraßen** links oder rechts des Highways zu benutzen.

Links des Highways passiert man den **Stadtteil Medinat al-Sultan Qaboos,** errichtet für etwa 6000 Menschen höherer Einkommensgruppen. Zur Siedlung gehören ein eigenes Geschäftszentrum sowie Moscheen, Schulen, Krankenhaus, Sportanlagen und Verwaltungen. In den Häusern, die in einem Mix traditioneller und moderner Elemente gebaut sind, leben überwiegend Europäer.

Am Al-Khuwair Roundabout beginnt der **Ortsteil Al-Khuwair,** der von Banken, Ministerien und Botschaften bestimmt wird. Viele der Ministerien sind architektonisch durchaus ansprechend gebaut, ohne dabei protzig zu wirken. Auf dem Gelände des *Ministry of National Heritage and Culture* liegt das **Naturkundemuseum.**

Am **Strand** von Al-Khuwair hat das stilvolle Luxushotel Grand Hyatt seine Pforten für zahlungskräftige Touristen geöffnet, ein Stück weiter in Richtung Flughafen liegt das Chedi, das mit seinem schlichten, aber eleganten Stil etwas Außergewöhnliches ist

Fährt man am Ghubrah-Kreisverkehr nach links, erreicht man das **Wadi Bowshar.** Die nächsten Orte am Highway sind **Ghubrah** und **Al-Azaiba,** in denen große Gewerbeflächen liegen. Hier befindet sich auch die **Sultan Qaboos Grand Mosque,** die mit Abstand größte Moschee des Landes und eine der weni-

gen, die auch Nicht-Muslime besuchen dürfen. Die bisher fast durchgehende Bebauung endet nun, doch in der Zukunft steht wohl zu erwarten, dass auch diese Flächen genutzt werden.

Sehenswertes

Petrol Exhibition Centre und Planetarium

Auf dem Gelände des Ölhafens in Mina al-Fahal hat die halbstaatliche Gesellschaft PDO, Petrol Development Oman, ein **kleines Museum** eingerichtet. Gezeigt wird, **wie Erdöl entsteht und wie es in Oman entdeckt, gefördert, verarbeitet und exportiert wird.** Texte, Diagramme, Modelle, Dias und Tonbänder bringen dem Besucher das Thema Öl und seine Bedeutung für Oman multimedial nahe.

Man erreicht die Ausstellung, wenn man am Seih-al-Malih-Kreisverkehr in Richtung Qurum Hights (Norden) fährt und direkt nach dem Kreisverkehr rechts zum Mina al-Fahal abbiegt. Immer geradeaus kommt man an den Haupteingang vom PDO-Gelände, rechts davor befindet sich das Museum.

Info: Geöffnet So bis Do 8–15 Uhr, Fr und Sa geschlossen, Tel. 24677834, Eintritt frei.

Direkt daneben wurde im November 2000 zum 30. Nationalfeiertag ein **Planetarium** eingeweiht, das im Stil eines Forts erbaut wurde. Innen ist es mit modernster Projektionstechnik ausgestattet. Das Programm wechselt jeweils nach einigen Monaten. Vorführungen erfolgen in arabischer und englischer Sprache im Wechsel. Der Eintritt ist frei, eine Voranmeldung unter Tel. 24675542 nötig.

Sultan Qaboos Garden/ Marah Land und Naturschutzgebiet

Mitten in Qurum, unterhalb der noblen Wohnviertel der Qurum Hights, nordwestlich des Qurum Roundabouts, liegt der Sultan Qaboos Garden – ein riesiger **öffentlicher Park,** dessen größte Attraktion (neben dem Vergnügungspark) ein **50.000 m² großer See** mit 30 m hoher Fontäne ist. Der See teilt den Park in viele Inseln, die durch Brücken miteinander verbunden sind. Man kann sich Paddelboote ausleihen und so die zahlreichen Blumen- und Rosenbeete anschauen. Die Beete des Wildblumengartens bilden ein 30.000 m² großes Blütenmeer.

Der Park ist Sa bis Do von 15–22 Uhr, Do und Fr von 10–22 Uhr und im Ramadhan von 19–24 Uhr geöffnet, montags ist er Familien vorbehalten. Der Eingang liegt an der Al-Qurum Street, die vom Seih-al-Malih-Kreisverkehr nach Qurum führt.

Der **Marah-Land-Vergnügungspark** (Eintritt 1500 Bs, Fahrten extra), der bei Omanis und Indern sehr beliebt ist, öffnet in den Abendstunden. Die Fahrgeschäfte sind aber – verglichen mit europäischen Freizeitparks – nur geeignet, jüngere Besucher zu erfreuen.

An den öffentlichen Park grenzt der **Qurum Natural Reserve Park,** ein **Naturschutzgebiet,** das nicht betreten werden darf. Es liegt an der Mündung des Wadi Adai zwischen den Stränden der Hotels Crowne Plaza und InterContinental. Zwei kleine Meeresarme bringen Wasser in das Küstengebiet. Zusammen mit den Sedimentablagerungen des Wadis und dem angeschwemmten Sand verwandeln sie es in eine Sumpflandschaft, die besonders Mangroven ideale Bedingungen bietet. Von diesen Pflanzen, den *Avicennia marina,* erhielt der Stadtteil Qurum seinen Namen, denn das arabische Wort für Mangrove ist *Qurum.* Die Mangrovenwurzeln schützen das Gebiet vor Erosion, wodurch sich ein Lebensraum für viele Tierarten entwickeln konnte. Im Feuchtbiotop leben zahlreiche Vogelarten, Insekten, Schmetterlinge, Fische, Krabben und Muscheln.

Dieser Reichtum an Tieren bildete schon vor über 5000 Jahren die Nahrungsquelle für die Menschen, die hier siedelten. Am nördlichen Ende von Qurum, am Ras al-Hamra, fand man an einem **prähistorischen Fundplatz** Reste dieser Besiedlung. Man entdeckte einen Friedhof, Gruben für Pfosten von Hütten sowie Muschelhaufen aus Muschelstücken, Tier- und Fischknochen, Asche und Sand; sie sind sozusagen „Müllhalden" der prähistorischen Siedlung, die jedoch durch Fundstücke wie Angelhaken aus Muscheln, Steingewichte zum Beschweren der Fischernetze und verschiedene Steinwerkzeuge Aufschluss über die damalige Lebensweise geben. In den Gräbern fand man Totengaben in Form von Perlen und Schildkrötenpanzern. Das Alter der Funde wird auf ungefähr 7000 Jahre geschätzt. Sie zeigen deutlich, wie eng die Menschen mit dem Meer und dem angrenzenden Sumpfgebiet verbunden waren.

Von den Fundplätzen ist heute nicht mehr viel zu sehen, da der Bauboom auch hier dazu führt, dass jeder freie Platz in guter Lage genutzt wird. Daher sind fast alle Muschelhaufen überbaut.

Children's Museum

Eigentlich trägt das Museum diesen Namen zu Unrecht, denn die ausgestellten Dinge und Apparate sind alles andere als Kinderkram und versetzen Erwachsene genauso in Erstaunen wie Kinder. Die Bezeichnung **Science Museum** (Wissenschaftsmuseum), unter der das Museum auch geläufig ist, wäre zutreffender. 70 Prozent der rund 50.000 Besucher jährlich sind aber in der Tat Kinder.

In den **futuristischen Kuppelhallen** stehen die verschiedensten Geräte, die alle dasselbe Ziel haben: Der Besucher soll dadurch, dass er selbst etwas ausprobiert, **physikalische und biologische Phänomene** erkennen und begreifen. So gibt es z. B. Räder, die man an der Achse in der Hand halten und drehen kann, um so die Aufstellkraft, die durch die Drehung entsteht, selbst zu spüren. Man kann unter einem Ballon ein Feuer entfachen und beobachten, wie er an die Decke schwebt. In einem dunklen Tunnel wird der eigene Schatten, der bei einen Lichtblitz entsteht, für eine Weile auf der phosphoreszierenden Wand „eingefroren". Zudem gibt es optische Täuschungen, Hologramme, Reaktionstests, Computer zum Zeichnen, ein Fahrrad zum Energieerzeugen, Geduldsspiele u.v.m. Englische Texte erklären die Hintergründe. Man sollte sich Zeit nehmen und alles in Ruhe ausprobieren – Museen, die so viel Spaß machen, sind selten!

Das Children's Museum liegt in Qurum direkt am Highway. Wenn man die Abfahrt zum InterContinental Hotel benutzt, ist der Weg beschildert (den Wegweisern „Amphitheatre" folgen).

■ **Info:** Geöffnet Sa bis Do 8–13.30 Uhr, Tel. 246 05368, Eintritt 500 Bs.

Natural History Museum / Sayyid Faisal bin Ali Museum

Das naturgeschichtliche Museum und das Sayyid Faisal Museum (Fortarchitektur und traditionelle Waffen) befinden sich im Stadtteil Al-Khuwair nördlich des Sultan Qaboos Highway auf dem Gelände des Ministry of National Heritage and Culture in der Al-Wizarat Street. Die Einfahrt liegt genau gegenüber dem Ice Skating Centre und der Zawawi-Moschee, die an der goldenen Kuppel zu erkennen ist.

Das **Natural History Museum** widmet sich in verschiedenen Gebäuden und Räumen der Vielfalt der omanischen **Tier- und Pflanzenwelt.** In einem Raum sieht man hinter Glasvitrinen ausgestopfte Tiere wie Schlangen, Skorpione, Vögel, Oryxantilopen oder Leoparden. In einem anderen werden Flora und Fauna der einzelnen omanischen Regionen präsentiert, zudem die verschiede-

› Freizeitspaß am Strand von Qurum

nen Naturschutzreservate und das Oryx-Projekt. Fotos, Landkarten und englischsprachige Begleittexte komplettieren die Ausstellung.

Ein dritter Raum widmet sich voll und ganz den über zwanzig in omanischen Gewässern lebenden **Wal- und Delfinarten.** In der Mitte des Raumes hängt das Skelett eines Wales, der in Barka gestrandet ist. Bei 14 m Länge wiegt es 3000 kg. Schaukästen und Begleittexte informieren über ihren Körperbau und ihre Lebensweise, aber auch darüber, wie sie kommunizieren und warum Wale unglücklicherweise manchmal stranden (weitere Informationen zu Walen siehe im Exkurs weiter unten).

Eine weitere Ausstellung hat die vielfältige **geologische und fossile Vergangenheit** Omans zum Thema. Die von Geologen der Ölgesellschaft PDO gesammelten Fundstücke werden in diversen Schaukästen ausgestellt. Modelle und Schaubilder verdeutlichen sehr anschaulich und effektvoll, wie z. B. versteinerte prähistorische Tiere und Pflanzen vor Millionen Jahren entstanden.

Info: Geöffnet Sa bis Mi 9.30–13.30 Uhr, Tel. 246 41374, Eintritt 500 Bs.

Das **Sayyid Faisal bin Ali Museum** liegt genau gegenüber dem Naturkundemuseum und wird ebenfalls vom Ministerium für Nationalerbe betrieben. Es widmet sich der Geschichte der **Forts** in Oman, vor allem der Architektur der Festungen, sowie **traditionellen Waffen.** Schöne Exemplare von Krummdolchen, Schwertern und alten Gewehren sind ausgestellt.

Info: Geöffnet Sa bis Mi 9.30–13.30 Uhr, Tel. 246 41650, Eintritt frei.

oman124 th

Bait Adam

Dieses Privatmuseum wird von *Latif al-Bulushi* engagiert geführt und ist schön gestaltet. Es beinhaltet **Exponate zur Geschichte Omans:** alte Fotos und Dokumente, Münzen, Banknoten und vieles mehr.

Vom Sultan Qaboos Highway am Al-Khuwair R/A in Richtung Madinat Sultan Qaboos abbiegen, dann bei Madinat Sultan Qaboos nach einem kleinen Park rechts abbiegen.

Info: Geöffnet Sa bis Do 9–13 und 16–19 Uhr, Eintritt 3 RO, Tel. 24605033.

Mächtiger Kristallleuchter in der Sultan Qaboos Grand Mosque

Sultan Qaboos Grand Mosque

Direkt an der Hauptstraße bei Al-Azaiba steht die Sultan Qaboos Grand Mosque, die **größte und sehenswerteste Moschee des Landes,** am 4. Mai 2001 nach sechs Jahren Bauzeit von Sultan *Qaboos* persönlich eröffnet. Über 6000 Gläubige können in ihrem Inneren beten, auf dem Gebetsplatz im Hof weitere 14.000 Menschen. Das höchste Minarett ragt über 90 Meter gen Himmel. Der persische Teppich in der Gebetshalle weist auf seiner 70 x 60 Meter großen Fläche nicht weniger als 1,7 Mrd. Knoten auf und war damit vorübergehend der größte Teppich der Welt. Ebenso war der in Bayern mit Swarowski-Kristallen hergestellte Kristallleuchter der weltgrößte – bis die neue Moschee in Abu Dhabi beide Titel übernahm. Doch auch viele kleine De-

oman079 pf

tails lohnen einen Blick. Zudem sollte man die Außengänge besuchen; hier findet sich eine interessante Ausstellung von *mihrabs* (Gebetsnischen) aus der gesamten islamischen Welt.

Info: www.sultanqaboosgrandmosque.com. Die Moschee steht auch Nicht-Muslimen offen, was in Oman sonst nur selten der Fall ist. Besuchszeiten Sa bis Do 8–11 Uhr. Vorgeschrieben sind dezentes Verhalten und Kleidung mit langen Hosenbeinen (keine Dreiviertel-Länge!); Frauen müssen ein Kopftuch und Ärmel bis zu den Handgelenken tragen.

Weitere Moscheen

Die **Moschee Mohamed al-Ameen** (oft auch nach ihrem Stifter *Saud Bahwan* benannt) in Ghubrah wurde 2014 fertiggestellt und ist seit 2016 auch für Nicht-Muslime zugänglich (ein Besuch lohnt sich). Sie liegt etwas erhöht, sodass sie schon von Weitem auffällt, wenn man vom Flughafen in die Stadt hineinfährt. Abends wird sie angestrahlt. Mit ihrer goldenen Kuppel hat sie sich zu einem Wahrzeichen der Stadt entwickelt. Zur Anfahrt wählt man am besten den neuen Expressway am Fuß der Berge bis zur Abfahrt Ghubrah/Bowshar und fährt dann nach Norden in Richtung Meer weiter; an der ersten Kreuzung rechts ab, dann direkt wieder rechts.

Info: Geöffnet Sa bis Do 8–11 Uhr, Eintritt frei, es gelten dieselben Bekleidungsvorschriften wie für die Sultan Qaboos Grand Mosque (s. o.).

Zwei weitere Schmuckstücke sind die **Zawawi-Moscheen** mit ihren goldenen Kuppeln. Der Stifter der Moscheen entstammt der einflussreichen Familie der *Zawawis* und gehört zu den reichsten Männern der Welt. Die Moschee im Zentrum von Al-Khuwair (beim Ice Skating Centre) widmete er seiner Mutter, die in Qurum (am Highway gegenüber der Einfahrt zum InterContinental Hotel) seiner Frau. Ihr außergewöhnliches Minarett ist gleichzeitig ein Uhrturm – bei Moscheen sonst unüblich.

Die **Moschee Said bin Taimur** beim Radisson Blu Hotel ist gleich aus zwei Gründen ungewöhnlich: Zum einen ist ihr türkischer Stil sonst in Oman nicht üblich, zum anderen ist sie das erste öffentliche Bauwerk, das Sultan *Qaboos* nach seinem Vater benannt hat.

Alle drei Moscheen sind nur von außen zu besichtigen.

Seeb

Der alte Ortskern von Seeb, dem **westlichsten Stadtteil der Capital Area,** ist wegen seines ursprünglichen Marktes sehenswert.

Der **Souq** ist im Vergleich zur Größe des Ortes sehr weitläufig. Die meisten Läden im alten Souqgebiet sind indische Schneiderstuben, Stoffläden sowie unzählige Shops mit Haushaltswaren. An der Hauptstraße, der Al-Souq Street, wird das Angebot vielfältiger, die Läden sind neuer und größer, ihr Angebot ist dem modernen Geschmack angepasst.

Der **Fischmarkt** findet in einer modernen Halle statt, in der die hygienischen Bedingungen besser sind als am Strand.

Botanischer Garten

Etwa 10 km südwestlich des Flughafens entsteht derzeit ein riesiger Botanischer Garten (der größte auf der Arabischen Halbinsel), der eine echte Attraktion zu werden verspricht. Allerdings soll er eher wissenschaftlich ausgerichtet sein. Eröffnung wird voraussichtlich im Jahr **2025** sein. Infos unter www.omanbotanicgarden.com.

Praktische Infos zur Capital Area

Touristeninformation

■ **Ministry of Tourism**
In Al-Azaibah, aber ohne offizielles Info-Büro, Tel. 24588870, www.omantourism.gov.om

■ Am **Flughafen** befindet sich im Ankunftsbereich ein kleiner **Infostand** (nur wenig Material). Am besten man wendet sich bereits vor Reisebeginn an das Büro in Berlin.

Für Geschäftsreisende

■ **Ministry of Commerce and Industry**
Gegenüber dem Sheraton-Hotel, Ruwi, Tel. 24799500, www.mocioman.gov.om

■ **Chamber of Commerce and Industry**
Gegenüber dem Sheraton-Hotel, Ruwi, Tel. 24707674, www.chamberoman.com

⊡ Das imposante Al-Bustan Palace Hotel

Hotels

Verwendete **Abkürzungen** bei allen Hotels:
R = Restaurant, **B** = Bar, **P** = Pool, **T** = Tennis, **F** = Fitness-Club, **S** = Strand, **W** = Wassersport

Hotels südlich von Muscat (Karte Umschlag hinten)

25 Al-Bustan Palace Hotel*****
(R, B, P, T, F, S, W) Exklusivstes Hotel Omans, wurde wiederholt unter die zehn besten Hotels der Welt gewählt, in der Bucht von Al-Bustan, frisch renoviert, mit Privatstrand, EZ/DZ ab 131 RO, Tel. 247 99666, www.albustanpalace.com

26 Shangri-La Barr al-Jissah Resort*****
(R, B, P, T, F, S, W) Weitläufige Anlage mit drei Hotels in einer schönen Bucht südlich von Al-Bustan, mit Privatstrand, DZ im **Al-Waha** ab 111 RO, im **Al-Bandar** ab 129 RO, im **Al-Husn** ab 170 RO, Meerblick und Suiten gegen Aufpreis, Tel. 24776666, www.shangri-la.com/muscat/barraljissahresort

Hotels in Mutrah (Karte S. 52)

5 Marina Hotel**
(R, B) Gegenüber dem Fischmarkt, eigentlich das beste der Hotels an der Corniche, allerdings oft zu laut wegen der Bar, EZ 20 RO, DZ 35 RO, Tel. 247 13100, marinahotel7@windowslive.com

9 Mutrah Hotel**
(R, B) Untere Mittelklasse, aber gutes Preis-Leistungsverhältnis und nette Atmosphäre, also durchaus zu empfehlen, Mutrah High Street, ca. 20 Min. zu Fuß zum Souq, EZ 30 RO, DZ 40 RO, Tel. 247 98401, www.mutrahhotel.com

7 Naseem Hotel*
(R) Einfach, meist sauber, nicht ganz leise, aber trotzdem das empfehlenswertere Hotel direkt an der Corniche, EZ 20 RO, DZ 27 RO, Tel. 24712418, 247 12419

4 Riyam Hotel***
(R) Neues, ordentliches Hotel an der Hauptstraße von Qurum nach Mutrah, ca. 15 Min. zu Fuß von der Corniche entfernt. Gute Unterkunft, aber etwas abseits in kargem Umfeld, EZ 25 RO, DZ 30 RO, Tel. 22060217, www.riyamhotels.com

Hotels in Ruwi (Karte S. 52)

11 Al-Falaj Hotel****
(R, B, P, T, F) Mittelklasse, Al-Mujamma Street, nahe des Al-Borj-Kreisverkehrs, EZ 29 RO, DZ 35 RO, Tel. 24702311, www.alfalajhotel.com

28 Crystal Suites***
(R) Wadi al-Kabir, kurz vor dem Freitagsmarkt-Gelände, schöne große Zimmer mit Küche, EZ 30 RO, DZ 40 RO, Tel. 24826100, www.crystalsuites.om

29 Golden Oasis Hotel**
(R) Wadi al-Kabir, gegenüber dem Freitagssouq, untere Mittelklasse, etwas abgelegen, EZ 25 RO, DZ 30 RO, Tel. 24811655, www.hotelgoasis.com

13 Golden Tulip Headington Hotel****
(R, P) Sehr zentral im Ruwi Souq gelegenes Hotel der Mittelklasse, ideal, wenn man mitten im Stadtleben sein möchte. DZ ab 40 RO, Tel. 24732000, www.headington-ruwi.goldentulip.com

14 Haffa House Hotel****
(R, B, F) Zentral gelegenes Mittelklassehotel, EZ/DZ ab 41 RO, Tel. 24707207, www.shanfarihotels.com/hhh-muscat

26 Sheraton Oman Hotel*****
(R, B, P, T, F) Business-Hotel in der Bait al-Falaj Street, war für lange Jahre geschlossen und ist nun frisch renoviert, EZ/DZ ab 110 RO, Tel. 24377777, www.sheratonoman.com

22 Sun City Hotel*
Am Ruwi Busbahnhof, für eine Nacht okay, EZ 20 RO, DZ 25 RO, Tel. 24789801

16 Tulip Inn Downtown Hotel Ruwi***
(R, B, P, T, F) Am Ruwi Roundabout, EZ 40 RO, DZ 50 RO, Tel. 24702311, www.tulip-inn-downtown-muscat.goldentulip.com

oman076 pf

Hotels in Qurum (Karte S. 60)

5 Beach Hotel***
(R, P) 500 m vom Strand in Qurum entfernt, beim InterContinental Hotel, relativ große Zimmer und nette verwinkelte Architektur, allerdings etwas verwohnt, EZ/DZ ab 29 RO, Tel. 24696601, www.beachhotelmuscat.com

8 Crowne Plaza Hotel****
(R, B, P, T, F, S) Das Hotel mit der schönsten Aussicht über das Meer, kleine (öffentliche) Strandbucht, Qurum Heights, EZ/DZ ab 85 RO, Tel. 24660660, www.cpmuscat.com

3 InterContinental Hotel*****
(R, B, P, T, F, S, W) Shati al-Qurum, das älteste 5*-Hotel Muscats, nur durch eine großzügige Gartenanlage vom Sandstrand getrennt, breites Sportangebot, EZDZ 117 RO, Tel. 24680000, www.intercontinental.com

9 Qurum Beach Hotel**
(R) Unterhalb des Crowne-Plaza-Hotels gegenüber dem öffentlichen Strand, nett, aber leicht verwohnt, EZ 20 RO, DZ 24 RO, Tel. 24564070, qurumbeachhotel@hotmail.com

1 Qurum Resort****
(R, B, P, F, S, W) Neben dem InterContinental Hotel, kleines, nettes Hotel direkt am öffentlichen Strand (nur 7 Zimmer), Shati al-Qurum, EZ 70 RO, DZ 76 RO, Tel. 24605945, reservations.qbr@gmail.com

10 Ramee Guestline Hotel***
(R, P, F) Angenehmes Mittelklassehotel unterhalb des Crowne Plaza, EZ 31 RO, DZ 36 RO, Tel. 245 64443, www.rameehotels.com/oman-hotels

6 W Hotel*****
(R, B, P, T, F, S, W) Modernes, ausgefallenes Hotel am Strand beim Opernhaus nahe dem InterContinental, EZ/DZ ab 133 RO, Tel. 22120000, www.marriott.com

oman20_001 pf

Hotels in den westlichen Vororten (Karte Umschlag hinten)

2 Al-Bahjah Hotel**
(R) Im Zentrum von Seeb, einfaches, aber empfehlenswertes Hotel, donnerstags laute Disco, EZ 25 RO, DZ 35 RO, Tel. 24624400, bahjahtl@omantel.net.om

21 Beach Bay Hotel***
(R) Gutes Mittelklassehotel, aber etwas kleine Zimmer, neben dem Grand Hyatt, EZ/DZ ab 40 RO, Tel. 24692121

17 Best Western Premier Hotel****
(R, P) In Al-Khuwair etwas abseits gelegenes elegantes Hotel in modernem Design, hauptsächlich Geschäftsreisende, EZ/DZ ab 58 RO, Tel. 22033333, www.bestwesternpremiermuscat.com

2 Centara Hotel***
(R, P) Im Ortsteil Ghala nahe dem Flughafen, neues, modernes Hotel, EZ/DZ ab 30 RO, Tel. 24236600, www.centarahotelsresorts.com

< Moschee Mohamed al-Ameen

Zauber einer blauen Welt: Delfine und Wale

von Kirstin Kabasci

„Der Mensch glaubte immer, er sei intelligenter als Delfine, weil er so viel geschaffen hat – das Rad, New York, Kriege und so weiter, – während die Delfine immer nur im Wasser herumhängen und ihren Spaß haben. Im Gegensatz dazu glaubten die Delfine immer, dass sie viel intelligenter als die Menschen seien, und zwar genau aus letzteren Gründen." (*Douglas Adams:* Per Anhalter durch die Galaxis)

Dabei gehören **Delfine und Menschen** zum **selben Stamm der Säugetiere,** doch die Evolution trennte sie vor 65 bis 55 Millionen Jahren. Im Ergebnis haben sich von allen Säugetieren die Delfine und Wale in ihrer Lebensart, und damit auch in ihrem Körperbau, am weitesten vom ursprünglichen Säugetiertyp entfernt. Sie sind völlig ans Wasserleben angepasst und an Land nicht lebensfähig.

Eine der größten Schwierigkeiten, die die Waltiere beim Übergang zum Leben im Wasser überwinden mussten, war die Anpassung der Atmung. Im Gegensatz zu kiemenatmenden Fischen sind sie gezwungen, zum Luftholen an die Wasseroberfläche zu kommen. Große Wale können in nur ein bis zwei Sekunden etwa 2000 Liter Luft durch ihr Spritzloch ausstoßen und wieder einsaugen. Sie atmen im Durchschnitt nur alle zwei Minuten, ein Delfin immerhin bis zu dreimal pro Minute. Die Lungen gefüllt, können große Wale 40 bis 90 Minuten unter Wasser bleiben und leicht mehrere hundert Meter tief tauchen, Pottwale sogar bis über 1000 Meter. Menschen können ohne Schutz gegen den mit zunehmender Tiefe rapide steigenden Wasserdruck max. 120 Meter Tiefe erreichen.

Die größte Tierart, die je auf Erden lebte, ist der **Blauwal,** der 27 bis 35 Meter Länge und bis zu 130 t Gewicht erreichen kann, was der Masse von etwa 25 Elefanten oder 1600 Menschen entspricht; selbst der größte Riesensaurier des Erdmittelalters, der Brontosaurier, brachte nur etwa ein Viertel dieses Gewichts auf die Waage.

Delfine und Wale werden zusammengefasst in der biologischen Ordnung der **Waltiere,** von denen **78 Arten** bekannt sind. Die wissenschaftliche Bezeichnung „Cetacea" setzt sich zusammen aus dem lateinischen „cetus" („großes Meerestier") und dem griechischen „ketos" („Seeungeheuer"). Als Unterordnung unterscheidet man in Zahnwale und Bartenwale, dabei hat es sich eingebürgert, die Gruppe der größeren Bartenwale vereinfacht „Wale" zu nennen und die kleineren Zahnwalarten, ohne Rücksicht auf ihre wirkliche Verwandtschaft und Stammesgeschichte, Delfine.

In Oman sind **zwischen Musandam und Dhofar 21 Arten** von Waltieren heimisch: so der Gemeine Delfin, der Große Tümmler, der Rundkopfdelfin, der Rauzahndelfin, der Chinesische Weiße Delfin, der Spinnerdelfin, der Schwertwal, der Melonenkopf-Elektras, der Unechte Schwertwal, der Finnwal, der Bryde-Wal, der Zwergwal, der Seiwal, der Buckelwal, der Pottwal, der Kleinpottwal, der Zwergpottwal, der Gewöhnliche Grindwal, der Zwerggrindwal, der Gänseschnabelwal und der Blauwal. Von den letztgenannten Schwergewichten sollen weltweit nur noch rund 10.000 Exemplare leben. In Oman sind seit Anfang dieses Jahrtausends nur sieben Sichtungen von der „Oman Whale and Dolphin Research Group" verzeichnet worden. Dementsprechend schwer ist die Erforschung dieser seltenen Meeressäuger; bis heute ist unklar, warum manche Blauwale zwischen ihren Wurf- und Nahrungsgründen um den halben Globus wandern und andere ganzjährig an ihren Futterquellen leben. Auch bemerkenswert: Von allen Buckelwal-Populationen sind die omanischen die einzigen, die nicht wandern. Meeresbiologen staunen auch über ihre komplizierten Gesänge, mit denen Männchen ihr Territorium abgrenzen oder paarungswillige Weibchen anlocken. Von diesen Tieren leben heute nur rund 100 Stück vor den Küsten Omans.

Schon zur Zeit der alten Griechen und Römer beschäftigten sich die Menschen mit **Erzählungen und Mythen** über die nach der damaligen Auffassung mit Menschenverstand begabten Delfine. Bis in die heutige Zeit gibt es unendlich viele Geschichten, die von bemerkenswerten Beziehungen zu Menschen berichten und eine Art delfinische Intelligenz zu belegen scheinen. Dabei sollte man aber nicht fragen, wie intelligent Delfine denn genau sind, sondern was wir unter Intelligenz verstehen, denn die Welt der Wale ist von der unseren so verschieden, dass sie nach völlig anderen Fähigkeiten verlangt.

Seit man vor über hundert Jahren herausfand, dass kleinere Zahnwalarten ein besonders großes und daher reich gefaltetes Gehirn besitzen, beschäftigen sich Forscher mit der **Auffassungsgabe, Begabung und dem Sozialverhalten von Meeressäugern.** Auch speziellere Verhaltensweisen, die höhere Denkfähigkeit bezeugen, wie etwa das Lösen von Problemen oder Fähigkeiten der Kommunikation, sind immer häufiger Forschungsgegenstand.

Vieles bleibt unbeantwortet und immer neue Fragen entstehen, doch ganz unabhängig davon muss der Mensch, der sich gemeinhin als die vollkommenste Schöpfung bezeichnet, zumindest die Ansicht in Frage stellen, der einzige zu sein, der auf den Adel des Wissens Anspruch erheben kann. Wenn man bedenkt, dass Primaten und Waltiere sich vor Jahrmillionen von einem gemeinsamen Stamm gelöst und individuell weiterentwickelt haben, so hat auf jeden Fall jede Art in ihrem Element den höchsten Punkt im Aufstieg der Intelligenz erreicht: Was wir Menschen auf dem Festland, sind die Waltiere im Wasser. Doch es gibt den entscheidenden Unterschied, dass der Menschenverstand einen Raum zum Träumen hat und in diesem nehmen Delfine einen Ehrenplatz ein.

Auch in Oman sind **Delfine** sehr beliebt und **genießen großen Respekt.** Fischer verehren sie sogar, denn immerhin könnten sie ohne die Delfine nicht ihre liebsten und bestbezahlten Beutestücke ausfindig machen. Denn wo sie durchs Meer ziehen, sind Thunfische meist nicht weit. Also halten Fischer verstärkt Ausschau nach Delfinen, die sie aus der Ferne an ihren aus dem Wasser ragenden und in der Sonne funkelnden Rücken oder den springenden und ins Wasser peitschenden Siluetten erkennen. Nach erfolgreicher Lokalisierung fahren sie mit ihren Booten schnell vor den Delfinschwarm und halten beköderte Angelhaken ins Wasser. Meist fallen die Thunfische dieser Taktik zum Opfer, wohingegen Delfine die Köder verschmähen. Doch fangen Fischer die Thunas auch mit Netzen, und in ihnen Maschen verfangen sich mitunter auch Delfine, denen Tod durch Ersticken droht.

Wer sich mit wachsamen Augen zu früher Morgen- oder Abendstunde auf eine Klippe setzt und das ruhige Meer beobachtet oder einen dolphin-watching-Bootsausflug bucht, wird mit allergrößter Wahrscheinlichkeit **verschiedene Arten von Delfinen** durch das Wasser springen sehen. Große Tümmler, Spinner- und Rundkopfdelfine sind am häufigsten. Bei einem Schiffsausflug ist es häufig der Fall, dass diese charmanten Gesellen das Boot begleiten und die Menschen mit ihrer spielerischen Bewegungsfreude unterhalten – mitunter kommen sie in wahren Hundertschaften. Mit knapp 30 km/h Dauergeschwindigkeit können sie Bootsmotoren durchaus Paroli bieten. Dabei scheinen sie zu schweben und keinen Muskel zu bewegen. Es fällt ihnen leicht, in einem hohen Bogen bis zu vier Meter hoch aus dem Wasser zu springen und dabei drei- oder viermal um ihre eigene Achse zu wirbeln, bevor sie rücklings in die Gischt platschen. Anmutig und kraftvoll können sie auch Pirouetten drehen, auf Bugwellen reiten und sich wie Meeresschlangen winden – wie Tänzer in einer Ballettvorstellung treten sie auf.

Im Vergleich zu Delfinen sichtet man **Wale eher selten,** denn sie tauchen in größeren Tiefen, kommen seltener zum Luftholen an die Wasseroberfläche und ziehen meist als Einzeltiere ihrer Wege. Von den Walen in omanischen Gewässern lebt nur der Pottwal in Herden, die unter der Führung eines starken Bullen stehen.

Menschen empfinden die Momente mit Walen und Delfinen oft als magisch. Besonders die Begegnung mit einem Wal – und sei sie nur wenige Sekunden lang – wird **unvergessliche Eindrücke** hinterlassen. Die Faszination dieser mächtigen, kraftvollen Gestalten, die sich dennoch so sanft und ruhig zeigen, erfüllt den Zuschauer mit Ehrfurcht.

Wer in professioneller Begleitung diese außerordentlichen Tiere beobachten möchte, kann sich an omanische Tourveranstalter wenden (Adressen siehe „Praktische Tipps A–Z: Reiseveranstalter") oder in der Hauptstadtregion am Jachthafen Bandar Rawda bzw. bei den Tauchschulen einen frühmorgendlichen Bootsausflug buchen.

In der **Walhalle des Naturkundlichen Museums** in Al-Khuwair finden sich Informationen und Ausstellungsstücke über Wale und Delfine in Oman. Auch Aufzeichnungen von Walgesängen kann man sich hier anhören.

Auf der jährlichen internationalen Walfangkonferenz setzen sich Tierschützer und Meeresbiologen immer wieder für den Erhalt der **Schutzzone im Indischen Ozean** ein, beispielsweise fordern Japaner dort eine Fangquote. Die Zukunft der Wale liegt sehr im Interesse des omanischen Staates, so ist das Sultanat das erste arabische Land, das Mitglied in der „International Whaleing Commission" (IWC) ist. Zudem kümmert sich die nichtstaatliche „Oman Whale and Dolphin Research Group" um den Schutz der sensiblen Meeressäuger. Neben Erforschung und Dokumentation der Lebensweise steht beispielsweise rund um die Uhr ein Freiwilligenteam in Bereitschaft, um in Fischernetze geratene oder gestrandete Tiere zu retten.

- **Literaturtipp:** *R. Baldwin, R. Salm:* Whales and Dolphins along the Coast of Oman, in Omans Buchläden erhältlich
- **Environment Society of Oman:** www.eso.org.om
- **Infos zu Walen und Delfinen weltweit:** Whale and Dolphin Conservation Society, www.wdcs.org

oman081 pf

12 City Seasons Hotel****
Hotel der gehobenen Mittelklasse direkt am Sultan Qaboos Highway in Al-Khuwair mit schönen und großen Zimmern, EZ/DZ ab 62 RO, Tel. 24394800, www.cityseasonshotels.com

2 City Center Hotel***
Beim Einkaufszentrum City Centre, ca. 5 km westlich vom Flughafen, für eine Nacht in Ordnung, aber nicht für länger, EZ/DZ ab 40 RO, Tel. 24181200, www.citycenterhoteloman.com

2 Crowne Plaza Convention Centre***
Am neuen Messegelände etwas südlich des Flughafens, eher ein Business-Hotel, aber außerhalb der Messezeiten mit sehr gutem Preis-Leistungs-Verhältnis, DZ ab 40 RO, Tel. 24252000, www.ihg.com

2 Eastin Residences***
(R) Mittelklassehotel, etwa 10 km in Richtung Seeb/ Sohar gelegen, daher auch als Airport-Hotel geeignet, EZ/DZ ab 41 RO, Tel. 24424252, www.eastinmuscat.com

2 Fraser Suites****
Apartmenthotel nahe dem Flughafen mit großen Zimmern mit Küchenzeile, ab 73 RO, Tel. 22506666, www.frasershospitality.com

20 Grand Hyatt Muscat*****
(R, B, P, T, F, S, W) Stilvolles und luxuriöses Strandhotel mit direktem Zugang zum öffentlichen Strand, Al-Khuwair, EZ/DZ 152 RO, Tel. 24641234, www.muscat.grand.hyatt.com

6 Grand Millennium Hotel*****
(R, B, P, F) Gutes Stadthotel in Al-Khuwair, EZ/DZ 105 RO, Tel. 22342222, www.millenniumhotels.com

10 Holiday Hotel***
(R, B, P, T, F) Mittelklasse, gutes Preis-Leistungsverhältnis, vergleichsweise großer Poolbereich, Al-Khuwair, EZ 49 RO, DZ 61 RO, Tel. 24487123, www.holidayhotelsoman.com

2 Holiday Inn****
(R, B, P) Relativ neues, modernes Hotel, eher als Business- oder Flughafenhotel einzustufen, vom Flughafen etwas stadtauswärts Richtung Sohar, Abfahrt Al-Hail, EZ/DZ ab 63 RO, Tel. 22080555, www.ihg.com

9 Ibis Hotel***
(R, B, F) Mittelklassehotel in Al-Khuwair nahe des Holiday-Hotels, günstig und zweckmäßig, EZ/DZ ab 37 RO, Tel. 24489890, www.ibishotel.com

2 Kempinski Hotel*****
Neues, sehr stylisches und edles Hotel am Strand des Neubaugebiets The Wave/Al-Mouj, EZ 170 RO, DZ 188 RO, Tel. 24985000, www.kempinski.com/en/muscat/kempinski-hotel-muscat

2 Majan Hotel***
(R, B, P, T, F) In der Nähe des Royal Hospital, Bowshar, EZ 45 RO, DZ 50 RO, Tel. 24221100, www.majanhotel.com

2 Mysk Hotel****
Im Neubaugebiet The Wave nahe der Marina, modernes Hotel, schön gestaltet, DZ ab 74 RO, Tel. 24274400, www.myskhotels.com

8 Park Inn Hotel****
(R, B, P, F) Elegantes, modernes Hotel der oberen Mittelklasse in Al-Khuwair, EZ/DZ 92 RO, Tel. 245 07888, www.parkinn-muscat.com

16 Radisson Blu ****
(R, B, P, F, S, W) Schönes Luxushotel, allerdings an der Autobahn und etwas abseits, EZ/DZ 84 RO, Tel. 24687777, www.radissonblu.com/hotel-muscat

22 Ramada Hotel****
(R, F) Gehobene Mittelklasse, aber sehr kleiner Pool, liegt dafür in Gehweite zum öffentlichen Strand, EZ 58 RO, DZ 64 RO, Tel. 24607073, www.wyndhamhotels.com

12 La Rosa Hotel***
(R, P, F) Mittelklassehotel mit gutem Preis-Leistungs-Verhältnis, in Al-Khuwair in der Nähe der Zawawi-Moschee, DZ ab 40 RO, Tel. 24394444, www.larosaoman.com

14 Safeer Hotels****
Vier Mittelklassehotels und Apartments in der Nähe des Radisson, sehr ordentliche Zimmer, leider kein Pool, DZ ab 45 RO, Tel. 24473900, www.safeerhotels.com

> Das Fort Mirani in Muscat

2 Sundus Rotana****

Nahe dem Flughafen (gegenüber dem alten Terminal), daher ideal bei frühen Abflügen, gehobene Mittelklasse, EZ/DZ 70 RO, Tel. 24511800, www.rotana.com

2 The Chedi*****

(R, B, P, T, S, F) Luxushotel am Strand von Ghubra/Al-Azaibah im ostasiatischen Stil, stilvolle, schlichte Eleganz, EZ/DZ ab 234 RO, Tel. 24524400, www.chedimuscat.com

13 The Platinum****

Im arabischen Stil dekoriertes Mittelklassehotel in Al-Khuwair, EZ/DZ ab 70 RO, Tel. 24392500, www.theplatinumoman.com

12 Waves International Hotel***

Mittelklassehotel in Al-Khuwair an der Dohat al-Adab Street etwa auf Höhe der Zawawi-Moschee, EZ/DZ 53 RO, Tel. 24486999, www.wavesinternationalhotel.com

Airport-Hotel

2 Aerotel

Innerhalb des Flughafens im Transitbereich, Preis nach Stunden gestaffelt 45–92 RO, Tel. 24356555, www.myaerotel.com

Apartments

11 ASAS Oman Hotel Apartments (Karte S. 60)

(P) Zwischen Qurum-Einkaufszentrum und Crowne Plaza Hotel, Apartment für 4 Personen 80 RO, Tel. 24568555, asasomar@omantel.net.om

17 Coral Hotel & Apartments (Karte S. 60)

Beim SABCO Centre in Qurum, neues, empfehlenswertes Apartment-Hotel im 4*-Bereich mit Pool, Tel. 24652888, Apartment mit 1 Schlafzimmer 58 RO, mit 2 Schlafzimmern 105 RO, www.hmhhotelgroup.com

oman080 pf

27 **Hala Hotel Apartments** (Karte S. 52)
Ordentliches Haus in Ruwi neben dem Sheraton Hotel, EZ/DZ 40 RO, Tel. 24810442

2 **Nuzha Hotel Apartments** (Karte S. 52)
Günstige Apartments im Ortsteil Dar Sait, EZ 23 RO, DZ 29 RO, Tel. 24789199

5 **Somerset Apartments**
(Karte Umschlag hinten) An der Abfahrt Bowshar in der Ghubrah Street, neues, sehr gutes Apartment-Hotel im 4- bis 5*-Bereich, mit Pool, Tel. 220 40000, Apartment ab 94 RO, www.somerset.com/oman/muscat/somerset-panorama-muscat

Pensionen und Villen

26 **Muscat Hills Resort**
(Karte Umschlag hinten)
Die Tauchbasis südlich von Bandar Jissah bietet Übernachtungsmöglichkeiten in schön gestalteten Hütten an, EZ/DZ 96 RO, Tel. 24824240, www.muscathillsresort.com

2 **Villa Behly's** (Karte Umschlag hinten)
Pension nahe dem Strand beim Hotel The Chedi mit 6 Zimmern, EZ 40 RO, DZ 45 RO, Tel. 93356310, www.behlys.com

2 **Behly's Boutique** (Karte Umschlag hinten)
Das zweite Haus des gleichen Besitzers, mit Pool, EZ 45 RO, DZ 50 RO, Tel. 93356310, www.behlys.com

2 **Villa Lana** (Karte Umschlag hinten)
Nette Pension am öffentlichen Strand neben dem The Chedi, deutscher Besitzer, angenehme lockere Atmosphäre, EZ 45 RO, DZ 50 RO, Tel. 71789660, www.lanavilla-oman.com

Restaurants

Vorbemerkung: Viele der gehobenen Restaurants befinden sich in den großen Hotels und bieten pro Woche einen oder mehrere **Themenabende** bzw. **Buffets** oder Live-Unterhaltung an. Die Restaurants der 4*- und 5*-Hotels sind generell sehr gut – natürlich bei entsprechenden Preisen. Wir haben daher in dieser Auflistung die Lokale außerhalb der Hotels bevorzugt. **Alkohol** gibt es nur in lizensierten Restaurants. Die Restaurants sind **freitags erst ab 13 Uhr** und im Ramadhan erst ab Sonnenuntergang geöffnet (außer in den großen Hotels). Die nachfolgend genannten Öffnungszeiten sind Richtwerte. Die Anzahl der **kleinen, billigen Straßenimbisse** ist nahezu unüberschaubar, daher sind sie hier nicht aufgelistet.

Einen brauchbaren **Online-Restaurantführer** findet man unter www.omanicuisine.com.

In Muscat (Karte Umschlag hinten)

25 **Al-Khiran Terrace**
Meeresfrüchte, Spezialitäten à la carte und wechselnde Themenabende, auch alkoholische Getränke, Live-Unterhaltung auf der Terrasse im Garten des Al-Bustan Palace Hotel, 6.30–23 Uhr, Tel. 24799666

24 **Blue Marlin**
Italienische und internationale Küche im Jachthafen, auch alkoholische Getränke, 9–23 Uhr, Tel. 247 40038

In Mutrah (Karte S. 52)

In der Nähe des Souqs gibt es mittlerweile eine Reihe brauchbarer Restaurants verschiedener Kategorien, sodass man einen abendlichen Souqbummel gut mit einem Essen abschließen kann.

Auch die **„Saftläden“** am Souqeingang bieten neben frischen Obstsäften kleine Gerichte an. Der mittlere von ihnen, das Fast Food'n Juice Center, ist das Original, das seit über 25 Jahren besteht und sich von einem kleinen Imbiss zu einem richtigen Lokal gewandelt hat.

5 **Al-Boom**
Arabische und indische Küche in der obersten Etage des Marina-Hotels gegenüber vom Fischmarkt,

schöner Ausblick, auch alkoholische Getränke, 12–15 und 18–24 Uhr, Tel. 24713100

8 Al-Rafee/Saiseas
Indische Küche zu fairen Preisen direkt rechts neben dem Haupteingang zum Souq, 11–23 Uhr, Tel. 24713949

6 Bait al-Luban
Omanische und arabische Küche in stilvollem Ambiente und zu gehobenen Preisen, vom Fish R/A wenige Meter in Richtung Fischsouq, obere Etage, 12–15 und 19–23 Uhr, Tel. 24711842

7 Royal House Restaurant
Am Fish R/A neben dem Naseem Hotel, gute arabische und internationale Küche, mittleres Preisniveau, nett dekoriert, auch zum Draußensitzen, 11–23 Uhr, Tel. 24714891 und 93282345

8 Corniche Café
Gute und preiswerte syrisch-libanesische Küche direkt am Eingang zum Souq, auf der linken Seite die Treppe zur ersten Etage hoch, 11.30–23 Uhr, Tel. 24568411 und 99591907

1 Cave Restaurants
An der Schnellstraße auf dem Weg von Qurum nach Mutrah, acht unterschiedliche Restaurants, die omanische bis südamerikanische Küche im gehobenen Preissegment bieten, ungewöhnliches Ambiente in einem künstlichen Höhlenkomplex, teils auch mit netter Möglichkeit, draußen zu sitzen, 11–23 Uhr, Tel. 24651465

6 Fishers Grilled
Keine gegrillten Fischer, sondern frischer gegrillter Fisch, kleines, einfaches Lokal mit guten und günstigen Gerichten direkt gegenüber vom Fischmarkt, etwas zurückgesetzt gegenüber der Ladenzeile, 9–23 Uhr, Tel. 99463561

8 Kurkum Restaurant
Exquisite, gehobene indische Küche, neben Bank Muscat, vom Souq etwa 200 m in Richtung Muscat, 11.30–23 Uhr, Tel. 24714114, www.kurkumoman.com

6 La Brasserie
„Franzose" gegenüber dem Fischmarkt, gut, aber nicht ganz billig, 11.30–23 Uhr, Tel. 24713707

10 Sakeena's Kitchen
Kleines, günstiges indisches Lokal wenige Meter oberhalb des Mutrah-Hotels, 11.30–15 und 18–23 Uhr, Tel. 22344522

8 Am oberen Ende des Mutrah-Souqs (vom Tor noch ca. 200 m gehen) gibt es ein nettes **Straßenlokal** mit arabischen Speisen und Grillgerichten.

In Ruwi (Karte S. 52)

Arabische Restaurants

20 Arab World Restaurant
Arabische Küche, preiswert, einfach, Souq Street Ruwi, gegenüber der Polizei, 8–23 Uhr, Tel. 24798119

24 Bin Ateeq
Traditionelles omanisches Restaurant, in dem auf der Erde sitzend gegessen wird, gute Spezialitäten-Küche, neben der National Bank of Oman, 9–23 Uhr, Tel. 24702727

16 Dar Tajine
Marokkanische Küche und alkoholische Getränke im Ruwi Hotel, 12–15 und 19–23 Uhr, Tel. 24704244

18 Park Way
Arabische und indische Küche in Buffetform, günstig, am Ruwi R/A, 12–15.30 und 18.30–24 Uhr, Tel. 94499961

Asiatische Restaurants

23 Curry House (Karte Umschlag hinten)
Gute, günstige indische Küche, am Wattayah-Kreisverkehr, 12–15 und 19–24 Uhr, Tel. 24564033

12 Lazeez
Preiswerte indische und chinesische Küche mit Mittagsbuffet, Ruwi, Rex Road, 12–15 und 18.30–01 Uhr, Tel. 24792511

19 Omar al-Khayyam
Asiatische und arabische Küche, am Ruwi R/A, 12–15 und 18–24 Uhr, Tel. 24703035

11 Tokyo Taro
Exklusive traditionelle japanische Küche, auch Teppan Yaki und Alkoholika, im Al-Falaj Hotel, 12–15 und 18–23 Uhr, Tel. 24702311

23 Woodlands
Gute indische Küche, auch Alkohol, Mutrah Business District, Europcar-Gebäude, 12–15 und 19–24 Uhr, Tel. 24700192

Internationale Restaurants (Karte S. 52)

25 Four Foods Restaurant
Kontinental, indisch, chinesisch, pakistanisch, alles preiswert, alkoholische Getränke, dadurch manchmal Bar-Atmosphäre, gegenüber dem Ministerium für Handel und Industrie, im Gebäude von British Airways, 12–15 und 19–24 Uhr, Tel. 24709548

Italienische Restaurants (Karte S. 52)

16 La Pizzeria
Italienische Gerichte und Alkoholika im Tulip Inn Downtown Hotel Ruwi, 12–23 Uhr, Tel. 24704244

15 La Terrazza
Italienisches Gourmet-Restaurant, auch Alkohol, am Wadi Adai R/A hinter dem Hatat-House, 12–15 und 19–24 Uhr, Tel. 24564252 und 24564253

In den westlichen Vororten (Karte Umschlag hinten) und Qurum (Karte S. 60)

Arabische Restaurants

11 Al-Bawadi Traditional Restaurant
Original omanische Küche, mit Garten, Al-Khuwair zwischen Zawawi-Moschee und Holiday Hotel, 12–16 und 18.30–24 Uhr, Tel. 24601273

21 Al-Deyar
Arabische Küche, auch Wasserpfeifen, am Strand vom Qurum beim Al-Shatti Cinema, 11–24 Uhr, Tel. 24603553

14 Al-Reef al-Lebnani
Arabisch-libanesische Küche in netter Atmosphäre, Al-Khuwair gegenüber dem Safeer-Gebäude, 11–24 Uhr, Tel. 24603553

16 Automatic Restaurant
Preiswerte libanesische Küche gegenüber dem Hotel Radisson SAS, 8–24 Uhr

17 Beirut Restaurant (Karte S. 60)
Libanesische Küche am Qurum R/A, 12–23 Uhr, Tel. 24568411

10 Bin Ateeq
Traditionelles omanisches Restaurant, in dem auf der Erde sitzend gegessen wird, gute Spezialitäten-Küche, Al-Khuwair, hinter der Shell-Tankstelle, 9–02 Uhr, Tel. 24478225

19 Unser Tipp: Kargeen
Arabische Küche, sehr nette Atmosphäre mit großem Gartenbereich, auch Wasserpfeifen, vielleicht *das* Lokal schlechthin in Muscat, Medinat al-Sultan Qaboos, beim Einkaufszentrum, etwas zurückgesetzt in zweiter Reihe, 11–24 Uhr, Tel. 24692269, www.kargeencaffe.com

19 Mijana
Große Auswahl an preiswertem libanesischen Essen, Alkohol, Live-Band, Medinat-Qaboos-Einkaufszentrum, 12–15 und 19–24 Uhr, Tel. 24601730

10 Ofair Restaurant
Echte omanische Küche, Al-Khuwair, hinter der Shell-Tankstelle, 12–24 Uhr, Tel. 693965

16 Olivos
Im Radisson Blu Hotel findet jeden Donnerstagabend im Garten die „Flavours of the caravan“-Nacht statt: arabische Spezialitäten und hauptsächlich Grillgerichte, 20–23 Uhr, Tel. 24687777

15 Unser Tipp: Turkish House Restaurant
Empfehlenswertes Fischrestaurant in Al-Khuwair, zwischen der Highway-Abfahrt Al-Ghubra und dem Radisson Blu Hotel, 12–23 Uhr, Tel. 24488071

4 Ubhar Restaurant (Karte S. 60)
Gutes Lokal mit gehobener arabischer Küche (inkl. Kamelfleisch), gegenüber vom Beach Hotel beim Royal Opera House, 12–15.30 und 18.30–22.30 Uhr, Tel. 24699826, www.ubharoman.com

Asiatische Restaurants

17 Al-Exandria (Karte S. 60)
Preiswerte und gute indische, arabische und chinesische Küche, abends „fish booti“, sehr leckerer gegrillter Fisch, neben dem SABCO Centre in Qurum, 11.30–15.30 und 18–24 Uhr, Tel. 24561611

12 Chinese Garden
Chinesische Küche, im Gebäude der Eislaufbahn, Al-Khuwair, 12–15 und 18.30–24 Uhr, Tel. 24605414

19 Golden Dragon
Gehobene chinesische Küche, auch Alkoholika, Medinat-Qaboos-Einkaufszentrum, 12–15 und 19–23 Uhr, Tel. 24697374

17 Happy Village Restaurant (Karte S. 60)
Gute thailändische und philippinische Küche, Qurum, am SABCO Centre, 11–15 und 18.30–24 Uhr, Tel. 24564995

9 Jade Garden Restaurant (Karte S. 60)
Japanische Gerichte und ostasiatische Spezialitäten, auch alkoholische Getränke, im Qurum Beach Hotel, 12.30–15.30 und 19–23 Uhr, Tel. 24605945

12 Mumtaz Mahal Restaurant (Karte S. 60)
Edles indisches Spezialitätenrestaurant mit großer Auswahl an vegetarischen Gerichten, abends auch arabische Gerichte und Barbeque, auch alkoholische Getränke, am Sultan Qaboos Park oberhalb des Wasserfalls, 12–15 und 19–24 Uhr, Tel. 24563850

10 Princes Restaurant
Günstiges indisches und chinesisches Essen, Al-Khuwair, neben der Zawawi-Moschee, 12–15.30 und 18.30–24 Uhr, Tel. 24602213

7 Shiraz (Karte S. 60)
Gehobene persische Küche im Crowne Plaza Hotel, mit Terrasse mit Blick über den Strand, auch alkoholische Getränke, 12.30–15.30 und 19–23.30 Uhr, Tel. 24560100

Internationale Restaurants

3 Barrio Fiesta
Internationale und philippinische Gerichte, auch alkoholische Getränke, mit Live-Band, 19–23.30 Uhr, Bowshar, Majan Hotel, Tel. 24592900

20 Jean's Grill (Karte S. 60)
Restaurant im Sultan Centre Qurum, gute und preiswerte Büffets, 8–24 Uhr, Tel. 2456766

10 Just Jazz
Live-Jazz und Gerichte à la carte sowie Salat-Bar im Holiday Hotel, alkoholische Getränke, Al-Khuwair, Sa bis Do 19–24 Uhr, Tel. 24697123

20 Le Mermaid Café, Candle Café
Zwei Lokale mit arabischer, asiatischer und europäischer Küche, mit Wasserpfeifen, direkt am Strand Shati al-Qurum mit Tischen draußen in sehr netter Atmosphäre, zwischen Hyatt und Beach Bay Hotel zum Strand durchfahren, 11–02 Uhr, Tel. 24602327

Europäische und sonstige Restaurants

3 OK Corral (Karte S. 60)
Wild-West-„Stadt" unter freiem Himmel mit Live-Country-Music, Fleisch und Fisch sucht man selbst aus, Zubereitung nach Wunsch, im InterContinental Hotel, auch Alkoholika, 19–23 Uhr, Tel. 24600500

19 Pavo Real
Mexikanische Küche, Live-Musik und junges Publikum, nicht billig, dafür aber gut, auch alkoholische Getränke, Einkaufszentrum Medinat Qaboos, 12–15 und 19–01 Uhr, Tel. 24602503

14 The Great Kabab Factory
Wer gerne große Mengen Grillfleisch mag, wird hier voll auf seine Kosten kommen, gegenüber dem Safeer Plaza Hotel in Al-Khuwair, 12–15 und 19–24 Uhr, Tel. 24478373

3 Trader Vic's (Karte S. 60)
Französische, kreolische, chinesische und indische Küche der gehobenen Klasse, im InterContinental Hotel, auch alkoholische Getränke, Qurum Beach, 12–15 und 19–23 Uhr, Tel. 24600500

20 Tuscany
Italienische Küche mit holzbefeuertem Ofen, auch alkoholische Getränke, im Grand Hyatt Hotel, 12.30–15 und 19–23.30 Uhr, Tel. 24602888

3 Zanzibar Island Restaurant
Günstige und gute ostafrikanische Küche, abends Büffet, Al-Ghubrah, in der Nähe des Porsche-Ladens (Rückseite), 9–16 und 18–23 Uhr, Tel. 24497783

Cafés

In den meisten **großen Hotels und** auch in **vielen Einkaufszentren** findet sich ein Café (oder auch mehrere).

Das Royal Opera House Muscat

von Michael Pfänder

Der Bau eines Opernhauses für Muscat wurde von Sultan Qaboos per Dekret beschlossen und verkündet: „Wir haben einen Punkt in der langen Geschichte unserer Nation erreicht, an dem es an der Zeit ist, die Idee einer Weltkultur aufzugreifen und an ihrer Entwicklung in größerem Maße teilzuhaben. In diesem Geist haben wir das Royal Opera House Muscat errichtet, für das omanische Volk und die Menschheit als Ganzes." So also Sultan Qaboos. Freilich gibt es in einem Land, das bisher über keine eigene Theatertradition verfügt, eine Menge aufzuholen. **Die arabische Kultur hat eine reiche Tradition an Musik und Dichtung, aber ein Bildertheater war ihr lange fremd.** Die Opern in Kairo (1869 eröffnet, zusammen mit dem Suezkanal) und Damaskus (1900), beide unter britischer bzw. französischer Vorherrschaft entstanden, waren das Resultat eines Kulturimports, der dann eine je eigene Fortschreibung fand. So ist es von nicht zu unterschätzender Bedeutung, dass das Royal Opera House Muscat **das erste originär arabische Opernhaus** ist.

Unter Leitung des Londoner Architekturbüros *Wimberly Allison Tong and Goo* und nach nur vier Jahren Bauzeit wurde das Royal Opera House Muscat **im Oktober 2011 feierlich eröffnet.** In einer ersten Eigenproduktion des Hauses wurde „Turandot" von *Puccini* gegeben; das Großereignis fand weite internationale Beachtung.

Bei den Vorstellungen wird auf die **Kleiderordnung** geachtet. Die Omanis haben Nationaltracht zu tragen, die Herren unter den ausländischen Gästen Anzug und Krawatte, die Damen Abendgarderobe, die nicht zu viel Haut frei lassen sollte. Auf der Bühne aber gibt es das Dekolleté der Carmen und die Tutus der Ballettänzerinnen. Das alles stößt zwar nicht auf uneinge-

oman20_002 pf

schränktes Verständnis im Land (auch die enormen Baukosten, deren genaue Höhe nicht veröffentlicht wurde, sind ein Kritikpunkt), aber mit einem vielfältigen Programm, das immer auch dem eigenen kulturellen Erbe verpflichtet ist, versucht man die bestehenden Vorbehalte zu entkräften. Es gibt arabischen Jazz, klassisches Schlagwerk aus Oman und Japan, Tango aus Buenos Aires und Kindervorstellungen, wie den Karneval der Tiere, „A Night at the Opera House for Children & their Families".

Das Theater hat **1100 Plätze** und ist technisch up to date. Haupt- und Nebenbühnen sowie Arbeitsräume haben eine Gesamtfläche von 1500 m², und die Multifunktionsbühne kann von einer Theater- in eine Konzertbühne umgebaut werden. Der 500 Tonnen schwere Konzertraum kann auf Schienen ans Portal gefahren oder im hinteren Bühnenbereich geparkt werden. Er verfügt an seiner Rückwand über eine in Deutschland gebaute Orgel, die mit 4542 Pfeifen, vier Manualen und 70 Registern zu einer der wenigen großen Orgeln der Welt gehört, die als Ganzes bewegt werden kann. Im arabisch-islamischen Stil erbaut, erscheint einem das Opernhaus wie ein Palast aus 1001 Nacht; innen entfaltet sich eine Pracht an omanischem Kunsthandwerk, die ihresgleichen sucht.

Das Royal Opera House Muscat liegt am Sultan Qaboos Highway **im Stadtteil Qurum** und hat ein eigenes Parkhaus. Infos und Tickets unter www.rohmuscat.org.om.

Das Haus kann auch ohne den Besuch einer Vorstellung **besichtigt werden.** Die geführte Tour beginnt im beeindruckenden Hauptfoyer und reicht von der Bühnentechnik bis hin zu einer Sammlung seltener Musikinstrumente.

■ **Info:** Sa bis Do 8.30–17.30 Uhr, Eintritt 4 RO, tours@rohmuscat.org.om, Tel. 24403333

25 **Al-Bustan Café** (Karte Umschlag hinten)
Mit Live-Unterhaltung am Abend, im Al-Bustan Palace Hotel, 11–02 Uhr, Tel. 24799666

16 **Arosa of Switzerland** (Karte S. 60)
Schweizer Leckereien im Al-Khamis Plaza beim Qurum R/A, 9.30–13 und 16.30–22 Uhr

2 **Beach Café** (Karte S. 60)
Schönes Café am Strand in der Nähe des Hotels InterContinental, Tel. 24603992

2 **Costa Coffee** (Karte S. 60)
Internationale Kette, Filialen im Flughafen, im City Centre (bei Seeb), im Al-Asfoor Plaza Qurum und im Oasis by the Sea Qurum

13 **Glacier Café** (Karte S. 60)
Belgische Süßwaren und hausgemachte Eiscreme, CCC, Qurum R/A, 9–14 und 16–23 Uhr

19 **Le Café de France** (Karte S. 60)
Französisches Café im Al-Harthy Complex, Qurum, Sa bis Do 9–13 und 16–22 Uhr

7 **Marina Café** (Karte S. 60)
Café mit schönem Blick aufs Meer direkt an der Corniche zwischen InterContinental und Crowne Plaza Hotel

4 **Starbucks Café** (Karte S. 60)
Internationale Kette, Filialen im City Centre (bei Seeb) und im Einkaufszentrum am InterContinental

8 **Tropicana** (Karte S. 60)
Café und internationale Küche, Terrasse mit schönem Strandblick, im Crowne Plaza Hotel, 6–24 Uhr, Tel. 24560100

Internet-Cafés

■ **Cyberworld**
Im Alasfoor Plaza beim SABCO Centre in Qurum, Tel. 24566740

■ **Weitere Internet-Cafés** finden sich z. B. an der Corniche in Mutrah (links vom Souq-Eingang); in Ruwi gegenüber dem Sheraton; in Al-Khuwair in der nördlichen Parallelstraße zum Highway neben dem Majan House; im Capital Commercial Center (CCC) oder neben dem Beach Bay Hotel.

■ Online-Zugang bieten auch die **Business Centres** aller großen Hotels.

Bars

25 **Al-Maha Lounge** (Karte Umschlag hinten)
Im Al-Bustan Palace Hotel, 12–15 und 18–23 Uhr, Tel. 24799666

10 **Churchill's** (Karte Umschlag hinten)
Englischer Pub im Holiday Hotel, 12–15 und 18–23 Uhr, Tel. 24697123

8 **Duke's Bar** (Karte S. 60)
Im Crowne Plaza Hotel, Qurum, 12.30–15.30 und 18–01 Uhr, Tel. 24560100

20 **John Barry Bar** (Karte Umschlag hinten)
Im Grand Hyatt Hotel, Shati al-Qurum, 18–01 Uhr, Tel. 24602888

12 Left Bank Bar (Karte S. 60)
Beliebte Bar am Qurum Park, neben dem Restaurant Mumtaz Mahal, 18–24 Uhr, Tel. 24693699

10 Rock Bottom Café (Karte S. 60)
Eine der wenigen Hotelbars, die tatsächlich an eine europäische Kneipe erinnert, im Ramee Guestline Hotel, Qurum Beach, 19–03 Uhr, Tel. 24564443

1 Route 66 (Karte S. 60)
Beliebte Bar im Qurum Resort neben dem InterContinental Hotel, Shati al-Qurum, Tel. 24699946

20 Safari Bar (Karte Umschlag hinten)
Im Grand Hyatt, Shati al-Qurum, Tel. 24602888

3 Trader Vic's (Karte S. 60)
Im InterContinental Hotel, Qurum Beach, 18–02 Uhr, Tel. 24600500

Discos und Nachtclubs

25 Al-Hamra (Karte Umschlag hinten)
Diskothek im Al-Bustan Palace Hotel, 21–02 Uhr, Tel. 24799666

20 Copacabana (Karte Umschlag hinten)
Latin Nightclub im Grand Hyatt Hotel, 21–01 Uhr, Tel. 24602888

3 Sur Night-Club (Karte S. 60)
Nachtclub im InterContinental Hotel, 21–02 Uhr, Tel. 24600500

8 Xtray (Karte S. 60)
Lounge-Bar im Crowne Plaza Hotel, Sa/So mit Live-Bands, Tel. 24560100

Kinos

In den meisten Kinos werden überwiegend hochdramatisch dargestellte **indische Herz-Schmerz-Gewalt-Historienstreifen** aufgeführt. Auch englischsprachige Filme zeigen:

- **Al-Bahja Cinema,** Seeb, Tel. 24540856
- **Al-Shati Plaza,** Qurum, Tel. 24692656
- **City Cinema,** Bowshar, in der Muscat Grand Mall, Tel. 24567668
- **Star Cinema Complex,** rundes Gebäude bei Omantel, Ruwi, Tel. 24791641

oman083 pf

< Das Gate Museum in Muscat

- **Vox Cinemas,** im Einkaufszentrum City Centre in Qurum, Tel. 22344444

Polizei

- **Royal Oman Police:** Hauptquartier am Qurum-Kreisverkehr, Tel. 24560021
- **Verkehrspolizei:** Tel. 24560099
- Der **Telefonnotruf** der Polizei und Feuerwehr ist **9999.**

Medizinischer Notfall

Krankenhäuser und Kliniken

- **Al-Khoula Hospital**
Zwischen Ruwi und Wattayah,
nördlich des Wattayah R/A, Tel. 24563625
- **Al-Nahdha Hospital**
Al-Nahdha Street, Ruwi, Tel. 24837800
- **German Orthopaedic Centre**
Tel. 24486711, 24485866;
deutschsprachiger Orthopäde
- **Gulf Medical Centre**
Im Ortsteil Qurum im SABCO-Einkaufszentrum,
Tel. 24564639
- **Harub Dental Surgery**
Qurum, an der Ecke der Straßen zum Hotel Crowne Plaza und zu PDO in der Nähe des Seih al-Malih R/A,
Tel. 24563814, 24563217
- **Hatat-House Polyclinic**
Am Wadi Adai R/A, Ruwi, Tel. 24563641
- **Muscat Hospital**
Muscat, am Ortsausgang in Richtung Sidab,
Tel. 24737696
- **Qurum Medical Centre**
Allgemeinmediziner, Zahn-, Kinder- und Frauenärzte, Tauchmediziner, im Haus von Salam Studio and Stores am Qurum R/A, Tel. 24692898
- **Royal Hospital**
Al-Khuwair, Tel. 24592888, 24590491

Deutschsprachige Ärzte

- **Allgemeinmediziner**
Dr. Monika Demerci, Tel. 24600668;
Dr. Ute Anderer, Tel. 99288222
- **Zahnarzt**
Dr. Peye Vlot, Tel. 24692898, 99476758

Apotheken von Muscat Pharmacy

(mit 24-Std.-Dienst inkl. Nachtbereitschaft)

- **Am Flughafen,** Tel. 24511016
- **Ruwi,** gegenüber Polizei, Tel. 24702542
- **Al-Sarooj,** bei Shell, Tel. 24695536
- **Al-Khuwair,** Souq, Tel. 24485740
- **Al-Ghubrah,** bei Al-Maha, Tel. 24497264
- **Al-Mawaleh,** bei Al-Maha, Tel. 24537080
- **City Center,** Tel. 24558704
- **Hamriyah,** Tel. 24833323

Verkehrsverbindungen

Taxis/Sammeltaxis

In der Hauptstadtregion findet man eigentlich immer ein freies Taxi. Die meisten haben allerdings kein Taxameter, auch wenn diese immer mehr im Kommen sind und in Kürze Vorschrift sein sollen. Die **Fahrpreise** richten sich neben der Entfernung auch danach, ob man ein Taxi für sich alleine mietet oder mit anderen als Sammeltaxi, was meist nur auf Hauptstrecken möglich ist. Eine Stadtfahrt Muscat – Ruwi für ein komplettes Taxi kostet 4–5 RO, von Mutrah nach Seeb 13–15 RO.

Taxistandplätze befinden sich in Ruwi, Al-Jaame Street, in Mutrah beim Fischmarkt, am oberen Ausgang des Souq von Mutrah, am Flughafen und vor den großen Hotels (etwas teurer).

Es gibt auch **Funktaxis mit Taxameter**, die man zu einer bestimmten Zeit zu seinem Hotel bestellen kann: Merhaba, Tel. 93290280, 99121205,

Mwasalat, Tel. 24121555. Beide haben auch Apps für die Bestellung. Die Grundgebühr beträgt 1 RO, jeder Kilometer kostet 200 Bs. (nachts etwas mehr, vom Flughafen deutlich mehr).

Minibusse

Die weißen Minibusse (Toyota Hiace) waren lange Zeit das wichtigste öffentliche Verkehrsmittel im Stadtverkehr, werden aber immer seltener. Sie sind ein gutes Fortbewegungsmittel, solange man **Ziele in der Nähe des Sultan Qaboos Highways** ansteuert. Man kann sie einfach durch Handzeichen stoppen und dann jederzeit durch Klopfen an die Wand anzeigen, dass man aussteigen möchte.

Die **wichtigsten Standplätze** (und damit auch Fahrtziele) sind Seeb (nach „Airport" fragen), Ruwi („Plaza") und Mutrah („Corniche").

Der **Fahrpreis** beträgt 300 Bs für eine Kurzstrecke (Mutrah – Ruwi), 400–500 Bs für eine mittlere Strecke (Mutrah – Al-Khuwair) und 600 Bs für eine längere (Mutrah – Seeb).

Stadtbusse

■ Der **„Big Bus",** ein Doppeldecker mit Aussichtsdeck, fährt die feste Runde Qurum – Ruwi – Al-Bustan – Mutrah – Qurum. Mit dem Tagesticket kann man beliebig oft ein- und aussteigen: pro Tag und Person 24 RO (Kinder bis 15 Jahre 10 RO), inkl. Audioguide. Ein weiterer Tag kostet nur 2 RO mehr und lohnt sich daher. Die Frequenzen der Fahrten schwanken zwischen 45 Min. und 2 Stunden – unbedingt vor der Fahrt bzw. dem Ticketkauf nachfragen! Infos: www.bigbustours.com.

Die **Stadtbusse der neuen staatlichen Gesellschaft Mwasalat** (der Nachfolgerin von ONTC) fahren regelmäßig alle 15–20 Min. in der Zeit von etwa 6–21.30 Uhr und kosten je nach Entfernung 100–500 Bs.

■ **Linien ab Ruwi** sind die grüne Linie 1 (nach Mabelah hinter dem Flughafen), die rote Linie 2 (Wadi al-Kebir) und die blaue Linie 3 (Wadi Adai). Linie 4 nach Mutrah und Muscat ist derzeit in Planung, weitere sollen folgen.

Wichtigster Abfahrtsort der Fernbusse ist die Busstation von Mwasalat in Al-Azaibah nahe dem Sultan-Qaboos-Highway. Hier kann man auch eine Routenübersicht und einen Fahrplan erhalten. Vom alten Busbahnhof in Ruwi fahren nur noch sehr wenige Linien. Durch die Umstellung von ONTC auf Mwasalat ändert sich derzeit noch vieles.

■ **Fahrplan** (Stand Herbst 2019), siehe im Kapitel „Praktische Tipps A–Z", S. 387.
■ **Info: Mwasalat,** Tel. 24121555 und 24708522, www.mwasalat.om.

Private Konkurrenz hat Mwasalat nur **auf der Strecke Muscat – Salalah.** In der Nähe der Mwasalat-Station, hinter der Sultan-Qaboos-Moschee, befinden sich die Büros mehrerer Firmen, die etwas günstiger sind, aber auch weniger Komfort bieten. Abfahrtszeit am frühen Morgen (gegen 7 Uhr) und nachmittags (gegen 16 und 19 Uhr); z. B. Abu Nawaf Transport, Tel. 24785252, Desert King, Tel. 247 07720, und Gulf Transport, Tel. 24786860.

Sammeltaxis

Sammeltaxis **zu Zielen im gesamten Land** starten am **Standplatz** am Burj-Sahwa-Kreisverkehr, an dem die Autobahn nach Nizwa von der Küstenautobahn abzweigt.

Wassertaxis

Wassertaxis verbinden am Wochenende die **Jachthäfen** von The Wave, Muscat (Marina Bandar Rowdha) und Sifah. Fahrten sind Do, Fr und Sa vorgese-

Im Hennastudio

von Kirstin Kabasci

Als „Tatoo light" werden bei uns Malereien mit dem Naturstoff Henna verkauft, was allerdings nicht ganz korrekt ist, denn mit dem Prinzip des Tätowierens hat die arabische Hennakunst außer der Abbildung von farblichen Mustern auf der Haut nichts gemein.

In Oman ist Henna Alltag und hat eine lange Tradition. Überall fallen arabische und indische Frauen auf, die ihre Hände und Füße mit filigranen Mustern aus brauner Farbe verziert haben, denn viele Araber glauben, Henna ist eine Gabe Gottes und überträgt „Baraka", „Segen". Diese Überzeugung wurzelt in alten arabischen Volksweisheiten und in einer Art „Aberglauben", die älter sind als der Qur'an und nicht mit ihm im Einklang stehen.

Einer von Prophet Muhammads Ratschlägen in den Hadithen besagt, dass sich Männer ihre grauen Haare mit nichts anderem als Henna färben sollten. Der Brauch, den Naturstoff zum Verschönern der Hände zu benutzen, soll von Muhammads Tochter Fatima etabliert worden sein. Sie war arm und besaß keinen Schmuck, so bemalte sie ihre Haut mit eleganten Ornamenten und Arabesken. Daher wird Henna nahezu im gesamten arabischen Kulturraum **bereits seit den frühen Tagen des Islam** benutzt, sowohl von den Frauen als auch von den Männern. Letztere färbten sich aber nicht nur ihre ergrauten Kopfhaare, viele fanden Gefallen daran, ihren Bärten mit Henna eine rötlich-braune Farbe zu verleihen. Auch Frauen nutzen den Naturfarbstoff, um ihren Haaren eine besondere Farbnote, Gesundheit und Glanz zu verleihen. Neben der Färbeeigenschaft, die den Haaren etwa vier bis sechs Wochen zu neuer Farbe verhilft, hat das Kraut auch eine naturheilkundliche Wirkung. Eine spezielle Mischung von Hennakräutern pflegt und heilt raue, beanspruchte Haut wirksam und langanhaltend. Viele Männer und Frauen, die mit ihren Händen harte Arbeit verrichten, pflegen ihre Handteller mit Hennapaste. Dabei nimmt die Haut eine dunkelbraune Farbe an. Das Farbpigment wird von der Haut aufgenommen und ist daher wasserfest. Nach etwa drei bis fünf Wochen ist es vollständig abgebaut, sodass die Farbe verschwunden ist.

Mit der Hennapaste lassen sich auch **ornamentartige und blumenförmige Motive** auftragen. Solche perfekt und fein angefertigten Malereien werden von den arabischen – und auch den indischen – Frauen und ihren Männern als Schönheitsmerkmal angesehen. Meist sind die Handinnenflächen, die Fingerkuppen und die Fingernägel bemalt, zu besonders feierlichen Anlässen auch Füße und Knöchel. Vor einem großen Fest treffen sich die weiblichen Familienmitglieder und üben dieses Schönheitsritual gemeinsam aus. Bei ihrer Hochzeit wird die Braut mit besonders schönen und aufwendigen Mustern attraktiv geschmückt.

Zunächst werden die getrockneten Blätter des Hennastrauches (lat. *lawsonia inermis*) zu feinem Pulver zermahlen und mehrmals durch ein feines Musselin-Tuch gefiltert. Man kann Hennapulver auch für wenig Geld in jedem Supermarkt oder Gewürzladen kaufen. Anschließend wird das grüne, staubfeine Pulver mit Wasser, Eukalyptusöl und Limonensaft zu einer weichen Paste angerührt. Statt Öl und Limone kann man wahlweise auch den Saft von gekochten Tamarhinden- oder Teeblättern zugeben. Diese Stoffe bewirken, dass der rötliche Farbstoff des Henna seine Wirkung besser entfaltet. Vor dem Gebrauch sollte die schlammartige Mixtur noch ein bis zwei Stunden in der Sonne gären.

In den Souqs werden auch gebrauchsfertige Mischungen in einer Metalltube mit beiliegender Plastikspitze angeboten.

„Henna Artist and Hair Dressing", „Facial and Bridal Make Up", „Beautician", „Henna and Beauty Saloon" ... überall werben solche oder ähnliche Schilder und ich beschließe, meine Hände in einem solchen Salon von einer **professionellen Hennakünstlerin** verschönern zu lassen.

Neugierig betrete ich einen „Beauty Parlour", in dem sich eine zierliche Inderin mit rot-goldenem Sari als Sonal vorstellt. An einer Wandseite befinden sich vier Friseurstühle mit Waschbecken und riesigen Spiegeln. Auf dem Boden unterhalb des Fensters liegen dicke Kissen, zwischen denen halbrrunde Polster als Armlehnen stehen. Grünliche Hennakleckse an den Bezügen dokumentieren den Besuch der letzten Kundinnen. Daneben führt eine Tür in eine Wohnung, aus der munteres Kinderlachen schallt.

Ich erkläre, dass ich meine Handaußenseiten gerne mit Hennamustern bemalt hätte. „Indian, Omani or Sudanese-Style?" fragt Sonal schlicht und zieht ein kleines Fotoalbum zwischen den Kissen hervor. Auf den unscharfen Bildern sind massenhaft Hände und Füße mit noch mehr Motiven abgebildet. „Das omanische Design", erklärt Sonal „besteht aus geschwungenen, floralen Formen und kostet einen Rial pro Handseite und zwei Rial pro Fuß. Das indische Design ist viel feiner und arbeitsaufwendiger und kostet daher 2,50 Rial pro Handseite und fünf Rial je Fuß. Für das sudanesische Dekor male ich große Blütenmotive, und es kostest ebenfalls einen Rial je Handseite. Außerdem gibt es noch sehr elegante und arbeitsaufwendige Hochzeitsmuster, die natürlich teurer sind." Manche der Malereien sind zweifarbig braun und schwarz. Sonal ergänzt, die schwarze Färbung entstehe, wenn man dem Henna chemische Wirkstoffe oder Benzin zugebe. Obwohl ich diesen Stil sehr schön finde, sind mir die Inhaltsstoffe gar nicht geheuer.

Da die vielen Bilder keine große Entscheidungshilfe sind, vertraue ich mich Sonal an und bitte sie, ein schönes omanisches Muster zu improvisieren. „No problem", lächelt sie und setzt sich mit einer kleinen Plastik-Spritztüte, in der die Hennapaste eingerollt ist, neben mich. Sonal schneidet ein kleines Loch in die Spitze der Tüte und ähnlich wie man einen Kuchen mit Sahne verziert, drückt sie eine stecknadelkopf-dicke Wurst aus der Spritztüte auf meine Haut. Mit einer ungeheuren Fingerfertigkeit und Schnelligkeit formt sie Linien, Kreise, Blumen, Blätter, Tropfen und verbindet sie zu einem kleinen Kunstwerk. Die dunkelgrüne Paste verläuft nicht und schon in weniger als zehn Minuten ist die erste Hand vollendet. Auch mit meiner Rechten ist sie wieselflink fertig – ein letzter Klecks und Sonal steht auf, um sich ihre Hände zu waschen. „Das Henna muss jetzt noch eine Viertelstunde antrocknen", ruft sie und verschwindet im Nebenzimmer. Ich vertreibe die Zeit, indem ich so gut es geht in indischen Frauenzeitschriften blättere. Allmählich bekommt die Paste eine Kruste und nach drei Zeitschriften kommt Sonal wieder herein. Sie schneidet ein Stück Fruchtfleisch aus einer Zitrone, tunkt es in ein Schälchen mit Zucker und tupft dieses vorsichtig über meine Handrücken, die danach wie Tortenguss glänzen. „Finished", triumphiert Sonal. „Wenn das Henna in einigen Stunden vollständig getrocknet ist, müssen Sie es mit einem Messer abkratzen. Sie dürfen Ihre Hände aber bis morgen früh nicht waschen."

Ich habe alles so getan, wie Sonal mir geraten hat. Nachdem ich das getrocknete Henna abgekratzt hatte, erschreckte mich eine leuchtend-grell-orange Farbe. Doch – alhamdulillah – nach einer Nacht hat sich das Orange wie durch Zauberhand zu dunklem Braun gewandelt. Insgesamt hielt die Malerei etwas über drei Wochen, in den letzten Tagen eher einem Hautausschlag ähnelnd, da die Farbe nicht gleichmäßig verschwand.

hen, der Fahrplan ändert sich jedoch ständig. Infos unter Tel. 24749111.

Flugzeug

Der **Muscat International Airport** liegt 40 km westlich von Muscat. 2018 wurde das moderne Terminal eröffnet (vom Küstenhighway etwas weiter nördlich in Richtung Meer).

Vor dem Abflug eines internationalen Fluges wird eine **Abflugsteuer von 5 RO** erhoben (normalerweise bereits im Ticketpreis enthalten).

Flugauskunft am Flughafen: Tel. 24519223, 24519456 und 24521174; englischsprachige Ansage der Ankunfts- und Abflugszeiten: Tel. 1101.

Wichtige Fluggesellschaften

- **Air Arabia,** Tel. 24700828
- **British Airways,** Tel. 24565123, 24568777
- **Egypt Air,** Tel. 24794113, 24796134
- **Emirates,** Tel. 24786700, 24792222
- **Etihad Airways,** Tel. 24823555, 24817861
- **FlyDubai,** Tel. 24518613
- **Gulf Air,** Tel. 24703222, 24703544
- **KLM,** Tel. 24657575
- **Kuwait Airways,** Tel. 24701262, 24704455
- **Oman Air,** Tel. 24707222, 24798096
- **Qatar Airways,** Tel. 24787070
- **Salam Air**, Tel. 24272222
- **Swiss,** Tel. 24703303, 24787416

Flugverbindungen in Oman

- **Oman Air fliegt** nach **Salalah** (Dhofar) 5x bis 6x am Tag (76 RO), **nach Khasab** (Musandam) täglich am Vormittag, Mi und Sa nachmittags (56 RO). Nach Duqm (an der Ostküste auf halbem Weg zwischen Muscat und Salalah) gehen vier wöchentliche Flüge. Die genannten Preise gelten für einen Erwachsenen hin und zurück. Infos und Buchung im Büro in Ruwi gegenüber der Zentralbank, Tel. 247 07222 und 24798096 (Reservierung), 24750812 (Tickets), oder in Reisebüros; www.omanair.com.
- **Salam Air** fliegt derzeit 3x täglich die Strecke Muscat – Salalah, Buchung nur online unter www.salamair.com.

Verkehrsanbindung

- **Taxis** für die Strecke vom Flughafen nach Al-Khuwair, Mutrah oder Ruwi kosten 10–12 RO, bis zu den Hotels Al-Bustan oder Shangri-La 15–18 RO.
- **Busse** fahren tagsüber etwa alle 15 Min. von/nach Ruwi. Da sich der Flughafen nahe der Küstenautobahn befindet, passieren ihn auch die staatlichen Überlandbusse auf fast allen Strecken.

Fähre

Eine Hochgeschwindigkeitsfähre verbindet Muscat und Musandam, d. h. eigentlich fährt die Fähre von Shinas nach Khasab, aber ab Muscat gibt es einen passenden Buszubringer, der direkt mitgebucht werden kann. Die Fahrzeit beträgt jeweils 3 Stunden für den Bus und die Fähre. Abfahrt ist So und Do um 10 Uhr. Preis: 23 RO p.P. und Strecke. Infos: www.nfc.om, Tel. 24715252.

Autovermietungen

Die **Flughafenfilialen** haben fast alle täglich 24 Stunden geöffnet – auch freitags, an Feiertagen und im Ramadhan.

Wagen mit Dachzelt bekommt man über einige Tourveranstalter, aber nicht direkt bei den Autovermietern. **Wohnmobile** vermietet Oman Motor Homes, Tel. 24572400, www.omanmotorhomes.com (allerdings sind es extrem große Wagen, mit denen man nur auf den Hauptstraßen fahren kann).

AVIS

- **Hauptbüro:** im InterContinental Hotel, Tel. 246012245, www.avisoman.com
- im Al-Bustan Palace Hotel: Tel. 24703242
- im Hyatt Hotel: Tel. 24696596

- im Shangri-La Hotel: Tel. 24776808
- im Sheraton Hotel in Ruwi: Tel. 24799899
- am Flughafen: Tel. 24510342

Budget

- **Hauptbüro:** Tel. 24794721, 24794723, budgetom@omantel.net.om
- im Ruwi Hotel: Tel. 24794721
- im Al-Falaj Hotel in Ruwi: Tel. 24700521
- am Flughafen: Tel. 24510816, 24510817

Europcar

- **Hauptbüro:** Tel. 24700190, 24700191, eurmct@omantel.net.om
- im Holiday Hotel, Al-Khuwair: Tel. 24694093
- am Flughafen: Tel. 24521369

Global Car Rental

- Büro beim InterContinental Hotel, Tel. 24697140, glowbal@omantel.net.om

Hertz

- **Hauptbüro:** in al-Athaibah, Tel. 24566208, 24566049, nttoman@omantel.net.om
- am Flughafen: Tel. 24521187

Mark Rent a Car

- im Hatat House, Wattayah: Tel. 24522444
- am Flughafen: Tel. 24510033

Sixt

- am Flughafen, Tel. 24600793, www.sixt.com/car-rental/oman

Thrifty Car Rental

- **Hauptbüro:** in Al-Khuwair, Tel. 24604248, haditha@omantel.net.om
- in Ruwi: Tel. 24784275
- am Flughafen: Tel. 24521189

- Kleinere, von Lesern empfohlene Vermieter sind **Al-Reem Rent-a-Car,** Tel. 99336273, alreemoman @yahoo.com, sowie **AST Rent a Car,** Tel. 245 71311, www.astoman.com, und **Bahwan Rent a Car,** Tel. 24594922, www.bahwantravels.com

Banken/Exchange

Zahlreiche **Banken** haben ihre Hauptfiliale im Ruwi/Mutrah Business District. Die meisten Geldhäuser befinden sich in der Bank al-Markazi Street (von der Chamber of Commerce and Industry in Richtung Omantel). Banken gibt es auch in den Einkaufszentren. Die beste Kartenakzeptanz haben die National Bank of Oman und die Bank Muscat.

Die großen **Hotels** besitzen einen Wechselschalter, aber die Kurse sind schlechter als in den Banken oder Geldwechselbüros.

Viele seriöse kleine **Wechselstuben** sind im Mutrah Souq, in der Ruwi Souq Street und in den großen Einkaufszentren anzutreffen.

- **Mustafa and Jawad Exchange Co.,** gegenüber vom O.C. Centre am Ruwi-Kreisverkehr, Tel. 247 07025; an der Corniche in Mutrah, Tel. 24714816
- **Hamdan Exchange**
Ruwi Souq Street, Tel. 24791801

Postämter

In Muscat

- **Barid Street am Bab Kabir** (außerhalb der Stadtmauern), Sa bis Mi 8–13.30 und 15.30–18 Uhr, Do und Fr 9–11 Uhr

In Ruwi

- **Hauptpostamt am Omantel-Turm,** Sa bis Mi 8–14 und 15.30–17.30 Uhr, Do und Fr 8–11 Uhr
- **Al-Nahdha Street** am Hamriyah-Kreisverkehr, Sa bis Mi 7.30–21 Uhr, Do und Fr 8–11 Uhr

In Qurum

- Im **Al-Harthy Commercial Centre,** Sa bis Mi 7.30–14.30 und 19–21 Uhr

- **Mina al-Fahal,** Seih al-Malih Street in der Nähe der General Technical Library, Sa bis Mi 8–14 Uhr, Do 8–11 Uhr

In Medinat Qaboos

- **Neben der Oman-Oil-Tankstelle beim British Council,** Sa bis Mi 8–14 Uhr

In Seeb

- **Hauptpostamt der Capital Area, gegenüber dem Flughafen,** Sa bis Mi 8– 15 und 17–24 Uhr, Do 8–11 Uhr

Kurierdienste

- **EMS (Express Mail Service),** in den Postämtern
- **DHL,** Wattayah, Tel. 24563599
- **Federal Express,** Ruwi, Sinaw House, gegenüber Al-Nahda Hospital, Tel. 24793311, 24793700
- **TNT,** Tel. 24605155

Botschaften und Konsulate

- **Deutschland:**

Embassy of the Federal Republic of Germany
103 Bareeq Al-Shatti, Qurum, Tel. 24691218;
für Notfälle nach Dienstschluss Tel. 91218549;
www.maskat.diplo.de

- **Österreich und Schweiz**

Für Österreicher ist im Notfall die Vertretung in Riad/Saudi-Arabien zuständig: Tel. 00966-11-4801217. Das Konsulat der Schweiz in Qurum ist nur in Notfällen zuständig (Tel. 24603267, 24568202), für konsularische Angelegenheiten die Vertretung in Riad/Saudi-Arabien: Tel. 00966-11-4881291.

Reisebüros

- **Bahwan Travel Agencies,** gegenüber dem Einkaufszentrum City Centre in Qurum, Tel. 24704455
- **Eihab Travel,** *auch* Kurier- und Cargoservice, Tel. 24796282
- **Mezoon Travel,** Tel. 24796680, 24176685
- **National Travel and Tourism,** Wattayah, Tel. 566046; Seeb, Tel. 24620273; Qurum, Tel. 24564783
- **OUA Travel Centre,** Tel. 24708635
- **United Travel,** Tel. 24703303
- Zu **Tourveranstaltern** siehe „Praktische Tipps A–Z: Reiseveranstalter".

Sport und Aktivitäten

Öffentliche Strände

Bademöglichkeiten an öffentlichen Stränden findet man vor allem in **Qurum,** am langen Strand zwischen den Hotels InterContinental und Crowne Plaza. Auch weiter westlich auf beiden Seiten des Chedi findet man Strandabschnitte, wo man ins Wasser gehen kann (Sonnenbaden eher nicht).

Südlich von Muscat kann man gegen 2 RO Eintritt (Fr/Sa 3 RO) den **Strand am Yacht Club** und für 10 RO den **am Muscat Hills Resort** nutzen, was mehr Ruhe und Infrastruktur (z. B. Liegen und Duschen) bedeutet.

Wassersport und Bootsausflüge

- **Al-Bustan Palace Hotel,** Tel. 24799666
- **Daymaniat Shells**

Kleine Agentur, die Bootsfahrten für Schnorchler zu den Daymaniyat-Inseln anbietet, Tel. 91703117, www.daymaniat-shells.com

- **Grand Hyatt Hotel,** Tel. 24602888
- **GCC Tours**

Bootstouren aller Art, Tel. 91250734,
www.gcctoursmuscat.com

- **Gulf Leisure**

Ausfahrten per Glasbodenboot, Tel. 24693561,
tours@gulfleisure.com

- **InterContinental Hotel,** Tel. 24600500

Oman Sail
Filialen in The Wave am Flughafen und im Jachthafen Marina Bandar al-Rowda, Tel. 24181400, www.omansail.com

Shangri-La Hotel, Tel. 24776666

Sidab Sea Tours
Umfangreiches Ausflugsprogramm, Tel. 99461834, 99316011, www.sidabseatours.com

Marina Bandar al-Rowdha
Zwischen Muscat und Al-Bustan, jeden Tag von 16.30–18.30 Uhr Dhautour mit Nachmittagstee, auch sonstige Bootstouren, Tel. 24737286, www.marinaoman.net

Jassa Beach Sea Tourism
Bootsausflüge, auch mit Strandaufenthalt in Bandar Khayran,Tel. 94111568, 97008999, 95599660, www.jassabeach.com

Jachtclubs

Al Mouj Marina
Neuer Jachtclub am Neubauprojekt The Wave beim Flughafen, Tel. 24534544

Capital Area Yacht Club Al Mouj Marina
Privater Club, aber Strand gegen 2 RO Eintritt nutzbar, zwischen Muscat und Al-Bustan, Tel. 24737712

Marina Bandar al-Rowdha
Mit öffentlichem Lokal und zahlreichen Ausflugsanbietern, zwischen Muscat und Al-Bustan, Tel. 247 37288

Golf

Al-Mouj Golf/The Wave
Rasenplatz beim Neubauprojekt The Wave am Flughafen, Tel. 22005990, www.almoujgolf.com

Ghala Golf Club
An der Straße nach Bowshar, bei Ghalla; der ehemalige Sandplatz mit betonierten Abschlagsplätzen wurde zu einem Rasenplatz umgestaltet, Tel. 988 31558, www.ghalagolf.com

Muscat Hills Golf & Country Club
Rasenplatz am Fuße der Berge in der Nähe des Flughafens, Tel. 24510065, www.muscathills.com

Ras al-Hamra Golf Club
9-Loch-Rasenplatz mit Flutlicht, Tel. 97042504, www.rasalhamragolfclub.com

Jebel Sifah Golf
9-Loch-Rasenplatz im Neubaugebiet von Sifah etwa 40 km südöstlich von Muscat direkt am Meer, Tel. 24749193, www.jebelsifah.com/golf

Sonstiges

Schlittschuhlaufen: Al-Khuwair Ice Skating Centre, kleines Eisstadion im Al-Khuwair Center direkt am Sultan Qaboos Highway, täglich 9–22 Uhr (allerdings sind einige Zeiten für Eishockeyclubs reserviert), Schlittschuhverleih, 2 Std. Laufzeit 5 RO, Tel. 24489492 und 97281154

Minigolf: Al-Bustan Palace Hotel, Al-Bustan, Tel. 24799666

Reiten: Al Hashmy Riding School, Seeb, Tel. 24545823; **Qurum Equestrian School,** Qurum Park, Tel. 99832199 und 99209989

Pool, Tennis, Fitness: siehe bei den Hotels

Tauchen: s. Exkurs „Die Seeseite des Sultanats – Tauchen und Schorcheln in Oman"

Bowling: Golden Tulip, am Flughafen, Tel. 245 10300

Einkaufen

Einkaufskomplexe und Supermärkte

Karte S. 60

14 Eine **Filiale des City Centre** (s.u.) mit Supermarkt findet sich am Qurum-Kreisverkehr.

Die großen Einkaufszentren 13 **Capital Commercial Center (CCC)** und 15 **SABCO Center** (wozu auch der Al-Araimi Complex, die Al-Khamis Plaza, die Alasfoor Plaza und das Al-Wadi Centre gehören) befinden sich im Ortsteil Qurum rund um den Qurum- und Seih-al-Malih-Kreisverkehr. Auf der anderen Seite des Sultan Qaboos Highway in Richtung Ruwi steht unübersehbar der 19 **Al-Harthy Complex.** Alle drei bieten Boutiquen, Juweliere, Souvenirläden, Fotogeschäfte, Bäckereien, Optiker, riesige Supermärkte, Cafés, Fast-Food-Restaurants etc. Der 18 **Sultan-Centre-Supermarkt** neben dem Al-Harthy Centre ist groß und günstig.

Karte Umschlag hinten

4 Das **City Centre** mit seinem riesigen und günstigen **Carrefour Supermarket** ist das größte Einkaufszentrum der Stadt. Es liegt etwa 10 km vom Flughafen entfernt in Richtung Sohar. Die unterschiedlichsten Läden finden sich hier, allerdings alle (bis auf den Carrefour-Supermarkt) eher im gehobenen Preissegment.

7 Seit 2012 gibt es in Bowshar die **Muscat Grand Mall** mit großem Supermarkt (Carrefour) und Geschäften unterschiedlicher Preiskategorie.

- In Ruwi 3 (Karte S. 52) und Al-Khuwair 7 (Karte Umschlag hinten) stehen zwei riesige **Lulu-Supermärkte,** die eigentlich große Kaufhäuser sind. Einen 22 **Al-Fair-Supermarkt** mit einer guten Auswahl an internationalen Produkten findet man am Sultan Qaboos Highway zwischen Qurum und Al-Khuwair und in der 18 **Zakher Shopping Mall** in Al-Khuwair.
- Im Zentrum von Medinat Qaboos befindet sich das 19 **QCC-Shopping Centre** mit diversen Läden und mehreren Restaurants.
- In Seeb vereinigen das 1 **Al-Bahjah Centre** und der 1 **Al-Mawaly Commercial Complex** verschiedene Läden unter einem Dach.

Karte S. 52

- In Ruwi bietet das 17 **Oman Commercial Centre** am Ruwi-Kreisverkehr eine mittelgroße Auswahl an Geschäften, zumeist Bekleidung und Schuhe. In der Ruwi Souq Street steht der 21 **Khimji Megastore.**

Omanische Handwerksartikel/ Kunstgalerien/Antiquitäten

Im Souq von Mutrah, in der ersten Parallelgasse zur Corniche, bieten zahlreiche Läden Antiquitäten und Handwerksartikel an, z. B. Weihrauchbrenner, Krummdolche, Silberschmuck, Schwerter, Kaffeekannen, Rosenwassersprinkler, Webteppiche, Töpferwaren oder Truhen. Ein derart großes Angebot findet sich in keinem anderen Souq in Oman.

Exklusivere und kostspieligere Stücke bekommt man in den Einkaufszentren sowie bei:

- **Bait al-Turath al-Omani**
Ghubrah, neben der Porsche-Vertretung, Tel. 24593719
- **Bait Muzna Gallery**
Galerie mit Schwerpunkt auf omanischen Künstlern, Muscat, gegenüber dem Zubair-Museum, Tel. 24739204, www.baitmuznagallery.com
- **Gallery Sarah**
Muscat, Altstadt, beim Bait al-Zubair Museum, Tel. 22084747, www.gallerysarah.com
- **Raj Relics**
Ghubrah, Way 3616, hinter der Bahr-Fabrik, Tel. 24593131
- **Tamimah Gallery**
Muscat, Altstadt, Tel. 24737683
- **The Omani Heritage Collection**
Shati al-Qurum, im Zentrum neben dem InterContinental Hotel, Tel. 24696974

Goldschmuck

- Im **Mutrah Souq** findet sich eine große Auswahl, noch dazu günstig.
- Exklusivere Stücke gibt es in den **Juweliergeschäften der großen Einkaufszentren** (z. B. im Araimi Complex, Qurum).

Bekleidung, Stoffe, Teppiche

- Der **Souq von Mutrah** quillt förmlich über mit Stoffen, preiswerten Bekleidungsstücken und Schuhen vom indischen Subkontinent. Dazwischen finden sich traditionell omanische Stücke wie kummas und Kaschmirtücher für Männer, bunt bedruckte Tücher in allen Größen für Frauen, dishdashas in einer reichen Farbpalette, bunt bestickte sirwals und kandouras, Kinderkleider und und und.
- Kummas und Kaschmirtücher gibt es in großer Auswahl auch im **Oman Commercial Centre** am Ruwi R/A.
- **Al-Raid** (Tel. 24702205) hat exklusive Teppiche im Sortiment; Filialen im Al-Bustan Palace Hotel, im InterContinental Hotel, im SABCO Centre und im Capital Commercial Centre.

Gewürze und Weihrauch

- Im **Souq von Mutrah** findet man ein großes Angebot an Gewürzen; sie werden aus großen Säcken abgefüllt und abgewogen.
- Eine große Auswahl an Gewürzen, Nüssen, Kaffee und Süßigkeiten bieten auch **Oman Coffee Mills.** Filialen im O.C. Centre am Ruwi-Kreisverkehr und neben der Shell-Tankstelle am Highway westlich des InterContinental-Hotels.
- Die großen **Supermärkte** haben neben omanischen Gewürzen auch indische und asiatische Produkte im Sortiment.
- **Weihrauch:** Das wohlriechende Harz kann man in Oman quasi an jeder Ecke kaufen. In nahezu allen Supermärkten und Lebensmittelläden findet man ihn in abgepackter Form, im Souq von Mutrah wird Weihrauch auch aus großen Säcken lose verkauft. Hier kann man die verschiedenen Qualitäten gut vergleichen; als Faustregel gilt: Je heller die Farbe, desto besser die Qualität.

Englischsprachige Bücher und Landkarten, Postkarten

- **Book Shops,** im Einkaufszentrum Lulu Hypermarket in Al-Khuwair (obere Etage) sowie am Flughafen. Auch in Mutrah befindet sich direkt neben der großen Moschee an der Corniche ein Laden, der englischsprachige Bücher über Oman führt.
- **House of Prose,** gute Auswahl an gebrauchten englischen Taschenbüchern, der Shop kauft auch zum halben Preis wieder zurück, Al-Wadi Centre, am Qurum R/A, Tel. 24564356.
- Eine gute Auswahl an schönen Postkarten und Büchern über Oman gibt es im **Laden des Museums Bait al-Zubair** in Alt-Muscat (Zugang auch ohne Eintritt fürs Museum möglich).

Sport- und Campingausrüstung

- **Haji Dawood**
  In Mutrah kurz vor dem Samaka (Fisch)-Kreisverkehr, Tel. 24712647
- **Khimjis Sports Shop**
  Im Einkaufszentrum beim InterContinental, Tel. 246 04948; im CCC, Qurum, Tel. 24561350
- **Muscat Sports**
  Ruwi, Tel. 24707623; Al-Araimi Centre Qurum, Tel. 24564364; Zakher Mall, Al-Khuwair, Tel. 24698787
- **Sports 2000,** Qurum, Tel. 24564646
- **The Surf Shop**
  Shati al-Qurum, Tel. 24694303
- **Muscat Diving & Adventure Center**
  Tauch- und Kletterausrüstung, Al-Khuwair, beim Radisson SAS, Tel. 24685663
- Auch in den großen **Supermärkten** im Sultan Centre und im City Centre in Qurum findet man eine Auswahl an Camping- und Sportartikeln.
- Wegen **Tauchausrüstung** wendet man sich am besten an die Tauchbasen (siehe Exkurs „Die Seeseite des Sultanats – Tauchen und Schorcheln in Oman"), die Equipment verleihen und teils auch verkaufen bzw. Adressen nennen können.

Fotoläden

- **General Electric and Trading Co.**
Canon-Zubehör, Tel. 24706081, 24706153
- **Photocentre**
Al-Araimi Complex (SABCO Centre) und Al-Harthy Complex, Qurum, Tel. 24561015, 24560157
- **Salam Studios & Stores**
Kameras und Zubehör, Mina al-Fahal, Tel. 24564071
- sowie in den Fachabteilungen der großen Supermärkte Lulu und Carrefour

Büchereien

- **General Technical Library**
In Qurum Richtung Mina al-Fahal, Sa bis Mi 10–13.30 und 16.30–21 Uhr, Do 9–13 Uhr (im Ramadhan Sa bis Mi 10–13.30 und 18.45–24 Uhr, Do 10–14 Uhr), Tel. 24673111
- **National Islamic Library**
Englische und arabische Bücher, Al-Noor Street, Ruwi, Sa bis Do 7.30–14 Uhr, Tel. 24703881
- **Oman Chamber of Commerce and Industry**
Gegenüber vom Sheraton Hotel in Ruwi, Sa bis Mi 7.30–14 Uhr, Tel. 24707674, Ext. 314

Kirchen

- **St. Peter and St. Paul Church**
Katholisch, Ruwi, Tel. 24701893
- **Oman Protestant Church**
Evangelisch, Ruwi, Tel. 24799475
- **Holy Spirit Catholic Church**
Katholisch, Ghala, Tel. 24594656

Feste und Veranstaltungen

- Seit bald 20 Jahren findet das **Muscat Festival** statt. Die Darbietungen omanischer Traditionen finden so großen Anklang, dass das Festival nach anfänglich unregelmäßigem Rhythmus jetzt jährlich stattfindet. Als Termin scheint sich Mitte Januar bis Mitte Februar einzustellen, leider werden die genauen Daten aber immer sehr kurzfristig bekannt gegeben. In den drei bis vier Festivalwochen finden täglich an verschiedenen Orten in Athaibah, Al-Amerat und Seeb unzählige Aufführungen und Veranstaltungen statt. Alles dreht sich um Handwerk und Kultur, aber auch um Sport und Volksfest. Der für Touristen interessanteste Veranstaltungsort ist Amerat (etwa 10 km entlang der Straße nach Sur). Beginn ist jeweils gegen 16.30 Uhr, Eintritt 200 Bs. Infos unter www.muscat-festival.com.
- Im SABCO Centre in Qurum findet jeden November eine kleine **Handwerksausstellung** statt. Ausgestellt und verkauft werden Web-, Flecht- und Töpferarbeiten. Im Wechsel kann man auch einigen Handwerkern bei der Arbeit zusehen.
- **Pferde- und Kamelrennen** finden in Seeb zum Nationalfeiertag und nach Ankündigung statt. An den Eid-Feiertagen werden Kamelrennen in Al-Felaij abgehalten.
- Freunde **klassischer Musik** können gelegentlich einem Konzert im Auditorium des Al-Bustan Palace Hotel beiwohnen und natürlich die Aufführungen im Opernhaus besuchen (rechtzeitig Tickets unter www.rohmuscat.org.om sichern!).

Sonstiges

Hubschrauber- und Flugzeugcharter/Rundflüge

- **Airlink Tours,** Tel. 24597152, 24597836
- **Fort Travel & Tours,** Tel. 24780799
- **Mashareea Al Sultanate,** Tel. 24607293

Automobilclub

- **Oman Automobile Association**
Tel. 24605555

Arabisch-Sprachkurse

- **The British Council,** Tel. 24681000

Oman Polyglot Institute
Tel. 93939602, https://pi.om

Fahrräder und Reparaturen

Oman Bicycle Shop
Tel. 96773824, 99664710, www.omanbicycle.com

Hennastudios

Sonal Mehta
Beautification and Henna Artist
In der Nähe des Falaj-Hotels in der Al-Mujamma Street, Ruwi, Tel. 24794047

Bhavna Henna
Al-Boorj Street, Ruwi, Tel. 24707655; am Qurum-Kreisverkehr gegenüber vom Capital Commercial Centre, Qurum, Tel. 24560170

Strände bei Yiti, Bandar Khayran und Al-Sifah

Südöstlich von Muscat liegen einige kleine Fischerorte mit sehr **schönen Buchten und Stränden.** Am Wochenende sind sie ein beliebtes Ausflugsziel der Einwohner Muscats, die dem Trubel der Hauptstadt entfliehen wollen. Allerdings sind in Al-Sifah größere Bauarbeiten im Gange und mit den unberührten Stränden ist es vorbei.

Startpunkt der Strecke ist der Kreisverkehr kurz vor dem Shangri-La Hotel im Südosten Muscats, an dem es nach Yiti abgeht. Nach 1 km kommt man an den Resten des Al-Salam-Hotel-Bauprojektes vorbei. Vor einigen Jahren hatte man hier mit dem Bau einer Hotelanlage begonnen, doch aufgrund finanzieller Probleme der Dubaier Finanziers wurde das Projekt gestoppt. Nach 3 km zweigt rechts die alte Straße ab, die früher vom Ortsteil Hamriyah die einzige Verbindung nach Al-Sifah war.

Bei **km 4,5** folgt ein Abzweig, der über eine Schotterpiste durch das schöne **Wadi al-May** nach 21 km auf die Straße Muscat – Quriat führt.

Geradeaus erreicht man bei **km 8** den Abzweig in den kleinen Fischerort **Yiti,** zu dem es rund 4 km sind. Seine Strände locken viele Städter aus Muscat an.

oman20_049 pf

☒ Blick vom Crowne Plaza Hotel über den Strand von Qurum

Fährt man an der Abzweigung weiter in Richtung Al-Sifah, erreicht man den kleinen Ort **Yankut,** an dessen Bucht die Boote bei Ebbe auf dem Trockenen liegen. Anschließend führt die Strecke in weitem Bogen um eine malerische, **mit Mangroven bewachsene Bucht.** Bei Ebbe ist sie jedoch in weiten Teilen trockengelegt und nicht annähernd so hübsch wie Khor Yankut.

Bei **km 17** passiert man den Ort **Khayran.** Die Strecke windet sich auf dem folgenden Stück steil bergauf und bergab, und es bieten sich herrliche Ausblicke auf die zerklüfteten Berge.

Schließlich erreicht man nach **30 km** den Ort **Al-Sifah,** der wesentlich größer ist als die Dörfer auf der bisherigen Strecke. Biegt man in Al-Sifah an der T-Kreuzung nach rechts ab, so kann man parallel zum Strand weiter in Richtung Süden fahren. Nach etwa 2 km gelangt man in das Neubaugebiet „Jebel Sifah". Hier entstehen ein Golfplatz, vier Hotels

sowie zahlreiche Villen und Apartments, modern und durchaus geschmackvoll designt; Infos: www.jebelsifah.com.

Ein Hotel ist bislang fertiggestellt:

Sifawy Hotel****

Schönes Boutique-Hotel im 4*-Bereich, sehr gute Küche, Pool im Innenhof, Hotelstrand ca. 500 m vom Hotel entfernt, EZ/DZ ab 61 RO, Tel. 24749111, www.sifawyhotel.com

oman13-014 pf

Ausflüge von der Capital Area

Der **Küstenort Quriat** ist in einer guten Stunde zu erreichen, die Fahrt führt durch eine skurrile Bergkulisse. Von Quriat kann man über Pisten zum das ganze Jahr über Wasser führenden **Wadi Suwayh** fahren (siehe im Kapitel zu Al-Sharqiyah).

Weitere empfehlenswerte Tagesausflüge von Muscat führen nach **Rustaq, Nakhl, Al-Hazm** und zu den Orten der **Batinah,** z. B. zu einem Bullenkampf (siehe Exkurs „Bullfight in der Batinah").

Nizwa und Umgebung mit den Bergen des Hajar (siehe Kapitel zu Al-Dakhiliya") sowie das östlich von Ibra gelegene **Wadi Bani Khalid** und die **Sandwüste Ramlat al-Wahiba** (siehe Kapitel zu Al-Sharqiyah) sind ebenfalls an einem Tag zu erreichen, doch ist hier ein längerer Aufenthalt zu empfehlen.

☒ Innenhof und Pool des Boutique-Hotels Sifawy

NICHT VERPASSEN!

- **Das Wohnfort Bait Na'aman** | 103
- **Die Blauen Pools im Wadi Abiyad** | 104
- **Baden bei Ras al-Sawadi** | 106
- **Sohar, die wichtigste Stadt der Batinah** | 108
- **Bullfight in der Batinah** | 109
- **Das Fort von Al-Hazm** | 128

Diese Tipps sind gelb hinterlegt.

oman20_004 pf

2 DIE KÜSTEN-EBENE BATINAH

الباطنة

Die Batinah-Küstenebene schließt sich im Nordwesten an die Hauptstadtregion an. Sie erstreckt sich **400 km weit in nordwestlicher Richtung bis nach Musandam,** der von den Vereinigten Arabischen Emiraten umschlossenen omanischen Exklave, wo sich die Berge bis an den Golf von Oman ausdehnen. Knapp 300 km der Batinah liegen auf omanischem Gebiet.

Überblick

Der etwa 40 km breite Streifen der Küstenebene ist der bedeutendste Agrarraum des Sultanats. Parallel zum Strand verläuft ein kaum unterbrochener Oasenstreifen, der einst von zahlreichen Lagunen durchsetzt war, die allerdings heute fast alle versandet sind. Im Schatten der ausgedehnten Dattelhaine werden viele Obst- und Gemüsesorten angebaut. In den letzten Jahren konnte durch die Einführung neuer Bewässerungsmethoden vermehrt Tierfutter produziert werden, denn der Fleischkonsum der Omanis ist stetig gestiegen.

Die weit auslaufenden **Wadis des westlichen Hajar** bescheren der Region fruchtbaren Boden und einen beständigen Grundwasserspiegel, der an der Küste dicht unter der Erdoberfläche liegt. Schon im 8. Jahrhundert nutzten die Menschen diesen Standortvorteil und betrieben mittels künstlicher Damm- und Kanalbewässerung Landwirtschaft in der Batinah. In den 1970er Jahren begann der Staat den umfassenden agrarischen Ausbau dieser Region. Farmen und Gärten wurden finanziell gefördert, staatliches Land kultiviert und an Klein-

⌃ Bei Wakan im Wadi Mistal

bauern und Beduinen verteilt, große landwirtschaftliche Betriebe sowie Demonstrations- und Versuchsfarmen eingerichtet. Das führte dazu, dass das labile ökologische und hydrologische Gleichgewicht in Bewegung und stellenweise ins Wanken geriet. Der massive Einsatz von Motorpumpen trug seinen Teil dazu bei, dass in manchen Gebieten die Wasserentnahme größer war als der natürliche Zufluss von Süßwasser in Form von versickertem Regenwasser aus den Bergen. Im Bereich der Küstenlinie sank der Grundwasserspiegel, Meerwasser konnte dort in die Grundwasser führenden Schichten eindringen, das Wasser wurde unbrauchbar und der Boden versalzte. Der verstärkte Einsatz von Kunstdünger und die Tatsache, dass ausgedehnte Ackerflächen durch Überflutung bewässert wurden, führten landeinwärts außerdem zu einer Salzanreicherung in der obersten Bodenschicht.

Heute ist das Problem der Bodenversalzung weitgehend unter Kontrolle. Man lernte aus den früheren Fehlern und bemühte sich z. B. durch den Bau von Grundwasseranreicherungsdämmen in den Bergen, durch staatliche Kontrollen des Brunnenbaus, Einführung der Wasser sparenden Sprinklerbewässerung, Anreicherung des Bewässerungs- und Grundwassers mit entsalztem Meerwasser um eine schonendere Nutzung dieses Agrarraumes.

Bereits in vorislamischer Zeit bestimmte der **internationale Seehandel** den Alltag vieler Küstenbewohner. Er gab ihrem Leben, anders als im Landesinneren, einen kosmopolitischen Touch. An der omanischen Küste liegt der Ausländeranteil seit jeher im Durchschnitt höher als im restlichen Land.

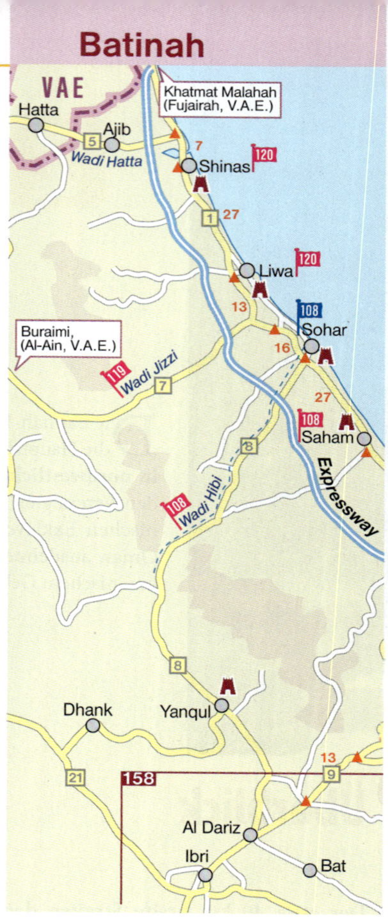

Wegen der in der Vergangenheit fortwährenden Gefahr feindlicher Angriffe von der Meeresseite, ist in den küstennahen Gebieten die Dichte an **Forts und Fluchtburgen** (Sing. *sur,* Pl. *aswar*) sehr groß. Zwischen Muscat und Shinas zählte man einst an die hundert aswar. In der flachen und schwer zu verteidigenden Batinah-Ebene waren solche Anlagen enorm wichtig, denn es gab keine Möglichkeit, sich in den Bergen zu verschanzen wie im westlich angrenzenden Ha-

jar-Gebirge. Heute finden sich in fast jedem Küstenort Reste einer Wehranlage.

Aus Sicht des Besuchers muss man aber sagen, dass die Batinah nicht unbedingt der sehenswerteste Teil des Landes ist. Viele der kleinen Forts sind verfallen oder verschlossen. Besonders sehenswerte und von der Regierung aufwendig **restaurierte Bauwerke** stehen in Barka, Na'aman, Al-Suwaiq, Sohar und Shinas. Durch den Kontrast von erneuerten und verfallenen Forts erhält man eine gute Vorstellung davon, welche Arbeit die omanischen Restaurateure geleistet haben, denn es wurden nicht nur gut erhaltene Forts restauriert, sondern auch Anlagen, die nur noch aus Fragmenten bestanden (wie z. B. das Bait Na'aman).

Auch die drei Oasenorte **Nakhl, Rustaq und Al-Hazm** zu Füßen des Hajar-Gebirges werden durch große, sehenswerte Festungsanlagen dominiert. Die Fahrt durch diese drei Orte ist auch die interessanteste in der gesamten Region.

Heute haben sich an der Küste Leben und Handel vom Meer wenige Kilometer landeinwärts verlagert, denn dort wird die Batinah in ihrer gesamten Länge von einer in der Hauptstadtregion beginnenden **Autobahn** durchschnitten. Mit ihrer Fertigstellung in den 1970er Jahren hielt die Moderne Einzug – in den Stadtteilen an der wenige Kilometer entfernten Küste jedoch nicht in dem Maße wie direkt an der Straße. Es lohnt sich daher ein Abstecher ans Meer, um das noch nicht ganz so fortschrittliche Oman kennenzulernen – von der Capital Area kommend, fühlt man sich dort fast schon in eine andere Zeit versetzt.

2018 wurde der neue **Expressway** fertiggestellt. Er verläuft deutlich weiter landeinwärts und macht einen Bogen um alle Städte. Wer möglichst rasch vorankommen möchte, nimmt am besten diese Strecke.

Die Batinah von Osten nach Westen

- Dieser Abschnitt beschreibt die Fahrt in Richtung Nordwesten **von Muscat** über Barka (ca. 80 km), Sohar (ca. 235 km) und Shinas **bis an die Grenze der V. A. Emirate (ca. 315 km).**
- Es bietet sich die Fahrt **auf der Küstenautobahn** an, denn so kann man alle Orte der Batinah einfach und schnell erreichen. Die **Kilometerzählung** beginnt am Palast in **Muscat bei Null,** sodass man sich nach einem (oder mehreren) Abstecher(n) an den zahlreichen Hinweisschildern mit Entfernungsangaben nach Muscat neu orientieren kann.
- **Hotels** stehen dem Besucher in Barka, Ras al-Sawadi, Suwaiq und Sohar zur Verfügung.
- Der **Bus von Muscat nach Sohar** (4 Std. Fahrzeit) verkehrt mehrmals täglich. Er fährt über den Küsten-Highway und hält am Sahwa Tower R/A, und an den Abzweigungen nach Barka, Masna'ah, Tharmad, Al-Suwaiq und Al-Khaburah. Außerdem kann man den Expressbus nach Dubai zweimal täglich nutzen. Infos der Busgesellschaft Mwasalat unter Tel. 24708522 und www.mwasalat.om.

Streckenbeschreibung: Nachdem man die westlichen Vororte Muscats, den **Flughafen (km 37)** und den Abzweig nach Nizwa am **Sahwa-Tower-Kreisverkehr (km 44)** hinter sich gelassen hat, beginnt **hinter Seeb** das Gebiet der Batinah-Küstenebene.

57 km hinter Muscat zweigt rechts eine Straße zu den (für die Öffentlichkeit unzugänglichen) **„Royal Stables“** ab. Anders bei den nahe gelegenen **„Enam Equestrian Grounds“**, gleichzeitig Sitz der „Oman Equestrian Federation“: Hier finden im Winterhalbjahr Pferdesportveranstaltungen statt. Ställe und Außenanlage zählen zu den schönsten im Mittleren Osten.

Bei **km 60** zweigt an einem Kreisverkehr eine (gesperrte) Privatstraße zum **Sultanspalast „Bait al-Barakah“** („Haus des Segens“) ab. In der Nähe befindet sich eine von Sultan Qaboos persönlich initiierte Aufzuchtstation für vom Aussterben bedrohte omanische Säugetierarten. Hier werden u. a. Hyänen, arabische Leoparden, Wölfe und die seltene Wildziege Tahr aufgezogen und medizinisch versorgt, um dann später in Naturreservaten ausgewildert zu werden.

Südlich des Kreisverkehrs steht eine **große Moschee** mit einer gelungenen Mischung aus alten und modernen Stilelementen. Man kann nah heranfahren, das Betreten ist aber verboten.

5 km weiter erstreckt sich zwischen dem Meer und dem Highway der 400.000 m² große und prächtige **Al-Naseem Park.** Es lohnt sich, hier einen Halt einzulegen und durch das ausgedehnte Grün zu spazieren oder auf dem englischen Rasen ein Picknick zu machen. Der Park verfügt über einen japanischen und einen arabischen Garten, eine Dattelfarm, ein Aquarium, ein Café, diverse Spielplätze, eine Bimmelbahn, einen Picknickplatz, Tennis-, Volleyball-, Badminton- und Fußballplätze. Sein Unterhalt kostet jährlich 300.000 RO, und täglich werden fast 700.000 Liter Wasser verbraucht. Ein Ausbau auf die doppelte Größe ist geplant. Geöffnet Mo bis Mi 16–23 Uhr, Do und Fr 9–23 Uhr, Di allerdings nur für Frauen und Kinder.

68 km hinter Muscat zweigt rechts eine Straße nach Rumais ab. Hier steht am Rand des kleinen Ortes das **Sur Rumais,** das auf den ersten Blick recht gut erhalten scheint. Die quadratische Fluchtburg besitzt vier runde Türme an den Ecken und einen eckigen Aufbau über dem Eingangstor. Erbaut ist sie aus Lehmziegeln, von denen der Verputz abgebröckelt ist. Im Inneren steht die Burg leer, hier ist der Verfall deutlich sichtbar.

Bei **km 70** geht eine Straße in Richtung Hajar-Berge nach **Al-Felaij** ab; vom Highway sind es 9 km in den Ort. Vor dem Dorf ist an der linken Seite ein riesiger **Staudamm** zum Schutz vor Flutwellen und zur besseren Nutzung des Wassers angelegt. Rechts befindet sich eine **Kamelrennstrecke,** sie ist die beste und teuerste Sieben-Kilometerbahn des Landes – an den Eid-Festtagen und am Nationalfeiertag im November werden hier bedeutende Rennen abgehalten. Überall verstreut stehen kleine Grüppchen der edlen und schlanken Tiere, immer gut bewacht. Am Ortseingang fällt ein schön restauriertes **Fort** ins Auge. Es ist rund 200 Jahre alt und hat eine hohe Umfassungsmauer, aber ungewöhnlicherweise keinen Wehrturm. Das dreistöckige Innengebäude wirkt kompakt wie ein Würfel.

Direkt daneben hat man ein neues „Castle Amphitheatre“ erbaut. Hier finden in den Wintermonaten **kulturelle Veranstaltungen** statt.

Bei **km 72** ist der erste Abzweig zum 10 km entfernten Barka erreicht. **9 km weiter,** an der Abfahrt Barka, geht es rechts direkt in die Ortsmitte, links nach Nakhl (32 km).

Barka بركاء

Barka ist der erste größere Ort hinter der Capital Area (etwa 150.000 Einwohner). Seine Geschichte reicht zurück bis in die Zeit der Ya'aruba- und Al-Bu-Said-Dynastie. Unter Imam *Ahmed bin Said* war Barka sechs Jahre lang Hauptstadt. Im 18. Jahrhundert besaß der Ort einen wichtigen Hafen, von dem vor allem Datteln und Limonen nach Indien und Ostafrika verschifft wurden; heute existiert der Hafen nicht mehr.

Aus dem 18. Jahrhundert ist auch das **Fort,** dessen Größe die einstige Bedeutung Barkas als Hafenstadt eindrucksvoll bezeugt. Die gewaltige rechteckige Anlage steht direkt neben dem alten Stadtzentrum am Meer und hat drei runde Wehrtürme und im Westen eine riesige Geschützplattform. Das Fort ist restauriert und in gutem Zustand. Im Inneren überragt ein eckiger Wohnturm die anderen Türme. Mit den vielen Gängen, verschachtelten Gebäudeteilen, geheimen Räumen und versteckten Kerkern ist die Anlage ein gutes Beispiel für ein typisch omanisches Fort. Zwei ebenfalls restaurierte Wachtürme in der Nachbarschaft waren einst Bestandteil der Stadtmauer. Das Fort ist So bis Do 8.30–14.30 Uhr geöffnet, Eintritt 500 Bs.

Direkt neben der Festung liegt ein kleiner **Souq,** am Strand dahinter der vormittags lebhafte und bunte **Fisch- und Gemüsemarkt.** Barka ist berühmt für seine **Halwa,** im Souq kann man vor Feiertagen einigen Halwaköchen bei der Zubereitung der Süßigkeit zusehen.

An jedem zweiten Freitag im Winter findet ein **Bullenkampf** statt. Die eigens dafür angelegte Arena samt Tribüne ist die einzige des Landes (in den anderen Küstenorten werden die Kämpfe auf einem großen Sandplatz abgehalten) und liegt am westlichen Ortsausgang zwischen Straße und Meer.

Unterkunft

7 Al-Nahda Resort & Spa
An der Straße nach Nakhl in einem ehemaligen großen Mangogarten gelegenes 5*-Hotel mit Spa, große, geschmackvoll eingerichtete Zimmer, insgesamt sehr schöne Anlage, DZ ab etwa 100 RO (zahlreiche Sonderangebote möglich), Tel. 26883710 und 94582970, www.alnahdaresort.com. Zum Hotel gehört auch die Außenstelle **Dunes by Al-Nahda** am Fuß der Berge bei Abiyad: edles Ambiente inmitten einer Dünenlandschaft, EZ/DZ ab 120 RO, Tel. 97235700, www.dunesbyalnahda.com

oman085 pf

8 As-Sahala Farm
Etwas außerhalb von Barka gelegene Farm mit Pool für bis zu 8 Personen, eine nette Alternative zu klassischen Hotels für Familien und Kleingruppen, ca. 140 RO pro Nacht für max. 3 Schlafzimmer, Tel. 94151950, rashid1122@hotmail.com

Essen und Trinken

Ein empfehlenswertes einfaches **Restaurant** befindet sich an der Hauptstraße schräg gegenüber dem einzelnen Wehrturm. Ein weiteres gutes Lokal, das **6 Jasmine Garden Restaurant,** liegt direkt am Barka R/A am Highway.

Bait Na'aman بيت النعمان

5 km westlich von Barka liegt die Ortschaft Na'aman mit einem sehenswerten, 360 Jahre alten **Wohnfort** – Bait Na'aman. Man erreicht es von Barka, indem man am westlichen Ortsausgang 200 m vor (!) dem Kreisverkehr, an dem Na'aman ausgeschildert ist, nach links abbiegt (der Abzweig direkt am Kreisverkehr führt z. Z. nur auf einen Feldweg). Alternativ kann man vom Highway 4,5 km hinter dem Barka Kreisverkehr nach rechts abbiegen.

Bis 1990 nur als Ruine mit eingestürzten Decken und freistehenden Wänden erhalten, richtete man das rotbraun leuchtende Fort nach einer aufwendigen **Restaurierung als eine Art Museum** ein. Zahlreiche traditionelle Gebrauchsgegenstände und die Einrichtung der Räume verleihen dem ehrwürdigen Gemäuer eine beeindruckende Atmosphäre und schildern sehr anschaulich seine ursprüngliche Nutzung.

Das Gebäude wurde von Imam *Saif bin Sultan I.*, der Ende des 17. Jahrhunderts herrschte, für seinen persönlichen Gebrauch als **Wohn- und Gartenhaus** errichtet. Beim Bau ließ er um den Palast herum über 30.000 Dattel- und 6000 Kokospalmen anpflanzen. Das Wasser für die Gärten und das Haus stammte aus einem knapp 50 km langen unterirdischen falaj und aus Ziehbrunnen. Ursprünglich war das Gebäude nicht festungsartig angelegt, die beiden Türme und eine verstärkte Außenmauer baute man erst später an. Ab 1744 nutzte *Ahmed bin Said*, der erste Herrscher der noch heute regierenden Dynastie Al Bu Said, die Anlage als Rastplatz auf dem Weg von der damaligen Hauptstadt Rustaq nach Muscat. Dabei hielt er auch offizielle Versammlungen und Audienzen ab. Seine Söhne nutzten Bait Na'aman als Wohnhaus und Residenz.

Beim **Besichtigen der Anlage** erhält man einen guten Einblick in die Einrichtung eines solchen Wohnforts. Es hat verschiedene Räume wie Küche, Badezimmer, Dattelspeicher, für Männer und Frauen getrennte Schlaf- und Aufenthaltsräume sowie zwei Verliese. Diese Anlage zeigt auch besonders deutlich, wie man sich vor feindlichen Angreifern schützte. Diese konnten aus nur zwei Kanonentürmen in großer Entfernung rund um die Anlage beschossen werden. War der Feind schon näher vorgerückt, wurde er aus versteckten Schießscharten unter Beschuss genommen. Stand er gar bereits vor dem Eingangstor, so konnte man ihn aus einem Spalt im ersten Stock mit heißem Dattelsirup oder Öl übergie-

‹ Wohnfort Bait Na'aman

ßen. Und falls dies alles nichts half, blieb nur noch die Flucht über ein langes Seil den Kanonenturm hinab.

Die Anlage ist So bis Do zwischen 8.30 und 14.30 Uhr geöffnet, der Eintritt beträgt 500 Bs.

Wenige hundert Meter vom Bait Na'aman in Richtung Meer befindet sich ein großer **Ziehbrunnen (zajarah).** Über dem Brunnenschacht ist ein etwa fünf Meter hohes Holzgerüst angebracht, das dazu diente, das in den Schacht führende Seil umzulenken. Das Wasser wurde in Leder- und Palmfasersäcken von einem Zugtier (meist Ochsen oder Esel) nach oben befördert und in ein daneben liegendes Auffangbecken geschüttet. Damit das mühevoll zutage gebrachte Nass nicht einfach in der Sonne verdunstete, war das Becken mit Palmzweigen abgedeckt. Über Kanäle floss das Wasser auf die umliegenden Felder, früher wurden auch die Gärten des Bait Na'aman so bewässert.

Dieses Prinzip der Wasserversorgung war vor dem Zeitalter der Motorpumpen auf der gesamten Arabischen Halbinsel verbreitet.

91 km hinter Muscat liegt rechts des Highways Al-Uqdah al-Sharqiyah mit der Ruine des **Sur al-Uqdah.** Zwei Türme sind noch recht gut erhalten, die restlichen Mauern völlig verwittert. **1 km weiter zweigt links eine Straße in den Ort und das Wadi Abiyad ab.**

Abstecher: Wadi Abiyad und die Blauen Pools

Die ersten 26 km verlaufen auf einer Teerstraße durch die Steppenlandschaft der Batinah-Ebene. Zunächst gibt es noch großflächige Farmen, aber nach und nach wird der Bewuchs immer spärlicher. Am Fuße der Berge, in einiger Entfernung rechts der

oman126 pf

⊳ Blauer Pool im Wadi Abiyad

Straße, bietet eine große Sanddüne einen ungewöhnlichen Anblick vor dem Panorama der Felsen.

Bei **km 26** geht es links ab nach Nakhl (wäre auch eine Alternative für die Weiterfahrt).

Bei **km 27** geht es bei einem Wasserturm links ab ins Wadibett. Geradeaus liegt der Ortseingang der **Oase Abiyad,** in der etwa 8000 Menschen leben. Im und um den Ort sind große Gärten und Palmenhaine angelegt. Im Gegensatz zur Batinah wird das Wasser zur Bewässerung nicht aus Brunnen entnommen, sondern fließt durch lange aflaj aus den Bergen. Im Norden der Oase steht ein baufälliges altes **Fort,** das mit Palmstämmen, Lehmziegeln und saruj errichtet wurde. Bis Anfang der 1970er Jahre hat man hier auch die Wohnhäuser so gebaut, doch sind sie heute allesamt verlassen.

Folgt man dem **Abzweig bei km 27** nach links, so kann man mit einem Allradfahrzeug noch etwa

5 km durch das Flussbett fahren, bevor die Strecke unpassierbar wird. Das Wadi führt hier ständig Wasser und ist ein beliebter Platz für ein Picknick.

Von hier aus erreicht man zu Fuß die sog. **Blauen Pools.** Sie heißen so, weil der Boden einiger der Becken mit dem Mineral Magnesit überzogen ist und das Sonnenlicht blau reflektiert. In den Pools zu baden ist allerdings nicht unbedingt empfehlenswert, da das Wasser zum Teil stark alkalisch ist. Andere Becken sind dagegen völlig klar.

Es ist auch möglich, das Wadi von der anderen Seite über eine Piste, die zwischen Rustaq und Nakhl beginnt, zu besuchen. Es kann auch durchwandert werden, wofür man etwa 2 Stunden benötigt (und wieder zurück, wenn man keinen Abholer auf der anderen Seite hat).

96 km hinter Muscat kommt man zum Abzweig in den Ort Al-Billah. Dort stehen die Ruinen des ehemaligen **Sur Billah.** Die Anlage ist stark eingefallen, von den ehemals zwei runden Wehrtürmen stehen nur noch die kümmerlichen Fundamente.

Bei km 99 zweigt rechts eine Straße zum Ras al-Sawadi ab.

Abstecher: Ras al-Sawadi

Nach 10 km erreicht man die Landspitze Ras al-Sawadi. Hinter dem Ort Sawadi liegt ein herrlicher **Strand** mit mehreren **kleinen vorgelagerten Inseln.** Am Ende der Straße hat man einen Parkplatz und einen Picknickplatz mit kleinem Laden, Kinderspielplatz und Toiletten angelegt. Fischer bieten ihre **Boote für Ausflüge** zu den nahen Inseln an.

Das türkisblaue Meer und der flache feinsandige Strand laden zum Baden ein. An der **weitläufigen und menschenleeren Küste** kann man lange Spaziergänge unternehmen und Muscheln sammeln, von denen Unmengen angeschwemmt werden. Die größte der Inseln lässt sich bei Ebbe über eine Sandbank auch zu Fuß erreichen. Dabei entdeckt man auffallend viele Meerestiere wie Krabben, Muscheln, Krebse, Seesterne, Seegurken und verschiedene Vögel.

Für Sawadi gab es Pläne, die Hotellerie massiv auszubauen. In mehreren Abschnitten sollte eine **komplette neue Stadt** entstehen. In dieser „Blauen Stadt" hätten auch Ausländer Immobilien erwerben können. Wegen massiver Finanzierungsprobleme ist jedoch alles im Rohbaustadium gestoppt worden.

Die Ras al-Sawadi in etwas Entfernung vorgelagerten **Daymaniyat-Inseln** (Juzor al-Daymaniyat) sind unbewohnt und als Naturschutzgebiet ein wichtiger Nistplatz für verschiedene Seevögel- und Meeresschildkrötenarten. Das Al-Sawadi Beach Resort (s. u.) sowie der Tourveranstalter Daymaniat Shells in Muscat (siehe dort) bieten Ausfahrten mit Schnorchelmöglichkeit an.

Unterkunft

5 Al-Sawadi Beach Resort***
Ein auch für Familien gut geeignetes Hotel am langen Sandstrand, nette weitläufige Anlage, die 2019 nach Renovierung wiedereröffnet wurde, eher einfache bis mittlere Kategorie, inkl. Tauchbasis (Ausflüge zu den Daymaniyat-Inseln), Tel. 26970700, www.alsawadibeachresortandspa.com, EZ 40 RO, DZ 50 RO.

108 km hinter Muscat zweigt rechts die Straße nach **Masna'ah** (90.000 Einwohner) ab. Direkt am Meer stehen im Ortsteil Hellat al-Husn die Reste eines großen **Forts.** Während die Mauern noch recht gut erhalten sind, fehlen fast alle Zwischendecken. Auch der Souq des Ortes hat schon bessere Tage gesehen; nur noch wenige Verkäufer finden sich unter dem Schatten spendenden Dach am Strand ein. Mit der Ruhe ist es aber spätestens dann vorbei, wenn in Masna'ah ein Stierkampf (siehe Exkurs „Bullfight in der Batinah") stattfindet.

Bei **km 115** zweigt nach Süden die Straße nach Al-Hazm (25 km) und Rustaq (46 km) ab. Hier liegt der Ort **Al-Mulladah** mit vielen alten Lehmbauten und dem **Sur al-Mulladah.** Seine vier Wehrtürme hatten einst eine Höhe von drei Etagen, das oberste Stockwerk ist allerdings bei keinem der Türme mehr erhalten.

Unterkunft

4 Millennium Resort Mussanah****

Etwa 5 km nördlich des Abzweigs nach Rustaq gelegenes Strandhotel, von außen etwas langweilig, doch mit sehr schön eingerichteten Zimmern und mit vielen Wassersportmöglichkeiten, da diese Region zu einem Wassersportzentrum ausgebaut werden soll, EZ/DZ ab 65 RO, Tel. 26871518, www.millenniumhotels.com

3 Gulf Sand Motel

An der Abzweigung nach Norden zum Millennium Resort abbiegen, nach 200 m rechts und dann sofort wieder links; im Palmenhain gelegenes kleines, einfaches Hotel, das aber sehr nett gestaltet ist, mit viel Platz und Pool im Innenhof, EZ/DZ ab 18 RO, Tel. 26869999, 93977466, gulfsandhotel@hotmail.com

3 Al-Musafir Hotel

Kurz vor der Abzweigung zum Millenium Resort auf der rechten Seite gelegenes einfaches Hotel, das aber durchaus für eine Nacht in Ordnung ist, DZ 12 bzw. 20 RO (im Neubau), Tel. 26869444

Bei **km 123** steht direkt am Highway an einem Kreisverkehr mit einem riesigen Bootsnachbau aus Kunststoff die nächste Burg, **Sur Tharmad,** die aus dem 19. Jahrhundert stammt und im Gegensatz zu den vorherigen Anlagen restauriert und vollständig erhalten ist. Abweichend vom gängigen Baustil wird sie durch drei runde Türme gesichert, während der vierte Turm in der südwestlichen Ecke einen rechteckigen Grundriss zeigt.

Bei km 133 zweigt eine Straße zu der Ortschaft Al-Suwaiq am Meer ab.

Al-Suwaiq السويق

Die **Fischerstadt** Al-Suwaiq hat 180.000 Einwohner und war im 18. Jahrhundert – genau wie Barka und Sohar – ein wichtiger Hafenort. Sie besitzt einen weitläufigen und ursprünglichen **Souq,** der sich besonders am Morgen sehr lebhaft präsentiert, wenn auf dem Strand der Fischmarkt stattfindet. Der lange Sandstrand ist weniger zum Baden geeignet, bietet aber Gelegenheit zu ausgiebigen Spaziergängen.

Unweit des Meeres steht das große **Fort,** das vermutlich knapp 300 Jahre alt ist. Möglicherweise stammt der ursprüngliche Bau bereits aus der Besatzungszeit der Portugiesen, die damals alle wichtigen Orte entlang der Küste mit Forts ausstatteten. Es wurde Anfang der 1990er Jahre renoviert und kann besichtigt werden. Ein Wächter mit Gewehr und großem Schlüssel öffnet das hölzerne Tor und führt durch die Anlage. Wie bei Sur Tharmad weist auch hier einer der vier Wehrtürme eine viereckige Form auf – sehr selten bei Burganlagen in Oman. Ebenfalls ungewöhnlich ist es, dass der Innenhof durch eine Mauer in zwei Bereiche geteilt ist, wobei der dem Meer abgewandte Teil auf einem höheren Niveau liegt. Durch die Zinnen kann man einen Blick auf das angrenzende Souqgebiet werfen.

Unterkunft

2 Al-Suwaiq Motel* (Karte S. 98)
Einfach, mit Restaurant und (lauter) Bar; etwas schwierig zu finden: am Suwaiq-Kreisverkehr nach Süden, dann hinter einem Krankenhaus halb rechts auf eine Schotterpiste abbiegen, dann noch etwa 500 m, Tel. 26862242/43, EZ 18 RO, DZ 20 RO.

Von Al-Suwaiq nach Sohar

Etwa **6 km hinter Al-Suwaiq** befinden sich links und rechts der Straße **zwei große, renovierte Forts,** die mit ihrem rechteckigen Grundriss und den vier runden Türmen klassische Beispiele für Fluchtburgen der Batinah sind.

168 km hinter der Hauptstadt erreicht man den Kreisverkehr bei **Al-Khaburah.** Von Al-Khaburah führt eine neue Straße durch das **Wadi Hawasina** und trifft bei Ibri auf die Straße, die von Nizwa nach Buraimi verläuft. Zuvor zweigt nach Osten eine Straße durch die Wadis Mabrah und Bani Ghafir nach Rustaq ab. Unterkunftsmöglichkeit im **1 Khabura Hotel** (Karte S. 98, vom Khabura R/A 3 km südwärts, DZ 20 RO, Tel. 26802800 und 92343699).

Bei **km 207** gelangt man zum Kreisverkehr bei **Saham** (150.000 Einwohner). Auch hier hat sich das neue Geschäftszentrum zum Highway hin verlagert, während das eigentliche Dorf sehr ursprünglich geblieben ist. Der alte Ortsteil liegt 2 km von der Hauptstraße entfernt am Meer. Am Ende des Strandes steht ein großes **Fort,** daneben liegt der alte **Souq.** Seine engen Fußwege sind mit Holzbrettern und Wellblech gedeckt.

230 km nordwestlich von Muscat liegt die neue, extrem schöne **Moschee Sultan Qaboos** links der Straße. 4 km weiter erreicht man den Sohar-Kreisverkehr, an dem – nach links – die Möglichkeit besteht, durch das sehr schöne **Wadi Hibi** bis auf die Südseite der Berge nach Ibri zu fahren.

Am Sohar R/A geht es rechts in das Zentrum von Sohar, dieser einst so bedeutenden Stadt.

Sohar صحار

Sohar ist mit etwa 240.000 Einwohnern die **größte und wichtigste Stadt der Batinah.** Ihre Lage am Golf von Oman und an der Mündung des Wadi Jizzi bescherte ihr in der Vergangenheit Ruhm und Reichtum als **Hafen- und Handelsstadt.**

Einst besaß Sohar zwei kleine Hafenbuchten, heute sind sie, nicht zuletzt wegen einer großen Flutwelle aus dem Wadi Jizzi 1988, vollständig eingeebnet. Nur noch kleine Seen im Landesinneren bestehen, einer davon, der **Khor Kashmir** am Anfang der Corniche, dient als Vogelschutzgebiet, in dem verschiedene Zugvogelarten überwintern. Überhaupt ist das Stadtgebiet Sohars sehr grün und von vielen Gärten und Palmenhainen durchzogen.

Von der Pracht und Bedeutung des historischen Sohar ist heute nicht mehr viel übrig. Aber überall zeugen blendend weiße Häuser und Villen vom neuen Reichtum der Omanis. **Wirtschaftlich geht es mit der Region wieder aufwärts,** denn am nördlichen Stadtrand sind neue Industriekomplexe (Petrochemie und Aluminium), ein moderner Hafen und ein Flughafen entstanden. Mit insgesamt 13 Mrd. US-Dollar Investitionsvolumen ist es derzeit eines der

Bullfight in der Batinah

von Kirstin Kabasci

Hörner krachen aufeinander, durch Mark und Bein fährt dieses Geräusch. Kopf an Kopf ringen zwei Bullen und versuchen mit voller Kraft, sich gegenseitig wegzustoßen. Das unter ihrem Hals herabhängende Fell und ihre Nackenhöcker wippen wild im Takt ihrer Hufe. Wie ein Kreisel drehen sich beide und hüllen alles in eine dicke Staubwolke. Jeden Schritt verteidigend, stoßen sie sich gegenseitig nach hinten weg. Dabei verlieren sie das Gleichgewicht und knien mit verdrehtem Nacken auf den Vorderbeinen. Immer noch versucht jeder, seinen Gegner auf den Boden zu zwingen. Schließlich gelingt es ihnen, sich aus diesem Schwitzkasten zu lösen, doch nur um wieder mit voller Wucht die Hörner ineinander zu rammen ...

„Moment mal, ein Stierkampf? Hier? ... Ich bin doch nicht etwa auf dem falschen Kontinent gelandet?“ Doch doch, ich bin in Oman und nicht etwa in Spanien oder Portugal. Und mit der dortigen brutalen Tierquälerei haben die Bullenkämpfe im Sultanat nichts gemeinsam. Hier kämpfen die **Stiere** nicht gegen einen mit Schwertern bewaffneten Menschen, sondern **gegen ein gleich starkes Tier** – genauer gesagt ist es übertrieben von „Kampf“ zu sprechen, denn das Ganze gleicht eher einer Rangelei oder Rauferei. Es ist – abgesehen von kleinen Blessuren – ein unblutiges Kräftemessen.

In der gesamten nördlichen Küstenebene Batinah werden an so manchem Freitagnachmittag im kühleren Winter **auf großen Sandplätzen** Bullenkämpfe abgehalten – auch jenseits der Grenze im Emirat Fujairah. Barka ist der berühmteste Schauplatz des omanischen Bullfights. Es ist auch der einzige Ort, der eigens dafür eine Arena samt Tribüne angelegt hat.

Showtime in Barka: Das Publikum besteht vornehmlich aus alten Männern, die sich die Zeit bis zum Beginn der Riesen-Rangelei angeregt unterhalten. In der Arena stehen die Bullen in etwa zehn Meter Abstand voneinander aufgereiht. Doch diese mächtigen Gestalten wirken alles andere als kampflustig: Ruhig und friedlich stehen sie auf der Stelle und dösen. Ihre Beine sind mit einem Strick zusammengebunden. Sie wirken, anders als so mancher Toro in Spanien, unelegant, schwerfällig und plump. Aber ihre dicken Muskelpakete lassen ungeheure Kräfte erahnen, die nur im Moment noch ruhig schlummern. Vor ihnen sitzen oder stehen ihre stolzen Besitzer. Der Strick, an dem der Stier an den Hörnern oder durch einen Nasenring angeleint ist, baumelt locker in ihrer Hand. Diesem Festtag angemessen tragen viele Männer ihren prächtigen, auf Hochglanz polierten khanjar und in der Hand halten sie den kleinen, elastischen Holzstab, den assa. Manche lassen ihre edlen Bullen auch von ihren Söhnen bewachen. Diese kleinen, auf ihre Aufgabe stolzen Knirpse wissen ganz genau, wie sie mit den großen Tieren umzugehen haben.

Ich komme mit Malik, einem der Bulleneigner ins Gespräch und er erklärt: „Die Tiere wurden **einst in der Landwirtschaft** zum Ziehen des Pfluges und der Ziehbrunnen eingesetzt. Dabei hatten zwei Bauern bemerkt, dass ihre Bullen gegeneinander kämpften, wenn man sie einem Konkurrenten gegenüberstellte. Immer mehr Männer fanden Spaß daran, und so breitete sich die Tradition der Rinder-Rauferei in der gesamten Batinah aus. Der Sport erfuhr allerdings einen Niedergang, als in den frühen 1970er Jahren moderne Bewässerungssysteme und Traktoren die Arbeit der Bullen ersetzten. Aber in den 1980er Jahren besannen sich die Landleute ihrer

Traditionen und die Bullenkämpfe wurden populärer als je zuvor." An die Behauptung, die Portugiesen hätten bei ihren Eroberungen im 16. Jahrhundert den Stierkampf etabliert, glaubt Malik nicht.

Die Gegner werden ausgerufen und in die Mitte der Arena geführt. Die Bullen werden so aufgestellt, dass sie sich genau gegenüberstehen. Noch passiert nichts, die Kolosse stehen zwei begossenen Pudeln gleich da. Ihre Besitzer treten einige Meter beiseite und lassen die Leine los. Tief blicken sich die Tiere in die Augen und erst in diesem Moment entflammt ihr Kampfgeist: Ihre Augen funkeln, ihre Vorderhufe scharren erregt im Sand und sie stürmen mit gesenktem Kopf aufeinander los …

Laut schreiend und aufgeregt mit den Kamelstöckchen fuchtelnd rennen die **Bullenbesitzer** und ihre Helfer um die Ringer herum. Sobald ein Tier auch nur ein wenig locker lässt, schlagen sie mit den Stecken auf sein Hinterteil. Die Zuschauer grölen, während die anderen Besitzer – und auch ihre Stiere – das Geschehen eher gelassen verfolgen. Nach wenigen Minuten ist die Rauferei vorbei. Malik sagt: „Der Stier, der zuerst einen Schritt nach hinten nachgibt, ist der Verlierer. Dann wird die Runde von den aqeeds, den Schiedsrichtern beendet. Auch wenn ein Tier verletzt wäre, würden die aqeeds die Runde beschließen."

„Aber wie überzeugt man nun die beiden Widersacher davon **aufzuhören?"** frage ich. „Catcher", erwidert Malik schlicht und zeigt grinsend zu den zwei immer noch ringenden Kontrahenten. Mehrere Männer mit wehenden Gewändern stürmen auf die Tiere zu. Zwei schnappen sich den Schwanz und ziehen den Bullen daran mit voller Kraft nach hinten weg. Andere tun dasselbe mit einem Hinterbein, während der Besitzer die Leine ergreift und sich mit seinem ganzen Körpergewicht gegen den Bullen stemmt. Die Zuschauer johlen, und ich glaube, sie haben mehr Spaß an diesem Teil der Show als an der Kampfszene an sich. Nach einer gewissen Zeit geben die Bullen dem Gezerre der Menschen nach. Widerwillig und aufgeregt, aber dennoch folgsam, werden sie von ihren Besitzern an den Rand der Arena geführt.

„Was haben sie gewonnen?", möchte ich von Malik wissen. „Die Tiere haben an Wert gewonnen, denn ein Preisgeld gibt es nicht. Die Bullen kosten so zwischen 300 und 3000 Rial, je nachdem wie viele Kämpfe sie gewonnen haben. Ihr Wert steigt auch, wenn sie gut trainiert sind und am Ende einer Runde sofort aufhören zu kämpfen, wenn man nur einmal kräftig am Schwanz zieht. Je höher der Wert des Tieres, desto größer ist auch das Ansehen des Besitzers, dies ist das reizvollste für sie an diesem Sport." „Und woher weiß man, welche Stiere in der nächsten Runde gegeneinander antreten?" „Das ist die andere Aufgabe der Schiedsrichter", erklärt Malik weiter. „Eine wichtige Regel lautet, dass nur Bullen gleichen Alters, gleicher Größe und Rasse miteinander kämpfen dürfen."

oman086 pf

Beim omanischen Bullfight gibt es **mehr als nur eine Runde** und so werden zwei neue Bullen in die Mitte geführt. Auch sie sehen zunächst alles andere als kampffreudig aus. Einige Augenblicke lang stehen die Matadore wie angewurzelt da und nichts passiert. Bis ihre Besitzer sie an den Hörnern packen und die Köpfe so drehen, dass sie sich zwangsläufig in die Augen blicken müssen. Das ist der Startschuss. Die Tiere verkeilen ihre Hörner ineinander, wobei der gescheckte Bulle den anderen kraftvoll mehrere Schritte zurückschiebt. Die Runde ist eigentlich schon zu Ende, doch die Catcher schaffen es nicht, die Tiere zu trennen. Der hellbraune Bulle schüttelt sich so wild, dass es ihm gelingt, sich loszureißen und das Weite zu suchen. Wütend galoppiert er quer über den Platz. Wo er hinrennt, springen alle verängstigt auf. Am anderen Ende dagegen haben die Leute einen Mordsspaß. Schließlich stürmt der Bulle genau auf eine dichte Menschentraube zu. Manche versuchen das Tier abzuschrecken und umzulenken, indem sie ihre Kamelstöcke auf die Erde schlagen oder in der Luft herumschwenken. Aber der Bulle findet eine Lücke und flüchtet vom Platz weg Richtung Meer. Alle sind aufgeregt und viele verfolgen mit hochgeraffter dishdasha das Tier. Malik sagt, das passiere nicht oft, ich hätte Glück es mitzuerleben. Verletzt ist niemand, und so hatten alle ihren Spaß.

Nachdem sich die Aufregung etwas gelegt hat, beginnt die nächste, wieder nur wenige Minuten dauernde Runde. Es folgen noch ein Dutzend weitere, und das Ende wird durch die untergehende Sonne bestimmt. Die Stiere werden von der Arena in das Dorf geführt oder in Anhänger verladen. Alle verabschieden sich herzlich und lachend voneinander.

Maliks Bulle hat heute nicht gekämpft. Trotzdem wird er am Abend mit einem Festmahl aus Bohnen, Zuckerrohr, Rosinen, Datteln, getrockneten Sardinen, Milch und Honig verwöhnt – damit er bei Kräften bleibt und, insha'allah, beim nächsten Mal gewinnt. Getauft hat Malik seinen Liebling übrigens „Al-Shiyoul" – „der Bulldozer".

Sohar
0
1 km
©Reise Know-How
Oman 14
11/20
Übernachtung
1 Crowne Plaza
3 Al-Wadi Hotel
4 Radisson Blu Hotel
5 Sohar Beach Hotel
6 Butterfly Hotel
9 Sadaf Hotel Apartments
12 Green Oasis Hotel
14 Mercure Hotel
ARABISCHES MEER
Shinas
Falaj R/A
Wadi Jizzi
Buraimi
ca. 8 km
Sallan R/A
Kashmir Road
Sultan Qaboos Road
Küsten-Highway
Naturschutz-
gebiet
Fischmarkt
Khor Kashmir
Al-Mahmoodi Street
Al-Bahri Road
(Corniche)
Hijrah R/A
Al-Souq St.
Freitags-
markt
Fort/Museum
Büro des Wali
Al-Shizaw St.
Handwerks-
Souq
Al-Waqaybah R/A
Street
Souq
Al Subarah R/A
Sohar
Sammeltaxis
Polizei
Sohar R/A
Al-Nahdha Street
Wadi Hibi
Moschee
Sultan Qaboos,
Barka, Muscat
Bullfight Arena
Essen und Trinken
2 Mata'am Ali Restaurant
3 Al-Sallan Restaurant
5 Al-Zafran Restaurant,
Al-Sallan Coffee Shop
8 Dhow Marina Restaurant
11 Omar al-Khayyam Restaurant
Nachtleben
3 Al-Magez Bar,
Al-Wagbah Bar
5 Al-Jizzi Lounge,
Al-Taraif
Einkaufen
7 Carrefour Supermarket/
Safeer Center
10 Supermarkt
13 Lulu Supermarket

größten Industrieprojekte in Oman, was der gesamten Region einen Aufschwung bringt.

Geschichte

Schon vor über 4000 Jahren war Sohar als Handelsstadt von Bedeutung, denn von hier wurde Kupfer aus den wenige Kilometer westlich gelegenen Abbau- und Verhüttungszentren des Reiches **Magan** nach Mesopotamien und ins Industal verschifft. Auch in Sohar selbst wurde Kupfer geschmolzen, wie zahlreiche Schlackereste beweisen. Bis ins 10. Jahrhundert bildeten die Kupferproduktion, die Ziegelherstellung, Glasmanufakturen und der Schiffsbau bedeutende Industriezweige.

Nahe der heutigen Stadt entwickelte sich bereits ab dem 5. Jahrhundert v. Chr. eine sassanidische Siedlung, die als **„Mazun“** zu einer bedeutenden Seefahrerstadt aufstieg. Laut *Ptolemäus* soll der im 1. Jahrhundert in einer historischen Küstenbeschreibung („Periplus Maris Erythraei“) erwähnte legendäre Hafen **„Omana“** Vorgänger des späteren Hafens von Sohar gewesen sein. Seit dem 3. Jahrhundert reisten reiche Händler aus Sohar bis nach China (Kanton). In dieser Zeit gewann an der gesamten omanischen Küste einzig Sohar überregionale Bedeutung.

Im 7. Jahrhundert erreichte der Islam Oman. In den folgenden heftigen Glaubenskämpfen unterlagen die Perser und verloren ihre Vormachtstellung. Anfang des 8. Jahrhunderts gehörte Sohar für kurze Zeit dem Abbasidenreich an, erlangte aber nach wenigen Jahrzehnten die erneute Unabhängigkeit.

Sohar wuchs zu einer bedeutenden Stadt, in der Araber als ausgezeichnete Navigatoren den **Seehandel** zwischen Afrika und Asien kontrollierten. Ab dem neunten Jahrhundert galt sie als wichtigste und reichste Hafenstadt der islamischen Welt, als „Tor zu China und Warenlager des Orients“. Luxusgüter wie Edelsteine, Perlen, Porzellan, Seide, Gewürze und Edelhölzer wurden importiert, Weihrauch, Myrrhe, Kupfer und Datteln exportiert. Viele Waren stammten aus Kalah, einer bedeutenden Handelsstadt an der Küste von Malaysia, die damals ein Umschlagplatz für arabische und chinesische Seehändler war. Der Geograf *Istakhri Abu Ishak* berichtet im 10. Jahrhundert: *‚Die Hauptstadt des Landes ist Sohar, am Meer gelegen. Hier residieren viele Seehandelsleute, die mit ihren großen Schiffen zu anderen Ländern segeln. Es ist die größte und reichste Stadt in Oman, und weder an der persischen Küste, noch in anderen Ländern des Islam findet sich eine Stadt wie Sohar mit so vornehmen Häusern, ausgestattet mit feinem chinesischem Porzellan.‘* „Die Häuser des chinesischen Drachen“ oder die „Häuser der blauen Krüge“ wurden sie im Volksmund genannt. Ein anderer Chronist erwähnt 12.000 Häuser, jeder Schiffskapitän habe ein mehrstöckiges Haus aus Ziegelsteinen mit Teakholzbalken sein Eigen genannt. Herrliche Moscheen mit schlanken Minaretten überragten die Stadt.

Bis Ende des 10. Jahrhunderts hielt die Blütezeit an. 971 wurde Sohar erneut von den **Persern** erobert und völlig zerstört, selbst vor den Schiffen im Hafen machten sie nicht halt. Zu altem Ruhm sollte die Stadt nie wieder kommen. In der Folgezeit übernahm Hormuz die

Funktion des Seehandelszentrums, Qalhat entwickelte sich zum neuen omanischen Haupthafen.

Sohar musste weitere **Fremdherrscher** dulden; zeitweise gehörte es zum Königreich von Hormuz und ab 1507 zum portugiesischem Imperium. Später war der Ort mehrmals zwischen Portugiesen und Persern umkämpft und auch die Osmanen mischten zeitweise mit. Mitte des 18. Jahrhunderts besetzten die Perser die Küstenregion erneut. Sohar entwickelte sich unter *Ahmed bin Said* zu einem wichtigen Zentrum des Widerstandes gegen die Besatzer. Dem damaligen Wali von Sohar und Begründer der Al-Bu-Said-Dynastie gelang im Jahr 1747 endgültig die Befreiung von der Perserherrschaft.

In den letzten zehn Jahren hat Sohar einen **neuen Aufschwung** erfahren: Der Hafen wurde ausgebaut und löst nun den von Mutrah als Haupthafen Nordomans ab. Dazu kamen eine Freihandelszone und ein Flughafen. Das Stadtbild wandelt sich ständig und wird kontinuierlich modernisiert.

Sehenswertes

Moschee Sultan Qaboos

Die neue Große Moschee Sohars liegt einige Kilometer außerhalb an der Hauptstraße nach Muscat auf der südlichen Seite. Beeindruckend sind ihre Größe und die prächtige Ausschmückung. Alles ist im persischen Stil in Blau-Weiß ge-

oman20_003 pf

halten. Ein Besuch ist auch Nicht-Muslimen erlaubt und lohnt unbedingt!

Info: Geöffnet Sa bis Do 8–11 Uhr, lange Kleidung ist Voraussetzung, Frauen benötigen ein Kopftuch.

Fort/Museum

Das Fort war einige Jahre für Renovierungsarbeiten **geschlossen** und sollte Anfang 2019 neu eröffnen, was jedoch immer wieder verschoben wurde. Die Festung steht auf einer kleinen Anhöhe im alten Stadtkern und ragt schon von Weitem aus den Palmengärten heraus.

Unter den Mauern des heutigen Gebäudes entdeckten Archäologen 1980 **Reste einer älteren Anlage** aus dem späten 13. Jahrhundert. Die vier Seiten der Festungsmauer besaßen eine Länge von je 45 m und bestanden aus gebrannten Ziegeln, die mit Lehmziegeln überdeckt waren. Überragt wurde die Anlage von sieben Wehrtürmen. Da es keinerlei Zeugnisse darüber gibt, dass die Omanis Ziegel brannten, stammten die Ziegel vermutlich aus Persien.

Der Sohn des portugiesischen Eroberers *Albuquerque* (Ankunft in Sohar 1507) schrieb, die Festung von Sohar sei so groß, dass es über tausend Mann erfordere, sie zu verteidigen. Dabei war ihre Eroberung zur Wahrung der portugiesischen Vormachtstellung in Hormuz notwendig. Als 1616 die Portugiesen im Mächtespiel mit den Persern erneut die Stadt eroberten, wurde das Fort zerstört. Die Portugiesen bauten eine neue Anlage und ersetzten die alten Ziegel. Das mächtige Gebäude besitzt **sechs Türme:** vier runde Wehrtürme in den Ecken der Wehrmauern, im Inneren der Anlage einen weiteren runden Turm plus einen viergeschossigen rechteckigen **Wohnturm,** der alles überragt. In ihm residierten einst die Herrscher von Sohar.

1992 wurde die erste **Restaurierung** des Forts abgeschlossen; damals erstrahlte es in reinstem Weiß. In den 2010er Jahren wurde es erneut restauriert und ist nun im klassischen Grau-Braun der Lehmbauten gehalten.

1993 eröffnete im Wohnturm ein **Museum;** wie sich dieses nach der Wiedereröffnung präsentiert, ist unklar. Die Ausstellungsräume sind bzw. waren bestimmten Epochen gewidmet: dem legendären Reich Magan und dem Kupferhandel, der Geschichte Sohars und seiner Handelsverbindungen, dem Islam und der Geschichte des Forts.

Der **oberste Stock** ist leer, aber hier kann man die architektonischen Details des Gebäudes wie Stuckarbeiten, geschnitzte Holztüren und Fensterblenden am besten bewundern. Sie sind mit sehr viel Aufwand renoviert und erneuert worden. Vom Dach des Turms ergibt sich ein toller Blick auf die Stadt mit ihren weißen Häusern inmitten der großen grünen Palmenhaine sowie auf die gesamte Küste vor Sohar.

Info: Fort und Museum sollen nach der Wiedereröffnung täglich 8–13.30 Uhr geöffnet sein, Tel. 94474322, Eintritt 500 Bs.

Märkte

Sehenswert ist der **Fischmarkt,** besonders morgens und am frühen Abend, wenn die Fischer ihren Fang mit dem Boot herbringen. Der Fisch wird sofort

< Ornamentale Pracht in der Moschee Sultan Qaboos

Eine Legende von Sindbad dem Seefahrer

Es wird erzählt, im 9. Jahrhundert sei der legendäre Kaufmann und Seefahrer Sindbad **in der Küstenstadt Sohar geboren.** Dort nannte man ihn *Ishaq,* er war angeblich Jude und genoss an der ganzen omanischen und persischen Küste bis hinauf nach Basra enorm hohes Ansehen.

Eines Tages verließ er mit nur 200 Dinaren Oman und kehrte erst dreißig Jahre später wieder zurück. Er legte mit einem **riesigen Schiff voller Kostbarkeiten** in Sohar an, Seide, Porzellan, Moschus, Gewürze, Edelsteine und Goldgeschmeide wurden ausgeladen. Man schätzte den Wert der tonnenschweren Fracht auf über drei Millionen Dinare. Jedermann sprach von den sagenhaften Schätzen und von den unglaublichen Abenteuern, die *Ishaq* auf seiner weiten Reise erlebt hatte. Und schließlich kam die Kunde des legendären Reichtums auch **Harun al-Rashid,** dem Khalifen von Bagdad, der Oman zu dieser Zeit regierte, zu Ohren. Neider redeten ihm zu, den Juden unter einem falschen Vorwand verhaften zu lassen und sich seines Reichtums anzunehmen.

Doch der weise Wali von Sohar, **Ahmed bin Hilal,** erfuhr von dem boshaften Plan und ahnte großes Unheil, denn *Ishaq* besaß das Vertrauen

oman158 pf

aller Händler der Stadt. Also rief *Ahmed* die Kaufleute zusammen und beratschlagte mit ihnen, was zu tun sei. Sie kamen zu dem Schluss, alle Märkte zu schließen und eine Bittschrift zugunsten von *Ishaq* zu verfassen. Diese besagte, dass im Falle einer Festnahme *Ishaqs* keine Schiffe mehr in den Hafen einlaufen dürften. Um der Sache Nachdruck zu verleihen, veranlasste *Ahmed,* dass kein Schiff den Hafen verließ und alle Handelsgüter wieder ausgeladen wurden. Die Händler und Bürger Sohars erschraken und sorgten sich um ihr Einkommen, das doch allein vom Seehandel abhing. Durch diesen Schritt des Wali waren sie von nun an von seinem Wohlwollen und der Gnade des Khalifen abhängig.

Eines Tages nun erreichten die Gesandten des Khalifen die Stadt. Die Einwohner von Sohar kamen zu ihnen und forderten sie auf, dafür Sorge zu tragen, dass die Schiffe wieder im Hafen anlegen dürften. Doch nichts geschah und der Hafen blieb leer. Voller Enttäuschung zettelten die Kaufleute einen großen **Aufstand** an. Entsetzt und erschrocken ergriffen die Agenten die Flucht nach Bagdad und vergaßen *Ishaq.* Dieser lebte von diesem Tage an ohne Sorgen, und *Ahmed bin Hilal* gestattete den Schiffen, wieder in Sohar anzulegen. Der Handel blühte auf und die Einwohner von Sohar waren zufriedener als je zuvor.

ausgenommen und zerlegt. Meist hocken ältere Männer, die selbst nicht mehr zur See fahren, auf einem Podest und übernehmen für wenige Baisas diesen Kundenservice.

Freitags findet auf dem Platz westlich des Forts ein **kleiner Markt** statt, auf dem Obst und Gemüse, Haushaltsgeräte, aber auch Tiere, in erster Linie Ziegen, verkauft werden.

Vom Fort ein Stück landeinwärts hat man einen neuen **Souq** errichtet, in dem vornehmlich **Handwerksartikel** angeboten werden sollen. In einigen Lädchen kann man auch interessante Dinge finden, die Mehrzahl steht jedoch leer oder ist geschlossen.

Praktische Infos

Hotels (Ortsplan S. 112)

3 Al-Wadi Hotel***

Nördlich des Zentrums am Highway (Abfahrt Sallan R/A), rundes Gebäude im Grünen mit Pool im Innenhof, EZ/DZ ab 30 RO, Tel. 26840058, www.soharalwadi.com

6 Butterfly Hotel**

Neben dem Sohar Beach Hotel gelegen, ordentliches Mittelklassehotel, EZ/DZ ab 30 RO, Tel. 268 43501, 26844531, www.butterflyoman.com

1 Crowne Plaza****

Hotel der gehobenen Mittelklasse, an der Straße nach Dubai etwas außerhalb von Sohar, EZ/DZ ab 60 RO, Tel. 26850850, www.crowneplaza.de

12 Green Oasis Hotel**

Empfehlenswertes Mittelklassehotel etwas südlich des Highways in der Nähe des Sohar-Hospitals, DZ ab 25 RO, Tel. 26846077

14 Mercure Hotel**

Neues Mittelklassehotel auf der südlichen Seite des Highways zwischen Stadt und Großer Moschee, DZ ab 35 RO, Tel. 22354800, www.accorhotels.com

4 Radisson Blu Hotel****
Schönes Hotel am Strand direkt auf der Nordseite der Mündung des Wadi Jizzi ins Meer, ca. 6 km nördlich vom Zentrum, EZ/DZ ab 58 RO, www.radissonblu.com/en/hotel-sohar

9 Sadaf Hotel Apartments
Apartment-Hotel in der Nähe des Forts, EZ 17 RO, DZ 30 RO, Tel. 26841416 und 9794019

5 Sohar Beach Hotel****
6 km nördlich des Zentrums am Strand, im Stil eines Forts erbaute, sehr schöne Anlage mit Pool und weitem Strand zum Schwimmen und Spazierengehen, EZ/DZ 64 RO, Chalet (Suite) 117 RO, Tel. 268 41111, www.soharbeach.com

Restaurants

3 Al-Sallan Restaurant
Internationale Küche im Al-Wadi Hotel, 6.30–24 Uhr, Tel. 26840058

5 Al-Zafran Restaurant
Meeresfrüchte und Grillgerichte im Sohar Beach Hotel, auch alkoholische Getränke und Live-Unterhaltung, 21–01 Uhr, Tel. 26841111

5 Al-Sallan Coffee Shop
Snacks und wechselnde Themenabende im Sohar Beach Hotel, auch alkoholische Getränke, 6–01 Uhr, Tel. 26841111

8 Dhow Marina Restaurant
Fischrestaurant an der Corniche in der Nähe des Fischmarktes, abends gutes Büfett, 11–16 und 19–24 Uhr, Tel. 22046999, www.dhowmarina.com

- **Kleine Restaurants** mit einfachen Gerichten finden sich vor allem im Bereich nördlich des Forts, in der Al-Nahdha Street sowie zwischen Al-Wuqaybah und Sohar-Kreisverkehr. Zu empfehlen sind das **11 Omar al-Khayyam Restaurant** im Souq und das **2 Mata'am Ali,** das 3,4 km vom Sallan-Kreisverkehr in Richtung Shinas auf der rechten Seite direkt nach einer großen Moschee liegt. In dem kleinen, nicht beschilderten Lokal aus Palmwedelhütten werden einfache und preiswerte traditionelle omanische Gerichte serviert (allerdings gibt es keine Speisekarte).

Bars und Nightclubs

5 Al-Jizzi Lounge (Sohar Beach Hotel)
12–15 und 18.30–1 Uhr, Tel. 26841111

5 Al-Taraif (Sohar Beach Hotel)
Indische Musik und Tanz, 12–15 und 18.30–1 Uhr, Tel. 26841111

3 Al-Magez Bar (Al-Wadi Hotel)
18.30–24 Uhr, Tel. 26840058

3 Al-Wagbah Bar (Al-Wadi Hotel)
12–15 und 18.30–24 Uhr, Tel. 26840058

Polizei/Telefonnotruf

- **Polizei und Feuerwehr: Tel. 9999**
- **Polizeistation an der Sohar Street,** nahe dem Highway, Tel. 26840099

Krankenhaus und Apotheken

- Das **Sohar Hospital** liegt südlich des Highways.
- Nahebei befinden sich mehrere Apotheken, alternativ im Zentrum die **Muscat Pharmacy,** mit 24-Std.-Dienst, Tel. 26840211.

Verkehrsverbindungen

- **Flüge**

Vom Flughafen nur wenige Kilometer im Nordwesten der Stadt gibt es derzeit keine Verbindungen nach Muscat. Dafür hat sich Sohar zu einem wichtigen Zielflughafen von **Qatar Airways** entwickelt, seitdem die Airline nicht mehr in die V.A.E. fliegen darf. **Salam Air** fliegt einmal täglich die Strecke Sohar – Salalah, Tel. 24272222, www.salamair.com.

- **Taxis/Sammeltaxis/Minibusse**

Vom zentralen Standplatz in der Al-Nahdha Street fahren Sammeltaxis nach Muscat und Dubai sowie in die Städte und Dörfer der näheren Umgebung.

- **Busse**

Der Abfahrtsort der Überlandbusse ist an der Mwasalat Station am Highway zwischen Mercure Hotel und Großer Moschee, wo man in den Muscat-Buraimi-Bus zusteigen kann (in Richtung Buraimi gegen 9.20, 15.50 und 18.50 Uhr, in Richtung Muscat gegen 8.45, 14.45 und 18.45 Uhr). Infos unter Tel. 245 90046 und 24708522, www.mwasalat.om.

Post und Banken

- Die **Hauptpost** liegt in der Al-Nahdha Street im Zentrum, geöffnet Sa bis Mi 7.30–13.30 Uhr, Do 8–11 Uhr.
- Zahlreiche **Bankfilialen** befinden sich in der Al-Nahdha Street.

Reisebüros/Tourveranstalter

- **Majan Tours,** Tel. 26842261
- **National Travel and Tourism,** Tel. 26843109
- **Sindbad Travel & Tourism,** im Sohar Beach Hotel, angeboten werden verschiedene Touren in die Umgebung, Tel. 99366114 und 99440621

Sport und Aktivitäten

- Die großen Hotels verfügen über **Swimmingpools.**
- Das Sohar Beach Hotel besitzt außerdem einen **Minigolfplatz, Tennisplätze** und einen **Fitnessraum mit Sauna.** Zudem werden Beach-Buggys, Go-Karts und Jetski verliehen. Für Kinder besteht auch die Möglichkeit zu einem kurzen Ritt auf einem Kamel.

Einkaufen

- **Einkaufsstraßen** sind die Al-Nahdha Street und ihre Seitenstraßen sowie das Gebiet nördlich des Forts.
- Frische Produkte bekommt man am besten im **Souq** unterhalb der Al-Nahdha Street.
- Ein riesiger 13 **Lulu Supermarket** befindet sich am Sohar-Kreisverkehr, ein ähnlich großer 7 **Carrefour** etwas weiter nördlich im **Safeer Center.** Ein weiterer 10 **Supermarkt** liegt nicht weit entfernt vom Fort.

Bullenkampf

- Auf dem Bullfight-Platz südlich des Zentrums kämpfen **im Winter** etwa alle vier Wochen Bullen gegeneinander. Das Spektakel beginnt am Freitag nach dem Nachmittagsgebet gegen 16 Uhr. Leider ist es schier unmöglich, die genauen Termine vorab zu erfahren.

Von Sohar nach Shinas

250 km hinter Muscat geht es an einem Kreisverkehr links durch das **Wadi Jizzi** nach Buraimi (100 km, nach Dubai ca. 200 km, nach Abu Dhabi etwa 250 km). Die Grenzkontrolle befindet sich schon weit vor **Buraimi,** sodass man schon dort offiziell Oman verlassen hat. Eine Rückkehr ist dann nur mit einem neuen Visum oder einem Multiple-Entry-Visum möglich. Eine **Weiterreise** in das benachbarte Al-Ain und somit in die **Vereinigten Arabischen Emirate** ist dagegen problemlos möglich. Fährt man mit einem omanischen Mietwagen in die V.A.E., so muss man unbedingt zuvor beim Vermieter die Autoversicherung für die Emirate erweitern lassen und die Originalzulassungspapiere erhalten.

Das Wadi Jizzi und seine Seitentäler (z. B. Wadi Lasail, Wadi Bagha) bildeten in vor- und frühislamischer Zeit eines der **Zentren der Kupferherstellung** des Reiches Magan mit zahlreichen Verhüttungsanlagen (siehe Exkurs „Sumer, Dilmun, Magan und Meluhha").

In **Arja** stießen Archäologen auf Häuserreste, Feldanlagen, Zisternen, Friedhöfe und Schlackehaufen. Hier wurde das Kupfererz im Tagebau abgebaut, denn die erzhaltige Erdschicht verläuft nur knapp unter der Erdoberfläche. Im nahen **Lasail** baute man das Erz dagegen auch im Untertagebau ab. Gigantische, schätzungsweise 150.000 Tonnen schwere Schlackehalden lassen den Schluss zu, dass Lasail eine der größten Produktionsstätten von Magan war.

Das hier produzierte Kupfer war damals von unschätzbarem Wert. Man transportierte es durch das Wadi Jizzi und über Buraimi zum Hafen Umm al-

Nar nahe der heutigen Stadt Abu Dhabi in den Vereinigten Arabischen Emiraten und verschiffte es von dort in die Reiche jenseits des Golfes.

Das klein geschlagene Erz wurde zunächst an Ort und Stelle in „Röstanlagen" aufbereitet und dann mit dem Brennmaterial (meist Holzkohle) geschmolzen. Durch die Benutzung von Blasebälgen konnte in den **Schmelzöfen** eine Temperatur von 1150°C erreicht werden. Um möglichst reines und hochwertiges Kupfer (Schwarzkupfer) zu gewinnen, wurde der Prozess mehrmals wiederholt. Der älteste Ofentyp war etwa fünfzig Zentimeter hoch, birnenförmig und an der Oberseite offen. Er stand frei auf dem Boden, und nach dem Schmelzen wurde die flüssige Masse in einer Bodengrube aufgefangen – etwa 15 Liter Erz konnten in dieser bronzezeitlichen Konstruktion gewonnen werden. In frühislamischer Periode verbesserte man dieses Modell, indem man es zur Hälfte an eine Felswand mauerte. So wurden Hitzeverluste reduziert und wertvolles Brennmaterial gespart. An der Vorderwand besaß dieser Ofen nur dünne Mauern. Um an die Schmelzmasse zu gelangen, wurden sie eingeschlagen und zur erneuten Benutzung später wieder zugemauert. Dieser hocheffiziente Ofentyp wurde bis ins 10. Jahrhundert genutzt. Zu diesem Zeitpunkt kam die Kupferproduktion, vermutlich aus Mangel an Brennmaterial, für einen Zeitraum von 200 Jahren zum Erliegen.

Die ab dem 12. Jahrhundert bis in die Neuzeit eingesetzten Herdöfen schlossen nicht an ihre Vorgängermodelle an – wahrscheinlich war das technische Wissen schlichtweg in Vergessenheit geraten. Die neuen Öfen waren kugelförmig und zur Hälfte in den Boden eingelassen. Um an das geschmolzene Erz zu gelangen, musste man immer den ganzen Ofen zerstören. Da außerdem der Kupferabbau eingestellt und stattdessen die Schlacke der vergangenen Jahrhunderte nochmals eingeschmolzen wurde, war das produzierte Kupfer nur von minderer Qualität.

1983 lebte die omanische Kupferproduktion mit der Eröffnung einer hochmodernen **Kupferhütte** samt Bergwerk und Kraftwerk bei Lasail wieder auf. Der Name „Magan" wird dadurch in Erinnerung gehalten, dass man einen völlig neu errichteten Ort zwischen Sohar und der Industrieanlage auf diesen geschichtsträchtigen Namen taufte.

263 km hinter Muscat erreicht die Küstenstraße den Abzweig nach **Liwa,** einem Fischerort mit großem Fort, das in seiner Anlage dem von Sohar gleicht.

Bei **km 290** kommt man nach **Shinas,** dem letzten größeren Ort vor der Grenze zu den V.A.E.

Shinas شناص

Im 18. Jahrhundert war Shinas (heute 75.000 Einwohner) ein großer Handelshafen, die Bewohner lebten von Handel, Fischfang und Landwirtschaft. Anfang des 19. Jahrhunderts wurde die Stadt von Truppen aus Saudi-Arabien und Kriegern der Al-Qasimi aus den Emiraten besetzt. Von hier griffen sie britische Handelsschiffe im Persisch-Arabischen Golf an. 1810 gelang es dem omanischen Sultan *Said bin Sultan,* die Besatzer mit Hilfe der Briten und schwerem Kanonenbombardement zu vertreiben.

Etwa 2 km vom Highway entfernt, nahe dem Strand, befindet sich das klassisch gebaute **Fort** mit rechteckigem Grundriss und je einem runden Turm in den Ecken. Die Anlage stand im Zentrum der Schlacht von 1810 und wurde im Verlauf der Kämpfe durch Kanoneneinschläge schwer beschädigt. Heute ist sie frisch renoviert und beeindruckt durch ihre Größe.

Der **Hafen** ist durchaus interessant und sehenswert, da hier noch zahlreiche Dhaus genutzt werden. In seiner Nähe befindet sich auch ein schöner Strand mit unzähligen Muscheln.

Von Shinas kann man auch **per Fähre (inkl. Autotransport) nach Musandam** weiterreisen, um so die Grenzübergänge in die V.A.E. auszulassen. Abfahrt ist So und Do, Infos unter www.nfc.om.

Eine **Weiterreise in die V. A. Emirate** ist sowohl durch das **Wadi Hatta** nach Dubai (Abzweig bei km 297, von dort nach Hatta ca. 70 km, nach Dubai ca. 140 km) oder an der Küste über Khatmat Malahah **nach Fujairah** möglich (Grenzübergang bei Kilometerstand 315, von dort ca. 10 km bis Fujairah). Für den Grenzübertritt gelten die im Kapitel „Praktische Tipps A–Z" erwähnten Bestimmungen.

Die Gegend um Nakhl und Rustaq

- Zu diesem Abschnitt vergleiche auch die **Karte „Westlich von Nizwa"** auf S. 158. Dieses Gebiet gehört zwar verwaltungstechnisch zur Batinah, historisch bedingt sind jedoch die Beziehungen zum Landesinneren wesentlich stärker.
- **Sehenswert** sind die renovierten **großen Forts** in den bedeutenden **Oasen Nakhl, Rustaq und Al-Hazm, heiße Quellen und palmenbestandene Wadis.** Auf zahlreichen Pisten kann man die Umgebung mit den steil ansteigenden Hajar-Bergen samt ihrer idyllischen Oasendörfer erkunden.
- Man erreicht diese Gegend auf einer **guten Straße,** die wie eine Schleife an der Küstenautobahn beginnt und weiter westlich dort auch wieder endet (133 km). Will man keine Abstecher in die Wadis unternehmen, empfiehlt es sich, die Fahrt als Tagesausflug von und nach Muscat (330 km) oder von Ras al-Sawadi oder Barka zu organisieren.
- Mit **öffentlichen Verkehrsmitteln** gestaltet sich diese Tour einigermaßen schwierig. Busse ab Muscat verkehren ausschließlich auf dem Küstenhighway, sodass man ab der Kreuzung bei Barka auf private Minibusse und Sammeltaxis angewiesen ist.
- Da diese Strecke bequem an einem Tag abzufahren ist, ist für Nicht-Selbstfahrer die beste Möglichkeit mit einem **Taxi** gegeben.

Streckenbeschreibung: Die **Abzweigung vom Küstenhighway nach Nakhl** befindet sich **81 km hinter Muscat** an der Abfahrt nach Barka. Die Straße führt schnurgerade durch die Batinah-Ebene südwärts auf die Berge zu. Nach 3 km liegt die weitläufige Parkanlage des Al-Nahda-Resorts rechts der Straße (siehe bei Barka). Kurz darauf kreuzt man den neuen Batinah Expressway (den man natürlich auch für An- und Abreise nutzen kann).

Bei **km 26** führt eine Querstraße nach rechts ins Wadi Abiyad (s. „Abstecher: Wadi Abiyad und die Blauen Pools").

Nach 29 km passiert man kurz vor Nakhl einen Abzweig in den kleinen Ort **Muslimat.** Hier kann man die **Ruinen der befestigten Stadt Hugarah** besichtigen, die heute zu Muslimat gehören. Im Zentrum befindet sich ein großer, runder Wachturm, der noch gut erhalten ist, während die meisten der etwa 300 Jahre alten Häuser verfallen. Nur die Moschee wird noch genutzt; sie besitzt einen wunderschön verzierten Mihrab aus weißem Stuck, der mit seinen feinen Ornamenten einem großen Gebetsteppich gleicht.

Nur **1 km hinter dem Abzweig nach Muslimat** geht es links in den Ort **Nakhl** (25.000 Einwohner).

Nakhl نخل

Unmittelbar hinter Nakhl erheben sich die über 2000 m hohen **Berge des Jebel-Nakhl-Massivs,** ein nordöstlicher Ausläufer des gewaltigen Jebel-Akhdar-Gebirgszuges.

Oberhalb des Zentrums ragt die mächtige **Festung** von Nakhl direkt vor der gigantischen Kulisse dieses steilen und kahlen Bergmassivs empor. Sie ist auf einem frei stehenden, sechzig Meter hohen Felsen erbaut, und es scheint, als wachse das Fort aus ihm heraus. Die über 3400 m² große Anlage besitzt sechs Wehrtürme. Ihre Ursprünge liegen in der Zeit der persisch-sassanidischen Besatzung, doch über die Jahrhunderte wurde die Festung mehrfach renoviert und erweitert. Die 30 m hohe Mauer am Fuße des Felsens und das massive Tor stammen aus dem Jahr 1834.

Zuletzt wurde das Monument anlässlich des Nationalfeiertages 1990 **restauriert** und neu eingerichtet. Im Inneren hat man viele der Räume mit traditionellen Gegenständen ausgestattet, auch die Deckenmalereien und das Schnitzwerk der Holztüren wurden ausgebessert. Nun ist wieder eine Auffrischung fällig, und so wurde das Fort im Oktober 2019 für Renovierungsarbeiten geschlossen.

Hinter dem Fort dehnen sich große **Gärten** aus. Von ihnen erhielt Nakhl seinen Namen, denn übersetzt lautet er „Dattelpalmen". Durch die Gärten führt eine ca. 3 km lange Straße Richtung **Al-Thowarah** zu den dortigen **heißen Quellen.** Die Straße endet an einem Picknickplatz direkt an den Quellen im **Wadi Hammam.** „Hammam" bedeutet „Bad", und zum Baden ist das klare, angenehm warme Wasser ideal geeignet – auch wenn es offiziell verboten ist. Die ergiebigste Quelle sprudelt aus einem Loch im Felsen in ein Becken und fließt weiter in das Flussbett. Das Wasser der kleineren Quellen wird in einem falaj-Kanal rechts vom Parkplatz gesammelt. Freitags, wenn die Wochenendausflügler anreisen, ist der Rummel groß. Sonst herrscht angenehme Ruhe und der Alltag nimmt seinen Lauf: Frauen füllen ihre Wassereimer in den Quellen und balancieren sie auf dem Kopf nach Hause, Kinder werfen mit Steinen nach Fischen oder planschen im Wasser, Hühner und Ziegen kommen zum Trinken … Ein Spaziergang in das Wadi zeigt, wie grün es im Hajar sein kann, wenn genügend Wasser vorhanden ist.

Zur Badezeit bei einbrechender Dunkelheit belebt sich der Platz deutlich. Dann sitzen Frauen in voller Bekleidung in den tiefen Stellen des Flussbettes, während Männer nur mit einem Handtuch bedeckt im Becken an der großen Quelle baden. Zum Abspülen steigen sie in das enge, senkrechte Loch, aus dem die Quelle entspringt.

Von Nakhl sind es nur 50 km bis Rustaq, aber vorher ergeben sich einige lohnende Pistenabstecher in die Bergwelt zu Füßen des majestätischen Jebel Akhdar, die allerdings nur mit einem Allradfahrzeug möglich sind.

Der erste Abstecher führt durch das Wadi Mistal. Man erreicht den beschilderten Abzweig **15 km hinter Nakhl.**

Abstecher: Wadi Mistal

Dieser Abstecher führt durch eine enge Schlucht und über eine trockene Ebene in die fruchtbare **Oase Wakan.**

Zunächst führt die Strecke **7 km** durch eine spärlich bewachsene **Ebene** auf eine unpassierbar wirkende Bergkette zu. An einer schmalen Stelle jedoch hat das Wadi Mistal eine **enge Schlucht** geschaffen. Die Straße windet sich entlang des Flussbetts, in dem glatt gewaschene Gesteinsbrocken liegen. Links und rechts ragen die Felswände in den Himmel.

Das Wadi weitet sich nun zu einem großen Becken, der **Ghubrah Bowl.** Es besitzt einen Durchmesser von etwa 20 km und ist ringsum von imposanten Bergen umgeben. Am Rand des Beckens, das nur spärlich mit kleinen Büschen und Bäumen bewachsen ist, ragen die zerklüfteten Bergmassive des Jebel Akhdar und des Jebel Mahil auf. Bei **km 26,5** geht es links ab in die kleine, nette **Bergoase Hadash,** geradeaus weiter erreicht man nach weiteren 2 km eine größere Siedlung, an der die Asphaltstraße endet und eine Piste steil bergan führt. Ohne 4WD ist eine Weiterfahrt nicht möglich.

Nach insgesamt **32 km** erreicht man am südlichen Ende der Bowl den Ort **Wakan,** eine kleine, ursprüngliche Oase mit grünen Terrassenfeldern. Besonders schön ist es hier im Frühjahr, wenn die vielen Obstbäume blühen. Ein gepflasterter **Wanderweg** führt durch die Gärten bis zu einem Aussichtspunkt (etwa 30 Min.).

Im Dorf Wakan liegt das **9** **Sama Wakan Guesthouse** (Karte S. 98), das aus mehreren alten Häusern besteht, die als urige, sehr schöne Unterkunft hergerichtet sind: DZ 55 RO inkl. HP, Tel. 72148885, www.samaresorts.com.

2 km hinter dem Abzweig in das Wadi Mistal zweigt eine Straße nach rechts nach Al-Subaykhah ab. Von hier kann man in das Wadi Abiyad mit seinen Badepools fahren.

Abstecher: Wadi Abiyad

Zunächst durchfährt man den Ort **Al-Subaykhah,** dann endet die Asphaltstraße und die Piste windet sich durch die Berge nach Norden. Das Tal verengt sich zunehmend, und **nach knapp 10 km** ist eine Weiterfahrt nicht mehr möglich.

Geht man zu Fuß 20 bis 30 Minuten das Wadi abwärts weiter, gelangt man zu verschiedenen **Pools;** in einigen von ihnen reicht das brusttiefe Wasser für ein erfrischendes Bad aus.

Im Wadi und in einigen Pools hat sich das Mineral Magnesit abgesetzt, das vom Wasser aus den Kalksteinen der Berge ausgewaschen worden ist. Von dessen weißer Farbe hat das Wadi Abiyad seinen Namen – **„Weißes Wadi".** Die Wasserbecken dagegen werden auch **„Blaue Pools"** genannt, da das Wasser in ihnen blau schimmert. In einigen ist es auch milchig trübe. Es ist nicht ratsam, in diesen Pools zu baden, da das Wasser stark alkalisch ist.

Das Wadi Abiyad kann auch im Rahmen einer **Wanderung** erkundet werden (ca. 2 Stunden bis zur Ortschaft Abiyad, siehe „Abstecher: Wadi Abiyad und die Blauen Pools").

36 km hinter Nakhl zweigt eine Straße nach links in die Oase **Awabi** (17.000 Einwohner) ab. Im Süden des Ortes erhebt sich ein altes **Fort.** Das aus groben Steinen und Lehm bestehende rechteckige Gebäude ist nur von außen zu besichtigen. Von dem Fort wurde einst der Eingang in das Wadi Bani Kharus und damit der Zugang zum Jebel Akhdar kontrolliert.

In Awabi beginnt eine 30 km lange Strecke (Asphalt) durch das Wadi Bani Kharus.

Abstecher: Wadi Bani Kharus

Das Wadi Bani Kharus führt **wie ein geologisches Geschichtsbuch** durch wechselnde Gesteinsformationen aus diversen Erdepochen. Ziel sind herrlich gelegene, von Terrassenfeldern umgebene Dörfer. Zu Fuß erreicht man weitere Pools und Wasserfälle.

Zu Beginn führt das Wadi durch fossilienreiche, 90–250 Millionen Jahre alte, schwarz gefärbte Kalksteinfelsen. 7 km weiter zweigt eine Piste in das ebenfalls sehr schöne **Wadi Hajir** ab (biegt man ab, so kann man nach 1,5 km in einer Linkskurve Felszeichnungen auf der linken Seite sehen, nach 6 km erreicht man das Dorf Hajir mit einer kleinen Schlucht und einer aufwendigen falaj-Konstruktion; fährt man nach rechts weiter endet die Piste bei km 10 beim Dorf Halhal).

Die Strecke durch das Wadi Bani Kharus führt **nach weiteren 5 km** zunächst in den neuen, dann in den alten Ort **Sital.** Der alte Teil liegt umgeben von Palmen und Feldern am Rande des immer enger werdenden Wadis, das eine tiefe Rinne in den Talboden gefressen hat. Auf den nächsten Kilometern ragen die glatten Felswände unmittelbar am Weg steil in den Himmel, bevor sich das Tal wieder weitet und an mehreren kleinen neuen Orten vorbeiführt.

Nach 20 km hat man einen schönen Ausblick auf den Ort **Mesfat al-Sharqeen,** der am Hang über einem Seitenwadi liegt. An **grünen Terrassenfeldern** vorbei erreicht man nach 25 Pistenkilometern den hoch über dem Wadi gelegenen Ort **Mahsanah.** Der Baustil seiner ehemals groben Naturstein-Häuser erinnert durch die zahlreichen Fenster mit ihren Rundbögen an jemenitische Wohngebäude. Die oberen Etagen sind bei zahlreichen Häusern allerdings mit glatten Betonsteinen ausgebessert oder aufgestockt. Wenige Kilometer weiter endet die Piste bei dem kleinen Dorf **Al-Alia.** Zu Fuß lässt sich ein schöner Spaziergang weiter wadiaufwärts unternehmen. Er führt durch üppige grüne **Gärten** und Terrassenfelder zu mehreren kleinen **Wasserfällen** und Felsenpools.

3 km hinter Awabi führt eine Straße links in das Wadi Bani Awf. Der **Abstecher** in dieses Wadi kann auch zu einer sehr schönen Rundtour bis ins Wadi Sahtan kombiniert werden.

Abstecher: Wadi Bani Awf

Der erste Abschnitt (etwa 10 km) dieses Abstechers ist inszwischen asphaltiert.

Nach **3 km** beginnt die schmale Schlucht, durch die das Wadi aus den Bergen austritt. Hier befindet sich auch das **Wadi Bani Awf Village Resort Motel,** das allerdings seine besten Tage bereits hinter sich hat. Einfache Zimmer sind vorhanden (DZ 25 RO, Tel. 99214873 und 97588818), omanisches und sansibarisches Essen gibt es auf Vorbestellung.

Die nächsten etwa **7 km** führt die Straße durch das schmale, nach Regenfällen reichlich Wasser führende Wadi. Bei **km 10** weitet sich die Schlucht, und bei **km 13** erreicht man einen Abzweig nach rechts (ausgeschildert „Al-Jafr"); 16 km sind es bis zur Strecke im Wadi Sahtan (siehe weiter unten).

Geradeaus weiter liegt bei **km 16** der Eingang einer Schlucht rechts der Piste. Man sollte es nicht versäumen, ein Stück in die Schlucht hineinzuwandern (nach etwa einem Kilometer erreicht man eine Engstelle mit tiefem Wasser).

Die nächsten 5 km bis zur Ortschaft **Zammah** sind noch fast eben, dann steigt die Piste steil bergan. Wiederum **5 km** führt die Strecke am Berghang entlang, auf der linken Seite kann man ein schmales, tief eingeschnittenes Wadi sehen, die sogenannte „snake gorge". Bei **km 26** geht es geradeaus zum kleinen Bergdorf **Hat** und von dort über eine steile Piste und einen 2000 m hohen Pass weiter nach Al-Hamra auf der Südseite der Berge.

Nach rechts führt die Piste zum wesentlich größeren und sehenswerteren **Balad Seet.** Kurz vor dem noch 2 km entfernten Dorf sollte man den Wagen stehen lassen, denn von hier hat man den schönsten Blick auf das Dorf am Fuße der Berge.

Von Balad Seet ist es möglich, in etwa acht Stunden den Grat des Jebel Akhdar bis nach Misfah (bei Al-Hamra) zu überwinden. Allerdings ist dies nur für erfahrene Wanderer mit ortskundigem Führer zu empfehlen.

16 km hinter Awabi erreicht man den Ort Rustaq. Am Kreisverkehr am Ortseingang geht es rechts über den Ort Al-Hazm an die Küste, geradeaus in die Ortsmitte und zum Fort von Rustaq.

Rustaq الرستاق

Rustaq (122.000 Einwohner), der **größte Ort der Region,** ist durch eine Bergkette von der Batinah getrennt. Im 17. und 18. Jahrhundert war er das machtpolitische, religiöse und geistige Zentrum des Landes und lange Zeit Sitz der herrschenden Imame.

Fährt man die Hauptstraße vom Kreisverkehr in Richtung Ortsmitte, so erreicht man nach 500 Metern einen Abzweig nach rechts zu den **heißen Quellen** von Rustaq. Nach 2 km gelangt man zu einer kleinen Moschee, vor der sich das gemauerte Becken der **Quelle Ain al-Kasfah** befindet. Nebenan stehen ein Picknickplatz, Badehäuschen und Toiletten zur Verfügung. Das Quellwasser ist aber zum Baden schon fast zu heiß.

Rustaqs **neuer Souq** liegt links der Hauptstraße in einem weiß überdachten Gebäude, das zu den Seiten hin offen ist. Rustaq ist das Handelszentrum der Region. Die Straße endet im alten Ortskern am örtlichen Krankenhaus.

Am südöstlichen Rand des Ortes dehnte sich bis 2013 das **alte Souq-Areal** aus. Wie viele Anlagen gehörte es der Moschee, und die ansässigen Händler hatten ihre Läden gepachtet. Stets hatte der Souq nicht nur die Funktion eines Handelsplatzes, sondern auch die eines Treffpunktes. Ob der (derzeit noch leere) Neubau diese Funktion auch erfüllen wird, bleibt abzuwarten.

Direkt daneben steht das **Fort Qala'at al-Qesra.** Die Mitte der 1990er Jahre renovierte Festung thront auf einem kleinen Hügel und ist von einer geschlossenen Umfassungsmauer mit elf Türmen umgeben. Die Anlage besteht aus zwei Teilen: Während der ältere eine ovale Form aufweist, besitzt der neuere im Osten einen rechteckigen Grundbau mit drei runden Kanonentürmen. Die **Al-Badayah-Moschee** in ihrem Inneren war einst eine wichtige Lehrstätte für islamische Theologen, Rechtsgelehrte, Schriftsteller und Poeten.

Der Ort verfügt über eine **sehr günstige Lage** nicht allzu weit weg von der Küste und zudem an den wichtigsten Zugangswadis zum Jebel Akhdar. Daher errichteten bereits die Perser, die im 7. Jahrhundert weite Teile Nordomans beherrschten, hier eine Sicherungsanlage. Aus dieser Zeit stammt auch der heutige Name Rustaq, der aus dem Persischen abgeleitet ist. Er bedeutet „Grenzgebiet", denn damals bildete der Ort den Rand des persisch besetzten Gebietes.

Die heutige Festung steht auf den Fundamenten der persischen Vorgängeranlage. Der erste Herrscher der Al-Ya'aruba-Dynastie, *Nasir bin Murshid,* verlegte 1624 seinen Sitz nach Rustaq. Bis auf zwei später zugefügte Türme wurde das Fort in seiner heutigen Form in dieser Zeit erbaut und war seitdem immer wieder Sitz der Imame. Rustaq bildete zu dieser Zeit das Zentrum des Landes, auch wenn der Imamssitz zwischenzeitlich nach Al-Hazm, Nizwa oder Jabrin wechselte.

Als der letzte Imam der Al-Ya'aruba-Dynastie ohne Nachkommen starb, wählten die zuvor verfeindeten Stämme 1749 gemeinsam **Ahmed bin Said** als neuen Imam. Er war der Begründer der noch heute herrschenden Al-Bu-Said-Dynastie und regierte von Rustaq aus. Nach seinem Tod im Jahr 1783 wurde er in der Festung bestattet. Auch sein Sohn, der nur ein Jahr regierte, wohnte in Rustaq. 1784 verlegte *Hamad bin Said* den Regierungssitz nach Muscat. In der Folgezeit schwand der Einfluss des Herrschers in Muscat über Inner-Oman zusehends. Das Land zerfiel in ein Sultanat an der Küste und ein Imamat im Landesinnern.

oman130 pf

Rustaq blieb in dieser Zeit stets ein **wichtiges religiöses Zentrum.** 1868 wählte man hier den Imam *Azzan bin Qais*, der ebenfalls einer Seitenlinie der Al-Bu-Said-Dynastie angehörte, zum Gegenherrscher des Sultans. Er vertrieb den herrschenden Sultan *Salim bin Thuwaini* und führte eine streng religiöse Regierung, die aber schon drei Jahre später wieder gewaltsam beendet wurde. Mit Hilfe der Briten, die an einem weltlich orientierten Sultan interessiert waren, übernahm der neue Sultan *Turki bin Said* die Herrschaft in Muscat. Wie Inner-Oman blieb Rustaq eigenständig, und erst in den 1950er Jahren konnte der Sultan die Kontrolle über die Stadt gewinnen.

■ **Info:** Geöffnet ist das Fort Sa bis Do 9–16 Uhr, Fr 8–11 Uhr, der Eintritt kostet 500 Bs.

Hotel und Restaurant

■ **Al-Shimookh Tourist Resthouse,** einfaches Hotel an der Straße nach Ibri auf der linken Seite, 2014 neu erbaut, daher noch in gutem Zustand und empfehlenswert, wenn auch etwas teuer, EZ 40 RO, DZ 50 RO, Tel. 26877071 und 99321462

■ Ein empfehlenswertes einfaches **Lokal** ist das **Roobu al-Salam** hinter der Shell-Tankstelle.

◁ Blick bei Sonnenaufgang auf den Jebel Shams von Norden her

3 km hinter dem Kreisverkehr am Ortsausgang von Rustaq enden die Berge, und man erreicht erneut die Küstenebene. Rechts der Straße steht eine große, neue Moschee, **links zweigt eine Straße nach Osten ab.**

Abstecher: Wadi Sahtan

Dieser Abstecher führt ins ganzjährig wasserführende Wadi Sahtan, außerdem ermöglicht er die Weiterfahrt als Rundtour zum Wadi Bani Awf oder zum Wadi Hoqain sowie die Weiterfahrt über die Berge nach Südwesten bis nach Ibri.

Nach etwa **9 km** erreicht man zwei Abzweige (geradeaus führt die Straße durch die Wadis Bani Ghafir und Mabrah bis nach Ibri): Nach rechts führt eine Piste durch das Wadi Bani Hani nach Hoqain, von wo man nach Al-Hazm weiterfahren kann.

Biegt man links ab, gelangt man ins Wadi Sahtan. **Aktuell wird die Piste zur Asphaltstraße ausgebaut,** sodass sich die Streckenbeschreibung wohl demnächst leicht ändern wird.

Nach insgesamt **12,9 km** (ab der Moschee in Rustaq) führt die Strecke in das Wadi hinein, das man aber bereits bei **km 13,8** wieder nach rechts verlässt, da geradeaus der Weg durch Steine versperrt ist. Bei **km 15** beginnt die Schlucht, durch die sich das meist reichlich Wasser führende Wadi seinen Weg gebahnt hat. Vorbei an Siedlungen und Palmen, durch Engstellen und Furten, erreicht man bei **km 22,5** einen weiten Talkessel. **3,5 km weiter** zweigt nach links eine Piste nach Al-Jafr in das Wadi Bani Awf ab, über die man diesen Abstecher zu einer Rundfahrt ausbauen kann.

Geradeaus weiter kommt man nach **31 km** in den Ort **Amq,** wo man das Wadi nach rechts verlässt (nach links führt eine Piste nach Salma und ebenfalls in das Wadi Bani Awf). Die nächsten 5 km führen zunächst an einem schönen Oasenort mit Terrassenfeldern vorbei, dann geht es über steile Serpentinen bergauf. Bei **km 36,5** erreicht man einen

Aussichtspunkt, von dem sich ein schöner Blick auf die Bergoase **Wajmah** bietet. Unterhalb dieser kleinen Siedlung, an der die Piste endet und deren Bewohner man nicht zu sehr durch Besuche belästigen sollte, liegen schmale, steile Terrassenfelder, und ein kleiner Gebirgsbach rauscht in die Tiefe.

Der letzte sehenswerte Ort, bevor man die Küste wieder erreicht, ist **Al-Hazm, 19 km hinter Rustaq.**

Al-Hazm الحزم

Al-Hazm, eine kleine Oase am Übergang der Batinah-Ebene zum Hajar-Gebirge, liegt inmitten grüner Palmen und wird von einem großen **Fort** überragt, das *Sultan bin Saif II.* 1708 errichten ließ. Drei Jahre später wurde er Imam und verlegte Hauptstadt sowie Residenz von Rustaq nach Al-Hazm. Während seiner Regentschaft herrschte in Oman Frieden, aber in Übersee griff seine Armee die Perser an und nahm Bahrain ein.

Seine Regentschaft währte nur sieben Jahre, denn schon im Jahr 1718 verstarb er und wurde im Westturm des Forts beigesetzt. Nach der Machtübernahme seines Nachfolgers, des zwölf Jahre jungen *Saif bin Sultan II.*, begann ein langer **Bürgerkrieg.** In dieser Zeit wechselten Imam und Imamssitz mehrere Male, und die Residenz wurde von Al-Hazm nach Rustaq, Nizwa und Jabrin verlegt.

Al-Hazm stellt ein **Musterbeispiel einer omanischen Festungsanlage** dar und diente mit all ihren trickreichen Besonderheiten vielen späteren Anlagen als Vorbild. Der rechteckige, um einen Innenhof herum errichtete Grundbau besteht aus zwei Stockwerken. **Unter dem Erdgeschoss** fließt ein eigener *falaj*, dessen Plätschern durch das ganze Fort zu hören ist. Sein Wasser konnte in einem riesigen Becken für den Fall gesammelt werden, dass der Kanal bei einem feindlichen Angriff zerstört wurde. **Im Erdgeschoss** befanden sich unter anderem die Badezimmer, die Lagerräume, die Küche und ein Extraraum, in dem man Sirup oder Öl erhitzen konnte, um den Feind damit zu übergießen.

Die **zweite Etage** besitzt eine um den Innenhof laufende Galerie, hinter der zahlreiche Wohnräume angeordnet sind. Um einige der Räume zog sich ein versteckter Gewölbegang, der in zwei geheime Fluchtwege mündete. In einem konnte der Imam bei drohender Gefahr durch einen unterirdischen Gang bis in das Fort von Rustaq fliehen. Unter dem Fußboden des zweiten Stockes sind verschiedene versteckte Zimmer und Verließe untergebracht. In einem der drei Gefängnisse wurden die Verurteilten so lange eingesperrt, bis sie starben. Alles in allem gleicht die Anlage einem großen Irrgarten.

Zur Verteidigung dienten **zwei Kanonentürme** mit riesigen Geschützplattformen in den gegenüberliegenden Ecken des Forts. Sie stehen zu drei Vierteln frei, denn diese Form ermöglichte es, dass man von nur zwei Türmen die gesamte Umgebung des Forts beschießen konnte. Die sich noch heute im Fort befindenden omanischen und portugiesischen Kanonen konnten sogar an der Außenwand des Forts entlang feuern. So gab es keine toten Winkel, in denen sich die Feinde hätten verstecken können. In der ersten und zweiten Etage werden die Gewölbe der Türme von einer zentralen Mittelsäule getragen. Sie ist mit sehr schönen Stuckarbeiten verziert.

Mindestens genauso prächtig sind viele **Holztüren des Forts.** Das Eingangstor ist mit besonders aufwendigen Schnitzereien und Inschriften versehen. Es ist etwa dreißig Zentimeter stark – aber, sicher ist sicher, dahinter gibt es noch eine zweite massive Holztür. Dank all seiner Sicherungssysteme hielt das Fort noch 1870 einer neunmonatigen Belagerung stand.

Die Festung war einige Jahre für eine erneute Renovierung geschlossen, ist seit 2014 aber wieder geöffnet und jetzt eine Art **Kanonenmuseum.**

Info: Geöffnet ist das Fort Sa bis Do 9–16 Uhr, Fr 8–11 Uhr, der Eintritt kostet 500 Bs.

Fährt man vom Fort nicht auf die Hauptstraße zurück, sondern in Richtung Westen, so beginnt hier die **Rundtour über Al-Hoqain in das Wadi Bani Hani** (siehe Region Al-Dhahirah, „Von Ibri durch den Hajar nach Norden"). Gut 2 km hinter dem Fort muss man rechts ab, nach weiteren 25 km erreicht man Al-Hoqain.

Gut **1 km hinter Al-Hazm** kreuzt man den Batinah Expressway und etwa 24 km weiter erreicht man bei Al-Mulladah den **Küstenhighway.** Nach Muscat sind es von dort 115 km, nach Sohar 119 km.

Das Fort von Al-Hazm wurde Mitte der 1990er Jahre komplett renoviert

oman131 pf

NICHT VERPASSEN!

- Nizwa: Fort und Souq | 141, 143
- Rund um den Jebel Akhdar | 151
- Herrlicher Blick vom Aussichtspunkt Sharaf al-Alamayn | 159
- Schöne Fahrt zum Jebel Shams | 162
- Das Wohnschloss von Jabrin | 168
- Die Gräber von Al-Ayn | 175
- Die Oase von Buraimi | 177

Diese Tipps sind gelb hinterlegt.

oman20_005 pf

3 INNER-OMAN – AL-DAKHILIYAH

الداخلية

Dieses Kapitel beschreibt die inneromanischen Oasen, Sehenswürdigkeiten, Landschaften und Routen des **westlichen Hajar-Gebirges,** im Wesentlichen also die Region Al-Dakhiliyah („die Innere“), an die sich westlich die Region Al-Dhahirah anschließt (ebenfalls in diesem Kapitel beschrieben). Der weite Bogen des Hajar-Gebirges wird gerne als „Rückgrat“ des Landes bezeichnet. Passend zu dieser Symbolik erweckt das Landesinnere einen deutlich omanischeren Eindruck als die Küstenebene, denn die Berge verhinderten früher das Eindringen fremder Mächte.

Überblick

Al-Dakhiliyah war in den zurückliegenden Jahrhunderten stets das **geistig-religiöse Zentrum,** von hier aus wurde das Land direkt oder indirekt durch die verschiedenen Imame regiert. Die Region war vom Beginn des 20. Jahrhunderts bis 1959 eigenständiges Imamat und in den vorangegangenen Jahren das Kerngebiet des Aufstandes gegen den Sultan und die Briten.

Inzwischen durchqueren **fünf asphaltierte Straßen** den zuvor nur schwer zugänglichen Hajar: von Sohar nach Buraimi, von Sohar nach Ibri, von Al-Khabura nach Ibri, von Rustaq nach Ibri sowie die im folgenden Abschnitt beschriebene Straße von Muscat nach Nizwa durch die **Wadis Suma'il und Halfayn.** Diese beiden letztgenannten Trockenflusstäler bilden die Grenze des östlichen (Hajar al-Sharqi) und des westlichen Hajar (Hajar al-Gharbi), denn wie eine Schlucht „zerschneiden“ sie das Gebirge in seiner gesamten Breite. In den letzten Jahrhunderten waren die Täler eine wichtige Durchgangspforte von der Küste ins Landesinnere.

⌃ Wadi Nakhar

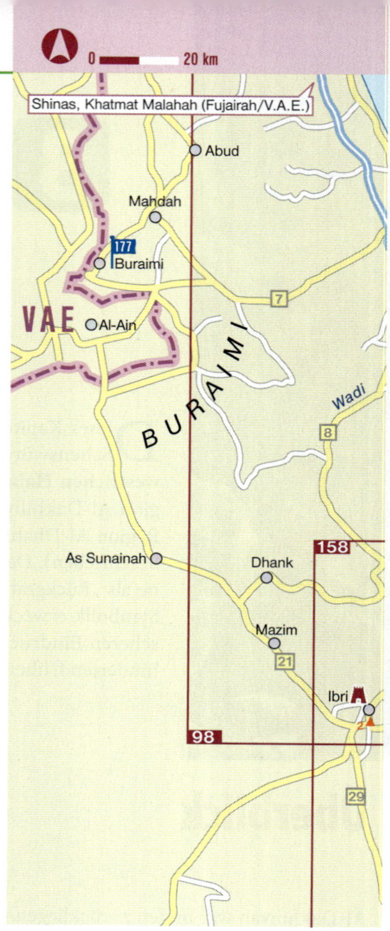

Das Wadi Suma'il mündet bei Seeb in den Golf von Oman und verläuft über Al-Khoudh nach Fanja und Bidbid. Möchte man mit einem Wagen dem Verlauf des Trockenflusstals folgen, so muss man hinter dem kleinen Ort Bidbid ein Stück nach Süden in Richtung Ibra fahren, und dann rechts in die Oasengruppe Suma'il abbiegen. Am Ende dieser langgezogenen grünen Oase erreicht man wieder die Hauptstraße nach Nizwa, die dann weiter durch das Wadi verläuft. Zwischen Manal und Izki liegen fast unmerklich die Wasserscheide und der Suma'il-Pass, auf dessen Südseite das Wadi Halfayn beginnt. Im weiteren Verlauf kommt ihm die Aufgabe zu, den Westrand der Sandwüste Wahiba zu begrenzen.

Diese geologische und tektonische Trennlinie innerhalb des Hajar-Gebirges wird auch „Suma'il Gap" genannt. Westlich dieser Linie sind die Berge aus Sedimenten aufgebaut, das Gestein östlich davon ist dagegen vulkanischen, z. T. submarinen Ursprungs. Westlich des Suma'il Gap ragen Ausläufer des gewaltigen **Jebel-Akhdar-Massivs** mit dem höchsten Berg Omans empor.

Von der strategischen Bedeutung und der kriegerischen Vergangenheit dieser wasserreichen Region zeugen noch heute eine Vielzahl von **Festungen, Wachtürmen und Wehrmauern.** Die Forts gehören zu den gigantischsten des Landes, sie sind neben der Bergwelt und den malerischen Oasen die Hauptattraktionen der Region Al-Dakhiliyah.

Über den Suma'il-Pass nach Nizwa

- Die **Kilometerzählung** dieser Fahrt nach Nizwa **beginnt am Sahwa-Tower-Kreisverkehr bei Seeb** (41 km hinter Muscat), wo die Autobahn vom Küstenhighway ins Landesinnere abzweigt.
- Direkt am Kreisverkehr befindet sich eine **Minibus- und Taxistation** für die Strecke ins Landesin-

Inner-Oman (Al-Dakhiliyah)

nere. **Mwasalat-Busse** nach Nizwa verkehren ab Azaibah (tägl. 2x, ab Muscat 9.30 und 15.30 Uhr, 2½ Std. Fahrzeit, Stopps am Flughafen und am Sahwa Tower sowie in Fanja, Suma'il und Birkat al-Mauz). Bis zum Kreisverkehr kurz vor Nizwa kann man auch den Salalah-Express nutzen (7.25, 10.25 und 19.25 Uhr).

■ **140 km** sind es vom Sahwa-Tower-Kreisverkehr **bis nach Nizwa.** Diese wichtigste Straßenverbindung ins Landesinnere ist komplett vierspurig ausgebaut. Die reine Fahrzeit ohne Pausen und Abstecher beträgt 1½ Std.

Streckenbeschreibung: Kurz **nach dem Kreisverkehr** (an der Tankstelle auf die rechte Nebenfahrspur fahren) findet sich rechts der Straße die Firmenzentrale von **Amouage** (siehe Exkurs in „Land und Leute: Wirtschaft").

Vorbei an der **Sultan Qaboos University,** der einzigen Universität Omans, erreicht man **nach 10 km** das **Industriegebiet von Rusayl** links der Straße. Etwas weiter passiert man die erste wichtige historische Befestigungsanlage auf der

Über den Suma'il-Pass nach Nizwa

0 10 km ©Reise Know-How Oman 15 11/20

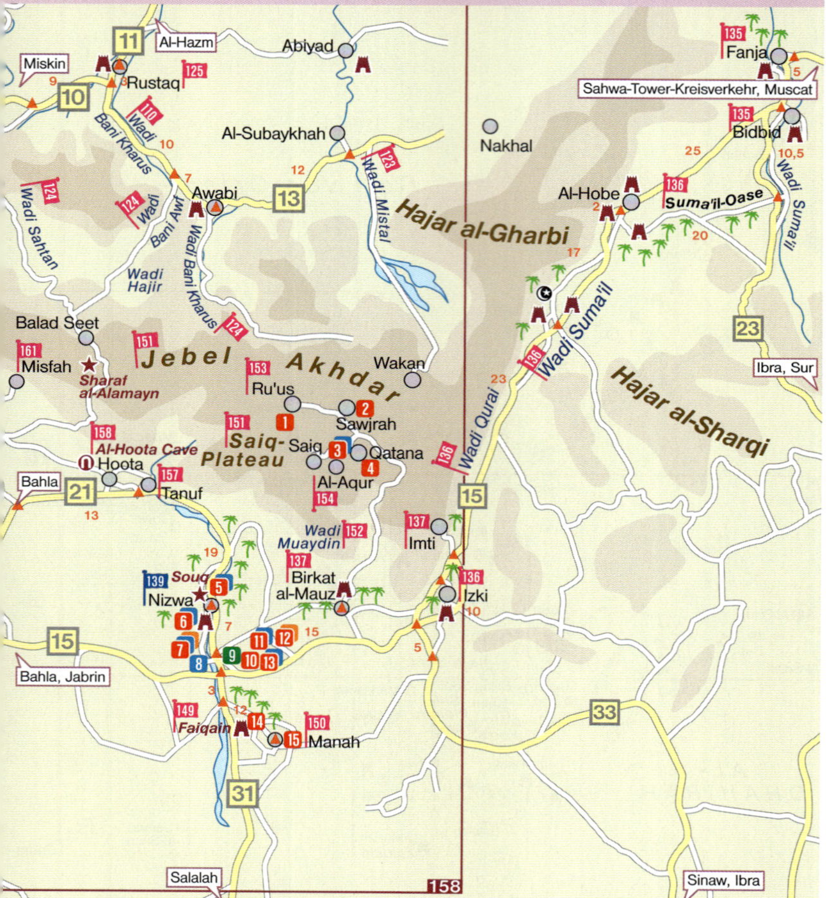

Übernachtung
1 Alila Hotel
2 The Cliff Guesthouse
3 Sahab Resort & Spa, Sama Hotel, Anantara Resort
4 Jebel Akhdar Hotel, Green Mountain Hotel Apartments
5 Antique Inn/Heritage Inn, Residence Hotel Apartments
6 Al-Diyar Hotel
7 Falaj Daris Hotel
10 Majan Guesthouse, Safari Hotel
11 Nizwa Hotel Apartments
12 Golden Tulip Hotel
13 Dream House Apartment
14 Noor Majan Guesthouse
15 Manarat Manah Hotel Apartments

Essen und Trinken
3 Liyali al-Jabal, Robo'u Al-Saab
5 Al-Aqr Restaurant
6 Bahjat Al-Sham Restaurant
7 Turkish Restaurant, Al-Fanar Restaurant
8 Spicy Village
11 Birkat al-Mawz
13 Peppercorns

Einkaufen
9 Lulu Supermarket, Nizwa Mall/ Carrefour Supermarket

Nachtleben
7 Al-Sahara Lounge/ Castle Bar
12 Al-Wasit/Nachtclubs

Strecke ins Landesinnere. Nur wenige Kilometer weiter steht in Al-Jafnain ein kleines Fort mit Wachturm.

27 km hinter dem Sahwa-Tower-Kreisverkehr erreicht man die Ausfahrt nach Fanja, das unmittelbar neben der Autobahn liegt.

Fanja فنجاء

Zuerst durchfährt man den im Osten gelegenen neuen Ortsteil mit seinen vielen Geschäften am Straßenrand. Er entstand in den späten 1970er Jahren durch den Straßenbau und den damit neu einhergehenden Verdienstmöglichkeiten.

Hinter der Brücke über das tief eingeschnittene Flussbett liegt der alte, schon seit vielen Jahren **verlassene Ortskern Al-Hijra** im Schutz einer mächtigen Bergwand auf einem Felsrücken mit steil abfallenden Klippen. Er ist rundum mit einer Wehrmauer umgeben und nur durch zwei Eingangstore zu erreichen – Sicherheit war seinerzeit neben Wasser das wertvollste Gut. Es lohnt sich, zwischen den 100 bis 200 Jahre alten Lehmhäusern durch die eng verwinkelten Gassen auf Erkundungstour zu gehen. Von hier oben hat man eine sehr schöne Aussicht über das Wadi und seine üppigen Palmenhaine, in deren Schatten auch Limonen und Mangos wachsen. **Zahlreiche Quellen** versorgen Fanja großzügig mit Wasser, eine dieser Quellen entspringt unterhalb des östlicheren Stadttores.

Der Ort kontrollierte einst dank seiner strategisch günstigen Mittellage zwei wichtige Verbindungswege: einmal den von Muscat ins Landesinnere, zum anderen den zwischen westlichem und östlichem Hajar-Gebirge. Dies ist auch der Grund für den wehrhaften Charakter der Altstadt, die zusätzlich von mehreren Wachtürmen beschützt wurde.

Von Fanja kann man parallel zur Autobahn zum 5 km entfernten Ort Bidbid fahren.

Bidbid بدبد

Bidbid (35.000 Einwohner) hatte früher die gleiche strategische Bedeutung wie Fanja, und so findet sich auch hier eine alte Wehranlage. Direkt im Zentrum, oberhalb des Wadis und des Palmenhains, steht das **Fort** von Bidbid. Es war das erste omanische Fort, das **mit traditionellen Baumaterialien und Techniken restauriert** wurde – ein Modellversuch für alle weiteren Restaurationsprojekte. Die Wände wurden mit einer Mischung aus gebranntem Lehm, Stroh und Gips wiederaufgebaut und mit **saruj,** einer Mischung aus gebranntem Lehm und Kalk, verputzt. Die sorgfältige Renovierung dauerte insgesamt 14 Monate, doch leider setzt heute schon wieder der Verfall ein, sodass erneute Renovierungsarbeiten in Planung sind. Geregelte Öffnungszeiten gibt es nicht.

Unmittelbar hinter Bidbid zweigt **35 km hinter dem Sahwa-Tower-Kreisverkehr** links die Straße nach Ibra und Sur ab. Man kann hier auch abbiegen, um nach 10 km in Luzugh rechts zu fahren und durch das Wadi Suma'il (siehe weiter unten) wieder die Autobahn zu erreichen.

Auf den nächsten Kilometern ist das Tal üppig mit Palmen bewachsen, auf den Bergkuppen stehen immer wieder

Wachtürme, vor 100 bis 500 Jahren zur Überwachung des Passes erbaut.

Westlich (rechts) der Straße ragt gewölbeartig der über 2000 m hohe **Jebel Nakhl** empor. Östlich der Straße bestechen die Berge durch ihre ungewöhnlich dunkle, fast schwarze Farbe und ihre schroffe Gestalt. Unzählige, spitz zulaufende, kahle und isoliert wirkende Gipfel staffeln sich kulissenhaft hintereinander – ein Naturschauspiel, dass besonders bei frühmorgendlicher oder spätnachmittäglicher Sonneneinstrahlung beeindruckend ist.

Parallel zur Straße verlaufen Pipelines für Erdöl und Erdgas. Gelb-schwarz und rot-blau gestrichene Geländer zeigen die unterirdischen Leitungen an.

Bei km 56 hat man die Ausfahrt in die Oase Suma'il (80.000 Einwohner) erreicht.

Abstecher: Suma'il

Die Oase besteht aus mehreren Ortsteilen, die hintereinander im **Wadi Suma'il,** das wadiabwärts quer zur Hauptstraße nach Nizwa in Richtung Sharqiyah verläuft, liegen. Zweigt man in diese Richtung ab und fährt an dem mit unzähligen Palmen bestandenen Flusslauf entlang, so kommt man nach 2 km in den Ortsteil **Souq Suma'il** mit vielen kleinen Kramläden. Dahinter liegt **Alayat Suma'il** mit zwei restaurierten Wachtürmen, die mit einer massiven Mauer verbunden sind. Immer wieder kommt man an einem der zahlreichen Wachtürme vorbei, bis man 6,5 km hinter der Straße nach Nizwa **Sufalat Suma'il** mit seinem auf einem hohen Felsen thronenden Fort erreicht. Der Ort an sich liegt versteckt in einem riesigen Palmenhain.

Im weiteren Verlauf trifft diese Nebenstraße auf die in die Provinz Sharqiyah führende Straße nach Ibra.

Die Hauptstrecke nach Nizwa folgt ab hier wieder dem Verlauf des Wadis Suma'il wadiaufwärts nach Süden.

Bei km 77 erreicht man die Ausfahrt zum Wadi Qurai.

Abstecher: Wadi Qurai

Ein netter Abstecher, wenn man ein wenig **Abwechslung zur Autobahnfahrerei** sucht. Etwa 1 km kann man auf einer Piste in Richtung Berge fahren, bevor das Wadi so schmal und steinig wird, dass es nur noch zu Fuß weitergeht. Es gibt einen angelegten schmalen Weg, der aber nur für schwindelfreie Menschen geeignet ist, da er über eine schmale Brücke ohne Geländer führt. Auf dem weiteren Weg muss man ein wenig klettern, aber die Naturkulisse entschädigt für die Anstrengung.

Bei **km 86** kann man über die **Ausfahrt Wadi Mahram** nach Osten in Richtung Ibra fahren. **Bei km 100 erreicht man die Ausfahrt Izki/Qaroot al-Janubiyah.** Izki (60.000 Einwohner) ist angeblich eine der ältesten Oasen Omans, die schon im 7. Jahrhundert v. Chr. in assyrischen Quellen belegt wird.

Abstecher: Izki

Zunächst muss man geradeaus, dann nach 2 km links ab. Nach weiteren 3 km an einem Kreisverkehr rechts halten, und man erreicht etwas weiter den alten Ort, der aus zwei getrennten **Lehmwohnsiedlungen, Yaman** und **Niz'ar,** besteht. Hier wohnten einst zwei miteinander zerstrittene Stämme, daher sind beide Viertel mit einer Befestigungsmauer geschützt. Heute sind die meisten der eng aneinander gebauten Häuser stark verfallen und bieten gerade deshalb einen bizarren Anblick. Zwischen den nur einen Steinwurf weit voneinander entfernten Quartieren stehen auf neutralem Grund die Ruinen einer fünfeckigen Festung, von der aus der Wali einst für Frieden sorgte und Soldaten den wichtigen Verkehrsweg nach Nizwa überwachten. Daneben liegen ein Souq- und ein Festplatz, die trotz aller Streitigkeiten gemeinsam genutzt wurden.

Abstecher: Imti

Fährt man an der Ausfahrt Izki/Qaroot al-Janubiyah nach rechts, so führt die Straße nach 3 km zum alten Ort Imti (immer geradeaus halten, bis die Asphaltstraße endet). Er ist verlassen, aber relativ gut erhalten, und ein kleiner Spaziergang durch die Hauptgasse mit Natursteinhäusern lohnt sich.

Bei **km 110** erreicht man die große und wichtige Ausfahrt nach Sinaw und Ibra (nach links) sowie nach Birkat al-Mauz (nach rechts). Hier macht es Sinn, die Autobahn zu verlassen und die alte Straße über Birkat al-Mauz zu fahren. Fährt man weiter geradeaus, folgt bei **km 118** eine weitere Ausfahrt nach Birkat al-Mauz und zum Jebel Akhdar, bei **km 134** ist das Autobahnkreuz bei Nizwa erreicht (nach Nizwa rechts, nach Bahla/Jabrin geradeaus, nach Salalah links).

Verlässt man jedoch bei **km 110** die Autobahn und fährt 2 km nach rechts, erreicht man die alte Straße; hier links abbiegen: Bei **km 116** liegt die **Oase Birkat al-Mauz** neben der Hauptstraße.

Birkat al-Mauz بركة الموز

Übersetzt heißt die malerische Oase **„See der Bananen"** – angesichts der ausgedehnten Gärten ein treffender Name. Sattes Grün dominiert das Bild, die Häuser sind größtenteils unter schattigen Palmwedeln versteckt. Die meisten Gebäude entlang der Straße sind neu, die alten Ortsteile aus Lehm sind größtenteils aufgegeben und liegen gut versteckt im Palmenhain und oberhalb der Oase auf einem Felsen. Den schönsten Blick über die Oase genießt man von dem Hügel an der Umgehungsstraße, auf dem ein Fernmeldemast steht.

Die Bewässerung der Gärten erfolgt wie seit Jahrhunderten mit dem Wasser, das der 36 km lange **falaj Khatmayn** aus den Bergen bringt. Das Wasser ist besonders rein und klar, denn es verläuft bis kurz vor den Ort unterirdisch. Hinter dem Fort von Birkat al-Mauz kann man die Stelle sehen, an der es das erste Mal ans Tageslicht tritt. Hier holen sich die Dorfbewohner, deren Haus noch nicht an ein Wasserleitungssystem angeschlossen ist, ihr Trinkwasser. Teilweise balancieren es Frauen oder Kinder geschickt in Eimern oder Kanistern auf dem Kopf, teils fahren aber auch die Familienväter vor und holen einen größeren Vorrat mit dem Auto. Vor dem Fort befinden sich die öffentlichen Waschplätze; ab hier ist die Wasserqualität deutlich schlechter, aber zur Bewässerung der Felder und Gärten noch gut genug.

Das **Fort Bait al-Rudaidah** (inkl. Museum für historische Waffen, Mi bis So 9–16 Uhr, Eintritt 7 RO) und die fünf überragenden Wachtürme auf den umliegenden Felsen bestimmen weiterhin das Ortsbild. Von der Hauptstraße nach Nizwa führt ein beschilderter Abzweig direkt zum Fort. Die Anlage war im Jebel-Akhdar-Aufstand in den 1950er Jahren strategisch bedeutsam. Durch ihre Lage am Eingang zum Wadi Muaydin, einem wichtigen Zugang zum Jebel Akhdar, war sie ein wichtiger Rückzugsort der Truppen des Imam.

Der Bau des Bait al-Rudaidah wurde von Imam *Sultan bin Saif I.*, der auch das Fort von Nizwa erbauen ließ, etwa um 1650 begonnen. Ihm diente das Fort zunächst nur als ein einstöckiges Lagerhaus, bevor im 18. Jahrhundert die obere Etage hinzugefügt und die Anlage als befestigtes und luxuriöses Wohnfort ausgebaut wurde. Noch in den 1950er Jahren war es bewohnt, doch der Hausherr, Shaikh *Suleyman bin Himyar*, der „Herr des grünen Berges", der sich während des Jebel-Akhdar-Aufstandes mit dem Imam verbündete und gegen den Sultan kämpfte, floh nach dem Ende der Rebellion ins Ausland.

Die Anlage hat einen **quadratischen Grundriss** und zwei diagonal angeordnete **Kanonentürme.** Die Innenräume gruppieren sich um einen Innenhof, um den auf beiden Stockwerken eine Galerie verläuft. In der unteren Etage waren die Lagerräume, zwei Gefängnisse, die Küche und eine Frauenmoschee untergebracht. Im oberen Stockwerk gab es mehrere Empfangsräume und Schlafzimmer. Vier Schlafzimmer waren für Frauen und deren Kinder, entsprechend der maximal erlaubten Anzahl von Ehefrauen. Der repräsentative Empfangsraum ist besonders schön mit Ornamenten und Deckenmalereien gestaltet.

Die **Wasserversorgung** erfolgte über den falaj Khatmayn. Es gab besondere Eingänge für Frauen, damit sie ungestört und ungesehen Wasser holen konnten. Zusätzlich war im Inneren ein über 125 m tiefer Brunnen, falls eine Belagerung die Wasserzufuhr von außen unterbrechen sollte.

In der Nähe liegen ein sehenswerter alter, heute **verlassener Souq** und ein kleines **Wohnviertel mit Lehmhäusern.** Der Eingang befindet sich an der Hauptstraße durch die Oase gegenüber der Post, ca. 800 m vom Fort.

Über die Straße, die links am Bait al-Rudaidah vorbeiführt, gelangt man in das **Wadi Muaydin,** das ideale Möglichkeiten zum Wandern bietet, sowie auf das **Saiq-Plateau** des Jebel Akhdar (nur mit Geländewagen möglich, siehe im Anschluss an die Ausflüge von Nizwa).

Fährt man auf der alten Straße weiter, so kommt man bei **km 120** am **Golden Tulip Hotel** (dem früheren Nizwa Hotel) vorbei. Kurz darauf steht links der Straße das große Sportzentrum und gegenüber das Nizwa Apartment Hotel.

Bei **km 131** erreicht man eine große **Kreuzung.** Links geht es nach Salalah (864 km) und zur Autobahn (siehe oben), rechts in das kleine Dorf Firq und geradeaus nach Nizwa. Neuerdings führt eine breite vierspurige Straße durch den Ort. Man passiert zwei einfache Unterkünfte sowie die **Hotels Falaj Daris** und **Al-Diyar.**

Bei **km 138** erreicht man kurz vor dem Zentrum Nizwas eine **Kreuzung:** Rechts führt die Straße um das Zentrum herum, geradeaus durch das Wadi zum Fort und zur Stadtmitte von Nizwa.

Nizwa

نزوى

Alle Wege führen nach Nizwa – zu Füßen des Jebel Akhdar und umgeben von grünen Gärten und ausgedehnten Palmenhainen **gehört** Nizwa zweifelsohne **zu den sehenswertesten Orten Omans** und ist zugleich ein idealer Standort für Ausflüge in die Umgebung.

Die leuchtend blau-goldene Kuppel der Sultan-Qaboos-Moschee und der gigantische Wehrturm der benachbarten Festung ragen schon von Weitem über die Wipfel der Palmen und bestimmen die Silhouette dieser **geschichtsträchtigen Oase.** Vor allem im 17. Jahrhundert war Nizwa blühendes Zentrum von Religion, Philosophie, Kunst und Handel.

Das architektonisch einmalige **Fort,** der allwöchentliche **Tiermarkt** und die **Souqs** bieten dem Besucher eine abwechslungsreiche und überschaubare Palette an Sehenswürdigkeiten. Nizwa ist zudem ein idealer Ausgangspunkt zur Besichtigung der umliegenden Orte und der Region Al-Dhahirah oder für Pistenfahrten bzw. Wanderungen durch die Berge. Zur Übernachtung stehen inzwischen Unterkünfte verschiedener Kategorien zur Verfügung.

Im **Bezirk Nizwa** leben heute etwa **125.000 Einwohner,** die sich auf über vierzig Oasen und Dörfer verteilen. Wie eh und je spielt die Wasserversorgung durch falaj-Kanäle eine bedeutende Rolle für die Landwirtschaft. Die drei aflaj von Nizwa (Ghanthak, Althought und Daris) sind über 500 Jahre alt; der falaj Daris ist der ergiebigste des Sultanats.

Für die **traditionelle Silberschmiedekunst** ist Nizwa seit jeher ein wichtiges Zentrum, sozusagen die „Silber-Hauptstadt". Dies ist auch heute noch so, doch aufgrund des Bedeutungsverlustes von Silber zugunsten von Gold bei weitem nicht mehr in dem Maße wie in früheren Zeiten.

Wie kein anderer Ort Omans scheint Nizwa zwischen Vergangenheit und Neuzeit zu schweben, und in keinem anderen Ort wurden alte Fassaden so konsequent auf neu getrimmt.

oman132 pf

Flutwelle in Nizwa nach einem heftigen Regen

oman133 ud

Geschichte

Nizwa hat in Geschichte und Religion Omans stets eine bedeutende Rolle gespielt. Im 6. und 7. Jahrhundert war Nizwa die Hauptstadt der Julanda-Dynastie, und hier überreichte *Amir ibn al-As* ein Schreiben des Propheten Muhammad an den herrschenden König. Schon im Jahr 751 wurde *Julanda bin-Masud* zum ersten ibaditischen Imam und Nizwa zu seiner Residenz und somit zur **Landeshauptstadt** ernannt. Mehrere Jahrhunderte hatte sie diesen Rang inne, bis im 12. Jahrhundert dieser Titel an Bahla abgegeben wurde – doch blieb Nizwa weiterhin das geistige und religiöse Zentrum der Ibaditen.

Im 14. Jahrhundert erreichte der arabische Weltreisende und Geograf **Ibn Batuta** Nizwa und schrieb: *„Die Stadt liegt am Fuße eines Berges und ist von Gärten und Flüssen umgeben. Sie hat wunderbare Basare, und ihre Moscheen sind groß, sauber und vorbildlich. Es ist Brauch, dass die Menschen ihre Mahlzeiten im Moscheehof essen. Sie sind von einer stolzen und tapferen Rasse, und die Stämme stehen ständig im Krieg miteinander."*

Ab dem frühen 17. Jahrhundert war Nizwa die Hauptstadt und zeitweise **Sitz der Ya'aruba-Dynastie.** Selbst als am Anfang des 20. Jahrhunderts hier der Gegenimam zum Sultan von Muscat gewählt wurde, fungierte Nizwa bis 1959, als Sultan *Said bin Taimur* mit britischer Unterstützung die Stadt eroberte, als **Hauptstadt des Imamats.**

Wegen der wichtigen geistigen und politischen Bedeutung, die Nizwa jahr-

⌃ Eingang zum Souq von Nizwa

hundertelang hatte, war es im Bewusstsein der Omanis die **heimliche Hauptstadt.** Da auch die Zahl der Einwohner der von Muscat bis zu Beginn der 1970er Jahre kaum nachstand, gab es nach dem Amtsantritt von Sultan Qaboos sogar Überlegungen, sie zur administrativen Hauptstadt des neuen Oman zu ernennen. Dieser Plan wurde nicht durchgesetzt, dennoch erfuhr Nizwa in den letzten Jahren mit dem Bau von Krankenhäusern, Schulen, Postämtern, Straßen, Polizeistationen, Moscheen, Wohnvierteln, Verwaltungsstellen, Hotels und einer neuen Dattelfabrik die besondere Aufmerksamkeit der Regierung. Zum Nationalfeiertag 1994 wurden umfangreiche **Restaurations- und Renovierungsarbeiten** abgeschlossen, und der Ort erstrahlt nun in neuem Glanz. Allerdings ging dabei viel von der ursprünglichen und orientalischen Atmosphäre verloren. Kurz: Nizwa kann auch als das „andere" Zentrum Omans bezeichnet werden.

Sehenswertes

Fort

Das Fort von Nizwa ist schon von Weitem an seinem **monumentalen Festungsturm** zu erkennen. Dieser ist mit einem Durchmesser von 45 Metern und einer Höhe von 35 Metern der mächtigste Turm Omans und überragt die gesamte Oase. *Sultan bin Saif bin Malik al-Ya'aruba* ließ ihn in der Mitte des 17. Jahrhunderts in zwölf Jahren Bauzeit errichten. Der Wohnbereich neben dem Turm ist älter und stammt bereits aus dem 9. Jahrhundert.

Durch ein massives Holztor gelangt man in das Innere. Im ersten **Innenhof** befinden sich einige Wach- und Vorräume, ein Brunnen, ein Café zum Verweilen und ein kleiner Souvenirladen.

Durch ein weiteres Tor betritt man den eigentlichen Fortkomplex. Im Westen des Turmes liegt der ehemalige **Wohnbereich,** in dem heute ein kleines **Museum** untergebracht ist. Die Räume sind nach verschiedenen Themen zu Geschichte, Handwerk und Traditionen sortiert und sehr liebevoll und anschaulich eingerichtet. Man sollte sich unbedingt ein wenig Zeit hierfür nehmen.

Rechter Hand führt eine Holztür in den **Innenraum des Turmes,** der lediglich ein verwinkelter Treppengang ist. Zur Stabilisierung ist er bis zu einer Höhe von 14 Metern mit Sand und Geröll aufgefüllt. Diverse falsche Abzweigungen und Scheintüren sollten mögliche Eindringlinge verwirren. Außerdem konnte der Gang nach jeder Wendung mit einer stabilen Holztür versperrt werden, und durch schmale Schlitze an der Oberseite des Türrahmens konnten anstürmende Feinde mit heißem Dattelsirup übergossen werden.

Oben angekommen, erreicht man durch die letzte Tür aus Walnussholz die riesige, runde **Kanonenplattform** mit ihrem über 10 Meter hohen Mauerrand. Außer ehemals vier Brunnen, Kanonen und einer kleinen Moschee ist die Fläche leer. Durch 24 Öffnungen konnte man die gesamte Umgebung ohne toten Winkel unter Beschuss nehmen; eine der Kanonen soll Imam *Sultan bin Saif* selber abgefeuert haben. Über Treppen kann man auf einen Wehrgang an der Mauer steigen und durch die Zinnen die Aussicht über Nizwa genießen.

Nizwa: Fort und Souq-Bereich

Einkaufen/Sonstiges
- 6 Schneider
- 7 Geschäfte
- 8 Souvenirs
- 9 Großhändler
- 10 Obst- und Gemüsehalle
- 11 Fleisch
- 12 Fisch
- 13 Großhändler
- 14 Datteln
- 15 Trockenfisch und Tierfutter

Essen und Trinken
- 1 Dhahabiya
- 2 Bin Ateeq Restaurant
- 3 Al-Mandi al-Dhahabi Restaurant
- 4 Café, Imbiss
- 5 Café

Nicht einmal die britischen Fliegerbomben, die Ende der 1950er Jahre die Jebel-Akhdar-Revolte gegen den Sultan niederschlagen sollten, konnten dem Bollwerk etwas anhaben. Ein britischer Oberst beschreibt: „*Als der Sultan triumphierend Nizwa erreichte, erfüllte eine niederschmetternde, vom Fort ausgehende Explosion den Himmel mit blauem Rauch und löste einige Stücke der Zinnen auf. Bis zum nächsten Morgen herrschte in Nizwa ein Höllenlärm aus Kanonenbombardement, unregelmäßigem Gewehrfeuer und schreienden Menschen …*"

Info: Geöffnet täglich 8–20 Uhr (Fr 8–11.30 und 13.30–20 Uhr), Eintritt 5 RO. Fr/Sa findet morgens um 9 Uhr eine traditionelle Tanzaufführung statt.

Souq

Östlich des Forts liegt der **Souq von Nizwa,** den man möglichst am Vormittag besuchen sollte, da es nachmittags recht ruhig ist. Leider weichen immer mehr alte Läden neuen Souvenirshops mit Standardangeboten.

Die zentralen Bereiche des Souqgebietes sind der **West-Souq,** der **East-Souq,** eine **Obst- und Gemüsehalle** mit angeschlossenen Gebäuden für Fleisch, Fisch und Datteln, der **Handwerks- und Süßwaren-Souq,** der **Stoff- und Textilien-Souq** inklusive diverser **Schneidereien** und das Areal für den allwöchentlichen **Tiermarkt.** Das Souq-Gebiet ist trotz dieser Vielfalt klein und überschaubar, es ist außerdem von einer Stadtmauer umgeben. Im Osten, also am Wadi, befindet sich ein neu erbautes Stück mit mächtigen hölzernen Toren, im Westen verläuft dagegen eine alte Wehrmauer, die den Souq vom angrenzenden Wohngebiet trennt.

Das **Geschäftszentrum** mit seinen kleinen Läden, in denen zumeist indische oder pakistanische Händler Waren des täglichen Bedarfs verkaufen, mit dem Supermarkt, der modernen Bäckerei und kleinen Restaurants zählt historisch bedingt nicht zu den Souqs.

Zu Beginn der 1990er Jahre war der gesamte Innenstadtbereich mitsamt den Souqs Schauplatz einer umfassenden stadtplanerischen **Renovierung und Neugestaltung.** Das gesteckte Ziel lautete: Modernisierung und Förderung des Tourismus, die löbliche Rahmenbedingung war der Erhalt des traditionellen Baustils – die Nebenwirkung davon bedeutete jedoch den Verlust der ursprünglichen Atmosphäre. Sicher kann sich das Ergebnis der neuen, piekfeinen Stadt sehen lassen, und man hat es sogar geschafft, dass ein ganz neues Flair entstanden ist. Zweifelsohne brachte es auch den Händlern Vorteile. Doch man sollte auch wahrnehmen, dass Nizwa sich jenseits der Touristenpfade von der adretten Kulisse vielfach zur dörflich-einfachen Realität wandelt: alte Lehmhäuser, an denen der Zahn der Zeit nagt.

Ein deutliches Bild von der Situation des Souqs vor und nach der „Schönheitskur" zeigt sich beim Vergleich des **East Souq** mit dem **West Souq,** die zusammen das historische Herzstück des Souqs von Nizwa bilden. Es waren – und sind – zwei geschlossene Komplexe, durch die je zwei Souqgassen laufen. Der West-Souq ist komplett renoviert, in seinen einheitlich-ordentlichen Ladenboxen werden wie eh und je traditionell omanische Silberschmiedeprodukte gehandelt, insbesondere Schmuck und

Krummdolche. Omanis kaufen nur wenig hier ein, es ist eher eine Domäne der Touristen, die ganz bestimmt ein typisches Souvenir finden. Die omanischen Händler sind mit ihrem Warenangebot darauf eingestellt, es finden sich neben erlesenen Stücken auch Billigimitate aus Indien, die Preise sind vergleichsweise hoch und die Möglichkeit zum Handeln noch geringer, als sie es in Oman eh schon ist.

Dagegen wirkt der östliche Souq wie eine Rückblende in die Souq-Welt der Vergangenheit. Durch zwei, mit alten und verzogenen Holztoren gesicherte Eingänge gelangt man in diese Welt, in deren ungewohnt unaufgeräumt wirkenden Läden alte Männer vornehmlich Gewürze und einfache Gebrauchsgüter verkaufen. Noch trotzt dieses Stückchen Orient dem neuen Drang nach „Beautification" – die Würfel sind allerdings wohl auch für die Zukunft des East-Souq schon gefallen.

Die moderne **Obst- und Gemüsehalle** scheint alle Dimensionen zu sprengen, über achtzig Stände bieten ihre Waren zum Verkauf an – zumindest theoretisch, denn in Wirklichkeit stehen viele von ihnen leer. Selbst an Markttagen ist diese vollklimatisierte, hygienisch weiß gekachelte Halle ruhig, nachmittags wirkt sie wie verwaist.

Neben der Sultan Qaboos Moschee findet sich der farbenfrohe **Stoff- und Textilien-Souq.** Auch seine Geschäfte sind in einem geschlossenen Komplex untergebracht, sie werden größtenteils von indischen Händlern betrieben.

Zwischen der Gemüsehalle und dem East-Souq dehnt sich ein hübscher, schattiger Platz aus. Hier befindet sich auch der **Handwerks-Souq,** in dem man einigen Handwerkern und Silberschmieden bei ihrer Arbeit über die Schulter sehen kann. Zudem bieten die Läden eine breite Palette an Souvenirs an: von omanischen Antiquitäten bis zu Kitsch.

Die meisten Läden haben von 9 bis 13 und 16.30 bis 20 Uhr **geöffnet,** am Freitag nur bis 11 Uhr (und einige nochmal am frühen Abend).

Moschee Sultan Qaboos

Dieser Moschee im Zentrum Nizwas kann man auch **als Nicht-Muslim** einen Besuch abstatten.

■ **Info:** Geöffnet So bis Mi 8–11 Uhr. Männer müssen lange Hosen tragen, Frauen auch lange Ärmel und ein Kopftuch.

Die imposante **Neue Moschee** im Süden der Stadt an der Autobahn nach Bahla ist bislang nur von außen zu besichtigen (was sich lohnt). Voraussichtlich wird sie auch für Nicht-Muslime geöffnet, der Zeitpunkt steht aber noch nicht fest.

Tiermarkt

Jeden Freitag (vor islamischen Feiertagen täglich) findet in Nizwa ein großer Tiermarkt statt, zu dem die Käufer und Verkäufer von weither anreisen. Ihr angestammter Marktplatz liegt südlich der Obst- und Gemüsehalle. Einen Besuch sollte man unbedingt möglichst früh einplanen. Wenn die Tierauktion gegen

> Das Minarett der Moschee Sultan Qaboos

oman13-001 pf

8.30 Uhr startet, sind meist bereits so viele Zuschauer da, dass der Markt viel von seiner Authentizität verloren hat.

Schon deutlich vor 8 Uhr treffen sich Händler und Kunden auf dem gepflasterten Areal unter Schatten spendenden Palmen. Die zu verkaufenden Tiere – meist Ziegen und Schafe, seltener auch Kühe oder Esel – warten auf den im Wadi geparkten Pick-ups oder werden an die Pfosten auf dem Platz angeleint. Wenn es soweit ist, werden sie von ihren Besitzern geholt und in einem Kreis auf der Mitte des Platzes herumgeführt. In und um dieses Rondell sitzen die potenziellen Käufer. Diejenigen, die am Kauf interessiert sind, winken den Besitzer heran, unterziehen das Tier einer kurzen „Fleischfestigkeits-Kneif-Prüfung" und versuchen den Preis herunterzuhandeln. Doch die Besitzer sind hartnäckig, ihre lautstarken Lobpreisungen und Preisforderungen rufen sie abwechselnd solange aus, bis ein Kunde möglichst viel bietet und das Geschäft per Handschlag besiegelt werden kann. Immer wieder sieht man einen der Interessenten aufstehen und an den Rand des Kreisels eilen. Dort warten in unauffälliger Zurückhaltung die Frauen, denen offensichtlich oftmals die letztendliche Kaufentscheidung und die Verwaltung des Geldes obliegt. Auf der runden steinernen Bank in der Mitte sitzt der Marktleiter, der jeden Verkaufsvorgang in ein großes Buch notiert.

Diejenigen, die nicht am Geschäft interessiert sind, unterhalten sich oder beobachten den **Rummel:** Mit Krummdolchen, Patronengürteln und alten Vorderladergewehren schwer „bewaffnete" Männer versuchen ihre Statussymbole an den Mann zu bringen, störrische Ziegen werden vom oder zum Parkplatz gebracht, kleine Kinder spielen Fangen, alte

oman100 as

Männer debattieren lebhaft oder prüfen die Qualität des am Rande feilgebotenen Viehfutters, Beduinenfrauen versorgen und bewachen die Tiere oder beobachten wachsam das Geschehen, mit Kameras „bewaffnete" Touristen jagen nach den besten Fotomotiven …

Der Tiermarkt dauert so lange, bis die aufkommende Hitze die Betriebsamkeit lähmt – meist ist schon gegen 9 oder 9.30 Uhr Feierabend.

Praktische Infos

Unterkunft (Karte S. 134)

Hinweis: Der Tiermarkt am Freitag hat zur Folge, dass die Unterkünfte für die Nacht von Donnerstag auf Freitag oft schon lange im Voraus belegt sind – frühzeitig buchen!

6 Al-Diyar Hotel**

Untere Mittelklasse, aber durchaus angenehmes Hotel mit bunt gemischtem Publikum, daher auch etwas landestypischer als Falaj Daris und Golden Tulip, ca. 4 km südlich des Zentrums, kleiner Pool im Innenhof, Restaurant mit etwas kühler Atmosphäre, aber sehr gutem Essen, EZ 30 RO, DZ 40 RO, Tel. 254 12402, www.aldiyarhotel.com

5 Antique Inn/Heritage Inn

Die zwei kleinen neuen Hotels liegen direkt beim Fort und Souq (Heritage Inn, Tel. 92137335, nizwainn@gmail.com, www.nizwainn.com; Antique Inn, Tel. 91119975, antiqueinnnizwa@gmail.com; auch auf www.booking.com); beide sind in alten Lehmhäusern untergebracht und vermitteln so ein wirklich authentisches Wohnerlebnis, inkl. der winzigen Fenster in den Zimmern; DZ ab 35 RO

13 Dream House Apartment

Einfache Apartments an der Straße nach Birkat al-Mauz auf der linken Seite, DZ 35 RO, Tel. 25432205, booking.dha@gmail.com

7 Falaj Daris Hotel***

5 km südlich vom Zentrum an der Hauptstraße, kleineres Hotel mit angenehmer Atmosphäre und Pools in den grünen Innenhöfen, sehr oft ausgebucht, da hier auch viele Gruppen wohnen, EZ 58 RO, DZ 64 RO, Tel. 25410500, 25410430, www.falajdarishotel.com

12 Golden Tulip Hotel****

Gehobene Mittelklasse, schöner Poolbereich, 20 km außerhalb an der alten Straße nach Birkat al-Mauz und Muscat, EZ 70 RO, DZ 82 RO, Tel. 25431616, www.goldentulipnizwa.com

10 Majan Guesthouse*

Einfaches, aber ordentliches Hotel am südlichen Ortsausgang, EZ 30 RO, DZ 35 RO, Tel. 25431910, www.majangh.com

5 Residence Hotel Apartments

Einfache, ordentliche Apartments an der Hauptstraße ca. 800 m südlich des Forts, EZ 26 RO, DZ 28 RO, Tel. 79164116, www.nizwaresidence.com

10 Safari Hotel**

Sehr einfaches Hotel mit kleinem Pool am Ortsausgang nach Birkat al-Mauz, EZ 30 RO, DZ 35 RO, Tel. 96250034

11 Nizwa Hotel Apartments**

Gegenüber dem Sportstadion, Apartments für bis zu 6 Personen, nicht besonders schön, aber zweckmäßig, DZ ab 50 RO, Tel. 25431855, www.nizwahotelapartments.com

Restaurants, Bars, Internet-Cafés

5 Al-Aqr Restaurant (Karte S. 134)

Traditionelles Lokal mit arabischen Gerichten beim Heritage Inn südlich des Forts, gut und günstig, ein Muss bei jedem Nizwa-Besuch

◁ Preisverhandlung auf dem Tiermarkt

7 Al-Fanar Restaurant (Karte S. 134)
Im Falaj Daris Hotel, auch Tische am Swimmingpool, abends Buffet für 10 RO, auch alkoholische Getränke, 6.30–22.30 Uhr, Tel. 25410500

3 Al-Mandi al-Dhahabi Restaurant (Karte S. 142)
Gegenüber dem Souq auf der anderen Wadiseite, preiswerte arabische und sansibarische Küche, 11–23 Uhr, Tel. 25414121

6 Bahjat Al-Sham Restaurant (Karte S. 134)
Im Al-Diyar Hotel, libanesisch-ägyptische Küche, gut und günstig, oft auch reichhaltiges Büfett für 5 RO, 12–15 und 19–23 Uhr, Tel. 25412402

2 Bin Ateeq (Karte S. 142)
Traditionelles omanisches Restaurant am Wadi, das qualitativ nachgelassen hat und hoffentlich wieder besser wird; gegessen wird auf dem Boden sitzend in kleinen Separees, 9–23 Uhr, Tel. 25410466

11 Birkat al-Mawz (Karte S. 134)
Internationale Küche in den Nizwa Hotel Apartments, auch alkoholische Getränke, 12–15 und 19–23 Uhr, Tel. 25431616

13 Peppercorns (Karte S. 134)
Indische, chinesische und ein wenig arabische Küche, Frühstücks- und Mittagsbüffet, mittlere Preislage, gegenüber dem Lulu-Supermarkt an der Straße nach Birkat al-Mauz, Tel. 93535030, 25431004

7 Turkish Restaurant (Karte S. 134)
Neben der Tanuf Residence am südlichen Ortsende, preiswerte und gute Grillgerichte, 24 Std. geöffnet

- **Kleine Restaurants** mit günstigem arabischen und indischen Essen befinden sich auf der anderen Wadiseite gegenüber dem Souq und an der Kreuzung nach Salalah neben dem **8 Spicy Village** (Karte S. 134).

12 Al-Wasit (nur für Hotelgäste) und **je ein Nachtclub mit indischer und arabischer Live-Musik** im Golden Tulip Hotel, 12–15 und 18–24 Uhr

7 Al-Sahara Lounge/Castle Bar
Im Falaj Daris Hotel, 12–15 und 18–24 Uhr

- **Nizwa Cyber Café**
Internet-Café im Ladenkomplex am Buch-Kreisverkehr, Tel. 99418502

- Ein **Internet-Café** befindet sich gegenüber dem Eingang zur Moschee.

Polizei, Krankenhaus und Apotheke

- **Notruf Polizei und Feuerwehr: 9999**
- Die **Polizeistation** liegt ca. 2 km vom Ortszentrum in Richtung Bahla/Buraimi an der rechten Straßenseite, Tel. 25425099.
- **Nizwa Hospital,** an der Straße nach Bahla neben der Polizeistation, Tel. 25449155.
- **Muscat Pharmacy,** im Geschäftszentrum nördlich des Forts, Tel. 25410235.

Verkehrsverbindungen

- **Taxis/Sammeltaxis**
Der Stand der Sammeltaxis und Minibusse liegt im Wadi unterhalb des Zentrums; alle Ortschaften der Umgebung und Muscat werden angesteuert.
- **Überlandbusse**
Die Bushaltestelle ist im Geschäftszentrum, weitere Haltestellen an den Ausfallstraßen nach Muscat und Bahla. Täglich fahren zwei Busse **nach Azaibah/Muscat** (11.30, 21.10 Uhr) und zwei nach **Bahla** und **Ibri** (12, 18.10 Uhr, 2 Std. Fahrzeit nach Ibri); Infos: Tel. 24590046 und 24708522.

An der großen Kreuzung südlich von Nizwa kann man in die Busse **Muscat – Salalah** zusteigen; Abfahrt nach Salalah ca. 9.30, 12.30 und 21.25 Uhr, nach Muscat ca. 4.45, 17.15 und 20.30 Uhr.

Autovermietung

- **Mohammed Saeed Trading**
Im Al-Foura Complex, am nördlichen Ende der Geschäftsstraße beim Fort, Tel. 25412199; die einzige Vermietfirma in Nizwa, aber keine 4x4-Wagen.
- Autovermieter im ca. 25 km entfernten **Birkat al-Mauz** (siehe dort) vermieten u.a. Allradwagen,

auch mit Fahrer für Fahrten zum Jebel Akhdar oder Jebel Shams.

Banken/Exchange und Post

- Im Geschäftszentrum nördlich des Forts haben einige **Banken** Filialen. Hier tauschen auch kleine **Wechselstuben** zu recht guten Kursen.
- Das **Postamt** liegt etwas versteckt hinter einem hölzernen Tor gegenüber dem östlichen Eingang zum East Souq. Geöffnet Sa bis Mi 8–14 Uhr und Do 9–11 Uhr.

Reisebüros/Tourveranstalter

- **Al-Huzaily Travels,** kurz vor dem Buch-Kreisverkehr Richtung Bahla, Tel. 25412005
- **Moon Travels,** Reisebüro im Geschäftszentrum, Tel. 25410650
- **Salim al-Zakwani,** Guide für die Bergregion rund um Nizwa, Tel. 99477960 oder 99550098, abulayth2@hotmail.com
- **Tourist Office at Dakhiliyah,** individuelle Ausflüge in die Umgebung, Tel. 25410011, 99446036

Sport und Aktivitäten

- **Swimmingpools** gibt es in den Hotels Falaj Daris, Golden Tulip und (einen kleinen) im Al-Diyar.
- Über einen **Fitnessraum** verfügen das Falaj Daris Hotel und das Golden Tulip Hotel.
- Wer gerne **Schlittschuhlaufen** möchte, kann dies in der Nizwa Grand Mall. Oder man beobachtet einfach die Omanis, für die das sehr exotisch ist.

Einkaufen

- Eine große Auswahl an **Silber** findet man im Handwerks-Souq und im West-Souq am Fort.
- **Gewürze und Weihrauch** kann man am besten im alten Souq (East Souq) kaufen.
- Das **neue Geschäftszentrum** liegt um den Platz nordöstlich des Forts. Hier gibt es Foto- und Telefonläden, Haushaltswaren, Banken und vor allem Schmuckläden. Viele weitere Geschäfte und Supermärkte haben sich **entlang der Hauptstraße** in Richtung Muscat angesiedelt.
- Der recht gute **Supermarkt Khimji's Mart** befindet sich an der Kreuzung beim Al-Diyar Hotel. Brauchbar ist auch der **Family-Shopping-Supermarkt** neben dem Falaj Daris Hotel.

9 (Karte S. 134) Unschlagbar sind die beiden Supermärkte an der großen Kreuzung südlich von Nizwa: Im **Lulu Hypermarket** und im **Carrefour Supermarket in der Nizwa Grand Mall** direkt nebenan hat man das Gefühl, sämtliche Einwohner Nizwas könnten hier gleichzeitig einkaufen gehen.

- **Fleisch, Fisch, Obst und Gemüse** kauft man am günstigsten und frisch in der Markthalle.

Ausflüge nach Manah und Fort Faiqain

In den beiden Orten Manah und Faiqain gibt es **zwei sehenswerte alte Lehm-Wohnsiedlungen;** die in Faiqain wird von einem vierstöckigen Fort überragt.

Die Orte der Oasengruppe Manah liegen ungefähr 20 km von Nizwa entfernt. Man erreicht sie, indem man an der Kreuzung **7 km südlich von Nizwa** zunächst der Straße nach Salalah folgt. Dort zweigt **nach 5 km** links die nach Manah ausgeschilderte Straße ab.

Zunächst kommt man **8 km hinter dem Abzweig** zur Oasensiedlung **Al-Faiqain,** deren ungewöhnlich geformtes **Fort** schon von Weitem zu erkennen ist. Auffallend sind zum einen die Höhe der flächenmäßig eher kleinen Anlage, zum anderen die zwei schlanken eckigen Türme an den Seiten des Forts. Die Festung steht neben der Moschee des Dorfes, vor ihr plätschert ein falaj, und rundherum stehen die Ruinen des 300 Jahre alten Ortskerns.

Das Fort wurde in zwei Teilen zu unterschiedlichen Zeiten erbaut: der erste Teil am Haupteingang wurde 1567 von Shaikh *Mas'ut bin Mohammed bin Suleyman* als Wohnhaus errichtet, der nördliche zweite Abschnitt 1617 als Verteidigungs- und Lagerturm angefügt.

Kurz vor ihrer Restaurierung im Jahr 1991 war die Anlage zur Unkenntlichkeit zusammengefallen. Die aufwendige **Restaurierung** glich größtenteils einem Neubauprojekt, aber anders wäre dieses ungewöhnliche Fort heute nicht zu besichtigen. Ein wenig Kondition im Treppensteigen ist Voraussetzung, denn um alles zu sehen, muss man gleich zweimal die fünf Etagen hinaufsteigen, da die zwei Teile nur im Erdgeschoss miteinander verbunden sind. Dafür wird der Aufstieg mit einem wunderbaren Ausblick auf die Umgebung und den zu Füßen des Forts gelegenen verfallenen Lehmort belohnt.

Von Al-Faiqain sind es etwa 4 km bis nach Manah, dem Hauptort dieser Oasengruppe (22.000 Einwohner). Auch hier ist das Sehenswerte nicht der neue Ort, sondern der daneben gelegene alte, verlassene Teil, in dem umfassende Restaurierungen stattgefunden haben.

Am einfachsten zu finden ist er, wenn man am **Kreisverkehr bei km 10,5** (ab dem Abzweig von der Hauptstraße Nizwa – Salalah) dem Straßenschild in Richtung „Souq" folgt und nach 1 km rechts abbiegt. Nach 500 m kann man im neuen Souq parken.

Der angrenzende alte Stadtkern ist vollständig mit einer Mauer eingefasst, an die sich ein verfallenes **Fort** anschließt. Innerhalb der Mauer kann man entlang der Häuserruinen durch die engen Gassen der **Geisterstadt** schlendern. Die Hauptgassen sind rechtwinklig zueinander angeordnet, doch in den engen Seitengassen löst sich dieses System auf, und immer wieder enden die Wege an Hauseingängen. Viele der dicken Holztüren sind verriegelt, manche stehen offen und gewähren Einblicke in das Innenleben der Häuser. Sie bestehen alle aus zwei Stockwerken, ein Indiz für den Wohlstand der früheren Bewohner. Auf der linken Seite der Hauptgasse befinden sich auch zwei Moscheen mit schön verzierten Gebetsnischen. In vergangenen Zeiten war Manah ein wichtiges Handelszentrum, denn hier legten die Kamelkarawanen nach der Durchquerung der Wüste eine Rast ein, was natürlich auch zum Handeln genutzt wurde. Heute liegt die größte Bedeutung des neuen Ortsteils darin, ein wichtiger Marktort für die Beduinen der südlich beginnenden Wüste zu sein. Geöffnet täglich 9–17 Uhr, Eintritt 2 RO.

Das Emblem des Wilayas Manah ist der **Matak-Baum** *(Glycyrrhiza glabra)*, der nur in einem Wadi nahe der Stadt Manah wächst. Dem Extrakt seiner Wurzeln werden Heilkräfte gegen 70 Krankheiten nachgesagt.

■ In Manah gibt es eine kleine und ausgefallene Unterkunftsmöglichkeit, eine Art Camp mit Bungalowhütten im Palmenhain, eigentlich ganz nett gemacht, aber leider nicht sehr gepflegt (von Nizwa am Manah-Kreisverkehr links ab in Richtung Manah

fahren, dann nach 1,8 km auf der rechten Seite, Karte S. 134): **14** **Noor Majan Guesthouse,** EZ 35 RO, DZ 40 RO, Tel. 25431912, www.majangh.com.
15 (Karte S. 134) Die neuen **Manarat Manah Hotel Apartments** liegen im neuen Ortsteil von Manah an der Hauptstraße: ordentliche große Zimmer, ab 30 RO, Tel. 25458060.

Weitere Ausflüge

Ins **Wadi Muaydin** sowie auf den **Jebel Akhdar** siehe im nächsten Abschnitt.

Das alte Lehmdorf und das **Wadi Tanuf,** die Bergoasen **Al-Hamra, Misfah** und **Ghul,** der Canyon des **Jebel Shams** sowie die Festungen von **Jabrin** und **Bahla** liegen westlich von Nizwa und sind im übernächsten Abschnitt dargestellt.

Wer die Orte und Sehenswürdigkeiten der Region Al-Dhahirah **(die Gräber von Bat und Al-Ayn, Ibri und Buraimi)** besuchen möchte, findet im letzten Teil dieses Kapitels Informationen darüber.

Adam, der südlichste Oasenort Inner-Omans auf dem Weg in die südlichste Provinz Dhofar, wird im Abschnitt „Von Muscat nach Salalah“ beschrieben.

Jebel Akhdar: Saiq-Plateau und Wadi Muaydin

Das Gebiet nördlich von Nizwa ist geprägt vom mächtigen, **alles überragenden Jebel Akhdar,** dem „Grünen Berg“. Streng genommen ist der Jebel Akhdar ein Gebirgszug des Hajar-Gebirges, das auf über 3000 m Höhe ansteigt. Sein Name rührt daher, dass die Region zu den fruchtbarsten des Landes gehört. Diese **Fruchtbarkeit** liegt daran, dass sich an den Berghängen vergleichsweise häufig Niederschläge abregnen und das Kalkgestein, aus dem der Jebel Akhdar besteht, Wasser besser speichern kann als beispielsweise Lavagestein. Zudem sind die Temperaturen eher mediterran und mild als wüstenhaft und heiß, in den Winternächten können sie sogar unter den Gefrierpunkt fallen. In den Obstgärten und auf den ausgedehnten Terrassenfeldern gedeihen Mais, Granatäpfel, Aprikosen, Pfirsiche, Mandeln, Walnüsse, Weintrauben und Rosen, aus denen das berühmte und teure Jebel-Akhdar-Rosenwasser destilliert wird (das für den europäischen Geschmack allerdings viel zu rauchig ist).

Diese „grüne Insel“ war **lange isoliert** vom Rest des Landes und stellte eine Welt für sich dar, nur zu Fuß oder mit dem Esel zu erreichen. Dann baute das Militär eine Piste, die aber nur mit Genehmigung zu befahren war. Seit 2005 gibt es eine Asphaltstraße, die noch immer vom Militär kontrolliert wird (Pass, Führerschein und Wagenpapiere nicht vergessen!). Eine bessere Stromversorgung, die Ausweitung des Schul- und Gesundheitssystems und eine Verbesserung der Bewässerungsmethoden sind schon lange in Planung.

Für die Erkundung des **Saiq-Plateaus** sollte man einen ganzen Tag einplanen, bei längeren Wanderungen entsprechend mehr. Ein Allradwagen ist noch immer notwendig, denn der Posten lässt aus Sicherheitsgründen wegen des starken Gefälles keine Pkw passieren. Ob dies bei der gut ausgebauten Straße so sein muss, mag fragwürdig sein, aber **ohne Allradwagen wird man zurückgeschickt!** Die ideale Jahreszeit für einen Besuch ist der April, wenn alles blüht.

Anfahrt: Die Strecke auf das Plateau und ins Wadi Muaydin beginnt bei **Birkat al-Mauz** am beschilderten Abzweig zum Fort Bait al-Rudaidah und zum Jebel Akhdar. Nach einem halben Kilometer muss man links zum Fort abbiegen und an diesem links vorbeifahren.

Bei km 4,4 geht es nach links über eine Piste ins Wadi Muaydin.

Abstecher: Wadi Muaydin

Die Qualität der Piste verschlechtert sich langsam, ist aber bis zur nächsten **Gabelung bei km 9,5** problemlos auch mit einem Pkw zu befahren. Hier liegt oberhalb eines Palmengartens das alte Dorf **Muaydin** mit seinen braunen Häusern gut getarnt am Berghang. Ohne Allradantrieb lässt man den Wagen am besten an der Gabelung stehen und geht zu Fuß weiter. Nach rechts kommt man durch das neue Dorf, bevor nach etwa 2 km die befahrbare Piste endgültig endet. Ein Fußweg führt von hier durch eine enge Schlucht bis Masirat Rowajih (auf 1020 m Höhe, siehe weiter unten), dem ersten Dorf des Jebel Akhdar. Für die Wanderung über knapp 400 Höhenmeter sollte man aufwärts 3–4 Std., abwärts 2–3 Std. einplanen. Trittsicherheit und feste Wanderschuhe sind wegen der dicken Felsen im Wadi notwendig. Teilweise verläuft der beste Weg etwas oberhalb des Wadibettes – er ist allerdings nicht immer einfach zu finden, sodass man Suchen und Felsenklettereien in Kauf nehmen muss.

Von der Abzweigung bei km 4,4 geht es geradeaus über eine Militärstraße **auf das Saiq-Plateau,** dessen Dörfer inmitten grüner Terrassenfelder noch relativ unberührt von der Außenwelt sind.

Nach **6,2 km** kommt man zum **Militär-Checkposten,** an dem die Papiere kontrolliert werden. Ab hier geht es steil, aber gut ausgebaut bergauf.

oman13-002 pf

◁ ▷ Am Jebel Akhdar, dem „Grünen Berg", wird Terrassenfeldbau betrieben

Bei **km 28** erreicht man einen Abzweig nach rechts nach **Menakhar,** einem kleinen Dorf mit Walnussbäumen und Weinreben. Es ist der Ausgangs- oder Endpunkt der Wanderung durch das Wadi Halfayn.

Nach **28,7 km** geht es links nach **Hail al-Yemen,** einem unspektakulären Dorf, bei **km 31,2** hat man das **Jebel Akhdar Hotel** erreicht.

Bei km 32,4 führt ein Abzweig nach rechts nach Hail al-Misibt und Ru'us; er bietet die Möglichkeit zu einem lohnenden Abstecher.

Abstecher: Ru'us

Nach 4,5 km zweigt in **Shannot** eine Piste nach rechts zur Maawil Cave ab; zu dieser Höhle gelangt man aber nur auf einer längeren Wanderung durch unwegsames Gelände. Folgt man jedoch der Piste ab der Abzweigung immer geradeaus, endet sie nach 4,5 km am Bergdorf **Sawjrah.** Es besteht nur aus wenigen einfachen Häusern, die sich malerisch an den Hang schmiegen und noch immer bewohnt sind. In einem der Häuser ist das urige **2 Cliff Guesthouse** (Karte S. 134) untergebracht.

Fährt man in Sharnot geradeaus, passiert man bei km 9 eine große Farm, bevor man bei km 10,5 einen Abzweig erreicht. Geradeaus geht es weiter zu verschiedenen kleinen Bergdörfern, die Fahrt lohnt aber eher nicht. Rechts ab geht es weiter in Richtung Ru'us durch eine abwechslungsreiche Landschaft mit schönen Ausblicken. Bei km 20 liegt links der Straße das 2014 eröffnete **Luxushotel 1 Alila** (Karte S. 134).

Das Dorf **Ru'us** am Ende der Straße erreicht man nach insgesamt 24 km. Ru'us selbst ist ein eher unscheinbarer Ort, doch am Dorfeingang befindet sich ein kleiner Rastplatz mit schönem Blick auf die Schluchten.

oman13-003 pf

oman15-001 pf

Bei **km 33** erreicht man **Qatana,** den Hauptort des Hochplateaus mit Läden, Restaurants und den **Green Mountain Hotel Apartments**.

Bei **km 35** führt eine Straße nach links.

Abstecher: Al-Aqur

Dieser Abstecher führt zum Startpunkt einer schönen Wanderung durch die Bergdörfer des Hochplateaus.

Zunächst kommt man am Hotel Sahab Resort & Spa (s.u.) vorbei. Schon 300 m nach dem Verlassen der Hauptstraße muss man rechts ab und kann dann kurz vor dem Dorfeingang von **Al-Aqur** parken.Von hier lässt sich eine sehr schöne **Wanderung** nach Al-Ayn und Al-Sharijah unternehmen. Der markierte Weg führt durch Felder und Dörfer. Bis Al-Sharijah benötigt man gut eine Stunde, hinzu kommt der Rückweg, denn man muss auf demselben Weg zurück.

Fährt man die Hauptstraße weiter, so liegt rechts der Straße das neue **Anantara Resort** auf dem ehemaligen Gelände des „Diana's Point" (einst ein beliebter Aussichtspunkt). Folgt man der Straße immer geradeaus, kann man weiter zum Dorf **Masirat Rowajih** fahren und von dort durch das Wadi Muaydin nach Birkat al-Mauz wandern (siehe weiter oben). Hierzu muss man bei km 2,7 links ab. Steile Serpentinen führen bergab, bis nach insgesamt 10 km über eine schöne Bergstrecke Masirat Rowajih erreicht ist.

Fährt man vom Abzweig bei km 35 weiter geradeaus, geht es **bei km 36 links ab nach Al-Ayn.** Das kleine Bergdorf liegt nur 500 m von der Hauptstraße am Hang über Terrassenfeldern. Geht man vom Parkplatz bergab, dann nach links

⌃ Ru'us – Blick ins Tal

und immer geradeaus den Hauptweg durch das Dorf und die Felder, so erreicht man ein kleines Wadi. Nach rechts sind es nur noch wenige Meter bis zur Abbruchkante, wo sich ein fantastischer Blick auf die umliegende Bergkulisse und die Terrassenfelder an den Hängen bietet. In den kleinen Bergdörfern wie Al-Ayn sollte man sich unbedingt dezent kleiden und zurückhaltend verhalten.

Bei **km 37,7** geht es links ab nach **Al-Sharijah,** das man nach etwa 1,7 km erreicht. In diesem kleinen Dorf steht eine „Rosenwasserfabrik", die allerdings eher eine einfache Destillieranlage ist. Der Blick auf die Berge und Felder ist nicht ganz so schön wie vom benachbarten Al-Ayn.

Bei **km 38,2** erreicht man eine Abzweigung: Geradeaus endet die Straße nach 1 km im Ort **Saiq,** nach dem das gesamte Plateau benannt ist.

Nach rechts geht es weiter ins **Wadi Bani Habib,** das nach etwa 6,5 km folgt. Die Straße endet im neuen Ortsteil an einem Picknickplatz. Auf der gegenüberliegenden Seite des Wadis liegt nicht weit entfernt das alte, verlassene Dorf. Die kleine Wanderung dorthin führt vorbei an Walnussbäumen und dauert 20 bis 30 Minuten. Die Siedlung ist entlang des Hanges gebaut, in den leer stehenden Häusern kann man auf Entdeckungstour gehen. Man muss sich jedoch vorsehen, da einige Häuser einsturzgefährdet sind.

Unterkunft (Karte S. 134)

1 Unser Tipp: Alila Hotel****

Diese wunderschöne Unterkunft gehört ohne Zweifel zu den besten Hotels in Oman, und wenn es sich irgendwo lohnt, viel Geld für eine oder besser zwei Übernachtungen auszugeben, dann hier. Mit viel Liebe zum Detail gestaltet und doch zugleich dezent und passend zur Umgebung – viel besser kann man ein Hotel nicht designen. Die Lage bei Ru'us ist zwar etwas abseits, dafür mit tollem Ausblick und absolut ruhig – ideal für ein paar entspannte Tage. Perfekter Service, gutes Essen, Pool und Spa-Bereich gehören natürlich dazu. EZ/DZ ab 225 RO, Tel. 25344200, www.alilahotels.com/jabalakhdar

3 Anantara Resort*****

Hotel der absoluten Luxusklasse in schöner Lage mit etwas über 100 Zimmern, direkt am Rand des Hauptortes Qatana mit Blick auf die Terrassenfelder, wirkt von außen etwas abweisend, doch die Innengestaltung ist sehr geschmackvoll. EZ/DZ ab 250 RO, Tel. 25218000, www.jabal-akhdar.anantara.com

4 Green Mountain Hotel Apartments*

Zweckmäßige, geräumige Apartments mit Küche und Wohnzimmer mitten im Hauptort Qatana, mit 1 Schlafzimmer 45 RO, mit 2 Schlafzimmern 65 RO, Tel. 25429888 und 91288452 (auch für Whatsapp)

4 Jebel Akhdar Hotel**

Das erste der Hotels auf dem Berg, relativ einfach, aber doch ordentlich, an der Hauptstraße nicht zu verfehlen. EZ 42 RO, DZ 58 RO, Tel. 25429009, www.jabalakhdharhotel.com

3 Sahab Resort & Spa***

Sehr schön in einem zur Landschaft passenden Stil gestaltet, inkl. Pool mit Blick auf die Terrassenfelder. EZ/DZ ab 90 RO, Tel. 25429388, www.sahabresort.com

3 Sama Hotel***

Das Mittelklassehotel liegt zwischen Sahab und Anantara und ist etwas groß, sonst aber keine schlechte Wahl. DZ ab 90 RO, Tel. 22507681, www.shanfarihotels.com

2 The Cliff Guesthouse

Außergewöhnliche, einfache urige Unterkunft im Dorf Sawirah (siehe Abstecher nach Ru'us) in einem traditionellen Haus. DZ 50 RO inkl. Abendessen, Tel. 98836356, 92278203 und 00971-55-8877970 (auch für WhatsApp), www.thecliffguesthouse.wordpress.com

Essen und Trinken (Karte S. 134)

Alle Hotels haben natürlich Restaurants, außerhalb jedoch sind die Möglichkeiten überschaubar. Im Hauptort gibt es entlang der Hauptstraße einige kleine Lokale.

3 Einziges größeres Lokal außerhalb der Hotels ist das **Liyali al-Jabal** neben dem Anantara Resort. Es gibt iranische, arabische und europäische Küche im mittleren Preisniveau. Tel. 90505866, 10–22 Uhr.
3 Etwas kleiner und einfacher ist das Restaurant **Robo'u Al-Saab** neben/gegenüber dem Sahab Resort & Spa. Es serviert günstige arabische und türkische Küche. Tel. 93699116, 9–24 Uhr.

Verkehrsverbindungen

Reguläre **öffentliche Verkehrsmittel** auf den Jebel Akhdar **gibt es nicht.** Am Militärkontrollposten stehen manchmal Fahrer, die eine Mitfahrmöglichkeit anbieten (gegen entsprechenden Tageslohn). Wenn man keinen (unbedingt notwendigen) Geländewagen hat, kann man hier ggf. einen mieten:

Al-Mousel for Rental Cars
Autovermieter in Birkat al-Mauz am Fuß des Berges, der auch Allradwagen (ggf. mit Fahrer) vermietet, Tel. 25443767 und 92311173, almouseltouris@hotmail.com.

Mashriqe al-Jabal Rent a-Car
Ebenfalls in Birkat al-Mauz (von Nizwa kommend am Ortsanfang gleich rechts), Pkw und 4WD, Tel. 97771399, 98737378.

Das Alila Hotel bei Ru'us ist eine traumhafte Unterkunft

oman17-009 pf

Westlich von Nizwa

Die Region westlich von Nizwa bietet **große Abwechslung** mit vielen sehenswerten Zielen. Die wichtigste und größte Stadt ist Bahla mit einem mächtigen Fort und einem ursprünglichen Souq. Aber auch das zerstörte Lehmdorf Tanuf, die Oase Al-Hamra und das Bergdorf Misfah sind einen Besuch wert. Naturliebhaber finden Wander- und Ausflugsmöglichkeiten auf dem Jebel Shams oder zum Aussichtspunkt Sharaf al-Alamayn.

Die nachfolgend beschriebenen Ziele erreicht man alle (in der angegebenen Reihenfolge) über die Straße von Nizwa nach Ibri und Buraimi. Die Entfernung bis Jabrin, dem westlichsten Punkt dieses Abschnittes, beträgt ab Nizwa 45 km. Alternativ kann man für eine Strecke auch die Autobahn südlich von Nizwa direkt von/nach Jabrin nehmen, sodass es auf diesem Weg nur rund 30 km sind.

Tanuf/Wadi Tanuf

Tanuf ist im ganzen Land bekannt, denn hier steht die Abfüllanlage der gleichnamigen Mineralwasserfirma. In den Ort führen mehrere Abzweige; das Sehenswerteste ist der **alte Ortsteil,** den man 19 km hinter Nizwa gleich über die erste mit „Tanuf“ ausgeschilderte Straße erreicht (von Bahla kommend den Abzweig mit „Wadi Tanuf“ nehmen). Kurz vor den Bergen muss man sich rechts halten, um in die Altstadt zu gelangen, die unmittelbar am Austritt des Wadis aus den Bergen liegt.

Zusammen mit dem Wadi Muaydin bietet das hinter den **Ruinen des ehemaligen Ortes** beginnende Wadi Tanuf einen weiteren wichtigen Zugang zum Jebel Akhdar. Wie auch das Bait Rudaidah in Birkat al-Mauz war Tanuf ein wichtiger Rückzugsort der Truppen des Imam im Jebel-Akhdar-Krieg. 1959 wurde Tanuf bei einem Luftangriff der Truppen des Sultans und der Briten völlig verwüstet. Die Menschen hatten sich zuvor in die Berge geflüchtet, jedoch bauten sie später ihr altes Dorf nicht wieder auf, da es zu sehr zerstört war. Im Laufe der Jahre verfielen die Lehmmauern immer mehr, und die Erosion hat skurrile Formen geschaffen. Einzig zwei Moscheen sind noch relativ gut erhalten. Um die Gesamtheit dieser heute so friedvollen Ruinenlandschaft zu überblicken, lohnt es sich, die Anhöhe zu erklimmen, auf der ein Teil des Dorfes erbaut war. Von dort kann man auf der anderen Seite den Eingang des **Wadi Tanuf** einsehen.

Folgt man der Straße rechts um den alten Teil herum, so kann man an der Hinterseite einen dicht am Fels entlangführenden falaj bewundern. Nach wenigen hundert Metern erreicht man den **Staudamm** des Wadi Tanuf. Hat man einen Allradwagen, so lohnt es sich, die weitere Piste durch das Wadi zu fahren. Sie führt durch eine enge **Schlucht** mit teils senkrechten Felswänden. Nach etwa 6 km endet die befahrbare Strecke kurz vor einem kleinen Bergdorf und seinen Gärten. Der gesamte Weg eignet sich auch gut für eine Wanderung.

Al-Hoota Cave/ Sharaf al-Alamayn

Diese zwei **ausgefallenen Ziele** sind etwas für Liebhaber von Höhlen und spektakulären Bergstrecken.

Anfahrt: Ab Nizwa über die Straße nach Bahla, kurz hinter Tanuf rechts ab (beschildert). Insgesamt sind es ab Nizwa ca. 35 km, bis der **Eingang zur Al-Hoota Cave** rechts der Straße liegt.

Vom Hauptgebäude führt eine kleine Eisenbahn einige hundert Meter bis zum Fuß der Berge, dann geht es zu Fuß weiter. Gruppen von ca. 30 Personen werden von einem Guide (englisch- und arabischsprachig) auf einem knapp **einstündigen Rundgang** durch die Höhle geführt. Es geht auch über Stufen, insgesamt aber ist es nicht sehr anstrengend. Innen ist es mit etwa **25 Grad** angenehm warm, **Fotografieren ist nicht erlaubt.**

Der begehbare Teil der Höhle ist gut zugänglich und ausgeleuchtet. Der Weg führt vorbei an schönen **Stalagmiten** und **Stalaktiten** bis zu einer großen Halle am höchsten Punkt des Weges, dann hinab zu einem kleinen **Teich.**

Insgesamt ist die Höhle, die vom Wasser im Kalkstein ausgewaschen wurde, mit **4,5 km Länge** sehr weitläufig und nur ein kleiner Teil wird erkundet. Ein Visitor's Centre mit Restaurant und Ausstellung gehört zur Anlage. Nach Regenfällen ist die Höhle oft gesperrt.

Info: Die Höhle ist täglich außer Mo 9–18 Uhr geöffnet (letzte Führung um ca. 17 Uhr; zur Gebetszeit Fr 12–14 Uhr geschlossen), Eintritt: 6,5 RO. Fr/Sa und an Feiertagen sollte man sich unbedingt anmelden, auch sonst kann es nicht schaden, Tel. 2439 1284, Infos: www.alhootacave.com.

Westlich von Nizwa

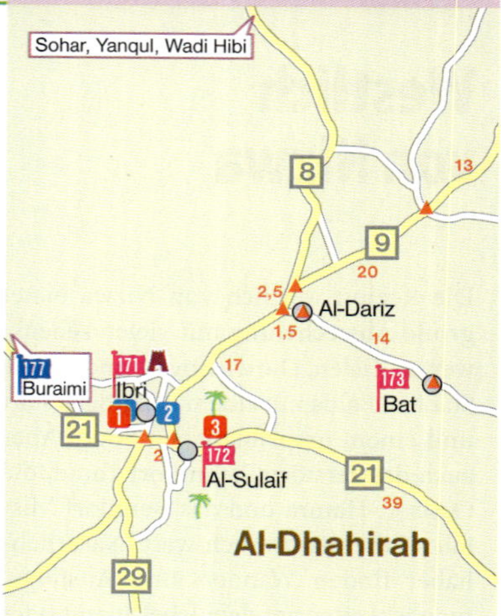

■ **Übernachtung**
1 Ibri Oasis Hotel
3 Al-Majd Hotel Apartments, Majan Hotel Apartments
4 Jibreen Hotel
6 Bahla Hotel Apartments
7 The View
8 Hoota Rest House
9 Shorfait al-Alamin Hotel
10 Misfah Old House, Basmat al-Misfah Guesthouse, Hospitality Inn
11 Sunrise Resort
12 Sama Heights Resort, Jebel Shams Resort, Al-Nakhr Tourist Hostel

Fährt man von der Höhle weiter, führt die Straße nach Al-Hamra. Hält man sich jedoch **nach 3 km nach rechts** in Richtung Berge, so führt die Straße steil bergan. Nach einigen Kilometern befindet sich links der Straße ein kleines Dorf. Direkt daneben liegt der **obere Eingang zur Al-Hoota Cave.** Für eine Erkundung von dieser Seite ist aber **spezielle Ausrüstung und Höhlenerfahrung** notwendig. In dem Buch „Caves of Oman" ist das Höhlensystem beschrieben.

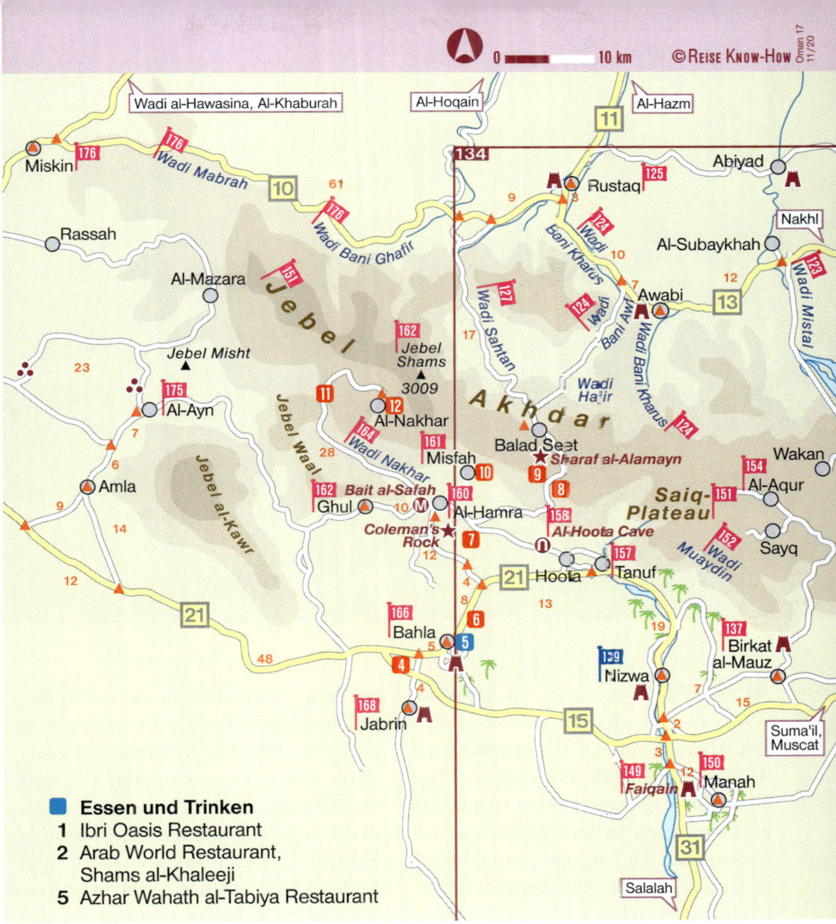

Bei km 18 liegt rechts der Straße das **8 Hoota Rest House,** eine einfache, aber brauchbare Unterkunft (EZ/DZ 30 RO, Tel. 92828873, hootaoman@hotmail.com).

Nur gut 1 km weiter folgt links der Straße das **9 Shorfait al-Alamin Hotel,** das ebenfalls einfach und in Ordnung ist. Das Restaurant eignet sich auch gut für eine Mittagspause auf der Durchreise (EZ/DZ 35 RO, Tel. 99449071, www.shorfetalalaminhotel.com).

Unmittelbar hinter dem Hotel ist der **Aussichtspunkt Sharaf al-Alamayn** auf rund 2000 m Höhe erreicht. Der Blick geht auf die Wadis nördlich des Höhenzugs und auf das Bergdorf Balad Seet.

Die bis hierher asphaltierte Straße wird nun zur **Piste** und führt weiter steil bergab ins Dorf Hat, von dem man ins **Wadi Bani Awf** weiterfahren kann (siehe S. 124); Voraussetzung: **Allradwagen,** Übung im Pistenfahren und Schwindelfreiheit.

oman152 pf

Al-Hamra الحمراء

Der Abzweig von der Hauptstraße nach Al-Hamra (26.000 Einwohner) liegt 32 km hinter Nizwa, weitere 16 km sind bis zum neuen Ortsteil Al-Hamras zurückzulegen. Um die alte Lehmsiedlung zu erreichen, muss man den Palmengarten in einem weiten Linksbogen umfahren, dazu folgt man der Hauptstraße am ersten Kreisverkehr zunächst geradeaus und biegt am zweiten Kreisel links ab.

Der alte, an einem Hang gebaute Ortskern von Al-Hamra, „der Roten", besteht aus mehrstöckigen **Ziegelhäusern** aus dunkelrotem Lehm, die über einem Steinfundament errichtet wurden. Er hat nie eine Stadtmauer besessen, sondern nur Wachtürme auf den umliegenden Hügeln. Zu dem alten Ort gehört auch ein traditioneller **Souq,** der allerdings leer steht und verfällt. Die fünf rechtwinklig angelegten Gassen sind gedeckt und bilden einen geschlossenen Komplex; früher wurden sie nachts und zu den Gebetszeiten mit fünf Toren verschlossen. Die Läden bestehen aus einzelnen Ladenboxen mit kniehohen Podesten. Bis 1978 gab es achtzig solcher Läden und Lagerräume, knapp fünfzig innerhalb des gedeckten Souq-Gebäudes. In den erweiterten mittleren Gassen fand früher der Wochenmarkt statt. Auch am falaj-Kanal am südlichen Eingang neben der Moschee wurden an den Markttagen Obst und Gemüse, Fisch und Vieh sowie Feuerholz (für die Halwakocher) feilgeboten. Zum Souq gehören auch einige „Küchen" von Halwakochern, die ihre Süßigkeit allerdings nur

⌃ Blick vom Pass Sharaf al-Alamayn nach Norden ins Wadi Bani Awf noch an Feiertagen oder zu Hochzeiten anrühren.

Heute hat der Souq seine Funktion weitgehend verloren, und es sind nur noch wenige Geschäfte am Rande des eigentlichen überdachten Bereiches geöffnet. Seit der Errichtung des neuen Ortsteiles gaben viele Händler ihre Ladenbox im Souq auf und pachteten sich ein Geschäft an der neuen Hauptstraße, denn dort kommt mehr Laufkundschaft. Heute besitzen zudem viele Familien ein Auto und fahren zum Einkaufen in größere Orte mit einer besseren Auswahl.

Geht man vom alten Souq weiter entlang des Falajes westwärts, erreicht man nach etwa 100 m das **Heimat- und Kulturmuseum Bait al-Safah** in einem alten Lehmhaus. Es ist unbedingt zu empfehlen, um einen Einblick in traditionelles Leben zu bekommen! Täglich durchgehend geöffnet (keine offiziellen Zeiten), Eintritt 3 RO, Tel. 99010373. Im Nachbarhaus kann man ein traditionelles Mittagessen zu sich nehmen.

Kurz vor Al-Hamra sind etwas abseits der Hauptstraße **die vielleicht schönsten Felsgravuren Omans** zu bestaunen. Biegt man von Süden kommend kurz vor der Abzweigung zum Jebel Shams am Hinweisschild „Hasat Bin Sult" (von Süden kommend 8,5 km von der Abzweigung an der Hauptstraße Nizwa – Bahla, gegenüber einer Asphaltraße nach Bilad Sait) nach rechts auf eine Piste ab und folgt ihr etwa 1 km bis durch das Wadibett (immer auf einen hohen markanten Felskegel zufahren) liegt am Fuß der Berge ein mächtiger Felsen von fast 10 m Höhe: **„Coleman's Rock"**. Hier sind mehrere menschliche Figuren zum Teil erstaunlich detailgetreu eingraviert. Ihr Alter ist nicht bekannt. Am besten sind die Gravuren am frühen Morgen zu sehen, wenn die Sonne von der Seite darauf fällt (danach nur noch mit viel Fantasie). Durch Schmiereien sind die Gravuren derzeit **beschädigt**. Es bleibt zu hoffen, dass ihr ursprünglicher Zustand wiederhergestellt werden kann.

Misfah مسفة

Kurz vor dem alten Ortsteil von Al-Hamra zweigt eine Straße in Richtung Nordosten in das kleine Bergdorf **Misfat al-Ibriyeen** ab, das sicherlich zu den schönsten Dörfern Omans zählt. Die 8,5 km lange Strecke führt in engen Serpentinen einen steilen Berg hinauf. Sie ist asphaltiert und auch mit einem normalen Pkw befahrbar. Kurz vor dem Dorf erreicht die Strecke rechter Hand ein Plateau, von dem man den schönsten Ausblick auf den gesamten Ort hat. Nach links bzw. geradeaus endet die Straße wenig später am alten Ortseingang (unbedingt den Parkplatz etwas oberhalb des Ortskerns nutzen!).

Misfah zählt zu den schönsten Bergdörfern Omans, was sich auch in hohen Besucherzahlen widerspiegelt. Erstaunlich, dass die Bevölkerung nach wie vor sehr nett und aufgeschlossen ist.

Der **alte Ortskern** von Misfah ist vollständig aus Natursteinen gemauert und klebt förmlich an einem steil abfallenden Berghang, wohingegen am Nordrand die Flanken des Jebel Akhdar steil ansteigen. Hinter dem Stadttor finden in den engen Gassen nur Fußgänger ein Durchkommen. Unterhalb der Häuser sind die Gartenparzellen und falaj-Kanäle kunstvoll in den terrassierten Hang eingearbeitet. Man kann stundenlang durch die Gärten und Felder wandern (eine Karte dazu hängt aus), einige Wege sind sogar markiert.

Unterkunft (Karte S. 158)

In Misfah gibt es mehrere ausgefallene und nette Übernachtungsmöglichkeiten in alten Häusern:

10 **Misfah Old House,** einfaches Guesthouse im Palmenhain, 12 Zimmer, Kontakt über *Ahmed* und *Abdulrahman,* Tel. 99412660, obid2000@hotmail.com, DZ 50 RO inkl. Halbpension

10 **Basmat al-Misfah Guesthouse,** am oberen Ortsrand beim Parkplatz, klein, sehr persönlich, nur fünf Zimmer mit eigenem Bad, Tel. 99442104 (auch Whatsapp), DZ 20 RO inkl. Halbpension; direkt neben dem Guesthouse befindet sich ein kleiner Honigladen mit sehr ausgefallenen Sorten

10 **Hospitality Inn,** am Hauptplatz des Dorfes, schön renoviertes Gebäude, aber leider unzuverlässige Buchungsbestätigungen, DZ 45 RO inkl. Halbpension, Tel. 91104466, misfah.inn@gmail.com

■ Ein **Tourveranstalter**, der auf Trekking in den Bergen spezialisiert ist, hat ebenfalls in Misfah seinen Sitz: Canyon Adventures and Tours, Tel. 994 12660, www.canyonadventurestours.com

Durch das Wadi Ghul auf den Jebel Shams

Diese Strecke gehört zu den schönsten Omans. Sie führt von Al-Hamra über eine asphaltierte Straße zum malerischen Bergdorf Wadi Ghul, von dem man über eine Piste mit einem Allradwagen weiter auf ein Plateau des über 3000 m hohen Jebel Shams („Berg der Sonne") fahren kann. Das Plateau liegt unmittelbar oberhalb einer gewaltigen Schlucht, die zu Recht der „Grand Canyon" Omans genannt wird.

Streckenbeschreibung: Kurz vor Al-Hamra beginnt die beschilderte Strecke **nach Nordwesten,** die an einer glatten, sanft ansteigenden Felswand des Jebel Akhdar-Massives entlangführt. **Km 0** ist die Kreuzung bei der Shell-Tankstelle.

Nach 6 km kommt man zum Wadi Ghul-Damm. Der moderne Staudamm schützt nicht nur vor den zerstörerischen Flutwellen, die nach heftigen Regenfällen durch das Wadi donnern, sondern er hilft auch, die Wassernutzung zu verbessern. Durch den Staudamm fließt es nicht davon, sondern versickert langsam im Boden und wird als Grundwasser wieder dem Wasserkreislauf zugeführt – ein gängiges Prinzip in Oman.

Als nächstes erreicht man die Siedlung Ghul. **Nach etwa 10 km** hat man in einer Linkskurve einen schönen Blick auf das Dorf **Ghul,** das wie ein Adlerhorst über dem Wadi am Hang eines hinter ihm aufragenden Berges klebt. Die Siedlung wurde bis Anfang der 1980er Jahre noch bewohnt, aber dann wurde sie völlig aufgegeben. Einige der Häuser werden heute noch als Tierställe genutzt, allerdings sind die meisten verfallen. Sie sind aus Lehmziegeln und groben Steinen erbaut und heben sich mit ihrer hellbraunen Farbe von dem umgebenden Fels ab.

Links vom Ort zieht sich eine alte Steinmauer den Berg hinauf, auf dessen Kamm die **Reste eines** noch älteren

[>] Blick vom Jebel Shams hinab in den „Grand Canyon" Omans

Dorfes liegen. Es stammt aus der frühislamischen Zeit und war vollständig mit einer hohen, heute noch zu erkennenden Stadtmauer umgeben. Die Häuser bestanden aus Naturbruchsteinen, die völlig ohne Mörtel aufgeschichtet wurden. Die fast schwarzen Ruinen sind je nach Sonnenstand kaum von der felsigen Umgebung zu unterscheiden. An der höchsten Stelle dieses alten Dorfes steht eine noch heute gut erhaltene **Zisterne.** Ungewöhnlich ist, dass sie ihr Wasser nicht nur aus Regenfällen, sondern in erster Linie aus einem hinter dem Berg gelegenen falaj-Kanal im Wadi erhielt. Mit einer Art Seilbahn transportierten die Bewohner das Wasser den fast 100 m hohen Berg hinauf.

Der **neue Ort** liegt rechter Hand der beiden alten Dörfer auf einem Plateau etwa 30 Meter über dem Wadi. Seine weiß angestrichenen Betonhäuser stehen in krassem Kontrast zu den beiden alten Siedlungsteilen. Der Ort entstand nach und nach ab 1976, als immer mehr Bewohner aus Alt-Ghul wegzogen. Auch viele Shawawi-Gebirgsnomaden sind neu zugezogen.

Im Flussbett liegen die **Gärten** der Siedlung, d. h. ein Palmenhain direkt am Hang, in dessen Schatten kleinere Nutzpflanzen gedeihen. Vor ihm dehnen sich grüne Felder mit Alfalfa aus, das als Tierfutter verwendet wird. Früher wurde auf den Feldern hauptsächlich Getreide angebaut, daher auch der runde Dreschplatz, der etwas höher als die Felder liegt und mit Steinen umfasst ist. Das Dreschen war traditionell Männerarbeit, die Ernte dagegen Frauensache. Heute sind Getreideimporte aus dem Ausland günstiger als der Anbau in Oman.

Bei Ghul kann man nach rechts in das Wadi Nakhar abbiegen.

oman103 pf

Abstecher: Wadi Nakhar

Die etwa 7 km lange Piste bis in das Dorf Al-Nakhar ist **nur mit Geländewagen** befahrbar und nach Regenfällen oft unpassierbar. Besonders zum **Wandern** ist das Wadi ideal.

Etwa 1 km nach dem Abzweig erreicht man das Dorf **Al-Hajir.** Auch hier versuchen die Bewohner, vorbeikommenden Besuchern die für die Region typischen Webteppiche zu verkaufen, bislang aber noch sehr unaufdringlich. Die nächsten 6 km führen durch eine schmale Schlucht, bis man die Siedlung mit ihren Gärten am Ende der Piste erreicht. **Al-Nakhar** liegt malerisch inmitten eines Talkessels und ist von 2000 m hohen Bergen umgeben. In einem der alten Häuser ist kürzlich eine sehr ausgefallene Unterkunftsmöglichkeit entstanden: das **12 Al-Nakhr Tourist Hostel** (Karte S. 158), DZ ca. 50 RO, Tel. 92512683, b92512683@gmail.com.

Die Felswand zur Rechten wird immer wieder von engen Schluchten tief eingeschnitten. Von der Straße zweigen gelegentlich kleine Fahrwege in Dörfer in der Nähe ab.

Bei **km 16,5** führt eine Piste nach links, über die man die Gräber bei Al-Ayn erreichen kann (siehe weiter unten im Kapitel zur Region Al-Dhahirah).

Die Bewohner dieser Region sind bekannt für ihre **Webkunst,** und den vorbeikommenden Touristen werden die aus Ziegen- und Schafwolle gewebten **Decken** (arab. *saha*) angeboten. Sie wurden ursprünglich zu Satteltaschen vernäht, werden heute aber als Teppich genutzt. Die vorherrschenden Farben sind Schwarz und Weiß, die naturbelassen sind, sowie Rot und Orange, für die man

oman15-003 pf

mittlerweile auch chemische Farben benutzt. Über einem Holzgestell sind die Decken aufgehängt, während der Verkäufer daneben steht und die Wolle mit einer Handspindel zu einem langen dicken Faden spinnt. Das Spinnen ist in dieser Region sowohl Frauen- als auch Männerarbeit, dagegen ist das Weben selbst reine Männersache.

2019 endete der Ausbau der Strecke bei **km 28;** eine Weiterfahrt war nur mit Allradwagen möglich. 1 km weiter führt eine mit „Al-Ghubairah" beschilderte Piste nach links. Sie ist der Endpunkt der unten beschriebenen Rundfahrt. An ihr liegt auch eine ordentliche Unterkunft, das 11 **Sunrise Resort** (Karte S. 158, mit Zelten zu 25 RO p.P. und Zimmern zu 30 RO p.P. inkl. HP, Tel. 97100791 und 94100900, www.sunriseresort-om.com).

Geradeaus weiter bieten sich immer wieder spektakuläre Blicke auf die Berge in der Umgebung. Auch der Gipfel des Jebel Shams kommt erstmals in Sicht, zu erkennen an der kuppelförmigen Radarstation auf dem Gipfel.

Bei km 37 erreicht man einen Abzweig nach rechts, der nach „Al-Kasheem" und „Heil" ausgeschildert ist.

Abstecher: Rundfahrt

Die Weiterfahrt geradeaus war noch vor zehn Jahren unmöglich, heute aber kann man eine kleine Rundfahrt durch eine beeindruckende Berglandschaft unternehmen. Nach 1 km passiert man die aufgegebene **Militärstation,** die nun 2 km weiter gezogen ist und hier den Weg nach rechts zum Gipfel verwehrt. Doch geradeaus geht es weiter und nach 7 km erreicht man eine größere Siedlung. Bei km 15 muss man sich links halten, bei km 21 ist der oben genannte Abzweig „Al-Ghubairah" erreicht. Diese Strecke eignet sich gut für den Rückweg, wenn man nach dem Aussichtspunkt zum „Grand Canyon" noch genügend Zeit hat.

☐ Der Jebel Shams beim Sunrise Resort

Am **Abzweig bei km 37** beginnt nach rechts wieder eine Asphaltstraße, die steil bergauf führt zu einem nur **4 km entfernten Hochplateau,** das auf etwa 2000 m Höhe liegt. Die Luft ist hier deutlich kühler, und in manchen Winternächten sinkt die Temperatur sogar unter den Gefrierpunkt.

Am Rand des Plateaus brechen die Felsen steil ab zu einer zerklüfteten Schlucht, dem **„Grand Canyon"** Omans; es ist das oben beschriebene Wadi Nakhar. Man hat eine fantastische Aussicht auf das fast 1000 Meter tiefer liegende Trockenflusstal, über dem Greifvögel ihre Kreise ziehen. Gegenüber erhebt sich der eigentliche Gipfel des **Jebel Shams, mit 3009 m der höchste Berg Omans.** Ein Gang entlang des Steilabfalls ist nichts für Leute mit schwachen Nerven, denn immer wieder führt der Weg an der Kante über Überhänge, unter denen es weit in die Tiefe geht.

Selbst in dieser extremen Umgebung, die scheinbar kaum Möglichkeiten zur Besiedlung bietet, leben Menschen. Am fast senkrechten Hang hinunter in die Schlucht sind sogar einige **Terrassenfelder** angelegt, obwohl es unmöglich scheint, dorthin zu gelangen.

Kurz vor und kurz hinter dem Aussichtspunkt liegen zwei empfehlenswerte Unterkünfte (Karte S. 158): das 12 **Sama Heights Resort,** Tel. 92721999, www.samaresorts.com, und das 12 **Jebel Shams**

Resort, Tel. 99382639, 95915555, www.jebelshamsresort.com. Beide bieten Unterkunft in Zelten und ordentlichen Bungalows (sogar mit Pool) und kosten ab 30 RO p.P. inkl. Halbpension.

Unser Tipp: Die Piste endet nach weiteren 4 km an einem kleinen Gehöft direkt am Plateauabhang. Hier beginnt ein markierter **Wanderweg,** über den man bis **zum alten Dorf Sab** und den aufgegebenen Terrassenfeldern gelangt. Er führt stets am Canyon entlang und bietet fantastische Ausblicke. Da man nur etwa 250 Höhenmeter überwinden muss, ist die Tour nicht übermäßig anstrengend. Man sollte insgesamt ca. 4 Std. einplanen, zudem gutes Schuhwerk, etwas Verpflegung und reichlich Wasser mitnehmen.

Bahla بهلاء

Das Zentrum Bahlas (90.000 Einwohner) mit seiner gigantischen Fortruine und dem (noch) ursprünglichen Souq liegt 40 km hinter Nizwa (8 km hinter dem Abzweig nach Al-Hamra).

Sehenswertes

In Bahla steht das größte Lehmfort Omans, das als erhaltenswertes Weltkulturgut in die Liste der UNESCO eingetragen ist. Die Restaurationsarbeiten haben rund 20 Jahre gedauert; 2013 wurde das Fort offiziell eröffnet.

Das Fort heißt **Hisn Tamah,** nach seinem vermutlichen Erbauer, der den Komplex im 17. Jahrhundert auf den Resten einer älteren persischen Anlage errichten ließ. Die Außenmauern der dreieckigen Anlage sind jeweils über 100 m lang und ungewöhnlich hoch. Sie bestehen zum Großteil aus Lehmziegeln, die im unteren Bereich durch Natursteine stabilisiert werden.

Bahla zählt zweifellos zu den sehenswertesten Festungen in Oman, allein schon wegen der beeindruckenden Größe. Im Inneren ist die Anlage noch etwas karg, doch trotzdem macht es Spaß, in ihr auf Entdeckungstour zu gehen. Deutlich ist zu sehen, dass das Fort über viele Epochen in unterschiedlichen Bauabschnitten entstanden ist. Die ältesten stammen aus vorislamischer Zeit.

Zum Komplex gehört auch eine große **Moschee,** die außerhalb des eigentlichen Forts liegt. Sie stammt aus den Anfangstagen des Islam und ist nur von außen zu besichtigen.

■ **Info:** Geöffnet täglich 9–16 Uhr (Fr 8–11 Uhr), Eintritt 500 Bs.

Die Stadt Bahla liegt auf einem Hügel über dem breiten, steinigen Wadi Bahla. Wann der Ort genau gegründet wurde, ist ungewiss, aber bereits vom 12. bis 17. Jahrhundert spielte Bahla als Hauptstadt und Herrschersitz der regierenden Nabhani-Dynastie eine wichtige Rolle. Entsprechend dieser Bedeutung musste die Stadt gut gesichert werden: auf einer Anhöhe deutlich sichtbar durch die mächtige Festung und rund um die Oase durch eine 13 km lange und bis zu 5 m hohe **Stadtmauer.** Nicht nur das Fort und der Ort, sondern auch die Palmengärten sind von ihr umsäumt. Vor etwa 600 Jahren wurde die Mauer von einer Frau namens *Gheitha* geplant und erbaut. Dementgegen hält sich aber auch die Annahme, sie wäre in einer einzigen Nacht von Jinnen (Geistern) errichtet worden. Zweifelsohne ist sie **Omans längste Stadtmauer,** die heute nur von der Hauptstraße an zwei Stellen unterbrochen wird. Als Bahla ein mächtiger Stadtstaat und Kriege und Auseinandersetzungen zwischen den Stämmen Alltag waren, wurde die Mauer auf der gesamten Länge von Soldaten bewacht.

Etwa gegenüber dem Fort liegt der **Souq** auf der anderen Seite der Hauptstraße. Er besteht aus einem neuen und einem etwas weiter östlich gelegenen alten Teil. Letzterer setzt sich aus zwei durch Mauern und Tore getrennte Bereiche zusammen, die, anders als in Nizwa oder Al-Hamra, nicht komplett überdacht sind. Die Läden gruppieren sich um rechteckige Plätze, in deren Mitte früher Wochenmärkte abgehalten wurden und in denen große Bäume Schatten spende(te)n. Dem Baum, der bis 2003 den Hauptplatz bestimmte, wurden magische Kräfte nachgesagt, Legenden zufolge war er von Jinnen bewohnt. Die Geister haben ihn allerdings nicht vor Krankheit und der Motorsäge bewahren können …

Die Atmosphäre im Markt ist noch sehr ursprünglich. **In erster Linie Haushaltswaren,** aber auch traditioneller Silberschmuck werden gehandelt. Hinter dem alten Souq schließt sich der neue Teil an. Eine grundlegende **Sanierung und Modernisierung** des Souqs hat 2016 begonnen. Bislang sieht es so aus, als würde man einen traditionellen Baustil verfolgen.

Freitags wird hier ein ähnlicher **Tiermarkt** abgehalten wie in Nizwa. Allerdings sind (bislang) kaum Touristen zugegen und das Ganze geht einen sehr entspannten und malerischen Gang. Die lebhafteste Marktphase ist zwischen 8 (im Winter 8.30 Uhr) und 9/9.30 Uhr. Samstags findet der Markt in etwas kleinerer Form ebenfalls statt.

⊻ Hisn Tamah, das Fort von Bahla

oman15-004 pf

Nordöstlich des neuen Souqs liegen die **Wohnquartiere,** in denen auch einige **Töpfer** ihre Werkstatt haben. Einst war Bahla das Zentrum des Töpferhandwerks, dessen Produkte im ganzen Land berühmt waren, doch in der heutigen Plastik- und Aluminiumwelt hat die Nachfrage sich verringert. Um die Töpferkunst vor dem Aussterben zu bewahren, greift die Regierung den Töpfern mit günstigen Krediten und Investitionshilfen unter die Arme. Jedoch sind nur wenige Töpferwerkstätten übrig geblieben. Die alten, mit Reisig und Holzabfällen befeuerten Brennöfen haben nur noch Nostalgiewert, heute sorgen Strom oder Gas für die Hitze.

Die **Moschee Sultan Qaboos** am Eingang des Ortes (von Nizwa kommend) dürfen auch Nicht-Muslime betreten. Zwar ist das Innere nicht so prächtig wie in der Großen Moschee in Muscat, doch die gesamte Anlage ist sehr geschmackvoll gestaltet und dekoriert, sodass ein Besuch lohnt (So bis Do von 8–11 Uhr; lange Hosen sind Vorschrift, für Frauen auch lange Ärmel und Kopftuch).

Unterkunft (Karte S. 158)

6 Bahla Hotel Apartments
Große Zimmer und Apartments für bis zu 6 Personen, einfach und schlicht, aber durchaus empfehlenswert, am Ortsausgang in Richtung Nizwa, etwa 500 m nach der großen Moschee rechts, EZ/DZ ab 25 RO, Apartments 50 bzw. 65 RO, Tel. 25421017, bahlahotel2012@gmail.com (die Website funktioniert derzeit nicht, aber über Facebook zu finden)

4 Jibreen Hotel**
Mittelklassehotel auf halbem Weg zwischen Bahla und Jabrin an der Abzweigung nach Jabrin, EZ 30 RO, DZ 40 RO, Tel. 25363340, www.jibrenhotel.com

7 The View****
Diese noble Unterkunft liegt in den Bergen nördlich von Bahla in der Nähe von Al-Hamra (man muss sich an den Schildern nach Hail al-Shas orientieren, die letzten 7 km sind Piste); gut ausgestattete Bungalows, teils mit Terrasse mit schönem Blick aufs Tal, sehr oft ausgebucht, DZ ab 110 RO inkl. HP, Tel. 24400873, 98518778, www.theviewoman.com

Essen und Trinken (Karte S. 158)

Die Möglichkeiten in Bahla sind sehr überschaubar. Einfache Lokale liegen im Zentrum beim Souq, rund um die Oman-Oil-Tankstelle am Ortsausgang in Richtung Ibri, darunter das **5 Azhar Wahath al-Tabiya Restaurant** mit guter und günstiger arabischer Küche (von der Tankstelle drei Häuser nach links, Tel. 25363260).

Verkehrsverbindungen

- Die Bushaltestelle liegt unterhalb des Forts an der Hauptstraße. Täglich fahren zwei **Busse nach Nizwa und Muscat** (11.15 und 20.45 Uhr) sowie zwei weitere nach **Ibri** (12.35 und 18.45 Uhr).
- Auch **Sammeltaxis** halten in diesem Gebiet.

Palast von Jabrin جبرين

Der Abzweig in die kleine Oase liegt **45 km hinter Nizwa** (5 km westlich von Bahla), von ihm sind es noch mal 4 km bis zur eigentlichen Sehenswürdigkeit, dem historischen Palast von Jabrin, der in keinem Reiseveranstalter-Programm fehlt. Von Nizwa kommend geht es am

> Im Palast von Jabrin

schnellsten über die neue Autobahn südlich von Nizwa (Abfahrt Bahla/Jabrin).

Das Gebäude gehört zu den schönsten und interessantesten Omans und war ursprünglich kein Fort, sondern ein **Wohnschloss.** 1984 wurde es durch eine umfassende Renovierung wieder in seinen alten märchenhaften Zustand versetzt. Die Einrichtung mit traditionellen Gegenständen und antiken Möbelstücken vermittelt einen besonders lebendigen Einblick in das höfische Leben des mitteralterlichen Oman.

Geschichte

Nachdem **Bil'arub bin Sultan al-Ya'aruba,** der Sohn des Erbauers des Nizwa-Forts, die Fürstenresidenz seines Vaters verlassen hatte, ließ er 1670 den Palast von Jabrin errichten. Als er 1688 zum Imam gewählt wurde, verlegte er die Hauptstadt Omans von Nizwa nach Jabrin. Bil'arub förderte und finanzierte Astrologen, Rechtsgelehrte, Historiker, Mediziner und Poeten und gründete eine Theologieschule. Doch musste er sich immer mit seinem Bruder und Widersacher *Saif* auseinandersetzen. Saif wollte den Imamtitel und die Herrschermacht für sich erkämpfen und sicherte sich die Loyalität und den Rückhalt diverser Stämme. Der Palast, der eigentlich ein Ort des Wissens und eine prachtvolle Wohnresidenz sein sollte, wurde mit Wehrmauern und Kanonentürmen aus zwei Meter dicken Wänden befestigt. Nachdem Saif von seinen Verbündeten zum neuen Imam gewählt worden war, belagerte er mit seiner Armee die Burg so lange, bis sein Bruder in diesem „goldenen Käfig“ starb. Saif verlegte seinen Amtssitz nach Rustaq und kümmerte

oman135 ud

sich nicht mehr um den Prunkbau. Doch dafür vollbrachte er andere Heldentaten: Er vertrieb die Portugiesen aus den ostafrikanischen Kolonien und etablierte Oman als die bedeutendste Seefahrermacht am Indischen Ozean.

Wenige Jahre nach seinem Tod nahm ein Bürgerkrieg seinen Anfang, da die Nachfolge für das Imamat umstritten war. In den Wirren dieser Auseinandersetzungen wurde Jabrin nochmals kurzzeitig zum Herrschersitz, bevor der Palast dann in einen jahrhundertelangen „Schönheitsschlaf" fiel.

Architektur

Der Komplex besteht aus einem **rechteckigen Gebäude,** an dessen Nord- und Südseite die nachträglich angefügten **Kanonentürme** stehen. Im Süden schließt sich ein ummauertes Areal mit diversen Wirtschaftsgebäuden und einer **Moschee** an. Der eigentliche Festungsbau setzt sich aus zwei getrennten Innenbereichen, die nur durch den Wohnraum des Imam im obersten Stock miteinander verbunden sind, zusammen. Einst standen diese Gebäudetrakte separat, doch dann wurden sie durch zwei Zwischenstücke miteinander verbunden. Im Sockel des östlichen, dreistöckigen, turmförmigen Zwischenstücks liegt der Eingang in diesen Palastbereich, dahinter schließt sich ein großer Innenhof (ein Teil der früheren Freifläche) an.

Die **westliche Hälfte** umfasst die herrlichen Wohn- und Repräsentationsräume sowie die Büchereien und Schulräume des Imam *Bil'arub.* Mit all ihren gestalterischen Details zählt die Innenarchitektur zu den Glanzstücken traditionell omanischer Wohnkultur. Besonders erlesen sind die Gemälde an den Holzdecken, bestehend aus einer Vielzahl feiner, formenreicher und farbenfroher Blütenketten, Blattranken, Ornamentmuster und arabischer Schriftzüge. Die rot-schwarze Bemalung des Treppenganges zu den Repräsentationsräumen ist besonders prachtvoll und mit geometrischen und kalligrafischen Stukkaturen durchzogen. In der Moschee des Imams auf dem Dachgeschoss sind Qur'anverse und Gedichte verewigt. In den Wohn- und Schlafräumen reichen schlanke Wandnischen vom Boden bis unter die Decke. Mehrere Regalbretter unterteilen die Nischen, die so als Schrankersatz und Abstellfläche für Gebrauchsgegenstände dienen. Die Fenster der Außenwände sind zweigeteilt: Im oberen Bereich bilden sie einen Spitzbogen und sind mit einem Gitter aus Stuck verblendet, das zur Lüftung dient und vor direkter Sonneneinstrahlung schützt. Unter einem geschlossenen Mittelstück, das den Wandnischen gleicht, befinden sich normale Fensteröffnungen, die mit verzierten Holzläden verriegelt werden können. Viele Räume haben versteckte Fluchtgänge, unter dem Esszimmer verläuft ein Gang für Küchenbedienstete, und der Konferenzraum hat sogar ein geheimes Untergeschoss, aus dem im Notfall Soldaten stürmen konnten.

Die **östliche Hälfte und** die **Mittelbauten** bestehen aus einfacheren Räumen für Familienangehörige und Bedienstete. Dieser Teil hat noch einen weiteren Innenhof mit umlaufenden Holzgalerien, über die man in die Räume der ersten und zweiten Etage gelangt.

Im **Erdgeschoss** führt ein heute leider trockener falaj mitten durch den Palast.

Hier befinden sich auch die Vorrats- und Küchenräume, das Waffenlager, die Frauenmoschee und das schlichte Grab des Erbauers dieser Prachtburg.

Info: Der Palast ist täglich 9–16 Uhr (Fr 8–11 Uhr) zur Besichtigung geöffnet, Eintritt 500 Bs, Audioguide 1 RO

Der alte **Oasenort Jabrin** existiert nicht mehr, denn 1986 trocknete sein falaj aus und die meisten Dattelpalmen starben. Den Bewohnern wurde von der Regierung ein neuer Ort aus piekfeinen omanisierten Reihenhäusern (ihre Dachterrassen sind, passend zur benachbarten großen Schwester-Festung, mit Zinnen und Türmen bewehrt) gebaut, den sie seit 1992 bewohnen. Auch die Wasserversorgung wurde instand gesetzt, der Palmenhain neu bepflanzt.

Von Jabrin kann man einen interessanten **Abstecher südwärts nach Salut** machen. Man passiert dazu vom Fort kommend den Abzweig nach links nach Bahla geradeaus und biegt dann nach 500 m in Richtung Bisya rechts ab. Nach 20 km erreicht man den beschilderten Abzweig nach „Salut Castle". Auf einem kleinen Hügel inmitten des Wadis liegt die rekonstruierte Anlage, an der 2016 noch gegraben und gearbeitet wurde. Die ältesten Funde gehen auf die Bronzezeit vor rund 4000 Jahren zurück, doch der Platz wurde wohl durchgehend genutzt, denn auch aus der Eisenzeit und der islamischen Zeit hat man Figuren und Keramik gefunden. Ein Besuch lohnt aber nicht nur wegen dieser Hintergründe, sondern auch, weil die Anlage so hergerichtet wurde, dass man gut erkennen kann wie sie einst ausgesehen hat.

Die Region Al-Dhahirah

الظاهرة

Die westlich von Jabrin beginnende Region Al-Dhahirah wird geprägt vom Gegensatz zwischen den Ausläufern der Hajar-Berge und den weiten Wüstenebenen der Rub al-Khali, die südlich der Straße von Nizwa nach Buraimi, der Grenze zu den V.A.E. (Jabrin – Buraimi ca. 250 km), beginnen. Direkt bei Jabrin liegt die trockene, baum- und strauchlose **Wüste Hamra al-Duru.** In dem riesigen Gebiet südlich der Straße Nizwa – Buraimi gibt es keine Straßen mehr und außer einigen Beduinensiedlungen auch keine Ortschaften, sondern nur noch sandige Pisten, die zu Ölfeldern (Fahud, Natih, Shibkah, Yibal, Lekhwair etc.) und deren abgeschiedenen Wohn- und Versorgungseinheiten führen.

Die wenigen wichtigen Orte dieser Region liegen entlang der Straße nach Buraimi. Schon in vorislamischer Zeit war dieses Gebiet am Südrand des Hajar besiedelt und von Bedeutung.

Ibri

عبري

Ibri hat etwa 170.000 Einwohner und liegt etwa **140 km westlich von Nizwa** und 150 km südöstlich von Buraimi. Neben Buraimi ist Ibri der wichtigste **Marktort** der Region Al-Dhahirah mit vielen Straßengeschäften und einem relativ großen Souq, zu dem in der Vergangenheit viele Beduinen anreisten. 1999 war Ibri Ort der zentralen Feierlichkeiten zum National Day. Zu diesem

Anlass entstanden ein neues Sportstadion und ein Hotel und es wurden einige Umgestaltungs- und Verschönerungsmaßnahmen in der Stadt durchgeführt.

Sehenswertes

Das **Souq-Gebiet** ist etwas schwer zu finden, es liegt nördlich der Hauptstraße Nizwa – Buraimi. Von Nizwa kommend verläuft eine Autobahn quer von Ost nach West durch die Stadt. Am ersten Kreisverkehr führt der Abzweig nach Norden in Richtung Al-Khaburah und Rustaq. Am zweiten Kreisverkehr geht es nach rechts in Richtung Souq und Fort. Nach etwa 2,5 km muss man an einem weiteren, kleineren Kreisverkehr geradeaus einer kleinen Straße nach Osten in Richtung Palmengarten folgen. Der Weg ist beidseitig mit einer gelblichen Mauer eingefasst und führt direkt zum Fort und zum alten Souq.

Auf dem Platz um die renovierte Festung reihen sich einige Läden, und an der linken Seite des Forts beginnt eine gedeckte Gasse. Dieser älteste Teil strahlt eine **typisch orientalische Atmosphäre** aus und lädt zu einem Bummel ein, auch wenn das Warenangebot mit vielen Haushaltswaren und Textilien vielleicht nicht gerade dem Geschmack europäischer Besucher entspricht.

Das **Fort** diente als Wohn- und Verteidigungsanlage. Geöffnet ist es So bis Do 8–13.30 Uhr, Fr/Sa geschlossen, der Eintritt ist frei. Direkt links neben dem Fort steht eine schöne alte **Moschee,** die vor allem am Freitag noch genutzt wird.

Rund um den alten Souq und das Fort liegt der alte Siedlungsteil mit seinen einstöckigen **Häusern aus Lehmziegeln.** Der Ort ist von **ausgedehnten Palmenhainen** umgeben. Einst bildete er mit über 50.000 Dattelbäumen eine der größten Oasen Omans, die nur noch von Suma'il übertroffen wurde.

Freitagmorgen (ab ca. 8/8.30 Uhr) findet unter einem Schattendach ca. 200 m vom Fort entfernt ein kleiner, aber sehr authentischer **Markt mit Viehauktion** statt.

Al-Sulaif

Kurz vor Ibri führt ein Weg in den **malerischen, vollständig aus Lehm erbauten** Ort Al-Sulaif etwa 1 km südlich der Hauptstraße. Wegen seiner fruchtbaren Lage am Zusammenfluss von Wadi Al-Ayn und Wadi Sanasyl weist er eine lange Besiedlungsgeschichte auf. Heute verfällt der Ort immer mehr, denn die meisten Bewohner haben sich in der Nähe der Oasengärten oder im benachbarten Ibri ein moderneres Haus erbaut. Inzwischen sind aufwendige Renovierungsarbeiten aufgenommen worden, kommen bislang aber nur sehr langsam voran.

Zum Schutz vor den Wadifluten wurde Al-Sulaif auf einem sanft ansteigenden Felshang gebaut, und um Angreifern das Eindringen zu erschweren, ist es vollständig mit einer **Stadtmauer** umgeben und durch **Wehrtürme** gesichert. So konnte der Ort auch den wahhabitischen Truppen, die im 19. Jahrhundert von Buraimi aus alle umliegenden Orte besetzten, Widerstand leisten. Es existiert nur ein Eingang, dessen Tor direkt am alten Souq liegt. Seine gedeckten Gassen sind, mit Ausnahme von zwei Geschäften, heute verwaist, denn vor der Stadtmauer hat sich der neue Souq etabliert.

Unterkunft (Karte S. 158)

1 Ibri Oasis Hotel**
Mittelklassehotel etwa 10 km außerhalb hinter dem Sportstadion an der Straße nach Buraimi, Bar, Restaurant, EZ 28 RO, DZ 39 RO, Tel. 25696172, iohotel@omantel.net.om

3 Al-Majd Hotel Apartments*
Ordentliches Apartmenthotel, ca. 3 km in Richtung Buraimi, im Nissan Building, große Zimmer, ab 25 RO, Tel. 25688272, www.almajdhoteloman.com

3 Majan Hotel Apartments*
Ebenfalls durchaus brauchbares Apartmenthotel, an der Hauptstraße zwischen den beiden Hauptkreisverkehren, südliche Seite, Zimmer ab 30 RO, Tel. 25692181

Restaurants (Karte S. 158)

Außer dem (mäßigen) **1 Restaurant des Hotels Ibri Oasis** mit chinesischer, indischer und arabischer Küche (7–22 Uhr) gibt es keine besonders erwähnenswerten Lokale. An der Hauptstraße befinden sich zahlreiche kleine Restaurants, darunter das **2 Arab World Restaurant** mit günstiger arabischer und indischer Küche und das **2 Shams al-Khaleeji** am Ortsausgang nach Buraimi neben der Shell-Tankstelle.

Busse

- Von der Bushaltestelle beim Souq fahren täglich zwei Busse **nach Muscat** (10.20 und 19.35 Uhr, 4½ Std. Fahrzeit, über Bahla, Tanuf, Nizwa, Suma'il, Fanja, Seeb) und zwei nach **Buraimi** (13.45 und 20 Uhr).

Die Gräber bei Bat und Al-Ayn

Bat

Die Oase Bat mit den bislang größten **Siedlungs- und Grabresten aus dem 3. Jahrtausend v. Chr.** erreicht man von Ibri aus. Die Anfahrt erfolgt über die von der Hauptstraße nach Nizwa nördlich abzweigende Straße nach Yanqul und nach Rustaq. Ein Besuch lohnt sich aber nur für archäologisch sehr Interessierte!

Möchte man direkt zu den Gräbern von Al-Ayn, so bietet sich die Asphaltstraße an, die von der Hauptstraße Nizwa-Ibri abzweigt (siehe unten).

Nach 17 km kommt rechter Hand ein Abzweig in den 1,5 km entfernten Ort **Al-Dariz.** Dort muss man erneut rechts nach Al-Wahrah abbiegen, bevor man **nach weiteren 14 km Bat** erreicht und die asphaltierte Sraße an einer kleinen Kreuzung kurz vor dem Ort endet.

Geradeaus geht es in den Oasenort Bat mit seinem alten halb verfallenen Fort, links über eine Piste weiter in Richtung Al-Ayn. Folgt man der Piste nach links, so sieht man etwa 1 km linker Hand ein eingezäuntes Gebiet mit einzelnen Grabresten. 500 m weiter steht dann rechts neben der Piste ein aus behauenen Steinen und Steinplatten aufgeschichteter Turm an der Abbruchkante des Wadis. Es handelt sich um die **Ruinen eines Rundturms,** der einst 10 Meter hoch war und einen Durchmesser von etwa 15 Metern hatte. Vier weitere solcher Monumente standen entlang des Wadis. Um die Konstruktion zu stabilisieren, war ihr Inneres etwa 5 Meter hoch mit Schutt aufgefüllt. Über diesem

Sockel lagen Räume und ein tiefer Brunnenschacht. Die Funktion der Türme ist noch nicht eindeutig geklärt, manche Wissenschaftler glauben an einen befestigten Herrensitz, andere an eine Fluchtburg oder ein sicheres Warenlager. Um diese Rundtürme formierten sich vermutlich einzelne Wohnsiedlungen, dazwischen befanden sich Palmenhaine und Gartenflächen. Die Türme dienten späteren Generationen als eine Art Steinbruch und lieferten Material für den Hausbau.

Dänische Archäologen erforschten in den 1970er Jahren das gesamte **Wadi al-Hijr** bis kurz vor Ibri und fanden mehr als hundert **oberirdische Kollektivgräber.** Neben diesen entdeckten sie auch Reste von Wohnhäusern und Wasserkanälen sowie Tonkrüge und Hausrat.

Die Menschen, die schon ab Mitte des 3. Jahrtausends v. Chr. in diesem Tal lebten, gehörten der **Umm-al-Nar-Kultur** an. Wegen ihres Kupferhandels mit den frühen Reichen jenseits des Persisch-Arabischen Golfes stellt sie einen ersten Höhepunkt in der Geschichte dieser Region dar. Bat ist die bislang größte Anlage dieser Zeit in Oman, allerdings ist noch nicht geklärt, warum die bedeutende Oasenstadt gegen Ende des 3. Jahrtausends so plötzlich unterging.

Al-Ayn

23 km hinter dem Asphaltstraßenende bei Bat erreicht man eine T-Kreuzung, von der es nach links noch 6 km bis Al-Ayn sind (asphaltiert). Um zu den Gräbern zu gelangen, muss man das Dorf Al-Ayn links umfahren und der Straße am Rand des Wadis folgen. Linker Hand kann man auf einem Höhenrücken jenseits des Wadis die runden Grabtürme erkennen. 21 dieser sogenannten **Bienenkorbgräber** stehen in einer Kette aufgereiht vor dem markant zerklüfteten Gipfelmassiv des **Jebel Misht,** dessen südöstliche Flanke fast senkrecht in die Tiefe abbricht. Die deutsche Übersetzung des Namens – „Misht“ = „Kamm“ – beschreibt die Gestalt dieses Kolosses nur allzu treffend.

Es lohnt sich, den kleinen Hügel zu den Gräbern zu erklimmen und die knapp 5000 Jahre alten Bauten aus der Nähe zu betrachten. 18 Stück haben noch ihre ursprüngliche Gestalt, lediglich drei sind zu Steinhaufen zusammengefallen. Sie bestehen aus grob behauenen Steinen, jeder Bau ist drei bis vier Meter hoch und hat einen bogenförmigen Eingang. Manche haben mehrere Mauern, die die Grabkammer wie eine Zwiebel umschließen. Die Eingänge sind alle nach Osten ausgerichtet. Im Inneren sind die Gräber leer, doch Archäologen fanden Keramikreste, an denen man das Alter der Gräber genau festmachen konnte.

Eine **Alternativstrecke nach Al-Ayn** beginnt an der Hauptstraße Nizwa – Ibri 88 km hinter Nizwa (48 km westlich von Bahla) bei einem unscheinbaren, aber beschilderten Abzweig nach Amla. Nach 20 km erreicht man die oben erwähnte T-Kreuzung 6 km vor Al-Ayn.

Eine **weitere Variante** ist **ab Ibri** über eine neue Asphaltstraße möglich, die kurz vor Bat nach links abzweigt und im Bogen nach Al-Ayn führt.

oman13-004 pf

☐ Die Gräber von Al-Ayn stehen unter dem Schutz der UNESCO

Von Ibri durch den Hajar nach Norden

Von Ibri bestehen **drei Möglichkeiten,** den Hajar-Gebirgszug nach Norden zu überwinden; alle drei Strecken sind inzwischen fertig asphaltiert. Die westlichste Route führt durch das Wadi Hibi nach Sohar, die mittlere durch das Wadi Hawasina nach Al-Khaburah und die östliche Variante durch die Wadis Mabrah und Bani Ghafir nach Rustaq. Verlässt man Ibri an der mit „Yanqul“ und „Rustaq“ beschilderten Kreuzung gen Norden, so erreicht man nach **17 km** einen Abzweig, wo es rechts nach Al-Dariz und weiter nach Bat abgeht (siehe oben). Entlang der Strecke nach Norden zweigt bei **km 19,5** links eine Straße nach Yanqul ab. Diese Abzweigung ist der **Beginn der Streckenbeschreibung nach Sohar.**

Durch das Wadi Hibi nach Sohar

Etwa 34 km nach dem Abzweig erreicht man die Oase **Yanqul** (26.000 Einwohner), in der man bei **km 35,5** rechts abbiegen muss. Weiter geradeaus liegt nach 1 km das Fort des Ortes rechts der Straße im Plamenhain. Dieses **Bait al-Marah** aus dem 17. Jahrhundert ist frisch restauriert und einen Besuch wert, allein schon wegen der mächtigen Ausmaße.

Folgt man der Straße bei km 35,5 nach rechts, so führt die Strecke durch eine **abwechslungsreiche Bergkulisse.** Die Straße windet sich in Kurven durch die Berge, hinter der Wasserscheide führt sie in das Wadi Hibi. Bei **km 95** muss man an einer **T-Kreuzung** links ab, bei **km 130** kreuzt man den neuen **Batinah Expressway,** bei km 142 den alten Küstenhighway. Geradeaus sind es noch 3 km bis zum Fort von Sohar.

Fährt man an der oben genannten **Abzweigung bei km 19,5** geradeaus weiter, erreicht man nach ziemlich genau 30 km das Dorf **Miskin. 2 km dahinter führt eine Abzweigung nach links nach Al-Khaburah.**

Durch das Wadi al-Hawasinah nach Al-Khaburah

Das Wadi al-Hawasinah war in der Vergangenheit die wichtigste Verbindung von Ibri zur Küstenebene Batinah.

Die kurvige und abwechslungsreiche Strecke führt die ersten ca. 50 km durch eine **schöne und geologisch interessante Berglandschaft.** Dann wird es langsam flacher und die letzten Kilometer verlaufen durch die Ebene, bis man nach 79 km den Kreisverkehr am Highway bei Al-Khaburah erreicht.

Hält man sich **ab Miskin geradeaus,** so führt eine gut ausgebaute Asphaltstraße nach Rustaq (noch 75 km).

Durch die Wadis Mabrah und Bani Ghafir nach Rustaq

Die sehr abwechslungsreiche Strecke verläuft durch eine schöne Berglandschaft. Immer wieder passiert man Dörfer und Palmenhaine. 66 km hinter Miskin erreicht man den Abzweig ins Wadi Sahtan, 9 km weiter den Ortseingang von Rustaq.

Unterwegs bieten sich für Fahrer eines Geländewagens **zwei Varianten** an:

21 km hinter Miskin führt eine Piste nach rechts nach Muri und weiter nach Al-Ayn (siehe oben).

60 km hinter Miskin erreicht man einen Abzweig nach links ins Wadi Bani Hani. Das **Wadi Bani Hani** bietet eine interessante Alternative, um bis nach Al-Hazm zu fahren. Zunächst führt die Piste durch ein schönes, abwechslungsreiches Wadi, das meist Wasser führt. Besonders in den Nachmittagsstunden herrscht reges Leben. Nach etwa 25 km muss man sich an einer Gabelung links halten, etwa weitere 2 km weiter erreicht man den Ort **Al-Hoqain** mit seinem halb verfallenen Fort. Weiter geradeaus durchfährt man den Palmenhain und muss dann nach rechts das Wadi durchqueren. Auf der anderen Wadiseite führt die Straße nach Al-Hazm (nach 21 km links ab, gesamt 24 km). Hält man sich jedoch nach rechts und immer entlang des Wadis nach Süden, so erreicht man zunächst einen Kreisverkehr und 0,9 km weiter einen kleinen Parkplatz. Etwas unterhalb im Wadi befindet sich ein beliebter Picknickplatz.

Buraimi البريمي

152 km hinter Ibri (293 km hinter Nizwa) **endet bei Buraimi** (105.000 Einwohner) **das Staatsgebiet Omans.** Jenseits der Grenze liegen die Vereinigten Arabischen Emirate mit der zum Emirat Abu Dhabi gehörenden Oase Al-Ain. Man kann Buraimi auch durch das Wadi Jizzi von Sohar anfahren (ca. 100 km, siehe Kapitel „Küstenebene Batinah“).

oman13-005 pf

Pionierfahrt nach Oman

von Kirstin Kabasci

Es war einmal, **im Winter 1994:** „Min almanya?" – „Aus Deutschland?". Die omanischen Zöllner staunten nicht schlecht, als Peter und ich in einem blau-weißen VW-Bus angerollt kamen. Oman war damals Neuland für uns, und zur Feier des Tages wurden wir mit Datteln und heißem Qahwa bewirtet. Wie wir hierher kommen? – Also, wir sind einfach nur gefahren und gefahren und gefahren ... Obwohl, ganz so „einfach" war es nicht, mit dem eigenen Fahrzeug auf die Arabische Halbinsel zu reisen.

Die erste Unsicherheit bot die **Route.** Da es relativ schwierig ist, ein (Transit-)Visum für Saudi-Arabien zu erhalten, schied der Weg durch die Türkei, Syrien, Jordanien, Saudi-Arabien und die Vereinigten Arabischen Emirate aus. Also blieb nur der Weg quer durch die Türkei und den Iran. Ab der südiranischen Hafenstadt Bandar Abbas verkehren Fähren über den Persisch-Arabischen Golf in die V.A.E. Und ab dort ist das Sultanat schnell erreicht. Erfahrung, ein zuverlässiges Fahrzeug, eine umfassende Vorbereitung inklusive international gültiger Fahrzeug- und Zollbürgschaftsdokumente und eine gewisse Portion Mut sind wichtige Voraussetzungen für solch eine Tour. Auch sollte man damit umgehen können, dass in anderen Ländern ein anderer Fahrstil gepflegt wird – viele Verkehrsteilnehmer scheinen mit einem Dasein im Jenseits zu liebäugeln oder streben es an, den (traurigen) Titel „Kamikaze Number 1" zu ergattern. Sitzfleisch gehört natürlich auch dazu: inklusive diverser Sightseeing-Stopps hat die rund **7500 Kilometer** lange Fahrt 17 Tage gedauert. Davon etwa ein Drittel den iranischen Kleidungsordnungen entsprechend verhüllt im sittenstrengen knöchellangen Mantel plus geziemt geschlungenem Kopftuch *(Ladies only)*. Aber weit verbreiteten Schreckensvorstellungen zum Trotz ist Iran ein sehr interessantes und sympathisches Reiseland – die Herzlichkeit der Menschen ist groß, Städte wie Isfahan stecken voller kultureller Sehenswürdigkeiten, und die weiten Hochebenen bergen viele Schönheiten. Zu guter Letzt ist es unglaublich preiswert: Wo bekommt man schon einen vollen Tank Diesel für den Preis eines Grillgerichts?

Ab Buraimi hieß es sich an ein alltägliches omanisches Phänomen zu gewöhnen: **Winken!** Auf allen kleineren Straßen, jenseits der Küstenautobahn und der Hauptstadt, winkte uns fast jeder höchst erfreut entgegen. Auf Pisten konnten wir fast einhändig fahren, denn hier grüßt wirklich jeder. Einmal nahmen wir einen trampenden Omani mit. Als uns ein Auto entgegenkam, winkten wir alle drei, jedoch kam keine Gegenreaktion von den Insassen, die den Geländewagen steuerten und sich schließlich als Touristen entpuppten. Sofort fragte uns der Omani, warum viele Europäer so unfreundlich und hochnäsig wären. Die Antwort, dass dies nicht gegen Andere gerichtet sei, sondern wir auch untereinander so sind, tröstete ihn nicht wirklich. Also: Grüßen am Steuer ist Trumpf!

Viele Omanis kamen direkt auf uns zu, um zu wissen, woher wir kommen und was wir in Oman tun. Sie waren sehr interessiert an dem Wohnausbau unseres Gefährts – Kühlbox, Schlafsofa und Waschbecken – und wünschten sich so etwas für Wochenendausflüge mit der Familie. Nur ein paar Mal haben wir omanische VW-Busse gesehen.

Ebenfalls nur nette Erlebnisse hatten wir mit omanischen **Polizisten.** Viele hielten uns aus reiner Neugier an, denn ein solches Auto und dazu noch mit deutschen Nummernschildern hatten sie noch nie gesehen. Zunächst bekamen wir bei jeder Kontrolle immer einen Schrecken und glaubten, einen Fehler gemacht zu haben, denn die Verkehrsregeln in Oman werden peinlich genau beachtet und Verstöße nicht toleriert. Oft dachten wir auch, wir müssten Strafe zahlen, weil wir mit einem relativ verdreckten Auto durch die ausnehmend saubere Hauptstadt fuhren. Das ist kein Witz: Das Herumfahren mit allzu schmutzigem Auto wird in Muscat mit einer Geldbuße geahndet. Aber viele Polizisten wollten einfach nur wissen, woher wir kommen und was wir machen.

Auf unserer Pionierfahrt haben wir viele **nette Bekanntschaften** und liebe Freunde gewonnen. Besonders großes Staunen rief unser Auto in Salalah hervor. Sicher, wir hätten auch fliegen oder mit dem Linienbus in diesen südlichsten Zipfel des Sultanats fahren können, aber unser Tatendrang und Ehrgeiz verlangten, auch die knapp tausend Kilometer selber am Steuer zu sitzen. Und was sind schon zweimal zehn Stunden Fahrt auf gut ausgebauter, gerader Wüstenstraße? Angesichts der 27.000 km, die wir auf dieser Tour insgesamt gefahren sind, doch eher ein Katzensprung.

Alle, die ihre eigene Autoreise in das Sultanat planen, möchten wir dazu ermutigen. Doch, wenn möglich, sollte es ein Geländewagen sein, denn die Naturschönheiten Omans lassen sich damit erst richtig erkunden. Also: Gute Fahrt bzw. „Achs- und Federbruch"!

Da der omanische **Grenzkontrollposten** aber auf beiden Strecken schon einige Kilometer vor der eigentlichen Grenzlinie liegt, braucht man, um Buraimi zu besuchen, ein neues Visum, falls man anschließend wieder nach Muscat zurückfahren möchte. Wer mit einem Mietwagen weiter in die V.A.E. fährt, sollte die Autoversicherung vorher bei der Mietwagengesellschaft erweitern lassen. Früher war die Grenze zwischen Buraimi und den benachbarten emiratischen Oasen nur rein administrativer Art, den Grenzübertritt hatte man kaum bemerkt. Inzwischen ist ein Grenzzaun fast fertig. Es scheint aber so, dass die eigentlichen Grenzformalitäten auch weiterhin erst weiter im Landesinneren abgewickelt werden und man zwischen Buraimi und Al-Ain den Pass nur vorzeigen muss, ohne aber Ein- oder Ausreisestempel zu erhalten.

Als **Zahlungsmittel** werden in Buraimi neben dem omanischen Rial auch die emiratischen Dirham anerkannt. Ein emiratischer Dirham ist etwa so viel wert wie 100 omanische Baisa.

Einst umfasste das fruchtbare Oasengebiet von Buraimi neun Orte. Die drei Dörfer **Buraimi, Hamash** und **Saarah** haben sich administrativ zu Buraimi zusammengeschlossen und gehören zum Sultanat von Oman. Sechs weitere Oasen, unter ihnen auch das benachbarte Al-Ain und Hili, sind Teil der Vereinigten Arabischen Emirate (Emirat Abu Dhabi). Zusammen bilden sie das **weitläufigste Oasengebiet Südostarabiens,** dessen Ausdehnung von Ost nach West über 30 km beträgt.

Geschichte

Die Oase liegt am Jebel Hafeet, einem Ausläufer des Hajar-Gebirges. Er ragt als riesiger Monolith aus dem ebenen Wüstenboden empor. Einst lagen seine Kalksteinflanken flach unter dem Ozean, doch geologische Verwerfungen türmten den Meeresboden auf. Vor etwa 25 Millionen Jahren hatte er noch eine kuppelförmige Gestalt, doch ist diese inzwischen zu der heutigen, eher spitzen Form erodiert. Im Gestein sind unzählige Muscheln, Schnecken oder Fische zu Fossilien versteinert. Die Tiere lebten vor schätzungsweise 135–70 Millionen Jahren in den Korallenriffen des tropischen Ozeans.

Am Fuße das Berges und nördlich von ihm liegen **bedeutende archäologische Stätten.** Erste Siedlungsspuren stammen aus der Steinzeit. Aus dem 4. Jahrtausend v. Chr. fanden Archäologen in den 1950er Jahren insgesamt **500 bis 600 Grabreste.** Sie stammen von oberirdischen Steinbauten, die mit einer doppelten Außenmauer eine runde oder ovale Grabkammer umschlossen. Obwohl Räuber über Jahrhunderte Grabbeigaben entwendeten, entdeckten die Archäologen zahlreiche alte keramische Fundstücke, aus denen man schließen kann, dass die Menschen schon vor über 5000 Jahren Handel mit dem mesopotamischen Zweistromland zwischen Euphrat und Tigris betrieben. Außerdem legen sie den Schluss nahe, dass dieses Gebiet seitdem kontinuierlich besiedelt ist. Hier fand man auch bis zu 3000 Jahre alte falaj-Systeme, die damals schon die Dattelpalmen bewässerten.

Ihre Blütezeit erlebte die Oase zur Zeit der folgenden **Umm-al-Nar-Periode** (2700–2000 v. Chr.). Die Oase bildete auch in dieser Phase des Reiches Magan ein wichtiges Handelszentrum, da sich hier bedeutende Karawanenrouten von der Golfküste ins Innere der Arabischen Halbinsel und an die omanische Küste (Wadi Jizzi – Sohar) kreuzten.

Wie auch am Jebel Hafit standen bei Hili oberirdische Rundgräber, aber ihre Gestalt und Ausfertigung ist anders. Die **Hili-Gräber** wurden in großer Präzision aus mächtigen, glatt gemeißelten Steinblöcken von 2 Meter Länge und 1 Meter Breite errichtet. Manche von ihnen hatten einen Durchmesser von 25 Meter, einige zwei Etagen. Die vollen Gräber wurden teilweise für neue Beerdigungen genutzt – die Knochen der alten Leichen wurden dann in einer Ecke aufgestapelt. An den Skeletten erkannten die Archäologen, dass die Menschen damals mit einer Körpergröße von mehr als 1,70 Meter größer waren als heute. Ihre durchschnittliche Lebenserwartung lag allerdings bei nur vierzig Jahren. Funde von über 4000 Jahre alten Kupfergegenständen lassen auf eine Handelsverbindung nach Umm al-Nar bei Abu Dhabi an der Küste des Golfes schließen, von wo das damals sehr wertvolle Kupfer aus Magan über den Golf nach Mesopotamien, Persien und in das Industal verschifft wurde. Über manchen Grabeingängen befinden sich herausgemeißelte Abbildungen von Gazellen, Kamelen, Kühen und Menschen. Die Darstellung von Kamelen überraschte die Wissenschaftler, da man davon ausging, dass die Tiere zu dieser Zeit noch nicht domestiziert waren. Das Kamel war aber die einzige Transportmöglichkeit, um das Kupfer quer durch die heutigen Emirate zu bringen.

Anfang des 19. Jahrhunderts nahmen die **Wahhabiten** aus Saudi-Arabien Buraimi in Besitz. Sie wollten die Menschen von dem in Oman vorherrschenden Ibadismus abbringen und zu ihrem Glauben bekehren. In der Folgezeit stritten und kämpften das Emirat Abu Dhabi, Oman und Saudi-Arabien um das Gebiet. In den 1950er Jahren setzte sich der Streit um Buraimi vor dem Hintergrund vermuteter Ölvorkommen fort. Erst seit 1975 akzeptiert Saudi-Arabien die heutige Grenzziehung weit südlich von Buraimi.

Sehenswertes

Souq und Oasengärten

Der früher offene **Obst- und Gemüsemarkt** befindet sich seit 1996 in einer neuen, allerdings durchaus stilvollen Anlage. Hier findet man eine riesige Auswahl an frischen Produkten. Wenige Meter nördlich steht ein etwas älterer Bau mit zwei Gängen, in denen sich zahlreiche kleine Läden befinden. Sie bieten, neben Gewürzen, eine breite Auswahl an Haushaltswaren sowie Dingen für den täglichen Gebrauch an, vereinzelt findet man auch Silberschmuck.

Die **Oasengärten** sind fast aufgegeben und vertrocknen. Im Palmenhain steht noch eine kleine Zahl alter Lehmhäuser, in denen die Bewohner in früheren Zeiten ausschließlich lebten. Sie sind verlassen, da die Menschen in moderne, klimatisierte Häuser umgezogen sind.

Beim Souq befindet sich auch ein weiteres, allerdings nicht zugängliches Fort, das **Hisn al-Helah,** das in der Vergangenheit sowohl als Amtssitz und Wohnhaus des Wali als auch als „Schatzkammer" Buraimis diente.

Fort Khandaq

Das imposante Fort Khandaq steht **im Zentrum von Buraimi** südlich des Souqs. Es ist im Laufe der 1980er Jahre umfangreich restauriert worden, wobei traditionelle Bautechniken zur Anwendung kamen. Die Wände wurden mit Lehmziegeln ergänzt, die Decken mit Palmstämmen und Matten aus Palmfasern ausgebessert und erneuert. Als Zement wurde eine Mischung aus gebranntem Kalk und Schlamm benutzt.

Die **rechteckige Anlage** beeindruckt durch ihre Größe. Sie hat in jeder Ecke einen runden Wehrturm, alle vier unterschiedlich gestaltet und mit anderen Ornamenten verziert. Ungewöhnlich für ein omanisches Fort ist es, dass den gesamten Komplex ein breiter Burggraben umgibt. Dieser stammt nicht von den ursprünglichen Erbauern, dem Stamm der hier ansässigen *Al Bu Shamis,* sondern er wurde von den saudi-arabischen Wahhabiten ergänzt, als sie in der ersten Hälfte des 19. Jahrhunderts Buraimi besetzt hielten.

Kamelmarkt

Nicht versäumen sollte man den Besuch des Kamelmarktes, der am südlichen Ortsrand von Al-Ain auf emiratischer Seite liegt. Es ist der **einzige Markt dieser Art** (abgesehen von Wochenmärkten) in Oman oder den Vereinigten Arabischen Emiraten. Fohlen, Stuten und Zuchthengste, Schlachtkamle oder edle Rennkamele – hier wird alles angeboten. Die Verkäufer sind größtenteils Pakistanis oder Sudanesen; sie führen Besucher herum oder machen Fotos (und erwarten dafür natürlich Trinkgeld).

Praktische Infos

Unterkunft

6 Al-Buraimi Furnished Flats*
Preiswerte Zimmer mit Bad und Küche an der von Al-Ain kommenden Hauptstaße, DZ 25 RO, Tel. 256 54789

1 Al-Buraimi Hotel***
Stilvolles, aber nur mäßig geführtes Hotel an der Straße nach Sohar/Muscat, auch Chalets im Garten, EZ 35 RO, DZ 40 RO, Tel. 25642010

5 Al-Dhahra Hotel*
Einfach und verwohnt, an der Straße, die vom Souq nach Al-Ain führt, direkt am omanischen Grenzschild, DZ 10 RO, Tel. 256 50492, sirshirt@omantel.net.om

3 Al-Masa Hotel***
Empfehlenswertes Mittelklassehotel, an der von Al-Ain kommenden Hauptstraße schräg gegenüber vom Hamasa Hotel, DZ 25 RO, Tel. 25653007

2 Al-Salam Hotel**
DZ 30 RO, Tel. 25655789

4 Hamasa Hotel*
Das einfache Hotel an der von Al-Ain kommenden Hauptstraße liegt wenige Meter hinter dem Grenzschild, DZ 18 RO, Tel. 25651200

■ Im emiratischen Nachbarort **Al-Ain** stehen die **Luxushotels Hilton, Telal, Rotana** und **Mercure.** Insbesondere das Mercure in 1300 m Höhe auf dem Jebel Hafeet ist eine lohnende Adresse (DZ ca. 70 RO).

Restaurants, Bars

Einfache Lokale finden sich rund um den Souq im Zentrum.

1 Al-Hamasa (Al-Buraimi Hotel)
Arabisches Restaurant mit arabischer Unterhaltung, 15–1.30 Uhr, Tel. 25652010

1 Club Tropicana (Al-Buraimi Hotel)
Internationales Restaurant mit Live-Unterhaltung, 6–24 Uhr, Tel. 25652010

1 Mhefil (Al-Buraimi Hotel)
Indisches Restaurant mit indischer Musik, 18–1 Uhr, Tel. 25652010

1 Hi-Lite und **Oasis Bar** (Al-Buraimi Hotel)
18–1 Uhr, Oasis auch 12–16 Uhr

Polizei

■ **Notruf Polizei und Feuerwehr: 9999**

■ **Royal Oman Police,** gegenüber vom Souq, Tel. 25650099

Krankenhaus und Apotheken

■ **Al-Buraimi Hospital,** Tel. 25650033

■ **Al-Buraimi Pharmacy,** Tel. 25650392

■ **Modern Pharmacy,** Tel. 25650755

Verkehrsverbindungen

■ Für den **innerstädtischen Transport** und für die Verbindung nach Al-Ain ist man auf **Taxis** angewiesen.

■ Von Buraimi fahren täglich drei **Busse** von Mwasalat (Tel. 24590046, 24708522) um 7, 13 und 17 Uhr **über Sohar nach Muscat** (5 Std. Fahrzeit) und zwei über **Nizwa nach Muscat** (7.50 und 17 Uhr). Der Abfahrtsort liegt schräg gegenüber vom Al-Dhahra Hotel.

■ **Sammeltaxis** starten am Al-Buraimi Hospital am Ortsausgang kurz hinter dem Al-Buraimi Hotel (über Sohar nach Muscat, 6 RO).

■ **Verbindungen in die Vereinigten Arabischen Emirate** bestehen von Al-Ain: Die Station für Sammeltaxis liegt zwischen der Zayed bin Sultan und der Shaikh Khalifa bin Zayed Road im Zentrum. Von dort fahren für je 20 Dh Taxis nach Abu Dhabi und Dubai sowie für 25 Dh nach Sharjah. Vom zentralen Busbahnhof beim Obst- und Gemüsemarkt fahren zwischen 5.30 und 22.30 Uhr jede halbe Stunde Busse nach Abu Dhabi ab (10 Dh, 2½ Std. Fahrzeit).

Banken/Exchange

An der Hauptstraße, die von Buraimi nach Al-Ain hineinführt, trifft man diverse **Banken** und kleine **Wechselstuben** an. Wechselkurs Anfang 2020: 1 Euro = 4,11 Dirham.

Post und Telefon

■ Das **Postamt** liegt an der Straße, die vom Kreisverkehr am Souq nach Südosten abzweigt; Öffnungszeiten: Sa bis Mi 8–13 Uhr.

■ Das **Telefonamt** liegt an der Hauptstraße von Buraimi nach Al-Ain. Telefonate nach Al-Ain werden als internationale Gespräche abgerechnet (an die Vorwahl 00971-3 denken).

Ausflüge

Al-Ain

Am naheliegendsten ist ein Ausflug in die benachbarte Oasenstadt Al-Ain, die zu den **V. A. Emiraten** gehört (zum Kamelmarkt siehe oben).

Die Oasen Khutwa, Mahdah und das Fossiliental

Dieser Ausflug bleibt auf omanischem Gebiet, das noch vor dem Kontrollposten liegt und daher von Buraimi aus ohne Grenzformalitäten besucht werden kann. Ob dies nach Fertigstellung des neuen Grenzzaunes auch so bleiben wird, ist ungewiss.

Anfahrt: Am einfachsten erreicht man die wunderschöne alte Bergoase Khutwa, indem man von Buraimi den Straßenschildern nach Sohar und Salalah folgt. Wenn man nach **32 km** links in Richtung Mahdah abbiegt, erreicht man nach weiteren **6 km** den Abzweig nach Khutwa (rechts). Die Straße führt schnurgerade auf das Dorf **Khutwa** am Fuße der Berge zu. Nachdem man nach **4 km** den neuen Ortsteil durchfahren hat, wird die Straße zur Piste. Sie steigt bergan und ist normalerweise auch mit einem Pkw zu befahren (sonst muss man halt zu Fuß gehen). Bei Erreichen der **Passhöhe** hat man einen herrlichen Blick auf die alte Oase und ihren Palmenhain, die vor dem Panorama der abgestuften Hajar-Berge in etwa **2 km** Entfernung liegen.

oman11-005 pf

Man kann in die Oase hineinfahren, es ist jedoch ratsam, das Auto am Platz am Rande des Palmenhains stehen zu lassen. Ein Spaziergang durch die **Gärten,** vorbei an Palmen, Bananen-, Mandarinen- und Limonenbäumen und immer wieder über plätschernde falaj-Kanäle hinweg, vermittelt am besten die Ruhe und Abgeschiedenheit der Oase. Nach einer Weile erreicht man den zentralen Platz des Ortes mit einer fast zugewachsenen Moschee, die sogar mit einer Klimaanlage ausgestattet ist. Geht man links an ihr vorbei und nach etwa 100 m rechts den Hang hinunter, so gelangt man in das Wadi.

In dessen Mitte hat das kontinuierlich fließende Wasser eine **Schlucht** geschaffen. Sie ist nur wenige Meter breit, aber 20 bis 30 Meter tief, mit fast senkrechten Wänden. Von einer kleinen weißen Betonbrücke über der Schlucht kann man dunkel das Wasser auf dem Grund erkennen. In engen Kurven windet sich der Bach wadiabwärts. An einigen Stellen hat er die Schlucht so ausgewaschen, dass breite Überhänge entstanden sind, an anderen fließt er ein Stück lang unterirdisch. Geht man weiter auf die kleine Oase zu, die hinter der Brücke liegt, so kommt man an einen zweiten Canyon. Er ist nicht ganz so tief, und es fließt auch nicht immer Wasser in ihm. Das gesamte Gebiet eignet sich ideal zum Wandern und lädt zu Erkundungsspaziergängen ein.

Für den **Rückweg nach Buraimi** bietet sich eine alternative Strecke **über Mahdah** an. Von Khutwa fährt man zurück zur Hauptstraße, dort rechts und erreicht Mahdah nach 16 km. Im alten Teil der Oase, die einmal eine wichtige Karawanenstation war, stehen zwei alte Forts.

Auf dem weiteren Rückweg kommt man **10 km** vor Buraimi am sogenannten **„Fossil Valley"** vorbei. Fährt man über eine Piste etwa **5 km** ostwärts auf ein kreisförmiges Tal zu, das von kleinen Bergen umgeben ist, so kann man sich zu Fuß auf die Suche nach versteinerten Fossilien machen. Die Chance, fündig zu werden, ist relativ groß, allerdings ist das Sammeln und Mitnehmen von Fossilien aus Oman offiziell verboten.

Streicheleinheiten in der Wüste

NICHT VERPASSEN!

- Unterwegs im Wadi Samad | 197
- Die Oasenstadt Ibra und ihr Frauenmarkt | 202
- Uralte Grabtürme | 207
- Baden im Wadi Bani Khalid | 212
- Die Sandwüste Wahiba | 213
- Dhaus in Sur | 219
- Meeresschildkröten im Mondschein | 226

Diese Tipps sind gelb hinterlegt.

4 DER OSTEN – AL-SHARQIYAH

الشرقية

oman105 ud

Die Region Al-Sharqiyah erstreckt sich östlich des Suma'il-Passes, über den die Straße von Muscat nach Nizwa verläuft. Ihre Grenzen werden im Norden und Osten vom Indischen Ozean und im Süden durch die Sandwüste Ramlat al-Wahiba gebildet. Attraktionen der Sharqiyah sind ganzjährig Wasser führende Wadis, die Ramlat al-Wahiba mit ihren angrenzenden Oasen und die Meeresschildkröten am Strand von Ras al-Jinz, die man bei der Eiablage beobachten kann.

Überblick

Das **Hajar-al-Sharqi-Gebirge,** das mit dem Jebel Khadar am östlichen Ende des Gebirgszuges eine Höhe von 2223 m erreicht, ist die dominierende Landschaftsform der Region. Die Berge reichen nach Norden bis an das Meer heran, wo die Fischer in einigen Wadimündungen zusätzlich gute Voraussetzungen für etwas Landwirtschaft finden. Im Osten enden die Hajar-Berge an der Straße, die von Süden nach Sur führt. Der östlich davon gelegene Teil der Sharqiyah wird **Ja'alan** genannt. In diesem kleinen Gebiet findet sich eine große landschaftliche Vielfalt, hier liegen Berge (Jebel Khamis), Sandwüste (ein Ausläufer der Ramlat al-Wahiba) und Küste (mit den Landspitzen Ras al-Jinz und Ras al-Hadd) direkt nebeneinander.

Die **größten Orte** der Sharqiyah sind **Ibra** im Landesinneren und **Sur** an der Küste. Sur war zu Zeiten des Überseehandels mit Ostafrika ab dem 17. Jahrhundert eine wichtige Hafenstadt, was der ganzen Region enormen Reichtum

Über 4000 Jahre alter Grabturm im Osten Omans

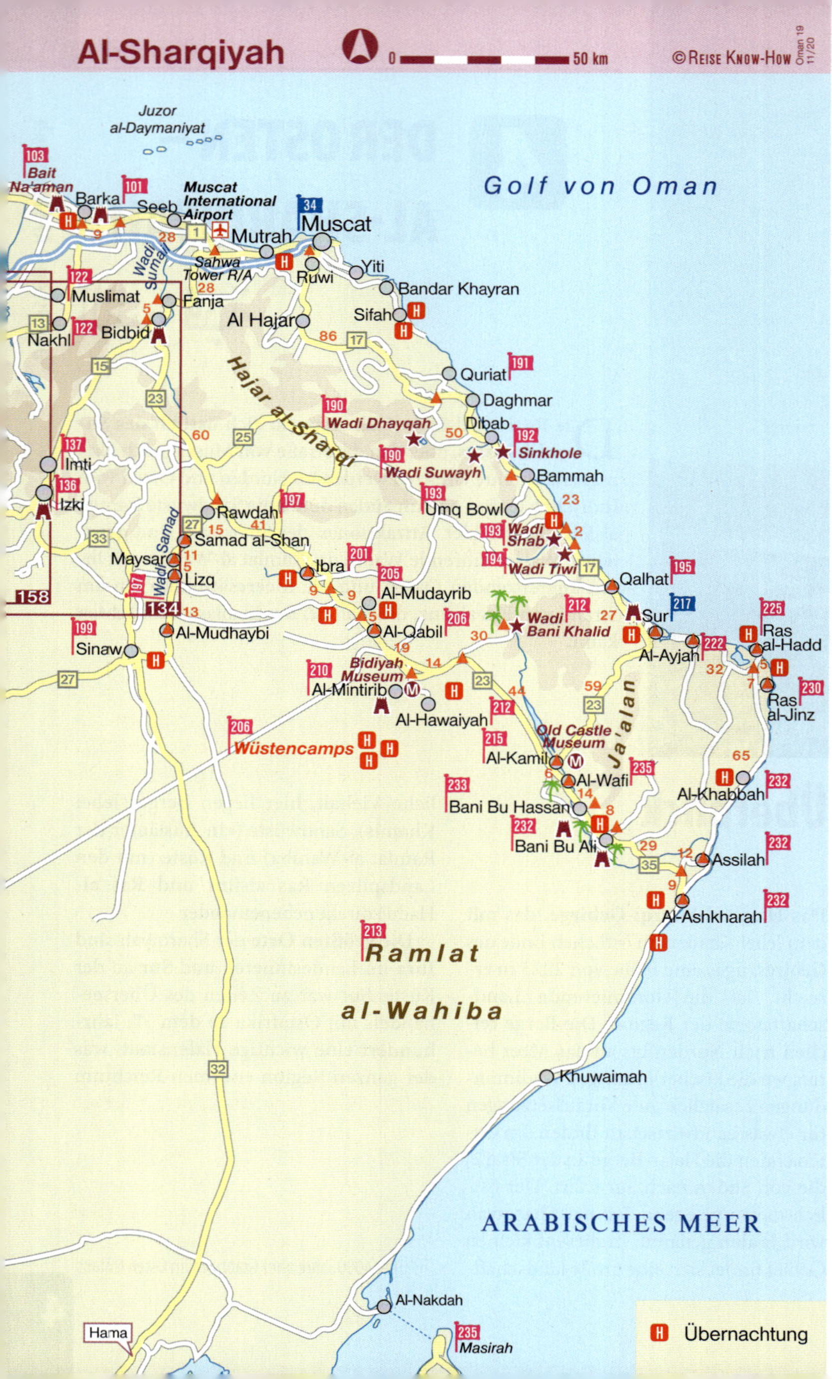
Al-Sharqiyah
0
50 km
© Reise Know-How
Oman 19 11/20
Golf von Oman
Juzor al-Daymaniyat
103 Bait Na'aman
Barka
101
Seeb
Muscat International Airport
34
Muscat
Mutrah
Ruwi
Yiti
Sahwa Tower R/A
Wadi Sumail
122
Muslimat
Fanja
122
Bidbid
Nakhl
Al Hajar
Bandar Khayran
Sifah
Hajar al-Sharqi
191
Quriat
Daghmar
190
Wadi Dhayqah
Dibab
192
Sinkhole
190
Wadi Suwayh
Bammah
137
Imti
136
Izki
197
Rawdah
193
Umq Bowl
Samad al-Shan
Wadi Samad
193
Wadi Shab
194
Wadi Tiwi
195
Qalhat
Maysar
Lizq
Ibra
201
205
Al-Mudayrib
197
158
134
Al-Mudhaybi
199
Sinaw
206
Al-Qabil
212
Wadi Bani Khalid
217
Sur
225
Ras al-Hadd
222
Al-Ayjah
230
Ras al-Jinz
210
Bidiyah Museum
Al-Mintirib
Al-Hawaiyah
212
Ja'alan
206
Wüstencamps
215
Old Castle Museum
Al-Kamil
Al-Wafi
235
233
Bani Bu Hassan
232
Bani Bu Ali
232
Al-Khabbah
232
Assilah
232
Al-Ashkharah
213
Ramlat al-Wahiba
Khuwaimah
ARABISCHES MEER
Al-Nakdah
235
Masirah
Hama
Übernachtung

bescherte. Der Handel mit afrikanischen **Sklaven** spielte dabei eine nicht unerhebliche Rolle. Allerdings hatte der Aufschwung der Sharqiyah ein Ende, als Anfang des 19. Jahrhunderts viele Bewohner Sultan Said nach **Sansibar** folgten und so teilweise ganze Dörfer entvölkert wurden. Kurz darauf wurden die ostafrikanischen Besitzungen vom Mutterland abgetrennt, und der Seehandel kam fast zum Erliegen. Erst nach der Revolution auf Sansibar im Jahr 1964 kehrten viele Familien zurück und brachten der Region neuen Aufschwung. Die engen Verbindungen zu Ostafrika sind heute in vielen Aspekten noch lebendig. Viele Bewohner der Sharqiyah haben eine auffällig dunkle Hautfarbe, krauslockiges Haar und sprechen fließend Swahili. Ihre verwandtschaftlichen Beziehungen nach Ostafrika sind noch immer eng, und die Kultur und Kunst sind stark ostafrikanisch beeinflusst. Besonders deutlich kann man dies in Musik und Tanz sowie im Schmuck- und Holzhandwerk erkennen.

Für die **Versorgung** der Sharqiyah-Orte **mit Trinkwasser** sind das Wadi Andam im Westen und das Wadi Batha im Süden besonders wichtig. Allerdings führen sie nur nach ergiebigen Regenfällen Wasser, die meiste Zeit des Jahres sind die Flussbetten trocken. Ihre Bedeutung liegt in den ergiebigen unterirdischen Adern, aus denen viele Orte das lebenswichtige Nass beziehen.

Neben ihnen gibt es eine Reihe **Wadis,** die das ganze Jahr hindurch Wasser führen und daher eine besondere Sehenswürdigkeit sind. Dazu gehören die Wadis Shab und Tiwi westlich von Sur und das Wadi Bani Khalid an der Strecke zwischen Ibra und Sur.

Entlang der Küste nach Sur

■ Die **neue Autobahn** von Quriat bis Sur ist seit 2009 befahrbar und seit 2014 komplett auch von Muscat bis Quriat fertiggestellt. Insgesamt sind es **von Muscat etwa 190 km bis Sur.** Während man früher über die alte Piste einen ganzen Tag für diese Strecke einplanen musste, kann man nun (ohne Stopps) in etwa zwei Stunden nach Sur fahren. Auf der Strecke gibt es eine **Vielzahl lohnenswerter Abstecher** und Zwischenstopps. Der erste sehenswerte Ort ist **Quriat,** der man nach etwa 90 km erreicht. Von dort bietet sich ein Abstecher oder eine Routenvariante in das **Wadi Suwayh** an (nur mit einem Geländewagen möglich). Entlang der Strecke von Quriat nach Sur münden zahlreiche Wadis in den Indischen Ozean, von denen das **Wadi Shab** und **Wadi Tiwi** sehenswert sind.

■ Wegen der zahlreichen möglichen Abstecher sollte man sich für diese Strecke **genügend Zeit lassen.** Empfehlenswert wäre es, einen vollen Tag für die Fahrt einzuplanen und in Sur zu übernachten, um dann am nächsten Tag Zeit und Ruhe für die Besichtigung von Sur zu haben. Für den Rückweg nach Muscat kann man über die Asphaltstraße über Ibra fahren. Allerdings sind dies rund 300 km, auf denen es viel zu sehen gibt und man sich erneut Zeit nehmen sollte (siehe nächstes Kapitel „Durch das Landesinnere nach Sur").

Streckenbeschreibung: Startpunkt und **km 0** dieser Strecke ist der **Wadi-Adai-Kreisverkehr** in Ruwi, an dem die nach Amerat, Quriat und Sur ausgeschilderte breite Straße beginnt. Man überquert einige Bergrücken, dann verläuft die Straße in einer weiten Ebene, der **Saih Hatat Bowl,** in der die neu geschaffenen geschaffenen Wohnsiedlungen Medinat al-

Nahdah und Amerat liegen. Bei **km 12,5** führt eine neue Straße über die Berge zum Flughafen, die man als Alternativroute nutzen kann, wenn aus dem westlichen Teil Muscats kommt.

Bei **km 16** passiert man eine Polizeistation, die zugleich das Ende des Stadtgebietes von Muscat bedeutet.

Bei **km 24** zweigt links eine Straße ab, die durch das schöne **Wadi Mayh** zu den Küstenorten und Stränden bei Yiti führt (siehe Kapitel „Die Capital Area: Ausflüge"). Allerdings ist der Zustand der einst asphaltierten Straße so schlecht, dass man sie als Piste bezeichnen muss.

Im weiteren Verlauf der Straße wandelt sich das **Landschaftsbild.** Zahllose freistehende Felsblöcke und kleinere Felsketten, die aussehen, als wären sie nur die Spitze eines eingegrabenen Berges, säumen die Straße. Manche von ihnen sind nur wenige Meter hoch, andere ragen wie Pyramiden aus der Ebene. Etwas abseits der Straße schieben sich gewaltige Felsplatten auf bis zu 1000 m Höhe. Die Formen der Felsen und Berge sind zackig und schroff, ihre Farbe meist dunkelbraun oder fast schwarz. Bis kurz vor Quriat fährt man durch diese unwirklich anmutende **Mondlandschaft.** Abstecher in dieser gegend lohnen sich jedoch nicht.

82 km hinter Ruwi hat man die Abfahrt nach Quriat und ins Wadi Dhayqah erreicht. Hält man sich in Richtung Wadi Dhayqah/Hail al-Ghaf, kann man zum neuen Staudamm und – allerdings nur mit einem Allradwagen – zum **Wadi Suwayh** weiterfahren.

Abstecher bzw. Variante über Wadi Dhayqah und Wadi Suwayh

Ab der Abfahrt sind es ca. **18 km bis zum Wadi-Dhayqah-Staudamm.** Das früher sehr schöne Tal hat sich durch den Bau der Talsperre grundlegend gewandelt. Langsam entwickelt es sich aber wieder zu einem Ausflugsziel. Fährt man von hier direkt weiter ostwärts, sind es insgesamt knapp 40 km, bis man wieder den Weg von Quriat nach Sur erreicht. Zusätzlich bietet sich ein Abstecher in das wunderschöne Wadi Suwayh an. Diese Strecke ist allerdings eine Sackgasse, sodass dies noch zweimal 9 km Piste bedeutet.

1,8 km hinter der Abfahrt erreicht man eine **Gabelung,** an der es rechts nach Al-Misfah und in das Wadi Dhayqah abgeht; geradeaus käme man nach 4 km in den Ort **Hail al-Ghaf,** der für seine ausgedehnten Mango-Plantagen berühmt ist.

Fährt man in **Richtung Al-Misfah,** einem kleinen Dorf am Fuße der Berge, so zweigt bei **km 4,9** links die Straße in den Ort **Al-Mazara** im Wadi Dhayqah ab. Sie führt durch eine mit Geröll übersäte Hügellandschaft, bis man bei **km 18** das Wadi Dhayqah erreicht. Der Staudamm ist nicht zu verfehlen und ausgeschildert. Ein kurzer Blick auf die großen Wassermassen inmitten der kargen Landschaft ist durchaus beeindruckend.

Lässt man ihn rechts liegen, erreicht man die **Oase Al-Mazara.** Fährt man weiter wadiabwärts durch den Ort, durchquert dann den Palmengarten und das Wadibett, erreicht man das **Fort** von Al-Mazara. Es thront hoch über dem Wadi und dem Palmenhain und bietet einen malerischen Anblick.

Bei **km 20,2** muss man das Wadi nach rechts verlassen, bei **km 20,6** nach links weiterfahren. Bei **km 21,2** links nach Al-Husn halten, dann endet der Asphalt bei km 21,9.

Nach **26,5 km** erreicht man einen Abzweig, an dem es rechts nach Al-Yaa abgeht, man muss jedoch geradeaus weiter. Bei **km 31,7** kann man über die Weiterfahrt entscheiden: Biegt man nach links ab, sind es noch 4 km bis zur Autobahn Quriat – Sur (an der Ausfahrt Wadi Arbain). Geradeaus bietet sich die Möglichkeit zu einem lohnenden Abstecher in das Wadi Suwayh.

Mit dem Auto kann man **9 km** in das Wadi hineinfahren: Nach 1 km muss man links ab, nach 4,3 km links weiter (Achtung, bei der Rückfahrt aufpassen und hier rechts ab!). Nach weiteren 2 km zweigt eine Piste nach links ab (die nach 14 km ebenfalls zur Autobahn nach Sur führt, Abfahrt Dhabab; sie ist jedoch nach Regenfällen manchmal nicht passierbar). Geradeaus kommt nach 2 km das Dorf Suwayh in Sicht. Kurz vor dem Ort liegen ein großer Pool, in dem man auch schwimmen kann, und ein kleiner Wasserfall. Hinter dem Dorf geht es nur noch zu Fuß weiter.

Lässt man den Abstecher über die Wadis aus, kann man von der Abfahrt bei km 82 auch den Küstenort Quriat erreichen (10 km ab der Autobahn).

Quriat قريات

Bis zum Eintreffen der Portugiesen im Jahre 1507 war Quriat eine wichtige Hafenstadt. Doch nach der Zerstörung durch *Albuquerque* ist es nie wieder zu altem Glanz gelangt. Heute hat die ruhige Stadt rund 60.000 Einwohner.

Auf die portugiesische Besatzungszeit geht das **kleine Fort** im Zentrum Quriats zurück. In seiner heutigen Form wurde es Ende des 18. Jahrhunderts von *Hamad bin Said Al Bu Said* erbaut. Die frühere Residenz des Walis ist mit zahlreichen Gebrauchsgegenständen anschaulich eingerichtet und hat nur eine Etage. Geöffnet ist das Fort So bis Do 8.30–14.30 Uhr.

Neben dem Fort liegt der ursprüngliche und (am Vormittag) lebhafte **Souq** Quriats. Um den Fischverkaufsplatz herum findet man auch einige **Halwa-Kocher,** denen man bei der Herstellung der Süßigkeit zusehen kann. Allerdings geschieht diese aufwendige Arbeit heute meist nur noch vor wichtigen Feiertagen (siehe Exkurs „Omans süßeste Versuchung – Halwa"). Am Rande des Souqs steht ein Shareesh-Baum, von dem behauptet wird, er sei älter als das Fort.

Fährt man am Fort rechts in Richtung Südosten, erreicht man einen Strand mit Mangroven und nach etwa 2 km den weitläufigen **Fischerhafen.** Das Areal ist nett mit Picknickplätzen gestaltet und durchaus einen kleinen Umweg wert.

Im Spätsommer wird in Quriat und vor allem im Nachbarort Daghmar das **Fest Nairouz** gefeiert, das den Beginn der Fischereisaison kennzeichnet, sobald die See nach den Sommermonsunwinden ruhiger wird. Von abends bis in die tiefe Nacht wird gefeiert, gesungen und getanzt. Seit 1991 gehört Quriat verwaltungstechnisch zur **Capital Area.** Kurz darauf fanden hier die Feierlichkeiten zum National Day statt, zu denen man einen großen traditionellen Handwerkermarkt inszenierte, um so der gestiegenen Aufmerksamkeit für die alten Zünfte Ausdruck zu geben.

Quriat hält den Rekord als **heißeste Stadt der Welt,** allerdings nicht für die höchste Tagestemperatur, sondern für den höchsten Wert **nachts:** Ende Juni 2018 wurden hier 42,6 Grad als nächtliche Tiefsttemperatur gemessen.

Weiter auf der Autobahn nach Sur erreicht man bei km 98 eine Mautstation. Da die Straße teilweise privat finanziert wurde, sollte eigentlich eine Gebühr eingeführt werden. Diese (für Oman ungewöhnliche) Idee scheint aber endgültig aufgegeben zu sein.

Bei **km 103** liegt die Abfahrt „Wadi Arbain“ (siehe oben „Variante über das Wadi Dhayqah und Wadi Suwayh“).

8 km weiter führt die **Ausfahrt „Dibab“** zu der gleichnamigen kleinen Fischersiedlung an der Küste. Hier geht ein schönes Wadi in die Berge, das im weiteren Verlauf auf die Strecke ins Wadi Suwayh führt (siehe oben).

Bei **km 118** erreicht man die **Ausfahrt „Hawiyat Najm Park“.** Fährt man ab und in Richtung Meer, hält sich an der T-Kreuzung nach links und dann wieder links, kommt man nach gut 3 km zu einem Parkplatz und zum Eingang zum **„Sinkhole“.** Es handelt sich um eine frühere Höhle, deren Decke eingestürzt ist, wodurch ein tiefes Loch im Kalksteinplateau entstanden ist. An der östlichen Seite kann man über eine Treppe hinabsteigen, um zu baden und das Wasser auf seinen (leichten) Salzgehalt zu untersuchen. Bei den Einheimischen ist das *sinkhole* als **Bait al-Afreet,** als „Haus des Dämons“, bekannt. An dem beliebten Ausflugs-/Picknickziel wurden Schattendächer und Toiletten errichtet. Die alte Straße entlang des Meeres kann man von hier ein Stückchen weiterfahren, allerdings nur bis zum nächsten Ort Bammah und nicht bis Tiwi, da sie teilweise weggeschwemmt worden ist.

Bei **km 127** erreicht man die **Ausfahrt „Umq“.** In Richtung Meer geht es hier nach **Bammah,** einem kleinen Fischerdorf; in Richtung Berge führt eine Piste nach Umq al-Rubakh, in die von Bergen umschlossene sogenannte **Umq Bowl.**

oman136 pf

An der Küste zwischen Muscat und Sur

Abstecher: Umq Bowl

Die zunächst noch gute Piste führt direkt auf die Berge zu. In **zahlreichen Kurven** windet sie sich den Berghang hinauf, von wo sich immer wieder schöne Ausblicke auf die Küstenebene bieten.

Nach gut 7 km überwindet man eine erste Passhöhe. Etwas weiter kann man neben der Piste **Wohnungen aus Stein** entdecken. Die Menschen hier in den Bergen leben noch immer nach traditioneller Weise von der **Ziegen- und Schafzucht** und verlegen ihren Wohnsitz je nach Jahreszeit an verschiedene Stellen im Gebirge, die aber meist nicht weit voneinander entfernt sind. Im Sommer werden Plätze im kühlenden Wind bevorzugt, im Winter geschützte Orte.

Die Piste steigt weiter an, bis sie nach gut 10 km den höchsten Punkt erreicht hat (ca. 700 m Höhe). Nach einer steilen Abfahrt kommt man nach 15 km an eine Abzweigung, an der man sich rechts hält. Wenig später endet die befahrbare Strecke. Inmitten des von steilen Felsen umgebenen Kessels liegt ein kleines Dorf, dessen grüner Palmengarten von einem alten falaj-Kanal bewässert wird. Man sollte den Blick auf die Siedlung genießen und die Menschen nicht stören.

Die Autobahn nach Sur verläuft weiter in der Küstenebene. Linker Hand liegt in einiger Entfernung das türkisblaue Meer, rechts sieht man die hohen **Berge des östlichen Hajar-Massivs.** In ihnen leben Wildtiere, darunter Adler, Gazellen, Füchse und Wölfe. Entlang der Küste findet sich kein ausgedehnter Sandstrand, sondern sie ist steinig und mit niedrigen Klippen zum Meer hin abfallend, dazwischen kleine Sandbuchten. Die Ebene ist nur spärlich bewachsen.

Bei **km 135** folgt die **Ausfahrt „Fins".** Der Ort Fins liegt direkt am Meer. In seiner Umgebung finden sich einige **schöne Strände,** die an den Wochenenden oft gut besucht sind. Nach rechts führt eine steile und schwierige Piste in die Berge nach Wusal. Über sie kann man **Grabtürme** erreichen (siehe S. 207).

Bei **km 141** führt eine zweite Piste ebenfalls in die Berge und zu den Grabtürmen. Kurz darauf liegt links das **Sama Wadi Shab Resort** am Meer. Das etwas oberhalb des Kiesstrandes gelegene Mittelklassehotel hat eine schöne Aussicht aufs Meer und ist ein guter Übernachtungsort, will man frühmorgens im Wadi Shab wandern (DZ ab 60 RO, Tel. 91231455, www.samaresorts.com).

Bei **km 145** hat man die **Ausfahrt „Wadi Shab"** erreicht. Direkt neben der Autobahn liegt das **Fischerdorf Shab** (heute ein Ortsteil von Tiwi), das seinen Namen vom **Wadi Shab** hat (oder umgekehrt, das weiß niemand mehr genau).

Abstecher: Wadi Shab

In diesem einst geradezu paradiesischen Tal hatte es relativ große Zerstörungen durch den Zyklon „Gonu" im Sommer 2007 gegeben. Der untere Teil des Wadis, der früher palmenbestanden war, ist nun fast kahl. Zudem erzeugt die neue Autobahnbrücke über das Tal nicht gerade einen Eindruck von Idylle.

Es lohnt sich jedoch nach wie vor, das Wadi hineinzuwandern. Die beste Zeit für diese Tour ist der frühe Morgen. Man muss gleich nach dem Parkplatz unter der Autobahnbrücke mit einem kleinen Boot übersetzen (1 RO pro Person). Nach einer halben Stunde Fußmarsch beginnt der schönste Teil, der nicht so stark zerstört wurde: Im **Wadibett** plätschert das Wasser über kleine Wasserfälle, und in den umliegenden zerklüfteten Bergen, die steil ansteigen, kann man zahlreiche Felsspalten und Höhlen entdecken.

Nach einer knappen Stunde Wanderung (immer entlang des gut erkennbaren Weges) beginnt der

Pfad steil bergan zu führen. Hier kann man nach links zum Wasser hinabklettern. Durchwatet man das klare Wasser, erreicht man etwas weiter tiefere Stellen, in denen man schwimmen kann. Lassen Sie am Beginn der Pools keine Wertsachen zurück und nehmen Sie möglichst Badeschuhe o.ä. mit, da man abwechselend schwimmen und über Steine gehen muss. Etwas Kondition und Trittsicherheit ssowie gute Schwimmausdauer sind für die Tour notwenig.

1 km nach der Abfahrt zum Wadi Shab kann man von der Autobahn in das Wadi hineinsehen. 2 km weiter hat man einen Blick ins nächste Tal, das Wadi Tiwi.

Bei **km 149** ist die **Ausfahrt „Tiwi"** erreicht. Der Ort Tiwi liegt am Austritt eines (gleichnamigen) Wadis und ist um einiges größer als Shab. Hier gibt es auch einige kleine Läden, ein Restaurant und eine Bank.

Von Shab kommend kann man auch die kleine Nebenstraße parallel zur Autobahn nehmen. Das Wadi liegt am Ende von Tiwi nach rechts.

Abstecher: Wadi Tiwi

Auch hier hat es große Zerstörungen durch den Zyklon gegeben. Das Tal ist jedoch breiter als das Wadi Shab, deshalb sind die Wassermassen nicht ganz so hoch und vernichtend angeschwollen.

Die schmale Straße (bis zum Ende asphaltiert, aber stellenweise sehr steil und eng) führt durch mehrere kleine Dörfer, die hintereinander im Wadi liegen. Nach einigen Kilometern wird die Strecke zur Piste. Das Wadi ist dicht bewachsen, die schroffen Berge, die es einschließen, stehen in interessantem Kontrast zur Vegetation. Maximal kann man rund 10 km fahren. Auf den letzten Kilometern wird die Straße noch enger und führt steil bergan – man hat einen schönen Blick auf das palmenbestandene Wadi. Am besten hier den Wagen stehen lassen (wenn man einen Platz findet) und das Wadi zu Fuß weiter erkunden.

☒ Im Wadi Shab (bevor der Zyklon „Gonu" im Jahr 2007 große Zerstörungen anrichtete)

Bei km 165 hat man die Ausfahrt „Qalhat“ erreicht. Qalhat war von der zweiten Hälfte des 12. Jahrhunderts an ein wichtiges Handelszentrum. Gegen Ende des 13. Jahrhunderts wurde es vom Königreich Hormuz erobert und zu einer blühenden Stadt ausgebaut. Auch die beiden Weltreisenden *Ibn Battuta* und *Marco Polo* berichteten vom Glanz der Stadt. Doch der fand im 15. Jahrhundert bei einem schweren Erdbeben ein abruptes Ende. Die Stadt wurde fast vollständig zerstört – und den Rest besorgten im Jahr 1507 portugiesische Soldaten bei ihrer Invasion.

Durchfährt man den Ort in Richtung Meer und hält sich dann nach Osten, erreicht man 3 km nach der Autobahn-

oman137 as

abfahrt das **Ruinenfeld der alten Stadt Qalhat.** Nicht mehr viel deutet auf die alte Herrlichkeit hin. Fast alles ist zerstört, bis auf das Grab (oder die Moschee, da gehen die Meinungen auseinander) der *Bibi Miriam,* Reste der Stadtmauer und einige Gewölbebauten. 2018 wurde das gesamte ehemalige Stadtgebiet in die **UNESCO-Liste** des Weltkulturerbes aufgenommen.

Bei **km 170** passiert man die zweite (ebenfalls leere) Mautstation. **2 km weiter** erreicht man einen Kreisverkehr, an dem es nach links ins neue **Industriegebiet von Sur** geht. Neben einer Meerwasserentsalzungsanlage und einer Düngemittelfabrik steht hier eine gigantische Gasverflüssigungs- und Verschiffungsanlage.

Bei **km 183** kann man wählen, wie man nach **Sur** (siehe S. 217) hineinfahren will: Nach links geht es zum westlichen Ortseingang und dem Sur Beach Holiday Hotel, geradeaus erreicht man nach 4 km die Hauptstraße, die von Süden (Al-Kamil) nach Sur (und zum Sur Plaza Hotel) führt.

Durchs Landesinnere nach Sur

■ **Startpunkt dieser Strecke quer durch die Sharqiyah ist der Sahwa-Tower-Kreisverkehr,** an dem die Straße nach Nizwa und Salalah von der Küstenautobahn abzweigt. Bis Sur sind es insgesamt **295 km** über eine gut ausgebaute Straße.

■ Unterwegs gibt es zahlreiche lohnende Ziele für **Zwischenstopps.** Vor allem die alten Lehmsiedlungen in **Al-Mudayrib** und **Ja'alan Bani Bu Hassan,** aber auch viele malerische Oasendörfer sind einen Besuch wert. Kontraste bieten Ausflüge an den Rand der Sandwüste **Ramlat al-Wahiba** oder in das ganzjährig Wasser führende **Wadi Bani Khalid.** Ein Abstecher nach Süden, auch als Erweiterung der Hauptroute machbar, führt durch das archäologisch interessante **Wadi Samad** nach **Sinaw** (Do und Fr Markttag).

■ **Busse** fahren ab Muscat/Azaibah über Ibra nach Sur (7.50, 14.50 Uhr) und Sinaw (6.25 Uhr).

■ Derzeit ist der **Ausbau der Straße von Bidbid bis Al-Kamil** auf sechs Fahrspuren in vollem Gange, viele Abschnitte sind bereits fertiggestellt. Zum größten Teil folgt die Autobahn der alten Trasse, sodass sich die Kilometer-Zählung nur unwesentlich verändern wird. Kleine Abweichungen wird es aber geben, da die Städte Ibra sowie Al-Wasil/Mintirib/Bidiyah **Umgehungen** bekommen. Will man die Orte besuchen, muss man in jedem Fall aufmerksam sein und rechtzeitig abfahren. Die Beschilderung ist während der Bauzeit sehr dürftig und man muss (z. B. für das Wadi Bani Khalid) die Kilometer-Zählung (oder eine Navi-App) genau im Blick behalten.

Streckenbeschreibung: Man verlässt die Capital Area am Sahwa-Tower-Kreisverkehr (Kilometer-Zählung Null) in Richtung Nizwa.

35 km dahinter zweigt bei Bidbid die Straße nach Sur und Ibra ab. Die Straße führt durch tiefschwarze, schroff zerklüftete **Ophiolith-Berge** und windet sich durch das enge **Wadi Sejani.** Am Straßenrand werden je nach Jahreszeit frisch geerntete Früchte verkauft.

Bei **km 79** befindet sich ein Abzweig in das **Wadi Tayin.**

Bei **km 95** erreicht man rechter Hand einen Abzweig, der durch das **Wadi Samad** mit alten Siedlungsresten, Gräbern und Lehmburgen in den Marktort **Sinaw** (S'nau gesprochen) führt.

Abstecher: Durch das Wadi Samad nach Sinaw

Dieser Abstecher führt durch das Wadi Samad, das in der Zeit von 3000 v. Chr. bis weit in die islamische Zeit hinein eine bedeutende Kupfererzlager- und Abbaustelle war. Hier gibt es **bis zu 5000 Jahre alte Siedlungsreste und Gräber der Bergbausiedlungen des einstigen Kupferlandes Magan.** Archäologisch Interessierte (für einen normalen Besucher lohnt es eigentlich nicht) können im Wadi viele Fundstellen besichtigen. Allerdings sind die meisten ohne ortskundigen Führer schwer zu finden. Sehenswert sind aber auch die grünen Oasendörfer und die vielen alten Lehmbauten und Festungen.

Folgt man nach **5 km** dem ersten Abzweig in den Ort **Rawdah,** erreicht man eines der zwei Forts der Oase. Es ist restauriert, thront auf einem Hügel hoch über dem Ort und kann von innen besichtigt werden, vorausgesetzt, man findet den Mann mit dem Schlüssel für das Eingangstor (arab. *rajul al-miftah*) bzw. hilfsbereite Kinder, die ihn holen.

Die Weiterfahrt in Richtung Süden ist vom Fort sowohl über die Hauptstraße als auch durch das Wadi möglich. Sie führt zwischen den dichtbewachsenen Oasengärten hindurch, aus denen die Zweige der Bäume stellenweise über den Weg ragen. Nach 1 km wird das Wadi breiter, und die Gärten sind zu Ende. Die Strecke führt parallel zur Hauptstraße in die nächste Oase Al-Akhdar, übersetzt „die Grüne".

Nach **15 km** erreicht man zunächst die kleine Oase **Shariah** und anschließend **Samad al-Shan.** Südlich des Wadis finden sich bedeutende **Gräber aus der Eisenzeit** (1200 v. Chr. bis 900 n. Chr.). Die Gräber aus der frühen Eisenzeit sind in die Erde eingetieft, mit Steinen ausgekleidet und waren für nur einen Toten vorgesehen. Manche Friedhöfe wurden während der gesamten Eisenzeit benutzt, daher liegen die Gräber dicht beieinander und überschneiden sich sogar teilweise. Es gibt auch Gräber, die mehrmals benutzt wurden. Anhand der kariösen und lückenhaften Gebisse der Toten ziehen Archäologen den Schluss, dass sie sich vorwiegend von Datteln (hoher Zuckergehalt) ernährt haben. Daraus wiederum kann man folgern, dass Dattelbäume kultiviert waren. Voraussetzung dafür war allerdings, dass ständig ausreichend Wasser vorhanden war. Anhand von Resten von falaj-Kanälen festigt sich die Erkenntnis, dass dieses Bewässerungssystem schon vor 3000 Jahren entwickelt gewesen sein könnte.

Besonders viele der um Samad entdeckten Gräber stammen aus der späten Eisenzeit zwischen 400 v. Chr. und 900 n. Chr., die daher auch **Samad-Periode** genannt wird. Die Gräber aus dieser Zeit sind **Kollektivgräber.** Eine Besonderheit: In einigen Gräbern wurden Männer und Frauen zusammen beerdigt (in den meisten waren die Geschlechter getrennt). Männer wurden auf ihrer rechten und Frauen auf ihrer linken Seite beerdigt, jeweils in gekrümmter Haltung mit ihren Händen vor dem Gesicht. Die Männer lagen mit dem Kopf in südöstlicher Richtung, ihre Augen zeigten nach Norden. Als Grabbeigaben sind Schwerter, Dolche und Trinkhörner gefunden worden. Die Frauenkörper wurden in entgegengesetzter Himmelsrichtung ausgerichtet. Ihnen wurden Schmuck und Muscheln mit ins Grab gelegt. Grabräuber haben allerdings die meisten der Gegenstände geraubt.

Kurz hinter Samad al-Shan erreicht man einen Abzweig in den ebenfalls archäologisch interessanten Ort **Al-Muyassir.** Um zwei Seitenwadis des Wadi Samad haben Archäologen Siedlungsreste, zahlreiche Gräber sowie zwei alte Festungen aus dem Zeitraum zwischen dem dritten und ersten vorchristlichen Jahrtausend entdeckt. Dieser Zeitraum war die Blütezeit des Kupferbergbaus. Anfang der 1980er Jahre hat das Deutsche Bergbau Museum Bochum Ausgrabungen durchgeführt und sich im Beton rund um einen freigelegten Brunnenschacht verewigt.

Die **Siedlung** wurde in der späten **Umm-al-Nar-Periode** Ende des 3. Jahrtausends v. Chr. gegründet und war in einen Wohn- und einen Arbeitsbereich geteilt. Der Arbeitsbereich lag nahe der oberirdischen Abbaustätten, hier standen auch die Schmelzöfen zur Verhüttung und die Werkstätten zur Weiterverarbeitung des kupferhaltigen Erzes. Das gewonnene Kupfer wurde vom abgelegenen Wadi Samad nach Persien, Mesopotamien und sogar in das Industal exportiert. Die Menschen stellten auch Töpferwaren und Steingefäße her und betrieben Landwirtschaft.

Auf dem Souq in Sinaw

Hinter Samad und Al-Muyassir verlässt die Straße allmählich das Wadi Samad. Bei **km 26** zweigt rechts eine beschilderte Straße nach Nizwa ab.

Bei **km 29** führt eine Straße nach links in die Oase **Lizq.** Östlich des Palmengartens stehen auf einem Berg die Reste einer **Festung aus der Eisenzeit.** Es ist die größte aus dieser Zeit, die in Oman entdeckt wurde. Sie hatte einst die Aufgabe, den Zugang in das Wadi Samad mit seinen damals wichtigen Kupferstätten und Bergbausiedlungen zu sichern. Gut erhalten ist die Treppe, die auf den Berg hinaufführt, mehr jedoch leider nicht. Die gefundenen Keramiken aus dieser Zeit weisen eigenständi-

ge Formen und Bemalungen auf, sodass die gesamte Epoche **Lizq-Periode** genannt wurde, da Lizq der wichtigste Fundplatz ist.

Bei km 31 erreicht man einen Abzweig zur Hauptstraße Ibra – Sur. Bis Ibra sind es von hier etwa 50 km. Man erreicht die Straße 9 km östlich von Ibra. Biegt man hier ab, so kann man aus diesem Abstecher eine Rundfahrt machen.

Fährt man weiter in Richtung Sinaw, erreicht man bei **km 44** den großen Palmengarten des Ortes **Al-Mudhaybi** (110.000 Einwohner), dann führt eine Straße in den Ort. Im Zentrum liegt der alte Ortskern mit eng beieinander stehenden Lehmhäusern, der von einer Stadtmauer umgeben ist. Ein Wadi teilt den Ort in zwei Hälften. Im Bereich des Wadibettes basiert die Mauer auf kleinen Bögen, um den Wasserfluss nach Regenfällen nicht zu behindern. Durch zwei Stadttore, die quer zum Wadi stehen, gelangt man in das **alte Zentrum** mit seinem einst wichtigen **Souq.** Dieser verfällt allerdings immer mehr, da die Geschäfte im neuen Ortsteil und der Markt in Sinaw eine größere Anziehungskraft haben. Bis auf wenige überdachte Stände, an denen Gemüse und Fische verkauft werden, ist der Souq von Al-Mudhaybi verlassen.

Im alten Wohnviertel findet man schöne, große Lehmhäuser mit hohen Türmen und Zinnen auf der obersten Etage. Genau wie die beiden Wachtürme dienten sie der Überwachung und Verteidigung des Ortes. Heute sind sie stark vom Verfall bedroht.

oman20_006 pf

Sinaw

Sinaw, den südlichsten Ort dieses Abstechers, erreicht man **nach 63 km.** Die Stadt hat sich in den letzten Jahren rasant entwickelt. Im Westen des neuen Viertels liegt der **alte Ortskern** von Sinaw, der heute nahezu verlassen ist. Er besteht aus mehreren einzelnen Quartieren, die teilweise im angrenzenden Palmenhain liegen. Besonders hübsch sind zwei ca. 500 m auseinanderliegende alte Lehmsiedlungen, deren Häuser sich eng um jeweils einen Wachturm drängen. **Das neue Sinaw** hat sich östlich davon entwickelt, dort wo in den 1970er Jahren die barasti-Hüttenviertel der Wahiba-Beduinen standen. Zu dieser Zeit war die Ausdehnung dieser Palmhütten fast genauso groß wie die der festen Lehmwohnviertel. Im Zuge der „modernen" Stadtplanung wurden die Hütten nach und nach beseitigt. Das sorgte für große soziale Spannungen zwischen den Beduinen und den Sesshaften, denn viele Beduinen waren mit den ihnen zugewiesenen neuen Wohngebieten nicht einverstanden. Sie bevorzugten es, an ihren angestammten Plätzen in ihren gewohnten und luftigen barastis zu wohnen.

Den **Souq von Sinaw** erreicht man, indem man am ersten Kreisverkehr nach Süden abbiegt. Direkt nach dem nächsten Kreisel liegt bereits die große Gemüsemarkthalle rechts der Straße. Dahinter befindet sich das Souq-Areal. Es besteht aus einem ummauerten Hof, der durch vier Tore zu betreten ist. Der freie, überdachte Platz im Inneren ist von Läden umgeben.

Markttage sind am **Donnerstag und (etwas kleiner) am Freitag.** Da Sinaw eine der am weitesten südlich gelegenen Oasen Omans ist, hat der Souq für die Beduinen eine besonders große Bedeutung. Für sie ist der Markt nicht nur zum Ein- und Verkaufen wichtig, sondern ihm kommt auch eine wichtige soziale Bedeutung als Treffpunkt und „Nachrichtenbörse" zu.

Will man den **Markt besuchen,** sollte man unbedingt **gegen 8 Uhr** oder möglichst noch früher dort sein.

Anfangs herrscht ein für europäische Augen großes Durcheinander. Bei näherem Hinschauen hat der Markt jedoch eine **feste Struktur.** Außerhalb des überdachten Platzes stehen Autos zum Verkauf, und gelegentlich stehen auch Kamele gelangweilt in der Sonne. Die Verkäufer mit Ziegen haben ihren Platz unter dem Sonnendach am Rand, ebenso die Fischverkäufer sowie die Obst- und Gemüsehändler. In der Mitte findet man alte Männer, die khanjars und Gewehre, aber auch diversen Kleinkram für den Haushalt anbieten. Die zwischen ihnen umherschreitenden Beduinenfrauen treten sehr selbstbewusst auf, durch ihre großen Gesichtsmasken *(burqas)* wirken sie erhaben und stolz. Gegen 8.30 Uhr formiert sich wie auf ein unsichtbares Kommando hin ein großer Kreis, in dessen Mitte Schafe und Ziegen umhergeführt und zum Kauf angeboten werden. Die Umstehenden geben Gebote ab und überzeugen sich vom guten Gesundheitszustand der Tiere. Die Frauen sind wieder einmal die härtesten Händler, und immer wieder holen sich Männer, die ein Tier kaufen möchten, zuvor das Einverständnis und nachher das Geld bei ihrer Frau. Je nach Anzahl der zu versteigernden Tiere ist der Tiermarkt oft schon nach einer Stunde beendet. Die Tiere werden auf Pick-ups verladen, die Menschen fahren zurück in ihre Dörfer.

Von Sinaw besteht die Möglichkeit, entlang des Westrandes der Wahiba in Richtung Ostküste weiterzufahren. Die gut 200 km bis Al-Hajj sind inzwischen durchgehend asphaltiert. Eine weitere neue Asphaltstraße führt nach Westen nach Adam.

■ Am Ortsausgang in Richtung Al-Mudaybi liegt ein neues, (noch) ordentliches Hotel, das **Ghazlan Hotel,** EZ/DZ 20 RO, Tel. 25525261, www.alghazlanhotel.webs.com

Die **im weiteren Verlauf an der Hauptstrecke nach Sur** liegenden alten Ortsteile unterscheiden sich in ihrem Aufbau grundlegend von denen der Oasen in Inner-Oman. Die meisten historischen Ortskerne der **Sharqiyah-Oasen** sind kleiner als die in Inner-Oman. Am auffälligsten ist, dass sie nicht wie Nizwa, Bahla oder Rustaq von einer zentralen Festungsanlage geschützt werden. Vielen der küstenfernen Sharqiyah-Oasen fehlt eine den ganzen Ort umschließende Stadtmauer. Häufig bestehen sie aus einzelnen, separiert angelegten **Wohnquartieren,** die mit eigenen Mauern umfasst und festungsartig ausgebaut sind. In den Wohnvierteln stehen auch eigene Wachtürme sowie große **Wohnhäuser,** die mit Zinnen, Türmen und Schießscharten burgähnlich ausgebaut sind. Sie dienten in unruhigen Zeiten und bei Angriffen als Fluchtburg der wichtigsten Familienclans. Diese festungsartigen Wohnhäuser erinnern in ihrer Gestalt und Funktion an befestigte Lehmhäuser einzelner Berberstämme in Südmarokko *(kasbahs).* Auf den umliegenden Hügeln sorgten **Wachtürme** für zusätzlichen Schutz, allerdings gehörten auch sie oft nur einer Sippe. Häufig hatten die einzelnen Wohnquartiere der Sharqiyah-Oasen im Landesinneren auch ihren eigenen **Souq,** der dann allerdings keine überregionale Bedeutung besaß. Neben den Souqs steht die **Freitagsmoschee,** und auch sie war nur für das betreffende Viertel von Bedeutung. In vielen Orten schließt sich an die Wohnviertel ein lang gestreckter Platz, der **mirkath,** an. Hier wurden – und werden – Feste, Veranstaltungen sowie Pferde- und Kamelrennen abgehalten. Diese Siedlungsstruktur findet sich besonders deutlich in den nachfolgend beschriebenen Orten Ibra und Al-Mudayrib, um Al-Mintirib und in Al-Kamil.

Die Stadt Ibra, ein wichtiges Zentrum der Region, ist bei km 136 erreicht. In naher Zukunft wird die Stadt von einer **vierspurigen Straße** umgeben sein, sodass man dann die Abfahrt Ibra nehmen muss, wenn man den Ort besuchen möchte.

Ibra إبراء

Ibra hat 57.000 Einwohner und ist eine der größten und zugleich ältesten Städte der Sharqiyah. **Die lang gezogene Oase mit großen Palmengärten besteht aus verschiedenen getrennten Stadtteilen.** In der Vergangenheit waren diese Wohngebiete unter zwei verfeindeten Stämmen aufgeteilt.

Der nördlichste Ort ist **Ibra Alayat,** in dem der **Stamm der Al-Maskri** wohnte. Das südlich gelegene und größere **Ibra Sufalat** war dagegen fest in den Händen des Stammes der **Al-Harthi.** Die beiden Stadtteile waren eigene autonome Städte mit getrennten aflaj-Systemen und eigenen Souqs. Bis zum Jahr 1977 durften deren Geschäfte nur am Nachmittag geöffnet haben, denn diese Regelung schloss ein, das sich zu dieser Zeit die beiden Stämme nicht gegenseitig beschießen durften. Wegen dieser **Feindschaft** hat es auch nie eine zentrale Festung gegeben, sondern jeder Ort hatte seine eigenen Forts und Wachtürme auf den umliegenden Hügeln. In beiden Orten gab es sehr wohlhabende und einflussreiche Handelsfamilien, deren Häuser entsprechend groß und prächtig waren. Der Reichtum resultierte aus dem Handel und den Beziehungen mit Ostafrika und Sansibar. Somalias Hauptstadt Mogadischu soll von einem Al-Harthi gegründet worden sein, und die Gouverneure der kenianischen Hafenstadt Mombasa waren lange Zeit Al-Maskris.

Obwohl diese Stammesfeindschaft vorüber ist und die Bedeutung der Stammeszugehörigkeit schwindet, hat die **räumliche Verteilung** der Al-Maskris und der Al-Harthis weiterhin größtenteils Bestand. Neue Gebäude und die Hauptstraße nach Sur verbinden die beiden Viertel.

Von Muscat kommt man zuerst nach **Ibra Alayat.** Den alten Ortskern erreicht man, indem man vor der Oman-Oil-Tankstelle rechts einbiegt und der Straße wenige hundert Meter bis zu ihrem Ende an einem Marktplatz folgt. Hier stehen zahlreiche Überreste großer Handelshäuser. Zwischen diesen braunen Lehmburgen befinden sich viele villenartige Neubauten, deren weiße Fassaden den heutigen Wohlstand anzeigen. Um den Ortskern dehnt sich ein großer Palmengarten aus, in dessen schattigen Wegen ein Spaziergang sehr erholsam ist.

Der moderne Teil von **Al-Sufalat** liegt etwa 3 km hinter Ibra Alayat entlang der Hauptstraße in Richtung Sur. Biegt man an der Shell-Tankstelle nach rechts ab, erreicht man das Zentrum mit seinem Souq.

Der Frauen-Souq

Jeden Mittwochmorgen findet neben dem Krankenhaus beim Souq ein besonderes Ereignis statt: der Frauen-Souq, auch **souq al-arba'a,** Mittwochsmarkt, genannt. **Es handelt sich um den einzigen Markt in Oman, der nur für Frauen gedacht ist.** Dies gilt jedoch nur für ein vergleichsweise kleines Areal des gesamten Marktgeländes; hier sind Kunden und Verkäufer ausschließlich Frauen. In den Vormittagsstunden ist das ganze Stadtzentrum fest in weiblicher Hand. Vom Frauenmarktplatz sind die Männer sozusagen „verbannt". Sie stehen am Rand, beobachten und warten bis ihre Frauen mit dem Einkauf fertig sind. Der Platz ist ein buntes Wirrwarr, eine regelrechte „Farborgie" aus dem wehenden Stoff der umherschlendernden Frauen. Auf dem Boden sitzen etwa 100 Verkäuferinnen und preisen die vor ihnen ausgebreitete Ware an. Das Angebot ist voll dem Geschmack und den Bedürfnissen der omanischen Frauen angepasst, und Berge von buntgemustertem Stoff und Zierborden zum Aufnähen machen unübersehbar den größten Anteil aus. Die angebotenen Kinderkleider sind nicht weniger bunt und verziert. Die Frauen feilschen ausdauernd und wortgewandt um einige hundert Baisa Rabatt – schließlich hat „frau" ja auch schon letzte Woche hier eingekauft.

Viele Stände haben **Räuchermischungen (bokhur)** im Angebot. Ein weiterer Duftstoff, der wie Parfüm auf die Haut gerieben wird, wird in Whiskyflaschen verkauft. Mit dem ehemaligen Inhalt hat er nicht nur die orange-braune Farbe gemeinsam. Mit einem zwinkernden Auge meint die Verkäuferin, Männer würden den besonderen Geruch mögen, wie eben den von Whisky. Neben diesen Duftstoffen dienen auch die vielen Tütchen mit **Hennapulver** der Verschönerung der omanischen Frau. Außerdem finden sich auch praktische Dinge für den Haushalt wie Gläser, Plastikschüsseln, Aluminiumkochtöpfe in allen Größen sowie Weihrauchbrenner aus Ton und solche, die elektrisch angeheizt werden. Traditionelle omanische Handwerksarbeiten findet man dagegen nicht.

Die **Entstehung des Frauen-Souqs** ist eng mit dem benachbarten Krankenhaus verbunden. Ende der 1980er Jahre war es noch eine kleine Klinik, aber die einzige weit und breit und für ein großes Gebiet zuständig. Mittwochs wurden schwangere Frauen untersucht. Viele der Frauen waren arm, und die weite Anreise hatte sie eine Menge Geld gekostet. Um dieses Loch in der Kasse wieder zu füllen, verkauften sie in der Klinik Zierborden und Stickereien, die sie zu Hause selbst hergestellt hatten. Zunächst geschah dies heimlich, indem sie ihre Ware im Vorbeigehen anderen Frauen anboten. Aber mit der Zeit setzten sie sich in den Innenhof, und das Ganze wuchs zu einem regelmäßigen Mittwochsereignis an, bei dem die Frauen auch Waren von Freundinnen auf Kommissionsbasis verkauften. Eines Tages wurden es zu viele, und die Krankenhausleitung vertrieb sie. Daraufhin fanden die Frauen auf dem Ge-

oman138 pf

lände neben der Klinik einen neuen Platz. Dieser Markt etablierte sich rasch, und die lokale Stadtverwaltung gab ihr bürokratisches Einverständnis. Heute ist er für viele Frauen aus der Umgebung mehr als nur die Gelegenheit für einen kleinen Nebenverdienst oder ein günstiger Einkaufsplatz. Für die meisten ist er zu einem wichtigen sozialen Treffpunkt geworden, an dem man viele Freundinnen antreffen und sich den neuesten Klatsch und Tratsch erzählen kann.

Wichtig: Dieser Frauenmarkt ist kein touristisches Ereignis, auch wenn die Zahl der ausländischen Besucher in den letzten Jahren stark zugenommen hat. Daher sind Zurückhaltung und Einfühlungsvermögen ausländischer Besucherinnen von großer Bedeutung. Fotografieren sollte man unbedingt unterlassen – am besten erst gar keine Kamera mitnehmen, da viele Frauen sehr gereizt darauf reagieren. Der überdachte und ummauerte Bereich ist ausschließlich Frauen vorbehalten, außerhalb sind auch Männer willkommen. Männer sollten einen diskreten Abstand vom Marktplatz einhalten – jeder Mann, der den Frauenbereich betritt, verletzt das Ehrgefühl der Frauen.

Der Frauenmarkt fängt gegen 8.30 Uhr an und zieht sich bis in die Mittagsstunden hinein.

Der Mittwoch ist für einen Besuch Ibras aber auch deshalb ein guter Tag, weil auch im normalen Souq viel los ist. In den Morgenstunden ab ca. 9 Uhr wird auf dem Marktplatz (hinter der Ladenzeile gegenüber dem Frauenmarkt) ein **Tiermarkt** abgehalten.

⌃ Buntes Treiben auf dem Frauenmarkt

Der Ortsteil Al-Minzafah

Folgt man der Straße vom Souq in Ibra Sufalat weiter in Richtung Süden, so erreicht man in einer weiten Rechtskurve um den Palmengarten herum das **befestigte Dorf** Al-Minzafah. Es war früher von einer Wehrmauer mit sieben Toren umgeben, im Inneren standen sieben Moscheen. Unter den über fünfzig Häusern in Al-Minzafah befinden sich einige der ältesten Omans: Bis zu 300 Jahre alt, haben sie die Zeit dank ihrer soliden Bauweise erstaunlich gut überstanden. Die Wände der zwei- und dreistöckigen Gebäude sind aus Steinen und Lehm gebaut und in den unteren Etagen bis zu zwei Meter dick. Zahlreiche Bögen, Nischen, Stuckarbeiten und geschnitzte Holztüren vermitteln eine Vorstellung von der einstigen Pracht. Fast alle Häuser hatten einen eigenen Brunnen, woher auch der Name „Wasser aus einem Brunnen ziehen“ stammt, wie Al-Minzafah auf Deutsch übersetzt heißt.

In der Vergangenheit war Al-Minzafah ein großer und wichtiger Marktort, dessen Wohlstand ebenfalls Folge des blühenden Handels mit Ostafrika war. Als dann viele Bewohner das Dorf verließen, um in Ostafrika oder Sansibar ihr Glück zu suchen, verwahrlosten deren Häuser und begannen zu verfallen.

Das alte Souq-Gebiet liegt etwas außerhalb des eigentlichen Ortskernes im Ortsteil Asfeh. Um den dreieckigen Marktplatz befanden sich früher kleine Läden, vor deren Eingang dicke Säulen das Sonnendach trugen. Heute lässt sich das Marktleben nur noch erahnen. Der Marktplatz mit seinen Schatten spendenden Palmen dient den Kindern des Ortes als Treffpunkt und Spielplatz.

Einen wenig idyllischen Eindruck macht dagegen der Palmenhain rund um den Ort: Da nicht mehr genügend Wasser zur Verfügung steht, sind die meisten Dattelpalmen abgestorben.

Wegbeschreibung

Da der Ortsteil Al-Minzafah **nicht ganz einfach zu finden** ist, hier eine Wegbeschreibung in Kurzform: Start bei km 0 an der Abzweigung nach Ibra Sufalat von der Hauptstraße Muscat – Sur bei der Shell-Tankstelle. Nach 500 m passiert man den Ibra-Souq mit Frauenmarkt, bei km 1,5 rechts ab, bei km 3,5 an einer T-Kreuzung rechts ab, dann immer geradeaus und man erreicht nach etwa einem weiteren Kilometer das erste Stadttor. Will man nun nicht zu Fuß weitergehen, muss man stellenweise zentimetergenau rangieren, denn der Platz reicht exakt für die Breite eines Toyota LandCruisers. Vorbei am alten Souq und durch weitere enge Stadttore (Spiegel einklappen!) führt der Weg in das Wadi, in dem es nach rechts zurück nach Ibra Sufalat geht.

Unterkunft

Al-Sharqiya Sands Hotel***
Nach dem Ortsende ca. 5 km Richtung Sur, Hotel mit Pool im Innenhof, Restaurant und (oft sehr lauter) Bar, EZ 30 RO, DZ 38 RO, Tel. 25587099, www.sharqiyasands.com

Ibra Hotel*
Von der Hauptstraße in Richtung Wadi Na'am nach Norden abbiegen, dann auf der linken Seite, einfach, aber frisch renoviert und mit Pool, somit derzeit das empfehlenswerteste Hotel in der Region (wenn man nicht in einem Wüstencamp wohnen möchte), EZ/DZ 20 RO, Tel. 25571873

Ibra Motel*
Am Ortseingang von Muscat kommend an der Tankstelle bei Oman Oil, einfach, aber okay, EZ 15 RO, DZ 20 RO, Tel. 25571666

Saj Farm Inn*
Etwa 15 km außerhalb in Richtung Al-Mudayrib, weitläufige Anlage mit Pool und schönen Zimmern, DZ ab 30 RO, Tel. 22041384, www.sajfarminn.com

Sonstiges

- In Ibra gibt es zahlreiche kleine Restaurants. Hervorzuheben sind die **indisch-arabischen Lokale** im und rechts neben dem Ibra Motel.
- **Obst und Gemüse** bekommt man am besten (vormittags) in der Gemüsehalle gegenüber dem Frauenmarkt (in zweiter Reihe). Ein großer **Supermarkt** befindet sich in der kleinen Seitenstraße, die nach rechts vor dem Frauenmarkt abzweigt (von der Hauptstraße Muscat – Sur kommend).
- **Busse** fahren täglich um 10.30 und 17.30 Uhr **nach Sur** und um 8.25 und 16.55 Uhr nach **Muscat;** die Haltestelle ist am Krankenhaus.
- **A'Sharqiyah University,** Tel. 25560700, www.asu.edu.om. Arabisch-Sprachkurse.

Hinter Ibra sind die letzten Ausläufer der dunklen Ophiolithberge zu Ende, und eine ebene Steppenlandschaft beginnt. Bei **km 145** kommt man zu einer **Abzweigung,** die nach Al-Mudhaybi und Sinaw führt (s. o.). Einen knappen Kilometer weiter erreicht man das Al-Sharqiyah Sands Hotel (s. o.).

Bei **km 152** zweigt eine Straße in das Oasendorf **Al-Ghulaji** ab, das einen großen ummauerten Palmengarten besitzt. Durch zwei enge Stadttore führt die Straße quer durch das Gartengebiet.

2 km weiter erreicht man einen Abzweig nach links in den sehr sehenswerten Ort **Al-Mudayrib.**

Al-Mudayrib المضيرب

Nachdem man den neuen Ortsteil durchfahren hat, erreicht man den alten Stadtkern von Al-Mudayrib, der sich malerisch zwischen zwei Hügel mit **Wehrtürmen** schmiegt. Beim Anblick könnte man meinen, Al-Mudayrib bestehe nur aus Türmen. Auch im Ort sind Türme an **fortähnliche Häuser** angebaut. Viele der alten Wohnhäuser sind aus Lehmziegeln erbaut und trotz ihres Alters von bis zu 250 Jahren erstaunlich gut erhalten. Auffällig sind die zahlreichen **aufwendig verzierten Holztüren.** In den Zeiten des blühenden Überseehandels war Al-Mudayrib eine kleine, reiche Stadt, in der sich die Bewohner solche wertvollen Türen leisten konnten. Aber auch an den neuen Häusern, die die Lücken der verfallenen Häuser auffüllen, sind die Türen traditionsbewusst reich mit Schnitzwerk versehen.

Zwischen den eng gebauten Lehmhäusern ragen **mehrstöckige Wohnhäuser** auf, erbaut in der Blütezeit des Seehandels im 18. und 19. Jahrhundert aus Lehmziegeln und Natursteinen. Umfassungsmauern, Türme, Zinnen und Schießscharten machen sie zu wehrhaften Festungen. Sie dienten damals – wie auch die Wehrtürme – zur Bewachung des Ortes und im Falle eines Angriffes als Fluchtburg für die jeweilige Besitzerfamilie und wichtige Stammesmitglieder. Jeder Stadtteil wurde von den dort wohnenden Bewohnern verteidigt – es gab kein zentrales Fort, in dem die Einwohner des gesamten Ortes Schutz suchen konnten.

Zahlreiche dieser Wohnburgen werden heute von den einzelnen Sippen des Ortes als **Versammlungshaus** genutzt.

Der Mittelpunkt der sogenannten **sablas** ist ein großer Empfangsraum, in dem sich mehrmals täglich die Männer treffen und die alleraktuellsten Neuigkeiten austauschen. In Al-Mudayrib gibt es zehn solcher für diese Region typischen Versammlungshäuser.

Am Ende der Hauptstraße liegt der ehemalige Souq von Al-Mudayrib. Die Geschäfte stehen hinter einem durchgängigen Vordach, das von rechteckigen Säulen getragen wird und für schattige Kühle sorgt. Die Mitte des Souqplatzes wird durch mächtige Bäume vor den Sonnenstrahlen geschützt. Am frühen Morgen und am späten Nachmittag dient der Platz als Sippen übergreifener Treffpunkt der Männer. Zu richtigem Leben erwacht der Souq nur für die habta-Märkte kurz vor den Eid-Feiertagen.

In früheren Zeiten war die Stadt von einer Stadtmauer umgeben und nur durch drei befestigte Stadttore zu betreten. Heute ist nur noch das **Nordtor, dirwazat kisham,** erhalten. Im Süden und Südosten schließt sich der durch aflaj bewässerte Palmengarten an den alten Ortskern an.

Al-Qabil القابل

3 km hinter dem Abzweig nach Al-Mudayrib liegt an der Hauptstraße nach Sur das **Al-Wesal Hotel**** (mit Restaurant, EZ 15 RO, DZ 20–25 RO, Tel. 255 81243, abelaom@omantel.net.om) und **2 km weiter** die **Oase Al-Qabil** (24.000 Einwohner). Auch hier ist das alte Wohnquartier mit Mauern und Türmen festungsartig ausgebaut. Mitte des 19. Jahrhunderts trocknete der falaj von Al-Qabil wegen mangelndem Regen völlig aus. Die Bewohner gaben die Oase auf und suchten in Ostafrika und Sansibar ihr Heil. Erst nach 1964 kehrten viele omanischstämmige Sansibaris zurück.

Hinter Al-Qabil beginnt der Verwaltungsbezirk Bidiya. Die Straße verläuft ab hier immer dichter **am Rand der Ramlat al-Wahiba,** deren Dünen sich rechts der Straße auftürmen.

Bei **km 160,5** (6,5 km hinter dem Abzweig nach Al-Mudayrib) führt eine präparierte Schotterpiste in die Dünen hinein. Auf ihr kann man (am besten mit einem Allradwagen) ein Stück entlangfahren und so gefahrlos und ohne Schaden für die Natur einen Einblick in diese grandiose Landschaft bekommen.

Eine längere **Wüstenfahrt** sollte nur nach **sorgfältiger Planung** mit mindestens zwei Fahrzeugen und einem ortskundigen Begleiter unternommen werden. Grundbedingungen sind ein gutes Fahrzeug und gute Ausrüstung. Glauben Sie keinesfalls den in Oman erhältlichen Offroad-Büchern, eine Fahrt in oder durch die Sandwüste wäre auch für Unerfahrene möglich – die Risiken sind nicht zu unterschätzen! Um das Erlebnis einer längeren Fahrt durch die Sandwüste risikolos genießen zu können, ist es ratsam, sich einer **geleiteten Tour** anzuschließen.

Übernachtung in der Wüste

Wer eine Nacht in einem festen Camp in der Wüste verbringen möchte, findet dazu im Bereich **südlich von Al-Wasil und Mintirib** zahlreiche Möglichkeiten, ständig kommen neue Camps hinzu. Teils bieten sie auch die Abholung oder Fahrt per Konvoi ab der Asphaltstraße an.

Monumente der Ewigkeit und Versammlungsort der Geister

von Kirstin Kabasci

Still hütet die Bergwelt des östlichen Hajar gleich zwei Geheimnisse, die jeweils eine kleine Sensation für sich darstellen. Zum einen **monumentale Steintürme,** die vor über 4500 Jahren errichtet wurden – in einer Zeit also, als die Ägypter ihre Pyramiden erbauten und Nordoman das Reich Magan bildete, das mit seinem frühen überseeischen Kupfer- und Diorithandel in der Geschichtsschreibung für Furore sorgte. Zum zweiten schlummert hier die größte Höhle des Sultanats, die gleichzeitig den zweitgrößten subterranen Höhlensaal der Welt aufweist.

Meine omanischen Freunde haben mich zu einem Ausflug zu diesen **geheimnisumwitterten Stätten** eingeladen. Hinter Ibra verlassen wir die Welt der festen Straßen und fahren durch das Wadi Samaiya immer tiefer in die Einsamkeit des Hajar al-Sharqi hinein. Toffeebraune, fein gezackte Felsen flankieren den Weg, eine dicke Staubwolke verhüllt die Piste hinter uns. Vor uns eröffnet sich ein verzweigtes Gewirr ebener Flussläufe, bis es nach einer Stunde steil bergan geht. Ohne Allradwagen geht – beziehungsweise fährt – hier nichts. Stein über Stein und Schlagloch durch Schlagloch rumpeln wir den Hang hinauf. Langsam schraubt sich der Weg über enge Serpentinen höher und höher, dabei wird die Aussicht auf die unter uns liegende Kulisse aus schroffen Bergrücken und einschneidenden Wadis immer atemberaubender. In einer vielfältigen Farbvariation, die über fein abgestufte Grau- und Braunnuancen bis hin zu Rottönen reicht, leuchten die Bergflanken. Abgerundet wird diese Komposition durch einzelne Kleckse Grün der zu Fuße des Hanges angelegten Terrassenfelder.

Fast 2000 m über dem Meeresspiegel wandelt sich das Bild: Ein weites **Hochplateau** des Jebel Bani Jabr liegt vor uns. Die vielen Steine überwiegen deutlich gegenüber den vereinzelten dürren Dornenbüschen. Zwischen Öde und Faszination schwankt der Sinneseindruck in dieser einheitlich braunen Landschaft. Doch hinten am Horizont wird die Monotonie durchbrochen von zahlreichen unregelmäßig angeordneten Rundtürmen, die kerzengerade aus dem faltenlosen Geröllboden emporsteigen.

Angeblich schon **4000 bis 5000 Jahre** trotzen diese etwa 8 m hohen und 6 m durchmessenden Monumente den Kräften der Natur. An die sechzig solcher Türme hat man bisher ausgemacht, einige von ihnen sind auffallend gut erhalten. Menschen finden in dieser unwirtlichen Umwelt kaum eine Lebensgrundlage, die nächste Wasserquelle und Oase liegt 1000 Höhenmeter tiefer in etwa 10 km Entfernung. Selbst Hirten weiden ihre so genügsamen Ziegen nur selten auf diesem Bergrücken. Sie nennen diese rätselhaften Bauten einfach „burj", „Türme". Wissenschaftlich sind sie noch wenig untersucht, denn ihre Existenz wurde erst 1991 durch Luftaufnahmen eines zufällig fündigen Hubschrauberpiloten für einen Fotobildband publik.

Die auf zwei Meter starken, ohne Mörtel errichteten und auf unverputzten Mauern ruhenden Bauten weisen in ihrem Inneren eine gewölbeartige Kammer auf. Da keinerlei Treppen auf sie hinauf führen und sich die Konstruktion nicht als Festungsbau eignet, stellen die Türme nach wissenschaftlicher Auslegung **höchstwahrscheinlich Gräber** dar. Wenn dem so wäre, würden sie die bislang ältesten aller entdeckten omanischen Begräbnisstätten darstellen. Allerdings wurden in ihrem Inneren bislang keinerlei Skelettreste oder Grabbeigaben gefunden – alle Türme waren leer, und auch der hiesige nackte Felsboden kann, anders als z. B. Sedimentgestein oder Humus, keine Funde in sich verbergen. Spuren früherer Behausungen sind ebenfalls noch nicht ausgemacht worden, daher müssen die Verstorbenen von weit hergebracht worden sein. Archäologen vermuten, dass die damaligen Bewohner einen aufwendigen und bedeutenden Grab- und Totenkult zelebrierten. Sie könnten sich für diese markante Lage entschieden haben, weil der Bergrücken ihr geistiges „Weltzentrum" gewesen sein mag. Zu den Bestattungszeremonien kamen die Angehörigen regelrecht herbeigepilgert – ihre gesamte Nahrung in Form von Mehl, Datteln, Ziegen und vor allem Wasser mussten sie mitbringen.

Auch die **Errichtung der Grabtürme** muss eine aufwendige und gut organisierte Sache gewesen sein. Vermutlich trugen die Baumeister eigens Holzbalken als Gerüstmaterial mit in diese Höhe. Um die unzähligen aufgeschichteten Steine des Mauerwerks in der vorgefundenen guten Qualität zu bearbeiten, hatte eine Vielzahl von Steinmetzen und Maurern lange Zeit gearbeitet – während ein anderer Teil der Bevölkerung für ihre Versorgung verantwortlich gewesen sein muss.

Es gibt **zwei Typen von Türmen:** solche mit einer glatten und andere mit einer groben Steinfassade. Die Gräber aus den rauen Bruchsteinen sind älteren Datums, denn mitunter wurden ihre Steine zum Bau ihrer Nachfolger entwendet und exakt glatt gehauen. Die naturbelassenen, älteren Typen ähneln den Begräbnisstätten der archäologischen Hafeet-Periode, die mit der ebenen Verkleidung erinnern an Grabbauten der Umm al-Nar-Zeit. Bislang vermuteten Archäologen, die Gräber dieser Zeit hätten in ihrer heute sichtbaren halbkugelartigen Igluform ihre ursprüngliche Gestalt, jedoch liegt nach der Entdeckung dieser Grabtürme die Vermutung nahe, dass einige, wenn nicht die meisten Gräber dieser Zeit abgetragene, konische Turmbauten sind. Für Altertumsforscher gilt dies als eine kleine Sensation.

Einheimische bedu erklären, einer **Legende** nach habe ein mächtiger Geist, ein jinn, die Türme erschaffen. Die Steine soll er mit Blitzen in ihre exakt gerade Form zerteilt und aufgeschichtet haben. Gewohnt hat dieser „geistige Bauherr" angeblich in einer riesigen Höhle. Und tatsächlich gibt es unweit der burj eine große unterirdische Höhle, die bezeichnenderweise **Majlis al-Jinn,** „Versammlungsraum der Geister", heißt. Allerdings werden viele Höhlen in Oman so genannt.

Wir verlassen die sagenumwobenen Türme und brechen nach Nordosten auf, um diese wahrlich geisterhafte Behausung zu besuchen.

Nach rund 20 km endet die über eine karge Hochebene führende Piste an einem schroff zerklüftetem Loch. Eigentlich unscheinbar wirkt die Einbruchstelle, die einen Zugang zu der riesigen **Majlis-al-Jinn-Höhle** bilden soll. Zwei weitere Löcher in der Erdoberfläche gewähren Einlass in ihr geheimes Inneres. Durch die tiefste Öffnung erreicht man erst nach 158 m wieder Boden unter den Füßen. Die Grundfläche der größten Höhlenkammer hat das beachtliche Ausmaß von über 60.000 m², das heißt, hier könnte eine der Pyramiden von Gizeh aufgetürmt werden – zumindest theoretisch. Diese Höhlenkammer ist von allen weltweit bekannten Höhlen die zweitgrößte. Das Höhlensystem entstand, als Grundwasser durch die lockeren Kalk- und Sandsteinschichten sickerte und diese dabei ausschwemmte. In einem Jahrtausende dauernden Prozess spülten unterirdische Wasserströme in den entstandenen Rissen und Spalten weiteres Material aus und vergrößerten so die Höhle. All das fand im Erdzeitalter des Quartär statt, das vor etwa einer Millionen Jahre begonnen hat. Zu dieser Zeit waren die klimatischen Verhältnisse in Oman nicht mit dem heutigen Wüstenklima zu vergleichen, es gab lang anhaltende Feuchtperioden, von denen die letzte „erst" vor etwa 7000 Jahren endete.

Die Majlis al-Jinn wurde entdeckt, als die „Public Authority for Water Ressources" nach unterirdischen Wasservorkommen forschte, die in dem von Brüchen und Falten durchzogenen Kalkgestein verborgen liegen. 1983 wurde ihr inzwischen wasserloses Innenleben das erste Mal erkundet, allerdings ist dies nichts für Anfänger, denn Erfahrung und Training im Höhlenforschen sind wichtige Voraussetzungen.

Einige lokale Reiseveranstalter organisieren auf Anfrage **Touren** zu den Tower Tombs und der Majlis al-Jinn Cave. Ab Muscat empfiehlt sich ein zweitägiger Ausflug mit Campübernachtung. Ab Ibra kann man beides auch an einem Tag besuchen.

Wer die Tour gerne selbst fahren möchte (4WD und gutes Fahrkönnen vorausgesetzt), muss in Ibra Richtung Norden nach „Esma'iya" abbiegen. Bis km 52 ist die Strecke asphaltiert, dann muss man direkt vor einer kleinen Krankenstation nach rechts in Richtung „Souqah" abbiegen. Die nächsten Kilometer immer geradeaus im Wadi bleiben bis es bei km 67,5 links in Richtung „Al-Gailah" abgeht. Diese Piste verlässt das Flussbett und führt steil bergan. Immer geradeaus bis km 74,5, hier links abbiegen (geradeaus geht es nach Sur, ca. 3 Std. Fahrt). Ab km 77,5 erblickt man die ersten Türme, bei km 80,5 stehen die sehenswertesten. Zur Majlis al-Jinn sind es nun noch ca. 10 km. Das Betreten der Höhle bzw. das Abseilen hinab ist nur erfahrenen Forschern mit entsprechender Ausrüstung und Genehmigung erlaubt.

■ Biegt man bei km 165 rechts ab, kann man nach 8 km **Al-Areesh Tourism Resort** erreichen, das nach Anmeldung Unterkunft in Zelten und Strohhütten anbietet (Te . 99450063), 20 RO pro Person inkl. Halbpension.

Fünf weitere **Wüstencamps** liegen südlich des Örtchens Al-Wasil:

■ **Arabian Oryx Camp**
Ca. 13 km wüsteneinwärts gelegen, relativ großes Camp mittlerer Kategorie, Zimmer mit Klimaanlage und Bad, DZ 75 RO inkl. HP, Tel. 99311338, www.oryx-camp.com

■ **Desert Nights Camp**
Ca. 11 km wüsteneinwärts gelegenes Luxus-Camp, Zimmer mit Klimaanlage und eigenem Bad, DZ ab ca. 160 RO inkl. HP, Tel. 92818388, 24489789, www.desertnightscamp.com

■ **Desert Retreat Camp**
Lage ca. 20 km wüsteneinwärts, eher einfaches Camp, aber durchaus sehr nett, EZ 40 RO, DZ 60 RO inkl. HP, Tel. 99332264

Unser Tipp: Nomadic Desert Camp
Ca. 20 km wüsteneinwärts, von lokalen Beduinen geführtes Strohhüttencamp, einfach, sauber, viel authentische Wüstenatmosphäre, die Abholung im Konvoi an der Hauptstraße in Al-Wasil sowie eine Dünenfahrt am Abend sind im Preis enthalten, EZ 49 RO, DZ 70 RO inkl. HP (Buchung in Deutschland z. B. über Bedu Expeditionen), Tel. 99336273, www.nomadicdesertcamp.com

■ **Sama al-Wasil/Desert Palm Lodge**
Ca. 18 km wüsteneinwärts, Bungalows mit Klimaanlage, frühmorgens und am späten Nachmittag werden Motor-Paraglider-Flüge über die Dünen angeboten, Zimmer/Zelt ab 30 RO pro Person inkl. HP, Tel. 91126369, www.samaresorts.com

Bei km 178 erreicht man den Abzweig in die Oasen Al-Mintirib und Al-Hawaiyah, die direkt an der großen Sandwüste liegen.

oman13-006 pf

Al-Mintirib المنترب

2,5 km nach dem Abzweig erreicht man eine Kreuzung, an der rechter Hand das **Fort** von Al-Mintirib, das *Hisn al-Mintirib,* liegt. Es ist an der Hauptstraße durch ein Schild „Bidiya Castle" – der Name der ganzen Region – ausgeschildert. Die ungefähr 250 Jahre alte Anlage wurde 1991 restauriert, man kann sie auch von innen besichtigen. Die rechteckige Festung beherbergt im Erdgeschoss die Arbeits- und Wohnräume der ehemaligen Shaikhs und Walis. Entlang der oberen Etage verläuft eine Galerie, in der in früheren Zeiten auch der Qur'an-Unterricht abgehalten wurde. Das Besondere an diesem Fort ist, dass beim Bau kein Holz verwendet wurde. Die Decken bestehen aus gemauerten und verputzten Gewölben. Das Fort ist So bis Do von 8–14 Uhr geöffnet.

Fährt man an der Kreuzung beim Fort nach rechts, kommt man in den **alten Ortskern** von Al-Mintirib, der nach 200 m links der Straße liegt. An der Kreuzung fällt rechts der Straße ein großes, wehrhaftes Haus auf, das heute von einer einflussreichen Shaikh-Familie bewohnt wird. Auf der linken Straßenseite liegt das **Bidiyah Museum,** eine bunt gemischte Ausstellung mit Kleidung, Waffen, Alltagsgegenständen, alten Schriften und Türen. Ein Besuch ist kein Muss, aber ganz unterhaltsam. Geöffnet täglich 9–13.30 und 16–18 Uhr, Tel. 96256632, Eintritt 1 RO.

Echtes „Wüstenfeeling" und entsprechende Erlebnisse verspricht das Nomadic Desert Camp

oman13-007 pf

Die Straße ins alte Zentrum endet am **Souq** und an den Gärten. Hier findet jeden Dienstag und Mittwoch ein **Markt** statt, nicht besonders groß, aber noch sehr ursprünglich. Dienstags herrscht deutlich mehr Betrieb – dann werden früh am Morgen auch Tiere versteigert. Die **Gärten** der Oase sind tief eingegraben, denn nur so kann das unterirdisch in die Oase kommende Wasser genutzt werden. Auf dem tieferen Niveau der Felder wird es in oberirdische aflaj geleitet und auf die Felder verteilt.

Hält man sich am alten Souq nach rechts, dann links nach Raka (ca. 2 km), so beginnt hier eine Piste durch tiefen Sand. 20 km in Richtung Süden liegt das (ausgeschilderte) **Al-Raha Camp,** in dem man nach Anmeldung (Tel. 99343851, www.alraha-oman.com) für etwa 25 RO pro Person inkl. Dinner übernachten kann (großes Camp, viele Gruppen).

Weitere 20 km wüsteneinwärts liegt das deutlich schönere **1000 Nights Camp** mit sehr nett dekorierten großen Zelten, Bungalows und sogar einem kleinen Pool (ab ca 30 RO pro Person inkl. HP, Tel. 99310680, 99387654, www.1000nightscamp.com).

Das **neue Geschäftszentrum von Al-Mintirib** erreicht man, indem man von der Kreuzung am Fort nach links abbiegt. Diese Straße führt weiter nach Al-Hawaiyah, das 8 km hinter dem Fort liegt. Links der Straße haben Beduinen ihre Camps in den flachen Dünen aufgebaut. Rechter Hand verläuft das Wadi Batha, direkt dahinter beginnt die Weite der Wahiba-Wüste. Die Fahrt zu den Camps ist mit einem Geländewagen gut auf eigene Faust möglich. Die vielen selbst ernannten Guides, die hier warten und einem dies ausreden möchten, kann man guten Gewissens abwimmeln.

Al-Hawaiyah الحوية

Der Ort Al-Hawaiyah hatte früher das Flair einer malerischen Bilderbuchoase. Die Straße endet auf dem zentralen Dorfplatz, der von einer alten Lehmfestung und dem Palmengarten begrenzt wird. Mitten auf dem Platz steht eine etwa 2 m hohe Eisenstange. Sie ist Teil einer **alten Sonnenuhr,** die einst nach einem ausgeklügelten Plan die Bewässerungszeiten der Felder anzeigte. Anhand des Schattens, der auf der Erde auf ein System aus mehreren konzentrischen Halbkreisen fiel, konnten die für die Bewässerung zuständigen Wärter die Dauer der Wassernutzung der einzelnen Gartenbesitzer ablesen. Da jedoch die Wasserrechte auch stammlich begründet sind, war das System zur Verteilung des Wassers sehr kompliziert und für Außenstehende kaum zu durchschauen. Heute ist diese Sonnenuhr nahezu funktionslos geworden, da technische Zeitmesser sie ersetzt haben. Lediglich einige Striche sind in den Sand gemalt, die das Bewässern weniger Felder regeln.

Wie in Mintirib liegen auch die **Gärten** von Al-Hawaiyah tiefer als der Rest des Ortes. Leider ist der Bewässerungsfalaj versiegt, und **die Felder werden nicht mehr bewirtschaftet.**

Die gesamte Oase überragen an drei Seiten hohe **Sanddünen.** Von ihren Gipfeln hat man einen beeindruckenden Ausblick auf die Oase.

Bei km 192 erreicht man einen Abzweig in das Wadi Bani Khalid, das mit seinem ganzjährig fließenden Wasser und seiner üppigen Vegetation einen scharfen Kontrast zum Sandmeer der Wahiba bietet. Direkt südlich der Kreuzung findet sich das **Oriental Nights Resthouse,** eine einfache, aber ordentliche Unterkunft (EZ/DZ ab 25 RO, Tel. 92896363 und 99006215, onrhoman@gmail.com).

Abstecher: Wadi Bani Khalid

Der Ausflug in das einst abgelegene Wadi und zu seinen Pools, die man nach 30 km erreicht, ist heute auch mit einem Pkw möglich, da die gesamte Strecke asphaltiert ist. Viele omanische Tourveranstalter haben das Wadi Bani Khalid im Programm, da es zu den **schönsten und grünsten Wadis Omans** zählt. An Feiertagen ist hier extrem viel los. Parken muss man dann schon mehrere hundert Meter vor dem Ende der Straße. Trotz des Trubels ist ein Besuch auch dann interessant, da man den Lebensalltag der Omanis und hier lebenden Ausländer erlebt.

Die ersten Kilometer führt die Straße durch eine weite Kiesebene. Im weiteren Verlauf stehen immer mehr Hügel und Felsen am Wegesrand. Sie sind oft von grünlichen Gesteinsschichten durchzogen und sorgen für farbliche Kontraste in der ansonsten braun-grauen Umgebung. Bei **km 13,5** befindet sich rechts neben der Straße ein Felsen mit besonders interessanter Faltung.

Über einen steilen Anstieg erreicht man bei **km 20** die Passhöhe, und es geht steil bergab auf das Wadi Bani Khalid zu. Bei **km 22,5** stehen die ersten Häuser der sieben Dörfer, die im Wadi liegen. Man hat nun die Wahl, ob man dem Wadi nach links oder rechts folgt. Der schönere Teil liegt wadiaufwärts, und man muss sich dafür bei km 22,9 nach links in Richtung Moqel halten.

Etwa 1,5 km nach der Abzweigung erreicht man eine Gabelung, deren rechter Abzweig in Richtung Wadi führt, zunächst aber durch eine Ortschaft und einen **Palmengarten;** im Schatten der hohen Palmen reift eine Vielzahl von tropischen Früchten.

Vom Winde verweht – die Sandwüste Wahiba

von Kirstin Kabasci

Die Wahiba Sands heißen auf arabisch **Ramlat al-Wahiba** oder jetzt korrekt (wenn auch noch nicht im täglichen Sprachgebrauch) **Rimal al-Sharqiyah,** da hier mehrere Stämme leben und eine Benennung nur nach dem Stamm der Wahiba nicht gerecht erschien.

Die Wahiba ist eine Inlandswüste, die ein Gebiet von **15.000 km²** mit Sanddünen bedeckt. Von Norden nach Süden erstreckt sie sich über ca. 250 km, ihre Ost-West Ausdehnung beträgt nur etwa 80 km. Im Osten reichen die Dünen bis an den Indischen Ozean, während sie auf den übrigen Seiten von breiten Trockenflussläufen begrenzt werden. An ihrem nordöstlichen Ende wird die Wahiba vom Wadi Batha und am westlichen Rand vom größten omanischen Wadi, dem Wadi Halfayn, sozusagen „im Zaum" gehalten. Denn beide Wadis führen regelmäßig Wasser und verhindern dadurch, dass die Sandmassen sich weiter ins Landesinnere ausdehnen, obwohl die Dünen jedes Jahr zehn Meter in diese Richtung wandern.

Im Gegensatz zur Größe anderer Sandwüsten, wie der Rub al-Khali oder der Sahara, ist die Wahiba ein überschaubarer „Sandkasten". Das hat dazu geführt, dass in den letzten Jahren immer mehr **Wüstenforscher und Wissenschaftler** sie als ein ideales Untersuchungsgebiet erkannt haben und hier forschen. Denn obwohl die Wahiba eine relativ kleine Sandwüste ist, kann man an ihr viele geologische, naturräumliche oder klimatische Sachverhalte erkennen, die auch für die großen und schwer zu erforschenden Sandwüsten gelten.

So startete man im Dezember 1985 eine groß angelegte Erforschung der Ramlat al-Wahiba, an der insgesamt über 500 Personen beteiligt waren. Wissenschaftler der berühmten britischen „Royal Geographical Society" führten mit Unterstützung der omanischen Regierung eine umfassende **Bestandsaufnahme der Geologie, Flora und Fauna** sowie der Lebensbedingungen der letzten Beduinen durch.

Die Forscher entdeckten, dass über 200 Säugetier-, Vogel- und Reptilienarten sowie etwa 180 verschiedene Pflanzenarten, von denen der größte Teil am nordöstlichen Rand der Wahiba anzutreffen ist, in dieser Wüstenlandschaft leben. Außerdem fand man nicht weniger als 16.000 Arten von wirbellosen Tieren, darunter ein Käfer, dessen Existenz bisher nur in der afrikanischen Namibwüste bekannt war.

Das gesamte **ökologische Gleichgewicht** der Wüste basiert auf dem durch das nahe Meer allmorgendlich bescherten Tau, der die zum Überleben notwendige Feuchtigkeit bringt. Das artenreichste Leben bergen die Woodlands, das „Baumland" im Wadi Batha am Nordostrand der Sande. Die gefährlichsten Wüstenbewohner sind die Hornviper und verschiedene Skorpionarten. Da sie aber von sich aus nicht angriffslustig sind, beißen bzw. stechen sie nur, wenn sie sich bedroht fühlen.

In der Wahiba finden sich mehr als zwanzig verschiedene **Dünenformationen,** die in denselben Varianten auch in den größeren Wüsten vorkommen. Ihr Sand besteht aus Quarz-, Karbonat- und Ophiolith-Körnern, also aus dem Erosionsmaterial der Berge und Meeressedimente. Sie werden von den jährlichen Monsunwinden verweht und herangetragen – im Laufe der Jahrhunderte sind die zunächst einzeln stehenden Dünen zu einem geschlossenen Sandmeer zusammengewachsen. Dies war möglich, da sich im Inneren der Wüste keine Wadis befinden, die den Sand wegschwemmen würden.

Der **Sand der Wahiba** ist nicht überall gleich, sondern seine Zusammensetzung und die Form der Dünen variieren. So bestimmen im Norden hohe rötlich-orange Dünen das Bild, wogegen im Süden kleinere, fast weiße und sichelförmige Dünen zu finden sind. Sie verlaufen alle in nahezu parallelen Ketten von Norden nach Süden. Deshalb kann man die Wahiba mit einem Fahrzeug nur in dieser Richtung durchqueren.

Die Ramlat al-Wahiba birgt zwei Sensationen, die man bis heute nur hier entdeckt hat. Zum einen gibt es in ihrem Inneren große sandfreie und **mit Bäumen bewachsene Flächen,** in denen verschiedene Gazellenarten leben. Das lebensnotwendige Grundwasser fließt hier nicht so tief wie im restlichen Wüstengebiet, daher können die Pflanzen mit ihren langen Wurzeln von ihm zehren. Die Beduinen nutzen diese Waldgebiete sowie die im Wadi Batha als Weidegebiete für ihre Ziegen und Schafe, und das Holz dient als Brenn- und Baumaterial. Die zweite Besonderheit der Wahiba liegt unter den Dünen. Hier erstreckt sich ein riesiges Gebiet mehrerer Meter dicker **versteinerter Sanddünen.** Dieses geologische Gefüge wird „Aeolianite" genannt, und in der Wahiba befindet sich das bisher weltweit größte bekannte Areal dieser Art. An manchen Stellen tritt diese Schicht auch an die Oberfläche, z. B. im Ja'alan an der Küste bei Al-Ruways.

Obwohl die Wahiba heute von der Wissenschaft zur Modellwüste erklärt wurde und viel über sie bekannt ist, begann ihre Erforschung vergleichsweise spät. Durch die Abgeschlossenheit Omans war es kaum einem Ausländer möglich, sie zu betreten. Der Brite **Wilfred Thesiger** war 1949 der erste Europäer, der sie durchquerte. Um den damals westlichen Fremden gegenüber nicht gerade freundlich gesinnten Herrscher nicht auf sich aufmerksam zu machen, reiste er getarnt in Begleitung von drei Beduinen, die er von früheren Expeditionen kannte: „…Bin Kabina ritt sein eigenes Tier, und auch Sultan und Ahmad hatten treffliche Kamele. Wir ritten vier der schönsten Kamele Arabiens und konnten, wenn es sich als nötig erwies, schnell reisen und große Strecken zurücklegen. Zunächst überquerten wir eine Kiesebene, auf der

oman13-008 pf

fleckenweise rötlicher Sand lag und die von kleinen Kalksteintafeln unterbrochen wurde, wo wir viele scheue Gazellen sahen. Allmählich nahm der Sand überhand, bis er den Kalksteinboden schließlich völlig bedeckte. Am zweiten Tag erreichten wir den etwa zweieinhalb Meter tiefen Brunnen von Tawi Harian, wo wir einige Wahiba trafen, die Esel, aber keine Kamele bei sich hatten. Sobald wir Wasser gefaßt hatten, zogen wir weiter, da wir überflüßigen Fragen aus dem Weg gehen wollten. Nun ritten wir nordwärts durch Talungen, die einen Kilometer breit und von etwa sechzig Meter hohen Dünenzügen flankiert waren. In diesen Talungen erheben sich seltsamerweise in Abständen von etwa drei Kilometern kleine Stufen aus hartem Sand. Der Sand auf der Talsohle war rostrot, die Dünen jedoch zeigten auf beiden Seiten honiggelbe Farbe. Nach Norden zu wurden beide Farben immer schwächer. Am Abend kampierten wir in einem Dünenzug und blickten von der Höhe auf Sandwellen und kleine sichelförmige Mulden, in denen abal-Büsche wuchsen. (…)

Zwei Tage später lagerten wir über dem Wadi Batha auf einem sechzig Meter hohen Dünenkamm. Das Tal von Batha war etwa zehn Kilometer breit und auf der gegenüberliegenden Seite von einem schmalen Sandgürtel begrenzt, hinter dem sich dunkle, niedrige Hügel erhoben, die der kahle Gebirgszug des Hadjar überragte. Trotz des Dunstes konnte ich die Gipfel des Djebel Dia'alan am Ostende der Bergkette nahe der Küste erkennen. Ich peilte mit meinem Kompaß und ließ mir von Sultan die einzelnen Dörfer benennen, die meist von Palmen umgeben waren und sich deutlich auf der gelben Ebene abzeichneten." (Quelle: Wilfred Thesiger, Die Brunnen der Wüste. Piper 1997, Seiten 317–319)

Das letzte Stück führt direkt durch das Flussbett an dicken, glatt gewaschenen Felsbrocken und an falaj-Kanälen vorbei. Die Straße endet an einem kleinen Parkplatz.

Geht man nun ein Stück zu Fuß, so erreicht man einen **Picknickplatz und die Pools,** die zum Teil zwei Meter tief sind. Das Wadi ist üppig grün, im glasklaren, türkisgrün schimmernden Wasser tummeln sich zahlreiche Fische. Ein kleines Restaurant bietet die Möglichkeit zur Einkehr mit Schattenplätzen. Ruhiger ist es etwas weiter wadiaufwärts. Hält man sich rechts vom Wasser, so kommt man nach einigen Minuten an einsamere Pools, in denen man sich herrlich erfrischen kann. Am vorderen Pool ist für Frauen lange Badekleidung bis über die Knie und ein T-Shirt nötig, Männer müssen Badeshorts tragen, keine knappen Badehosen. An den hinteren Pools wird dies lockerer gehandhabt.

Folgt man dem Wadi für weitere 15 Minuten, so erreicht man eine Höhle, deren leicht zugänglicher Eingang an der zu ihr führenden Betontreppe erkennbar ist. Mit Taschenlampe kann man hier auf Endeckungstour gehen. Allerdings wird es schon nach wenigen Metern sehr eng.

Bei km 236 zweigt im Ort Al-Kamil (33.000 Einwohner) **rechts die Straße nach Al-Ashkharah an der Küste des Indischen Ozeans ab** (siehe „Rundfahrt durch den Ja'alan“).

Etwa 1 km östlich dieses Abzweigs liegt der **alte Ortskern von Al-Kamil,** der aus einzelnen, eng zusammenliegenden Wohnvierteln besteht. Sie sind jeweils für sich befestigte Anlagen mit Stadtmauer und Wehrtürmen. Hier stehen sehr schöne alte Lehmhäuser, die mit ihren hohen und schlanken Türmen schon von Weitem zu erkennen sind.

Unser Tipp: In einem 250 Jahre alten Wohnfort ist das **Old Castle Museum** untergebracht, kein klassisches Museum, sondern die Privatsammlung einer hier über Jahrzehnte ansässigen Familie. Von historisch wertvollen Stücken bis zur Zahnbürste des Großvaters reicht das teils etwas skurrile Spektrum. Trotzdem – oder gerade deshalb – ist der Besuch eine schöne Abwechslung im Vergleich zu den anderen Forts. Wenn man das Glück hat und der Inhaber *Khalfan* führt selbst durch die Ausstellung, bekommt man eine Anekdote nach der anderen präsentiert. Geöffnet täglich 8.30–18 Uhr, Eintritt 2 RO, Tel. 93200166, 992 59529, www.old-castle-museum.com. Anfahrt: 600 m nach der Abzweigung von der Hauptstraße Ibra – Sur nach links abbiegen (kurz vor einem Kreisverkehr), dann gegenüber der Post nach rechts durch eine unscheinbare Einfahrt hindurch, dann noch 200 m geradeaus.

Weiter nach Sur geht es zunächst noch 15 km durch die seit Ibra vorherrschende Steppenebene. Dann beginnen kleinere, mit Geröll übersäte Berge und das **Wadi al-Fulaij.** In der trockenen Landschaft stehen nur einige einzelne Häuser. In den umliegenden weiten Wadis leben zahlreiche **Shawawi-Hirten.** Sie wandern innerhalb der Wadis, in denen jede Familie mehrere Lager- und Weideplätze besitzt, umher. Der Wechsel der Plätze wird davon bestimmt, wie weit Futter und Wasser aufgebraucht sind. Viele Lagerplätze bestehen nicht aus festen Häusern, sondern aus Palmzweighütten.

Bei **km 289** zweigt nach links eine Straße ab, die über Qalhat und Quriat die Küste entlang **nach Muscat** führt (siehe „Entlang der Küste nach Sur“).

Das Spinnen der Wolle ist am Jebel Shams noch Handarbeit

1,5 km weiter weist ein grünes Schild auf das **Fort Bilad Sur** hin, das sich links der Straße im Palmengarten des Ortsteiles Sabakh befindet.

Die Straße führt in Sur zunächst am Sur Plaza Hotel, dann am Fort Sinesilas vorbei, und bei **km 295** erreicht man den **Kreisverkehr an der Bahwan-Moschee,** die an ihrer modernen Bauweise und ihren zwei Minaretten zu erkennen ist. Rechts geht es entlang der Lagune Khor al-Butah nach **Al-Ayjah** (10 km) und weiter nach Ras al-Hadd, geradeaus ins Geschäftszentrum und zu den Dhau-Werften von Sur.

Sur صور

Sur (120.000 Einwohner) ist das **Zentrum der nördlichen Sharqiyah,** der Hauptfischerort der Region und war eine Hochburg des Dhau-Baus. Von der ruhmreichen Vergangenheit des Ortes als Seehandelsstadt ist heute nicht mehr viel zu spüren, doch Sur befindet sich in einer **Phase des Aufschwungs und der Modernisierung.**

Geschichte

Zwar sind **schon aus vorislamischer Zeit Handelsbeziehungen nach Ostafrika überliefert,** doch zu größter Bedeutung gelangte Sur erst mit der portugiesischen Invasion im 16. Jahrhundert. Nach der Zerstörung des nur 25 km entfernten Qalhat übernahm Sur dessen Rolle als führendes Handelszentrum südöstlich von Muscat. Seine **Blütezeit** erreichte die Stadt nach der Vertreibung der Portugiesen vom 17. bis Mitte des 19. Jahrhunderts.

Die **Seefahrer** segelten mit dem Wintermonsun nach Afrika, wobei sie meist Datteln an Bord hatten. Dort verkauften die Seemänner die Ladung und nahmen Hirse, Kaffee und Mangrovenholz an Bord. Dann folgte die lange Zeit des Wartens, bevor sie sich mit dem Sommermonsun wieder nach Sur treiben lassen konnten. Andere Schiffe starteten mit den Waren aus Ostafrika und segelten nach Indien oder zum Golf von Basra. Ein weiterer profitabler Handel wurde mit Sklaven betrieben.

Im 19. Jahrhundert begann der Glanz von Sur zu verblassen. Zunächst wurde der Sklavenhandel verboten, dann brach der Warenverkehr mit Sansibar zusammen, nachdem das Sultanat geteilt worden war. Das Aufkommen von Dampfschiffen, die Öffnung des Suez-Kanals und schließlich die Zerstörung Surs durch saudiarabische Wahhabiten taten ein Übriges zum Niedergang. Die Tradition als Handelsstadt kann man aber noch heute daran erkennen, dass viele Suris als erfolgreiche Kaufleute im Rest des Landes leben.

Orientierung

Sur ist eine **leicht überschaubare Stadt** mit einem kleinen Zentrum, in dem sich die meisten Geschäfte und Restaurants sowie ein Hotel befinden. Zwischen diesem Zentrum und den Dhau-Werften an der Lagune liegen alte Wohngebiete, geprägt von **flachen Häusern mit Innenhof,** ganz anders als die hohen „Baits“ in Muscat. Im Westen der Stadt sieht man

zahlreiche Villen, die vom neuen Wohlstand der Bewohner zeugen.

Hinter dem Sur Plaza Hotel und der Bahwan-Moschee geht es an einer T-Kreuzung rechts ins **Geschäftszentrum,** nach links kommt man ans Meer. Diese **Uferstraße** verläuft um den gesamten Stadtkern und ist sehr sehenswert. Hier herrscht besonders frühmorgens viel Betrieb, wenn die Fischer ihren Fang abladen. Am späten Nachmittag kommt die Jugend an den Strand und spielt Fußball. Weiter ostwärts erreicht man die **Lagune Khor al-Butah,** die sich weit landeinwärts zieht. Am diesseitigen Ufer liegen die **Dhau-Werften** von Sur, auf der gegenüberliegenden Seite befindet sich der Ortsteil Al-Ayjah, der durch eine Brücke mit Sur verbunden ist.

Ganz im Westen der Stadt liegt das Sur Beach Hotel. Hält man sich immer möglichst nahe am Meer, so kommt man zunächst an einem schönen **Strandabschnitt** vorbei.

Südlich des Zentrums, im Wadi Felaij an der Straße nach Al-Kamil, liegt der **Ortsteil Bilad Sur,** eine **grüne, fruchtbare Oase.** Die übrigen Teile Surs hingegen lassen kaum eine landwirtschaftliche Nutzung zu.

Sehenswertes

Dhaus

Obwohl Sur als Hafenstadt heute kaum noch von Bedeutung ist, hatten die beiden **Dhau-Werften** ihren Rang und die Monopolstellung in Oman lange Zeit behalten. Über Jahrhunderte wurden hier direkt an der Bucht die **traditionsreichen Holzboote** gefertigt. Seit 2003 werden jedoch kaum mehr neue Dhaus gebaut. Die Werften sind fast nur noch ein reiner Reparaturbetrieb und auch dies nur mit mäßiger Auslastung (Eintritt: 1 RO). Ganz selten wird noch ein Dhautyp hergestellt: die **sambuq** und ihr kleines Schwestermodell, die **shu'i.** Früher war es das gebräuchlichste Schiff für die Perlentaucherei im Persisch-Arabischen Golf, heute wird es an der gesamten Küste der Arabischen Halbinsel für die Fischerei genutzt.

Die **Kosten einer Dhau** werden nach ihrer Länge (in Fuß) und dem Design berechnet. Ein mittelgroßes Boot von 38 Fuß (knapp 12 m) Länge ist ab 25.000 Rial zu haben, während eine kleinere sambuq schon für 5000 bis 14.000 RO gebaut wird. Dazu kommen noch die Kosten für den Dieselmotor und die Kühltanks für die Fische.

In den 1990er Jahren arbeiteten hier noch sechzig, meist indische Arbeiter und sechs omanische Baumeister. Aber die **Aufträge gingen zurück** und zugleich hatten die Werften ein **Nachwuchsproblem,** denn kaum ein junger Omani möchte diese Arbeit verrichten. Nicht nur wegen des Einzugs der modernen Technik und des Bedeutungsverlustes der Holzboote besteht nun akut die Gefahr, dass die traditionell omanischen Arbeitsweisen und Stilelemente in Vergessenheit geraten.

Eine Maßnahme, dies zu verhindern, startete die Regierung, indem sie eine **Werkstatt für Modell-Dhaus** einrichtete. Hier werden mit den Originalmethoden und nach den alten Techniken alle Dhautypen in kleinem Maßstab nachgebaut. Diese Boote werden an hohe Staatsbesucher verschenkt, sie zieren die Vorhallen von Ministerien, und in Museen dienen sie als Anschauungsobjekte für ihre großen Bruderschiffe.

Eine **Werkstatt** ist in einem gelben Gebäude mit Garagentoreinfahrt untergebracht; wenn man von der Anlegestelle der Fähre nach Ayjah zu den Werften geht, steht sie am Beginn auf der linken Straßenseite. Eine weitere Modellwerkstatt befindet sich inmitten des Geländes (am Schattendach zu erkennen).

An der Straße nach Al-Kamil (auf der gegenüberliegenden Straßenseite des Forts, etwas stadteinwärts) hat man in zwei kleinen Räumen auf dem Gelände des Sportclubs ein kleines, nur sporadisch geöffnetes **Museum** eingerichtet (Info unter Tel. 24541466). Hier stehen Modelle verschiedener Dhautypen, Ausstellungsstücke von Schiffsgeräten, Holzarten und Nägeln sowie historische und neue Fotos.

Dhau „Fatah al-Khair"

Diese Dhau des **Typs ghanjah** steht aufgedockt auf dem Strand der Lagune zwischen den beiden Werften nahe des Zentrums. Das riesige Schiff mit über 300 Bruttoregistertonnen wurde um 1920 hier gebaut und ist **eines der letzten seiner Art** in Oman. Ghanjahs werden seit

Mitte der 1950er Jahre nicht mehr gebaut. Lange Jahre fuhr die „Fatah al-Khair“ als Frachtschiff in den Gewässern zwischen der Arabischen Halbinsel, Ostafrika, dem Iran und Indien. Hauptsächlich wurden Datteln und getrockneter Fisch aus Oman und im Gegenzug Reis, Gewürze, Stoffe, Kaffee, Edelhölzer sowie Juwelen nach Oman transportiert. Ab Anfang der 1920er Jahre kam der Holzbootbau in Sur immer mehr zum Erliegen, und Ende der 1970er Jahre benutzte nur noch ein Händler Dhaus. Die meisten wurden für einen geringen Preis ins Ausland verkauft. 1971 ging die „Fatah al-Khair“ für 5000 RO in den Jemen. 1993 taten sich einige Bewohner Surs zusammen und sammelten Geld, um sie zurückzuholen. Der Kaufpreis des Schiffes lag inzwischen bei der stolzen Summe von 33.000 RO. Im Sommer brachte sie der berühmte surische Kapitän *Mohammed bin Hamed bin Najim al-Ghailani* zurück in ihren Heimathafen. Doch die Zeit auf dem Meer ist für die „Fatah al-Khair“ zu Ende. Die Unterhaltskosten, um sie seetüchtig zu halten, wären zu hoch. Inzwischen ist sie komplett restauriert und wird auch in Zukunft an Land stehen. In einem Schaukasten sind zusätzlich einige Ausrüstungsgegenstände ausgestellt. Ein Museumsgebäude ist fertiggestellt, aber noch nicht eingerichtet. Die „Fatah al-Khair“ war Ende 2019

oman140 as

nicht zugänglich, in Zukunft soll evtl. wie für die Dhau-Werften eine Eintrittsgebühr erhoben werden.

Fort Sinesilas

Der Eingang zum Fort Sinesilas befindet sich an der Hauptstraße nach Al-Kamil und ist am Tor mit Schiffssteuern zu erkennen. Es handelt sich bei der Festung um eine **klassische rechteckige Anlage** mit vier runden Türmen.

Info: Geöffnet So bis Do 8.30–14.30 Uhr (keine offiziellen Zeiten, sondern auch vom Wächter abhängig), Eintritt: 500 Bs.

Fort Bilad Sur

Das kleinere Fort Bilad Sur liegt **inmitten der Oasengärten** ebenfalls an der Hauptstraße nach Al-Kamil, aber weiter stadtauswärts. 1990 für das Publikum geöffnet, ist nicht nur die eigenwillige, witzige Konstruktion einer der Türme interessant, sondern auch der schöne Blick auf die Oasenplantagen.

Info: Geöffnet So bis Do 8–14.30 Uhr.

Blick von Sur auf den Ortsteil Al-Ayjah

Ortsteil Al-Ayjah

Der Ortsteil Al-Ayjah dehnt sich **am östlichen Ende der Lagune** aus. Dadurch, dass die Einfahrt zur Bucht so eng ist, liegt Al-Ayjah genau gegenüber der Dhau-Werften von Sur. Eine Brücke verbindet die beiden Orte. Viele Werftarbeiter wohnen in Al-Ayjah. Der Ort hängt sehr stark von Sur ab, und es gibt kaum Versorgungseinrichtungen, da die meisten ihre Einkäufe in Sur tätigen.

Al-Ayjah hat ein Fort und eine kleine Werft. Das eigentlich Sehenswerte ist jedoch der Ort an sich mit **verwinkelten Gassen,** alten Häusern und sehr schönen **geschnitzten Holztüren.**

Im Ort leben **Angehörige des Stammes der Bani Bu Ali,** der seinen Hauptstammsitz in Ja'alan Bani Bu Ali im Inneren der Sharqiyah hat. Seit dem Eindringen der Saudis 1812/13 gehört der Stamm der wahhabitischen Glaubensrichtung an. Obwohl die Bani Bu Ali seit 1895 mit dem Sultan gegen das ibaditische Imamat verbündet waren, versuchten sie sich nach Streitigkeiten über Steuerfragen 1923 für unabhängig zu erklären. Fünf Jahre später hissten sie in Al-Ayjah sogar die Flagge Saudi-Arabiens, des Ursprungslandes der Wahhabiten. Die Briten beendeten den Disput schließlich durch eine Militäraktion. Das Verhältnis der Bani Bu Ali zur Regierung entspannte sich erst wieder unter der Herrschaft von Sultan *Qaboos.*

Holztüren

Nicht nur in Al-Ayjah, sondern auch in Sur kann man noch einige wenige schöne Holztüren bewundern. Im Wohnviertel zwischen dem Geschäftszentrum und den Dhau-Werften sieht man neben den modernen Türen auch viele Hauseingänge mit **aufwendig geschnitzten Verzierungen.**

Zwei grundlegende Stilrichtungen können unterschieden werden: Die einen sind mit einheimischen Elementen versehen, etwa **geometrischen Ornamenten, Schriftzügen oder auch dem Landeswappen.** Oft sind damit nur die Rahmen und Mittelbalken der Türen verziert. Viele Türen sind aber auch vollständig mit **Blütenmotiven** geschmückt. Dieses Stilelement kommt aus dem indischen, persischen und ostafrikanischen Kulturkreis und ist symbolhaft für die fremden Einflüsse, die aufgrund des Überseehandels lange auf die Küstenstädte einwirkten. Viele Holztüren wurden im 19. Jahrhundert in Ostafrika gefertigt und in Einzelteilen zerlegt per Schiff nach Sur geliefert.

Praktische Infos

Hotels

12 Al-Ayjah Plaza Hotel**
Recht einfaches Hotel der unteren Mittelklasse, etwas südlich der Brücke auf der Al-Ayjah-Seite, EZ 35 RO, DZ 40 RO, Tel. 25544433, www.alayjahplazahotel.com

3 Al-Faisal Hotel Suites
Einfaches Apartment-Hotel gegenüber dem Hotel Sur Beach Holiday, DZ ab 20 RO, Buchung nur vor Ort oder per Tel. 25542500

9 Al-Jumhoor Hotel Apartments
Nahe dem Fischmarkt, einfache, relativ große Apartments für 30 RO, Tel. 25544414

8 Bait al-Afiya Hotel Apartments
Am Busbahnhof, EZ 14 RO, DZ 22 RO, Tel. 25544301

6 Leading Wings Hotel
Kleines, einfaches Hotel am Meer nahe dem Hafen, relativ große Zimmer ab 20 RO, Tel. 25546618, leadingwing@gmail.com

2 Sur Beach Holiday Hotel**
Im Westen des Ortes am Strand, doch nur bedingt als Badehotel geeignet, trotzdem angenehm und nett, mit Bar, EZ 41 RO, DZ 49 RO (inkl. Frühstück), Tel. 25530300 und 25530302, www.surhotelsoman.com/sur.html

1 Sur Grand Hotel***
Neues Hotel am Ortsausgang Richtung Muscat, angenehm und solide, mit Pool auf dem Dach, DZ 41 RO, Tel. 96007714, www.surgrandhotel.com

10 Sur Hotel*
Einfaches Hotel im Geschäftszentrum, EZ/DZ 20 RO, Tel. 25540090, www.surhotel.net

4 Sur Plaza Hotel***
Modernes und ordentliches Mittelklasse-Hotel, von al-Kamil kommend kurz vor dem Zentrum rechts, auch Ausflüge zum Strand von Ras al-Jinz, mit Bar, EZ 47 RO, DZ 58 RO, Tel. 25543777, www.surplazahotel.com

Restaurants

In Sur gibt es bis auf die Restaurants **in den großen Hotels** kaum Lokale mit höherem Standard.

2 Al-Rasgah
Indische und arabische Küche, Alkoholika, im Sur Beach Holiday Hotel, 6–24 Uhr, Tel. 25542031

4 Oyster's Restaurant
Internationale und mediterrane Küche, Alkoholika, im Sur Plaza Hotel, 6–24 Uhr, Tel. 25543777

12 Sahari Restaurant
Im Al-Ayjah Plaza Hotel, gute arabische Küche, von Lesern empfohlen, 10–24 Uhr, Tel. 25541423 und 96281508

■ Unter den **einfachen Restaurants** sind das **11 Turkish Sheep Restaurant** und das **11 Al-Zaki Restaurant** nahe der Großen Moschee, das indische **5 Sur New Restaurant** am Kreisverkehr beim Krankenhaus sowie das **12 International Food Restaurant** direkt an der Brücke nach Al-Ayjah zu empfehlen. Außerdem gibt es im Ortszentrum zahlreiche einfache **indische und arabische Restaurants und Cafés.**

Bars und Internet-Café

4 Captain's Pub und **Sambouq Bar** im Sur Plaza Hotel, mit Live-Unterhaltung, beide 12–15 und 18–01 Uhr, Tel. 25543777

2 Cheers Bar und **Sur Bar** im Sur Beach Holiday Hotel, beide 12–15 und 18–01 Uhr, Tel. 25542031

■ Ein **Internet-Café** gibt es u. a. im Sur Plaza Hotel, Tel. 255 43777

Polizei, Krankenhaus und Apotheke

■ **Telefonnotruf für Polizei und Feuerwehr: 9999**

■ **Polizeistation:** Tel. 25542599

■ **Sur Hospital,** Tel. 25561100

■ Apotheken im Geschäftszentrum, z.B. **Muscat Pharmacy,** Tel. 25543660.

Verkehrsverbindungen

■ **Fernbusse** fahren täglich um 6 und 14.30 Uhr über Mintirib und Ibra **nach Muscat,** um 7 Uhr entlang der Küste nach Muscat und um 18.15 nach **Bani Bu Ali,** Abfahrt ist beim Geschäftszentrum; Informationen von Mwasalat unter Tel. 24121555 und 24708522.

■ **Sammeltaxis nach Ibra und Muscat** starten – sobald sie voll besetzt sind – am Ortsausgang nach Süden (zwischen Bilad Sur und Sports Complex).

■ Von und nach Sur bestehen **keine Flugverbindungen.**

Autovermietung (Stadtplan S. 218)

2 **Europcar,** im Sur Beach Hotel, Tel. 25542031
4 **Budget,** im Sur Plaza Hotel, Tel. 25545565

Reisebüro/Tourveranstalter

- **Moon Travels,** Tel. 25544108
- **Bahwan Tours,** im Geschäftszentrum
- **Sur Tour,** Dhau-Touren, Tel. 25540068, 99056428

Sport und Aktivitäten

- **Tennis, Swimmingpool** und **Wassersportmöglichkeiten** im Sur Beach Hotel.
- **Swimmingpool** und **Fitnessraum** im Sur Plaza Hotel.

Einkaufen

- In den **Geschäften im Zentrum** finden sich die gängigsten Artikel des täglichen Bedarfs. Hier gibt es auch einige Apotheken, Banken und Reisebüros.
- Der **Obst-, Gemüse-, Fleisch- und Fisch-Souq** ist in einem gelben Gebäude mit einem imitierten Wachturm nahe des Zentrums untergebracht.

[>] „Tankstelle" in Ras al-Hadd

Rundfahrt durch den Ja'alan

جعلان

- **Diese Rundfahrt durch den Ja'alan, die nordöstliche Provinz Omans, beginnt in Sur.** Sie führt größtenteils an der Küste entlang; weiter geht es am nördlichen Rand der Ramlat al-Wahiba bis zur Straße von Al-Kamil nach Sur. Die Strecke ist durchgehend asphaltiert.
- Höhepunkte sind die **Steilküste südlich von Ras al-Jinz,** die Möglichkeit, **Meeresschildkröten** am Strand von Ras al-Jinz zu beobachten, kontrastreiche **Wüstenlandschaften** und alte **Oasenstädte** im Wadi Batha am Rande der Wahiba.
- **Start- und Nullpunkt der Rundfahrt ist der Kreisverkehr bei Al-Ayjah** (kurz nach dem Sahar Restaurant und dem Al-Ayjah Plaza Hotel) auf der anderen Seite der Bucht von Sur bzw. die Brücke von Sur nach Al-Ayjah. Insgesamt sind es ohne Abstecher 166 km bis Al-Kamil, von dort weitere 60 km, falls man zum Ausgangspunkt nach Sur zurückkehren möchte.

Streckenbeschreibung: Die ersten 9 km führt die Strecke unmittelbar am Meer entlang. Sur wächst immer weiter gen Osten, direkt am Meer finden sich auch viele Picknickplätze. Es folgen 10 km, die wenig abwechslungsreich sind, bis man die **Lagune Khor al-Jarama** erreicht. Sie ragt weit ins Landesinnere hinein und an ihren Ufern sorgen viele Bäume für eine farbliche Abwechslung in der sonst eintönig braunen Umgebung.

An der Lagune beginnt ein **Schutzgebiet für Meeresschildkröten.** Die riesigen Tiere vergraben nachts am Strand ihre Eier. Da sie vom Aussterben bedroht sind, gelten zu ihrem Schutz ab hier strenge Vorschriften. Vor allem ist es verboten, die Tiere zu stören und die Eier auszugraben. Auch ist es untersagt, am Strand zu campen.

Nach 32 km erreicht man die Hauptstrecke von Ras al-Hadd nach Süden: Links geht es nach Ras al-Hadd, rechts nach Ras al-Jinz und weiter entlang der Küste gen Süden.

Abstecher: Ras al-Hadd

Das Ras al-Hadd bildet die nordöstliche Landspitze der Arabischen Halbinsel (Hadd bedeutet „Rand"). Die weit ins Meer hineinragende Landzunge ist eine **flache Ebene,** die in Richtung Westen von der Lagune Khor al-Hajar begrenzt wird.

4 km nach der Kreuzung erreicht man das **Dorf Al-Hadd,** den wichtigsten Fischerort der Region und flächenmäßig großzügig angelegt. Eine große Moschee und das 450 Jahre alte **Fort** (geöffnet So bis Do 8–18 Uhr) bestimmen das etwas verschlafene Ortsbild. An der Nordseite der Festung befinden sich der Eingang und zwei runde Türme, an der Südseite steht ein einzelner eckiger Wohnturm mit einem runden Aufbau.

Vom Ort führt eine alte Landebahn, die auch als Straße genutzt wird, zum **Strand.** Er fällt flach zum Meer ab und zieht sich um die ganze Halbinsel herum. Vereinzelt findet man Schildkrötenspuren und tiefe Krater, die von ihnen zum Ablegen der Eier gegraben wurden. Landschaftlich ist der Strand allerdings nicht so schön wie der südlich beginnende Steilküstenabschnitt.

Bei Ras al-Hadd finden sich **mehrere Ausgrabungsstätten** mit Funden, die bis ins 4. Jahrtausend v. Chr. zurückreichen. Möglicherweise befand sich hier der Hafen zur Verschiffung des Kupfers aus dem Wadi Samad. Gefundene Keramiken belegen Handelsbeziehungen ins Industal.

oman107 pf

Meeresschildkröten im Mondschein

von Kirstin Kabasci

Es ist eine traurige Tatsache, dass alle sieben existierenden Meeresschildkröten-Arten **vom Aussterben bedroht** sind und weltweit unter Naturschutz gestellt werden mussten.

Viele Geheimnisse ranken sich um diese **urweltlichen Reptilien,** die seit knapp hundert Millionen Jahren unsere Erde bevölkern. Meeresschildkröten verbringen nahezu ihr ganzes Leben im Wasser, an Land kommen nur die Weibchen zur Eiablage. Dabei kehren sie immer wieder zu dem Strand zurück, an dem sie selber geschlüpft sind. Ihre durchschnittliche Lebenserwartung liegt bei hundert Jahren, ihre Geschlechtsreife erreichen die Tiere erst im Alter von dreißig bis fünfzig Jahren. Algen, Seegras, Muscheln und Quallen sind die Hauptnahrung der Meeresreptilien. Die Entfernung zwischen den Niststränden und den Futtergründen kann mehrere tausend Kilometer betragen; so wurden Schildkröten, die in Oman bei der Eiablage markiert wurden, in Somalia, Eritrea, Indien und Pakistan gefunden. Wie sie sich bei ihren langen Reisen orientieren, ist unerforscht.

Fünf der sieben weltweit existierenden Meeresschildkröten-Arten kommen zur Eiablage an die Küsten Omans oder leben in den Gewässern des Landes. Die omanische Regierung setzt sich für eine detaillierte ökologische Untersuchung des 1700 km langen Küstenstreifens und die Erforschung der Lebensweise der Panzerreptilien ein. Zum Schutz dieser lebenden Fossilien legte die Regierung mehrere Naturschutzgebiete an. So können entlang des 50 km langen Küstenabschnittes zwischen Ras al-Hadd und Ras al-Khabbah die **„Grünen Meeresschildkröten"** *(Chelonia mydas)* ungestört und geschützt nisten. Es sind ihre wichtigsten und größten Brutstätten im Indischen Ozean. Bezeichnenderweise wurde die Grüne Schildkröte früher „Suppenschildkröte" genannt, weil sie weltweit gejagt und zu dieser „Delikatesse" verarbeitet wurde. Auch wenn die kulinarische Nutzung nicht länger den Namen vorgibt, ändert das nichts daran, dass die Tiere in vielen Ländern nach wie vor im Kochtopf landen.

Rund um die Insel Masirah sind die Strände Schutzzonen für die weltweit größte Population der **„Unechten Karettschildkröte"** *(Caretta),* die auch im Dhofar nisten. Die Daymaniyat-Inseln bilden ein geschütztes Brutgebiet der **„Karettschildkröten"** *(Eretmochelys inbricata).* Auch die olivfarbene **„Bastardschildkröte"** *(Lepidochelys olivacea)* nistet in geringer Anzahl an omanischen Küsten. Bastardschildkröten gehören zu den seltensten Tieren unserer Erde, und selbst Optimisten bezweifeln, dass sie die nächsten Jahre überleben werden. Die **„Lederschildkröte"** *(Dermochelys coriacea)* lebt zwar in omanischen Gewässern, nistet aber nicht hier. Diese gewaltigen Tiere messen vom Kopf bis zum Schwanzende über zwei Meter und wiegen zwischen 500 und 900 Kilo. Ihr Panzer hat Längskiele und ist von einer weichen, ledrigen Haut überzogen.

In den Gewässern vor den omanischen Naturschutzgebieten dürfen kommerzielle Trawler nicht fischen, und überall wird das Fangen und Stören der Schildkröten sowie das Ausgraben der Eier mit hohen Geldbußen bestraft. Am Strand von Ras al-Jinz dürfen **Touristen unter Aufsicht** Grüne Schildkröten bei der nächtlichen Eiablage beobachten. Ein Ausflug dorthin wird von diversen Tourveranstaltern organisiert, oder man kann der Wegbeschreibung unter „Ras al-Jinz" auf eigene Faust folgen. Die beste Zeit für das Beobachten liegt im Sommer, denn dann

oman108 pf

kommen besonders viele Tiere. Im Herbst kann man mit etwas Glück auch ausschlüpfende Jungtiere beobachten. Doch zumindest einige Tiere kann man das ganze Jahr über sehen.

Grundvoraussetzung ist ein Besucherpass, den man am Eingang zum Strand von Ras al-Jinz erhält (vorher anmelden!). Man darf die Tiere nur in Begleitung omanischer Ranger beobachten. Der Strand liegt ein Stück vom Eingang und Visitor's Center entfernt, das Ufer wird an einer Stelle durch einen mächtigen, bizarren Felsen vom Landesinneren abgegrenzt. Auf ihm siedelten schon vor über 3000 bis 4000 Jahren Menschen, deren Hauptnahrung Schildkrötenfleisch und -eier waren.

Schildkrötenmütter hüllen sich zur Eiablage in den Schutz der Dunkelheit und sie lassen sich von der Flut möglichst weit ans Land spülen. Klug ist, wer seinen Besuch auf eine helle Vollmondnacht legt.

Während der folgenden kollektiven Schildkrötenobservation – manchmal fluten Hunderte von Besuchern den Strand! – ist es **oberstes Gebot, ruhig zu sein, keinerlei Licht zu machen, einen großen Abstand zu den Tieren zu wahren,** sich am besten langsam zu bewegen und dabei so niedrig wie möglich zu halten. Die ganze Nacht über ist es untersagt, Fotos mit Blitzlicht zu machen, auch wenn keine Schildkröte in der Nähe ist. Kurz: Es sollte alles vermieden werden, was die Tiere erschreckt und stört, denn sonst brechen sie den Nestbau oder die Eiablage ab und müssen erneut mit der kräftezehrenden Prozedur beginnen. Auch sollte man sich nicht gegen das Mondlicht stellen, denn sonst verschreckt die menschliche Silhouette die Tiere. Der Hinweis, dass es strikt verboten ist, auf den Tieren zu reiten, sollte überflüssig sein – doch es ist schon vorgekommen …

Am Strand heißt es **Geduld, Glück und wache Augen** haben, dann kann man die bis zu 140 Kilogramm schweren Tiere ächzend und dumpf schnaufend über den Strand robben sehen. Es fällt schwer sich vorzustellen, dass sie im Wasser flink und wendig schwimmen können.

Es ist nicht einfach für die Tiere, die **richtige Stelle für eine Nestgrube** zu finden. Denn zum einen sollte sie oberhalb der Hochwassermarke liegen, zum anderen muss der Sand genau die richtige Beschaffenheit haben. Ist er zu weich, würden die Wände der Grube einstürzen, ist er hart, kann das Tier nicht graben. Unglücklicherweise kann es auch vorkommen, dass eine Schildkröte ein bereits eingegrabenes Gelege ausgräbt und beschädigt. Hat ein Muttertier ihre Platzwahl getroffen, beginnt sie mit ihren Vorderflossen eine Kuhle auszuheben. Mit Schwung schaufelt sie den Sand nach hinten weg und walzt den Boden mit ihrem Panzer platt. Dabei versinkt sie allmählich so tief, dass gerade einmal ihr ausgestreckter Kopf aus der Grube hervorschaut. Dann buddelt sie mit ihren Schwanzflossen eine kleine Eikammer in den hinteren Abschnitt des etwa sechzig Zentimeter tiefen Loches. Über eine Stunde können diese Grabarbeiten dauern, denn das Tier macht immer wieder Verschnaufpausen.

Sobald die Schildkröte mit den Aushubarbeiten fertig ist, verfällt sie in eine Art Starre, dann kann man leise und gebückt von hinten an sie herantreten, um die Eiablage zu beobachten. 80 bis 120 tischtennisballgroße Eier fallen in Zweier- oder Dreiergruppen in das Gelege. Die letzten Eier erkennt man daran, dass sie klein und nicht vollständig ausgereift sind. Um den Fall zu bremsen, hält das Weibchen ihre Hinterflossen unter sie.

Nach der Eiablage heißt es besonders leise zu sein und sich möglichst nicht zu bewegen, denn dann erwacht das Tier aus seiner Bewegungslosigkeit und beginnt, das Gelege zu vergraben. Dazu schaufelt es mit den Hinterflossen vorsichtig Sand in die Grube, den es mit seinem Brustpanzer festdrückt. Während alledem schiebt sich die Schildkröte langsam immer weiter nach vorne. Zuletzt fegt sie den Sand mit ihren riesigen Vorderflossen glatt, sodass das Nest für Feinde unsichtbar wird.

Dieser ganze Kraftakt kann bis zu zwei Stunden dauern. Dann kriecht die Schildkröte erschöpft und zielstrebig auf die Brandung zu – und wird im tieferen Wasser schon von paarungswilligen Männchen erwartet. Die **Begattung** findet nur im Wasser statt und kann bis zu 48 Stunden dauern. Ein paar Tage nach der Befruchtung wird die Schildkrötendame erneut an Land robben und im Schutz der Dunkelheit ihre Eier ablegen. Sie wird die Küstengewässer Omans erst verlassen, nachdem sie mehrere Nester (im Durchschnitt drei pro Saison) angelegt hat. Bis sie in zwei bis vier Jahren erneut zur Eiablage zurückkehrt, legt sie viele tausend Kilometer Wegstrecke zurück.

Das **„Ausbrüten" der Eier** übernimmt die Wärme des Sandes. Rund sieben Wochen brauchen die vergrabenen Schildkröteneier für ihre Entwicklung, dann schlüpfen alle Jungen eines Wurfes zur selben Zeit. Dabei spielt die Wärme, unter denen die Eier heranreifen, eine entscheidende Rolle für die Entwicklung der Tiere. Bei einer Temperatur von überwiegend mehr als 29°C schlüpfen nur Weibchen, bei niedrigeren Wärmegraden dagegen nur Männchen. Daher kann man in Aufzuchtstationen auch gezielt Weibchen züchten, um den Bestand der gefährdeten Tiere zu stützen.

Die **Schildkrötenbabys** schlüpfen meist in den frühen Morgenstunden. Bis sie an der Oberfläche des Sandes angekommen sind, müssen sie Schwerstarbeit verrichten. Mitunter schaufeln und strampeln sie sich drei Tage lang durch den Sand – und zuvor mussten sie in einem Kraftakt die lederartige Eierwand durchstoßen. Die vielen Jungen steigen aufeinander und bildeten mit ihren Körpern eine Art Leiter, um das Nest mit vereinten Kräften zu verlassen. Die noch halbblinden Tiere orientieren sich am Lichtschimmer, den das Wasser reflektiert. Fremde Lichtquellen, wie Lagerfeuer, Taschenlampen und Blitzlichter von Fotoapparaten, leiten die Babys in die falsche Richtung, sodass sie das Meer nicht erreichen und sterben. Leider kommt es immer wieder vor, dass Touristen versuchen, den unbeholfen wirkenden Tieren – im Wortsinne – unter die Arme zu greifen, um sie zum Wasser zu tragen. Doch die Kleinkröten sind darauf „programmiert", selber zum Wasser zu marschieren, und während sie diesen Weg zurücklegen, prägen sie sich auf eine für uns rätselhafte Weise ihren Geburtsort ein und finden ihn selbst nach vielen Jahren für ihre eigene Eiablage wieder. Verirrte Babys sollte man lediglich zum

Meer drehen oder nur wenige Meter in Richtung Wasser tragen. Einmal dort angelangt, schwimmen sie ununterbrochen etwa eine Woche lang aufs offene Meer hinaus. In dieser Zeit ernähren sie sich von den Resten des noch vorhandenen Dottersacks, später von Plankton und nach einem Jahr erst von küstennahem Seegras.

Viele Jungtiere fallen Möwen oder Raubfischen zum Opfer. Diesen natürlichen Verlusten hat die Natur vorgesorgt, indem die Muttertiere Hunderte von Eiern pro Saison legen. Unter natürlichen Bedingungen erwächst aus nur einem von 20.000 Eiern eine geschlechtsreife Schildkröte. Diese Zahlen lassen erahnen, welche gravierenden Auswirkungen der verstärkte Eingriff des Menschen auf den Bestand einer Schildkrötenart hat.

Seit der Zeit der Dinosaurier haben Meeresschildkröten sich als „Erfolgsmodell" bewährt. Doch heute scheinen sie **zum Aussterben verurteilt.** Schuld daran ist einzig der Mensch, der ihren Lebensraum in atemberaubender Geschwindigkeit zerstört, seine Siedlungen an ihren Nistplätzen baut oder immer mehr Strände zu Touristenzentren umgestaltet. Und dies weltweit. Selbst wenn die Tiere ihre Eier ungestört ablegen können, so wird oftmals ein Großteil davon zertrampelt. Auch Umweltverschmutzung fordert Schildkrötenopfer: Besonders viele Tiere sterben, weil sie herumtreibende Plastiktüten für Quallen halten und daran ersticken. Weitere werden stranguliert, weil sie sich in Fischernetzen verfangen, andere werden von Schiffsschrauben regelrecht geköpft. Die Tatsache, dass die Nachfrage nach Luxusartikeln wie Schildkrötensuppe, Schildpatt und Schildkrötenleder zum endgültigen Aussterben dieser Urweltriesen beiträgt, ist einleuchtend. Die Bemühungen zum Schutz der Schildkröten müssen weltweit verstärkt werden, und auch der Rückhalt durch die Bevölkerung muss, insbesondere in vielen Entwicklungsländern, größer werden.

oman109 pf

Unterkunft

■ **Ras al-Hadd Beach Holiday Hotel**
Am nordwestlichen Ortsrand, einfach, aber ordentlich, ohne hoteleigenen Badestrand, aber in Laufweite zum Meer, EZ 40 RO, DZ 47 RO, inkl. Frühstück, Tel. 25569001, www.holidayhotelsoman.com

■ **Ras al-Hadd Guesthouse**
Kleines Hotel nördlich des Forts an der alten Landebahn, mit Pool, EZ 15 RO, DZ 20 RO, Tel. 25530440, www.gghotels.com

■ **Turtle Beach Resort**
Neben dem Beach Holiday Hotel, angenehme Mischung aus Hotel und Camp mit soliden Palmwedelhütten, Bar und Strandzugang, EZ ab 50 RO, DZ ab 65 RO, mit HP, Tel. 25544900, www. tbroman.com

Fährt man an der oben beschriebenen Kreuzung bei km 32 nach rechts bzw. nach Süden, erreicht man nach 5 km einen Abzweig nach links nach Ras al-Jinz (alter Name: Ras al-Junayz).

Abstecher: Ras al-Jinz

Nach 6 km erreicht man den kleinen Ort **Al-Jinz,** von dem die Straße noch bis zum Strand weiterführt. Hier – und nur hier! – kann man mit einer **Genehmigung** die **Meeresschildkröten bei der nächtlichen Eiablage beobachten.** Am Eingang zum Strand erreicht man das **Visitor's Centre** mit kleinem **Museum** (Eintritt 2 RO), das sehr anschaulich das Leben der Meeresschildkröten vorstellt (bis 21 Uhr geöffnet).

■ Als **Übernachtungsmöglichkeit** ist dem Forschungs- und Besucherzentrum das **Carapace Hotel** angeschlossen, EZ 75 RO, DZ 95 RO, mit Restaurant; auch gut ausgestattete und ruhige Zelte zu etwas höheren Preisen, inkl. Eintritt für den Schildkrötenstrand und das Museum; Buchung über **Ras al-Jinz Turtle Reserve,** Tel. 96550606, 96550707, www.rasaljinz-turtlereserve.com.

■ Eine weitere Unterkunft ist **Sama Ras al-Jinz** (das ehemalige Al-Naseem Camp) an der Zufahrtsstraße zum Strand. Übernachtung mit HP in sehr schön gestalteten Bungalows für ca. 35 RO pro Person, Tel. 91271862, www.samaresorts.com

■ **Genehmigungen** für den nächtlichen oder frühmorgendlichen Strandbesuch sind vorab nicht mehr erhältlich/nötig. Man muss rechtzeitig vor Ort sein und am Eingang den Eintritt bezahlen (7 RO pro Person).

■ **Das Betreten des Strandes ist ab etwa 13.30 Uhr verboten.** Am Abend trifft man sich mit den Aufsehern gegen 20.30 Uhr, um gemeinsam zum Strand zu gehen. Eine zweite Führung gibt es ab 4:30 Uhr nachts, die den Vorteil hat, dass man dann fotografieren darf und dass etwas weniger Besucher zugegen sind.

■ **An Wochenenden Do/Fr/Sa und ganz besonders an islamischen Feiertagen sollte man einen Besuch vermeiden, da es dann sehr voll wird.**

Die Küste gehört in diesem Bereich zu den schönsten des Landes. Zwischen hohen Klippen befinden sich immer wieder **malerische Buchten mit schönen Sandstränden.**

Oberhalb des Strandes von Ras al-Jinz liegt eine interessante **Ausgrabungsstätte.** Verschiedene Siedlungsreste aus dem 3. bis 1. Jahrtausend v. Chr. wurden freigelegt und erforscht. Die Hauptsiedlung, die aus Lehmziegelhäusern bestand, stammt aus der Umm-al-Nar-Periode um 2400 v. Chr. Auch hier belegen Funde von **Keramiken aus dem Industal,** dass schon damals Handelsbeziehungen mit dem indischen Subkontinent bestanden. Ein besonders wichtiger Fund waren Stempelsiegel mit Schriftzeichen, die ebenfalls aus der Zeit um 2400 v. Chr. stammen. Es ist die **älteste bisher gefundene Schrift der Arabischen Halbinsel.** Einige der Buchstaben weisen Ähnlichkeit mit der Schrift

› Steilküste im Ja'alan

aus dem ersten vorchristlichen Jahrtausend auf, die man im Jemen gefunden hat.

Interessant auch die **Parallelen zwischen dem Leben der Menschen von damals und dem von heute.** Anhand der unterschiedlichen Ablagerungen hat man festgestellt, dass die Siedlung in regelmäßigen Abständen bewohnt bzw. unbewohnt war. Zusammen mit den Funden von Fischknochen und Bitumen, das zum Abdichten der Boote verwendet wurde, lässt dies darauf schließen, dass die Menschen hier nur im Winter gelebt und sich dann vom Fischfang ernährt haben. Im Sommer, wenn der Monsun das Fischen unmöglich macht, zogen sie in die Oasen des Landesinneren. Genau diese Lebensweise findet sich noch heute bei vielen der Küstenbewohner. Man hat auch Reste von Schildkröten und deren Eiern gefunden, die damals eine Nahrungsquelle für die Menschen waren.

Leider sind die freigelegten Fundamente nach den Ausgrabungen sehr schnell wieder zugeweht, sodass nicht mehr viel zu erkennen ist. Den besten Blick auf den Grundriss der Ausgrabungsstätte hat man von dem Felsen, der im Süden von ihr steht. Auch hier oben finden sich Reste alter Siedlungen, außerdem hat man einen tollen Blick auf die Klippen und das Meer. Am Fuß des Berges liegt in der nächsten Bucht der Friedhof der Siedlung aus dem 3. Jahrtausend v. Chr.

Weiter nach Süden führt die Straße wieder auf das Meer zu, und ab km 52 beginnt der landschaftlich schönste Küstenabschnitt. Die Strecke führt an der **Steilküste** direkt oberhalb der Klippen entlang. Immer wieder hat man fantastische Blicke hinunter aufs Meer und die kleinen eingeschlossenen Buchten. Dieser Abschnitt endet bei **km 60.** Genau an der Stelle, an der die Straße wieder etwas nach unten führt, kann man über einen kleinen Weg zum Meer fahren und die schöne Aussicht genießen.

oman141 pf

Hinter dem nächsten Dorf **Al-Khabbah** wandelt sich die Küstenform in einen breiten Sandstrand, der flach zum Meer abfällt. Immer wieder fährt man an kleinen Fischerdörfern vorbei, in denen Motorboote am Strand liegen. Auf der gesamten Strecken muss man sehr auf „speed breaker", kleine künstliche Bodenwellen, achten. In Al-Ruways endet das Schutzgebiet für die Schildkröten. Hier liegt am Meer das kleine **Arabian Sea Motel,** das eigentlich nett konzipiert ist, von dem man aber nicht sicher sein kann, ob es nie fertig wurde oder bereits wieder verfällt (Tel. 97794244, 91173428, EZ 25 RO, DZ 30 RO).

97 km hinter Sur/Al-Ayjah erreicht man den Ort **Assilah.** Rechts geht es weiter nach Bani Bu Hassan und Al-Kamil, links nach **Al-Ashkharah.** Von dort verläuft eine neue Straße nach Süden die Küste entlang bis nach Shana'a zur Fähre nach Masirah und weiter bis Al-Hajj. Verglichen mit den Dörfern auf der bisherigen Strecke ist Al-Ashkharah relativ groß, aber genauso von der Fischereiwirtschaft geprägt. Auf dem Meer schaukelt meist zahlreiche Fischer-Dhaus.

Unterkunft in/bei Al-Ashkharah

- **Atana Stay Hotel,** am südlichen Ortsrand von Al-Ashkharah als Jugendherberge gebaut, dann als Hotel etwas heruntergekommen, jetzt ganz neu von der Atana-Kette übernommen. Es steht zu hoffen (und zu erwarten), dass es dadurch wieder an Qualität gewinnt. Zimmer ab 30 RO, Tel. 25566266, www.atanahotels.com
- **Al-Ashkharah Beach Resort,** etwa 17 km südlich von Al-Ashkharah am Meer, einfach, aber für ein oder auch zwei Nächte sehr nett und angenehm. Mit Pool, jedoch nicht als Strandhotel für einen längeren Aufenthalt geeignet. EZ/DZ ab 30 RO, Tel. 91542428 und 71225494, www.ashkhara.com
- **Al-Saqlah Resort,** etwa 45 km südlich von Al-Ashkharah einsam an einem schönen Strand gelegen, einfacher Standard und für einen kurzen Aufenthalt zu empfehlen. EZ/DZ 27 RO, Tel. 97874331, 97874133

Hält man sich in **Assilah bei km 97** nach rechts, so erreicht man bei **km 109** die **Hauptstraße von Al-Ashkharah nach Al-Kamil.** Die Strecke nach Al-Kamil führt durch eine **unwirklich erscheinende Landschaft.** Auf beiden Seiten dehnen sich weite Sandfelder aus. Den gelborangen Sand überziehen stellenweise schwarzbraune Steinfelder, was wie ein Flickenteppich anmutet. Immer wieder ragen spitze, tief schwarze Felsenkegel aus der Erde. Kamele, Ziegen und Esel streifen auf der Suche nach etwas Fressbarem durch den Sand oder an der Straße entlang. Die Szenerie wird immer wieder durch kleine Beduinensiedlungen aufgelockert. Allerdings bestehen sie nicht aus schwarzen Ziegenhaarzelten, die nur im Zentrum und im Norden der Arabischen Halbinsel verbreitet sind, sondern aus einfachen Palmzweigen mit Wellblech.

Bei km 138 zweigt links eine Straße in die Ortsmitte von Ja'alan Bani Bu Ali („Söhne des Ali") **ab.** Kurz davor liegt neben der Shell-Tankstelle das einfache, recht ordentliche **Al Dabi Tourist Motel,** Tel. 25553307, EZ/DZ 15 RO.

Bani Bu Ali بني بو علي

Folgt man dem Verlauf der Hauptstraße, erreicht man nach 0,6 km einen Abzweig, auf dem man später direkt nach Bani Bu Hassan weiterfahren könnte (9 km). Geradeaus weiter durchfährt man das lebhafte Zentrum Bani Bu Alis (103.000 Einwohner). Wer gerne traditionell essen möchte, kann das im **Abu Awos Restaurant,** einer Filiale der Bin-Ateeq-Kette, wo gute omanische Gerichte serviert werden (Tel. 25554339, geöffnet 7–24 Uhr).

Wenige hundert Meter hinter dem Zentrum (2,5 km von der Hauptstraße) liegt das **Fort der Oase.** Es ist von einer ungewöhnlich hohen Mauer umgeben, und in seinem Inneren stehen ein großer befestigter Wohnblock und eine kleine Moschee mit zwei Kuppeln. Das Fort ist in Privatbesitz der lokalen *Al-Hamoda-Shaikhs,* die es leider verfallen lässt.

Die architektonisch interessante **Al-Hamoda-Moschee** mit 52 Kuppeln erreicht man wie folgt: Direkt hinter dem Fort um 90 Grad nach links abbiegen, 400 m geradeaus weiter und schließlich nochmal links abbiegen. Nach weiteren 150 m ist man an der im Stil der Omayyaden errichteten Moschee aus dem 11. Jahrhundert angekommen (kein Zutritt für Nicht-Muslime). Im angrenzenden alten Ortsteil stehen einige sehenswerte schlanke Wohntürme.

Auch in Bani Bu Ali findet ein **Freitags-Souq** statt, allerdings nicht so groß wie in der Nachbaroase Ja'alan Bani Bu Hassan („Söhne des Hassan").

In Bani Bu Ali leben viele Anhänger der islamischen Glaubensrichtung der Wahhabiten. In den Jahren 1820/21 weigerten sie sich, dem damals regierenden Sultan, einem Ibadi, weiterhin Folge zu leisten. Zudem kaperten sie ein in Sur vor Anker liegendes Schiff eines reichen indischen Händlers. Der Bote, der sich im Auftrag des Schiffseigners bei der britischen Kolonialverwaltung beschweren sollte, wurde kurzerhand von einem Bewohner Bani Bu Alis umgebracht. Der Sultan befahl daraufhin – im Einklang mit den Briten –, eine gemeinsame Streitmacht zu den **Aufständischen** zu schicken. Die Truppen fanden Unterstützung bei den Bewohnern von Bani Bu Hassan, die schon lange Erzfeinde des Nachbarortes waren. Gemeinsam griffen sie die Söhne Alis an. Doch diese waren gut vorbereitet und kämpften erbittert bis zu ihrem Sieg. Mehr als 700 Mann des Sultans und der Briten starben. Eine solche Niederlage gegen ein paar rebellische Beduinen wollten die **Briten** nicht hinnehmen, und so forderten sie Verstärkung aus Bombay an. 600 Schiffe, beladen mit Soldaten, Pferden und Waffen, landeten daraufhin in Sur. Doch die Bani Bu Ali überfielen nachts ein britisches Lager und töteten zahlreiche Soldaten. Erneut forderten die wütenden Briten Verstärkung an, und so griffen knapp 3000 Soldaten im Namen des Königs von England die Beduinen an und zerstörten das Dorf vollständig. Die Männer, die nicht getötet wurden, nahmen sie gefangen. Einige wurden nach Bombay verschifft. Doch sie blieben aufsässig, sodass die Briten ihrer überdrüssig wurden und sie zurück in ihr Dorf schickten, um es wieder aufzubauen.

Bani Bu Hassan

بني بو حسن

Nach weiteren 9 km kommt man an den Abzweig in den Ort Ja'alan Bani Bu Hassan (42.000 Einwohner). Im Verlauf der Hauptstraße erreicht man nach 2 km das belebte Geschäftszentrum des Ortes. Jeden **Freitag** findet hier ein **Markt** statt,

oman110 pf

der eine wichtige Bedeutung für die Bewohner der weiteren Umgebung hat.

Etwa 500 m östlich des großen Kreisverkehrs im Zentrum (beim Krankenhaus) liegt die neue **Große Moschee** der Stadt – ein schmucker Bau, der einen Fotostopp lohnt, aber nicht von innen besichtigt werden kann.

Fährt man am Kreisverkehr halbrechts und anschließend direkt wieder nach rechts, erreicht man nach einem weiteren Kilometer das Anfang der 1990er Jahre restaurierte **Fort** des Ortes. Innerhalb der großen Umfassungsmauer fanden einige tausend Menschen Platz, die bei Stammeskriegen hier Zuflucht suchten. Im Norden der Anlage befindet sich der Wohnteil, der durch zwei hintereinander liegende Tore zu betreten ist. Um zwei separate Innenhöfe sind etwa 15 Räume angeordnet, in denen sich das Büro des Walis, Empfangsräume sowie eine Moschee befanden. Die sehenswerte Festung ist So bis Do 8–17 Uhr geöffnet, der Eintritt ist frei.

Im Norden des Forts liegen die alten **Wohnbauten,** darunter auch einige mächtige Lehmburgen und ein sehenswerter, hoher, schlanker Turm. Einst waren diese Gebäude die einzigen festen Wohnhäuser des Ortes. Viele der Oasenbewohner lebten in den Wintermonaten an der Küste vom Fischfang und zogen nur im Sommer zur Dattelernte in die Oase, wo sie in einfachen, luftigen barasti-Hütten lebten.

Die Festung von Bani Bu Hassan

Die Oasen dieser Region liegen im Wadi Batha. Es begrenzt den nordöstlichen Rand der Ramlat al-Wahiba und mündet südlich von Al-Ashkharah ins Meer. Die Dünen der Wahiba-Sandwüste würden sich wegen der Winde des Südwestmonsuns eigentlich weiter nach Nordosten ausbreiten. Da das Wadi Batha jedoch immer wieder Wasser führt, schwemmt es den angewehten Sand weg und verhindert so eine Ausweitung der Ramlat al-Wahiba in Richtung Ja'alan. Das Wadi ist sehr vegetationsreich und mit zahlreichen kleinen Bäumen und Dornenbüschen bewachsen, daher auch der Name **„Woodlands"** („Baum-" oder „Waldland").

Das zum Leben in dieser Region nötige Wasser stammt nicht nur vom allmorgendlichen Tau, sondern auch aus einem riesigen urzeitlichen **Grundwasserreservoir.** Das grün bewachsene Wadi Batha bietet einen kontrastreichen Anblick zu den direkt dahinter aufragenden gelborangen Sanddünen.

Bei **km 160** liegt der kleine Ort **Al-Wafi** am Rand des Wadi Batha und der Woodlands.

Al-Wafi الوافى

Durch ein neues Stadttor, das genau wie die daneben stehende Moschee im Lehmhaus-Stil erbaut wurde, gelangt man in den alten Ortsteil, der eine besonders ruhige Atmosphäre ausstrahlt. Entlang eines mit Palmen bepflanzten Weges, der am unterirdischen *falaj* entlangführt, kommt man zur **Fluchtburg** der Siedlung. Obwohl die Festung schon stark verfallen ist, bietet sie wegen ihres hohen, schlanken Turmes einen imposanten Anblick. Links des Weges befinden sich die zum Teil verlassenen und verfallenen alten Lehm-Wohnquartiere. Geradeaus erreicht man einen der üppigen Palmengärten der Oase.

1 km hinter Al-Wafi steht rechts der Straße ein altes **befestigtes Wohnhaus,** das schon fast die Ausmaße eines kleinen Forts hat. Einst muss das Gebäude sehr wichtig gewesen sein, denn es wird von zwei Umfassungsmauern geschützt. Zwar ist es nicht restauriert, aber bis auf die fehlenden Zwischendecken in einem recht guten Zustand. Wenn man Glück hat und das Haus offen steht, so kann man auch die schönen Arkaden im Inneren bewundern.

Nach **weiteren 4 km** liegt rechts der alte Ortsteil von **Al-Kamil.**

Bei **km 166** erreicht man hinter dem neuen Geschäftszentrum von Al-Kamil die Hauptstraße von Ibra nach Sur.

Insel Masirah

Die größte Insel Omans liegt vor der Ostküste etwa 12 km vom Festland entfernt. Auch auf dem 85 km langen und bis zu 13 km breiten, abgelegenen Eiland hat seit den 1970er Jahren die Moderne Einzug gehalten. Strom ist ebenso selbstverständlich wie ausreichend Süßwasser, das aus einer Meerwasserentsalzungsanlage stammt. Moderne Häuser wurden gebaut, die medizinische Versorgung ist sichergestellt, die **Fischereiwirtschaft** wird als Haupterwerbszweig unterstützt. Eine Folge davon ist allerdings die Überfischung der Gewässer und damit die langfristige Gefährdung der Fischbestände. Außerdem werden die **Meeresschildkröten,** die an die Strände Masirahs zur Eiablage kommen, gestört. Die Sandstrände auf der Ostseite der Insel sind ein wichtiges Brutgebiet für die seltenen Tiere (siehe Exkurs „Meeresschildkröten im Mondschein"). Es gibt Pläne, Masirah und das gegenüberliegende Bar al-Hikman zum Naturschutzgebiet zu erklären, da auch die Vogelwelt hier sehr vielfältig ist (siehe Exkurs „Oman für Ornithologen").

Neben der Fischerei wird auch **Landwirtschaft** betrieben, denn einige wenige Quellen lassen eine Nutzung des Bodens zu. Neben Datteln gedeihen auch Mangos und sogar Kokosnüsse. Zahlreiche Bewohner verlassen die Insel im Sommer, obwohl es hier etwas kühler als auf dem Festland ist. Wegen der rauen See ist Fischen in diesen Monaten kaum möglich. Die fehlende Abwechslung lässt schnell Langeweile aufkommen, sodass viele auf das Festland flüchten.

Von den etwa **16.000 Einwohnern** der Insel leben die meisten am **Ras Hilf,** dem „Zentrum" der Insel. Von dieser Landzunge im äußersten Norden der Insel fahren Fähren zum gegenüberliegenden Festland bei Shana'a nahe Al-Nakdah; sie nehmen auch Autos an Bord.

Die Infrastruktur in Ras Hilf ist für einen Ort dieser Größe sehr gut. Neben zwei kleinen Hotels gibt es auch zahlreiche einfache, gute Restaurants. Es bestehen gute Einkaufsmöglichkeiten für den

oman155 pf

täglichen Bedarf. Drei Tankstellen stellen die Spritversorgung sicher, wenn auch zu leicht höheren Preisen als auf dem Festland. Außerhalb von Ras Hilf findet man dagegen keine Möglichkeit zum Auftanken. Das **Inland** ist fast unbesiedelt und weist nur wenig Vegetation auf. Es wird durch kleine Hügel bis 200 m Höhe bestimmt.

Im Osten und Süden der Insel findet man teils sehr **schöne Strände.** Die Küste ist auf der Seite zum offenen Meer sehr abwechslungsreich, auf der zum Festland dagegen flach und langweilig.

Ungewöhnlich für Oman ist, dass es kein Fort auf der Insel gibt, lediglich einige **Ruinen bei Umm al-Sais.** Dafür werden Sammler von Muscheln auf ihre Kosten kommen.

Zur Erkundung sind zwei oder drei Tage ausreichend, die Ringstraße um die Insel ist asphaltiert.

Praktische Infos

Hotels

- **Danat al-Khaleej***
Einfaches Hotel etwa 2 km südlich des Fähranlegers, DZ 23 RO, Tel. 25504533
- **Masirah Hotel***
Einfach, ordentlich und sauber, große Zimmer mit Klimaanlage, am nördlichen Ortsende, EZ 16,50 RO, DZ 21 RO, Tel. 25504401, booking@omantel.net.om
- **Masirah Island Resort******
Nettes kleines 4*-Strandhotel mit 21 Zimmern im Nordosten der Insel, EZ 87 RO, DZ 93 RO, Tel. 255 04274, www.masiraislandresort.com
- **Serabis Hotel***
Relativ neues und (noch) ordentliches Hotel, auch mit Apartments, EZ 18 RO, DZ 20 RO, Tel. 25504698, dira2008@omantel.net.om

Restaurants

In Ras Hilf gibt es eine **Anzahl kleinerer Restaurants,** vor allem im Norden des Ortes. Hier liegt an der Hauptstraße in der Nähe der Polizei auch das **Suhul Adam,** das sauber, gut und günstig ist.

Tourveranstalter

- **Kite Boarding Oman**
Touren rund ums Kiten auf Masirah und entlang der Ostküste Omans, Tel. 96323524, www.kiteboarding-oman.com

Verkehrsverbindungen

- Es gibt **keinen Linienflugverkehr** auf die Insel.
- Auf der Festlandseite erfolgt die Abfahrt der **Autofähren** nach Ras Hilf bei der Siedlung Shana'a in der Nähe des Dörfchens Al-Nakdah. Die Abfahrtszeiten orientieren sich am Bedarf, sind aber tagsüber recht häufig (von 7–16 Uhr etwa alle 90 Min.). Die Überfahrt dauert ca. 1½ Std., der Preis für einen Geländewagen und zwei Personen beträgt 10 RO pro Strecke. Zusätzlich sind seit 2014 zwei **Schnellfähren** im Einsatz, und zwar täglich 2- bis 3x, meist um 9, 12 und 18 Uhr jeweils in beide Richtungen. Infos unter www.nfc.om.

◁ Die Omanis – passionierte Seefahrer seit alters her

NICHT VERPASSEN!

- Eine Fahrt entlang der Ostküste | 245
- Ubar, das geheimnisvolle „Atlantis der Wüste“ | 250
- Der Hafen in Salalah | 256
- Wasserquellen östlich von Salalah | 268
- Samhuram an der Weihrauchstraße | 271
- Baobabs im Wadi Hinna | 279
- Der Strand von Mughsayl | 286

Diese Tipps sind gelb hinterlegt.

oman20_007 pf

5 DER SÜDEN – DHOFAR ظفار

In der Antike gelangte der Dhofar zusammen mit dem Hadramaut in Jemen als **„Arabia Felix“** („Glückliches Arabien“) zu sagenumwobener Berühmtheit. Eine Reise in die abgelegenste Provinz des Sultanats, deren **Hauptstadt Salalah** ungefähr 1000 km von Muscat entfernt liegt, bringt dem Besucher völlig neue Eindrücke, denn durch ihre Abgeschiedenheit und klimatischen Besonderheiten entwickelte sich die Region völlig anders als der Norden Omans.

Überblick

Der Süden Omans, das legendäre Land des Weihrauchs, unterscheidet sich völlig vom Norden des Landes. Nur hier wird intensive Rinderhaltung betrieben, nur hier leben die Menschen von der Weihrauchsammelwirtschaft und vom Monsun-Regenfeldbau. Durch die jahrhundertelangen engen Beziehungen zum Wadi Hadramaut im **Jemen** bestehen große ethnische und kulturelle Ähnlichkeiten zum Nachbarland.

Der Dhofar unterscheidet sich auch in der **Vegetation** deutlich vom Rest des Landes. In den Sommermonaten, von Mitte/Ende Juni bis September, wird die Küste von **Monsunwinden** aus dem Südwesten gestreift. Diese bringen Niederschläge und verwandeln die zuvor noch kargen Südhänge der Berge in eine grüne Landschaft mit üppigem Bewuchs. Der Niederschlag fällt jedoch nicht wie im tropischen Regenwald in Form von heftigen Regengüssen, sondern hauptsächlich als Nebel und Nieselregen. Dadurch kann der Boden die Feuchtigkeit gut aufnehmen, und das Wasser fließt nicht nur an der Oberfläche ab. Während des Monsuns herrscht zwar kein heftiger Sturm, aber auf dem

⌃ Weiter Ausblick vom Jebel Samhan

Meer macht hoher Seegang den Fischern zu schaffen. Heute wird der Monsun von den Bergketten der Dhofar-Gebirge vom Landesinneren fern gehalten, sodass der Einfluss der Regenzeit auf der landeinwärts gelegenen Seite der Berge kaum mehr zu spüren ist. Hier herrscht das ganze Jahr über trockenes Wüstenklima. Noch vor 7000 Jahren reichte der Monsun weit in die Arabische Halbinsel hinein und ermöglichte eine wesentlich intensivere landwirtschaftliche Nutzung als heute.

Die beste Reisezeit für einen Besuch des Dhofar ist direkt nach dem Monsun ab Mitte September bis Mitte Oktober, wenn noch alles üppig grün ist. Auch der Winter von November bis März ist gut geeignet, da die Temperaturen angenehm sind. Zwar beginnt der Bewuchs der Berge bereits wieder zu verdorren, aber der Küstenstreifen zeigt sich weiterhin in tropischer Pracht. Der Monsun ist als Reisezeit nur bedingt zu empfehlen. Der Himmel ist meist wolkenverhangen, und der Nieselregen kann die Urlaubsfreuden deutlich beeinträchtigen. Allerdings ist dies nur die Sicht des regenverwöhnten Europäers. Für viele Touristen aus Saudi-Arabien und den kleinen Golfstaaten sind der Regen und der relativ kühle Sommer eine Attraktion, wodurch Salalah zur Monsunzeit zu einem beliebten Ferienort arabischer Besucher wird.

Eine oft gestellte Frage ist die nach der **Sicherheit** in Anbetracht des Krieges im Jemen. Es besteht jedoch keinerlei Gefahr, da die Grenze gut kontrolliert und überwacht wird und illegale Grenzübertritte kaum vorkommen. **Das Auswärtige Amt empfiehlt dennoch, die unmittelbare Grenzregion zu meiden.**

Dhofar

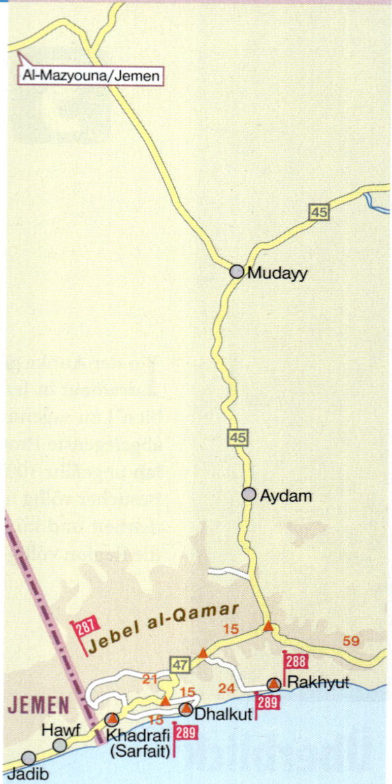

Aus der Geschichte des Dhofar

Schon seit dem 5. Jahrtausend v. Chr. wurde die Gegend um Dhofar „Sakalan“ genannt – **„dort, wo der Weihrauch wächst“.** Dieses Harz brachte Südarabien eine lange Phase großen Wohlstands und den Beinamen **„Arabia Felix“** („Glückliches Arabien“) ein.

Die Region stand bis in das 7. Jahrhundert immer wieder unter der Herrschaft der antiken südarabischen Reiche,

deren Hauptstädte im Süden des heutigen Jemen lagen (siehe Exkurs „Weihrauch – das duftende Goldharz des glücklichen Arabien“). Nach dem stillen Einzug des Islam wurde es einige hundert Jahre ruhig im Dhofar. Zeitweise war die Region eigenständig, phasenweise gehörte sie zu Oman und zu Bahrain. Im 16. Jahrhundert waren es zunächst die Portugiesen, später die Osmanen, die nach der Herrschaft über die südarabische Küste trachteten. Unter die **Kontrolle des Sultans** von Muscat geriet der Dhofar **erst 1879,** nachdem die Bewohner um die Hilfe aus dem Norden gebeten hatten. Sie erhofften sich ein Ende einer unsicheren und instabilen Phase, in der die Region vorübergehend unter der Herrschaft eines Seeräubers stand.

Der Sultan schickte Soldaten und einen Gouverneur – einen Wali –, der jedoch außerhalb von Salalah nicht viel Macht besaß. Daran änderte sich auch in der Folgezeit nichts, selbst dann nicht, als Sultan *Said* **1958** seine **Residenz von Muscat nach Salalah verlegte.** Er verließ Salalah fast nie, außer zu kurzen Staatsbesuchen nach England. Die meiste Zeit hielt er sich in seinem Palast auf und regierte das Land per Telefonverbindung nach Muscat. Dhofar zählte nicht zu Oman, sondern als Privatbesitz des Sultans. Einnahmen aus Steuern und Zöllen flossen nicht in die Staatskasse, sondern in seine Privatschatulle. Doch sein Bestreben, alle Entwicklungen aufzuhalten und besonders im Dhofar die Zeit still stehen zu lassen, rächte sich blutig. **1964** begann eine **Rebellion,** die den Dhofar aus den mittelalterlichen Zuständen herausführen wollte. Das **Aufbegehren der Bergbewohner** aus dem Hinterland Salalahs, der **Jebalis,** begann als Guerilla-Krieg mit vereinzelten Attacken und Minen gegen die Soldaten des Sultans. Dieser antwortete mit der Verhaftung zahlreicher Stammesangehöriger und der Zerstörung von Brunnen. Als Folge wurde die „Dhofar Liberation Front" gegründet, mit dem Ziel, den Dhofar von der Herrschaft des Sultans und allen imperialistischen (britischen) Einflüssen zu befreien.

1967 zogen sich die Briten aus dem benachbarten **Südjemen** zurück, und der dortige Sieg der sozialistischen Bewegung befeuerte den Kampf im Dhofar. Zunächst nur moralisch, später auch militärisch, was der Sultan angesichts der langen gemeinsamen Grenze, die er nicht kontrollieren konnte, nicht zu verhindern vermochte. 1968 benannte sich die Befreiungsbewegung in „Peoples' Front for the Liberation of the Occupied Arabian Gulf" um und verstärkte den Kampf gegen den Sultan. Dieser kontrollierte im Sommer 1970, kurz vor der Ablösung durch seinen Sohn, nur noch das Stadtgebiet von Salalah.

Ein wichtiger Hintergrund für den eskalierenden Krieg war die **unterschiedliche Abstammung und Lebensweise der Menschen im Dhofar.** An der Küste rund um Salalah siedeln hauptsächlich sesshafte Araber, während im Bergland nichtarabische, nomadisierende Stämme leben. Der Sultan hatte durch die Abriegelung von Salalah die traditionelle Lebensweise und das Wirtschaftssystem der Jebalis zerstört. Sie waren im freien Umherziehen von den Bergen in die Küstenregion, je nach Jahreszeit, gehindert, was auch gemäßigte Jebalis auf die Seite der Befreiungsfront wechseln ließ.

Der jährliche **Monsun** erwies sich als ein großer Vorteil für die Aufständischen, da die Truppen des Sultans dann wegen der sehr schlechten Sichtverhältnisse nicht kämpfen konnten. Den Jebalis, die sich in den Bergen ja bestens auskannten, machte der Nebel nichts aus.

Nach der **Machtübernahme durch Sultan Qaboos** im Juli 1970 versuchte dieser, den Krieg rasch zu beenden. Er versprach allen Oppositionellen gegen seinen Vater, zu denen er sich ja auch selbst zählte, eine **Amnestie** und nahm den Dhofar offiziell in das Staatsgebiet Omans auf. *Qaboos,* der in Salalah geboren wurde und dessen Mutter aus dem Dhofar stammte, gelang es aber nicht, den Konflikt unblutig zu lösen, da es die Befreiungsfront ablehnte, aufzugeben. Daraufhin verstärkte Qaboos seine Truppen, rüstete sie besser aus, sodass sie auch während des Monsuns agieren konnten, und drängte die Aufständischen in die Berge zurück.

Im Sommer **1972** kam es zu einer vorentscheidenden **Niederlage der Befreiungsfront** bei Mirbat. Doch zunächst fanden die Rebellen Unterschlupf in den schwer zugänglichen Bergen. Erst mit Unterstützung durch Truppen des Schahs von Persien gelang der endgültige Sieg des Sultans. Nach der Einnahme des Fischerortes Rakhyut, dem letzten Rückzugsort der Rebellen, kam es im März **1976** zu einem **Waffenstillstand.**

Die Bewohner Nordomans hatten die Auseinandersetzung nie als Bürgerkrieg angesehen, sondern als eine Sache des Sultans bzw. der Briten. Dass er den Krieg im Dhofar beenden konnte und das Land endlich einte, steigerte das Ansehen des jungen Sultans in der Bevölkerung enorm.

Der infrastrukturelle **Aufbau des Dhofar** wurde nach Ende des Krieges deutlich stärker forciert als der im übrigen Oman. Die Pro-Kopf-Entwicklungsgelder lagen hier wesentlich höher, und an der Regierung wurden Dhofaris stark beteiligt. Die ehemaligen Widerstandskämpfer wurden in eine Miliz *(firqat)* aufgenommen, eine Art Sicherheits- und Friedenstruppe.

Von Muscat nach Salalah

Um die **1000 km** von Muscat nach Salalah zurückzulegen, stehen dem Reisenden mehrere Möglichkeiten offen. Die schnellste und bequemste ist zweifellos das **Flugzeug. Oman Air** fliegt etwa fünfmal, **Salam Air** etwa dreimal täglich. Da die Maschinen ausreichend Kapazität bieten, ist in der Regel auch eine kurzfristige Buchung möglich (hin und zurück ca. 70 RO).

Die zweite Möglichkeit ist die **Anreise mit dem Bus.** Täglich fahren Mwasalat-Schnellbusse ab Azaibah (7.25, 10.25 und 19.25 Uhr, in der Monsunzeit und im Ramadhan verschieben sich die Zeiten leicht; 8 RO, Fahrzeit ca. 13 Std.). Auch wenn die lange Fahrt strapaziös ist, so hat sie auch ihren Reiz: Zum einen kommt man auf einer solchen Reise sehr leicht in Kontakt mit der einheimischen Bevölkerung, zum anderen wird die Dimension der Entfernung erst durch eine Anreise auf dem Landweg deutlich.

Eine **Kombination von Flugzeug und Bus** für Hin- und Rückweg vereinigt die Vorteile der beiden Anreisevarianten. In Salalah hat man entweder die Möglichkeit, ein Taxi oder einen Leihwagen zu mieten oder aber die Angebote der örtlichen Reiseveranstalter zu nutzen. Öffentliche Verkehrsmittel sind für eine Erkundung des Dhofar nicht geeignet, da zu vielen Zielen keine Busse oder Sammeltaxis fahren. Man kann auch mit einem **Leihwagen** selbst von Muscat nach Salalah fahren. Allerdings wird das nicht von allen Verleihern toleriert, und man sollte sich vor dem Unterschreiben des Vertrages danach erkundigen. Bei einigen Firmen besteht auch die Möglichkeit, das Auto in Muscat zu mieten und in Salalah abzugeben bzw. umgekehrt, sodass man eine Strecke fliegen kann. Allerdings ist dann eine hohe Gebühr für die Überführung des Wagens fällig (ca. 120 RO).

Auf dem Landweg sind es von Muscat nach Salalah etwas über 1000 km, ab Nizwa fast 900. Die gesamte Strecke, die zum 10. Nationalfeiertag 1980 fertiggestellt wurde, ist asphaltiert und bis auf wenige Abschnitte in gutem Zustand. Der Verkehr ist insbesondere südlich von Haima nicht besonders dicht, es geht entsprechend zügig voran. Zum Teil ist ein vierspuriger Ausbau im Gange. Eine reine Fahrzeit von gut 10 Stunden sollte eingeplant werden.

Die Straße führt durch eine Kieswüstenebene, die nur sehr dünn besiedelt ist. Nachdem man die **Oase Adam** hinter sich gelassen hat, beginnt eine Strecke, die an **Monotonie** kaum zu überbieten ist. Stur geradeaus führt die Straße über eine platte Landschaft, in der jeder kleine Hügel eine Besonderheit ist. Zwar fährt man am Rand der großen Sandwüste Rub al-Khali entlang, doch nur wenige kleine Dünen befinden sich unmittelbar neben der Straße.

Es ist weniger anstrengend und sicherer, nicht die gesamte Strecke an einem Tag zu fahren, sondern **unterwegs** zu **übernachten.** Nachtfahrten sollte man möglichst vermeiden, da des öfteren Kamele die Straße kreuzen und eine große Unfallgefahr bedeuten. Für eine Übernachtung gibt es etwa alle 200 km eine Möglichkeit: die **Hotels** in Nizwa, einfache Unterkünfte in Adam, Haima und Thumrait sowie drei **Rasthäuser.** Da die Rasthäuser auch ein Restaurant haben, eignen sie sich natürlich auch gut für Pausen, außerdem befindet sich dort jeweils eine Tankstelle mit einer kleinen Werkstatt und einem Lädchen. Vorausbuchungen sind in allen Hotels normalerweise nicht notwendig.

Die Streckenbeschreibung und die Kilometer-Zählung nach Salalah beginnen an der großen Kreuzung bei Firq 7 km südlich von Nizwa, an dem man nach Süden abbiegen muss. Nach **2 km** überquert man die neue Autobahn, die nach links nach Muscat und nach rechts nach Jabrin und Bahla führt. Auch auf dem Weg nach Süden ist die Straße als vierspurige Autobahn bis nach Adam fertiggestellt.

Nach 5 km folgt der **Abzweig** zum Fort von Al-Faiqain und nach Manah mit seiner alten Lehmsiedlung.

Bei **km 14,5** liegt das **Husn al-Shumookh** links der Straße. Dieser Palast im traditionellen Festungsstil ist als Gästehaus des Sultans nicht öffentlich zugänglich.

Die Strecke führt durch eine Steppenebene auf die südlichste Bergkette Nordomans zu. Bei **km 57** zweigt eine Straße in die **Oase Adam** ab, die zwischen zwei Bergen dieser Kette liegt. Es ist die südlichste Oase Inner-Omans, und sie hat deshalb für die Beduinen seit jeher eine besondere Bedeutung als **Marktort** gehabt. Für die aus Süden kommenden Karawanen war Adam die erste Oase nach der langen Durchquerung der Kieswüste. Adam ist der Herkunftsort des Stammes der Al Bu Said. Der Begründer der noch heute herrschenden Dynastie, *Ahmed bin Said,* wurde in Adam geboren.

Die Oase besteht aus vielen einzelnen Stadtteilen, die jeweils für sich befestigt sind. Einen sehenswerten alten Teil des Ortes erreicht man, indem man an der Shell-Tankstelle nach Osten abbiegt und nach etwa 1,7 km am zweiten Kreisverkehr rechts in Richtung Rahbah fährt. Hier liegen der **aufgegebene Souq** und eine verlassene befestigte **Wohnsiedlung** aus großen Lehmbauten sowie **einer der Oasengärten.** Noch interessanter sind

oman144 pf

Jebali (Bergbewohner) in der Nähe von Salalah

Entlang der Ostküste

von Peter Franzisky

Neben der endlosen Weite der Jiddat al-Harasis im Landesinneren ist die Ostküste Omans **eines der abgelegensten und am dünnsten besiedelten Gebiete des Landes.** Es sind weniger die landschaftlichen Höhepunkte, die diese Strecke so interessant machen. Vielmehr ist es **das ganz alltägliche Oman,** das man hier wie nirgendwo sonst erleben kann. Größere Städte gibt es keine, die Fischerdörfer sind aber auch für die Beduinen im Landesinneren wichtige Versorgungsstationen, und daher findet man auch in kleinen Siedlungen Tankstellen, Läden und Restaurants. Die Versorgung stellt auf der ganzen Tour kein Problem dar, man sollte aber jede sich bietende Möglichkeit zum Auffüllen der Vorräte nutzen. Wir wollen hier keine genaue Routenbeschreibung geben, sondern nur einen Eindruck von dem vermitteln, was einen unterwegs erwartet. Die Strecke ist durchgehend asphaltiert.

Ein guter Ausgangspunkt für eine Reise entlang der Küste nach Süden ist Al-Hajj an der Südspitze der Wahiba Sands. Hier befinden sich auch einfache Hotels: **Muhoot Motel,** bei der Shell-Tankstelle, Tel. 99202715, 99377839, **Al-Jazeera Guesthouse,** Tel. 99820882, im Ortsteil Mahut an der Kreuzung der Straße von Al-Hajj mit der Straße Sanaw – Madrakah (beide etwa 15 RO für das DZ). Ab hier nach Süden gibt es nur noch zwei Unterkunftsmöglichkeiten in Duqm und Shuwaymiyah.

Drei Wege führen in das verschlafene Provinzstädtchen **Al-Hajj:** Die schnellste Strecke beginnt in Sinaw und nimmt nur etwa zwei Stunden in Anspruch. Ein schönerer, aber weiterer Weg führt am Meer am Rande der Wahiba entlang. Hier ist die Asphaltstraße oft mit Sand zugeweht und hat ihren ganz eigenen Reiz. Die interessanteste Strecke ist ohne Zweifel die durch die **Ramlat al-Wahiba.** Mehrere Pisten führen von Nord nach Süd, allesamt nur im Konvoi von mindestens zwei Fahrzeugen und mit Wüstenausrüstung zu empfehlen. Sicherheitshalber sollte man sich einem Führer anvertrauen.

Ab Al-Hajj lässt sich die Strecke gut in **drei Tagesetappen** aufteilen. **Der erste Abschnitt bis Duqm oder Ras Madrakah ist 165 bzw. 250 km lang.** 30 km südlich von Al-Hajj kann man einen Abstecher zum Meer bei Filim machen. Der Strand ist hier extrem flach, sodass sich das Wasser bei Ebbe weit zurückzieht. Die zahlreichen Vogelarten bieten interessante Beobachtungsmöglichkeiten für Ornithologen. Der wiederum 50 km weiter gelegene Fischerort Khaluf, in dessen Umgebung sich einige schöne Campplätze finden, ist besonders am frühen Morgen sehenswert, wenn die Fischer ihren Fang an Land bringen. Nirgendwo in Oman sind die Autos verrosteter als hier: Einige bestehen nur noch aus Fahrwerk, Rädern, einem Sitz und Lenkrad. Mit den vom salzigen Seewind gebeutelten Wagen ziehen die Fischer ihre Boote auf den Strand, wo der Fisch in bereitstehende Kühlwagen umgeladen wird. Von Khaluf führt allerdings keine Piste unmittelbar am Meer in Richtung Süden, sodass man die Hauptstrecke im Landesinneren nutzen muss.

Bei Duqm entsteht das neue Zentrum der Ostküste: Ein großer Hafen mit Trockendock, ein internationaler Flughafen, Hotels und Industrieanlagen sind in Bau, rund 20 Mrd. US-Dollar sollen hier in den kommenden Jahren investiert werden (Übernachtungsmöglichkeit im **City Hotel,** DZ 58 RO, Tel. 25214900, www.cityhotel-duqm.com, oder etwas südlich der Stadt im **Crowne Plaza,** DZ 69 RO, Tel. 25214444, www.

crowneplaza.com, oder im **Park Inn,** DZ 69 RO, Tel. 22085700, www.parkinn.com/hotel-duqm). Alternatives Tagesziel ist **Ras Madrakah,** einer der schönsten Abschnitte an der Küste. Zwischen den schwarzen Felsen vulkanischen Ursprungs finden sich schöne Strände mit hellem Sand, die gute Campmöglichkeiten bieten.

Der nächste Tag ist mit über 350 km bis Shuwaymiyah etwas lang, sodass man ihn bei ausreichender Zeit (und mit Campingausrüstung) gut in zwei Tage aufteilen kann. Entlang der Strecke sind es vor allem die zahlreichen Lagunen, die einen kurzen Abstecher von der Hauptstraße zum Meer lohnen. So erreicht man 70 km südlich von Ras Madrakah die „Drei-Palmen-Lagune" und nach weiteren 100 km die Lagune Khor Ghawi beim Ort Kahel. Beide sind durch ihre großen Vogelkolonien interessant. Am Khor Ghawi kann man außerdem kleine pink gefärbte Teiche entdecken, die ihre Farbe einer Algenart verdanken. In Sharbithat, etwa 100 km südlich von Kahel, finden diejenigen, die diesen Tag unterbrechen möchten, eine schöne Übernachtungsmöglichkeit am unberührten Strand. Weiter entlang der Hauptstrecke erreicht man Shalim inmitten eines der größten Erdölfördergebiete des Landes. Weiter geht es nach Shuwaymiyah, das mit seinem langen Sandstrand ideale Campplätze bietet. Kurz vor Erreichen des Meeres führt die Straße eine Steilstufe hinab, und links wie rechts des Weges bieten sich spektakuläre Ausblicke auf einen tiefen Canyon. Shuwaymiyah ist berühmt für seine Flechtwaren, die hier in sehr guter Qualität hergestellt werden. Unbedingt besuchen sollte man auch das **Wadi Shuwaymiyah** östlich des Ortes. Die etwa 20 km lange Strecke durch die palmenbestandene Schlucht lohnt sich sehr, auch wenn man denselben Weg wieder zurück muss, da es eine Sackgasse ist (in Shuwaymiyah gibt es das einfache, aber nur bedingt empfehlenswerte Al-Thaliya Home Hotel, Tel. 99499511, DZ 25 RO).

Der letzte Tag führt bis Salalah. Von Shuwaymiyah verläuft eine fantastische neue Straße durch die Berge nach Hasik und weiter über Mirbat nach Salalah.

Wichtige Kilometer-Angaben

- **km 0: Startpunkt an der Straße von Sinaw nach Duqm am Abzweig nach Hayy.**
- **km 31:** Abzweig nach links nach Khaluf (Ort nach 27 km).
- **km 165: Duqm** (aufstrebender Ort mit Läden, Restaurants, Tankstelle, Hotels).
- **km 211: Dhahar** (kleines Dorf mit Tankstelle, Läden und Restaurant).

oman142 ud

■ **km 221:** Abzweig nach links nach Ras Madrakah (kleiner Ort nach 26 km, mit Meerwasserentsalzungsanlage, sehr beschränkten Einkaufsmöglichkeiten, meist auch Sprit).

■ **km 344:** Abzweig nach rechts nach Rima (Strecke ins Landesinnere).

■ **km 361:** Kreisverkehr bei Kahel (Läden, Tankstelle, Restaurant), links ab geht es zum Khor Ghawi (nach ca. 4 km rechts, dann noch einmal 4 km).

■ **km 410: Sawqirah,** kleiner Ort mit Dhau-Hafen.

■ **km 447:** Abzweig nach links nach Sharbitat (dort ggf. schöne Campingmöglichkeit).

■ **km 516:** Kreisverkehr bei Shalim (rechts zu den Ölfeldern von Marmul und nach Thumrait), links nach Shuwaymiyah und Salalah.

■ **km 539:** Schlucht (nach links schöne Aussicht auf den Canyon).

■ **km 549:** Links zum Strand mit guten Campmöglichkeiten.

■ **km 555: Shuwaymiyah,** Dorf mit Läden, Restaurants, einfacher Unterkunft, Tankstelle; am Ende des Dorfes geht es rechts ab ins Wadi (Sackgasse, max. für 21 km befahrbar).

■ **bis km 575:** Die Straße führt am Strand entlang, ein Hotel ist in Bau.

■ **km 613:** Aussichtspunkt mit tollem Blick.

■ **km 638:** Kleiner Wasserfall an einem Felsüberhang.

■ **km 645:** Hasik (Tankstelle, kleine Läden und Lokale, Apartmentunterkunft für Notfälle, DZ 20 RO, Tel. 99587130 und 94326975).

■ **km 680:** Hadhbeen, Ortschaft mit kleiner Ebene am Meer, auf der oft Kamele grasen.

■ **km 706:** Links nach **Sadah** (1 km, Städtchen mit alten Häusern), rechts weiter nach Mirbat und Salalah.

■ **km 764:** T-Kreuzung bei Mirbat, rechts nach Salalah (200 m weiter Abzweig zum Grab des *Bin Ali*).

■ **km 837: Der Ortseingang von Salalah ist erreicht.**

die Ortsteile etwas weiter südlich. Am einfachsten erreicht man sie, indem man zunächst an der Oman-Oil-Tankstelle nach Osten abbiegt. Fährt man 1,4 km hinter der Tankstelle links ab in Richtung Jamae al-Busaidi und dann 700 m durch den neuen Ort und den Palmengarten geradeaus, kann man vor einem Lehmtor parken. Dahinter befindet sich ein weitläufiges befestigtes **Wohnviertel** aus Lehm, das heute verlassen ist.

Einen weiteren sehenswerten **verlassenen Lehm-Ortsteil** kann man erkunden, indem man vom Abzweig an der Oman-Oil-Tankstelle 2 km geradeaus fährt, dann nach links in Richtung Husn al-Hawashem abbiegt, sich nach weiteren 900 m links, nach 100 m wieder rechts hält und noch 200 m dem schmalen Sträßchen durch den Palmenhain folgt.

Unterkunft in Adam

■ **Adam Motel**
Bei der Oman-Oil-Tankstelle, einfach, nicht immer sauber, EZ 12 RO, DZ 15 RO, Tel. 25434975

■ **Badr as-Salam Guesthouse**
Einfach, EZ 13 RO, DZ 16 RO, Tel. 25435007

Die Weiterfahrt nach Süden wird ab Adam immer eintöniger. Die Strecke führt bis etwa 80 km vor Salalah durch ein **riesiges, plattes Wüstengebiet.** Bis zum Horizont gibt es nichts außer absoluter Leere, doch gerade die Monotonie verleiht diesem Gebiet und der Strecke ihren besonderen Reiz: Während manche die endlose Ebene als langweilig empfinden, sind andere Reisende fasziniert von der Weite der Wüste. Bis Haima herrscht noch relativ viel Verkehr, dann wird er immer dünner, hauptsächlich Fernbusse und Laster sind unterwegs. Sie haben den Vorteil, schneller als Schiffe und billiger als Flugzeuge zu sein, weshalb sie den größten Teil des Warentransportes in den Dhofar übernehmen.

Nach etwa **150 km** kann man rechter Hand einige **Hügel** in der sonst platten Landschaft entdecken. Sie sind durch **unterirdische Salzverkrustungen** entstanden, die in Richtung Oberfläche drücken. Dabei wird die Erde über dem Salz zu einem kleinen Berg aufgeworfen. Das Salz selbst tritt nur an wenigen Stellen hervor. Beobachten kann man dies am besten am **Qarat Kibrit, zu dem es bei km 170 rechts abgeht.**

Abstecher: Qarat Kibrit

Der **Abstecher von etwa 35 km** lohnt sich nur, wenn man an der Geologie des Salzberges interessiert ist. Die gut planierte Piste führt 21 km durch die Ebene, bis man inmitten der Wüste einen riesigen Kreisverkehr erreicht. Hält man sich scharf rechts, so überquert man nach weiteren 9 km eine Ölpipeline und steht kurz danach am Fuße des kleinen Berges. Hinter dem vorderen Hügel befindet sich eine kleine Höhle, in der das Salz an die Oberfläche tritt. Für die Beduinen war dies in vergangenen Zeiten ein wichtiger Ort, um sich mit dem lebenswichtigen Salz zu versorgen.

Bei km 179 kommt man zum ersten der Rasthäuser, dem Ghaba Resthouse, EZ/DZ 20 RO, Tel. 99358639, ghabaresthouse@gmail.com.

Links und rechts der Straße sind immer wieder Erdölfelder an ihren hohen Türmen zu erkennen. Die **Provinz Wusta,** wie das Wüstengebiet im Landesinneren genannt wird, ist zwar flächenmäßig sehr groß, aber nur dünn besiedelt. Durch die Ölfunde ist sie für die Wirtschaft das Landes enorm wichtig. Auch für die Beduinen schuf die Ölindustrie neue Verdienstmöglichkeiten.

Den kleinen Ort **Haima,** der etwa auf der Hälfte der Strecke nach Salalah liegt, erreicht man **nach 381 km.** Hier hat man die Gelegenheit zum Auftanken und Einkaufen, für Notfälle gibt es ein kleines Krankenhaus. Haima ist die einzige „Stadt" auf dem Weg nach Süden. Nachdem die Erdölgesellschaft PDO hier einen Brunnen gebohrt hatte, wurde der Ort zu einem wichtigen Lagerplatz der Beduinen. Nach dem Bau der Asphaltstraße entwickelte er sich durch den infrastrukturellen Aufbau durch den Staat zu einer kleinen Stadt. Immer mehr Beduinen siedelten sich an und gaben ihr Nomadenleben auf. Auch die Lohnarbeit auf den Erdölfeldern hat Sozialstruktur und Lebensform dieser Nomaden grundlegend verändert.

Unterkunft in Haima

■ **Al-Wusta Tourism Motel**
Am nördlichen Ortsende bei der Al-Maha-Tankstelle, EZ/DZ 15 RO, Tel. 93320819

■ **Arabian Gulf Hotel**
Am südlichen Ortsausgang bei Oman Oil, neu und sehr ordentlich, EZ 20 RO, DZ 30 RO, Tel. 25215500, hethima@gmail.com

■ **Arabian Sands Hotel**
Etwa 500 m südlich der Shell-Tankstelle, ebenfalls neu und ordentlich, EZ/DZ 20 RO, Tel. 23436314, 99087057, arabiansandswrs@gmail.com

■ **Haima Motel**
Gegenüber der Shell-Tankstelle, EZ/DZ 15 RO, Tel. 23436061

Südöstlich von Haima erstreckt sich das 40.000 km² große Gebiet der Kieswüste **Jiddat al-Harasis,** benannt nach dem **Stamm der Harasis,** der hier lebt. Diese

Nomaden ziehen von einem Weidegebiet zum nächsten, im Sommer an die Küste oder in Oasen wie Adam. Sie leben hauptsächlich von ihren Ziegen und einigen Kamelen, die sie auf den Märkten der nördlich gelegenen Oasenorte wie Sanaw, Adam und Manah verkaufen. Früher war dieser Handel noch ein Tauschgeschäft, bei dem Tiere gegen Lebensmittel eingetauscht wurden.

Die Jiddat Al-Harasis ist auch der **Lebensraum der arabischen Oryx-Antilope.** Nachdem diese Rasse in der freien Wildbahn fast ausgerottet war, hat man es durch ein groß angelegtes Projekt geschafft, ihnen hier wieder eine Heimat zu geben (siehe auch Exkurs „Oryx – Königin der Antilopen").

Genau **100 km hinter Haima** ist das **Ghaftain Resthouse** erreicht (EZ/DZ 20 RO, Tel. 99485881). Zwar führt die Straße nun relativ dicht an einem Ausläufer der Sandwüste Rub al-Khali entlang, doch nur einige kleine Dünen lockern die weite Landschaft etwas auf.

Bei **km 607** passiert man das einfache, nicht wirklich gute **Quitbit Resthouse,** EZ 25 RO, DZ 30 RO, Tel. 92072514, qitbit@gmail.com.

Nach **683 km** folgt die verlassene Siedlung **Dauka.** Bei **km 758** geht es nach rechts über eine neue **Asphaltstraße nach Shisr** (51 km) mit seiner berühmten Ausgrabungsstätte Ubar (siehe Exkurs). Shisr und auch das Wadi Dauka mit seinen Weihrauchbäumen sind zusammen mit Al-Balid und Samhuram seit 2000 UNESCO-Weltkulturerbe. Damit wurde der historischen Bedeutung dieser Orte, die alle Teil der Weihrauchstraße waren, Rechnung getragen.

Etwa bei **km 800** dehnt sich **Thumrait,** der zweitgrößte Ort des Dhofar, linker Hand der Straße aus. Diese neue Stadt wird durch ein großes Camp der Luftwaffe dominiert.

Unterkunft am Ortsende von Thumrait

■ Linker Hand das **Thumrait Tourist Hotel** mit ordentlichem Restaurant, EZ 12 RO, DZ 15 RO, Tel. 23279702 und 97830883, thumraittouristhotel@gmail.com

Ab Thumrait wandelt sich die Landschaft immer schneller. Zunächst ragen vereinzelt kleine Hügel aus der weiten Ebene, dann werden sie immer mehr und immer höher. Das Gebiet wird **Nejd** genannt, und es erstreckt sich durch den gesamten Dhofar südlich der Rub al-Khali und nördlich des parallel zur Küste verlaufenden Dhofar-Gebirges. Im Nejd-Gebiet leben, im Gegensatz zu den sesshaften Viehzüchtern in den Bergen des Dhofar, hauptsächlich Beduinen.

In der Zone bis etwa 30 km hinter den Bergen liegt der Hauptstandort der **Weihrauchbäume** (siehe Exkurs „Weihrauch – das duftende Goldharz des glücklichen Arabien"). Auch in der Nähe der Straße sind einige der kleinen knorrigen Bäume zu entdecken. Eine gute Stelle hierfür befindet sich etwa 30 km hinter dem Ortsende von Thumrait. In 700m Entfernung befindet sich rechts der Straße im Wadi Dawqah eine große Ansammlung von Weihrauchbäumen, die zum Teil großräumig eingezäunt sind, da dieses Areal zum Gebiet der unter UNESCO-Schutz stehenden Weihrauchstätten gehört. Doch es finden sich auch einige außerhalb, an denen man die Rinde und das austretende Harz begutachten kann. Man hat es hier auch geschafft, junge Bäume in großer Zahl anzupflanzen und zu kultivieren.

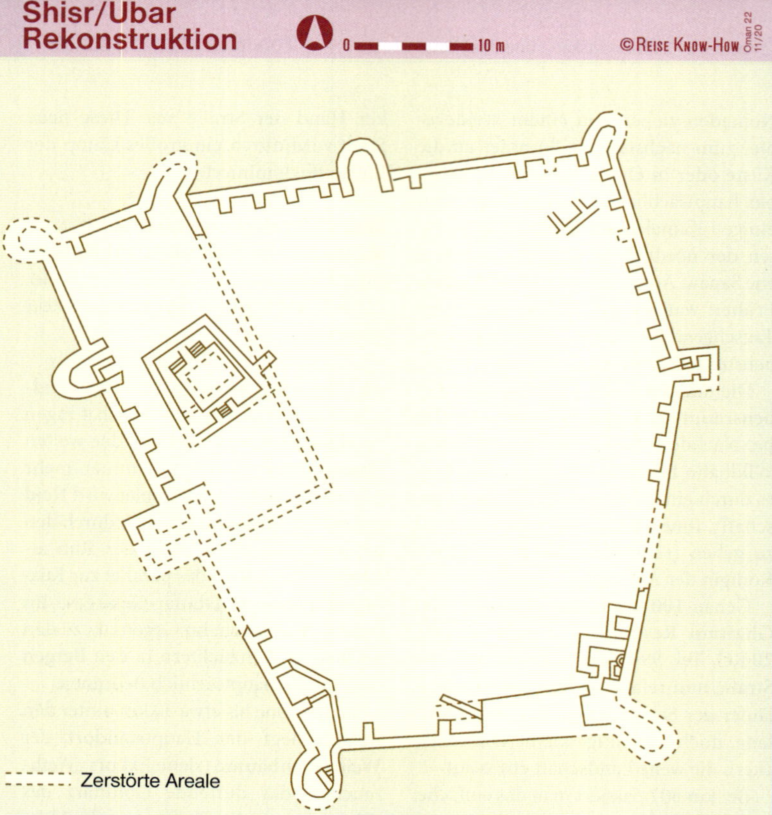

Ubar, das „Atlantis der Wüste“

von Peter Franzisky

Anfang der 1990er Jahre erregte ein Fund am Rande der Rub al-Khali großes Aufsehen. Bei Shisr hatte man Reste einer Karawanenstation entdeckt, von der einige Archäologen der Meinung sind, es könnte sich möglicherweise um das legendäre „Ubar“ handeln.

Ubar gelangte durch verschiedene Überlieferungen zu seiner sagenumwobenen Berühmtheit. Im Qur'an wird in der 89. Sure erwähnt, dass die Stadt von der Erde verschlungen worden sei, da sie zu reich und lasterhaft geworden war. Auch arabische Historiker berichten über Ubar und seinen Reichtum. *T. E. Lawrence* schließlich, besser bekannt als „Lawrence von Arabien“, bezeichnete es als das „Atlantis der Wüste“.

Lange Zeit waren die Berichte so unglaublich, dass man schon zweifelte, ob es Ubar je gegeben hat. Doch dann entdeckte man auf Satellitenbildern und auf Fotos, die die Raumfähre

„Challenger" gemacht hatte, **alte Karawanenstraßen im Wüstensand,** und die alten Sagen bekamen neuen Aufwind. Einer der Karawanenwege führte nach Shisr, wo man mit Ausgrabungen begann und schon bald fündig wurde. Auch wenn es fragwürdig ist, ob es sich wirklich um Ubar handelt, so ist die Ausgrabungsstätte von großer Wichtigkeit für die archäologische Erforschung Omans.

Aufgrund der Wasservorkommen bei **Shisr** entwickelte sich der Platz schon früh (möglicherweise schon vor mehr als 5000 Jahren) zu einem Zentrum der Region. Zur Blütezeit des einträglichen Karawanenhandels mit Weihrauch war Shisr der letzte Ort vor der wasserlosen Wüste, an dem die Karawanen ihre Vorräte auffüllen konnten. Angeblich verließen von hier Handelskarawanen mit bis zu 2000 Kamelen den Süden Omans, um die wertvolle Fracht durch das Innere Arabiens nach Ägypten, Palästina und Mesopotamien zu bringen.

Seit dem Jahr 2000 zählt die Ruinenstätte zum **UNESCO-Weltkulturerbe.**

Bei einem Besuch in Shisr wird man von einem Schild „Welcome to Ubar" begrüßt. Die **Ausgrabungsstätte** lässt auf den ersten Blick nicht erkennen, warum ihre Entdeckung für so viel Wirbel gesorgt hat. Dass dies eines der Zentren des weltweiten Weihrauchhandels gewesen sein soll, kann man sich kaum vorstellen. Das **kleine Museum** mit Zeitungsausschnitten und einigen Fundstücken ist leider meist geschlossen.

In Shisr trafen wir **Prof. Dr. Juris Zarins,** amerikanischer Archäologe im Dienste des omanischen Informationsministeriums, der maßgeblich an den Ausgrabungen in Shisr beteiligt war, und führten ein kurzes Interview mit ihm:

Frage: Bitte erzählen Sie uns doch zunächst etwas über die alten Legenden und Quellen, die von Ubar berichten.

Prof. Zarins: Wenn wir in der Chronologie zurückschauen, so basieren die jüngsten Legenden auf Material wie den legendären Erzählungen aus 1001 Nacht. Hier ist die Rede von einem fantastischen Platz mit Juwelen und Gold, was natürlich der Vorstellungskraft entsprungen ist. Hier wurde auch der Name Ubar geprägt.

Wenn wir etwa drei oder vier Jahrhunderte weiter zurückgehen, so finden wir arabische Quellen, die Ubar als eine Region und nicht als eine Stadt bezeichnen. Diese Region wird als wasserreich und voller Gärten beschrieben.

Die nächstälteren Angaben finden wir im Qur'an, der von dem Volk der Ad spricht. Die Menschen von Ad kontrollierten damals die Region des heutigen Dhofar. Sie lebten in den Bergen und waren wohl die Vorfahren der heutigen Jebalis. Ihre Hauptstadt, die wohl mit Ubar gleichzusetzen ist, wurde von Gott vernichtet.

Schließlich haben wir die klassische Version des Ptolemäus aus dem 2. Jahrhundert n. Chr. Er hat in seiner berühmten Landkarte zwar keine Stadt Ubar eingezeichnet, aber nennt die Region *Iobaritae*. Diese Gegend hatte drei oder vier Zentren, von denen wir jetzt wohl eines ausgegraben haben.

Frage: Wie wurde die Ausgrabungsstätte hier in Shisr entdeckt, und warum nehmen Sie an, dass es sich um das legendäre Ubar handelt?

Prof. Zarins: Nun, zunächst haben wir da den Bericht von *Bertram Thomas,* der 1932 mit Beduinen die Rub al-Khali durchquerte. Als sie in diese Region kamen, sagte einer seiner Begleiter: „Schau, dort ist die Straße nach Ubar." Leider hatte *Thomas* damals keine Zeit, dem nachzugehen. Jetzt, sechzig Jahre später, nahmen wir ein Satellitenbild. Wir suchten den Ausschnitt, von dem *Bertram Thomas* damals berichtete. Und siehe da, man konnte die Straße ohne Probleme erkennen. So war die einzige Frage, ob die Stadt Ubar nun im Norden oder im Süden dieser Straße liegt. Nördlich beginnt aber das Sanddünengebiet der Rub al-Khali, und jeder weiß, dass es dort keine Städte gibt. Also suchten wir im Süden. Wir gingen so weit, bis wir an einen Platz kamen, wo wir dachten, dass es hier sein könnte. Das war Shisr, wo wir also zu graben begannen. Und wir fanden diese Karawanserei und legten sie frei. Es ist der einzige Platz in einem weiten Umkreis, an dem ein so wichtiger Karawanenstützpunkt liegen kann, denn hier gibt es ausreichend Wasser.

Frage: Was haben Sie ausgegraben? Welche Dinge haben Sie gefunden?

Prof. Zarins: Die Funde lassen auf eine sehr lange Besiedlung dieses Platzes schließen, schon seit mehr als 5000 Jahren. Die ältesten Gebäude gehen möglicherweise bis auf die Eisenzeit zurück. Wir haben Töpferwaren aus der klassischen wie auch aus der römischen und griechischen Zeit entdeckt. Dann war Ubar anscheinend für einige Zeit unbewohnt, bevor die Araber im 9. oder 10. Jahrhundert kamen. Auch aus der Zeit, als die Portugiesen die Küste eroberten, haben wir Dinge gefunden. Bei den ausgegrabenen Gebäuden handelt es sich um Häuser, Wehranlagen und Türme der Stadtmauer. An Fundstücken entdeckten wir Töpfereien, Werkzeuge und Schachfiguren, die wohl die ältesten bisher gefundenen Schachfiguren Arabiens sind. Daneben Münzen aus Syrien, Rom, Griechenland und Ägypten, was ebenfalls die weiten Handelsbeziehungen belegt.

Frage: Haben Sie eine Erklärung für den Mythos vom plötzlichen Untergang? Es heißt ja, Ubar sei „vom Erdboden verschluckt" worden.

Prof. Zarins: Ja, vielleicht. Mitten im Ausgrabungsgelände befindet sich ein großer, etwa zwölf Meter tiefer Krater. Es handelt sich dabei um eine Kalksteinhöhle, deren Decke eingebrochen ist. Falls dies passiert sein sollte, während die Stadt voller Menschen war, so könnte dies die Grundlage für die Berichte über eine Untergangskatastrophe sein.

Bei **km 850** hat die ebene und unbewachsene Landschaft ein Ende, und die kurvenreiche Durchquerung des **Jebel Qara** beginnt. Die maximale Höhe dieses Gebirges beträgt hier nur etwa 900 m, seine Breite ungefähr 30 km. Beim Ort Qairun Hairitti hat man die Passhöhe erreicht, und auf der Fahrt hinunter in die Ebene bieten sich immer wieder schöne Aussichten auf das Meer und Salalah. Die Berge sind dicht mit Gras bewachsen, das von Kamelen und Kühen abgeweidet wird. Die üppige Vegetation, besonders nach dem Sommermonsun, und die abwechslungsreiche Hügellandschaft mit ihren tiefen Schluchten lassen die Monotonie der langen Wüstenfahrt schnell vergessen.

Salalah mit seinen tropischen Plantagen und einem üppigen Grün, das man nach der langen Wüstenfahrt kaum für möglich hält, erreicht man bei **km 879.**

Salalah صلالة

Die Lage der Stadt in der fruchtbaren Salalah-Ebene mit ihrem auch im Sommer angenehmen Klima hat den Ort zu einem beliebten Sommerdomizil für Omanis aus dem Norden des Landes und andere Bewohner der Arabischen Halbinsel gemacht. Heute ist Salalah eine lebhafte, moderne Stadt mit rund 350.000 Einwohnern. Bei seiner ersten Ankunft 1945 beschrieb der Brite **Wilfred Thesiger** Salalah dagegen wie folgt: *„Salala ist eine kleine Stadt, kaum größer als ein Dorf. Es liegt am Rand des Meeres und besitzt keinen Hafen. Die Brecher des Indischen Ozeans rollen über den weißen*

Sand vor den Kokospalmen, welche die Küste säumen. Als ich die Stadt erreichte, holten die Fischer gerade die Netze ein. Zu Bergen gehäuft, trockneten die Fische in der Sonne. Die ganze Stadt stank nach Verwesung. Der Palast des Sultans, strahlend weiß in der grellen Sonne, war das auffallendste Gebäude. Er überragte den kleinen Suk oder Markt, eine Anzahl flachgedeckter Lehmhütten und ein Labyrinth aus Binsenmatten, Zäunen und engen Gassen. Der Markt bestand aus einem Dutzend Buden, war aber der größte Umschlagplatz zwischen Sur und Hadramaut, also im Umkreis von 1280 Kilometern. Auf dem Weg zum Palast kam ich an der Moschee vorbei, in deren Nähe sich ein paar alte Steinhäuser und ein sehr großer Friedhof befanden. Auf der Ebene vor der Stadt gibt es etliche Ruinen, die geringen Reste einer bedeutenden Vergangenheit, denn Dhofar war im Altertum das wichtigste Weihrauchland Südarabiens." (*Wilfred Thesiger,* Die Brunnen der Wüste. Piper 1997, S. 40/41)

Salalah ist vom **Meer** auf der einen und von hohen **Bergketten** auf der anderen Seite eingeschlossen. Nördlich liegt der Jebel Qara, östlich breitet sich das Massiv des Jebel Samhan aus, die beide an ihrer Südseite dicht bewachsen und nach den **Monsunregen** üppig grün sind. Im Westen liegt der eher kahle Jebel Qamar und dahinter die jemenitische Grenze. Durch die Monsunregen im Sommer und die Lage am Fuße der Berge ist in der Salalah-Ebene eine **intensive landwirtschaftliche Nutzung** möglich. Grüne Plantagen sind typisch für das Stadtbild.

In erster Linie ist Salalah eine moderne Stadt. Neue Betonbauten bestimmen das Bild im Zentrum, wo sich alle wichtigen Infrastruktureinrichtungen befinden. **Traditionelle Kalksteinhäuser** findet man fast nur noch im Stadtteil Al-Hafah, doch auch dort werden sie immer seltener.

Die Hauptachsen der Stadt verlaufen parallel zur Meeresküste. Zwischen Strand und Qaboos Street (der südlichsten Parallelstraße zum Meer) liegen (von Ost nach West) das Crowne Plaza Hotel, das Anantara al-Baleed Resort, die Ausgrabungsstätte Al-Baleed, der alte Stadtteil Al-Hafah (von dem nur wenig übrig ist), der Al-Husn Palace, zahlreiche Regierungsgebäude und schließlich Khor Salalah, eine Bucht, die zum Vogelschutzgebiet erklärt worden ist. Nördlich der Qaboos Street dehnen sich **tropische Plantagen** aus, die viele Wege durchschneiden. Besonders schön ist die Al-Muntazah Street, die vom Crowne Plaza Hotel quer durch Bananen- und Papayafelder ins Stadtzentrum führt. Hier finden sich besonders viele der Obststände, an denen man eine köstliche Kokosmilch trinken kann. Anschließend wird die Nuss geöffnet, und man kann das Kokosmark auslöffeln.

Die Al-Muntazah Street ist zugleich die Grenze zur modernen City, die sich nördlich von ihr bis zur Robat Street, einer vierspurigen Umgehungsstraße, erstreckt. Al-Salam Street und 23rd July Street verlaufen dazwischen und sind **wichtige Geschäftsstraßen.** In Nord-Süd-Richtung stellt die Al-Nahdah Street ab dem Sultanspalast die **Hauptgeschäftsstraße** dar. Der Kreuzungsbereich zur Al-Salam Street ist der Mittelpunkt der Stadt. Hier befindet sich auch der Gold- und Silber-Souq, der aber nur wenige Läden mit altem Silberschmuck beherbergt.

Sehenswertes

Salalah als Stadt bietet kaum Sehenswürdigkeiten wie historische Gebäude oder Ähnliches. Das **Stadtgebiet insgesamt** mit seinen tropischen Plantagen entschädigt dafür voll und ganz. Einen Besuch wert sind die Märkte, die große Moschee und das Museum sowie (bei Interesse an archäologischen Stätten) das Ausgrabungsgebiet Al-Baleed.

Al-Hafah Souq (Weihrauch-Souq)

Der alte Stadtteil Al-Hafah mit seinen Häusern aus Korallenstein, wie er zum Teil noch in Büchern und Broschüren beschrieben wird, existiert nicht mehr. Das gesamte Areal zwischen der Ausgrabungsstätte Al-Baleed und dem Souq wurde abgerissen, nachdem man die Bewohner umgesiedelt hatte. Hier soll ein komplett **neuer Stadtteil** mit einer Fla-

niermeile am Meer entstehen. Der Souq liegt am südwestlichen Ende von Al-Hafah. Hier findet man nicht nur das einst so begehrte Weihrauchharz in verschiedenen Qualitäten, sondern auch alles rund um den **Weihrauch.** Als Souvenir bieten sich die bunt bemalten, in vielen Formen getöpferten Weihrauchbrenner an. Zudem werden Textilien und Parfüm angeboten. Leben herrscht aber nur am Abend.

oman159 pf

Auch der Weihrauchsouq wird wohl **Neubauten** weichen müssen, nur der Zeitpunkt steht noch nicht fest.

Moschee Sultan Qaboos

Die **Freitagsmoschee** an der Al-Nahdah Street ist auch für Nicht-Muslime geöffnet. Ein Besuch des strahlend weißen Gebetshauses lohnt sich unbedingt, da es sehr aufwendig und geschmackvoll gestaltet ist.

Info: Geöffnet So bis Do 8–10.30 Uhr, vorgeschrieben ist Kleidung mit langen Ärmeln (für Frauen) und Beinen (für beide Geschlechter), Frauen benötigen außerdem ein Kopftuch.

Lagunen in und um Salalah

Diese Lagunen sind ein wichtiger Lebensraum für Meerestiere und eine **große Artenvielfalt von Vögeln.** Sie entstehen dadurch, dass sich die unterirdischen Wasservorräte in den Bergen während des Monsuns auffüllen und zahlreiche Quellen am Fuß der Bergе speisen. Das Wasser fließt durch Wadis oder unterirdisch zum Meer, wo es Lagunen bildet. Diese sind zumeist durch eine **Sandbank** vom Meer abgetrennt, sodass der Salzgehalt in der Lagune nicht so hoch wie im offenen Meer ist. Er schwankt, denn nach Niederschlägen ist er geringer, aber nach Stürmen, wenn das Meer die Sandbank überspült, steigt er an.

◁ Weihrauch – in der Vergangenheit die Quelle des Wohlstands im Dhofar

Vom Salzgehalt des Wassers hängt es ab, welche **Pflanzen** man hier antrifft. Schilf wächst nur bei nicht zu hoher Salzkonzentration, während Mangroven sich dann erst richtig ausbreiten.

Für **Vögel** sind die Lagunen ein wahres Paradies. Durch den Reichtum an Fischen, Krebsen und Krabben finden sie reichlich Nahrung. Einheimische Vogelarten brüten hier, andere überwintern oder rasten auf ihrem Zugweg. Neben Flamingos kann man Kormorane, Pelikane, Reiher, Enten, Möwen und Ibisse beobachten. Auch Störche sieht man hier und auf den umliegenden Feldern.

Im Gebiet des **Khor Salalah** im Westen der Stadt hat man die Lagune unter **Naturschutz** gestellt. Ein Teil des Schutzgebietes ist als Park zugänglich. Mehr ornithologische Informationen stehen im Exkurs „Oman für Ornithologen".

Weihrauchhafen Al-Baleed/Museum

Der Weihrauchhafen und die Siedlungsreste von Al-Baleed sind der **älteste Teil Salalahs.** In diesem von der UNESCO zum **Weltkulturerbe** ernannten Gebiet

Einkaufen
4 Hamdan Commercial Complex
5 Salalah Gardens Mall, Carrefour Supermarkt
6 Lulu Supermarkt
10 City Centre

12 Hassan bin Thabit Restaurant
14 Pizza Hut
15 Baalbeck Restaurant
18 Al-Baleed Restaurant
20 Darbat Restaurant

hat man einen Archäologischen Park und ein sehr ansprechendes **Museum** eingerichtet.

Die **erste Entdeckung und Beschreibung** geht auf das Jahr 1846 zurück, als *H. J. Carter* eine erste Skizze anfertigte. Zu dieser Zeit war Al-Baleed bereits unbewohnt. **Ausgrabungen** von *Paolo Costa* in den 1980er Jahren förderten hauptsächlich Spuren aus islamischer Zeit zutage. Freigelegt hat man Teile der großen Moschee aus dem 10. Jahrhundert mit insgesamt 144 Säulen und einer halben Mihrab sowie Reste und Fundamente einer Palastanlage, einer Brücke, diverser Wohnhäuser, kleinerer Moscheen und einer Stadtmauer.

Die ursprüngliche Annahme, die gesamte Anlage stamme aus islamischer Zeit, ist nicht korrekt. Eine groß angelegte Grabungs- und Rekonstruktionskampagne der Uni Aachen und später der Universität von Arkansas brachte auch ältere Funde ans Tageslicht, beispielsweise Töpfereien aus römischer Zeit. Al-Baleed („die Stadt") wurde zur gleichen Zeit wie Samhuram bewohnt, aber der Ursprung des Hafens liegt früher (ab etwa 700 v. Chr.). Im Unterschied zu Samhuram, das von Invasoren aus dem Hadramaut gegründet wurde, war Al-Baleed von Einheimischen bewohnt. Die Lage an zwei Lagunen bot gute Bedingungen für eine Siedlung, da diese Buchten einen geschützten natürlichen Hafen bilden. Begünstigt durch diesen Standort entwickelte sich Al-Baleed zur **Blütezeit des Weihrauchhandels** zu einem wichtigen Hafen zur Verschiffung des Harzes und von Pferden. Die berühmten Weltreisenden **Marco Polo** (1254–1324) und **Ibn Battuta** (1304–1377) lobten in ihren Schriften die außerordentliche Pracht und den Reichtum von Al-Baleed. Marco Polo schreibt: *„Es ist eine großartige und schöne Stadt mit einem sehr guten Hafen, in dem es äußerst geschäftig zugeht … Die Kaufleute machen enormen Profit, indem sie mit arabischen Pferden handeln … und viel heller Weihrauch wird hier produziert …"*. Zu dieser Zeit war Al-Baleed einer der Hauptorte für den Export von edlen Pferden, die im Mittelalter lange Zeit zu den wichtigsten Handelswaren Omans gehörten.

Die Stadt hatte in ihrer Geschichte verschiedene Namen. **Ptolemäus nannte sie „Zafar".** Bei diesem Namen wird der Zusammenhang mit der heutigen Provinz Dhofar deutlich. Zafar soll von einem Prinzen regiert worden sein, der ein Weihrauchmonopol besaß und jeden umbringen ließ, der es wagte, in diese Domäne einzudringen. Ein späterer Regent war der reiche Schiffsbesitzer *Ahmed bin Mohammed al-Habudi* aus dem Hadramaut. Er nannte die Stadt „Al-Mansura".

Durch den Archäologischen Park führen zahlreiche Fußwege. Die Strecken sind etwas weit, da das archäologisch interessante Gebiet im Westen liegt, der Eingang von der Sultan Qaboos Street aber im Osten.Auch ein kleiner **Botanischer Garten** u. a. mit Weihrauchbäumen ist im Entstehen.

Direkt am Eingang befindet sich jedoch das Wichtigste: das **Museum zur Weihrauch- und Seefahrtsgeschichte.** In zwei Hallen werden viele Aspekte zur Historie und Geografie des Landes sehr schön und anschaulich dargestellt. In der ersten geht es um die Geschichte und um Weihrauch (aber auch um Topografie und Bewässerung), in der zweiten um die Seefahrt. Zahlreiche Bootsmodelle sind hier ausgestellt. Ein Besuch ist unbedingt zu empfehlen, da die Ausstellung sowohl informativ als auch optisch ansprechend ist. Fotografieren ist allerdings nicht erlaubt.

Im Eingangsbereich befindet sich ein **Souvenirshop,** der auch gute Kataloge und Bücher zu verschiedenen Ausgrabungsprojekten verkauft.

Info: Geöffnet So bis Do 9–21 Uhr, Fr/Sa nur 15–21 Uhr, Tel. 232020566, Eintritt frei, Parken 2 RO pro Wagen, Kinder unter 6 Jahren haben keinen Zutritt.

oman20_050 pf

Tropische Plantagen

Nicht versäumen sollte man in Salalah einen Spaziergang durch die tropischen Plantagen. **Schattige Wege** führen durch die Plantagen mit Kokos- und Papayapalmen sowie Bananenbäumen, die das Gemüse auf dem Boden vor der Sonne schützen. Außerdem wachsen hier Zuckerrohr, Limonen, Indische Mandeln

Die Bucht von Mughsayl wird oft von Kamelen zum Grasen genutzt und Pferderettichbäume. An den größeren Straßen, wie der Al-Muntazah Street, die durch die Gartengebiete hindurchführen, kann man an einem der **zahlreichen Stände** eine Pause einlegen und sich am Geschmack einer frischen Kokosnuss erfreuen.

Grab des Propheten Nabi Amran

Von stattlicher Länge (etwa 30 Meter) ist das **Grab des Propheten Nabi Amran,** das zwischen Borj-al-Nahdah-Kreisverkehr und Lulu Shopping Centre hinter einer weiß-grünen Moschee liegt. Es darf auch von Nichtmuslimen betreten werden. Die Schuhe sind auszuziehen, Frauen müssen ein Kopftuch tragen.

Paläste des Sultans

Sehenswürdigkeiten im weiteren Sinne sind natürlich auch die Paläste des Sultans, auf die man allerdings **nur von außen** einen Blick werfen kann.

Praktische Infos

Unterkunft

Verwendete Abkürzungen: **R** = Restaurant, **B** = Bar, **P** = Pool, **T** = Tennis, **F** = Fitnessclub, **S** = Strand, **W** = Wassersport.

Alle Preise beziehen sich auf den Winter. Besonders bei den Stadthotels, die allerdings meist ziemlich verwohnt sind, können die Preise dann verhandelt werden; während der Monsun-Hochsaison im Sommer liegen sie deutlich höher. Bei den Strandhotels fällt der Unterschied dagegen nur gering aus. Mai/Juni ist in allen Hotels Nebensaison.

Am Strand

Die Strandhotels etwas außerhalb im Neubaugebiet Salalah Beach/Hawanah finden sich im Kapitel „Östlich von Salalah".

19 Anantara al-Baleed Resort********

(R, B, P, T, F, S, W) Am Strand zwischen Crowne Plaza und Al-Baleed, elegantes, edles, ruhiges und teures Hotel, das einzige, das in Salalah wirklich gehobenen Ansprüchen genügt, EZ/DZ ab 160 RO, Tel. 232 11234, www.salalah.anantara.com

21 Arabian Sea Villas*

(R) Pension direkt neben den Beach Villas, ohne Pool, EZ ab 30 RO, DZ ab 35 RO (inkl. Frühstück), Tel. 23235833, www.arabiansandtoursservices.com

21 Beach Villas/Beach Resort

(R, P) Etwa 500 m östlich des Crowne Plaza direkt am Strand gelegen, kleiner Pool, mehr eine Pension als ein Hotel, seit 2013 mit neuem Haupthaus im 3*-Bereich (Salalah Beach Resort), EZ ab 30 RO, DZ ab 38 RO, Apartment 50 RO (inkl. Frühstück), Tel. 23235999 und 23235170,
www.beach-villas-salalah.com,
www.beachresortsalalah.com

20 Crowne Plaza Hotel*****

(R, B, P, T, F, S, W) Renoviert und erweitert, präsentiert sich das ehemalige Holiday Inn deutlich luxuriöser – und teurer, EZ 85 RO, DZ 95 RO, Villa 234 RO, Tel. 23238000, www.crowneplaza.com/Salalah

2 Hilton Hotel*****

(R, B, P, T, F, S) Etwas außerhalb in Richtung Mughsayl, aber leider wenig idyllische Lage nahe des Hafens, dafür schöne und geschmackvolle Einrichtung, EZ/DZ ab 87 RO, Tel. 23211234,
www.hilton.com

2 Samharam Tourist Village

(R) Am Strand Richtung Mughsayl kurz vor dem Hilton Hotel, Komplex mit Apartments mit bis zu drei Schlafräumen und Küche (ab 30 RO), Tel. 23211420, www. shanfarihotels.com/samharam

2 Shaza Hotel*****

(R, P) Neben dem Hilton gelegenes Luxushotel, das 2020 eröffnen wird, www.shazahotels.com

In der Stadt

1 Al-Jabal Hotel**
(R) In der Nähe des Sultan Qaboos Hospital im Westen der Stadt liegt dieses vergleichsweise ordentliche Stadthotel, EZ 24 RO, DZ 28 RO, Tel. 23210611, www.aljabalhotel.com

8 Bamsir Hotel**
(R) Hotel in der 23rd July Street, dadurch gute Infrastruktur in der direkten Umgebung, EZ 25 RO, DZ 30 RO, Tel. 23289241

16 Dhofar Hotel***
(R) Al-Matar Street, EZ 30 RO, DZ 35 RO, Tel. 232 90484, dhfhotel@omantel.net.om

17 Haffa House***
(R, B, P, T, F) Robat Street, am Kreisverkehr zum Airport (Burj al-Nahdah R/A), EZ/DZ 35 RO, Tel. 232 95444, www.shanfarihotels.com/hhh-salalah

4 Hamdan Plaza Hotel***
(R, P, T, F) Eines der wenigen Stadthotels, das höheren Ansprüchen gerecht wird und nicht so verwohnt ist, im Hamdan Commercial Complex, am Ortsausgang Richtung Mughsayl, Robat Street, EZ 35 RO, DZ 45 RO, Tel. 23211024, www.hamdanplazahotel.com

9 InterCity Hotel***
(R, P, F) Im Kreuzungsbereich von Robat Street und Al-Nahdah Street, neues, modernes Hotel der Steigenberger-Kette mit Pool auf dem Dach, EZ/DZ ab 45 RO, Tel. 22302500, www.intercityhotel.com

5 Salalah Garden Residences***
(R, P, F) An der Robat Street am Ortsausgang in Richtung Mughsayl im Komplex der Salalah Gardens Mall, modern und elegant gestaltet, derzeit neben dem InterCity das beste Stadthotel, EZ 60 RO, DZ 70 RO, Tel. 23381000, www.safirhotels.com

> Poollandschaft im Hilton Hotel

13 Salalah Hotel*
(R) Hinter der Markthalle, EZ 15 RO, DZ 18 RO, Tel. 23295332

Restaurants

Die Auswahl an Restaurants ist gut. Hervorzuheben sind die Restaurants **Bin Ateeq/Al-Kader** und **Ofair** (s. u.): In typisch omanischer Einrichtung sitzt und isst man auf dem Boden.

18 Al-Baleed Restaurant
Arabische Küche zu mittleren Preisen, direkt östlich neben dem Al-Baleed Museum, Tel. 23227887

4 Al-Lou'Lou'A
Internationale Küche im Hamdan Plaza Hotel, 12–15.30 und 19–24 Uhr, Tel. 23211025

15 Baalbeck Restaurant
Arabische Gerichte, Fisch und Meeresfrüchte in der 23rd July Street, gut und empfehlenswert, 8–24 Uhr, Tel. 23298834

7 Bin Ateeq, Al-Kader
Dhofarische bzw. omanische Küche in der westlichen 23rd July Street im Kreuzungsbereich mit der Al-Salam Street, Tel. 23292384, 9–24 Uhr

11 Chinese Cascade
Chinesische Küche, 23rd July Street, 11.30–15 und 18.30–24 Uhr, Tel. 23289844

20 Darbat Restaurant
Französische, kontinentale, indische und orientalische Küche im Crowne Plaza Hotel, auch Alkoholika und Live-Unterhaltung, Sa bis Do 19.30–24 Uhr, Tel. 23235333

12 Hassan bin Thabit Restaurant
Große Auswahl an guten und günstigen arabischen, kontinentalen, indischen und chinesischen Gerichten, 23rd July Street nahe der Markthalle, 6–24 Uhr, Tel. 23291010, Al-Salam Street, Tel. 23299559

3 Ofair
Dhofarische/omanische Küche in der Robat Street, östlich des Hamdan Centre neben der Oman-Oil-Tankstelle, 9–24 Uhr, Tel. 23297227

2 Palm Grove
Internationale Küche auf einer schönen Terrasse am Meer im Hilton Hotel, auch alkoholische Getränke, 11–24 Uhr, Tel. 23211234

14 Pizza Hut
In der westlichen Al-Salam Street, 11–23 Uhr, Tel. 23290303

2 Sheba's
Internationale Küche in edlem Ambiente im Hilton Hotel, auch Alkohol wird ausgeschenkt, 19–24 Uhr, Tel. 23211234

Bars

20 Al-Kharif Bar (Crowne Plaza Hotel)
19–23 Uhr, Tel. 23235333

2 The Mayfair (Hilton Hotel)
Bar, 12–15 und 18–24 Uhr, Tel. 23211234

2 Whispers (Hilton Hotel)
Nightclub, in dem auch Live-Musik zu hören ist, 19–1 Uhr, Tel. 23211234

Polizei, Krankenhaus und Apotheken

- **Notruf für Polizei und Feuerwehr: 9999**
- **Royal Oman Police**
Ecke Al-Nahdah und 23rd July Street, Tel. 23290099
- **Sultan Qaboos Hospital**
Ecke Sultan Qaboos Street/Al-Matar Street, Tel. 23211555
- **Muscat Pharmacy** (24-Std.-Dienst)
In der Al-Nahdah Street und der 23rd July Street, Tel. 23291635
- **Hamdan Pharmacy**
Hamdan Commercial Centre, Robat Street, Tel. 23211477

Taxis/Sammeltaxis

- **In Salalah und Umgebung verkehren keine öffentlichen Busse, man ist auf Taxis angewiesen.** Da sie kein Taxameter haben, ist der Fahrpreis vorher auszuhandeln: Stadtfahrt 3–4 RO, zum

oman112 pf

Flughafen 7–8 RO. Leider sprechen die Taxifahrer nicht alle englisch.

■ **Minibusse fahren als Sammeltaxis** in die Orte der Umgebung (Taqah 300 Bs, Mirbat 500 Bs, Mughsayl 1 RO). Abfahrt ist in der Al-Salam Street vor der HSBC Bank.

Busse

■ **Expressbusse** von Mwasalat (Tel. 23292773) fahren täglich um 7, 10 und 19 Uhr **nach Muscat** (8 RO), Abfahrt an der Markthalle in der 23rd July Street.

■ Daneben fahren **Überlandbusse** anderer Gesellschaften; ähnliche Abfahrtszeiten; Büros in der Nähe der Markthalle an der 23rd July Street, Tel. 23291786, 23289392, 23293307, 23293323.

Flugzeug

■ **Der Flughafen liegt direkt nördlich des Zentrums,** aber doch etwa 10 km von der Stadt entfernt, da man ihn auf dem Weg zum Terminal komplett umfahren muss; Flughafeninfo: Tel. 23291444.

■ **Flüge nach Muscat** gibt es etwa 8x täglich, und zwar am frühen Morgen, gegen Mittag sowie am frühen und am späten Abend.

■ **Internationale Flüge** täglich nach Dubai am späten Nachmittag mit Oman Air, mit FlyDubai mehrmals wöchentlich, nach Sharjah (bei Dubai) mehrmals wöchentlich mit Air Arabia, nach Doha mit Qatar Airways (mit Anschluss nach Europa).

■ **Büro Oman Air** im Haffa House, Robat Street, am Kreisverkehr zum (alten) Flughafen (Burj al-Nahdah R/A): Tel. 23294377, 23292777, 23294301.

Autovermietung

■ **Al-Saqoor al-Omania,** Muntaza Road, Tel. 232 91600

■ **AST,** am Flughafen, Tel. 23298085

■ **AVIS,** Zubair Travel and Service Bureau, Al-Nahdah Street, Tel. 23202582, 23292855

■ **Budget,** im Crowne Plaza Hotel, Tel. 23235160; am Flughafen, Tel. 23290097

■ **Europcar,** Büro im Hilton Hotel, Tel. 23212460

■ **Thrifty Rent a Car,** im Hamdan Plaza, Tel. 232 11493

■ **Sixt,** im Büro der Bahwan Travel Agency, Al-Nahdah Street, Tel. 23290908

■ Viele **kleine Büros** befinden sich in der westlichen 23rd July Street.

Banken/Exchange, Post und Kurierdienste

■ Im Bereich der Straßenkreuzung Al-Nahdah Street und Al-Salam Street haben viele große **Banken** eine Filiale.

■ **Geldwechselstuben** finden sich im mittleren Bereich der Al-Nahda Street, im Hamdan Commercial Centre (Tel. 23211258), im Lulu Hypermarket und in der Salalah Gardens Mall in der Robat Street am westlichen Ortsausgang sowie in der Al-Alam Street (Tel. 23296903).

■ **Hauptpostamt** im nördlichen Teil der Al-Nahdah Street (Eingang in einer Parallelstraße auf der Hinterseite des Gebäudes); geöffnet Sa bis Mi 7.30–13.30 und Do 9–11 Uhr.

■ **Kurierdienste: DHL,** Al-Nahdah Street (Zubair Travel), Tel. 23292855; **TNT,** Tel. 23290405; **EMS,** Tel. 23294033.

Reisebüros/Tourveranstalter

■ **Arabian Sand Tours**

Der Beduine *Musallim Hassan al-Mahri,* der englisch und deutsch spricht, bietet individuell ausgearbeitete Wüstentouren in die Rub al-Khali und die Umgebung Salalahs, Tel. 99495175, www.arabiansandtoursservices.com

Rub al-Khali – das „Leere Viertel“

Sie ist die größte zusammenhängende Sandwüste der Welt: 650.000 km² bedeckt mit Sand und vereinzelten Steinen. Durch die extremen Tagestemperaturschwankungen und das fast völlige Fehlen von Oasen gehört die Wüste zu den **einsamsten Regionen der Erde,** was ihr den Namen gab: Rub al-Khali, das „Leere Viertel“. **Die Wüste umfasst das südliche Drittel der Arabischen Halbinsel,** sie liegt auf dem Staatsgebiet von Saudi-Arabien, der Vereinigten Arabischen Emirate, des Jemen und Omans. In ihr wechseln sich bis zu 200 m hohe Dünen mit z. T. salzhaltigen Ebenen ab, in teils sehr regelmäßigen, parallelen Reihen. Und die Wüste beherbergt mit al-Ghawar eines der größten Ölfelder der Welt.

Auf omanischer Seite kann man den Rand des Leeren Viertels relativ leicht über Shisr erreichen. Folgt man von dort der gut präparierten Hauptpiste immer geradeaus in Richtung Nordwesten (bei der einzigen großen Gabelung nach ca. 30 km rechts halten), erreicht man nach etwa 80 km bei Fasad (neuer Name: Hashman) die ersten Ausläufer der Rub al-Khali. Mit einem Geländewagen kann man bis in die ersten, schon sehr mächtigen Dünenketten hineinfahren. Längere Touren sollte man aber unbedingt nur mit mindestens zwei Wagen, entsprechender Ausrüstung und Vorräten unternehmen. Der Aufwand lohnt sich, denn dieses abgelegene Gebiet gehört zu den schönsten und eindrucksvollsten Landschaften Omans.

Schon in der ersten Hälfte des 19. Jahrhunderts zog die Rub al-Khali **Forschungsreisende** magisch an. Der erste westliche Durchquerer war der Brite **Bertram Thomas,** der im Dezember 1930 bei Salalah in die Wüste aufbrach und nach zwei Monaten und fast 1000 km Wegstrecke Doha erreichte. Wiederholt wurde die Durchquerung von Ost nach West 1932 von **Harry St. John Philby** und von **Sir Wilfred Thesiger** (geb. 03.06.1910, gest. 24.08.2003), der zwischen 1945 und 1950 auf mehreren Routen die Reise gewagt hat. Seine Erlebnisse und Strapazen in Arabien und mit den Beduinen beschreibt *Thesiger* ausführlich und anschaulich in seinem Klassiker „Die Brunnen der Wüste“ (Erstauflage 1959). Hier einige Ausschnitte daraus:

„Wollte eines der Tiere nicht mehr weitergehen, zerrten wir am Halfter, schoben von hinten nach und hoben die Lasten zu beiden Seiten hoch, während wir das brüllende Tier den Hang hinauftrieben. Manchmal legte sich ein Kamel nieder und weigerte sich, wieder aufzustehen. Dann mußten wir es abladen und die Wasserschläuche und Satteltaschen selbst tragen. Nicht, daß sie etwa schwer gewesen wären, besaßen wir doch nur wenige Gallonen Wasser und ein paar Handvoll Mehl. (…)

Die Sonne brannte unbarmherzig vom Himmel, ich fühlte mich ausgepumpt, elend und schwindlig. Und mein Durst wurde mit jeder Minute unerträglicher, ich konnte kaum mehr schlucken, sogar meine Ohren schienen zugefallen. Doch es würde noch viele endlose Stunden dauern, ehe ich etwas trinken durfte. (…)

Hier gibt es keinen Weg mehr, dachte ich. Wir können nicht zurück, und unsere Kamele werden nicht eine einzige dieser Dünen mehr bewältigen. Das ist das Ende. Wir stiegen hinab, und irgendwie – nie werde ich begreifen, wie die Kamele es schafften – bewältigten wir auch den nächsten Hang. Wir wären nicht mehr fähig gewesen, nur eine einzige Düne zu ersteigen.“

■ **Bahwan Travel Agency**
Al-Nahdah Street, Tel. 23294665

■ **Dhofar Tourism Co.**
Ausflüge in die Umgebung, maßgeschneiderte Touren für Gruppen; Al-Matar Street südlich des Haffa-Hauses, Tel. 23290641, dhoftour@omantel.net.om

■ **Mark Tours**
Tagesausflüge und Privattouren, Tel. 23210499

■ **Fawaz Travel & Tourism**
Vielfältige Angebote, der „Platzhirsch" in und um Salalah, Tel. 23294324

■ **National Office for Travel and Tourism**
Al-Salam Street, Tel. 23290699

■ **National Tours Oman**
Kleine, empfehlenswerte Agentur unter deutscher Leitung, angeboten werden Touren aller Art, Tel. 23214831, www.nationaltours-oman.com

■ **OUAD Ouasis Tours**
Tagestouren in die Umgebung, Ausflüge in die Wüste; im Crowne Plaza, Tel. 23235333; in der Al-Nahdah Street, Tel. 23294797, 23290544

■ **Zahara Tours**
Lokaler Partner vieler großer deutscher Veranstalter, Tel. 23202582

■ Ein lokaler **Guide** für Ausflüge ist **Musallam Ahmad Al-Kathiri,** Tel. 99088887, salalahadventures @gmail.com.

Sport und Aktivitäten

■ **Baden** ist an den langen Stränden von Salalah natürlich die Aktivität Nr. 1, doch sollte man unbedingt immer die teils starken Strömungen und die manchmal hohe Brandung im Auge behalten und entsprechend vorsichtig sein.

■ **Windsurfen, Wellenreiten, Wasserski, Paragliding:** im Crowne Plaza Hotel, Tel. 23235333

■ **Pool, Tennisplätze, Fitnessgeräte** etc. bieten z. B. die Hotels Hilton, Crowne Plaza, Haffa House und Hamdan Plaza.

■ **Sportfischen: Salalah Sportfishing,** Tel. 232 35333, kismet_fishing@omantel.net.om

■ **Tauchen** ist wegen des Monsuns nur in den Wintermonaten möglich. Tauchbasen befinden sich in den Hotels Crowne Plaza und Hilton (siehe Exkurs „Tauchen und Schnorcheln in Oman").

Einkaufen/Souvenirs

■ Das **Geschäftszentrum** liegt im mittleren Teil der Al-Nahdah Street zwischen 23rd July Street und Al-Muntazah Street. Hier finden sich zahlreiche Läden mit Artikeln des täglichen Bedarfs, **Schneider und Stoffgeschäfte.** Dieses Angebot setzt sich in der 23rd July Street und der Al-Salam Street fort.

■ Im Souq des alten Stadtteils **Al-Hafah,** direkt östlich des Palastes unterhalb der Sultan Qaboos Street, werden insbesondere **Weihrauch, Weihrauchbrenner und Räuchermischungen** angeboten. Die Auswahl ist sehr groß, und man sollte sich Zeit nehmen, um sich durch die Vielzahl der Duftstoffe zu schnuppern. In der angrenzenden Al-Sarooq Street haben sich viele **Schneider** und Läden mit **Kummas** niedergelassen.

■ Auch in der Al-Salam Street befinden sich zahlreiche **Schneider und Stoffgeschäfte,** dazwischen finden sich Läden mit einer großen Auswahl an **dishdashas.**

■ Im Goldsouq an der Ecke Al-Nahdah und Al-Salam Street gibt es neben einer großen Auswahl an **Goldschmuck** auch **Silberartikel,** Schwerter und verzierte Gehstöcke.

■ **Obst, Gemüse, Fleisch und Fisch** kann man in großer Auswahl in der neuen Markthalle nördlich der 23rd July Street, wenige hundert Meter östlich der Al-Nahdah Street, einkaufen. Aber auch die vielen kleinen Gemüse- und Obstläden in der ganzen Stadt und die Straßenstände haben frische Ware. In der Markthalle kommen auch **Weihrauchartikel** und Parfumöle zum Verkauf.

■ Eine große Auswahl an **Duftölen,** aus denen frau sich ihr individuelles Parfüm mixen lassen kann, hat das **Dhofari Perfum Centre** in der Al-Salam Street/Ecke Al-Matar Street.

- Die typische omanische Süßigkeit **Halwa** kann man in großer Auswahl in einem der Halwa-Geschäfte in der Sultan Qaboos St., östlich des Weihrauch-Souqs, kaufen.
- **Englischsprachige Literatur,** Zeitschriften und Landkarten gibt es in den großen Supermärkten Lulu und Carrefour.
- **Supermärkte bzw. Shopping Malls** sind u. a. der 6 **Lulu-Supermarkt** in der Robat Street am Ortsausgang in Richtung Mughsayl, das 10 **City Centre** (großer Supermarkt mit Warenhaus) nördlich der Großen Moschee und das 4 **Hamdan Commercial Complex** an der Robat Street (mit Supermarkt, Restaurant, Geldwechselbüro, Apotheke und einem Hotel). Noch größer und moderner ist die 5 **Salalah Gardens Mall** gleich nebenan, das derzeit interessanteste Einkaufszentrum (mit **Supermarkt Carrefour**).
- **Campingausrüstung: Goal Sports,** Tel. 232 96624

Kirche

- **Christian Church Salalah,** Tel. 23235677

Nördlich von Salalah: Jebel Qara

جبل القراء

Die Bezeichnung „Jebel Qara“ wird auf verschiedenen Karten unterschiedlich benutzt. Oft wird das gesamte Gebirge rund um Salalah, also einschließlich der Bergmassive des Jebel Qamar und des Jebel Samhan, so bezeichnet. Der eigentliche Jebel Qara liegt jedoch direkt nördlich von Salalah.

Das Bergland ist der Lebensraum der Jebalis. Sie sind die eigentlichen „Urbewohner“ des Dhofar, was sich heute noch in ihrem eigenen **Dialekt,** dem **sheri,** äußert. Jebalis sind **Bergnomaden,** die neben Kamelen, Schafen und Ziegen auch zahlreiche Rinder halten. Die Rinder weiden sie auf Hochplateaus, auf denen früher **Monsun-Regenfeldbau** betrieben wurde. Die kargeren Bergwadis dienen den genügsameren Kamelen und Ziegen als Weidegrund. Während der Monsun- und Winterperiode bewohnten die Rinder züchtenden Jebalis früher solide Rundkuppelhäuser aus Naturstein, während der Sommerzeit lebten sie in temporären Siedlungen aus einfachen, transportablen Hütten oder Zelten. Die Kamel- und Ziegenhalter besaßen in der Vergangenheit keine festen Behausungen, denn die Tiere zogen angesichts des kargen Futterangebots umher. Die Jebalis spannten Sonnensegel zwischen den Bäumen, stellten aus Leder und Ästen gefertigte Windschirme auf oder übernachteten in Höhlen. Heute leben allerdings nur noch wenige Jebalis als Nomaden, denn sie sind überwiegend sesshaft geworden. Die Herden sind angewachsen, was zur Folge hat, dass weite Landstriche überweidet sind, was wiederum das ökologische Gleichgewicht dieser auf der Arabischen Halbinsel einmaligen Wald- und Wiesenlandschaft ernsthaft bedroht. Schon seit 2003 versucht man gegenzusteuern. Die Anzahl der Kamele soll drastisch reduziert werden, indem man das Fleisch subventioniert anbietet.

Am Südhang des Jebel Qara versucht man der voranschreitenden Verkarstung des Landes mit **Aufforstungen** entgegenzuwirken. Doch die vielen Tiere lassen in den ungeschützten Bereichen der Berge kaum neues Wachstum zu. Sobald zur Monsunzeit alles zu grünen beginnt, sind auch schon große Herden von Rindern und Kamelen zur Stelle, um sich die frischen Triebe einzuverleiben.

Besonders schön und grün ist das Bergland im Sommer während und im Herbst nach dem Monsun. Im Winter und Frühjahr ist es dagegen wie von einem braunem Pelz überzogen. Dann sind die vielen Kühe und Kamele auf der Suche nach den letzten verdorrten Halmen. Wegen der Tiere und wegen des Nebels im Monsun kommt es auf der Hauptstraße von Salalah nach Thumrait zu vielen Unfällen.

- **Vier Straßen, allesamt in gutem Zustand, führen von der Salalah-Ebene nach Norden.** Sie lassen sich in beliebigen Kombinationen zu einer Rundfahrt zusammenstellen. Allen ist gemein, dass der schönste Teil der Strecke die Abfahrt zur Ebene mit Blick nach Süden auf die steil abfallenden Berge und die Salalah-Ebene ist. Die Querstraße auf Höhe der Wasserscheide ist dagegen relativ monoton.
- Die beiden Straßen, die im Osten auf den Jebel Qara führen, weisen außer der landschaftlichen Schönheit und einigen Quellen keine weiteren Sehenswürdigkeiten auf. Die **Quellen** sind als Abstecher in der Streckenbeschreibung „Östlich von Salalah“ beschrieben.
- **Die beiden westlichen Straßen** sind interessanter und auch landschaftlich abwechslungsreicher. Sie werden im Folgenden als **Rundfahrt von etwa 100 km Länge** beschrieben. **Startpunkt ist die Kreuzung am Hamdan Centre in Salalah.**

Streckenbeschreibung: Verlässt man die Robat Street am Hamdan Commercial Center in Richtung Flughafen, Garziz und Ittin, so fährt man über die Salalah-Ebene auf die Berge zu. **Nach 3 km** geht es nach rechts zum (neuen) Flughafenterminal, das noch etwa 4 km entfernt liegt. Bei **km 8** zweigt eine Piste nach rechts zur **Quelle Ain Garziz** ab. Sie liegt am Fuße der Berge, führt aber nicht das ganze Jahr über Wasser und ist daher auch nicht so dicht bewachsen wie die Quellen, die weiter östlich am Jebel Qara entspringen. An der Straße haben sich zahlreiche kleine Lokale angesiedelt, in denen man gut und günstig essen kann.

Die Straße windet sich nun den **Südhang des Jebel Qara** hinauf. Rechts fallen die Berge in eine tiefe Schlucht ab, die sich allmählich in ein weites Tal wandelt. Links und rechts ergeben sich immer wieder neue Ausblicke auf bewaldete Wadis und sich wandelnde Bergformationen.

Nach **22 km** erreicht man den Abzweig zu einem etwa 2 km entfernten **Mausoleum eines Propheten,** der sowohl im Islam, im Christentum und im Judentum von Bedeutung ist. Muslime nennen ihn *Nabi Ayoub,* Christen *Hiob.* Das Grab ist auch als **Job's Tomb** – eine Verballhornung des Wortes Hiob – bekannt. Das Innere des Mausoleums ist auch Nichtmuslimen zugänglich, Frauen müssen ein Kopftuch tragen. Neben dem eigentlichen Grabmal steht eine Moschee, und sogar Picknickplätze wurden eingerichtet. Am Rand des Hügels steht das **Prophet Ayoub Region Restaurant,** von dem man eine fantastische Aussicht auf die sanft geschwungenen Hügel und die weite Ebene von Salalah hat, wo man meist aber nur Kaffee und Tee serviert bekommt.

Auf der Hauptstraße kommt man bei **km 31,5** an eine **Kreuzung,** an der es rechts weiter nach Ayoun geht. Die

Landschaft wandelt sich auf den nächsten Kilometern grundlegend. Die eben noch dicht mit Gras, Büschen und kleinen Bäumen bewachsenen Hügel sind nun kahl, denn hier, etwa auf Höhe der Wasserscheide, wird das Gebiet nicht mehr vom Sommermonsun erreicht. Zerklüftete Wadis haben sich in den nackten Kalkstein gefressen und geben der Gegend den Anschein einer unwirklichen **Mondlandschaft.** In diesen trockenen Wadis finden Weihrauchbäume ihre bevorzugten Lebensbedingungen. Allerdings sind die Exemplare unmittelbar an der Straße nur klein, viele sind bis auf den Hauptstamm abgeschnitten.

Nach 49 km zweigt links eine Straße nach Ayoun ab.

Abstecher: Wadi Ayoun

Der kleine Ort Ayoun liegt oberhalb eines **tief eingeschnittenen Wadis.** Man erreicht es mit dem Auto, indem man sich etwa 400 m nach dem Abzweigen von der Hauptstraße nach links hält. Die etwa 4 km lange Piste führt an großen, schönen **Weihrauchbäumen** vorbei, ist aber nicht immer mit einem Pkw befahrbar. Vom Endpunkt blickt man in das Wadi hinab, das sich tief in die Felswand eingeschnitten hat. Auf dem Grund funkelt tiefblauer **Teich,** der dicht mit hohem Schilf bewachsen ist und so den Lebensraum zahlreicher Vögel bildet. Man kann das Wadi auch hinabwandern, allerdings sind dafür gutes Schuhwerk und etwas Klettergeschick notwendig. Im weiteren Verlauf wandelt sich das Feuchtbiotop in eine trockene **Schlucht** mit fast senkrecht aufragenden Wänden.

Nach 69 km erreicht man die Hauptstraße von Muscat nach Salalah. Fährt man nach links, kommt man zunächst zum **Restaurant Qairun Hairitti,** dann

☐ Kamele – seit über 4000 Jahren im Dienst des Menschen

oman113 pf

zum gleichnamigen Ort und nach gut 2 km zu einem Abzweig, der durch den östlichen Jebel Qara nach **Taqah** führt. Über diese Straße, die entlang der Wasserscheide des Gebirges führt, kann man die Rundfahrt in Richtung Osten fortsetzen. Nach rechts führt die Straße zurück nach Salalah (ca. 30 km).

Beide Strecken durchqueren eine schöne Landschaft, die sich besonders nach dem Monsun üppig grün zeigt. Man trifft auf Kamel- und Rinderherden, immer wieder bietet sich ein schöner Ausblick auf die Berge und hinunter in die Salalah-Ebene.

Östlich von Salalah: Taqah, Khor Rouri und Mirbat

■ Das Gebiet östlich von Salalah bietet eine Reihe sehenswerter Plätze, weshalb man einen ganzen Tag für diesen Ausflug einplanen sollte. Ziele sind die kleinen Städte **Taqah** und **Mirbat** mit ihren alten Häusern und Forts, die **Lagune Khor Rouri** mit der **Ausgrabungsstätte Samhuram** sowie üppig sprudelnde **Quellen.**

■ **Die Streckenbeschreibung beginnt am Al-Dahariz-Kreisverkehr am östlichen Ortsausgang Salalahs** und führt entlang der Küste. Die Hauptstrecke und zwei der Abstecher zu den Quellen sind asphaltiert. Die dritte der Quellen ist über eine Piste auch mit einem Pkw zu erreichen. Verfügt man über ein Allradwagen, kann diese Strecke auch mit einem Ausflug auf den Jebel Samhan kombiniert werden.

Streckenbeschreibung: Verlässt man Salalah an seinem östlichsten Kreisverkehr, dem Al-Dahariz Roundabout, in Richtung Taqah, so passiert man zunächst die **Lagune Al-Dahariz,** die dicht mit Mangroven bewachsen ist und weit in die Salalah-Ebene hineinragt. Auf den nächsten Kilometern erstreckt sich an beiden Straßenseiten dichtes Grün. Links der Straße dehnen sich die **Grasfelder** der Dhofar Cattle Feed Co. aus. Das Gras dient als Futter für die über 500 Kühe, die hier gehalten werden. Die Farm ist damit der größte Milchbetrieb im Dhofar. Auf der gegenüberliegenden Seite sieht man die ausgedehnten **Kokosplantagen und Bananenfelder** der Royal Farm, auf der auch Papaya, Mangos, Zuckerrohr und Tierfutter angebaut werden. Die riesige Farm dehnt sich auf knapp 5 km Länge zwischen der Straße und dem Meer aus. Auf diesem Gebiet befand sich früher auch ein Palast des Vaters von Sultan *Qaboos.*

Nach knapp 6 km erreicht man einen Kreisverkehr, an dem eine Privatstraße zum Mamurah-Palast des Sultans abzweigt. Es ist einer von drei Palästen, die der Sultan um Salalah besitzt.

Der linke Abzweig (nach Norden) führt zur Quelle Ain Razat.

Abstecher: Ain Razat

Die Quelle liegt knapp 10 km nördlich des Kreisverkehrs am Fuße des Qara-Gebirges (nach 8 km rechts halten). Zu dem Gelände gehört auch ein **Park,** der allerdings nur am Wochenende geöffnet ist. Im Park und rund um die Quelle finden sich schöne Picknickplätze. Am Wochenende ist es oft sehr voll.

Die Ain Razat ist im Grunde nicht nur eine einzelne Quelle, sondern **das Wasser entspringt einer**

Vielzahl kleiner Erdlöcher und Felsspalten, bevor es in einem künstlichen Kanal gesammelt wird. Pro Minute sollen angeblich über 160 Liter aus den Quellen strömen, von denen der Großteil über einen falaj zum Mamurah Palast und zur Royal Farm geleitet wird.

Am Fuße des Qara-Gebirges gibt es eine Vielzahl von Quellen. Aus ihnen strömt das in der Monsunzeit herabgeregnete Wasser, das im porösen Kalkstein wie in einem Schwamm gespeichert wurde. Baden kann man in den Quellen wegen Bilharziosegefahr nicht.

Fährt man von Ain Razat weiter nach Norden in die Berge, so erreicht man 6 km hinter der Quelle das **Ain Razat Restaurant,** von dem man einen schönen Ausblick auf die Salalah-Ebene hat. Folgt man der Straße weiter, so erreicht man nach weiteren 15 km die Wasserscheide des Jebel Qara, von der man weiter in den Osten oder Westen dieses Gebirges fahren kann.

Die rechte Straße des Kreisverkehrs vor dem Mamurah-Palast führt weiter durch die inzwischen völlig kahle Salalah-Ebene in Richtung Taqah. Nach **11,5 km** kann man rechts der Straße in wenigen hundert Metern Entfernung ein kleines **weißes Zwiebelturmgrab** mit vier grünen Kuppeln sehen, in welchem angeblich Noahs Bruder begraben liegt.

0,5 km weiter geht es am Hamdan-Kreisverkehr nach links zur Quelle Ain Hamran ab; wie Ain Razat liegt auch sie am Fuße der Berge.

Abstecher: Ain Hamran

Auf dem 5 km langen Weg durch die Ebene ragen viele **Termitenhügel** auf, teilweise schon Hunderte von Jahren alt und heute meist unbewohnt. Ursprünglich standen die meisten von ihnen unter Bäumen, da sich Termiten von abgestorbenen Ästen ernähren. War der Baum schließlich vollkommen tot, blieb dem Termitenstaat nichts anderes übrig, als sich eine neue Bleibe zu suchen. In der Ebene stehen heute kaum mehr bewohnte Termitenhügel, während in den Bergen noch einige existieren.

Etwa 1 km bevor die Straße die Quelle erreicht, kann man rechts auf einem Hügel **Ruinen** erkennen; es sind die Überreste eines um 450 v. Chr. gebauten persischen Forts.

Die **Quelle** selbst ist nicht wirklich spektakulär.

Rechts der Straße sieht man nun ein großes **Neubaugebiet,** in dem Wohnungen und Hotels entstanden sind. In der sogenannten Freehold Area können auch Ausländer Immobilien erwerben.

Der Tourismus östlich von Salalah unterscheidet sich sehr von dem im Rest des Landes. Während im Landesinneren hauptsächlich Reisende unterwegs sind, die sich für Land und Leute interessieren, geht es hier um **Sonne und Strand.** Das muss nicht negativ sein, aber wer hier nach einer Rundreise seinen Urlaub ausklingen lässt, muss sich darüber im Klaren sein und keine falschen Erwartungen haben. An diesem Küstenabschnitt, der **Hawanah Salalah** genannt wird, liegen ein **Wasserpark** (mit Pools und Rutschen, Eintritt 7 RO) sowie **vier Hotels:**

■ **Al-Fanar Hotel*******
Ferienhotel mit zahlreichen All-Inclusive-Gästen, dank der Pools und zwei unterschiedlicher Strände (offenes Meer und ruhige Lagune) auch gut für Familien mit Kindern geeignet, EZ/DZ ab 50 RO, Tel. 23276800,www.fanarhotel.com

■ **Juweira Boutique Hotel******
Modernes und geschmackvoll gestaltetes Hotel mit 62 Zimmern, zwei kleineren Pools und Strand in Laufweite, EZ/DZ ab 120 RO, Tel. 23239600, www.juweirahotel.com

Rotana Resort******

Große, sehr weitläufige und dadurch gefällige Anlage mit rund 400 Zimmern am langen Strand mit allen Annehmlichkeiten eines 5*-Hotels, EZ/DZ ab 87 RO, Tel. 23275700, www.rotana.com

Souly Eco Lodge

Bungalowanlage am östlichen Rand von Hawanah, sodass man vom Trubel in den anderen drei Hotels nichts mitbekommt – wer Ruhe sucht, ist hier richtig. Kleine Holzbungalows am Strand, Restaurant, kein Pool, keine Animation. DZ etwa 100 RO, Tel. 94972220, www.souly-ecolodge.com

Nach 17 km erreicht man den Nasheb-Kreisverkehr, an dem es nach Norden zu den Quellen Ain Tabrook und Ain Athoum geht; von allen Abstechern zu Quellen ist dieser vielleicht der interessanteste.

Abstecher: Ain Tabrook und Ain Athoum

Die Straße verläuft zunächst entlang des **Wadi Tabrook.** Nach 4,5 km muss man sich rechts halten; bei km 5,7 erreicht man eine Gabelung. Fährt man hier nach links noch knapp 2 km weiter, erreicht man die Quelle **Ain Tabrook.** Baden ist auch hier wegen der Bilharziosegefahr nicht zu empfehlen. Der Platz inmitten des grünen Wadis ist aber gut für ein Picknick geeignet.

Fährt man ab der Gabelung bei km 5,7 nach rechts, führt die Straße für rund 5 km durch eine sehr urwüchsige Landschaft bis zur Quelle **Ain Athoum.** In diesem Gebiet leben viele Jabali mit ihren Herden. Die Quelle an sich ist zwar nicht besonders schön oder interessant, aber die Fahrt dorthin.

Bei **km 18** überquert man den **Khor Suli,** der dicht mit Schilf bewachsen ist und durch das Wadi Tabrook mit Frischwasser gespeist wird. An seinen Ufern fanden Archäologen Gräber aus der Eisenzeit. Wenige Meter weiter befindet sich ein kleiner **Steinbruch.** Die Steine bestehen aus Sandstein und Muschelkalk und sind seit jeher das optimale und günstigste Baumaterial für die Wohnhäuser der Gegend. Da die Steinbrüche fast alle in der Umgebung des Ortes Taqah liegen, nennt man die Steine „Taqah stones".

Hinter dem Steinbruch dehnt sich rechter Hand ein **langer, einsamer Sandstrand** aus. Immer wieder führen kleine Wege zu Schatten spendenden Pavillons.

Wenige Kilometer weiter steht linker Hand eine Shell-Tankstelle. Direkt hinter ihr liegt das ausgedehnte **Ruinenfeld der** um die Zeitwende erbauten **alten Siedlung Taqah.** Sie lag nicht wie die heutige Stadt am Meer, denn von dort fielen immer wieder Angreifer in die Küstenebene ein. Der Standort des alten Ortes war sichtgeschützt, und trotzdem konnten die Bewohner das nahe Meer zur Fischerei nutzen.

23 km hinter Salalah hat man den ersten **Abzweig nach Taqah** erreicht.

Taqah طاقة

Vorbei am Khor Taqah erreicht man nach knapp 3 km das links der Straße gelegene **Taqah Fort.** Die Anlage ist im Vergleich zu den Forts in Nordoman sehr klein, aber gerade das verleiht ihr einen eigenen Charakter. Etwa 200 Jahre alt, diente sie dem Wali als Wohnsitz. Das Gebäude ist in zwei Teile getrennt. Im Südteil lagen um einen Innenhof gruppiert das Büro des Walis, Lagerräume, ein Brunnen, die Räume der Wachen sowie das Gefängnis. Die zweite Etage besteht aus einer umlaufenden Galerie, von der die Umgebung in Kriegszeiten unter Beschuss genommen werden konnte. Über diese Galerie kam man auch in die drei Wachtürme. Der nördliche Teil ist der zweistöckige Wohnbereich des Walis, vom Rest der Anlage durch eine dicke Tür abgetrennt.

Alle Räume des Wohnforts sind mit typisch dhofarischen und omanischen Alltagsgegenständen eingerichtet, sodass das Fort schon **fast wie ein Museum** wirkt. Besonders nett ist der Schlafraum des Walis gestaltet. Sein Bett sieht noch immer benutzt aus, und die Wände sind mit zahlreichen Spiegeln und bunten Hinterglasbildern mit Pfauen oder Sultanportraits geschmückt.

Zu **besichtigen** ist die Anlage von 9–16 Uhr, freitags nur von 8–11 Uhr, Eintritt 500 Bs.

Der **Fischerort** Taqah (21.000 Einwohner) bietet außer einigen alten Holzfenstern wenig Sehenswertes. Obwohl so klein, ist der Ort der drittgrößte der Region. Ihr Einkommen beziehen die Bewohner vor allem aus den reichen Sardinenfanggründen vor der Küste. Die Fische werden rund um den Ort auf großen Feldern getrocknet und dienen als billiges Tierfutter. Daneben wird in Steinbrüchen der Umgebung der berühmte „Taqah stone" abgebaut, der in der ganzen Region als Baumaterial dient.

Verlässt man Taqah am östlichen Ende, so erreicht man 2 km weiter an einem Kreisverkehr wieder die **Hauptstraße Salalah – Mirbat** (bei **km 26** ab dem Kreisverkehr am Ortsausgang von Salalah). Hier geht es Richtung Berge nach Medinat al-Haq im Jebel Qara. Es ist die östlichste der vier Straßen auf den Jebel Qara, die zu einer Rundfahrt kombiniert werden können.

Folgt man der Straße nach Osten weiter in Richtung Mirbat, überquert man **29 km** hinter Salalah eine Brücke über das **Wadi Darbat.** Nach links hat man einen Blick auf senkrecht abfallende **Kalkstein-Klippen.** In der Monsunzeit stürzt hier gelegentlich nach heftigen Regenfällen ein mächtiger Wasserfall hinunter. Das Wadi speist eine der größten Lagunen Salalahs, den Khor Rouri, den man rechts sehen kann.

1 km weiter beginnt eine Seitenstraße in das Bergdorf **Tawi Attair.** Von hier kann man in das Flussbett und auf den Klippenrand des Wadi Darbat sowie weiter auf das Plateau des Jebel Samhan fahren (siehe weiter unten bei „Jebel Samhan").

Bei **km 30,7** zweigt nach rechts eine etwas über 2 km lange **Straße zum Khor Rouri und der Ausgrabungsstätte Samhuram** ab.

Khor Rouri und Samhuram

خور روري
سمهرم

Im Jahr 2000 wurde Samhuram mit drei anderen omanischen Plätzen der Weihrauchstraße Teil des UNESCO-Weltkulturerbes. Man wird schon weit vor der Ausgrabungsstätte gestoppt und zahlt einen **Eintritt** von 2 RO pro Wagen. Ein kleines, aber sehr informatives **Museum** gehört zum Areal. Parkt man dann vor dem Ausgrabungsgelände, wird man auf angelegten Wegen durch die eigentliche Anlage geleitet. Diese Wege sollten nicht verlassen werden.

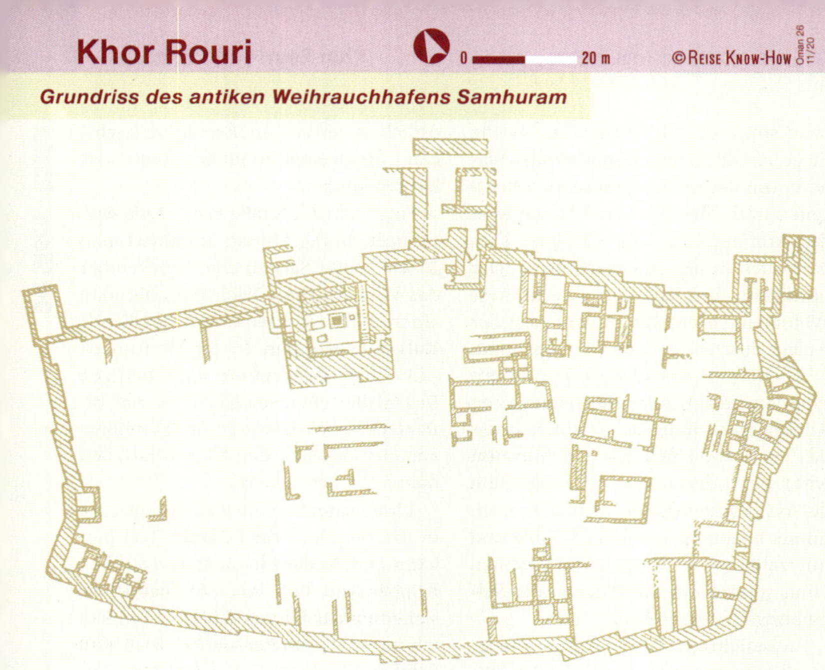

Lliazz Yalt I., König des Hadramaut, des östlichsten der großen altarabischen Reiche mit der Hauptstadt Shabwa im Inneren des heutigen Jemen, ließ Samhuram gründen. Ziel war es, den Einfluss des Hadramauts auf den Dhofar zu festigen und den **Weihrauchhandel** zu kontrollieren. Dies brachten in den 1950er und -60er Jahren bei Ausgrabungen von *Frank Albright* und *Wendell Philipps* gefundene Inschriften ans Licht. Sie sind in altsüdarabischer Schrift verfasst, die aus 26 Buchstaben besteht. Einige der Tafeln sind im Museum von Salalah ausgestellt. Eine genaue zeitliche Festlegung aufgrund dieser Inschriften war allerdings nicht möglich, erst mit Hilfe chemischer Untersuchungen nach der C14-Methode durch ein italienisches Team konnte man 1997 die Stadtgründung exakter datieren. Man geht nun von der Nutzung der Anlage vom 4. Jahrhundert v. Chr. bis zum 5. Jahrhundert n. Chr. aus.

Samhuram entstand als eine befestigte Handelskolonie mit Hafen. Der Hafen war zwar nur einer von vielen zu jener Zeit, jedoch waren die anderen (Taqah, Mughsayl, Hasik, Mirbat, Al-Baleed und Raysut) alle in einheimischer Hand. Von Samhuram sollte der im Dhofar gesammelte wertvolle Weihrauch sicher in die südjemenitische Hafenstadt Qana verschifft werden. Von dort ging es durch das Wadi Hadramaut weiter in die Hauptstadt Shabwa. Dieser Weg garantierte dem König von Hadramaut die lückenlose Kontrolle des Weihrauchhandels. Dank des blühenden Geschäftes entwickelte Samhuram sich schnell zu einem Handelszentrum und zu einer **wichtigen Hafenstadt der Hadramis.** Wie groß ihr Einfluss auf das umliegende Dhofar war und in welcher Beziehung sie zu den einheimischen Dhofaris standen, ist allerdings noch nicht klar. Die Anlage wurde nur etwa drei- bis vierhundert Jahre benutzt, dann musste sie aufgrund der politischen Wende im Jemen (Hadramaut wurde von den Himyaren erobert) aufgegeben werden.

Bei den Griechen wurde Samhuram als **„Moscha"** bezeichnet, die Küste war unter dem Namen „Sachalitis" bekannt. In der antiken griechischen Reisebeschreibung „Periplus Maris Erythraei" stehen die folgenden (hier übersetzten) Zeilen geschrieben:

„Direkt hinter Syagrus, wo die Bucht von Oman tief in die Küstenlinie hineinreicht, dahinter liegen Berge so hoch und steil und felsig …

Und dort befindet sich ein Hafen für sachalitischen Weihrauch. Dieser Hafen wird Moscha genannt, und Schiffe von Cana legen regelmäßig hier an …

Die Kaufleute treiben Handel mit des Königs Offizieren, tauschen Stoffe, Weizen und Sesamöl gegen Weihrauch, der zu Hauf im sachalitischen Land liegt …"

Samhuram war am östlichen Ufer des Khor Rouri auf einem Hügel errichtet. Es war wie ein großes „Fort" zum Lagern des Weihrauchs und als befestigte **Handels- und Hafenstation** angelegt. Einst war die gesamte Anlage von einer Mauer umgeben. Die Übersetzung des hadramischen Namens bedeutet passend „die Anlage ist imponierend".

Hinter dem früheren Eingangstor stehen die Reste eines hohen Gebäudes. Dieser **Tempel** war vermutlich dem im Jemen verehrten Mondgott Sin geweiht, und in seinem Inneren befinden sich die Reste von Opferaltären und Wasseranlagen. Am südlichen Ende des Hügels standen einst große **Lagerräume,** von denen heute noch einige Säulenreste erhalten sind. Im Südwesten steht ein großer, tiefer **Brunnen,** der damals lebensnotwendig war.

Die Steine, aus denen die Anlage gefertigt ist, haben sich im Laufe der Zeit durch den Monsunregen schwarz verfärbt, ursprünglich waren sie fast weiß. Sie sind meist nur mäßig gut behauen, woraus man schließen kann, dass die Anlage sehr schnell erbaut wurde. Die hadramischen Siedler hatten keine Städte, sondern nur kleinere Siedlungen rund um den Khor errichtet.

Von den Ruinen aus hat man eine schöne Aussicht auf den **Khor Rouri** mit seiner artenreichen **Vogelwelt.** Heute versperrt eine Sandbank die Zufahrt vom Meer in die Lagune. Früher musste diese mühevoll freigehalten werden, um die Bucht als geschützten Hafen nutzen zu können. Rechts und links der Sandbank stehen noch wenige Reste von Befestigungsanlagen aus der Zeit um 900 n. Chr., mit denen die Abbasiden zu dieser Zeit den Seehandel Südarabiens kontrollierten.

Bei **km 46** führt eine Brücke über eine zerklüftete **Wadischlucht. 4,5 km weiter** erreicht man einen **Abzweig,** über den man entlang des Wadi Hinna **nach Tawi Attair** fahren kann (siehe weiter unten im Abschnitt zum „Jebel Samhan").

Dahinter führt die Straße in die **Mirbat-Ebene** hinunter. Ab hier dehnt sich erneut ein **schöner Sandstrand** mit Schattenhäusern aus.

Bei **km 60,5** geht es rechts zum **Grabmal des Heiligen Bin Ali** (ca. 1 km von der Hauptstraße). Das Mausoleum hat zwei zwiebelförmige Kuppeln und erstrahlt in reinem Weiß. In seinen Gemäuern liegt der Shaikh *Muhammad bin Ali al-Alawi* begraben, der einst aus dem südjemenitischen Hadramaut nach Mirbat einwanderte und im Jahre 1161 hier verstarb. Im Grabmal beschreibt eine Grabinschrift seinen Stammbaum, der bis auf den Schwiegersohn des Propheten Muhammad zurückführt.

Vor dem Gebäude dehnt sich ein großer **Friedhof** aus. Seine Anlage und die Gestaltung der Grabsteine ist typisch für die sunnitische Richtung des Islam, so wie sie im Dhofar und im Hadramaut vorherrscht.

Bei **km 60,7** geht es links ab nach Sadah und Hasik (siehe weiter unten).

Die Ziegenhaltung ist immer noch wichtig im Süden Omans

Geradeaus weiter erreicht man den Ortsanfang von Mirbat (17.000 Einwohner) mit seinem Fort, das direkt am Meer steht.

Mirbat مرباط

Das im Jahr 1806 erbaute **Fort** hat viele Gemeinsamkeiten mit der Festung in Taqah. Auch das Mirbat Fort war das befestigte Arbeits- und Wohnfort des Wali, und auch hier ist die Anlage in einen privaten Wohn- und einen öffentlichen Arbeitsbereich unterteilt. Selbst die Einrichtungsgegenstände sind dieselben wie in Taqah. Allerdings war das Fort von Mirbat im Dhofar-Krieg heftig umkämpft, und angeblich fand hier die weltweit letzte Schlacht statt, in der ein Ort von einem Fort verteidigt wurde. Am 19. Juli 1972 griff eine 300 Mann starke Rebelleneinheit den Hafen von Mirbat an. Der Ort wurde mehrere Stunden lang von nur neun Männern vom Fort verteidigt, bevor die Luftwaffe eintraf und die Rebellen vertrieb.

oman13-009 pf

Das Fort wurde renoviert und ist So bis Do 8–16 Uhr geöffnet, Eintritt frei.

Der **Ort Mirbat** liegt auf einer kleinen Halbinsel und verfügt über einen **Hafen,** der durch seine Lage vor den heftigen Monsunwinden geschützt ist. Seit dem 10. Jahrhundert war Mirbat ein wichtiges **Handelszentrum,** besonders seitdem Sohar im Nordoman an Bedeutung verlor. Weihrauch war das Haupthandelsprodukt, jedoch stand Mirbat lange im Schatten von Al-Baleed, und erst nach dessen Niedergang und dem Abzug der portugiesischen Besatzer konnte es sich als größtes und letztes Handels- und Hafenzentrum des Dhofar etablieren. Zwischen 1600 und 1800 starteten von Mirbat aus mit Weihrauch beladene Kamelkarawanen nach Saudi-Arabien, denn zu dieser Zeit war die Seefahrt im Golf von Aden und im Roten Meer wegen wachsender Piraterie zu unsicher.

Von den reichen Zeiten zeugen noch große Handelshäuser in der Stadtmitte. Man erreicht sie, indem man der Hauptstraße in die Ortsmitte folgt. Die Häuser sind alle rechteckig und mit zwei hohen Etagen um einen Innenhof herum angelegt, der als Licht- und Luftschacht dient. Die Dachterrasse ist mit Zinnen eingefasst, und zur Verteidigung waren manche Häuser mit einem Turm versehen. Leider sind die Gebäude heute fast alle verlassen, und der Platz verwandelt sich langsam in eine Müllhalde.

Die aus Holz geschnitzten **Fenstergitter,** die man stellenweise auch noch in Salalah (Al-Hafah) oder Taqah findet, sind bei diesen Häusern besonders aufwendig und hübsch. Sie besitzen mehrere spitzbogige Öffnungen, die mit Holzläden von innen verschlossen werden können und mit geschnitzten Gitterflächen kombiniert sind. In ganz Mirbat finden sich solche alten Holzfenster, wenn auch einfacher gestaltet.

Der Ort strahlt eine **ursprüngliche Atmosphäre** aus, da die Stadtmitte noch nicht von neuen Häusern dominiert wird. Die Bauten sind fast alle älteren Datums, im Laufe der Jahre hat sich der Kalkstein braun und unansehnlich verfärbt. Ihre Anordnung wirkt völlig willkürlich, ein irgendwie geplantes Straßennetz ist nicht zu erkennen.

Unterkunft am östlichen Rand der Stadt: **Roshan Resort,** mit Tauchbasis, direkt am Strand, der hier aber eher felsig als sandig ist, ideal für Taucher, EZ 30 RO, DZ 43 RO, Tel. 98046167, www.roshan-resort.de.

Hinter Mirbat führt eine Asphaltstraße weiter nach Osten. Sie beginnt beim oben erwähnten Abzweig bei km 60,7.

Nach etwa 2,5 km zweigt eine Straße nach rechts zum 7 km entfernten **Kairaba Resort** ab. Das moderne 5-Sterne-Hotel hat einen großen Poolbereich, aber keinen schönen Strand und liegt etwas abseits; besonders gut ist es für Taucher geeignet, da die schönsten Tauchreviere der Gegend in der Nähe liegen; EZ/DZ ab 60 RO, Tel. 23268271, www.labranda.com/de/hotel/kairaba-mirbat-resort.html.

Direkt daneben liegt das **Guesthouse der Extradivers,** eine einfache, nette Bungalowanlage mit Tauchbasis, Tel. 917 80935, 97379258, www.extradivers.org.

Die Straße führt nun etwas landeinwärts durch eine hügelige und wüstenhafte Felsenlandschaft. Bei **km 114** passiert man einige kleine Weihrauchbäume, bei **km 119** ist eine **T-Kreuzung** erreicht: Rechts geht es in den kleinen Ort **Sadah,** der sich entlang eines Wadis zieht und einen sehr gepflegten Eindruck macht. Wer die lange Fahrt auf sich genommen hat, wird mit dem Anblick alter Häuser im typischen dhofarischen Stil belohnt, die zum größten Teil besser erhalten sind als in Mirbat. Es gibt relativ viele Restaurants und Läden sowie einen kleinen Fischerhafen, aber eine Tankstelle sucht man vergeblich.

Biegt man bei km 119 nach links in **Richtung Hasik** ab, so kann man noch rund 70 km entlang der abwechslungsreichen Küste weiterfahren. Bei **km 122** passiert man einen Strand mit Schattenhäuschen und Spielplatz, bei **km 145** liegt das kleine Dorf Hadbeen links der Straße. Rechts verläuft ein langer Sandstrand parallel zur Straße.

Bei Hadbeen beginnt eine Piste auf den etwa 1000 m hohen **Jebel Nuss,** von dem man einen schönen Blick genießt (Anfahrt nur mit 4WD möglich!).

Die Straße entlang der Küste verläuft weiter zwischen Bergen und Meer, immer wieder wechseln sich Steilküste und Sandstrände ab. Bei **km 181** geht es rechts nach **Hasik** ab. In dem unspektakulären Fischerdorf stehen viele Neubauten; dank kleiner Restaurants und einer Tankstelle ist der Ort als Versorgungsstopp nicht unwichtig. Lesertipp: Wer ab Hasik einen Bootsausflug machen möchte, dem sei *Mohammed* ans Herz gelegt, Tel. 92650277.

6 km weiter befindet sich links der Straße eine schöne Stelle mit einem überhängenden Felsen, von dem Wasser aus ca. 50 m Höhe in ein Becken tropft. Toiletten und ein Coffee-Shop sind vorhanden (allerdings meist nur in der Khareef-Hochsaison im Sommer geöffnet).

Weiter verläuft die Straße durch eine spektakuläre Bergwelt, und es ist stellenweise fast unglaublich, wie hier eine so breite Straße gebaut werden konnte. Etwa 90 km hinter Hasik erreicht man den kleinen Ort Shuwaymiyah (siehe „Entlang der Ostküste“ Seite 231).

Jebel Samhan جبل سمحان

Nordöstlich von Salalah liegt der Jebel Samhan, mit gut **1800 m** der **höchste Berg des Dhofar.** Eine Fahrt auf das **Gipfelplateau** wird nicht nur durch einen fantastischen **Ausblick** auf die Ebene von Mirbat belohnt, sondern bietet auch auf dem Weg vielfältige Abwechslung. Sehenswerte Abstecher sind das **Wadi Darbat** mit seiner üppigen Vegetation und steilen Klippen, die **„sinkholes“** bei Taiq und Tawi Attair und der Rückweg durch das **Wadi Hinna.**

Startpunkt der Routenbeschreibung ist der Asphaltstraßenabzweig nach Tawi Attair. Er liegt kurz hinter Taqah, etwa **30 km östlich von Salalah.** Die Straße führt einen steilen Ausläufer des Jebel Samhan hinauf.

oman145 pf

Bereits **nach 2,6 km** erreicht man linker Hand einen **Abzweig in das Wadi Darbat,** eines der schönsten und grünsten Täler rund um Salalah.

Abstecher: Wadi Darbat

Man kann das Wadi etwa 7 km wadiaufwärts auf einer guten Asphaltstraße befahren. Es ist **ein von hohen Bergwänden abgeriegeltes Plateau,** in dessen Randhängen sich zahlreiche Höhlen im Kalkstein befinden. Zur Monsunzeit ist es völlig grün und mit Wasser gefüllt.

Die Ebene ist mit immergrünen Bäumen, Büschen und Gras bewachsen, das allerdings schnell von den zahlreichen Kühen und Kamelen abgefressen wird. Daher hat die Vegetation hier in den letz-

Wasserfall am Wadi Darbat

ten Jahren sehr gelitten. Trotzdem wird das Wadi durch auffallend viele Vögel belebt. Die ganze Szenerie erinnert an eine afrikanische Savanne.

Die **senkrechten Klippen,** die man vom Meer aus schon sehen kann, erreicht man, indem man sich direkt nach dem Abzweig von der Hauptstraße nach Süden hält, sobald man den Wadigrund erreicht hat. Mehrere Fußwege und kleine Pisten führen an die Abbruchkante, von denen man einen fantastischen Blick in die Tiefe hat. Nach starken Regenfällen in der Monsunzeit stürzen hier Wasserfälle über 200 m in die Tiefe.

Nach etwa 5 km endet die steile Steigung; die Straße führt durch eine sanft geschwungene **Hügellandschaft,** die von den Jebalis seit jeher zur Landwirtschaft genutzt wird. Immer wieder kann man runde, mit hohen Steinwällen eingezäunte Areale erkennen. Die Steinmauern dienen dazu, die freilaufenden Kühe, Kamele und Ziegen von diesen Feldern fernzuhalten. Einst bauten die Jebalis dort Gerste und Viehfutter an. Heute liegen die Felder brach, denn importiertes Getreide und subventioniertes Heu sind auf dem Markt billig zu kaufen. Die meisten Steinwälle sind verfallen.

Nach 18 km erreicht man die Polizeistation und den **Ortseingang von Tawi Attair,** wo nach links in Richtung Kisais Adeen die Strecke auf das Plateau des Jebel Samhan beginnt. Nach 400 m muss man von dieser Straße nach rechts abbiegen, nach weiteren 500 m erreicht man einen Abzweig nach rechts. Er führt zu einem gewaltigen Loch, dem Tawi Attair Sinkhole.

Abstecher: Tawi Attair Sinkhole

Braune Hinweisschilder weisen den Weg zu dem **100 m weiten und 200 m tiefen Loch,** das man bis zur Hälfte hinunterklettern kann. Es entstand dadurch, dass Wasser in Spalten des Kalksteins einsickerte und ihn immer mehr auswusch. Im Laufe der Jahrtausende bildete sich ein unterirdischer Hohlraum aus, und eines Tages stürzte das Deckgestein über ihm zusammen. Auf dem Grund des Loches steht klares, reines Grundwasser, und bevor moderne Dieselpumpen das Wasser an die Erdoberfläche förderten, stiegen die Bewohner des Ortes – oder besser gesagt deren Kinder – fast jeden Tag in diesen „Brunnen" hinab, um Wasser zu holen.

„Tawi Attair" heißt in der Sprache der Jebalis „Brunnen der Vögel". Dieser Name besteht nicht zu unrecht, denn über dem Loch fliegen **unzählige Vögel** verschiedener Arten ihre Runden. Ihr Gezwitscher hallt als Echo von Felswand zu Felswand und verleiht dem Ort eine sehr friedliche Atmosphäre.

oman20_051 pf

◁ Vom Jebel Samhan hat man einen weiten Ausblick über die Ebene von Mirbat bis zum Meer

Bei **km 22,3** kann man nach links einen Abstecher zu einer weiteren Höhle machen. Nach gut 8 km erreicht man die rechts neben der Straße liegende **„Taiq Cave“**, die aber eigentlich keine Höhle, sondern auch ein sinkhole ist. Der mehrere hundert Meter breite und rund 200 m tiefe Krater bietet einen imposanten Anblick.

Fährt man am Abzweig zur Taiq Cave bei km 22,3 geradeaus weiter, so passiert man auf den nächsten Kilometern kleine **Dörfer mit Rundhütten der Jebalis.** Wie überall dienen sie heute allerdings nicht mehr als Wohnhäuser, sondern als Tierställe.

Bei **km 29** führt eine Straße nach rechts, die nach gut 11 km auf die im nächsten Abschnitt beschriebene Strecke durch das Wadi Hinna stößt, sodass man sie für die Rückfahrt an die Küste nutzen kann.

Bei **km 36** steht man in einer Höhe von über 1000 m am **Beginn eines ausgedehnten Hochplateaus.** Eine kleine Piste führt zu einem Sendeturm, der sich am Rand der Hochebene erhebt und von dem man einen ersten weiten Ausblick genießt.

Bei **km 38** endet die Straße an einem **schönen Aussichtsplatz,** an dem man gut eine kleine Pause vor der Rückfahrt einlegen kann (nach links führt die Straße noch weiter aufs Plateau, bietet aber nichts Sehenswertes mehr). Nach Süden bricht das Hochplateau nahezu senkrecht in die Küstenebene ab. Vom Rand des Steilabfalles hat man einen faszinierenden Ausblick auf die Küstenlinie und den Ort Mirbat, der auf einer kleinen Landzunge ins Meer ragt. Deutlich kann man erkennen, wie die Wadis sich ihren Weg zum Meer bahnen.

Variante durch das Wadi Hinna

Biegt man nicht bei dem oben beschriebenen Abzweig bei km 18 ab, sondern durchquert Tawi Attair in Richtung Süden und folgt der Straße immer weiter geradeaus, so kann man über einen steilen Berghang hinunter in die Ebene fahren. **Die Strecke ist gut 10 km lang und führt am Südhang der Berge entlang des Wadi Hinna.**

Hier wachsen die berühmten Baobab-Bäume, die sonst nur in Ostafrika anzutreffen sind. Wie die Bäume in dieses Wadi kommen, weiß niemand genau. Manche behaupten, Seefahrer aus Ostafrika hätten sie angepflanzt, andere, dass die Samen von den Monsunwinden herangeweht wurden, und wiederum andere glauben, es seien die Überreste eines ehemals riesigen Baobab-Waldes. Die Gestalt der Bäume erinnert an einen riesigen Flaschenbaum, und eine alte Legende besagt, dass Gott wütend auf diese Bäume war und sie kopfüber in die Erde steckte. Sie erreichen hier zwar keine afrikanischen Ausmaße, können aber immerhin bis zu 15 Meter hoch werden, und ihr Stamm erreicht eine Dicke von bis zu 2 Metern.

Etwa auf halber Strecke der Abfahrt zur Küstenebene befindet sich rechts der Straße ein kleiner Rastplatz. Die Zufahrt befindet sich in einer Linkskurve, die ringsum von vielen Baobab-Bäumen bewachsen ist. Geht man von hier die wenigen Meter in das von dicken Steinen übersäte Wadi Hinna hinab, stößt man auf plätscherndes Wasser und üppiges Grün. In dieser fast unberührten Natur gedeihen viele verschiedene Pflanzen.

Etwa 1 km vor Erreichen der Hauptstraße liegt der **„magnetic point“**, an dem es so aussieht, als ob der Wagen bergauf in Richtung Berge gezogen wird. Ob es sich hierbei um ein Magnetfeld handelt, sollte sogar ein Forscherteam klären. Nach den bisherigen Erkenntnissen ist davon auszugehen, dass es sich um eine optische Täuschung handelt.

Westlich von Salalah: Mughsayl und Jebel al-Qamar

- **Diese Strecke führt in das Gebiet westlich von Salalah bis kurz vor die jemenitische Grenze.** Sehenswert sind der lange **Sandstrand von Mughsayl,** die Straße auf den **Jebel al-Qamar,** den „Berg des Mondes", und auf dem letzten Stück die **canyonartigen Wadis,** die sich tief in seine Südseite gefressen haben.
- **Beginn der Kilometerzählung ist der Al-Auqad-Kreisverkehr am westlichen Ortsausgang Salalahs,** dort, wo sich Sultan Qaboos Street und Robat Street treffen. Bis zum omanischen Grenzposten zum Jemen sind es rund **150 km.** Viele Attraktionen liegen auf den ersten 60 km der Strecke, sodass sich auch ein kürzerer Ausflug lohnt. Die Straße ist asphaltiert und in gutem Zustand.

Streckenbeschreibung: Am Al-Auqad-Kreisverkehr, dem Ausgangspunkt dieser Tour, hält man sich in Richtung Raysut. Direkt nach dem Kreisverkehr folgt eine Tankstelle, die man zum Volltanken nutzen sollte, denn unterwegs bestehen kaum Möglichkeiten.

Vorbei am Tourist Village und Sportstadion erreicht man **nach 3,5 km** das **Hilton Hotel.** Gegenüber befindet sich ein Stück landeinwärts die Kamelrennbahn Salalahs, auf der zum Nationalfeiertag im November Rennen ausgetragen werden.

Am **Kreisverkehr bei km 7** hält man sich geradeaus, am nächsten nach zwei weiteren Kilometern nach rechts in Richtung Mughsayl. Geradeaus geht es zum **Port Salalah,** dem Hafen von Salalah, dessen mächtige Anlagen man schon von Weitem erkennen kann. Er spielt bei der Entwicklung der Region eine wichtige Rolle, da er die einzige Möglichkeit bietet, schwere und große Spezialmaschinen anzuliefern, die sowohl in der Erdölindustrie als auch auf den landwirtschaftlichen Farmen benötigt werden. In den letzten Jahren ist die Anlage zu einem gewaltigen **Containerhafen** erweitert worden. Die Anlagen sind auch für große Containerschiffe geeignet, sodass man hofft, Handelsstation auf der Route nach Ostasien zu werden. Die Frachter sparen Zeit und Geld, wenn sie auf dem Weg nach Fernost den Teil der Waren für die Arabische Halbinsel schon hier entladen, da drei Tage Umweg in den Golf nach Dubai entfallen. Salalah soll sich so zu einer Umverladestation für die gesamte Golfregion entwickeln. Eine **Freihandelszone** komplettiert die Hafenanlagen.

Die Gegend ist im weiteren Verlauf nur noch spärlich bewachsen, denn der Monsun dringt anders als am Jebel Qara und Jebel Samhan nicht bis hierher vor. Die Strecke verläuft landeinwärts durch das weite **Wadi Adownib,** in dessen kleinen Seitenwadis viele einzelne **Weihrauchbäume** stehen. Ihre Gestalt wirkt kümmerlich, und man könnte meinen, die Bäume seien abgestorben. Diejenigen, die auf dieser Seite des Gebirges wachsen, sind lange nicht so groß wie die am nördlichen Gebirgsrand in der Nejd-Region. Aus dem dortigen Gebiet kam auch all der Weihrauch, der in vergangenen Zeiten so begehrt war. Hier im Süden wuchsen zu jener Zeit noch keine Bäume, heute produzieren sie eine

Weihrauch – das duftende Goldharz des glücklichen Arabien

von Kirstin Kabasci

Viele sagenhafte Geschichten und Legenden ranken sich um den Weihrauch und den geheimnisvollen Baum, der diese **„Tränen der Götter"** hervorbringt. Diesem wohlriechenden Harz verdanken Könige Macht und Reichtum, wegen ihm entstanden oder versanken Reiche. Weltweite Handelsbeziehungen verbanden und prägten verschiedene Kulturen. Dabei war bis in das erste Jahrhundert nach Christus überhaupt nicht bekannt, woher diese edle Gottesgabe eigentlich genau stammt. Schon der römische Kaiser Augustus entsandte Kundschafter – doch ohne Erfolg. Der griechische Geschichtsschreiber *Herodot* (um 450 v. Chr.) berichtete, die kostbaren Harzbäume würden von geflügelten Schlangen mit giftigem Atem bewacht. Weihrauch wurde damals mit Gold aufgewogen, und damit dies so blieb, verbreiteten die cleveren Weihrauchhändler solche und ähnliche Geschichten nicht ohne marktstrategische Hintergedanken.

Doch Weihrauch war nicht nur wertvoll, sondern verschiedenen Religionen auch **heilig.** In **Rom, Babylon, Persien, Griechenland und Ägypten** brachte man den Göttern Räucheropfer dar. Schon in Tutenchamuns Grab fanden sich Weihrauchstücke, in ihren Tempeln stellten die Ägypter wertvolle Salböle her. Auch die Griechen und Römer stellten aus Weihrauch Salben her und nutzten sie als Medizin. Moses befahl, den Zorn Gottes mit einem Weihrauchopfer zu besänftigen, und Aristoteles schimpfte mit einem seiner Schüler, weil er bei einem Opfer an Zeus allzu verschwenderisch mit dem teuren Stoff umging. Der römische Kaiser Nero ließ zum Begräbnis seiner Geliebten Poppäa ganz Rom in Weihrauchwolken hüllen. Eines der Geschenke der heiligen drei Könige an das neugeborene Jesuskind war Weihrauch. Im vierten Jahrhundert hielt das Harz auch Einzug in die christlichen Kulte, wohingegen Muslime sein Verbrennen zu religiösen Anlässen als heidnischen Überrest aus vorislamischer Zeit ablehnen.

Der römische Historiker *Plinius* berichtet, die sagenumwobene **Königin von Saba,** Herrscherin des sabäischen Reiches, das von 1000 v. Chr. bis 200 n. Chr. bestand, sei mit einer Kamelkarawane in 65 Tagen aus dem heutigen Jemen bis nach Palästina gereist. Aus der Bibel (AT, 1. Buch der Könige; NT, Matthäus 12,42, Lukas 11,31) und dem Qur'an (27. Sure, Vers 22–44) lässt sich deuten, dass sie dort König Salomo besucht hat, um den Ausbau der Handelsbeziehungen zu besprechen. Neben Gold und Edelsteinen schenkte sie ihm auch Weihrauch. Diese im 10. Jahrhundert v. Chr. stattgefundene Reise beschreibt den ersten geschichtlich überlieferten Transport von Weihrauch, vermutlich auf der berühmten Weihrauchstraße.

Der internationale **Handel durch Arabien** konnte sich frühestens in dieser Zeit entwickeln, da das Kamel erst ab der Mitte des 2. Jahrtausends v. Chr. domestiziert wurde. Die Fähigkeiten des Kamels bedeuteten nahezu eine Revolution für Handel, Verkehr und Kriegszüge. Früher hatten die Menschen Esel und Maultiere als Lastenträger genutzt, doch konnten diese nur wenige Stunden ohne Wasser sein und eigneten sich nicht für die Durchquerung großer Wüstengebiete. Doch mit dem Kamel konnte man auch Routen unabhängig von Wasserstellen nehmen, und dies sparte Tage oder Wochen an Reisezeit

Die Weihrauchstraßen der Antike

ein. Wie der Weihrauch aber bereits im fünften vorchristlichen Jahrtausend nach Ägypten und Mesopotamien transportiert werden konnte, bleibt weiterhin ein unerforschtes Rätsel.

Die **antike Weihrauchstraße** reichte von Oman über den Jemen, parallel zur Küste des Roten Meeres durch Saudi-Arabien vorbei an Mekka und Medina ins jordanische Petra, und dann weiter ins heilige Land (Gaza) und nach Alexandria. Ein Abzweig führte auf die andere Seite der Arabischen Halbinsel nach Osten ins Zweistromland nach Mesopotamien. Die Kamelkarawanen brachten neben Weihrauch auch andere wertvolle Gewürze, Edelhölzer, Elfenbein, Edelmetalle und Seide ins Abendland. Daher glaubte man lange, auch ihr Ursprung läge in Südarabien, und die Römer tauften diesen Teil der Welt **„Arabia Felix"** – das „glückliche Arabien". Doch diese Güter wurden von arabischen und indischen Seefahrern aus allen Teilen Asiens und aus Ostafrika mit Hilfe der Monsunwinde herantransportiert und in Arabien auf Kamele umgeladen. Den Arabern gelang es mit großem händlerischen Geschick und organisatorischem Talent, diesen Warenstrom an die Weihrauchstraße zu binden. Sie sicherten Wasserstellen, organisierten Futter- und Lebensmittelmärkte und unterhielten Karawansereien als Rast- und Warenumschlagplätze. Diese Dienste ließen sie sich mit hohen Abgaben von bis zu einem Zehntel der Ware bezahlen. Eigentlich wäre der Weg über das Rote Meer wesentlich einfacher und schneller gewesen als durch die endlose, wasserlose und brütendheiße Wüste. Doch die Windverhältnisse im Roten Meer waren nicht nur ungünstig, sondern sie stellten selbst für die erfahrenen arabischen Seefahrer eine große Gefahr dar.

Dies alles war der Rahmen für die **Entstehung von befestigten Städten** mit Bewässerungsanlagen, Tempeln und Märkten. So formierten sich die großen südarabischen Reiche Saba, Ma'in, Qataban, Ausan und Hadramaut (zu dem damals auch der Dhofar gehörte) entlang der Weihrauchstraße und nicht etwa an den Häfen des Roten Meeres oder entlang der landwirtschaftlich nutzbaren und fruchtbaren Böden des jemenitischen Hochlandes. Die unfruchtbaren Gebiete entlang der Weihrauchstraße waren heiß umkämpft. Keines dieser mächtigen alten Reiche, die jahrhundertelang nebeneinander bestanden, ließ sich von dort vertreiben, und kein Reich existierte abseits weiter. Keinem außenstehenden Herrscher gelang zu dieser Zeit je die Machtergreifung entlang der Weihrauchstraße, obwohl die Römer es um die Zeitwende hartnäckig versuchten. Es war nicht eine Frage der militärischen Stärke – die hochgerüsteten Römer mussten vor dem unwirtlichen Klima und der schwer zugänglichen Region kapitulieren. 260 n. Chr. erlangten die Himyaren die Vormachtstellung über die Sabäer, aus den einstigen fünf Einzelreichen entstanden die beiden großen Reiche Himyar im Westen und Hadramaut im Osten.

Seine Blütezeit erlebte der Weihrauchhandel zwischen dem 5. Jahrhundert v. Chr. und dem 1. Jahrhundert n. Chr., also lange bevor die Christen begannen, das Harz zu nutzen. Mit dem Römischen Reich erreichte dann auch die Schifffahrt im Roten Meer einen enormen Aufschwung. Der Warenstrom stagnierte, und die alten Königreiche verloren ihre Macht, ihr Lebensnerv war sozusagen durchschnitten. Nach mehreren Brüchen des Staudamms von Marib, der Lebensader des sabäischen Reiches, verließen ab dem ersten nachchristlichen Jahrhundert immer mehr Bewohner ihre Heimat und zerstreuten sich über die ganze Arabische Halbinsel.

Im Jahre 525, die Himyaren hatten inzwischen auch das Hadramaut und den gesamten Südwesten der Arabischen Halbinsel unterworfen, beendeten die **Abessinier** aus Äthiopien die Existenz der südarabischen Königreiche – für wenige folgende Jahrzehnte wurde Südarabien von Christen beherrscht. 570 gaben die letzten Bewohner von Marib ihre Stadt endgültig auf – Arabia Felix verschwand sang- und klanglos in der Leere der Wüste.

Es gibt etwa **25 verschiedene Arten von Weihrauchbäumen.** Sie gedeihen nicht nur in Südarabien, sondern auch in Äthiopien, Eritrea, Sudan und Indien. Die knorrigen Bäume wachsen wild und können weder verpflanzt noch gezüchtet werden. Im Dhofar, wo die riesige Rub al-Khali auf das karge, von ausgetrockneten

Flussläufen durchzogene Dhofar-Gebirge trifft, ist die Spezies „Boswellia sacra“ weit verbreitet. Ihr Hauptverbreitungsgebiet erstreckt sich etwa 20 km nördlich und südlich des Felsmassives, bevorzugte Standortbedingungen bieten Kalksteinböden in etwa 600–900 m Höhe, meist stehen die Bäume in kleineren Gruppen im Verlauf eines Wadibettes.

Die **Ernte des Weihrauchs** geschieht heute noch wie vor 3000 Jahren. Die Rinde des Weihrauchbaumes wird am Stamm und an dicken Ästen mit einem spitzen Messer (manghaf) fast waagerecht eingeritzt. An dieser verletzten Stelle „blutet“ der Baum ein Harz (luban) aus. Zunächst ist es weiß, doch dann wird es hellgelb, und nach dem Trocknen ist es durchsichtig wie Bernstein. Der Saft dieses ersten Schnittes ist allerdings wertlos und wird weggeworfen. Drei Wochen später wird die Rinde wieder vorsichtig angeritzt, und nach weiteren drei Wochen Trocknen wird dieses Weihrauchharz abgeschlagen. Ein Baum wird nicht länger als drei aufeinander folgende Jahre bewirtschaftet, dann gönnt man ihm eine mehrjährige Erholungspause.

Die Hauptsammelsaison beginnt im Frühjahr mit dem Einsetzen der heißen Jahreszeit und endet, bevor der Sommermonsun einbricht. In den Bergen und im tiefer gelegenen Hinterland des Dhofar ist man bei der Ernte nicht so vom Wetter abhängig. Doch die **Qualität des Weihrauches** von der Küste (shabi) ist wegen der hohen Feuchtigkeit eher minderwertig und befriedigt nur weniger anspruchsvolle Nasen. Eine Ausnahme bildet das Harz, das im Wadi Adonib bei Raysut produziert wird. Weiter nördlich, im Bereich der Wasserscheide des Dhofar-Gebirges, wird die mittelgute Sorte „sharzi“ geerntet. Die beste Qualitätsstufe liefern allerdings die Bäume in der nördlich gelegenen Region Nejd, die den selben Namen trägt. Allgemein gilt, je heller das Farbe, desto besser die Qualität, da der Weihrauch dann weniger verunreinigt ist. Das beste Harz stammt aus der östlichen Region des Nejd. Seit jeher ist dieser fast weiße Weihrauch der begehrteste und teuerste.

Mit dem **wohlriechenden Rauch** werden Wohnräume und Kleidung parfümiert, er verleiht Trinkwasser eine erfrischende Note, die ätherischen Dämpfe wirken desinfizierend und lindern Atembeschwerden. In fester Form verabreicht, hilft das Harz gegen Magen-, Darm- und Nierenbeschwerden. Viele Omanis kauen den (bitteren) Weihrauch auch wie einen Kaugummi – er soll ihnen frischem Atem verleihen.

Zur Zeit der alten arabischen Reiche waren Weihrauchbäume im Besitz ausgewählter Familien, und die **Ernte war** nahezu **ein Kult.** Ihr Ausgang war abhängig vom Stand der Sterne und anderen strengen Vorschriften. Anders als Weidegebiete, die kollektiv von allen Stammesmitgliedern genutzt werden, waren – und sind – Weihrauchbäume im Dhofar im Privatbesitz einzelner Unterstämme oder Großfamilien. Um diesen Familienbesitz zu halten, werden die Bäume nicht an weibliche Familienmitglieder vererbt. Sie bekommen als Ausgleich Tiere oder Geld. Die Organisation der Ernte verlief noch bis vor wenigen Jahren wie schon Jahrtausende zuvor. Es gab eine feste Hierarchie und Organisation. Zu Beginn der Erntezeit gegen Ende März mietete das Familienoberhaupt und damit der Besitzer eines Weihrauchbaumgebietes *(manzilah)* eine Kamelkarawane von den Beduinen im Landesinneren. Auch die Verpachtung dieser Produktionsgebiete war üblich, insbesondere, wenn sich der Eigentümer aufgrund von anderen Verpflichtungen oder großer räumlicher Entfernung nicht persönlich um die Ernteorganisation kümmern konnte. In Salalah wurden Saisonarbeiter angeheuert, sie sollten das Sammeln und Sortieren des Harzes übernehmen. Sie mussten nicht unbedingt zum Stamm der Besitzerfamilie gehören, und seit der Mitte dieses Jahrhunderts wurden auch viele Arbeiter aus Somalia oder dem Jemen eingestellt. Da die Arbeiter die folgenden Monate abgeschieden in der Wüste verbrachten, wurden Nomaden bevorzugt. Die Kamele wurden mit allen Dingen, die man während der bevorstehenden Erntesaison benötigte (hauptsächlich Lebensmittel) beladen und anschließend zusammen mit den Arbeitern zum manzilah geführt. Dort wurden die Waren in Höhlen (welche zum Teil auch gemietet waren) eingelagert. Vorarbeiter übernahmen ab nun die weitere Organisation vor Ort, auch Wächter zur Bewachung der Lebensmittel und der Ernte wurden angestellt. Im frühen September erst war die Erntezeit vorbei.

Zur Zeit des antiken Weihrauchhandels wurde das dhofarische Harz entweder von einer der Hafenstädte (Samhuram, Mirbat, Taqah, Mughsayl, Hasik, Al-Baleed, Raysut) verschifft oder durch das Landesinnere in den Jemen (Wadi Hadramaut – Shabwa – Marib) und weiter in den Mittelmeerraum transportiert. Dabei passierten die **Kamelkarawanen** Handels- und Lagerstationen wie Hanaun, Andhur oder das legendäre „Atlantis der Wüste", Ubar (siehe auch entsprechenden Exkurs).

In der Zeit zwischen dem 17. und 19. Jahrhundert wurde der Weihrauch trotz der modernen Schifffahrt über Land transportiert, da die Piraterie ein großes Risiko darstellte. Dazu erreichten gegen Ende der Ernteperiode Kamelkarawanen aus Saudi-Arabien den Dhofar. Sie tauschten ihre mitgebrachten Güter bargeldlos gegen Weihrauch und brachen wenig später zum knapp zweimonatigen Marsch nach Jiddah auf. Ab 1830 verlagerte sich der dhofarische Weihrauchhandel in Richtung Indien. Dort war das Harz sehr begehrt und fand in den hinduistischen Tempeln Verwendung. Zum Ende der Erntezeit liefen zahlreiche mit Datteln oder anderen Waren beladene Dhaus aus Sur oder dem Jemen an. Sie tauschten ihre Ladung gegen Weihrauch ein und brachten ihn nach Indien. Von dort brachten sie wiederum andere Güter (Tee, Kaffee, Reis, Baumwolle) wieder in ihre Heimat zurück. Nach ihrer Unabhängigkeit 1949 erhöhten die Inder ihre Einfuhrzölle um ein Vielfaches, sodass der Weihrauchexport dahin kaum noch Gewinne einbrachte und zum Erliegen kam. Die dhofarischen Weihrauchhändler konzentrierten sich seit diesem Jahr auf Aden. Diese südjemenitische Hafenstadt war der letzte bedeutende britische Stützpunkt und zog als Freihafen zahlreiche Händler an. Doch auch dieser Absatzmarkt verschwand wenige Jahre später, als 1967 die sozialistische Volksrepublik Jemen gegründet wurde und die Briten abzogen. Der dhofarische Unabhängigkeitskrieg besiegelte schließlich den endgültigen **Zusammenbruch des Jahrtausende alten Weihrauchhandels.** Ende der 1970er Jahre sammelten nur noch wenige Familien das Harz. Sie erhalten aber immerhin noch die Selbstversorgung Omans, in dem der Weihrauch immer noch eine große Rolle spielt. Dass diese Gottesgabe nicht mehr den Wert hat wie im einstigen Arabia Felix kümmert die Omanis kaum, haben sie doch das Glück, ein neues, kostbares Geschenk Allahs erhalten zu haben – nur diesmal ist es schwarz und flüssig.

oman17-003 pf

schlechtere Qualität als die auf der anderen Gebirgsseite.

Bei **km 24** geht es **steil bergauf,** rechter Hand hat man einen schönen Blick hinunter auf das inzwischen engere Wadibett. **Nach knapp 33 km** verlässt die Straße die Berge, und man erreicht die **Bucht von Mughsayl.**

Mughsayl المغسيل

Die **weitläufige Bucht** wird auf der östlichen Seite vom Khor Fadekeet und den dahinter steil aufragenden, tiefschwarzen Klippen begrenzt. Der **Strand ist knapp 6 km lang.** Am türkisblauen Wasser warten Gruppen von Möwen auf angeschwemmte Fische, zu ihnen gesellen sich zahlreiche Reiher. Die Bucht wurde mit zahlreichen Kokospalmen bepflanzt, die leider noch zu klein sind und keinen effektiven Sichtschutz zur Straße oder Schatten bieten. Außer an Wochenenden, wenn der Strand von zahlreichen Ausflüglern aufgesucht wird, ist es an diesem Ende der Bucht eher einsam und ruhig.

oman146 jp

Weiter westlich stehen oberhalb der Straße zahlreiche **staatliche Einheitshäuser,** die für die Fischerfamilien gebaut wurden. Entsprechend belebt ist hier der Strand.

Neben dieser Siedlung erstreckt sich die **Lagune von Mughsayl** bis fast an das Meer, von dem sie durch einen Damm abgetrennt ist. Sie ist, wie auch die anderen Lagunen Salalahs, ein fischreicher Lebensraum vieler Vogelarten, die dem kalten europäischen Winter entfliehen. Neben vielen Enten und Reihern kann man auch Flamingos dabei beobachten, wie sie mit ihrem Schnabel das Wasser nach Nahrung durchsieben. An der Landseite ist der Khor mit dichtem Schilfgras bewachen. Dort stehen Kamele knietief im Wasser und weiden das Gras ab. Ihnen macht der hohe Salzgehalt nichts aus. Zur Monsunzeit wird die Lagune auch von den Fischern genutzt, denn dann ist die See oft zu rau, um mit dem Boot zum Fischen hinauszufahren.

Bei **km 38** führt eine kleine Straße nach links auf einen Parkplatz. Von hier aus kann man auf einem Treppenweg eine weitere Sehenswürdigkeit erreichen: die **Fontänen von Mughsayl.** Der Weg führt vorbei an einem gigantischen, überhängenden Felsen, den das Meer fast zu einer Höhle ausgewaschen hat. Wenige Meter weiter unten erstreckt sich eine schwarze, ebene Landspitze über das Wasser. Unter ihr haben die Wellen im Laufe der Jahrtausende eine weichere Gesteinsschicht weggespült. Immer wie-

< Stopp am Indischen Ozean

der wird die Plattform von der Brandung unterspült. Durch einige unterschiedlich große Löcher dringt die unter der Plattform verdrängte Luft nach oben – je nach Wellenstärke kann man dieses Röcheln schon von weitem hören. Bei stärkerem Seegang schießen Wasserfontänen empor, die während der Monsunzeit eine Höhe von über zehn Meter erreichen können.

Jebel al-Qamar جبل القمر

Am Ende der Bucht führt die Straße wieder in die Berge, und es beginnt **eine der spektakulärsten Bergstrecken Omans.** Wenn man sie bis zur jemenitischen Grenze fahren möchte, sollte man in Mughsayl auftanken, denn ab hier gibt es keine Möglichkeit mehr!

Zunächst führt der Weg durch freigesprengte weiße Felsschluchten weiter bergauf. **5 km weiter** windet sich die Straße in engen Serpentinen hinab in das **Wadi Afawl.** Bei der Abfahrt eröffnet sich ein imposanter Blick auf die weitere Strecke, die an der gegenüberliegenden Bergflanke des Jebel al-Qamar wieder hinaufführt. Von fern scheint es unmöglich, dass in diesem unzugänglichen Terrain eine Straße existiert.

Das gesamte Bergmassiv wurde bearbeitet, sodass von dem ursprünglich schwarzen Gestein nicht mehr viel zu sehen ist. Die dreispurige Straße windet sich in engen Serpentinen über 5 km am fast senkrechten Hang entlang. In acht engen, haarnadelförmigen Kurven überwindet sie fast **500 m Höhenunterschied.** Am Ende der Zickzack-Strecke hat man einen fantastischen Ausblick auf die Küste und das Meer.

Bei **km 54** geht es links ab zur unbewohnten **Bucht von Fizayah,** die man nach etwa 10 km über eine steile Piste erreicht. Am schönen Strand liegen nur wenige Fischerboote.

Die Straße führt nun den Abhang entlang zum Meer und steigt noch weiter an; an einem Sendeturm bei **km 60** (ab dem Startpunkt in Salalah) ist mit über 1100 m der **höchste Punkt** erreicht. Hier befindet sich ein **Militärposten,** der Wagenpapiere, Pass und Führerschein kontrolliert und dann in der Regel nichts gegen eine Weiterfahrt hat.

Diese Meisterleistung des Straßenbaus wurde von 1985 bis 1989 vollbracht. Das neu gebaute Stück ist knapp 80 km lang und reicht von der Bucht von Mughsayl bis zu einem älteren Stück Straße vor der jemenitischen Grenze. Das Gebiet des Jebel al-Qamar war zuvor nur zu Fuß, mit einem Boot oder über eine Piste, die einen großen Umweg durch das Landesinnere macht, zu erreichen. Über 1500 Arbeiter waren beim **Bau der Straße** beschäftigt, deren Versorgung mit Unterkünften und Wasser eine Leistung für sich war. Etwa zwei Millionen Kubikmeter Schutt, die beim Abtragen des Berghanges anfielen, wurden mit Seewasser vermischt und über eine Pipeline abtransportiert. Die Trassen sind von einem Drainagesystem durchzogen, damit die Monsunregen abfließen können. Um ein Abrutschen der Berghänge zu verhindern, wurden sie mit einer Sand- und Zementmischung überzogen. Für die Menschen, die hier leben, bedeutet die Straße ein Ende ihrer langen Isolation. Salalah ist nun schnell zu erreichen, was eine deutliche **Verbesserung ihrer Lebensbedingungen** mit sich bringt.

Auf dem **Gipfelplateau des Jebel al-Qamar** lohnt es sich, den Wagen hinter der Sendestation abzustellen und einige Meter zum nördlichen Rand zu gehen. Der Blick über ein tiefes Wadi auf die zerklüfteten, nördlich gelegenen Bergketten ist grandios. Den Abhang säumen zahlreiche Drachenblutbäume. Auch der Blick nach Süden auf das Meer ist schön.

Ab hier dehnt sich eine **Hochebene** nach Westen aus. Die nächsten etwa 50 km führen auf diesem Plateau entlang und bieten wenig Sehenswertes. Dörfer mit neuen Häusern und Verwaltungsgebäuden sowie Kamelherden sind die einzige Abwechslung in dieser spärlich bewachsenen Hügellandschaft.

Bei **km 86** hält man sich rechts, bei **km 92** zweigt eine Straße (die später zur Piste wird) ins Landesinnere nach Aydam und Mudayy ab.

Bei **km 107** erreicht man einen Abzweig, der in das 24 km entfernte Fischerdorf **Rakhyut** führt. Über eine steile Asphaltstraße kann man das kleine Dorf mit einem schönen Strand erreichen. Es gibt auch ein Hotel, das aber nur im Sommermonsun geöffnet zu haben scheint (wir haben im Winter dort niemanden angetroffen).

6 km weiter erreicht man erneut einen **Kontrollposten;** die Strecke gabelt sich. Rechts beginnt das alte Straßenstück, das schon vor dem Bau der neuen Straße isoliert als Militärstraße existierte und nicht befahren werden darf.

Nach links beginnt eine **gut ausgebaute Straße** in Richtung Sarfait und Dhalkut. Der weitere Weg führt durch

Herrlicher Blick vom Jebel al-Qamar hinunter zum Meer

oman148 pf

den fantastischsten Teil der Region, und er ist die weite Anreise definitiv wert. Die Straße führt in einen tiefen **Canyon** hinab, der den Jebel al-Qamar vom südlich gelegenen Jebel Sayq trennt, bevor sie sich auf der gegenüberliegenden Seite wieder hinaufwindet. Die Vegetation ist hier sehr üppig und deutlich dichter als auf der restlichen Strecke.

Bei **km 128,5** geht es nach links nach Dhalkut. **13 km weiter** liegt ein zweiter Abzweig nach **Dhalkut,** sodass man bei einem Abstecher nicht zweimal die gleiche Strecke fahren muss. Der 15 km entfernte, schön gelegene Fischerort ist der größte westlich von Salalah und durchaus den Umweg wert. Neben einer Schule und einem Hafen gibt es auch einige Läden und Restaurants.

Bei **km 143,5** erreicht man den Ort **Khadrafi,** der zur Region Sarfait gehört (eine Stadt Sarfait gibt es nicht, auch wenn sie auf fast allen Karten verzeichnet ist). Rechts geht es als Sackgasse nur bis zu einem Armeecamp weiter, nach links erreicht man nach 1 km den kleinen Ort Dim und nach weiteren 4 km den **Grenzübergang in den Jemen.** Die Ausreise aus Oman und Weiterreise in den Jemen ist grundsätzlich möglich, sofern man ein jemenitisches Visum besitzt, doch ist derzeit aufgrund des Krieges im Jemen von einer Reise dorthin strikt abzuraten – es besteht eine Reisewarnung des Auswärtigen Amtes!

⊡ Kamel und Mensch – in der Wüste eine lebensnotwendige Beziehung

oman114 pf

NICHT VERPASSEN!

- Khasab, der Hauptort | 296
- Von großer strategischer Bedeutung: der Persisch-Arabische Golf | 298
- Wadi Qadah: Felsgravuren | 305
- Jebel Harim, der höchste Berg der Halbinsel | 308
- Khor Shimm – Schwimmen und Schnorcheln | 310
- Die omanischen Exklaven Dibba und Madha | 314

Diese Tipps sind gelb hinterlegt.

oman20_010 pf

6 MUSANDAM

مسندم

Musandam liegt an der nordöstlichen Spitze der Arabischen Halbinsel und zeichnet sich durch eine fantastische und **spektakuläre Landschaft** aus – nicht umsonst trägt es den Beinamen **„Norwegen des Mittleren Ostens"**. Tourismus ist hier erst seit 1992 möglich, denn vorher war die gesamte Halbinsel militärisches Sperrgebiet; heute kommen die meisten Touristen aus den Vereinigten Arabischen Emiraten für einen Wochenendurlaub.

Überblick

Musandam ist durch das Territorium der Vereinigten Arabischen Emirate vom übrigen Gebiet Omans getrennt. Die maximale Breite des omanischen Gebietes beträgt gerade einmal 40 km, die Nord-Süd-Ausdehnung inklusive all der kleinen im Norden gelegenen Inseln nur ungefähr 100 km.

Ein Ausläufer des Hajar erhebt sich als gewaltiges Kalksteingebirge steil aus dem Meer – der höchste Berg erreicht eine Höhe von knapp 2100 m. Der treffende arabische Name dieser Felsenburg lautet Ru'us al-Jibal, was übersetzt „Köpfe der Berge" bedeutet. Wegen des wüstenhaften Klimas und der spärlichen Niederschlagsmenge von nur 250 mm pro Jahr finden sich Bäume und Sträucher nur im Bereich der von Menschenhand bewässerten wenigen Oasen.

Die **Küstenlinie** ist ein Gewirr von zerklüfteten, fjordähnlichen Buchten, Felszungen und Lagunen auf eine erstaunliche Länge von 650 km.

⌃ Musandams spröde und karge Bergwelt (im Bild die Aussicht vom Jebel Harim)

Musandam
0 10 km
© Reise Know-How
Oman 26 11/20
Übernachtung
1 Atana Khasab Hotel
2 Six Senses Hideaway Zighy Bay
3 Golden Tulip Hotel
Essen und Trinken
1 Dibba Restaurant
Straße von Hormuz
Jezirat Musandam
Jezirat al-Gharam
313
Kumzar
Qabbah
Arabisch-Persischer Golf
Khor Gubb Ali
Shesa
306
Al-Harf
Khor Qadah
310
Khor Shimm
Shimm
Jebel Sibi 998
Jebel Shimm 889
305
Qadah
1
296
Khasab
312
Sibi
Maqlab al-Bahri
Tawi
Nadifi
Qanah
306
Jadi
Bukha
Balad Shabus
Wadi Khasab
307
Khor Najd
Khor Habalayn
307
Tibat
Nibah
Wadi Sal al-A'la
308
Birkat al-Khaldiyah
Qabal
Sayh
308
Jebel Harim 2087
308
Sayh-Plateau
OMAN
Lima
Wadi al-Bih
309
309
Rawdah
VAE-Posten (nicht passierbar)
Oman-Posten (nicht passierbar)
Haffa
315
Ras al-Khaimah
Wadi al-Bih
Dubai
Golf von Oman
W. Khabb Shamshi
2
Oman-Posten (nicht passierbar)
3
Dibba
314
VEREINIGTE ARABISCHE EMIRATE
317
Wadi Madha, Fujairah
Masafi

In der **Geschichte** stand das vom Rest der Arabischen Halbinsel abgeriegelte Musandam immer eher am Rande des Geschehens, selbst die benachbarten Reiche Magan und Hormuz und auch die Rivalen um die geistige und weltliche Vorherrschaft im „Kernland" Omans nahmen die Landspitze kaum wahr. Im 18. und Anfang des 19. Jahrhunderts waren die Beziehungen zwischen Musandam und den Herrschern in Oman nur wenig gefestigt und ohne zeitliche Kontinuität. Dies änderte sich erst in der zweiten Hälfte des 19. Jahrhunderts, als die Briten erkannten, dass die Halbinsel für ihr Kolonialreich von strategischer Bedeutung war. Den Ratschlägen seiner britischen Berater folgend, deklarierte der damalige Sultan Thuwaini bin Said Musandam als einen Teil des Sultanats. Dennoch war Musandam aufgrund der geografischen Lage immer noch isoliert vom Geschehen im Rest des Landes, und die Herrscher zeigten recht wenig Interesse an diesen kargen Bergen. Ihre Aufmerksamkeit galt dem nördlich gelegenen Hormuz und der „Piratenküste" westlich von Musandam.

Völkerrechtlich Oman zugeschrieben wurde das Gebiet erst im Rahmen eines Grenzabkommens mit den V.A.E. 1970. Die Politik von Sultan Qaboos wollte die Zugehörigkeit der Bewohner Musandams zum omanischen Staat festigen. Um ihre Lebensbedingungen zu verbessern, leitete er eine Reihe von **Entwicklungsprojekten** ein. 1976 wurde von verschiedenen Ministerien das **„Musandam Development Committee"** gegründet. Es sollte zunächst nur die Einführung neuer Kommunikationssysteme und die industrielle Entwicklung organisieren und überwachen. Nur drei Jahre später wurde das Komitee aufgrund einer hoheitlichen Anordnung für selbstständig erklärt und mit eigenem Budget ausgestattet. Dies brachte die Infrastruktur Musandams (Krankenhäuser, Schulen, Elektrizitätswerke, Trinkwasserversorgung, Förderung der Landwirtschaft und Fischerei) einen großen Schritt voran. 1980 begann durch eine Satelliten-Station bei Khasab das Zeitalter der Telekommunikation, zuvor waren Telefon, Radio und Fernsehen unbekannt. Vor der Errichtung des Flughafens in Khasab (der eigentlich ein Militärflughafen ist) und der beiden Überlandstrecken konnte man Musandam nur nach einer mehrtägigen Dhaufahrt erreichen.

Rund **45.000 Einwohner** leben auf dem Gebiet der omanischen Exklave. Das Bevölkerungswachstum ist das höchste Omans – 1981 lebten nur etwa 10.000 Menschen hier. Heute wohnen 27.000 allein in der Küstenoase **Khasab,** die damit den **größten Ort** der Provinz Musandam bildet.

Die traditionellen **Erwerbsquellen** der Einheimischen bilden die **Fischerei** und die **Oasenwirtschaft,** die bei vielen Stämmen im Wechsel betrieben werden. Die sesshaften Bewohner der Küstenoasen leben entweder als Dattelbauern, Fischer, Händler oder Handwerker. Es gibt auch Fischerfamilien, die nicht sesshaft sind, sondern im jahreszeitlichen Wechsel zwischen einer Küstenoase und einem Fischerdorf pendeln. Ebenfalls mobil ist die Lebensform der musandamischen Nomaden, die sich selber als „shawawi" bezeichnen und zwischen kleinen Steinhäusern in mehreren Gebirgsweilern und einer Küstenoase wandern. Allerdings ist diese Lebensform inzwischen praktisch ausgestorben.

Neuerdings beziehen die meisten Familien ihr Einkommen vorwiegend aus der **Lohnarbeit in den großen Städten** (meist in den V.A.E.) und in Khasab aus den Erträgen des Im- und Exportes (siehe unten unter „Khasab: Der Hafen").

In Musandam gibt es zwei Hauptstämme: Die meisten Menschen gehören dem Stamm der **Shihuh** an (Einzahl: *Shehi*). Sie leben als Fischer und auch als Oasenbauern oder Gebirgsnomaden und sprechen eine eigene Sprache, die eine Mischung aus arabischen und persischen Elementen darstellt. Fast alle männlichen Angehörigen der Shihuh schmücken sich mit einem besonderen Statussymbol, dem **Jirs,** einer kleinen, langstieligen Axt, die sie in ihrem Hüftgürtel eingeklemmt haben. Der zweite Hauptstamm sind die **Kumzari.** Sie kommen aus dem Fischerort Kumzar (ca. 2500 Einwohner), der ganz im Norden Musandams an der Straße von Hormuz liegt und nur per Boot zu erreichen ist. Auch sie haben eine eigene Sprache, die wie ein bunter Bilderbogen Elemente aus den Sprachen vergangener Fremdherrschaften oder Handelspartner in sich vereint und keine Schrift besitzt.

> Khasab – das Hizn al-Kamazrah gehört zum Fort

Praktische Infos

Auch wenn die Abgeschiedenheit nicht mehr ganz so stark ist, sollte ein Besuch von Musandam im Vorfeld geplant werden.

Wer Musandam kennen lernen will, sollte unbedingt eine **Exkursion in die Berge** und eine **Dhaufahrt durch die Buchten** unternehmen. Khasab an sich bietet nur wenig Sehenswertes und ist allein nicht unbedingt eine Reise wert. Bei einem Aufenthalt von drei Tagen hat man alle Sehenswürdigkeiten der Halbinsel gesehen.

Leider kann es in Musandam immer wieder vorkommen, dass einem das **Wetter** einen Strich durch die Rechnung macht. Wenn einmal ein seltener Regenschauer oder ein Gewitter über der Landmasse und nicht über dem Meer niedergeht, geschieht dies umso heftiger – unangenehmerweise besonders oft im Winterhalbjahr, insbesondere zum Ende des Winters im Februar/März. Flüge von und nach Muscat werden vergleichsweise häufig storniert, lange geplante und gebuchte Touren fallen buchstäblich ins Wasser. Pisten werden schon nach kleinen Regenfällen unpassierbar, von den Bergflanken strömen Sturzbäche hinab, trockene Wadis sammeln und kanalisieren größere Regenmengen zu reißenden Fluten, und Bootsausflüge scheitern an ungünstigen und gefährlichen Windverhältnissen. Allerdings treten Verbesserungen genauso schnell und unverhofft auf – wer Musandam besuchen möchte, sollte dies wissen und entsprechend in Kauf nehmen.

Anreise

Die einfachste Anreise von Muscat nach Musandam **erfolgt mit dem Flugzeug.** Da es ein Inlandsflug ist, benötigt man keinerlei zusätzliches Visum. Muscat und Khasab werden von **Oman Air** einmal täglich morgens in beiden Richtungen verbunden (Mi und Sa am späten Nachmittag). Sinnvoll ist es ggf., nur eine Strecke zu fliegen und dann auf dem Landweg nach Dubai weiterzureisen (oder umgekehrt).

Eine **Hochgeschwindigkeitsfähre** verbindet Shinas (bei Sohar) und Musandam. Die Fahrzeit beträgt etwa 3 Std., was in Anbetracht der Entfernung rekordverdächtig schnell ist. Ein Bus sorgt für den passenden Anschluss ab oder nach Muscat. Abfahrt ab Shinas So 12 Uhr und Do 15 Uhr, Rückfahrt von Khasab nach Shinas Sa und Mo 13 Uhr; Preis pro Person und Strecke ca. 13 RO, mit Bus ab Muscat 18 RO. Infos unter www.nfc.om und Tel. 24715252.

Zeitweise bestand auch eine Verbindung in den Südiran (nur Passagiere, keine Fahrzeuge), sie ist aber derzeit eingestellt.

Nach Khasab gibt es zwei Landverbindungen: eine unwegsame Piste durch die Berge von Dibba oder Ras al-Khaimah und eine asphaltierte Strecke entlang der Küste von Ras al-Khaimah. Öffentliche Verkehrsmittel verkehren auf beiden Strecken nicht, allerdings ist es auf der Hauptstraße nicht schwer, eine Mitfahrgelegenheit zu finden. **Der Landweg ist für Touristen nur entlang der Küste von Ras al-Khaimah möglich**, da die notwendige Genehmigung für den Grenzübergang in den Bergen für Non-Residents nicht erhältlich ist.

An **Papieren** benötigt man für den Landweg nichts Besonderes. Alle notwendigen Visa werden an den Grenzübergängen ausgestellt. Nur eine Bestätigung des Autovermieters über die zusätzliche Versicherung für das Ausland inkl. der Originalzulassungskarte ist ggf. notwendig.

oman20_009 pf

Unterkunft

Auch die Unterkunft in Khasab sollte man **rechtzeitig reservieren.** Da es nur wenige Hotels und Apartments gibt, sind die Zimmer in der Hochsaison (insbesondere an Wochenenden Do auf Fr und Fr auf Sa sowie an Feiertagen) oft belegt.

Sonstiges

Wer selber einen **Mietwagen** steuern möchte, sollte auch diesen bei den unter den „Praktischen Infos" zu Khasab genannten Adressen rechtzeitig vorbestellen. Allerdings gibt es nur innerhalb von Khasab wenige Kilometer Asphaltstraßen, und wegen des schwierigen Geländes ist es ratsamer, **Exkursionen in die Berge** mit einem Tourveranstalter zu unternehmen. Wer sich selbst auf den Weg macht, benötigt neben einem guten Fahrzeug auch Kenntnisse über die zurückliegende und bevorstehende Wettersituation sowie den aktuellen Pistenzustand.

Khasab خصب

Der Name bedeutet übersetzt so viel wie „der abgelegenste Erzeuger" und bezieht sich darauf, dass Khasab **der entlegenste Dattelproduzent Omans** ist. Außerdem zeigt dieser Name auch, dass die Oase als ein überaus bedeutendes und wichtiges Dattelanbaugebiet zu bewerten ist.

In Khasabs dichten, schattigen **Dattelhainen** liegen zahlreiche Gehöfte – entweder einzeln oder zu einem Ortsteil formiert. Einst waren viele der Häuser zum Schutz vor Überflutungen nach heftigen Regenfällen auf Stelzen erbaut. Die Stelzen bestanden aus Tonziegeln, wohingegen die Hauswände sich aus luftigen Palmzweigmatten zusammensetzten. Heute dominieren allerdings vollklimatisierte Betonblockhäuser. Falaj-Ka-

oman20_011 pf

näle gibt es in Musandam nicht. In den Zeiten vor dem Aufkommen von Motorpumpen wurden die Gärten in den Küstenoasen meist über Ziehbrunnen bewässert, die Ackerflächen im Gebirge wurden nach Regenfällen geflutet oder aus Zisternen versorgt. Etwa ein Drittel des Gartenlandes in Khasab gehört den mobilen Fischern von Kumzar (siehe unten). Im Nordosten haben sie eine burgähnliche Fluchtburg errichtet, von der heute allerdings nur noch verfallene Überreste erhalten sind. In Khasab wohnen ebenfalls **viele Perser,** denen 1970 die omanische Staatsbürgerschaft offeriert wurde. Fast alle nahmen diese Einbürgerung an.

Die Dattelgärten werden im Osten und Westen von steilen **Felswänden** flankiert, die sich auf eine Höhe von fast 1000 m auftürmen. Im Norden liegt der Ort an einer geschützten, weiten **Bucht,** im Süden erschließt sich über das Wadi Khasab die schroffe Bergwelt.

Im Bereich der Bucht liegt das alte Khasab, im Süden schließt sich der seit den 1980er Jahren **neu entstandene Ortsteil** an. Das Stadtbild wird bestimmt vom **Flughafen,** modernen **Verwaltungsgebäuden** und Versorgungseinrichtungen der Armee. Außerdem gibt es Schulen, ein Krankenhaus, eine Polizeistation, eine Tankstelle und das Khasab Hotel, das lange ein Monopol innehatte. Hier befindet sich auch das **neue Geschäftszentrum** – eine leicht übertriebene Bezeichnung für das überschaubare Dutzend Geschäfte, das weitere knappe Dutzend kleiner Restaurants, zwei Banken, ein Postamt, eine Bäckerei, den Geschäftsraum von Oman Air, einen lokalen Autovermieter und die überdachten Stände des Obst- und Gemüsemarktes. Am Kreisverkehr beim Geschäftszentrum zweigen zwei Straßen nach Norden ab: Die rechte führt zum östlichen Ende der Bucht und zum **Fort,** die linke zum **alten Souq,** der wegen der unten beschriebenen Umstände auch **Irani Souq** genannt wird. Das Fort und der Souq bilden die Herzstücke des alten Khasab. Sie verbindet eine entlang der Bucht verlaufende Uferstraße. Diese **Corniche** führt im Westen zum **Hafen,** wo die Straße nach Ras al-Khaimah in den Vereinigten Arabischen Emiraten beginnt. Der Hafen ist in den letzten Jahren massiv ausgebaut worden, und man hat neues Land gewonnen, sodass die ursprüngliche Corniche gar nicht mehr am Wasser liegt.

☒ Im Fort von Khasab

Sehenswertes

Das Fort

Das genaue Baujahr des im Norden der Oase stehenden Forts ist unbekannt, allerdings wird die Anlage **erstmals 1644 erwähnt,** zu einer Zeit also, als die Macht der Portugiesen am Schwinden war. Im Fort waren portugiesische Soldaten stationiert, die den Ort sichern sollten. Er war zur Versorgung der Einheiten, die zu dieser Zeit eine Rückeroberung der wieder an die Perser gefallenen Insel Hormuz planten, von zentraler Bedeutung.

In den Zeiten nach der portugiesischen Fremdherrschaft diente das Gebäude als **Sitz des wali und des qadi.**

Das Handelsreich Hormuz und der Persisch-Arabische Golf

von Kirstin Kabasci

Die omanische Halbinsel Musandam ragt wie ein spitzer Sporn in die **Meerenge von Hormuz** hinein und grenzt den Golf von Oman vom Persisch-Arabischen Golf ab. Jenseits des Wassers liegt in knapp 80 km Entfernung das Staatsgebiet der Islamischen Republik Iran.

Insbesondere seit der Entdeckung des Erdöls hat diese Region eine weitreichende strategische Bedeutung und ist für den internationalen Handel von großer Wichtigkeit. Die **Straße von Hormuz** ist die wichtigste und meistbefahrene Tankerstraße der Welt, an ihrer schmalsten Stelle gerade einmal so breit wie der Ärmelkanal und etwa 100 Meter tief. Öltanker und andere Schiffe müssen manchmal stunden- oder gar tagelang für die Passage wie im Gänsemarsch „anstehen".

Der Seeweg führt durch **omanische Hoheitsgewässer,** den Omanis obliegt also die diplomatisch und strategisch ungemein wichtige Aufgabe, diese Pforte wie ein „Türsteher" zu überwachen. Zusätzlich haben sie auch für alle Kosten und Verpflichtungen aufzukommen.

Schon die ersten menschlichen Hochkulturen nutzten die **wichtige Schifffahrtsstraße** als Transport- und Kriegsstraße. Sumerer, Babylonier, Chaldäer und Assyrer kämpften um die Kontrolle über diesen Seeweg. Auch im Altertum war dieses Nadelöhr als Handelsweg berühmt, denn es war die Brücke für den Handel mit dem Fernen Osten. Im Mittelalter war es die wichtigste Handelsstraße und durch die Jahrhunderte ein riesiger Kriegsschauplatz. Auch die Europäer nutzten den Golf als „Transportschiene", Portugiesen, Holländer, Franzosen und Briten haben hart um die Herrschaft über diese Region gerungen. Beherrscht wurde die Golfregion allerdings meist von den wechselnden Perser-Dynastien, und das schon seit dem 3. und 4. Jahrhundert v. Chr.

Ein Zankapfel war dabei auch die **Insel Hormuz,** ein 8 km vor der iranischen Küste liegendes, 42 km² kleines Eiland, auf dem es keine Süßwasserquellen gibt und auf dem heute gerade mal 4000 Menschen leben. Doch im 14. Jahrhundert spielte die Insel in der Geschichte der Golfregion eine zentrale Rolle, denn dank ihrer Lage entwickelte sich die Insel zu einem **mächtigen Seehandelszentrum** mit Verbindungen nach Indien, China und Ostafrika. Tausende von arabischen Pferden wurden nach Indien verschifft. Die zurückkehrenden Schiffe hatten Pfeffer, Nelken, Indigo, Eisen, Zucker, Reis, Sandelholz und Teakholz für den Dhaubau geladen. Immer mehr Zuwanderer siedelten sich an, und so wuchs die Einwohnerzahl auf über 40.000. Im 15. Jahrhundert dehnte Hormuz sich zu einem inselübergreifenden Handelsimperium aus, zu dem auch die omanische Nordküste (Sohar, Muscat, Qalhat), Julfar (nahe Ras al-Khaimah in den heutigen V.A.E.) sowie Bahrain zählten. Hormuz hatte so die Rolle der omanischen Seemacht übernommen.

Zu Beginn des 16. Jahrhunderts griffen die **Portugiesen** Oman und Hormuz an, besetzten die Insel und töteten den Regenten. Über hundert Jahre lag sie unter portugiesischer Kontrolle. Zu Beginn des 17. Jahrhunderts sagte der damals über Persien herrschende Schah *Abbas I.* den **Briten** Handelsrechte auf portugiesisch besetztem Gebiet zu und zog dadurch natürlich den Zorn der Kolonialherren auf sich. *Abbas* verbündete sich mit den Briten, und 1622 eroberten sie gemeinsam Hormuz zurück. Ein Rückeroberungsversuch der Portugiesen schlug 1650 fehl. Die Insel wurde zwar dem persischen Reich angegliedert, doch Schah *Abbas* forcierte die Entwicklung des gegenüberliegenden Küstenortes Gamerun (seitdem auch umbenannt in Bandar Abbas) zum neuen Seehandelszentrum seines Reiches. Die einst blühende Insel Hormuz sank allerdings in die Bedeutungslosigkeit ab.

Im 18. Jahrhundert waren es dann die Engländer, die diesen einträglichen Handelsplatz zwischen Golfküste, Persien und Indien erkannten; ihre Maxime: **„Wer Indien besitzen will, muss die Golfregion beherrschen".** Die enge Wasserstraße entwickelte sich im 18./19. Jahrhundert zu einer britischen „Halsschlagader" des Indien- und Asienhandels.

Der Golf war im Geschichtsbewusstsein der **Iraner** stets ein **„Persischer Golf".** Jeder Anspruch der arabischen Golfländer wurde im Keim erstickt. Dieser Machtanspruch Teherans resultiert aus dem jahrhundertelangen Kampf um die Beherrschung der Seewege im Golf und um den Aufbau eines Netzes maritimer Stützpunkte. Dem zunehmenden Einfluss Portugals und Englands in der Golfregion vermochte nur der Iran als Regionalmacht eine halbwegs gleichwertige Machtposition entgegenzusetzen.

So blieb die Bezeichnung „Persischer Golf" zumindest bis Mitte der 1970er Jahre ein unumstrittener Begriff. Die westliche Welt hatte diesen Standpunkt übernommen. Erst als die Region Mitte der 1980er Jahre auf Grund ihrer wirtschaftlichen, strategischen und sicherheitspolitischen Bedeutung die Aufmerksamkeit des Westens gewann und das Kräfteverhältnis am „Persischen Golf" sich wandelte, trat auch eine Änderung in der Betitelung ein. Es ist inzwischen auch üblich, das Gebiet als „Persisch-Arabischen Golf" zu bezeichnen.

Die Kanonen vor dem Eingangstor kündeten noch vor wenigen Jahren das Ende des Ramadhan an.

1990 und 2004 wurde die rechteckige Festung, in deren Ecken drei eckige Wohntürme und ein runder Kanonenturm stehen, **restauriert.** Ungewöhnlicherweise befindet sich in der Mitte der Anlage noch ein einzelner schlanker Turm. Im Inneren ist das Fort als **Museum** eingerichtet. Informativ und anschaulich gibt es Informationen zu Geschichte, Kultur und Lebensweise. Im Fort befindet sich auch ein kleiner Laden mit traditioneller Handarbeit aus Musandam (gute Qualität, allerdings etwas teuer).

Etwa 500 m südlich gibt es eine zweite kleine Anlage, das **Hisn al-Kamazrah.** Über einen schön angelegten Weg durch Palmen und ein Wohngebiet sind die beiden Forts miteinander verbunden.

Info: Geöffnet Sa bis Do 9–16 Uhr, Fr 8–11 Uhr, Eintritt 500 Bs.

Der Hafen

Verglichen mit unzähligen anderen Küstendörfern, herrscht im Hafen von Khasab **nur selten beschauliche Ruhe:** Die Zahl der altehrwürdigen Dhaus wird von flotten Fiberglasbooten übertroffen, statt Netzen werden Plastikverpackungen „geflickt", die Fischer sind in der Minderheit, und statt Fischen werden hier Ziegen „an Land gezogen". Kurz und gut, in Khasabs Hafen werden **Szenen des neuzeitlichen Überseehandels** mit dem persischen Reich, sprich der Islamischen Republik **Iran,** aufgeführt. Wer an Schmuggel denkt, irrt – jeden-

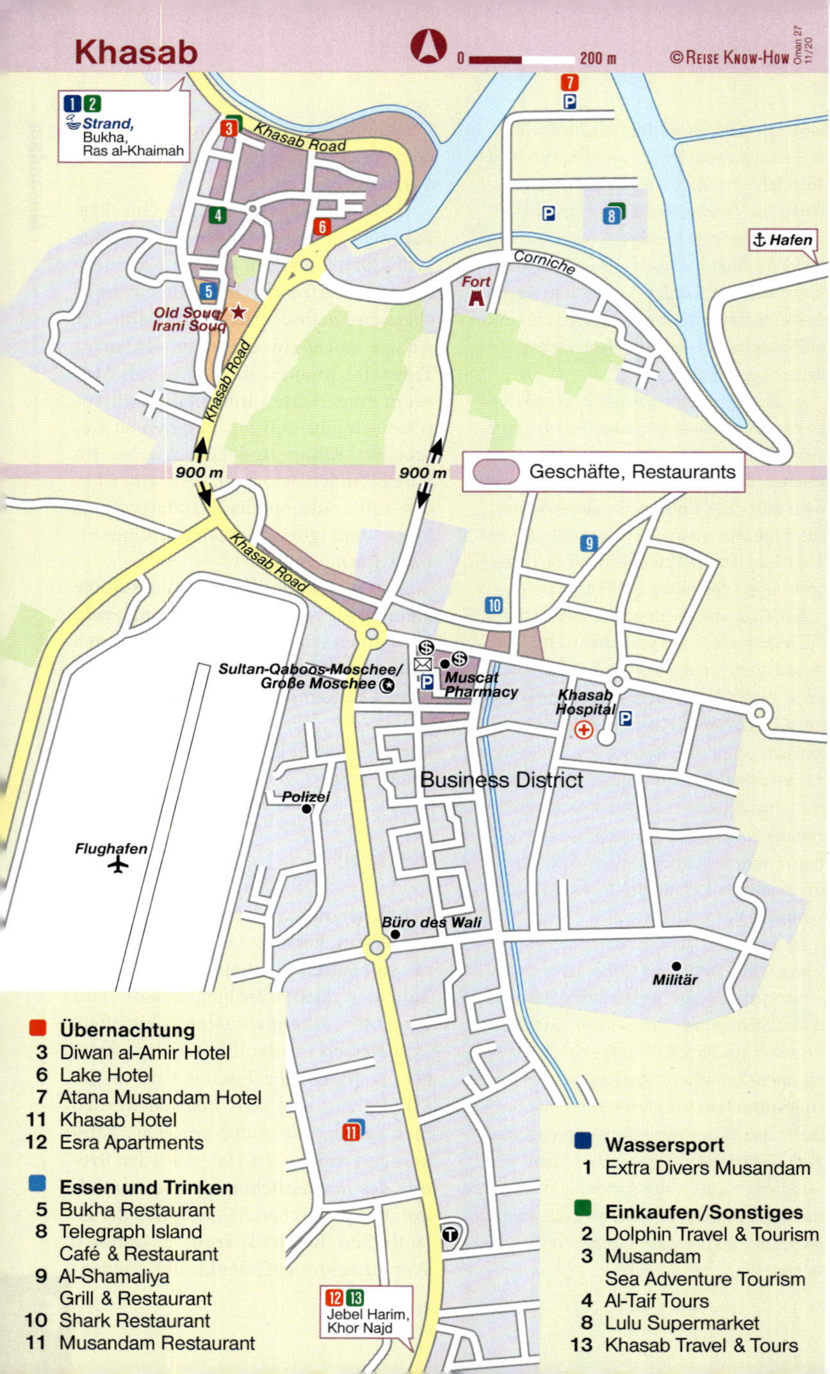

Khasab
0
200 m
©Reise Know-How
Oman 27 11/20
1 2 Strand, Bukha, Ras al-Khaimah
Khasab Road
Corniche
Hafen
Fort
Old Souq/ Irani Souq
900 m
900 m
Geschäfte, Restaurants
Sultan-Qaboos-Moschee/ Große Moschee
Muscat Pharmacy
Khasab Hospital
Business District
Polizei
Flughafen
Büro des Wali
Militär
12 13 Jebel Harim, Khor Najd
Übernachtung
3 Diwan al-Amir Hotel
6 Lake Hotel
7 Atana Musandam Hotel
11 Khasab Hotel
12 Esra Apartments
Essen und Trinken
5 Bukha Restaurant
8 Telegraph Island Café & Restaurant
9 Al-Shamaliya Grill & Restaurant
10 Shark Restaurant
11 Musandam Restaurant
Wassersport
1 Extra Divers Musandam
Einkaufen/Sonstiges
2 Dolphin Travel & Tourism
3 Musandam Sea Adventure Tourism
4 Al-Taif Tours
8 Lulu Supermarket
13 Khasab Travel & Tours

falls halb: Frühmorgens erreichen bis zu hundert iranische Schnellboote die Bucht von Khasab (am Wochenende jedoch deutlich weniger). Sofort werden sie von den omanischen Zollbeamten und der Hafenpolizei in Empfang genommen. Wenn sie nach Waffen durchsucht und mit Einkaufsgenehmigungen versorgt sind, strömt der Großteil von ihnen in den Souq. Dort werden sie dann von den Geschäftsleuten und Restaurantbesitzern schon freudig erwartet, denn die Iraner kaufen all die Waren ein, die in ihrer Heimat rar und teuer sind. Seit 1981 boomt dieser kleine Grenzverkehr, denn in diesem Jahr wurde die Küstenpiste in die V.A.E. fertiggestellt, und Khasab war über einen weiterführenden Schnellstraßenanschluss mit den Souqs von Dubai, Sharjah und Ras al-Khaimah verbunden. Von dort werden die Waren über Händler und Zwischenhändler eingekauft und (legal) nach Oman importiert. Bei den **Iranern** besonders begehrt sind Geräte der Unterhaltungselektronik und (US-amerikanische) Zigaretten. In den unzähligen kleinen „Import/Export"-Geschäftsstellen im Souq von Khasab werden sie in riesigen Paketen wasserdicht verpackt, auf die Ladeflächen der Pick-ups verladen und zum Hafen transportiert. Dort herrscht hektische Ein-, Aus- und Umpackstimmung – die kleinen Boote werden bis an die Grenze ihrer Belastbarkeit vollgeladen. Andere Iraner sind derweil mit dem Ausladen ihrer Ziegen beschäftigt. Die Tiere sind jenseits des Golfes relativ preiswert und können über Oman mit gutem Gewinn in die V. A. Emirate weiterverkauft werden. Auf bereitstehenden Lastwagen werden sie noch am selben Tag exportiert.

Gegen Abend legt sich die Betriebsamkeit, denn die Iraner dürfen nur tagsüber kommen und sich außerdem nicht hinter dem Gebiet jenseits des alten Souqs aufhalten. Die Polizei ist sehr strikt und ahndet Missachtungen mit Verhaftungen. Die flinken Flitzeboote benötigen etwa eineinhalb Stunden bis an die etwa 70 km entfernte Küste bei **Bandar Abbas.** Ab hier wird der Handel illegal, darum fahren die Iraner stets in größeren Gruppen, denn so können sie sich im Falle einer Kontrolle der iranischen Küstenwache teilen und (größtenteils) entkommen. Die Vereinigten Arabischen Emirate haben diese Art des Handels für die Iraner offiziell untersagt, so kassiert dank dieser Regelung der omanische Zoll. Doch auch zahlreiche Bewohner Khasabs sind infolge der emiratischen und iranischen Handelsbeschränkungen reich geworden.

Moschee Sultan Qaboos

Die neue Große Moschee im Zentrum von Khasab mit ihrem schlichten, aber doch **eleganten Baustil** ist ein echtes Schmuckstück und darf auch von Nicht-Muslimen besucht werden (tägl. außer Fr 8–11 Uhr; lange Hosen und für Frauen ein Kopftuch sind Voraussetzung).

Old Souq

Der Handel im alten Souq von Khasab steht vor allem im Zusammenhang mit dem iranischen Import-Export-Business. Für Touristen ist das **Warenangebot** in den Läden eher **unspektakulär.** Nur noch sehr wenige Läden verkaufen die typischen, langstieligen Jirs-Äxte, die vom Stamm der Shihuh getragen werden. Die Preisspanne reicht von 3 RO (in Indien hergestellt) bis zu 20 RO.

Praktische Infos

Unterkunft (Karte S. 300)

7 Atana Musandam Hotel***
Sehr geschmackvoll im landestypischen Stil gestaltetes Hotel nahe des Hafens, EZ/DZ ab 85 RO, Tel. 26730888, www.atanahotels.com

3 Diwan al-Amir Hotel**
Eher einfaches, aber doch ordentliches Hotel an der Corniche, DZ 40 RO, Tel. 26833991, www.diwanalamir.com

12 Esra Apartments
Voll ausgestattete Apartments mit Schlafzimmer, Aufenthaltsraum und Küche nahe des Khasab-Hotels, mit Restaurant und kleinem Pool, Kontakt und (frühzeitige) Reservierung über Khasab Travel and Tours, Tel. 26730562; für 2 Pers. 60 RO, für 4 Pers. 65–85 RO, www.khasabtours.com/hotels.html

11 Khasab Hotel**
Am Ortsende etwa 3 km südlich der Bucht, mit Pool, lange Zeit das einzige Hotel der Stadt, nach Renovierung eine Alternative zu den Atana-Hotels, EZ ab 32 RO, DZ ab 38 RO, Tel. 26730267, www.khasabhotel.net

6 Lake Hotel*
In der Nähe des alten Souqs, einfaches Hotel, EZ 20 RO, DZ 35 RO, Tel. 26731667

1 Atana Khasab Hotel***** (Karte S. 292)
Schönes Hotel etwa 1 km westlich des Hafens auf einer Landspitze, ohne Strand, aber mit Pool und fast alle Zimmer mit Meerblick, EZ/DZ ab 85 RO, Tel. 26730777, www.atanahotels.com

☒ Geschäftiges Treiben im Hafen

Restaurants (Karte S. 300)

9 Al-Shamaliyah Grill & Restaurant
Im Geschäftszentrum, gute Fisch- und Grillgerichte, Salate und Säfte, 8–24 Uhr, Tel. 26730477

5 Bukha Restaurant
Preiswerte arabische und indische Küche, abends mit Grillgerichten, im alten Souq

1 Dibba Restaurant (Karte S. 292)
Im Atana Khasab Hotel, internationale Küche, am Wochenende oft Büffet, nicht ganz billig, aber gut, 7–10, 12–15 und 19–22.30 Uhr

11 Musandam Restaurant
Im Khasab Hotel, mit Außenbereich am Pool, 6.45–9, 12–14.30 und 19–22.30 Uhr

10 Shark Restaurant
Zwischen Geschäftszentrum und Krankenhaus, serviert wird einfaches, leckeres indisches und arabisches Essen

8 Telegraph Island Café & Restaurant
Im Lulu-Hypermarket-Komplex beim Atana Musandam Hotel, gute arabische Küche mittleren Preisniveaus, 9–23 Uhr, Tel. 26730577

- **Günstige Restaurants** befinden sich auf dem Gebiet des alten Souqs, im Geschäftsviertel und an der Corniche beim Fort.
- **Bars** gibt es im Atana Khasab und Khasab Hotel.

Flugzeug

- **Flüge nach Muscat** gibt es täglich für etwa 30 RO einfach.
- **Büros von Oman Air** am Flughafen (Tel. 267 31592) oder in Muscat (Tel. 24707222).

Fähre

- **Fähren nach Shinas** (mit Anschluss per Bus nach Muscat) siehe am Anfang des Kapitels unter „Anreise“. Das Fährbüro befindet sich am Hafen, Tel. 26731802 und 99633570, www.nfc.om.

oman117 pf

Transport innerhalb Khasabs

Es gibt einige wenige offizielle Taxis – fast der gesamte Transportbereich ist fest in Händen der **Pick-up-Fahrer,** die Waren vom/zum Hafen und weiter in die V.A.E. transportieren und in Khasab auch Fahrgäste befördern (ca. 1–2 RO).

Autovermietung

- **Khasab Rent a Car,** der Anbieter am Geschäftszentrum vermietet hauptsächlich normale Pkw, aber nur wenige Geländewagen, Tel. 26731722 und 99447400.
- **Khasab Travel and Tours** (s. u.) und **Musandam Sea Adventure Tourism** (s. u.) vermieten Allradwagen mit ortskundigem Fahrer.
- **Rahal Rent A Car,** im Souq, Tel. 91323440 und 99441700

Polizei, Krankenhaus, Ärzte und Apotheke

- **Notruf für Polizei und Feuerwehr: 9999**
- Die **Polizeistation** liegt zwischen Khasab Hotel und Geschäftszentrum, Tel. 26730199.
- **Khasab Hospital,** Krankenhaus im Osten des Geschäftszentrums, Tel. 26730187
- **Khasab Clinic,** mehrere Ärzte, Tel. 26731088
- **Muscat Pharmacy,** im Geschäftszentrum neben der Post, Tel. 26730150

Post und Banken/Exchange

- **Post im Geschäftszentrum,** geöffnet Sa bis Mi 8.30–13.30 Uhr
- **Im Geschäftszentrum gibt es zwei Banken** mit Geldautomaten. Bargeld tauscht man besser in der **Wechselstube** gegenüber.

Tourveranstalter (Karte S. 300)

4 **Al-Taif Tours,** Touren in die Fjorde und die Berge sowie Unterkunft in einer Villa, Tel. 93356053 und 95387900, www.altaiftours.com

2 **Dolphin Travel & Tourism,** kleiner Veranstalter mit ähnlichen Angeboten wie die großen, Tel. 92423833, www.dolphintour.net

13 **Khasab Travel and Tours,** Dhaufahrten (z. B. Halb- und Ganztagestour in den Khor Shimm), Tauchausflüge, Tagestouren bis Kumzar und Exkursionen in die Berge, Tel. 26730464 und 26730905, www.khasabtours.com

3 **Musandam Sea Adventure Tourism,** angeboten werden ähnliche Touren zu ähnlichen Preisen wie bei Khasab Travel and Tours, netter Service, sehr gute Leserkommentare, auch regelmäßige drei- bis viertägige Touren rund um die Halbinsel mit Übernachtung an Bord, Tel. 26730069 und 99346321, www.msaoman.com

Baden und Tauchen (Karte S. 300)

- **Schwimmen: Swimmingpools** haben die Atana Hotels, die Esra Apartments und das Khasab Hotel. Ein **Strand** in Gehdistanz befindet sich in Richtung Nordwesten zwischen Hafen und Atana Khasab Hotel.
- **Schnorcheln/Tauchen:** Im Atana Khasab Hotel befindet sich eine **Tauchbasis,** die Ausfahrten in die Buchten Musandams unternimmt. Beste Zeit ist der Herbst, da es im Winter und Frühjahr oft sehr stürmisch ist. Ein weiterer Anbieter ist 1 **Extra Divers Musandam,** Tel. 26730501, 99877957, www.musandam-diving.com.

Die besten Schnorchelreviere befinden sich in den tief eingeschnittenen, fjordähnlichen **Buchten,** da hier das Wasser am ruhigsten ist. Schnorchelsets werden bei Dhau-Touren zur Verfügung gestellt. Taucher finden unterschiedlichste Reviere, sodass sowohl Anfänger als auch Profis auf ihre Kosten kommen. **Ausfahrten** bis zur Nordspitze werden von der Tauchbasis organisiert, die auch Ausrüstung verleiht und Informationen gibt.

Einkaufen (Karte S. 300)

- Die meisten **Läden** mit Artikeln des täglichen Bedarfs, einen **Supermarkt** und den **Obst- und Gemüsemarkt** findet man im neuen Geschäftszentrum.

8 Ein riesiger **Lulu Supermarket** befindet sich beim Hafen.

- Originale und originelle **Souvenirs** – alles Handarbeit aus Musandam – kann man in einem Laden im Fort kaufen (momentan geschlossen, Wiedereröffnung geplant). Die Flechtwaren werden von den Frauen in Heimarbeit hergestellt, die Töpferwaren stammen von den Töpfern in Lima.
- Die **kleinen Äxte** der Shihuh *(jirs)* findet man kaum noch (evtl. in einigen Läden im alten Souq).

Die Berge Musandams

Westlich von Khasab

- Diese Strecke führt vom Hafen entlang der Küste Richtung Ras al-Khaimah und ist **durchgehend asphaltiert.** Ungefähr 28 km sind es bis zum letzten „größeren" omanischen Ort Bukha, dann noch 10 km bis zur Grenze der V. A. Emirate.

Streckenbeschreibung: 2 km nördlich des Hafens erreicht man zunächst den Strand von Bussa mit seinem Picknickplatz. Das Gebiet ist ideal zum Schnorcheln geeignet, und immer wieder kann man Meeresschildkröten durch das Wasser paddeln sehen. Direkt danach passiert man das auf einer Landzunge gelegene Atana Khasab Hotel.

Auf der Strecke bis zum nächsten Ort kann man mit etwas Glück Zeuge einer ungewöhnlichen, aber typischen Fischfangmethode werden. Dann steht hoch oben auf den fast senkrechten, die schmale Bucht überragenden Klippen des **Ras Salti Ali** ein Mann und überschaut das ruhige Gewässer. Am Ufer treibt ein kleines Boot, ein zweiter Fischer sitzt darin und hat die noch bequemere Rolle, denn er kann eine Siesta machen. Sobald der Späher einen Schwarm Fische sieht, meldet er es seinem Partner, der sofort in Aktion tritt und mit einem riesigen Netz, das am Boot und am gegenüberliegenden Ufer befestigt ist, die Bucht zuzieht. Die Fische sind gefangen, und durch Verkleinern dieses Käfigs gehen sie im wahrsten Sinne des Wortes ins Netz.

Etwa **5 km hinter dem Hafen** von Khasab erreicht man am tiefsten Punkt der Bucht den kleinen Ort **Qadah.** Zahlreiche große **batill-Boote** stehen am Strand. Diese hölzernen Ruderboote zeichnen sich durch ihre starke Kielkrümmung und die hohe Heckflosse aus. Die Innenkanten sind mit traditionellem Schnitzwerk verziert. Diesen Baustil findet man eigentlich in Kumzar, wo die Heckflossen mit Muscheln und Tierhaaren reich geschmückt sind. Heute sind diese Holzboote unrentabel geworden, denn Fiberglasboote sind haltbarer, leichter zu handhaben, sie wiegen weniger und sind schneller und wendiger. Vor allem aber braucht eine batill bis zu fünf Leute Besatzung, ein neues Boot kann von einem Mann allein gesteuert werden.

Abstecher: Felsenritzungen im Wadi Qadah

Bei Qadah zweigt eine Piste ins Wadi Qadah und zum Ort Tawi ab. Unter der Oberfläche des Wadis befindet sich ein großes Wasserreservoir, denn die Felsen bieten mit Hohlräumen Speichermöglichkeiten, sodass nach Regenfällen das Wasser nicht oberirdisch durch das Wadi ins Meer fließt, sondern unterirdisch als Grundwasser gespeichert wird. Auf knapp 10 km Länge begrenzen lotrechte Felswände das tief eingefressene Trockenflusstal.

Die Piste ist allerdings nur ca. 2 km lang, bevor sie im Dorf **Tawi** (7 km vom Hafen Khasab) endet. Vor zwei Bäumen und einem Brunnen türmen sich auf der linken Wadiseite haushohe Gesteinsbrocken. Sie bildeten einst die Wände einer hoch gelegenen Höhle. Durch Erosion des darunter liegenden Felsens stürzte sie aus der Wadiwand heraus. Die einstige Höhle war mit **Felsgravuren** geschmückt, und so kann man auf den herunter gefallenen, durch langjährige Verwitterung dunkel gefärbten Kalksteinbrocken einige Reiter, Kamele, Boote, Krieger und rätselhafte Zeichen erkennen. Dafür, dass die „Gemälde" schon schätzungsweise 2000 Jahre alt sind, ist ihr Zustand noch erstaunlich gut. Dies ist dem Umstand zu verdanken, dass die Steine zum einen noch nicht lange dort liegen und zum anderen nicht von der Sonne angestrahlt werden. Wie lange genau, weiß niemand, aber nach der Erinnerung des Dorfältesten auf jeden Fall schon über achtzig Jahre.

Der weitere Verlauf der Küstenpiste führt direkt am Ufer des **Khor Qadah** entlang. Die Felsen wachsen fast senkrecht aus dem Meer heraus, hier wird besonders deutlich, was für einen Aufwand der Bau der Straße bedeutet hat.

In der nächsten Bucht liegt der kleine Fischerort **Mukhi** mit seinen alten Steinhäusern.

10 km hinter dem Hafen windet sich die Straße in engen Serpentinen über den 230 m hohen **Jebel Harf,** der wie eine Halbinsel in das Meer hineinragt. 2 km weiter liegt auf einem Plateau auf dem Rücken des Felssporns der Ort **Al-Harf.** Diese Lage ist ungewöhnlich, denn sonst liegen die Fischerdörfer im Schutz von mächtigen Bergwänden direkt in den Küstenbuchten am Meer. Die Bewohner von Al-Harf sind natürlich auch Fischer, ihre Boote stehen in kleinen Buchten, die man über steile Fußwege erreicht, am Fuß des Felsrückens am Meer. Von hier oben hat man eine schöne Aussicht auf den zurückliegenden Küstenabschnitt.

Nach **weiteren 2 km** schlängelt sich die Straße auf der anderen Bergseite zur Küste des Persisch-Arabischen Golfes hinab. Das Wasser ist auffallend türkisblau, und – anders als in den Buchten – hohe, Gischt schäumende Wellen brechen gegen das Ufer.

22 km hinter dem Hafen von Khasab beginnt in einer lang gezogenen Bucht die neu aufgebaute Siedlung **Jadi.** Kurz dahinter liegt dann der Ortsanfang von **Bukha.** Unübersehbar ist das renovierte **Fort** aus dem 17. Jahrhundert, umgeben von einem Burggraben. Im Innenhof befindet sich eine Grube, in der einst gefesselte Gefangene im wahrsten Wortsinne in der Sonne schmorten.

oman20_013 pf

Geöffnet ist das Fort Sa bis Mi 8–14 Uhr sowie Do und Fr 8–11 Uhr.

Neben dem Fort liegen **zwei große ummauerte Friedhöfe, dahinter eine Moscheeruine** mit schönen, verzierten Säulen. Die Reste einer weiteren Festigungsanlage liegen auf einem Hügel dahinter. Nur noch ihr Turm und die Umfassungsmauer sind erhalten, aber der Ausblick auf den Ort, das mächtige Fort, den Palmenhain und die Bucht werden den Aufstieg entlohnen.

Auch auf den **nächsten 10 km** bis zum **Grenzkontrollpunkt bei Tibat** bleibt die Küstenlinie weit und wird von einem breiten Sandstrand gesäumt.

Südlich von Khasab

■ Südlich von Khasab eröffnet sich dem Besucher eine **einzigartig-unbezähmbare Bergwelt** – die hier dargebotene Naturkulisse gehört zu den spektakulärsten Omans und verdient das Prädikat „unbedingt sehenswert".

■ **Dieser Pistenabschnitt ist schwierig** und ab der Steigung auf den Jebel Harim nicht ohne einen Allradwagen, Pistenerfahrung und die Einhaltung entsprechender Sicherheitsmaßnahmen zu bewältigen. Nach Regenfällen ist die Strecke oft unpassierbar, weil die Piste unterspült oder von herabgestürzten Gesteinsmassen verschüttet ist. Höchstens bis in die ca. 60 km entfernte Rawdah-Ebene kann man in dieser Richtung fahren, denn dahinter liegt ein **Militärposten** vor der Grenze zu den V. A. Emiraten; ein Passieren dieses Postens ist für Touristen nicht möglich.

■ **Startpunkt der Kilometer-Zählung** ist die Shell-Tankstelle am südlichen Ende von Khasab.

☐ Blick auf die Najd-Lagune

Streckenbeschreibung: Zunächst erreicht man eine T-Kreuzung, an der die Asphaltstraße endet. Rechts geht es zum Flughafen, nach links in die Berge. Kurz nachdem man abgebogen ist, führt die Piste über einen im Wadi Khasab errichteten **Damm.** Er soll verhindern, dass nach heftigen Unwettern entstandene Flüsse Khasab bedrohen. Die Angst ist nicht unbegründet, denn 1975 verwandelte sich das Wadi nach ergiebigen Regenfällen in einen reißenden Strom, der von Felswand zu Felswand reichte und mit einer ein Meter hohen Flutwelle auf den Ort zudonnerte. Die Menschen konnten in die Berge flüchten, aber viele Häuser wurden schwer beschädigt oder sogar ins Meer gespült. Auch die Seitenwadis (Wadi Sharjah und Wadi Mawa) wurden mit Schutzdämmen „abgeriegelt". Heute fühlt man sich gegen diese Gefahr gewappnet, denn hinter dem Damm ist der Bau eines großen Industriegebietes geplant.

12 km hinter der Shell-Tankstelle zweigt nach links eine Straße zum Khor Najd (10 km) und nach Birkat al-Khaldiyah (12 km) ab.

Abstecher: Khor Najd und Birkat al-Khaldiyah

Die Strecke nach Birkat al-Khaldiyah folgt dem Verlauf des Wadis Sal al-A'la. Doch zunächst zweigt **nach 3 km** links eine Schotterpiste ab: Vorbei an einem Übungsschießstand schlängelt sie sich auf eine Anhöhe hinauf. Von ihr hat man einen fantastischen Panoramablick über die **Najd-Lagune** vor dem Gewirr unzähliger kleinerer Buchten und Halbinseln sowie der rauen Felsenlandschaft Musandams. Auf der Piste kann man auf der anderen Seite des Bergrückens hinunter in den Meereseinschnitt fahren.

Dort kann man nach vorangegangener Organisation in Khasab eine Bootstour in den etwa 15 km langen und in den Golf von Oman mündenden **Khor Habalayn** beginnen.

Vom oben erwähnten Abzweig geht es geradeaus weiter durch das Wadi zum **Birkat al-Khaldiyah.** Hier bietet sich nach regenreichen Wintern ein nicht nur für Musandam, sondern für die Arabische Halbinsel insgesamt ungewohntes Bild von saftigen Wiesen und dichtem Baumbestand – der ausnahmsweise kein Oasengarten ist. Der schattige Akazienwald ist ein **beliebter Camp- und Picknick-Platz,** nicht nur für die Einheimischen, sondern auch für Wochenendausflügler aus den Emiraten. Für Kinder sind die auf Musandam seltenen Spielgeräte die Hauptattraktion. Am Ende der Asphaltstraße liegt inmitten dieses kleinen Paradieses der Ort **Sal al-A'la.** „Birkat" bedeutet übersetzt „Zisterne" und deutet auf ein hier befindliches großes Wasserreservoir hin, das über einen Kanal gespeist wurde.

Geradeaus geht es bei km 12 weiter auf den Jebel Harim, mit 2087 m Höhe der höchste Berg Musandams. Die Übersetzung seines Namens bedeutet eigentlich „Berg der Frauen", aber in diesem Falle eben nicht, denn „Harim" ist ein alter lokaler Familienname. Die Piste wurde 1981 aus militärischen Gründen erbaut und wird ständig von der Armee instand gehalten. Das Militär kümmert sich auch um die kleinen Dörfer, so liefert es beispielsweise Trinkwasser und verlegt Stromkabel. Selbst in den kleinsten Bergweilern gibt es einen Hubschrauberlandeplatz, denn so können die Bewohner in Notfällen erreicht werden. Mehrmals jährlich werden sie mit Nahrungsmitteln und anderen wichtigen Dingen versorgt. Vor dem Bau dieser Piste mussten die Bergbewohner ihre Wege mit Eseln bestreiten.

Die Strecke geht steil am Wadirand bergauf und führt vorbei an ausgewaschenen Felswänden, atemberaubenden Überhängen und unzähligen herabgestürzten Gesteinsbrocken. Dunkel erodierter Kalkstein und Basalt bestimmen die Farben. Gut getarnt kann man einzelne, aus groben Natursteinen erbaute Häuser der hier ansässigen Hirten erkennen. Ihre Mauern sind etwa einen Meter in den Boden eingetieft, da dies gut gegen Hitze und Kälte schützt. Die Eingänge waren früher oftmals mit einem großen Türschloss verriegelt, weshalb diese **Natursteinhäuser** auch **Bait al-Qafl,** „Haus des Schlosses", genannt werden. Da die Bewohner oftmals monatelang abwesend waren, sollten die im Inneren gelagerten Getreidevorräte vor eventuellen Plünderungen durch feindliche Beduinenstämme beschützt werden. Diese traditionellen Grubenbauten mit ihrem Schloss waren bis in die 80er Jahre des 20. Jahrhunderts über ganz Musandam verbreitet, heute werden jedoch neue und bequemere, ebenerdige Betonhäuser gebaut. Finanziert werden sie aus den Erträgen der Lohnarbeit in den großen Städten.

Nach etwa 25 km erreicht man das auf etwa 1150 m Höhe gelegene **Sayh-Plateau.** Nach Regenfällen leuchtet die gesamte Ebene in üppigem Grün. Drei Wadis münden hier in einen großen Kessel, die von ihnen herangeleiteten Wassermassen und eine vergleichsweise dicke Humusschicht erlauben die Anlage von ausgedehnten Feldern mit Gerste, Weizen, Rettich, Zwiebeln und Luzerne als Viehfutter. Selbst Feigenbäume und einige kleine Dattelpalmen gedeihen hier. Da Regen nicht regelmäßig und in einer Menge fällt, die für landwirtschaftliche Produktion nicht ergiebig genug ist, nutzen die Gebirgsbewohner das Prinzip der **Sturzbachbewässerung.** Das Niederschlagswasser versickert wegen des felsigen Untergrunds nur wenig, sondern rinnt die Bergflanken hinab und sammelt sich in den Wadiläufen. Dort wird es mittels Dämmen gestaut und auf die Felder oder in Zisternen geleitet. Die Ackerparzellen sind mit Mauern umgeben, die ein allzu schnelles Abfließen des Wassers und ein Wegschwemmen der fruchtbaren Erde verhindern (außerdem werden die Pflanzen vor den Ziegen beschützt). Die Bergnomaden züchten auch Kleinvieh und bewirtschaften in den Sommermonaten einen Dattelgarten in den Küstenoasen.

Am Ende der Ebene geht es wieder steil bergauf, bis die Piste ein weiteres Hochplateau unterhalb des 2087 m hohen Gipfels des Jebel Harim erreicht. Die Gipfelregion ist militärisches Sperrgebiet und darf nicht betreten werden.

Den höchsten Punkt der Strecke mit etwa 1600 m Höhe erreicht man hinter der **Militär- und Radarstation bei km 38.** Die schroffen Felsen haben sich zu sanften, mit Büschen bestückten Hügeln gewandelt. Die Piste windet sich um den Gipfel herum, auf die dahinter liegende Flanke.

Das nach Süden gerichtete **Bergpanorama** stellt alles bisher Gesehene in den Schatten. Die Aussicht auf die urtümlichen Felsformationen, kleine Dörfer und unerreichbar wirkende Terrassenfelder ist überwältigend. Auf dem Kamm eines freistehenden Bergrückens entschwindet die Piste in der Ferne. Rechts davon fallen die Wände einer schmalen Schlucht fast 1000 m senkrecht in die Tiefe, links davon verläuft der Hauptarm des **Wadi al-Bih.** In ihm erkennt man eine Piste, die sich später verzweigt und nach Dibba am omanischen Golf bzw. nach Ras al-Khaimah am Persisch-Arabischen Golf in den V.A.E. führt.

Der Schotterweg verläuft über den schmalen Grat und erreicht **18 km hinter der Passhöhe** (56 km hinter dem Khasab Hotel) die Talsohle des Wadi al-Bih. Hier geht es geradeaus zum ca. 2 km entfernten Militärposten und weiter in die V.A.E. (nicht passierbar, zur weiteren Strecke siehe auch „Von Dibba nach Ras al-Khaimah"). Nach links ab teilt sich die Piste nach wenigen Metern erneut. Nach Norden führt die Piste als Sackgasse noch einige Kilometer durch das Wadi al-Bih, in Richtung Osten in die nur 4 km entfernte **Rawdah Bowl.** Die von hohen Bergen eingeschlossene Ebene hat einen Durchmesser von ungefähr 5 km, in ihr gedeiht **einer der größten Akazienwälder Omans.** Der Baumbestand ist zwar nicht so dicht wie der im Birkat al-Khaldiyah, nimmt aber eine wesentlich größere Fläche ein. Im Dorf **Rawdah** leben keine hundert Menschen. Wie auch im Wadi Qadah gibt es hier ein unterirdisches Wasserreservoir, weshalb das omanische Wasserministerium hier auch eine kleine Außenstelle unterhält. In dem Talkessel liegen mehrere große islamische Friedhöfe, für Notfälle hat das Militär eine Landebahn angelegt.

Durch Musandams Buchten

Ohne eine Besichtigung der Seeseite von Musandam wäre der Aufenthalt hier nur eine halbe Sache. Am stilvollsten ist eine Bootsfahrt auf einer gemächlich dahingleitenden Dhau, auf ihr kann man die friedvolle Stimmung dieser Landschaft auch am entspanntesten erleben. **Eine Dhaufahrt durch die Shimm-Meerenge dauert einen vollen Tag** – inkl. Bade- und Schnorchelstopps sowie Landgängen. Eiligere können den Khor auch mit einem Schnellboot besichtigen. **Kumzar** ist ebenfalls als Tagesausflug zu besuchen, jedoch ist die Fahrtzeit länger, sodass weniger Zeit für Stopps bleibt. Außerdem ist diese Strecke wetterempfindlicher und kann bei Wind und rauer See oft nicht befahren werden.

Am reizvollsten ist sicher die etwa **viertägige Umrundung der Nordspitze Musandams:** Es geht von Khasab zum Khor Shimm, dann über Kumzar auf die Ostseite zum Khor Najd und Khor Habalayn bis nach Lima und wieder zurück nach Khasab. Musandam Sea Adventure Tourism (siehe bei Khasab) bietet diese Fahrt auf dem Boot „Rubba“ mit nur sechs Kabinen an – nicht günstig, aber ein echtes Erlebnis. Auch die anderen in Khasab ansässigen Tourveranstalter haben ähnliche Touren im Angebot.

Khor Shimm خور شم

Der fjordähnliche Meereseinschnitt Khor Shimm ist mit 16 km der längste Musandams. Seine am Persisch-Arabischen Golf gelegene Einfahrt ist gerade einmal 100 Meter breit. In ihm ist das Wasser durchschnittlich nur ca. 30 Meter tief. Mit seinen das ganze Jahr über relativ warmen Wassertemperaturen und der farbenfrohen Unterwasserwelt ist er auch im Winter ideal zum Schwimmen und Schnorcheln.

> Khor Shimm – ideal zum Schnorcheln

Musandam

In den Monaten Dezember bis Februar kann es jedoch außerhalb des Wassers auch mal etwas kühler sein und eine winddichte Jacke sollte unbedingt mitgenommen werden.

Kurz nachdem das Boot den Hafen von Khasab verlassen hat und ostwärts abgebogen ist, steuert es auf die erste Attraktion zu. Der enge **Eingang des Khor Shimm** gleicht einer Schlucht, denn zu beiden Seiten ragen nahezu kerzengerade Felsflanken aus dem Meer empor. Der nördlich des Eingangs aufsteigende Jebel Shimm erreicht eine Höhe von fast 1000 m. Hinter dieser imposanten Passage weitet sich der Meeresarm, das dunkeltürkis leuchtende Wasser ist meist spiegelglatt, die lotrechten Wände des ebenfalls knapp 1000 m hohen Jebel Sibi begrenzen den Horizont.

Zwischen Meer und Gestein liegen vier kleine Fischerorte an den Ufern der Buchten: **Nadifi** und **Qanah** auf der rechten Seite am Eingang, das im Norden gelegene **Shimm, Sibi** am anderen Ende des Khor. Man kann sich gut vor-

stellen, wie spartanisch das Leben hier ist. Die Regierung hat Strom- und Telegrafenkabel auch bis in den entlegensten Winkel verlegt, was mit einem gigantischen technischen Aufwand verbunden ist. Wegen dieses Stückchens technischen Fortschritts bleiben nun viele der Bewohner das ganze Jahr über in ihrem Dorf, obwohl sie in Khasab einen Dattelgarten besitzen. Für seine Bewirtschaftung sind neuerdings Saisonarbeiter zuständig. Das Geld dazu stammt aus dem Fischfang oder aus der Lohntätigkeit in den Emiraten, der meist mindestens ein männliches Familienmitglied nachgeht.

Die **Fischerei** ist in Musandam ungewöhnlich ertragreich, die Gewässer sind voll von Fischen – Überfischung oder Umweltverschmutzung sind (noch ...?) kein Problem. Einzig die zahllosen Kormorane sind den Fischern ein Dorn im Auge, da sie Unmengen an kleinen Fischen, die die Nahrungsgrundlage der größeren sind, verspeisen. Die Fischer fangen meist mehr als sie für ihren Eigenbedarf benötigen, es sind hauptsächlich große Fische wie Thunfisch und Kingfish, die ihnen ins Netz gehen. Der Überschuss wird in die V.A.E. exportiert. Dazu bringen die Fischer ihren Fang in den Hafen von Khasab, wo ihn Zwischenhändler, die einen Pick-up mit Kühlbox besitzen, aufkaufen und noch am selben Morgen auf die Märkte von Ras al-Khaimah oder Dubai fahren. Die Preise für Frischfisch sind dort um ein Mehrfaches höher als in Oman, denn in den V.A.E. haben viele Fischer inzwischen ihren Beruf aufgegeben, da die dortigen Gewässer nicht allzu fischreich sind und neue Jobs mehr Geld versprachen. Die meisten Fischer in Musandam sind von den hölzernen Dhaus auf modernere Fiberglasboote umgestiegen. Die Bewohner des Dorfes Shimm und die Kumzaris halten allerdings an den Dhaus fest, da diese mehr Fische fassen und es so nicht nötig ist, jeden Tag aufs Meer zu fahren.

Nicht nur durch die Fischerei ist das Leben der Menschen hier maßgeblich vom Meer bestimmt. In allen Orten des Khor wird das **Trinkwasser** von Tankschiffen der omanischen Regierung angeliefert und am Strand in großen Gemeinschaftsbehältern gesammelt. Früher speicherten die Bewohner das kostbare Nass in Zisternen. Die Schulkinder werden jeden Morgen von Schnellbooten abgeholt und zum Hafen von Khasab gebracht. Von dort fahren sie mit Bussen weiter zur Schule.

Der kleine Ort **Maqlab al-Bahri** ist der einzige, der nicht am Wasser liegt, sondern auf einer ca. 250 m schmalen Landbrücke. Sie trennt den Khor Shimm im Persisch-Arabischen Golf vom Khor Habalayn im Golf von Oman. Die passende Übersetzung des Ortsnamens, wie auch der Landverbindung, lautet „hinübergehen übers Meer". In der Vergangenheit war das alte Dorf mehrfach den Angriffen der Perser ausgesetzt, weshalb die Bewohner sich eines Tages in sicherer Höhe neu angesiedelt haben. Die heute hier lebenden acht Familien können durch diese vorteilhafte Lage in zwei Buchten fischen.

Im Khor Shimm liegen drei Inseln, von denen die der Landbrücke vorgelagerte, **Jazirat Saghira,** die kleinste ist. Sie wird auch **„Telegrafen-Insel"** genannt, da die Briten 1864 hier eine Telegrafenstation errichteten. Doch schon fünf Jahre nach Inbetriebnahme wurde sie wieder aufgegeben, denn die hier stationierten Engländer waren dem heißen und abgeschiedenen Leben wohl doch nicht gewachsen. Die Ruinen des ehemals zweistöckigen Gebäudes sind noch heute zu sehen. Das kleine, im flachen Wasser liegende und von Korallen umgebene Eiland eignet sich ideal zum Schnorcheln. Die Vielfalt an Fischen kann man aber auch über der Wasserlinie bestens erkennen – manchmal schwimmen auch Meeresschildkröten vorbei.

Auf der gesamten Fahrt durch den Khor Shimm sieht man immer wieder fliegende Fische aus dem Wasser springen, und mit einer gewissen Portion Glück wird das Boot auch ein Stück von spielenden **Delfinen** begleitet – es lohnt sich, die Augen offen zu halten.

Kumzar كمزار

Kumzar, das nördlichste Dorf Omans, liegt abgeschieden an der Straße von Hormuz und lässt sich nur auf dem See- oder Luftweg erreichen. Die knapp **2500 Einwohner** siedeln in einer engen, geschützten Bucht, in der die Felsen nur wenig Platz für ihre 250 Häuser bieten.

Die Kumzari sind **mobile Fischer,** die das Sommerhalbjahr in Khasab verbringen, wo sie Gärten besitzen – Kumzar wirkt zu dieser Zeit wie ausgestorben. **Die Kumzari sind ein sehr traditionsbewusster Stamm.** Fragt man einen Mann nach seinem Namen, so wird er diesem immer „Al-Kumzari" hinzufügen. Nur vergleichsweise wenige haben ihr traditionelles Fischerboot aus Holz gegen ein pflegeleichteres, schnelleres, haltbareres und wendigeres aus Fiber-

⌄ Versorgungsschiff in Musandams Gewässern

oman20_008 pf

glas getauscht. **„Batill“** heißen die zwischen 10 und 12 Meter langen Holzboote mit hoch aufragender Heckflosse und spitzem Bug. Die kleinere Version, die **mashua,** ist nur 6–7 Meter lang. Bei vielen batill sind bestimmte Holzteile noch in traditioneller Weise mit starken, ölgetränkten Fasern zusammengenäht. Unverkennbares Merkmal der kumzarischen Boote sind die mit bunten Bändern, Ketten und Kaurimuscheln bestückten Heck- und Bugflossen. Am Bug ist oft auch ein Ziegenfell befestigt, hinzu kommen hölzerne Hörner oder eine bunte Quaste.

Auch würde kaum ein Kumzari seine eigene **Sprache,** ein Mischmasch aus Arabisch, Persisch, Portugiesisch, Hindi und Englisch und nur für wenige Menschen verständlich, der Allmacht des Arabischen opfern. Die Kinder lernen in der Schule zwar Arabisch, aber zu Hause wird nur Kumzari gesprochen. Zudem fällt ihnen das Erlernen der englischen Sprache leichter als das des Arabischen, da Kumzari den indogermanischen Sprachen näher ist als den semitischen.

Zur Bereicherung ihres traditionsreichen Lebens sind den Kumzaris **moderne Errungenschaften** wie eine Gesundheitsstation, Schule, Strom, Telefon, klarer Empfang von Radio und Fernsehen, Klimaanlagen und Trinkwasser aus der eigenen Meerwasserentsalzungsanlage natürlich sehr willkommen.

Bei einem **Bummel durch das Dorf** fallen die zwei großen Moscheen auf, jeweils eine für die beiden wichtigsten Familien im Ort. Die Gassen sind eng, denn Platz ist rar. Man hat sogar begonnen, die Berghänge oberhalb der eigentlichen Siedlung zu begradigen, um Platz für weitere Häuser zu schaffen.

Dibba und Madha

Im folgenden Abschnitt werden weitere omanische Exklaven vorgestellt, die man allerdings nicht so leicht von Khasab aus, sondern am einfachsten vom Gebiet der V. A. Emirate besuchen kann. Dabei bestehen keinerlei Grenzkontrollen, man benötigt also kein omanisches Visum, allerdings sollte man die Gültigkeit seiner Autohaftpflichtversicherung überprüfen, falls man mit einem Mietwagen unterwegs ist.

Dibba دبا

Dibba liegt an der Grenze der Emirate zur Halbinsel Musandam an der Küste des Golfs von Oman. Die Stadt befindet sich etwa 60 km nördlich der emiratischen Stadt **Fujairah,** von wo sie über eine gute Küstenstraße problemlos zu erreichen ist. Über eine schwierige Piste geht es auch von der am Persisch-Arabischen Golf gelegenen emiratischen Stadt Ras al-Khaimah nach Dibba.

Allein schon die Lage der Stadt zu Füßen der **Hajar-Berge** ist beeindruckend. Dibba liegt zudem an der Mündung eines breiten, fruchtbaren Wadis und an einer malerischen Meeresbucht. Besonders schön sind die Buchten und Strände im Norden von Dibba, denn hier fallen die Berge direkt steil ins Meer. Im Hafen kann man Boote mieten, um die Küste zu erkunden oder um zu schnorcheln. Hier hat auch die Tauchbasis Al-Marsa ihren Sitz, die ein- und mehrtägige Fahrten entlang der Küste anbietet (vgl. Exkurs „Tauchen und Schnorcheln in

Oman“). Nördlich davon hat der Bau eines Strandhotels begonnen.

In seiner **Geschichte** erlebte Dibba ungeahnte Blütezeiten. Zu Lebzeiten des Propheten Muhammad war der Ort wegen seines natürlichen Hafens die wichtigste Stadt Omans, zu dem damals auch weite Teile des Gebietes der heutigen V.A.E. gehörten. Doch nachdem die Bewohner zunächst zum Islam übergetreten waren, rebellierten sie nach dem Tod Muhammads im Jahr 632 n. Chr. gegen den Khalifen *Abu Bakr* in Mekka. Dieser sandte drei Armeen, die in einem erbitterten Kampf diese **„Ma'rakat al-Reddah“**, „die Schlacht der Abtrünnigen“, beendeten. Nach Schätzungen fanden etwa 10.000 Menschen den Tod, was für Dibba das Ende seiner Glanzzeit bedeutete. Außerhalb der Stadt gibt es einen riesigen Friedhof, auf dem die Opfer dieser Schlacht beerdigt sind.

Alte Karten der Portugiesen, die im 16. Jahrhundert Dibba besetzt hielten, zeigen eine räumliche **Dreiteilung der Stadt.** Sie besteht noch heute, und auch die Verwaltung ist dreigeteilt: Der nördliche Teil Dibbas heißt Bayah und gehört zu Oman, der mittlere (Dibba al-Hisn) gehört zum Emirat Sharjah, der südliche Teil (Dibba Muallab) zum Emirat Fujairah. Den gesamten Ort hat wieder eine Art Aufbruchsstimmung erfasst und er expandiert kräftig.

Unterkunft

3 Golden Tulip Hotel

Strandhotel nördlich des Hafens, gutes Preis-Leistungs-Verhältnis, vor allem verglichen mit den Hotels an der Ostküste der V.A.E., EZ 50 RO, DZ 60 RO, Tel. 26836654, www.goldentulipdibba.com

2 Six Senses Hideaway Zighy Bay

Luxushotel in einer ruhigen Bucht nördlich der Stadt, das ganz auf Entspannung und Exklusivität setzt, DZ bzw. Villa ab 510 RO, Tel. 26735888, www.sixsenses.com

Von Dibba nach Ras al-Khaimah

■ **Diese Strecke gehört zu den schönsten Omans.** Sie führt von Dibba durch die Hajar-Berge nach Ras al-Khaimah an der Westküste zwar größtenteils durch omanisches Staatsgebiet, ist aber von Dibba aus ohne Formalitäten zu befahren, da sich der omanische Grenzkontrollposten erst weiter nördlich befindet. Derzeit wird man aber an der **Weiterfahrt** durch Militärposten gehindert, eine Durchfahrt ist **für Ausländer unmöglich.** Es kann jederzeit passieren, dass diese Regelung wieder aufgehoben wird und die Strecke wieder passierbar ist. Daher beschreiben wir sie im Folgenden. Man sollte aber immer vor der Abfahrt in Dibba (oder Ras al-Khaimah) nach dem Stand der Dinge fragen.

■ **Als Fahrzeit sollte man mindestens 4 Std. einplanen,** da man ja damit rechnen muss, den ganzen Weg bis Dibba nochmals zu fahren. Die Strecke ist schön, allerdings sind Pistenerfahrung und wegen der starken Steigungen ein Allradwagen erforderlich.

■ Selbstfahrer sollten zuvor wegen der Grenzüberschreitung eine **Zusatzhaftpflichtversicherung für den Mietwagen** abschließen. Außerdem ist es ratsam, in Dibba vollzutanken und sich nach dem **Pistenzustand** zu erkundigen, falls es in der letzten Zeit geregnet hat. Bei Regenfällen werden immer wieder Teile der Piste weggewaschen oder zugeschüttet, und die Strecke ist bis zu ihrer Instandsetzung unpassierbar. Falls man unterwegs aufziehende Regenwolken bemerken sollte, ist es dringend ratsam sofort umzukehren. Gerade auf dieser Strecke sollte man die Naturgewalten nicht unter-

oman17-005 pf

schätzen, Bergrutsche und Flutwellen sind keine Seltenheit. Auf keinen Fall darf man unmittelbar im Wadibett campen!

Streckenbeschreibung: Man verlässt Dibba nordwärts, am einfachsten immer die Küste entlang. Nachdem man den emiratischen Ortsteil Dibba al-Hisn hinter sich gelassen hat, machen große Schilder darauf aufmerksam, dass hier omanisches Staatsgebiet beginnt.

Wenn man der Beschilderung nach Khasab folgt, so beginnt kurz nach dem Ortsende von Dibba eine sehr gut befahrbare Piste. Die Strecke steigt langsam an, und das **Wadi Khabb Shamsi,** das zunächst noch sehr weit ist, verengt sich zunehmend.

Es geht an einem kleinen Dorf mit Häusern aus gemauerten Natursteinen vorbei, und **16 km nach Pistenbeginn** erreicht man die engste Stelle des Wadis, an der das Wasser eine tiefe Rinne in den Talboden gefressen hat. Über dem nur fünf Meter breiten Flussbett steigen die Felswände senkrecht an. Diese **Schlucht** ist nach Regenfällen häufig durch Geröll blockiert.

Das Tal weitet sich zwar nun etwas, aber die Strecke steigt weiterhin an. Immer wieder kleben kleine Natursteinhäuser an den Berghängen, die oft nur

⌃ Ausflug mit einer Dhau

schwer von der felsigen Umgebung zu unterscheiden sind. Aber anhand der am Wegesrand stehenden Wassertanks kann man erahnen, dass in der Nähe Hirten leben, die hier ihr Trinkwasser entnehmen. Die Tanks werden regelmäßig und gratis von Tankwagen der Regierung aufgefüllt. Zuvor mussten die Bewohner das Regenwasser in Zisternen sammeln. Das Wasser war oft von schlechter Qualität, und in den seltensten Fällen war es in ausreichender Menge vorhanden.

12 km hinter der Engstelle schraubt sich die Piste in steilen und engen Serpentinen auf eine **Passhöhe** hinauf (über 1000 m). Immer wieder bieten sich grandiose Blicke auf die Berge und Schluchten.

Nachdem die Strecke sich in erneuten Serpentinen wieder in das **Wadi al-Bih** heruntergewunden hat, teilt sich die Strecke im Flussbett des Wadi al-Bih: Rechts geht es nach Khasab (Touristen werden aber am omanischen Militärposten zurückgeschickt), links weiter nach Ras al-Khaimah.

13 km hinter dieser Kreuzung hat man wieder das **Gebiet der Vereinigten Arabischen Emirate** erreicht. Hier befindet sich ein emiratischer Militärposten, der Ausländer manchmal nicht passieren lässt, sodass man die ganze Strecke zurück muss. Dahinter beginnt eine neue Straße, über die man nach gut 10 km Ras al-Khaimah erreicht.

Wadi Madha وادي مدحاء

Der Ort Madha ist eine **omanische Exklave in der Batinah-Küstenebene,** die ganz von den Vereinigten Arabischen Emiraten und den Hajar-Bergen umgeben ist. Ein Großteil der Strecke ist auch mit einem normalen Pkw befahrbar.

Man erreicht Madha über einen etwa 45 km südlich von Dibba gelegenen Abzweig von der Hauptstraße nach Fujairah (17 km nördlich von Fujairah).

Schon **nach 2 km** beginnt der Ort **Madha,** 1 km weiter erreicht man einen Kreisverkehr, an dem man sich links zum Ort Sarouj halten muss.

Noch **3 km** und die Straße schlängelt sich durch das enge **Sarouj,** bevor sie in einer Wadifurt zur Piste wird. **Nach 1,5 km** kommt man in das Dorf **Sa'd** und nach einem weiteren halben Kilometer an den **Al-Maksar-Naturpark.** Hier kann man unter Schatten spendenden Wellblechdächern eine Picknickpause einlegen. Das Wadi unterhalb des Picknickplatzes führt Wasser, eine gute Gelegenheit zu einer Erfrischung.

Die Piste führt noch einige Kilometer weiter, bis sie wieder emiratisches Gebiet erreicht und schließlich in einem kleinen Dorf am Fuße der Berge endet.

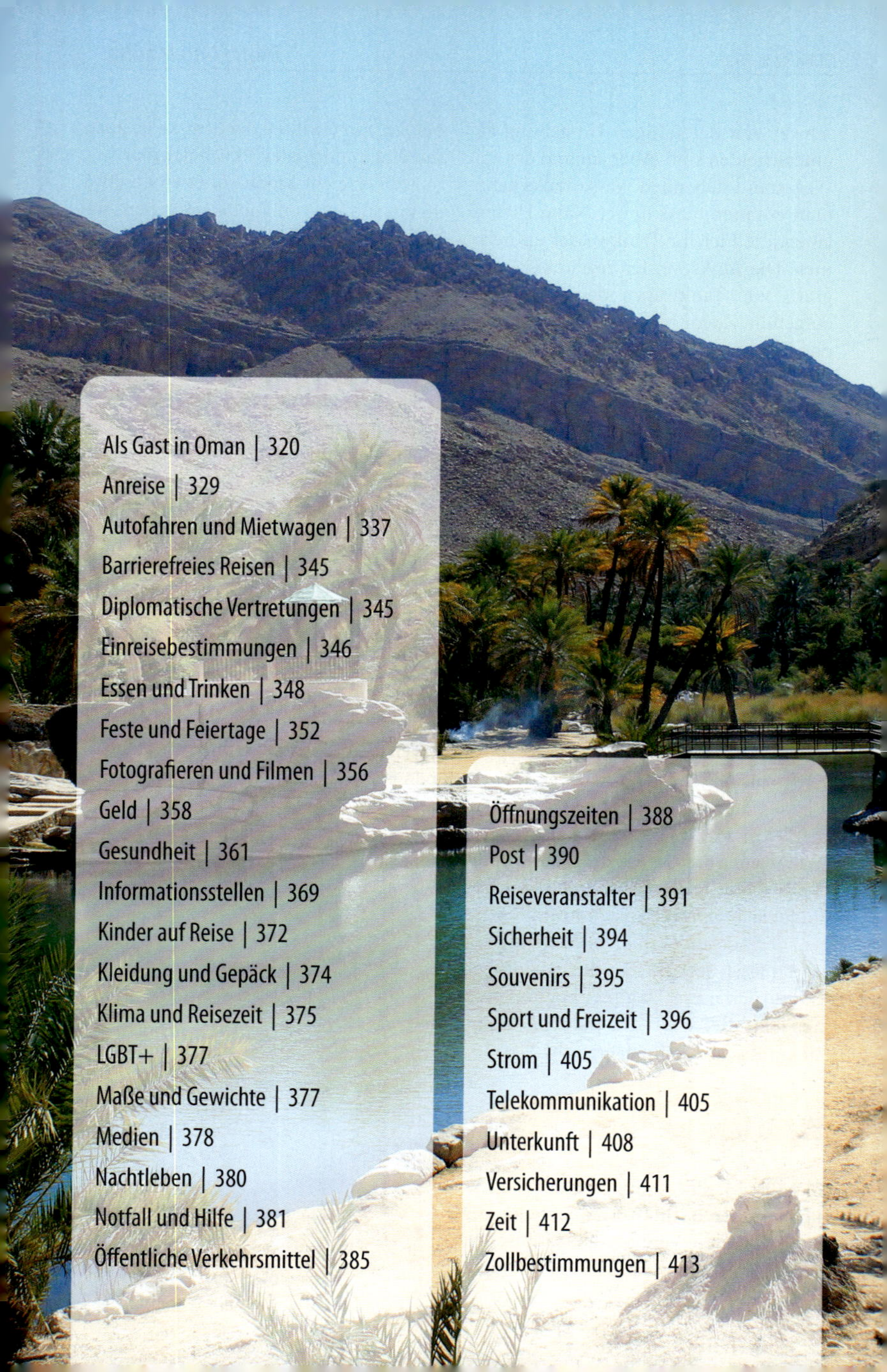

Als Gast in Oman | 320
Anreise | 329
Autofahren und Mietwagen | 337
Barrierefreies Reisen | 345
Diplomatische Vertretungen | 345
Einreisebestimmungen | 346
Essen und Trinken | 348
Feste und Feiertage | 352
Fotografieren und Filmen | 356
Geld | 358
Gesundheit | 361
Informationsstellen | 369
Kinder auf Reise | 372
Kleidung und Gepäck | 374
Klima und Reisezeit | 375
LGBT+ | 377
Maße und Gewichte | 377
Medien | 378
Nachtleben | 380
Notfall und Hilfe | 381
Öffentliche Verkehrsmittel | 385
Öffnungszeiten | 388
Post | 390
Reiseveranstalter | 391
Sicherheit | 394
Souvenirs | 395
Sport und Freizeit | 396
Strom | 405
Telekommunikation | 405
Unterkunft | 408
Versicherungen | 411
Zeit | 412
Zollbestimmungen | 413

7 Praktische Tipps A–Z

< Im Wadi Bani Khalid

Als Gast in Oman

Was erwartet den Gast?

Vor allem im Winter, wenn es in Mitteleuropa unangenehm wird, kann man in Oman hervorragend Urlaub machen. Obwohl sich das Land erst vor drei Jahrzehnten dem Tourismus öffnete, findet es sich inzwischen in fast allen Katalogen namhafter Reiseveranstalter.

Eine der Hauptattraktionen dieses faszinierenden Morgenlandes ist zweifelsohne die **Schönheit und Vielfalt seiner Landschaften,** die zudem noch sehr **ursprünglich** wirken. Die beeindruckende Szenerie beinhaltet schroffe, zerklüftete Bergformationen mit ausgetrockneten Flusstälern und tiefen Schluchten, goldgelbe Sandwüsten mit haushohen Dünen, verträumte Oasen mit sattgrünen Palmenhainen oder subtropischen Gärten, majestätische Festungen aus vergangenen Zeiten, endlose Steppen, deren Leere unglaublich scheint, lange Sandstrände mit steilen Küstenklippen sowie das kristallklare, azur- oder türkisblaue Meer mit einer artenreichen Unterwasserwelt.

Daneben verfügt das Sultanat im Südosten der Arabischen Halbinsel über **erstklassige Hotels, gute Einkaufsmöglichkeiten** in eleganten Einkaufszentren und orientalischen Souqs, eine internationale **kulinarische Vielfalt** und **günstiges Winterklima** mit angenehmen Temperaturen und (fast) garantiertem Sonnenschein. Zu den vielen **Sportmöglichkeiten** zählen neben Schwimmen, Tennis und Squash auch Segeln, Surfen, Hochseefischen, Tauchen, Reiten (Pferde und Kamele) sowie Bergwandern. Nicht zu vergessen die breite, **kontrastreiche Palette an Sehenswürdigkeiten** aus alten Lehmfestungen, historischen und modernen Palästen, Souqs, Märkten und Museen sowie natürlich die sprichwörtliche **arabische Gastfreundschaft,** die in Oman auch in Zeiten des materiellen Aufschwungs, der erst in den 1970er Jahren Einzug gehalten hat, erhalten geblieben ist.

Die aus dem Ölverkauf erzielten Deviseneinnahmen haben dem Land in den vergangenen drei Jahrzehnten einen märchenhaften **Wohlstand** beschert. Vergilbte Fotografien sind die letzten Zeugen des damals von der Außenwelt abgeschnittenen und unterentwickelten Landes. Erst wenn man sie betrachtet, kann man ermessen, welch beispielloser Aufbau in den letzten Jahrzehnten stattgefunden hat. Das kleine Sultanat wurde dabei quasi aus dem Mittelalter in das Zeitalter der Computer und Datenbanken katapultiert. Die Petrodollar finden sich aber nicht nur in den Taschen der Herrschenden oder in deren verspielten Prunkbauten wieder. **Sultan Qaboos,** der Landesvater des modernen Nationalstaates, scheint an alles gedacht zu haben: an ein kostenloses Bildungs- und Gesundheitssystem, an die Absicherung sozial Schwacher, an die Rechte der Frauen, an neue Boote für die Fischer, an Wasser für die Landwirte, an moderne Autobahnen und großflächige Parkanlagen. Angenehm für Reisende ist, dass dieses neuzeitliche Denken nicht im Wettbewerb mit traditionell arabischer Kultur und religiöser Tiefe steht, sondern harmonisch mit ihnen verschmilzt.

Toleranz und Weltoffenheit sind dagegen nichts Neues, sie gehören zur Tradition des Sultanates, denn die omanische Gesellschaft hat sich über jahrhundertelange Seehandelsbeziehungen sehr kosmopolitisch entwickelt. Gut ein Viertel der heute knapp drei Millionen Einwohner sind Ausländer. Im Vergleich zu anderen islamischen Staaten herrscht ein relativ **liberaler Geist** vor. Religiöser Extremismus ist genauso ein Fremdwort wie soziale Konflikte oder demokratische Protestbewegungen. Es gibt Bars und Discos mit Alkoholausschank. Ausländische Frauen können sich völlig frei bewegen und brauchen sich keiner muslimischen Kleiderordnung anzupassen, auch wenn eine dezente und nicht aufreizende Kleidung erwartet wird.

Hinzu kommt eine große **Sicherheit,** denn Fundamentalismus und Kriminalität sind in Oman nahezu unbekannt, sodass jeder Tourist jederzeit unbesorgt unterwegs sein kann. Auch nach den Anschlägen vom 11. September 2001 ist es im Land ruhig und friedlich geblieben, zu Feindlichkeiten gegenüber Europäern oder US-Amerikanern kam es nicht, auch nicht während der Afghanistan- und Irak-Kriege. Der „Arabische Frühling“ erreichte (in abgeschwächter Form) auch Oman, doch die Proteste blieben größtenteils friedlich. Der Sultan brachte umgehend Reformen und soziale Verbesserungen auf den Weg, sodass sich die Situation rasch beruhigte.

Neben alledem ist die **touristische Infrastruktur** gut entwickelt und erleichtert das Reisen. Es gibt mittlerweile eine Vielzahl an Hotels und Restaurants aller Preisklassen. Wer seinen Urlaub nicht pauschal in der Heimat bucht, der kann bei einem der vielen **omanischen Tourveranstalter** einzelne Stadtrundfahrten, Ausflüge oder mehrtägige Touren buchen. Man kann sich aber auch ein individuell an den eigenen Interessen orientiertes Programm ausarbeiten lassen. Die Tourbegleiter sprechen meist englisch oder sogar deutsch. Auch mit dem eigenen **Mietwagen** lässt sich die Vielfalt des Sultanats erschließen, diverse internationale und lokale Mietwagenfirmen bieten alle erdenklichen Autotypen an.

Ebenfalls attraktiv sind die **günstigen Flugverbindungen** von Europa aus. Für diejenigen, die englisch sprechen, wird es außerdem keine Verständigungsprobleme geben, und schließlich ist die Visumbeschaffung sehr einfach.

Hauptzielgruppe der omanischen Tourismusförderung **sind kaufkräftige Touristen,** die eine Mischung aus Erholung mit westlichem Komfort und einem Hauch arabischem Abenteuer sowie ursprüngliche Naturschönheiten suchen. Oman ist sowohl ein ideales **Einstiegsziel für Arabien-Anfänger** als auch genau das richtige Reiseland für **Arabien-Fans,** die die Annehmlichkeiten der modernen Welt nicht missen möchten. Wer Wert darauf legt, kann in den besten Fünf-Sterne-Hotels logieren, in den nobelsten Gourmet-Restaurants speisen und auch sonst jeden nur erdenklichen Komfort genießen.

Neben all dem Luxus und der Exklusivität gibt es auch einige preiswerte Hotels, einfache und hygienisch einwandfreie Imbissstuben sowie zahlreiche Märkte und Supermärkte für die Selbstversorgung. Das Netz an öffentlichen Bussen und Sammeltaxis ist allerdings dünn, sodass ein eigener Mietwagen deutlich mehr Möglichkeiten bringt.

Wichtig ist es aber auch zu wissen, **was einen nicht erwartet:** Kulturelle Highlights wie in Ägypten oder Iran darf

Problematik des Tourismus

Ob Tourismus eher ein **Segen oder** ein **Fluch** für das besuchte Land und seine Bevölkerung darstellt, ist eine viel diskutierte Frage. Sicher ist, dass Tourismus seine guten, aber auch seine fragwürdigen und kritischen Seiten hat, durch die immer neue Konfliktsituationen entstehen. Die negativen Folgen des Tourismus hängen stark davon ab, wie sich die Reisenden in ihrem Urlaubsland verhalten. Ob sie daran interessiert sind, die Lebensweise und Kultur der Einheimischen kennen zu lernen, oder ob sie nur Sonne und Strand suchen und alles andere lediglich als exotische Kulisse registrieren.

Auf einem Tourismusseminar der „Christian Conference of Asia" hat man unter dem Titel **„A code of ethnics for tourists"** folgende allgemein gültigen Tugenden zusammengefasst:

- Beginnen Sie Ihre Reise unvoreingenommen mit dem Wunsch, mehr über das Gastland und seine Menschen zu erfahren.

oman043 pf

- Respektieren Sie die Gefühle der gastgebenden Bevölkerung. Bedenken Sie, dass Sie durch Ihr Verhalten auch ungewollt verletzen können. Dies trifft vor allem auf das Fotografieren zu (Näheres dazu findet sich im Abschnitt „Fotografieren und Filmen").
- Machen Sie sich mit den örtlichen Sitten und Gebräuchen vertraut. Sie werden sicher jemanden finden, der Ihnen dabei hilft.
- Entdecken Sie, wie interessant und wertvoll es sein kann, eine andere Art des Lebens kennen zu lernen.
- Machen Sie es sich zur Gewohnheit, zuzuhören und zu beobachten anstatt nur zu hören und zu sehen.
- Legen Sie die Gewohnheit ab, auf alles eine Antwort parat zu haben. Seien Sie mal derjenige, der eine Antwort haben möchte.
- Denken Sie daran, dass Sie nur einer von Tausenden Touristen im Land sind. Beanspruchen Sie keine besonderen Privilegien.
- Halten Sie sich vor Augen, dass andere Völker oft andere Zeitbegriffe haben. Das heißt nicht, dass diese schlechter sind – sie sind eben verschieden.
- Nehmen Sie sich täglich etwas Zeit, um Ihre Erlebnisse zu verdauen. Sie werden dann mehr vom Reisen haben.
- Wenn Sie es auf Reisen wie zu Hause haben wollen, dann verschwenden Sie Ihr Geld nicht fürs Reisen – bleiben Sie lieber daheim.

Der Regierung Omans sind die Gefahren, die der Tourismus mit sich bringen kann, durchaus bewusst; „Massentourismus" wird daher eigentlich abgelehnt. Die stark gestiegenen Besucherzahlen der letzten Jahre widerlegen dies jedoch.

Dank der aufgeschlossenen und toleranten Art der Omanis ist **Reisen im Sultanat ohne Schwierigkeiten möglich** – zumindest zur Zeit noch. Doch manche Negativfolgen sind schon heute im Anfangsstadium sichtbar: In den Souqs von Mutrah und Nizwa halten Billigimporte und Imitationen traditionsreicher Handwerksstücke Einzug; der Tiermarkt von Nizwa wird von Busgruppen förmlich überrannt; Kinder beginnen zu betteln und nach Stiften zu fragen.

Jeder Tourist kann mit seinem Verhalten dazu beitragen, dass diese anfänglichen Symptome sich nicht zu einer schwerwiegenden Krankheit ausweiten. Das bedeutet, dass Touristen die fremden Menschen, ihre Mentalität, ihre Kultur und ihre Religion **verstehen** möchten und ihnen **Respekt** entgegenbringen, dass sie sich in ihrem Verhalten und auch der Kleidung **anpassen** und nichts mit Gewalt zu emanzipieren versuchen, dass sie sich im Hintergrund halten und wissen, dass ihre Neugier Grenzen haben muss.

Bettelnden Kindern sollte man besser nichts geben, auch wenn sie einem ärmlichen Eindruck machen – in Oman muss normalerweise niemand Hunger leiden. Das Ansprechen von Touristen entwickelt sich vielmehr zu einem beliebten Zeitvertreib kleiner Omanis.

Buchtipp

Zur Vorbereitung auf eine Reise nach Oman, in ein islamisches Land also, das sich in vielerlei Hinsicht von unserem Kulturkreis und unserer Alltagswelt unterscheidet, hält Reise Know-How ein nützliches Buch bereit:

- Kirstin Kabasci, **KulturSchock Kleine Golfstaaten/Oman**

man ebensowenig erwarten wie trubelige Märkte à la Marokko oder Tunesien. In Oman ist alles etwas ruhiger und beschaulicher. Entschädigt wird man von einer grandiosen Natur und liebenswerten Menschen.

Und abschließend: Reisen in Oman ist im Vergleich zu anderen arabischen Reisedestinationen relativ kostspielig – **Oman** muss nicht teuer sein, ist aber **kein Billig-Reiseland!**

Was wird vom Touristen erwartet?

Auch wenn in Oman viele Ausländer leben und sich in manchen Landesteilen eine gewissermaßen multikulturelle Gesellschaft entwickelt hat, in der jede Nationalität ihre Religion frei ausüben kann, so darf man nie vergessen, dass das Sultanat ein **arabisch geprägtes und streng muslimisches Land** ist. Religion, Kultur, Gebräuche und die Mentalität der Einheimischen weichen stark von unseren europäischen Maßstäben ab.

Jedem Reisenden sollte klar sein, dass er sich in einem gewissen Rahmen **den einheimischen islamischen Sitten und Gebräuchen anpassen** muss. Es wäre schön und wünschenswert, wenn jeder Tourist das Verständnis entwickeln würde, dass ihn die Omanis als Gast ansehen und er sich dieser Würdigung entsprechend verhält.

Vielen Arabern fällt die Hektik, mit der sich viele Europäer bewegen, unangenehm auf. Araber (aber auch die vielen im Land lebenden Asiaten) haben eine **andere Auffassung von Zeit** als wir, denn „als Allah die Zeit schuf, schuf er sie reichlich". Grundsätzlich ist es sinnvoll, immer die **Ruhe** zu **bewahren.** Eile, Ungeduld oder gar Zorn führen zu nichts, höchstens zu Unverständnis und dazu, dass man „sein Gesicht verliert".

Die in den folgenden Abschnitten aufgeführten Verhaltenstipps dienen größtenteils der **Höflichkeit.** Wahrt man in der einen oder anderen Situation nicht ganz die Form, so drücken die Einheimischen meist beide Augen zu und lassen den Gast noch nicht einmal merken, dass er gerade unbewusst unhöflich gehandelt hat.

Buchtipps zum Verhalten in islamischen Ländern

- *Peter Heine,* **Kulturknigge für Nichtmuslime.** Ein Ratgeber für alle Bereiche des Alltags, Herder-Verlag
- **Islam Verstehen,** Sympathie Magazin, Studienkreis Tourismus und Entwicklung e.V.

Gastfreundschaft und Einladungen

Gastfreundschaft begegnet den Touristen überall, besonders häufig sind Einladungen zum Kaffee oder Tee, zu Datteln oder *halwa,* einer typischen Süßspeise (siehe dazu auch die Exkurse „Omans süßeste Versuchung – Halwa" und „Qahwa – mehr als „nur" heißer Kaffee"). Sie abzuschlagen gilt als unhöflich, und die Begründung, keine Zeit zu haben, stößt auf Unverständnis.

Zur **Begrüßung** ist ein Händedruck nicht immer üblich, besonders nicht bei Frauen. Am besten höflich und zurückhaltend beobachten, wie sich das Gegenüber und die evtl. anderen Anwesenden verhalten. Viele Araber führen bei der Begrüßung ihre rechte Hand zum Herzen und unterstreichen damit ihre Herzlichkeit. Diese ausdrucksstarke Geste können auch Touristen zeigen. Die arabische Begrüßung ist eine streng festgelegte Zeremonie, in der man sich höflich nach der gegenseitigen Gesundheit und dem Wohlbefinden der Familie (nie aber direkt nach dem der Frauen!) erkundigt. Auch am Telefon sollten diese Höflichkeiten nicht fehlen. Besonders hoch angerechnet wird es, wenn man die wichtigsten Begrüßungsformeln in Arabisch kann; sie stehen im Anhang dieses Buches unter „Sprache".

Die **linke Hand** gilt als **unrein,** da mit ihr die Reinigung nach dem Toilettengang vollzogen wird. Daher sollte man eigentlich niemals jemandem etwas mit links überreichen (insbesondere Essen, Geschenke, Geld und Zigaretten) oder mit der linken Hand Essen zum Mund führen. Gerade Linkshänder sind hier zu besonderer „Wachsamkeit" aufgerufen.

Das direkte Entgegenstrecken der Fußsohle gilt als Beleidigung.

Zurückhaltung bei Gesprächen über Politik und Religion! Diplomatisch ist es, sich als Christ auszugeben, auch wenn man keinem Glauben anhängt – keiner Religion anzugehören, ist für die meisten Muslime nicht vorstellbar.

Wird man zum Essen in ein **Restaurant** eingeladen, so braucht man sich nicht unbedingt mit einem Geschenk zu bedanken. Die nächste Einladung sollte aber auf eigene Rechnung gehen, falls die Omanis dies nicht höflich abwehren.

Bei Einladungen in einen **Privathaushalt** ist es üblich, sich mit einem Gastgeschenk erkenntlich zu zeigen. Auf Blumen für die Damen des Hauses sollte man allerdings verzichten und statt dessen Datteln von guter Qualität oder Süßigkeiten für die Kinder bereithalten (großer Karton mit Keksen oder in Sirup getränktes Gebäck vom Bäcker).

Beim Betreten des **Empfangsraumes (majlis)** werden die Schuhe draußen ausgezogen. Die meisten majlis sind lediglich mit Teppichen und Kissen ausgestattet, in ihnen setzt man sich auf den Fußboden. Reichere Haushalte haben aber teilweise auch „moderne" Empfangsräume mit eleganten Möbelstücken und Sofas. In traditionellen Familien werden die Frauen in den **Frauenbereich (harem)** geführt, während die Männer unter sich bleiben. Viele Gastgeber empfangen westliche Reisende aber auch ohne Trennung der Geschlechter. Zunächst werden Datteln und arabischer Kaffee serviert. Alte und angesehene Familienmitglieder werden zuerst bedient, dann die Gäste. Bei einer Einladung zum Essen wird eine Wasserschüssel zum Händewaschen und zum Abtrocknen eine Packung „Kleenex" herumgereicht. Oft ist das Wasser mit Duftölen oder Rosenwasser parfümiert.

Beim Kaffeetrinken wird eifrig geplaudert, von den Gästen wird erwartet, dass sie etwas von sich erzählen. Besonders gerne sehen die Omanis Fotos der Familie sowie Fotos oder Postkarten aus der Fremde.

Später erst beginnt die eigentliche Mahlzeit. Eine **typische Speise** besteht aus einer großen Reisplatte mit Lammfleisch, frischem Brot und verschiedenen kleinen Beilagen. Bei Hochzeiten, Geburten und religiösen Festen wird eine Reihe von Spezialitäten aufgetischt. Dabei gibt es feste Regeln, nach denen die Speisen dargeboten und serviert werden. **Gegessen wird** traditionell **mit den Fingern.** Beim Essen wird der Gast immer wieder dazu gebeten, sich die besten Stücke zu nehmen, das Ergebnis ist meist ein total überfüllter Magen. Bei einer spontanen Einladung wird eine Auswahl an frischem, gekühltem Obst mit Süßigkeiten und Datteln serviert.

Nach der Mahlzeit wird ein weiteres Mal Kaffee eingeschenkt. In den Frauenrunden werden dabei meist wertvolle

oman044 pf

⌃ Entspannte Atmosphäre in der Großen Moschee in Muscat

Parfüms und Duftöle gereicht, von denen man sich einige Tropfen an die Seite der Daumen, auf die Wangen, an den Schleier oder unter die Nase tupft. Oft macht auch ein Weihrauchbrenner mit qualmendem Weihrauch, Sandelholz oder anderen Essenzen die Runde. Mit dem Rauch werden Haare, Hände und Kleidung parfümiert. Sind die Frauen unter sich, so halten sie den Weihrauchbrenner einige Augenblicke lang dezent unter ihren Rock.

Der britische Forschungsreisende **Wilfred Thesiger,** der in den 1940er Jahren nahezu gesamt Südostarabien bereiste und seine Erlebnisse anschließend in dem Buch „Die Brunnen der Wüste" niederschrieb, formulierte seine Gedanken über die arabische Gastlichkeit wie folgt: *„Ich habe mich in der Schule einsam gefühlt und in europäischen Städten, wo ich niemanden kannte. Aber unter den Arabern war ich niemals einsam. In Städten, wo mich niemand kannte, ging ich einfach in den Bazar und begann ein Gespräch mit einem Händler. Er lud mich ein, in seiner Bude Platz zu nehmen und ließ Tee kommen. Andere Leute gesellten sich zu uns. Man fragte mich, wer ich sei, woher ich komme und stellte unzählige andere Fragen, die wir einem Fremden niemals stellen würden. Und dann sagte einer: „Komm, iß mit mir zu Mittag." Beim Essen traf ich dann weitere Araber, und einer von ihnen lud mich zum Abendessen ein. Ich habe mich oft traurig gefragt, was sich wohl ein Araber denkt, der England bereist. Ich hoffe, er hat begriffen, daß wir untereinander ebenso unfreundlich sind, wie wir ihm gegenüber unfreundlich erscheinen müssen."* (Quelle: *W. Thesiger,* Die Brunnen der Wüste. Piper Verlag, 1997; S. 120)

Essen und Trinken

Beim Essen ist die **linke Hand** möglichst nicht zu benutzen, und die **Brotstücke,** die traditionell wie „Löffel" verwendet werden, sind nur einmal in das Essen zu tauchen und dann mit zu essen. Besonders in Beduinenhaushalten wird noch oft nach dieser Methode gegessen. Sollte man in die Situation kommen, **mit den Fingern essen** zu müssen (was durchaus Spaß machen kann), so formt man aus dem Reis einen mundgerechten Klumpen, legt ihn auf die Fingerspitzen der rechten Hand und schiebt ihn mit dem Daumen in den Mund. Dass dabei die Hand klebrig wird, ist normal, ein verschmierter Mund hingegen wirkt nicht besonders elegant.

Während des **muslimischen Fastenmonats Ramadhan** ist es strikt zu vermeiden, tagsüber in der Öffentlichkeit zu essen (hierzu zählen auch Kaugummis und Bonbons). Kinder und Kranke sind von den strengen Fastengeboten ausgenommen.

Der öffentliche Genuss von Alkohol ist streng verboten. Er darf nur dort getrunken werden, wo er verkauft wird, also in lizensierten Restaurants, Bars oder Discos sowie in Privatwohnungen und auf dem Hotelzimmer. Speist man zusammen mit Arabern, so sollte man auf (Hoch-)Prozentiges verzichten, denn gläubige Muslime trinken keinen Alkohol. Man sollte unbedingt vermeiden, auch nur mit dem geringsten Promillesatz selber Auto zu fahren. Im Ramadhan unterliegt der Alkoholausschank weiteren Beschränkungen (nur in wenigen Hotels, nur abends, evtl. nur aus der Minibar).

Kleidung

Verglichen mit anderen Ländern des mittleren Ostens sind die **Bekleidungssitten** für Ausländer eher locker, kosmopolitisch, modisch und auffallend gepflegt. Männer und Frauen sollten trotz der hohen Temperaturen das **muslimische Anstandsgefühl** jedoch nicht verletzen, indem sie in der Öffentlichkeit zu viel Haut zeigen. Schultern und Knie sind grundsätzlich zu bedecken. Kurze Ärmel sind in den städtisch geprägten Gebieten kein Problem, in kleineren Dörfern sollten es besser lange sein.

Shorts bei Männern wirken in den Augen vieler Araber lächerlich, da sie diese als Unterhose tragen. Als Badehose sind sie dagegen in Ordnung und angebrachter als knappe, enge Badeslips.

Für Frauen empfehlen sich weite, blickdichte und nicht zu tief ausgeschnittene Kleidungsstücke. Damit zeigt man Anstand und wird entsprechend behandelt. Zudem schützt körperbedeckende Kleidung vor einem Sonnenbrand, den man bei der intensiven Sonneneinstrahlung und der durchschnittlichen Sonnenscheindauer von acht bis zehn Stunden am Tag sehr leicht bekommt. Ein gepflegtes Äußeres sollte selbstverständlich sein, insbesondere bei Verabredungen oder Behördengängen.

Handeln

Insbesondere beim Kauf von Souvenirs ist Handeln erwünscht und sollte immer **Teil des Einkaufes** sein – auch in Läden, die im Schaufenster „fixed prices", „Festpreise", stehen haben.

Wer versucht zu feilschen, dem werden die Händler mit einem verschmitzten, aber einladenden Lächeln entgegenkommen; wer es nicht probiert, kauft meist überteuert. Hilfreich sind **Fingerspitzengefühl und Redegewandtheit,** das oberste Gebot lautet, dass es von einem einmal gemachten Gebot kein Zurück gibt. Die Zauberformel heißt **„last price",** allerdings sind die Nachlässe in Oman viel geringer als in anderen arabischen oder asiatischen Ländern.

Handeln in Oman ist eine freundliche, **keine aggressive Sache.** Dabei geht es nicht unbedingt darum, sich auf den günstigsten, sondern den gerechtesten Preis zu einigen. Man findet keine übermäßige „Halsabschneiderei" und kann fast überall unbehelligt schauen, fragen, probieren oder Preise vergleichen, ohne dass aufdringlich zum Kauf animiert wird, auch wenn im Souq von Mutrah die Verkaufsstrategien mittlerweile etwas offensiver werden. Insbesondere die zahlreichen Verkäufer aus Indien oder Pakistan haben eine deutlich offensivere Strategie als die Omanis.

Preise für Lebensmittel sowie in Supermärkten und in den Geschäften der Einkaufszentren sind **Festpreise.**

Männer und Frauen

Männer sollten darauf achten, **keine einheimische Frau in Verlegenheit zu bringen.** Langes, offensichtliches Anstarren, Ansprechen oder gar eine absichtliche Berührung können Ärger mit sich bringen, denn „Mann" entehrt damit nicht „nur" die Frau, sondern auch – und das wiegt viel schlimmer – ihre gesamte Familie

Für **Touristinnen** gilt es zu vermeiden, arabische Männer mit (missverständlichen) offenen oder freundlichen Blicken „anzumachen". Je nach Situation und Haarlänge ist es sinnvoll, dass Frauen ihre Haare zusammenbinden, da sie als sexuelles Symbol gelten.

Zärtlichkeiten zwischen Mann und Frau in der Öffentlichkeit sind tabu. Dies gilt umso mehr für schwule oder lesbische Paare – **Homosexualität** kann in Oman nur im Verborgenen bzw. in den eigenen vier Wänden ausgelebt werden. Siehe auch Kapitel „LGBT+".

Frauen allein unterwegs

Oman gehört zu den wenigen arabischen Ländern, in denen Frauen nahezu ungestört und **ohne belästigt zu werden** alleine reisen können, sofern sie sich gewissen landesüblichen Sitten **anpassen und unauffällig verhalten.** Natürlich sollten sie sich körperbedeckt und gepflegt kleiden und zurückhaltend (aber selbstbewusst) auftreten.

Nützliche Kleinigkeiten, die das Ansehen der Frau enorm steigern, sind das **Tragen eines Eheringes** und Familienfotos – auch wenn man gar nicht verheiratet ist.

Das größte, letztlich aber auch einzige Risiko einer Belästigung besteht beim **Baden außerhalb der Hotels.** An öffentlichen Stränden sollten Frauen sich – schon aus Respekt gegenüber dem muslimischen Anstandsgefühl – nicht zu sehr entkleiden.

In vielen **Parks** gibt es spezielle Tage nur für Frauen und Kinder – die Männer bleiben außen vor. In nahezu allen **Restaurants** kann frau im Familienbereich speisen. In **Bussen** sollte sie sich neben andere Frauen setzen, in den **Taxis** besser auf die Rückbank, in **Sammeltaxis** dagegen neben den Fahrer an die Tür.

oman20_017 pf

Die Große Moschee in Sohar – das Prunkstück steht Nicht-Muslimen offen

Anreise

Mit dem Flugzeug

Die reine **Flugzeit ab Frankfurt** beträgt **etwa 6½ Stunden,** allerdings fliegt nur Oman Air die omanische Hauptstadt Muscat nonstop ab Deutschland an (s. u.). Lufthansa bedient die Strecke nach Muscat nicht mehr, dafür Swiss ab Zürich mit Zwischenlandung, aber ohne Umsteigen in Dubai. Die Gesamtflugzeit liegt dann bei knapp 9 Stunden.

Wer in der **Hauptsaison** fliegen will (insbesondere über Weihnachten und zu Ostern), sollte seinen Flug so früh wie möglich buchen (maximal elf Monate im Voraus möglich).

Fluggesellschaften

Hier die wichtigsten Fluggesellschaften mit Verbindungen von Mitteleuropa in die omanische Hauptstadt Muscat:

- **British Airways,** www.britishairways.de
Täglich ab diversen deutschen Flughäfen, Wien, Basel, Zürich und Genf über London (der Anschluss in London klappt nicht immer ohne Übernachtung).
- **Emirates,** www.emirates.de
Mehrmals täglich ab Frankfurt, München, Düsseldorf, Hamburg, Wien und Zürich über Dubai.
- **Etihad Airways,** www.etihad.com
Täglich ab Frankfurt, Düsseldorf und München via Abu Dhabi.
- **Gulf Air,** www.gulfair.com
Täglich ab Frankfurt via Bahrain.
- **KLM,** www.klm.com
Täglich ab Amsterdam (mit Anschluss ab vielen Flughäfen in Europa).
- **Oman Air,** www.omanair.com
Täglich ab Frankfurt, München und Zürich – die schnellste Verbindung nach Muscat (nonstop).
- **Qatar Airways,** www.qatarairways.com
Teils täglich, teils mehr als wöchentlich ab Frankfurt, München, Berlin, Zürich und Wien über Doha.
- **Swiss,** www.swiss.com
Täglich ab Zürich (mit Zubringerflügen ab verschiedenen Flughäfen).
- **Turkish Airways,** www.thy.com
Täglich ab verschiedenen deutschen Flughäfen sowie ab Wien und Zürich via Istanbul.
- Weitere Umsteigeverbindungen gibt es z.B. mit **Egypt Air** und **Kuwait Airways,** meist aber mit weniger passenden Anschlussverbindungen.

Flugpreise

Je nach Fluggesellschaft, Jahreszeit und Aufenthaltsdauer in Oman ist ein Hin- und Rückflug von Mitteleuropa ab ca. **650 Euro** zu haben (Normaltarif inkl. aller Steuern, Gebühren und Entgelte).

Preiswertere Flüge sind mit **Jugend- und Studententickets** (je nach Airline alle jungen Leute bis 25 Jahre und Studenten bis 34 Jahre) möglich. Außerhalb der Hauptsaison gibt es einen Retourflug von Frankfurt nach Muscat meist zum Endpreis von etwa **500–550 Euro.** Von Zeit zu Zeit offerieren die Airlines auch in der Hauptsaison befristete Sonderangebote ab ca. 500 Euro.

In Deutschland gibt es ab Frankfurt und München die häufigsten Flüge nach Oman. Flugtickets von/zu anderen deutschen Flughäfen sind oft teurer. Da kann es attraktiver sein, mit einem **Rail-and-Fly-Ticket** (entweder bereits im Flugpreis enthalten oder gegen Aufpreis von 40–60 Euro) per Bahn in Deutschland zum Flughafen anzureisen.

Checkliste Urlaubsvorbereitung

- Reise bei einem Veranstalter im Heimatland oder vor Ort buchen
- Flug, Hotelzimmer, Mietwagen buchen
- **Impfprophylaxe überprüfen**
- Reiseversicherungen abschließen
- **Reisepapiere und Zahlungsmittel vorbereiten** (zum Thema Geld und andere Zahlungsmittel siehe Abschnitt „Geld")
- Welche Feiertage oder Festivals fallen in die Urlaubszeit?
- Notfallapotheke packen
- Reisegepäck packen
- **Notwendige Papiere:** Reisepass (Personalausweis als Reserve, auch zum Geldtausch nützlich), Flugbuchungsbestätigung; Kopie des Passes (getrennt von den Originalen aufzubewahren, am besten auch eine Kopie zu Hause lassen).
- Möchte man sich einen Mietwagen nehmen: Führerschein und Kreditkarte.
- Liste mit den Nummern der wichtigsten Papiere (Flugticket, Reiseschecks, Kreditkarten, Reiseversicherungen etc.) und der Telefonnummern zum Sperren der Kreditkarte oder für den Ersatz von Reiseschecks; diese Liste getrennt von den Originalen aufbewahren und für Notfälle eine Kopie davon zu Hause aufbewahren.
- Bei einer Pauschalreise: Hotel- oder Buchungsbestätigung, Kopie des Sicherungsscheines (vgl. „Versicherungen").
- Passfotos: Plant man, in andere Länder weiterzureisen, benötigt man sie für die Visaanträge – schaden aber auch sonst nicht!
- Ein Studentenausweis bringt keine Vorteile.

Detaillierte Auskünfte erteilen gute Reisebüros oder Fluggesellschaften. Einen Überblick über Möglichkeiten und Tarife sowie Links zum **online Buchen** findet man bei Onlinediensten mit Flugpreisvergleich- und Suchservice, wie z.B. www.swoodoo.de, www.billigflieger.de und www.opodo.de.

Stopover-Tipp

Wer nicht nur Oman bereisen möchte, sondern noch einen **Kurzurlaub in einem anderen arabischen Land** plant, kann dies am preiswertesten (oft sogar ohne Aufpreis) durch die Buchung eines Fluges mit Zwischenstopp und späterem Weiterflug machen.

- Mit Kuwait Airways kann man einen Stopp in **Kuwait** einlegen, mit Qatar Airways in **Doha.** Und wer gerne die Pyramiden besichtigen möchte, legt einen Stopover in Ägyptens Metropole **Kairo** ein, den Egypt Air anbietet.
- Mit Gulf Air kann man sich das kleine Königreich **Bahrain** ansehen, mit Emirates können ein paar Tage in **Dubai** verbracht werden.
- Auch mit **Oman Air** kann man das Endziel über Muscat hinausbuchen und so Oman mit einem Land der Region kombinieren (kostet nur unwesentlich mehr als der reine Flug nach Muscat).

Flughafensteuer

Für den Abflug in Muscat sind **5 RO Abflugsteuer** zu zahlen, die aber i. d. R. bereits beim Ticketkauf kassiert werden (auf dem Ticket zu erkennen am Betrag von ca. 12 Euro im Feld „XT tax").

Mini-„Flug-Know-how“

Check-in

Nicht vergessen: Ohne einen **gültigen Reisepass** kommt man nicht an Bord eines Flugzeuges. Kinder benötigen ein eigenes Dokument.

Bei den meisten internationalen Flügen muss man zwei bis drei Stunden vor Abflug am Schalter der Fluggesellschaft eingecheckt haben. Je nach Airline kann man das in der Regel ab 23 Stunden vor dem Flug zu Hause im Internet erledigen und muss am Flughafen nur noch die ausgedruckte Bordkarte mit Barcode nach unten auf den Scanner legen und sein Gepäck am entsprechenden Schalter abgeben. Reist man nur mit Handgepäck, kann man je nach Fluggesellschaft nach einer kurzen Prüfung gleich durch die Schranke in den Boardingraum.

Das Gepäck

In der **Economy Class** darf man pro Person in der Regel ein Handgepäckstück bis zu 7 kg in die Kabine mitnehmen (nicht größer als 55 x 40 x 20 cm) und bei Bedarf zusätzlich ein Gepäckstück bis zu 23 kg einchecken. In der **Business Class** sind es pro Person meist zwei Handgepäckstücke (insgesamt nicht mehr als 12 kg) und ein Gepäckstück bis zu 30 kg zum Einchecken. Über die genauen Bestimmungen sollte man sich beim Kauf des Tickets bei der Airline informieren.

Beim Packen des **Handgepäcks** sollte man darauf achten, dass Getränke und sonstige Flüssigkeiten (Gel, Parfüm, Shampoo, Creme, Zahnpasta, Suppe, Käse, Lotion, Rasierschaum, Aerosole etc.) nur in geringen Mengen bis zu jeweils 100 ml mit ins Flugzeug genommen werden dürfen. Diese Substanzen muss man separat in einem durchsichtigen Plastikbeutel (z.B. Gefrierbeutel) transportieren, den man beim Durchleuchten in eine der bereitstehenden Schalen auf das Fließband legen sollte. Auch das Notebook oder Smartphone muss in eine solche Schale gelegt werden. Hat man einen Gürtel mit einer Schnalle aus Metall, empfiehlt es sich, diesen auszuziehen und ebenfalls in die Schale zu legen, da sonst in der Regel der Metalldetektor anschlägt und man vom Flughafenpersonal abgetastet werden muss.

Aus **Sicherheitsgründen** dürfen Nagelfeilen sowie Messer und Scheren aller Art, also auch Taschenmesser, nicht im Handgepäck untergebracht werden. Diese Gegenstände sollte man unbedingt daheim lassen oder im aufzugebenden Gepäck verstauen, sonst werden sie bei der Sicherheitskontrolle einfach weggeworfen. Darüber hinaus gilt, dass leicht entzündliche Gase in Sprühdosen (Schuhspray, Campinggas, Feuerzeugfüllung), Benzinfeuerzeuge und Feuerwerkskörper etc. nicht im Koffer oder dem Handgepäck transportiert werden dürfen.

Vom Verschließen des Gepäcks mit einem Vorhängeschloss wird abgeraten, da das Gepäck vom Flughafenpersonal bei Auffälligkeiten beim Durchleuchten durchsucht werden können muss.

Weitere Infos zu Einreise- und Visumbestimmungen sowie die Adressen diplomatischer Vertretungen in einigen Zwischenstopp-Destinationen siehe in den entsprechenden Abschnitten.

Mit dem Auto

Fahrzeugverschiffung

Wer zwar mit dem Flugzeug anreist, aber trotzdem das eigene Auto oder Motorrad zur Verfügung haben möchte, kann es ab Hamburg oder Bremerhaven **verschiffen.** Preiswerter als nach Oman ist es, das Fahrzeug nach Dubai bringen zu lassen und das restliche Stück über Land zu fahren (Dubai – Buraimi – Sohar – Muscat ca. 460 km). Die Schiffe benötigen von Deutschland nach Dubai etwa zwei bis drei Wochen.

Genaue **Informationen** über die diversen Arten der Verschiffung (Container, Roll on/Roll off, Stückgut) und die Preise erhält man bei Frachtagenturen, Reedereien, Speditionen oder Transportagenturen beispielsweise in Bremerhaven oder Hamburg.

Die **Verschiffung von Motorrädern** im Container über die Wintermonate bietet *Klaus Demel* an. Infos unter Tel. 07161-13270, im Internet unter www.einfach-losfahren.de.

Überland

Zwar nehmen nur wenige Reisende die Anfahrt auf dem Landweg auf sich, aber mit viel Zeit und Abenteuerlust wird man mit einer unvergesslichen Reise belohnt. Durch die lange Anreise hat man genügend Zeit, sich sowohl auf Klima als auch auf die Kultur einzustellen.

Ein möglicher Landweg führt über die **Türkei, Syrien, Jordanien, Saudi-Arabien und die Vereinigten Arabischen Emirate** nach Oman. Die Visa für Syrien, Jordanien und die V.A.E. sind problemlos erhältlich, für Saudi-Arabien müssen strenge Formalia erfüllt werden, um ein Transitvisum zu beantragen. Solange der Bürgerkrieg in Syrien anhält, kommt diese Strecke natürlich nicht in Betracht.

Eine zweite Anreiseroute führt durch die **Türkei, den Iran und die Vereinigten Arabischen Emirate.** Vom Süden Irans fahren mehrmals wöchentlich iranische Autofähren in die Vereinigten Arabischen Emirate, nach Dubai und Sharjah. Neben einem iranischen Transit- oder Touristenvisum benötigt man für das Fahrzeug ein **Carnet de Passages,** ein Zollbürgschaftsdokument, welches von einem Automobilclub ausgestellt wird (z. B. in Deutschland vom ADAC, www.adac.de, und AvD, www.avd.de; in Österreich ÖAMTC, www.oeamtc.at; in der Schweiz von TCS, www.tcs.ch, oder ACS, www.acs.ch).

Mit einem in Deutschland zugelassenen Fahrzeug benötigt man das *Carnet de Passages* offiziell auch für die temporäre Einfuhr in die V.A.E. und nach Oman (wird allerdings nicht immer kontrolliert). In beiden Ländern kann jeder Tourist so lange mit dem eigenen Auto, dem heimischen Nummernschild, dem internationalen Zulassungsschein und dem internationalen Führerschein fahren, wie sein Visum gilt. In dieser Zeit ist es nicht nötig, das Fahrzeug dort zuzulassen oder einen lokalen Führerschein zu erwerben, nur der Abschluss

oman17-007 pf

einer **Autohaftpflichtversicherung** ist Pflicht.

Wer den langen Weg nicht zurückfahren möchte, kann das Angebot einer der zahlreichen **Shipping oder Cargo Agencies** in Muscat annehmen. Nach Europa verkehren beispielsweise:

- **Gulf Agency Co.,** Tel. 24477800, www.gacworld.com/oman
- **Global Logistics, W.J. Towell Group,** Tel. 245 26000, www.wjtowell.com
- **Kanoo Shipping Agency, Yusuf bin Ahmed Kanoo & Co.,** Tel. 24712252/53/54, www.kanooshipping.com

Buchtipps

- *K. Kabasci, J. Oldenburg, P. Franzisky* **Vereinigte Arabische Emirate**
- *K. Kabasci,* **Emirat Dubai**
- *W. und S. Tondok,* **Jordanien**

Alle Reiseführer Reise Know-How Verlag

Weiterreise

Gegen Einsendung eines frankierten Rückumschlages informieren Botschaften und Konsulate über die aktuellen **Visabestimmungen** sowie die mögliche Aufenthaltsdauer und senden Antragsformulare zu. Für alle Länder gilt, dass der **Pass** bei der Einreise noch mindestens sechs Monate gültig sein muss. Besorgt man sich die Visa erst unterwegs, sollte man ausreichend Passbilder zur Verfügung haben.

Vereinigte Arabische Emirate (V.A.E.)

Zahlreiche Touristen verbinden ihren Urlaub in Oman mit einem kurzen **Einkaufs- oder Badeaufenthalt** in den benachbarten V.A.E. Auf Wunsch organi-

In den Dünen der Rub al-Khali

sieren auch die omanischen Tourveranstalter einen Kurztrip.

Reist man nicht mit einer organisierten Gruppe, so ist es am bequemsten und billigsten, einen Flug bis in die omanische Hauptstadt Muscat zu buchen und einen **Zwischenstopp** in einem der Emirate einzulegen.

Diejenigen, die sich erst vor Ort entscheiden, können mehrmals täglich per **Flugzeug** von Muscat in die V.A.E. fliegen (Infos und Ticketbuchung in allen großen Reisebüros, Adressen bei den praktischen Informationen zu Muscat). Der Flugpreis beträgt etwa 50 RO (hin und zurück, Wochenend-Ticket). Günstige Preise, insbesondere für One-way-Flüge, bieten Flydubai nach Dubai und Air Arabia nach Sharjah an, aber auch Oman Air und Emirates.

Das **Visum** zum Besuch der Vereinigten Arabischen Emirate bekommt man bei der Einreise direkt und kostenlos in den Pass gestempelt. Es ist erhältlich an allen internationalen Flughäfen, an allen Landübergängen mit offiziellen Grenzkontrollposten und an den internationalen Seehäfen. Infos im Internet unter www.VAE-botschaft.de.

Auf dem Landweg ist es kein Problem, beide Länder zu besuchen. Alle notwendigen Visa sind an den Grenzübergängen erhältlich.

Es gibt täglich drei **Express-Busverbindungen** der staatlichen omanischen Gesellschaft Mwasalat von Muscat nach Dubai. Die Fahrt in den gut ausgestatteten Bussen dauert etwa 6 Stunden, die einfache Fahrt nach Dubai kostet ab 5 RO; Infos in Muscat: Tel. 24121555, 24708522, in Dubai: Tel. 04-2525909, online unter www.mwasalat.om.

Sammeltaxis/Überlandbusse fahren von Buraimis emiratischem Nachbarort Al-Ain nach Abu Dhabi, Dubai und Sharjah.

Mit einem **Mietwagen** ist die Einreise in die V.A.E. möglich, wenn man sich schon bei Anmietung um die Gültigkeit der Haftpflichtversicherung gekümmert hat. Entsprechendes gilt, wenn man die omanischen Gebiete, die von den V.A.E. umgeben sind (Madha, Dibba, Musandam), besuchen möchte.

An einigen Grenzübergängen (z. B. an der Straße von Sohar nach Fujairah) ist eine **Ausreisesteuer** in Höhe von 2 RO pro Fahrzeug zu zahlen.

Der **Landweg** wirft keine Probleme auf, da an allen Grenzübergängen sowohl emiratische wie auch omanische Posten vorhanden sind. Als dies noch nicht der Fall war, konnte man ohne Ausreisestempel aus den V.A.E. ausreisen, hat dann aber bei der Wiedereinreise Probleme bekommen. Auch jetzt sollte man darauf achten, keinerlei Schleichwege zu nehmen, um die Posten zu umfahren, und sich auf jeden Fall immer einen Aus- und Einreisestempel zu holen.

Möchte man **über Land in die omanische Exklave Musandam** fahren, muss man emiratisches Gebiet durchqueren. Das Visum der V.A.E. wird an allen offiziellen Grenzkontrollposten direkt und kostenfrei in den Pass gestempelt (siehe oben). Bei der Ausreise aus den V.A.E. werden allerdings **35 Dirham Steuer** (ca. 9 Euro) pro Person erhoben, die **nur in Dirham zu zahlen** sind. Au-

[>] Kinder auf der Halbinsel Musandam nicht weit von den V.A.E.

tofahrer sollten auf gültigen Haftpflichtschutz achten. Um ein omanisches „Road Permit“ braucht man sich mit einem Touristenvisum nicht zu kümmern, nur im Sultanat lebende Ausländer mit Arbeits- und Aufenthaltserlaubnis müssen sich ein solches vor der Ausreise aus Oman ausstellen lassen, damit ihr Visum nicht die Gültigkeit verliert. Touristen erhalten für 20 RO an allen Grenzübergängen problemlos ein neues 30-Tage-Visum (5 RO bis 10 Tage Aufenthalt). Alternativ kann man auch ein Visum mit mehrfacher Einreise beantragen, was sich allerdings meist erst bei mindestens drei Einreisen rechnet.

Bahrain

Eine Weiterreise nach Bahrain geschieht am einfachsten per **Flugzeug.** Mit Gulf Air kann man dort auch einen Stopover einlegen.

Die wichtigsten Sehenswürdigkeiten des kleinen, aber überraschend vielfältigen und liberalen Landes kann man in drei bis fünf Tagen besichtigen.

Ein **Touristenvisum** können Deutsche, Österreicher und Schweizer ohne großen Aufwand **direkt bei der Einreise** erhalten. Das zweiwöchige Touristenvisum wird **am Flughafen von Manama** in den Pass gestempelt.

oman20_014 pf

Qatar

Auch für die Einreise nach Qatar eignet sich das **Flugzeug** am besten, da der Landweg durch Saudi-Arabien führt. Eine gute Stopover-Möglichkeit bietet Qatar Airways. Allzu viel Zeit braucht man für die Besichtigung Qatars nicht, zwei bis vier Tage reichen.

Ein qatarisches **Touristenvisum** kann man am Flughafen erhalten, ohne zuvor die Auslandsvertretungen Qatars zu kontaktieren. Man kann damit bis zu zwei Wochen in Qatar bleiben.

Bei Ankunft in Qatar kann ein **Qatar-Oman-Kombivisum** beantragt werden. Es berechtigt zu einem insgesamt dreiwöchigen Aufenthalt in Qatar und Oman (direkte Weiterreise, kein Aufenthalt in anderen Ländern dazwischen) und ist derzeit sogar gratis.

Jemen

Derzeit besteht eine Reisewarnung des Auswärtigen Amtes, und von Reisen in den Jemen sollte aufgrund der dortigen faktischen Kriegslage abgesehen werden!

In den Jemen reist man (theoretisch) am einfachsten mit dem **Flugzeug** ein. Doch auch der Landweg von Salalah ist möglich, aber nicht ohne Tücken, da die jemenitischen Einreise- und Zollstellen nach ihren eigenen Grundsätzen walten und die Stammessituation auf jemenitischer Seite schwierig ist. Zwei befestigte Straßenverbindungen sind fertiggestellt. Die Grenzübergänge bei Sarfait an der Küste und bei Mazyounah im Landesinneren sind grundsätzlich geöffnet und es gibt sogar Busverbindungen ab Salalah.

Das jemenitische **Visum** erhält man von den jemenitischen Botschaften in Berlin oder Muscat (ca. 40 Euro). Deutsche berechtigt es zu einem Aufenthalt von drei Monaten.

Saudi-Arabien

Der größte Nachbar Omans öffnet sich behutsam dem Tourismus. Ein Touristenvisum bekommt man allerdings nur, wenn man bei einer Reiseagentur eine **Gruppenreise** gebucht hat. Einzelreisende erhalten derzeit kein Visum, es sei denn, man hat gute Kontakte und bekommt ein Geschäftsvisum. Der Grenzübergang Ramlat Khaliya südwestlich von Ibri ist geöffnet, aber nur für Einheimische von Belang.

Sansibar

Die Insel vor der Küste Tansanias stellt eine **ideale Verlängerung einer Omanreise** dar. Durch die historischen Beziehungen findet man dort noch viele alte omanische Kulturgüter. Da viele Omanis Verwandte in Tansania haben, bietet Oman Air gute Flugverbindungen nach Sansibar und Dar es Salaam an.

Das **Visum** erhält man am Flughafen in Dar es Salaam oder auf Sansibar.

Bzgl. der **Gesundheitsvorsorge** ist größere Vorsicht als in Oman angebracht (Malariaprophylaxe, evtl. Gelbfieber- und Hepatitis-Impfung).

Autofahren und Mietwagen

In Oman ist ein **sehr gutes Straßennetz** vorhanden. Zahlreiche Überlandstraßen verbinden die Städte des ausgedehnten Staatsgebietes miteinander. Sie durchqueren weite Wüstenebenen oder wilde Berglandschaften und führen an malerischen Oasen und goldgelben Sanddünen vorbei. Die nördliche Küstenebene Batinah durchzieht eine mehrspurige, begrünte **Küstenautobahn.** In der Hauptstadtregion bestimmen kühn durch die Berge führende **Stadtautobahnen** das Bild, für deren Trassen unzählige Tonnen Gestein weggesprengt wurden. Überhaupt ist die gesamte Capital Area bestens auf den Autoverkehr eingestellt. Bedenkt man die Temperaturen im Sommer, so ist dies auch verständlich. Jeder Meter im Freien, den man zu Fuß zurücklegen muss, wird zur Qual – ein klimatisiertes Auto ist in der heißen Jahreszeit fast unentbehrlich.

In Oman gilt Rechtsverkehr. Die offizielle **Höchstgeschwindigkeit** in den Städten beträgt, soweit nicht anders ausgeschildert, 50 km/h, außerorts auf einspurigen Überlandstraßen 80 km/h und auf den Autobahnen 120 km/h. Radarkontrollen sind häufig, und die Strafen für zu schnelles Fahren sowie für andere Verkehrsdelikte sind saftig. Es gilt **Anschnallpflicht** auf den vorderen Sitzen und Mobiltelefone dürfen nur mit Freisprecheinrichtung genutzt werden (auch wenn sich nur wenige daran halten). Die **Beschilderung** ist sehr gut und meist zweisprachig in Arabisch und Englisch.

Das **Tankstellennetz** entlang der Asphaltstraßen ist dicht, der Kraftstoff sehr preiswert: Benzin oder Super kosten etwa 180 Baisa pro Liter, Diesel ist etwas teurer. Praktisch alle Tankstellen haben Servicepersonal, wer selbst zum Zapfhahn greift, wird ungläubig angeschaut. Trinkgelder sind unüblich.

Strengstens verboten ist es, unter Alkoholeinfluss Auto zu fahren. Auch sollte man nicht mit einem allzu verdreckten Wagen durch die Städte fahren (insbesondere nicht in der Hauptstadtregion), denn darauf kann im omanischen „Musterländle“ ein Bußgeld erhoben werden; in einem Land, wo Trinkwasser schon fast wertvoller als Öl und Meerwasserentsalzung teuer ist, eigentlich eine unverständliche Regel – die Be-

Hinweis zur Orientierung

Die Orientierung ist in Oman aus verschiedenen Gründen **nicht immer einfach.** Zum einen weicht die Schreibweise auf den Straßenschildern oft voneinander ab und ist von einer Vereinheitlichung weit entfernt, zum anderen kann man zwar Navi-Apps wie Google Maps oder die recht genauen OSMand und Scout (auf Basis der Open Street Maps, auch offline möglich) für Überlandfahrten nutzen, aber die zielgenaue Navigation scheitert an den nicht vorhandenen Adressen und Hausnummern. In Oman ist die Postzustellung ausschließlich über Postfächer üblich, daher hat sich auch nie ein festes Adresssystem mit Straßennamen und Hausnummern etabliert. Trotzdem ist eine der o.g. Apps sehr hilfreich und unbedingt zu empfehlen!

Wer ein GPS-Gerät mitnimmt und nach Koordinaten sucht, dem wird diese Seite helfen: **www.mapcoordinates.net/de.**

sitzer der zahllosen Waschstraßen reiben sich freudig die Hände.

Parken ist nur zu Hauptgeschäftszeiten in Muscat ein Problem, doch auch hier hat sich die Lage durch die Einführung von Parkscheinautomaten etwas entspannt. Diese müssen mit einer Karte, die einer Telefonkarte ähnelt und in Supermärkten erhältlich ist, oder mit 50-Baisa-Münzen gefüttert werden. Verstöße werden strikt geahndet und kosten in der Regel 5 RO.

Mit einem **Mietwagen** kann man grundsätzlich **auch in die Emirate** einreisen. Man muss dies jedoch unbedingt spätestens bei der Wagenübernahme mit dem Vermieter abklären und die entsprechenden Versicherungspapiere inkl. Original-Zulassungskarte ausgehändigt bekommen.

Bei **Unfällen** (egal wie schwer sie ausfallen) muss man **unbedingt die Polizei holen,** denn ohne deren Unfallprotokoll ist keine Reparatur möglich, und die Versicherungen zahlen nichts. Wer einen beschädigten Wagen steuert, wird sofort von der Polizei gestoppt und nach dem Unfallbericht gefragt.

Eine der – im wahrsten Sinne des Wortes – „größten" **Gefahren** im Straßenverkehr geht von **Kamelen** aus. Insbesondere auf Fernstraßen kann es jederzeit passieren, dass plötzlich eines auf der Straße steht. Ein Zusammenstoß geht selten glimpflich aus, meist werden der Fahrer schwer verletzt und das Auto stark beschädigt. Hinzu kommt, dass Kamele in Oman sehr wertvoll sind. Besonders im Dunkeln sollte man sich dieser Gefahr immer bewusst sein, entspre-

oman046 pf

oman047 as

chend langsam fahren und bremsbereit sein. Generell ist es üblich, bei Sichtung von Kamelen auf oder neben der Straße sofort das Warnblinklicht anzuschalten und langsam zu fahren. In den Oasendörfern muss man zudem mit freilaufenden **Ziegen und Schafen** rechnen.

Trampen ist in Oman eine gängige Art der Fortbewegung, gerade auf Pisten ohne öffentlichen Nahverkehr. Jemanden auf einer abgelegenen Strecke oder gar in der Wüste nicht mitzunehmen, ist fast als Beleidigung aufzufassen.

Für viele Autofahrer sind die **Kreisverkehre,** die sog. **roundabouts (R/A),** gewöhnungsbedürftig. Wichtig: Autos **im Kreisverkehr haben immer Vorfahrt,** auch wenn sie auf der inneren Spur sind. Man kann also nur in einen Kreisverkehr einfahren, wenn alle Fahrspuren frei sind, denn man muss immer damit rechnen, dass auch die Autos von der inneren Spur plötzlich ausscheren und den Kreisel verlassen, meist ohne zu blinken. Will man mehr als ein Viertel des Kreises fahren, muss man sich bei mehrspurigen Straßen unbedingt auf die mittlere oder linke Spur orientieren.

Ansonsten ist Autofahren in Oman kein Problem, auch wenn der **Fahrstil** der Omanis rasanter und egoistischer geworden ist. Aber entgegen den Gewohnheiten in anderen arabischen oder asiatischen Ländern bremst ein Omani „sogar" für einen an einem Zebrastreifen wartenden Fußgänger.

[<] Straßenschilder, die sich von allein verstehen – oder doch nicht …?

Offroad-Pistenfahrten

Ein Allradfahrzeug ist sicherlich die beste Möglichkeit, die Naturschönheiten Omans zu erkunden. Es gibt wunderschöne Gebiete in den Bergen und der Wüste, die man (außer zu Fuß) gar nicht anders erreichen kann.

Mit einem zweiradbetriebenen Fahrzeug erreicht man im Gelände doch sehr schnell die Grenzen des Machbaren. Dennoch beschränken sich die in diesem Reiseführer beschriebenen Routen hauptsächlich auf Asphaltstraßen und leicht zu befahrende Pisten, denn nur einem Bruchteil der Urlauber ist daran gelegen, halsbrecherische Offroad-Fahrten persönlich zu fahren. **Gefahren,** die Offroad-Fahrten für ungeübte und ortsunkundige Fahrer mit sich bringen, werden immer wieder unterschätzt. Mit nichtallradbetriebenen Mietwagen ist besondere Vorsicht geboten, da die Kaskoversicherung Schäden, die durch Offroad-Fahrten entstanden sind, nicht ersetzt! In Oman gibt es genügend Tourveranstalter, mit denen man gefahrlos einen **organisierten Offroad-Ausflug** oder eine Exkursion in die Wüste unternehmen kann, Adressen stehen im Abschnitt „Reiseveranstalter/Tourveranstalter in Oman" und in den praktischen Informationen zur Capital Area.

Für diejenigen, die gerne **selber offroad steuern** möchten und darin kaum Erfahrung haben, gibt es die Möglichkeit, sich vom erfahrenen Fahrer eines Reiseveranstalters begleiten zu lassen, entweder im selben, oder in einem separaten Fahrzeug (bei diversen Veranstaltern anfragen). Erfahrung in der fahrtechnischen Beherrschung seines Wagens und hinsichtlich der Orientierung sind Grundvoraussetzungen, erst recht wenn man sich weitab aller Wege in unbesiedelte Gebiete vorwagen möchte.

Der Großteil der omanischen Pisten führt durch **Wadis (ausgetrocknete Flussbetten).** Diese bringen stets die Gefahr einer unerwarteten Überflutung bis hin zu einer Flutwelle, einer sogenannten „flash flood", mit sich. Bei plötzlichen Regenfällen sammelt sich das Wasser in den eben noch knochentrockenen Wadis, fließt zusammen und strömt durch das Hauptwadi ins Tal. Diese Fluten können zerstörerische und leider immer wieder auch tödliche Ausmaße annehmen. Tückischerweise können sich diese Hauptwadis auch einzig durch den Zufluss ihrer Seitenwadis auffüllen, sodass Flüsse und Flutwellen oft auch in kilometerweiter Entfernung eines Regengebietes entstehen können. Diese Gefahr ist in den Wintermonaten und besonders im Hajar-Gebirge sehr groß. Offroader sollten auf jeden Fall davon absehen, unmittelbar in einem Wadibett zu campen.

Grundsätzlich ist vor dem Durchfahren eines Wasser führenden Wadis zu Fuß die Wassertiefe und ggf. die Strömung zu prüfen (ggf. mit Stöcken markieren), damit man nicht plötzlich in ein tiefes Loch fährt. Unerfahrene sollten bedenken, dass ein Auto sich in nassem Kies sehr leicht festfährt. Neben Asphaltstraßen, die durch ein Wadibett führen, stehen oftmals im Boden verankerte Pfähle, die den Wasserstand markieren. Hat die Wassermarke die rote Farbmarke überschritten, sollte man nicht weiterfahren. Ist der Weg einmal unpassierbar, hilft nur die Hoffnung, dass der ganze Spuk nach einer Nacht bereits wieder vorbei sein kann.

Da Pisten oft von heute auf morgen unpassierbar sind, sollte man sich stets **vor Fahrtantritt nach dem Zustand erkundigen** (z. B. bei der Polizei, bei Tourveranstaltern oder bei einem Hotel am Zielort).

Abseits von asphaltierten Straßen sind **Sicherheitsmaßnahmen** zu treffen. Am wichtigsten ist ein technisch einwandfreies Fahrzeug – Öl-, Benzin- und Wasserstände sollten sowieso regelmäßig kontrolliert werden. Außerdem gehören ein ausreichend aufgepumpter Ersatzreifen, ein Wagenheber, ein Werkzeugkoffer und ein Abschleppseil mit ins Gepäck. Trinkwasser und Proviant können nicht schaden. Auf regelmäßig befahrenen Pisten kann man sich meist von anderen Fahrzeugen helfen lassen, falls der Wagen feststeckt oder man eine Panne hat. Auf sehr selten befahrenen Strecken ist es ratsam, mit mindestens zwei Wagen zu fahren und an der Hotelrezeption eine Nachricht zu hinterlassen, wo man hinfährt, welche Route man wählt und wann man plant, zurück zu sein.

All das gilt besonders bei **Wüstenfahrten,** die wirklich nur geübte Fahrer selber in Angriff nehmen sollten – und das auch niemals ohne Begleitung. Zusätzlich muss man an Schaufeln, Matten oder Sandbleche, Reifendruckmessgerät, Fußluftpumpe, Kompass und/oder Navi-Gerät, Landkarten, Erste-Hilfe-Set sowie genügend Treibstoff und Trinkwasser denken.

Buchtipps

- **„Oman Off-Road"** (Explorer Publishing). Viele Ausflugstipps und Streckenbeschreibungen, sehr gute Karten mit GPS-Daten und Satellitenaufnahmen (auch in deutschen Fachbuchhandlungen und über Internetbuchhändler zu beziehen.)

- *Jenny Walker, Sam Owen:* **„Off-Road in the Sultanate of Oman"** (Motivate Publishing). Sehr detaillierte Pistenbeschreibungen, leider nicht sehr übersichtlich, daher hauptsächlich für diejenigen geeignet, die das Land schon etwas kennen (in Oman erhältlich, in Deutschland kaum).

Mietwagen

In Oman sind folgende internationale **Mietwagenfirmen** vertreten: Avis, Budget, Dollar, Europcar, Hertz, Thrifty. Kundendienst, Serviceleistungen und Vertragsbedingungen sind bei allen etwa gleich gut – allerdings zeigen die Endpreise, die sich aus mehreren Variablen wie Tagesmiete, Kaskoversicherung und zusätzliche Kilometerbeträge zusammensetzen, deutliche Unterschiede.

Die meisten großen Firmen haben im **Ankunftsbereich des Flughafens** von Seeb einen Schalter, der 24 Stunden sowie freitags, an Feiertagen und während des Ramadhan geöffnet hat. Viele Firmen haben zusätzlich Vertretungen in den großen Hotels von Muscat und Salalah, die genauen Adressen stehen bei den praktischen Informationen zu den entsprechenden Städten.

Wer sicher gehen möchte, einen (bestimmten) Wagen zu bekommen, der kann sich diesen bei den internationalen Firmen bereits in den heimischen Filialen reservieren lassen. Oft ist dies sogar günstiger als vor Ort.

Bucht man einen Mietwagen (was oft auch bei einem heimischen oder omanischen Reiseveranstalter oder über ein Reisebüro möglich ist), sollte man darauf achten, dass die **Versicherungssumme der Haftpflichtversicherung möglichst hoch** ist. Die großen internationalen Mietwagenfirmen orientieren sich an den Gesetzesauflagen des Sultanats. Da die Haftpflichtversicherung nicht die Schäden am gemieteten Auto ersetzt, sollte man das Kasko-Risiko ebenfalls direkt mitversichern.

Um in Oman einen Mietwagen fahren zu dürfen, muss man je nach Autovermieter mindestens 21 bis 25 Jahre alt sein, zusätzlich muss der Führerschein bei manchen Firmen wenigstens ein Jahr alt sein. Ein **Internationaler Führerschein,** der streng genommen sowieso nur in Verbindung mit dem nationalen gültig ist, wird normalerweise nicht verlangt.

Preisbeispiele internationaler Verleihfirmen (24 Std., ohne Kraftstoff inkl. 200 Freikilometern):

- Toyota Echo: ca. 13 RO
- Mazda 3, Mitsubishi Lancer, Nissan Sunny, Honda Civic, Toyota Corolla: ca. 15 RO
- Honda Accord, Mazda 6: ca. 20 RO
- Mazda 9, Mitsubishi Galant, Toyota Camry: ca. 25 RO
- Mercedes-Benz 260: ca. 50 RO
- Allradfahrzeug/kleine Version; Toyota RAV, Nissan Pathfinder, Toyota Landcruiser Prado: 45 RO
- Allradfahrzeug/große Version; Nissan Patrol, Toyota Landcruiser: 50–55 RO

Preiswerter sind Wochen- und Monatstarife oder Sonderangebote übers Wochenende, dann liegt die Kilometerbegrenzung bei den meisten Wagen höher. Bei manchen Autovermietern sind bei langfristigen Verträgen und Sondertarifen auch die sonst extra zu zahlende Kasko- und Unfallversicherung inklusive.

Mit Automatikgetriebe werden die Wagen stets ein Klasse höher (und teurer) eingestuft.

Auto-mobil im Sand

von Kirstin Kabasci

Sandfahren will gelernt sein! Niemals sollten Unerfahrene dem Trugschluss erliegen, mit einem Allradwagen könne jedermann die Tücken des Sandes besiegen und in die Wüste fahren. **Nicht Technik, sondern Übung macht den Meister!**

Wer unter fachlicher Anleitung in die hohe Kunst des Sandfahrens eingewiesen werden möchte, kann sich an **Muscats National Training Institute** wenden und einen Kurs im 4-Wheel-Offroad-Driving belegen (*Driving Skills Unit*, Tel. 24605273, Fax 24605277, www.nti-oman.com).

Wer erste Fahrversuche absolviert hat, kann sie völlig gefahrlos in Muscats großem Offroad-Sandkasten, den Dünen im Stadtteil Bowshar, vertiefen. Dabei sollte man aufpassen und nicht auf das Gelände des dortigen Golfplatzes auffahren, denn dieser erstreckt sich nicht etwa über grünes Gras, sondern über sanfte Dünen. In den „Bowshar-Sands" treffen sich in den frühen Abendstunden und am Wochenende vornehmlich junge Leute, die ihre Fahrkünste und die Leistungskraft ihrer Wagen im Dune-Bashing auskosten. Sollte man sich dort ernsthaft festgefahren haben, so besteht meistens die Möglichkeit, auf Hilfsangebote Außenstehender zurückzugreifen oder schlimmstenfalls zur unweit gelegenen Asphaltstraße zu laufen und Hilfe an einer Tankstelle oder Werkstatt zu holen.

Bevor man Sand unter der Karosse hat, sollte man den **Reifendruck verringern,** um deren Auflagefläche zu vergrößern. Als Richtwert empfiehlt sich 60 bis 50 Prozent (notfalls bis zu 30%) des normalen Reifendrucks. Hat man wieder festen Boden unter sich, so sollte man an den niedrigen Druck denken und diesen entweder per Fußpumpe erhöhen oder bis zur nächsten Tankstelle langsam und vorsichtig fahren.

In Tiefsandgebiete sollte man nicht zur Mittagshitze fahren, denn dann kann man im heißen Sand leichter steckenbleiben. Zu seinem Vordermann sollte man einen gebührenden Abstand halten (Steinschlag, Staub, Sicherheit). Am besten ist es, ihm eine spurbreit seitlich versetzt zu folgen. Zur Rückfahrt aus schwierigen Gebieten ist es mitunter besser, dem Hinweg (spurversetzt) zu folgen.

Die **Wahl des Tempos und des richtigen Ganges** ist eine Kunst für sich. Zu langes Fahren im niedrigen Gang führt leicht zur Überhitzung des Motors. Im Sand sind niedrige Gänge nur etwas für steile Passagen und zum Anfahren. Wer auf lockerem Sand unbedingt anhalten muss, sollte den Wagen mit durchgetretener Kupplung ausrollen lassen, da beim Bremsen die Räder leicht blockieren und im Sand einsinken.

Auf weichem, ebenem oder leicht hügeligem Sand empfiehlt sich ein hoher Gang. Dabei sollte der Motor aber noch über eine Kraftreserve verfügen und nicht seine volle Drehzahl erreichen. Schaltvorgänge sollten, ebenso wie Bremsen und heftige Lenkbewegungen, vermieden werden (ähnlich dem Fahren im Schnee). Am besten ist es, den Wagen mit dem Motor abzubremsen, d. h. möglichst lange in einem hohen Gang zu fahren – aber auch nicht zu lange, um genug Kraft und Schwung beim Herunterschalten zu haben.

Hält der Wagen trotz durchgetretenem Gaspedal seine Geschwindigkeit nur mit Mühe, oder wird er gar immer langsamer, so ist es höchste Zeit zurückzuschalten, um wieder Kraftreserven zu bekommen. Zögert man zu lange und hofft, der Wagen würde es schon schaffen, so ist es meist schon zu spät, und man sitzt in Sand fest. Das ist mitunter nicht zu vermeiden und passiert selbst passionierten Wüstenfahrern. Doch kurz vor dem „Rien ne va plus" heißt es retten, was noch zu retten ist. Ist man gerade dabei, seinen Wagen im Sand festzufahren, so ist es ganz wichtig, die Kupplung zu treten, bevor der Wagen zum Stillstand kommt. Der größte Fehler wäre nun, im niedrigen Gang mit Vollgas und wahrscheinlich rutschender Kupplung zu versuchen, den Wagen mit Gewalt wieder frei zu bekommen. Die Räder würden sich so nur noch tiefer eingraben, schlimmstenfalls läge der Wagen sogar mit dem Fahrgestell auf. Zu allererst sollte man aussteigen und die Lage sondieren. Steckt man nur mit einem oder zwei Reifen „etwas" fest, so hilft es meist schon, die kleinen Sandkeile vor und neben den Reifen zu entfernen und gefühlvoll im 2. Gang LWD *(Low Wheel Drive)* anzufahren. Alle anderen Mitreisenden sollten natürlich aussteigen, graben helfen und dann den Wagen kräftig anschieben. Drehen die Antriebsräder immer noch durch, heißt es Motor ausstellen und weiter graben. Kommt man frei, sollte Schalten möglichst solange vermieden werden, bis man wieder auf festerem Grund ist.

Steckt der Wagen richtig tief im Sand, so steht vor jedem weiteren Versuch zuerst auch das Schaufeln. Eine wichtige Regel lautet, dass man nie zuviel schaufeln kann. Auch unter dem Chassis und ein Stück in Fahrtrichtung muss man Sand wegschaufeln! Falls noch nicht geschehen, sollte man spätestens jetzt den Reifendruck verringern und die Klimaanlage ausschalten (verbraucht zu viel Motorkraft!). Falls sowohl Freigraben, gefühlvolles Anfahren und Schieben nicht hilft, kann man Folgendes versuchen: das Fahrzeug durch eine schnelle und mitunter eine Weile anhaltende Folge von Wechseln aus dem ersten Gang in den Rückwärtsgang „herauswippen". Schließlich gibt es noch die Möglichkeit, dass der begleitende Wagen den festsitzenden mittels eines langen Abschleppseiles aus seiner misslichen Lage befreit. Am einfachsten wäre es, den Wagen auf Sandbleche aufzufahren – vorausgesetzt, man hat welche dabei.

Wenn der Wagen auf dem Kamm einer Düne aufliegt, hätte es kaum schlimmer kommen können. Ein kühler Kopf und keine Panik sind oberste Grundregel – Kondition der Schlüssel zum erfolgreichen Freischaufeln.

Offroad durch ein **Dünengebiet** zu fahren, ist ohnehin eine besondere Kunst. Kennt man das Gelände nicht, so sollte man vor dem Überfahren einer hohen Düne erst zu Fuß nachsehen, wie es auf der anderen Seite aussieht. Meist sind ihre beiden Seiten unterschiedlich geformt, sodass es mitunter gar nicht möglich ist, auf der anderen Seite hinunter zu fahren. Oder auf der anderen Seite „lauert" ein von steilen Flanken umgebener Kessel, aus dem es ohne Schaufeln kein Entrinnen gibt. Zudem sollten nur Könner steile Kämme überqueren, denn zum Auffahren gehört viel Gefühl, um den Wagen im niedrigen Gang nicht festzusetzen. Bei der Abfahrt sollte man immer gerade, niemals in einem Winkel fahren. Die Wahl des richtigen Ganges ist wiederum wichtig. So sollte man bei steilen Abfahrten niemals kuppeln und nur den Motor bremsen lassen, andernfalls kann das Auto seitlich wegrutschen und sich überschlagen.

Geführte Touren in die Wüste – auch für Selbstfahrer – bietet z.B. der Wüstenspezialist Bedu Expeditionen an (www.bedu.de).

oman049 pf

Wer die **Kilometerbegrenzung** überschreitet, muss für jeden angefangenen Kilometer zusätzlich zahlen, je nach Wagentyp und Autovermieter zwischen 60 und 100 Baisa.

Im Schadensfall sieht die Kaskoversicherung eine **Selbstbeteiligung** von meist 500 RO vor, je nach Wagentyp und Autovermieter. Die Selbstbeteiligung kann durch den Abschluss einer Zusatzversicherung (engl. *conclusion damage waiver,* Abk. CDW) je nach Wagentyp mit einer Gebühr von 2–3 RO pro Tag auf 125 RO gemildert werden. Bei allen Versicherungen sind Schäden an den Reifen und an der Windschutzscheibe *nicht* mit abgedeckt und müssen aus eigener Tasche ersetzt werden. Wer mit einem nicht-allradbetriebenen Mietwagen auf Pisten fahren möchte, sollte beachten, dass die Kaskoversicherungen *nicht* für dadurch entstandene Schäden zahlt. Leider findet sich dieser **Versicherungsausschluss für Fahrten im Gelände** bei einigen Vermietern auch in den Verträgen für Allradfahrzeuge, d.h. auch damit kann man dann nicht guten Gewissens auf Pisten fahren. **Dies sollte unbedingt vor der Buchung abgeklärt werden!**

Eine zusätzliche **persönliche Unfallversicherung** (engl. *personal accident insurance,* Abk. PAI) kostet ab 1 RO pro Tag. Sie ist überflüssig, wenn man zu Hause eine Unfallversicherung besitzt.

Möchten mehrere Personen das Auto steuern, muss dies aus haftungsrechtlichen Gründen im Mietvertrag vermerkt sein; dieser **„additional driver"** kostet einen Aufschlag von 1–3 RO pro Person und Tag.

Man kann sich auch einen **Chauffeur** mieten, für einen Acht-Stunden-Tag kostet er wochentags ca. 30 RO extra. Bei längeren Touren kommen noch die Übernachtungskosten hinzu.

Vor Fahrtantritt muss man eine **Kaution** hinterlegen, je nach Wagentyp 100–500 RO. Sie entfällt, wenn die Bezahlung mit Kreditkarte erfolgt.

Die Tarife bei den **lokalen Autovermietern** sind meist etwas günstiger als die der internationalen Firmen.

In Oman sind alle Mietwagen mit Klimaanlage, Radio/CD-Player, Ersatzreifen und Wagenheber (vor Fahrtantritt kontrollieren, ob sie tatsächlich im Kofferraum sind) **ausgestattet.** Kindersitze, Dachgepäckträger, Mobiltelefone und Navi/GPS erhält man auf Anfrage. Außerdem ist in praktisch allen Mietwagen ein elektronischer Geschwindigkeitswarner installiert, der ab Tempo 120 durch nervtötendes Piepen auf sich und die überhöhte Geschwindigkeit aufmerksam macht.

Wer mit seinem Mietwagen von der Hauptstadtregion **nach Salalah** fahren möchte, sollte prüfen, ob der Vertrag dies zulässt. Manche Agenturen bieten an, dass man den Wagen dort stehen lassen kann; dieser „drop-off"-Service kostet 100–130 RO extra. Wer **in die V.A.E.** fahren möchte, kann dies in Absprache mit dem Autovermieter gegen einen Versicherungsaufpreis (etwa 30 RO pro angefangener Woche) tun. Allerdings muss man das vor Vertragsunterzeichnung ansprechen, damit es schriftlich vermerkt wird und die Versicherungen auch jenseits der Grenze gelten. Für den Grenzübertritt erhält man dann ein Dokument und die Original-Zulassungskarte.

Bei der Abgabe des Wagens sollte der **Tank voll** (bzw. genauso voll wie bei der Übernahme) sein, sonst muss man entsprechend nachzahlen.

Adressen von Mietwagenagenturen in Oman finden sich bei den Praktischen Infos zu den einzelnen Städten.

Service-Nummern und Websites internationaler Autoverleihfirmen

- **Avis,** Tel. 0180-5217702, www.avis.de
- **Budget,** Tel. 01805-244388, www.budget.de
- **Europcar,** Tel. 01805-8000, www.europcar.de
- **Hertz,** Tel. 0180-5333535, www.hertz.de
- **Sixt,** Tel. 018 05-232222, www.sixt.de
- Zudem tätigen natürlich diverse **deutsche Reiseveranstalter und -büros** Buchungen.

Mietwagenbroker

- **Auto Europe**
Tel. 0800-7239478, www.autoeurope.de
- **Sunny Cars**
Tel. 089-829933900, www.sunnycars.de

Barrierefreies Reisen

Körperbehinderte, die nach Oman reisen möchten, müssen zwar mit einigen Unwegsamkeiten rechnen, aber verglichen mit anderen arabischen Ländern sind diese bei Weitem nicht so steinig. Dank diverser staatlicher Maßnahmen werden Behinderte in Oman im Allgemeinen akzeptiert und vergleichsweise wenig diskriminiert. **Zahlreiche technische Einrichtungen** erleichtern ihnen den Alltag, immer mehr Hotels, Supermärkte, Einkaufszentren und öffentliche Gebäude werden mit Parkplätzen, Rampen oder Toiletten behindertengerecht ausgestattet.

Man sollte sich **vor Reiseantritt** unbedingt beim Reiseveranstalter oder direkt im Hotel über die Ausstattung seiner Unterkunft informieren.

Fragen bezüglich der medizinischen Hilfeleistungen beim **Flug** können die medizinischen Dienste der großen Fluggesellschaften beantworten.

Diplomatische Vertretungen

- **Botschaft des Sultanats Oman**
Clayallee 82, 14195 **Berlin,** Tel. 030-8100510, botschaft-oman@t-online.de; Währinger Str. 2–4, Top 24–25, 1090 **Wien**, Tel. 01-31086-43 bzw. -44 für Visa, vienna@omanembassy.at
- **Consulat Géneral du Sultanat d'Oman**
3A, Chemin de Roilbot, 1292 **Chambésy,** Tel. 022-7589660, für Visa 022-7589670
- **Embassy of the Federal Republic of Germany**
103 Bareeq Al-Shatti, **Qurum,** Tel. 24691218; für Notfälle nach Dienstschluss Tel. 91218549; www.maskat.diplo.de
- **Österreich** hat keine diplomatische Vertretung in Oman, sondern nur im benachbarten Saudi-Arabien: Embassy of the Federal Republic of Austria, Diplomatic Quarter Riyadh, Saudi-Arabia, Tel. 00966-11-4801217, riyadh-ob@bmeia.gv.at.
- Die **Schweiz** hat zwar eine Botschaft in Muscat, sie ist aber nicht für alle Fragen zuständig: Embassy of Switzerland, Villa 1366, Way 3017, Shatti Al Qurum, Tel. 24603267. Für konsularische Angelegenheiten ist die Vertretung in Saudi-Arabien zuständig: Embassy of Switzerland, Diplomatic Quarter Riyadh, Saudi-Arabia, Tel. 00966-11-4881291, rya.vertretung@eda.admin.ch, rya.visa@eda.admin.ch.

Einreisebestimmungen

Hinweis: Da sich die Einreisebedingungen kurzfristig ändern können, raten wir, sich kurz vor der Abreise beim Auswärtigen Amt (www.auswaertiges-amt.de bzw. www.bmeia.gv.at oder www.dfae.admin.ch) oder der jeweiligen Botschaft zu informieren.

Reisedokumente

Zur Einreise benötigt man einen nach Einreisedatum noch mindestens **sechs Monate gültigen Reisepass.** Jedes Kind braucht seinen eigenen Reisepass. Kindereinträge im Reisepass eines Elternteils sind seit 2012 nicht mehr gültig.

Reisen Minderjährige nicht in Begleitung beider Eltern, kann man vor allem bei Rückkehr in die EU (v. a. per Flugzeug) nach einer **Einverständniserklärung** des anderen Sorgeberechtigten gefragt werden als Schutzmaßnahme gegen eine mögliche Kindesentführung. Die Einverständniserklärung nach dem Muster „I, (Name), hereby consent to my wife/husband/partner (Name) travelling with our son/daughter (Name) to X (Land)" sollte von beiden Sorgeberechtigten unterschrieben sein. Auf eine amtlich beglaubigte Version wird nicht bestanden, wenn den Grenzbeamten kein konkreter Verdacht vorliegt. Kann man keine Einverständniserklärung vorzeigen, wenn man danach gefragt wird, wird man möglicherweise festgehalten, bis die Umstände, unter denen das Kind ohne beide Elternteile reist, vollständig geklärt sind. Wenn es keinen zweiten El-

oman050 as

ternteil mit rechtlichen Ansprüchen auf das Kind gibt (verstorben, alleiniges Sorgerecht etc.), ist jedes andere relevante Dokument hilfreich, wie ein Gerichtsurteil, eine Geburtsurkunde, in der nur ein Elternteil steht, eine Sterbeurkunde etc.

Visum

Um nach Oman reisen zu dürfen, ist ein Visum Voraussetzung. **Am günstigsten** beantragt man es online unter **www.rop.gov.om:** Es kostet bei einem Aufenthalt bis zu 10 Tagen 5 RO und bei bis zu 30 Tagen 20 RO (Bezahlung per Kreditkarte). Ein Scan des Passes und ein Passbild in digitaler Form sind nötig.

Sucht man mit Google nach „Visa Oman", kommt eine ganze Reihe von Ergebnissen, da auch **externe Dienstleister** die Beantragung übernehmen. Die Kosten sind aber deutlich höher und auch hier muss man letztlich die gleichen Angaben machen. Es empfiehlt sich daher, über die oben genannte Seite der Royal Oman Police zu gehen.

Die Original-Visaseite **funktioniert grundsätzlich gut,** und man erhält das Visum meist innerhalb einer Stunde, max. innerhalb von 24 Stunden. Der Beantragungsvorgang birgt jedoch eine Reihe kleiner Probleme, z. B. scheint der eine Browser besser als der andere zu funktionieren. Online finden Sie ein stets aktualisiertes Merkblatt, in dem alles zusammengefasst ist: **www.bedu.de/pdf/oman/evisa_oman.pdf.**

Am Flughafen in Muscat oder Salalah und an den **Landübergängen** zu den Vereinigten Arabischen Emiraten ist das Visum nach wie vor ebenfalls erhältlich. Am Flughafen kann man in beliebiger Währung, an den Landübergängen nur per Kreditkarte bezahlen.

Das Visum berechtigt zu einem Aufenthalt von maximal vier Wochen. Gegen Zahlung von weiteren 20 RO ist die Aufenthaltsdauer auf acht Wochen **verlängerbar** (am Flughafen). Reist man in die Vereinigten Arabischen Emirate aus und erneut nach Oman ein, so gibt es bislang keine Beschränkungen für neue Visa. Man muss also keinerlei Mindestaufenthalt außerhalb Omans beachten, und es gibt auch keine maximale Gesamtaufenthaltsdauer pro Jahr.

Wer nicht fristgerecht ausreist und die Gültigkeitsdauer des Visums überschreitet, zahlt 10 RO Strafe pro Tag.

Neben dem normalen Visum ist auch eines mit **mehrfacher Einreisemöglichkeit** für 50 RO erhältlich. Dies rechnet sich aber nur bei vielen Besuchen bzw. Einreisen.

Zwischen **Dubai** und Oman besteht ein **Visa-Abkommen.** Wer in Dubai ein- und wieder ausreist (gilt nur für den Flughafen Dubai und die Landgrenze bei Hatta, nicht für andere Grenzen), benötigt kein Visum für Oman, denn es wird das Dubai-Visum anerkannt. Sicherheitshalber sollte man darauf achten, dass man bei der Einreise in Dubai auch den rechteckigen Stempel „valid for 30 days" auf die gleiche Seite wie den Einreisestempel erhält.

[<] Auf Hochglanz poliert – Staatswappen in Muscat

Essen und Trinken

In Oman gibt es eine unglaublich **große kulinarische Vielfalt,** die keine Ländergrenzen kennt. Sie reicht von arabischen Gerichten über indische, philippinische, persische, chinesische, thailändische, italienische, griechische und mexikanische Küche bis hin zu amerikanischem Fast-Food. Je nach Geschmack und Geldbeutel kann man zwischen einem Fünf-Sterne-Essen oder einem preiswerten Imbiss wählen – zumindest in der **Hauptstadtregion,** denn in den kleinen Orten ist das Angebot einfacher.

Am verbreitetsten sind **arabische Gerichte** aus der gesamten Region des Nahen und Mittleren Ostens, speziell omanische Speisen sind eher selten. Näheres zur arabischen und omanischen Küche siehe „Land und Leute/Kultur und Traditionen/Orientalische Genüsse".

Auch **indische Gerichte** sollte man probieren. Sie sind nur halb so scharf wie viele glauben, und es gibt weit mehr als nur Reis mit Curry. Man unterscheidet zwischen der **mughlai-Küche** aus Südindien und **tandoor-Gerichten** aus Nordindien, die oft in einem Tonofen gebacken werden. Typisch sind „tandoori" (gegrilltes Hähnchen), „korma" (Huhn oder Lammfleisch mit Mandeln) und „biryani" (ein Berg Reis mit Fleischstücken und Gemüse). Zu allen Gerichten wird das ofenfrische und knusprige „naan"-Brot gereicht.

Während des heiligen muslimischen Fastenmonats **Ramadhan** kann man diese Genüsse nur eingeschränkt genießen. Man sollte in diesen Wochen tagsüber lediglich in den großen Hotelrestaurants und auf dem Zimmer essen. Die meisten Restaurants und Imbisse öffnen erst nach Sonnenuntergang – aber dann wird man umso mehr verwöhnt. Näheres siehe unter „Feste und Feiertage: Ramadhan".

Restaurants

In den **praktischen Informationen zu den einzelnen Städten** findet sich eine Vielzahl an Tipps, Adressen und Öffnungszeiten der verschiedenen Restaurants, Cafés, Bars und Nachtclubs (siehe auch Kapitel „Nachtleben"). Die Öffnungszeiten können sich hin und wieder leicht ändern. Wer einen besonderen Restaurantbesuch plant oder zum Geschäftsessen einlädt, sollte die Öffnungszeiten vorher telefonisch überprüfen und einen Tisch reservieren.

Viele Restaurants in der Hauptstadtregion bieten (oft in wöchentlichem Rhythmus) wechselnde **Themen- oder Spezialitätenabende,** die in den regelmäßig erscheinenden Magazinen Oman Today und What's on vorgestellt werden. Nahezu das gesamte Nachtleben rankt sich um diese Ereignisse. Bei den Preisen sollte man immer nachfragen, ob die bis zu 17-prozentige „municipality tax and service charge" schon enthalten ist.

Hotelrestaurants

In der Hauptstadtregion findet man eine Vielzahl an eleganten **Luxusrestaurants.** Meist gehören sie zu den großen internationalen Hotels und bieten erstklassige kulinarische Genüsse aus aller Welt und ein exklusives Ambiente – natürlich auch für Nicht-Hotelgäste. Der Preis dieser Schlemmereien ist vergleichsweise niedrig.

Ein erstklassiges **Büfett** in einem Luxusrestaurant bekommt man ab 15–20 RO. Ein besonderer Augen- und Gaumenschmaus sind die Büfetts mit Meeresfrüchten (engl. *seafood*). Sie sind sehr reichhaltig mit Hummer, Langusten, Krabben, Shrimps, Thunfisch, Tintenfisch, Kingfish, Meeräsche, Hamour, Austern und Muscheln bestückt. Man sucht sich die besten Stücke aus und lässt sie nach seinen Wünschen zubereiten. Bezahlt wird entweder nach Gewicht oder pauschal ab etwa 12 RO. Es gibt auch spezielle Fischrestaurants, in denen Büfetts angeboten werden, und die wegen ihrer marktähnlichen Stände **Fish-Market-Restaurants** genannt werden. Nicht minder appetitanregend sind Grillbüfetts (engl. *barbecue*) oder auch **Frühstücksbüfetts,** zu denen stets Tee, Kaffee, Kakao, Milch, frische Obstsäfte, Früchte, Trockenobst, Getreideflocken, Müsli, Quark und Joghurt, verschiedene Wurst- und Käsesorten, Eiergerichte, gebratener Speck, Honig, eine Palette Marmelade und ein großer Brotkorb gehören. Oft stehen auch arabische Spezialitäten bereit.

Auch die Hotelrestaurants der **mittleren Preisklasse** sind zu beachten. Ihr ausgezeichnetes Angebot ist nicht minder exotisch und abwechslungsreich.

Alkohol wird fast ausschließlich in Hotelrestaurants ausgeschenkt. Daneben locken manche Restaurants in den Hotels mit einem Unterhaltungsprogramm, das ähnlich wie die Vielfalt der Speisen keine Ländergrenzen kennt.

Auf der Karte so mancher Hotelrestaurants findet man die **Zeichen ++.** Diese bedeuten, dass dem Preis für das Essen noch 10–17% an *municipality tax* (Gemeindesteuer) und *service charge* (Bedienung) hinzuaddiert werden. Die service charge entspricht dem **Trinkgeld,** sodass es nicht extra gezahlt werden muss (aber natürlich kann).

Die gängigen **Kreditkarten** werden akzeptiert. Wer mit Karte bezahlt und Trinkgeld geben möchte, darf gerne 5 bis 10% des Rechnungsbetrages direkt dem Servicepersonal aushändigen.

Restaurants außerhalb der Hotels

Es lohnt auch, in den zahlreichen guten Restaurants außerhalb der Hotels zu speisen – englisches Sprachverständnis und Air Conditioning natürlich inklusive, in manchen sogar Alkohol. **Schon für etwa 10 RO** kann man sich in vielen Lokalen an einem 3-Gänge-Menü laben. Die meisten Restaurants bauen einmal die Woche oder sogar jeden Abend ein Büfett auf. In Qualität und Reichhaltigkeit stehen so manche den Hotelbüfetts nur minimal nach und mit Preisen ab 6 RO sind sie zudem erschwinglich.

Wer preiswert und gut arabisch essen möchte, für den sind die **libanesischen Restaurants** genau das Richtige. Sie sind leicht durch ein auf ihrem Namensschild abgebildetes Schaf oder einen Zedernbaum zu erkennen. Ebenfalls erschwinglich und gut sind die zahlreichen **chinesischen Straßenlokale,** die **Pizzerien** und die kleinen Restaurants der Einkaufszentren.

Auch **Vegetarier** finden leicht ein Menü nach ihrem Geschmack, auch wenn die omanisch-arabische Küche eher fleischlastig ist. In letzter Zeit sind Vegetarier aber nicht mehr ganz so exotisch und die Nachfrage nach „bedun lahm“ (ohne Fleisch) nicht unüblich. Man sollte nur aufpassen: Huhn und Fisch zählen nicht als „lahm“. Sinnvollerweise fragt man nach: „Khodra bass?“, nur Gemüse? Insbesondere in indischen Lokalen werden Vegetarier leicht fündig, denn viele Hindus ernähren sich ebenfalls fleischlos. Vegane Ernährung ist in Oman allerdings praktisch noch unbekannt.

Viele Restaurants haben einen **separaten Raum oder abgetrennten Bereich für Familien** (engl. *family section, family room*). Für Familien oder Paare besteht zwar kein Zwang dort zu essen, aber für Frauen, die alleine essen gehen, ist es „anständiger“, sich dorthin zu setzen.

„Take away“ ist ein Service, der weitaus verbreiteter ist als in unseren Breiten. In allen Straßenrestaurants besteht die Möglichkeit, sich seine Speisen zum Mitnehmen einpacken zu lassen; wer nicht warten möchte, kann auch telefonisch alles vorbereiten oder teilweise auch liefern lassen. Angeblich war die McDonald's-Filiale in Muscat die weltweit erste dieser Kette, die eine Hauslieferung durchgeführt hat.

Imbisse/Fast Food

Da die unzähligen kleineren und billigen **Straßenrestaurants, Gastarbeiterlokale und Stehimbisse** einen relativ hohen hygienischen Standard aufweisen, kann man auch dort unbesorgt und für wenige Baisa einen Snack oder eine Mahlzeit zu sich nehmen. In vielen Orten außerhalb der großen Städte gibt es überwiegend solche einfachen Restaurants, in denen meist Sandwiches, indische und pakistanische Reisgerichte oder südostasiatische und chinesische Schnellgerichte angeboten werden. Weit verbreitet und überall riechbar (oft aber erst am Abend) ist das arabische **„shawarma“:** auf einem großen Drehspieß gegrilltes Lamm- oder Hühnchenfleisch, das mit Salat in eine Brottasche gerollt und als Sandwich gereicht wird. Vegetarier können sie sich auch mit gebratenen Auberginen oder Felafelbällchen (frittierter Kichererbsenbrei) oder *foul* (gekochter Bohnenbrei) füllen lassen. Sandwiches kosten 200–300 Baisa. Auch Grillhähnchen, gegrillte Fleischstückchen *(tikkas)* und zuckertriefendes Nachtischgebäck gibt es an jeder Ecke.

Eine weit verbreitete indische Mahlzeit ist das **thali.** Neben einer Schüssel voll Reis bekommt man verschiedene kleine Schälchen mit Soßen, die so lange aufgefüllt werden, bis man satt ist.

Gut schmecken auch die **marsala dhosa,** eine Art hauchdünne, knusprige Linsenmehl-Crêpes mit pikanter Kartoffelfüllung.

Isst man zusammen mit Arabern, Pakistanis oder Indern, so sollte man darauf achten, nur die rechte Hand zum Mund zu führen (siehe Abschnitt „Als Gast in Oman“).

Natürlich ist auch in den Imbissen der **take-away-Service** weit verbreitet. Immer wieder sieht man Einheimische vorfahren, durch Hupen eine Bedienung rufen und bestellen. Viele lassen sich für die Familie riesige Pakete packen, andere nehmen nur ein Sandwich mit.

Besonders „in“ und beliebt sind die vielen US-amerikanischen **Fast-Food-Restaurants** mit Burgern, Hähnchen und/oder Pizza. Dazu gehören unter anderem *Kentucky Fried Chicken, Burger*

oman051 as

King, McDonald's, Hardees, Pizza Hut oder *Penguin*. Man findet sie besonders häufig im Einzugsbereich der Einkaufszentren in der Hauptstadtregion. Und wenn einmal kein Restaurant einer großen internationalen Fast-Food-Kette vorhanden ist, so gibt es eins einer ähnlichen kleineren.

In einfachen Restaurants, Imbissen, Fast-Food-Lokalen oder Cafés ist es nicht üblich, ein **Trinkgeld** zu geben.

Alkoholische Getränke

Da der Qur'an Alkohol für Muslime verbietet, wird dieser **nur in Hotels und dazu lizensierten Restaurants, Bars und Nachtclubs** ausgeschenkt. Im heiligen muslimischen Fastenmonat Ramadhan (siehe „Feste und Feiertage" und „Religion") gibt es selbst dort keine alkoholischen Getränke (evtl. aber in der Minibar und abends in einigen großen Hotels). Die Preise betragen z. B. ca. 2,50 RO für eine Dose Bier (in guten Restaurants auch vom Fass). Meist werden die Marken *Amstel, Heineken, Carlsberg* oder *Foster* ausgeschenkt.

Der öffentliche Genuss von Alkohol ist verboten, wer Bier trinkend durch die Gassen spazieren würde, könnte bestraft werden. Unbedingt vermeiden sollte man es, auch nur mit dem geringsten Promillesatz Auto zu fahren; kommt es zu einem Unfall, können die (strafrechtlichen) Folgen verheerend sein.

Es gibt einige wenige **Läden, die Alkohol verkaufen,** doch der Einkauf ist nur mit einem speziellen Ausweis („liquor license") möglich, also **nicht für Touristen.**

Andere Getränke

Wasser aus der Leitung ist in Oman trinkbar und unbedenklich (auch in Form von Eiswürfeln), da es gefiltert und ggf. gechlort wird. Trotzdem ist es besser, stilles Mineralwasser aus Plastikflaschen zu trinken (1,5 l kosten 200 Bs) – gerade für Menschen mit empfindlichem Magen. Dieses ist nahezu überall erhältlich und meist auch gekühlt vorrätig. Mineralwasser mit Kohlensäure (Soda) kann man in einigen Supermärkten kaufen oder in Dosen aus einem Kühlschrank holen. In den meisten Restaurants kann man beides bestellen.

Tee (ca. 100 Bs) wird in fast allen Straßenimbissen und Cafés ausgeschenkt.

Kaffee ist weniger verbreitet. In kleinen Straßenrestaurants gibt es nicht immer Kaffee, und wenn, dann nur Nescafé. Neuerdings haben Kaffeehausketten wie *Starbucks* und *Costa Coffee* Einzug in Oman gehalten und sind auch bei den Omanis beliebt (vor allem in den modernen Einkaufszentren zu finden).

Limonaden wie Cola, Sprite und Fanta (200 Bs, gelegentlich auch kalorienarm) sind weit verbreitet und in der Hauptstadtregion in Supermärkten, Kramläden, Restaurants, Straßenimbissen und Tankstellen erhältlich.

In den Imbissrestaurants und kleinen „Saftläden" werden auch leckere **Fruchtsäfte** (ab 500 Bs) verkauft. Dazu werden Früchte wie Orangen, Ananas, Bananen, Äpfel, Papaya, Granatäpfel oder Mango frisch gepresst oder püriert und auf Wunsch auch mit Eis oder Milch serviert. Auch frische Kokosmilch findet sich im Angebot.

Feste und Feiertage

Der arbeitsfreie Tag islamischer Länder ist der Freitag. **Das Wochenende in Oman wurde 2013 von Donnerstag/Freitag auf Freitag/Samstag umgestellt!** Dann haben Büros, Behörden und Banken geschlossen, Geschäfte, Souqs und Supermärkte eingeschränkte Öffnungszeiten (siehe auch Kap. „Öffnungszeiten"). Vor einer Geschäftsreise sollte man sich unbedingt danach erkundigen, ob religiöse oder staatliche Feiertage anstehen, denn dies bedeutet, dass viele Omanis mehrere Tage Urlaub machen.

Religiöse Festtage

Die religiösen Feste und Feiertage richten sich nach dem islamischen Mondjahr und fallen deshalb jedes Jahr auf einen anderen Termin (s. a. „Zeit: Islamische Zeitrechnung"). Pro Jahr verschieben sie sich um etwa elf Tage nach vorne. Da im islamischen Kalender der Tag mit dem Sonnenuntergang beginnt, finden viele Feiern und Festgebete schon am Vorabend des angegebenen gregorianischen Datums statt.

Hier die **wichtigsten Festtage des muslimischen Kalenders;** genannt sind jeweils die voraussichtlichen (Start-)Daten, s. a. www.islam.de):

[>] Burqa (Gesichtsmaske) und Abaya (Überhang) gehören zur traditionellen Frauenkleidung

- **Al-Hijri** – islamisches Neujahr: 20.08.2020, 09.08.2021, 30.07.2022
- **Maulid al-Nabi** – Geburtstag des Propheten Muhammad: 29.10.2020, 18.10.2021, 08.10.2022
- **Lailat al-Miraj** – Himmelfahrt des Propheten: 22.03.2020, 11.03.2021, 01.03.2022
- **Eid al-Fitr** – dreitägiges Fest zum Fastenbrechen nach Ramadhan: 24.05.2020, 13.05.2021, 02.05.2022
- **Eid al-Adha** – dreitägiges großes Opferfest zur Pilgerfahrt nach Mekka *(hajj)*: 31.07.2020, 20.07.2021, 09.07.2022

Während an den eintägigen Feiertagen das **öffentliche Leben** weitgehend unverändert weiterläuft, verändert es sich zu den Eid-Feiertagen komplett. Am ersten Tag der beiden Eid-Feste ist praktisch alles geschlossen. Selbst kleine Läden haben zu, nur an den Tankstellenshops bekommt man z. B. Getränke. Öffentliche Einrichtungen wie Ämter haben in der Regel mindestens drei Tage geschlossen.

Einige europäische und amerikanische Institutionen und Firmen sowie Botschaften und Konsulate halten an den wichtigen christlichen Feiertagen fest. Hier sind dann auch **Weihnachten** und **Ostern** arbeitsfrei. An **Weihnachten und Silvester** veranstalten die großen Hotels entsprechende Feste.

Ramadhan

Ramadhan ist der heilige Monat der Muslime. Er ist der neunte Monat des islamischen Kalenders, der sich nach dem Mondjahr richtet. Daher verschiebt sich sein Beginn jährlich um ca. elf Tage nach vorne. Der endgültige Tag, an dem

oman052 pf

der Ramadhan beginnt, wird nach dem aktuellen und lokalen Erscheinen des Mondes nach Neumond bestimmt. Daher können die Termine zwischen den einzelnen muslimischen Ländern durchaus um einen Tag variieren. Die Dauer des Ramadhan beträgt 29 bis 30 Tage.

Voraussichtliche Ramadhan-Termine in den nächsten drei Jahren: 24.04. bis 23.05.2020, 13.04. bis 12.05.2021, 02.04. bis 01.05.2022.

Der Qur'an verbietet allen erwachsenen und gesunden Muslimen, während des Ramadhan tagsüber zu essen, zu trinken und zu rauchen. Zugleich führen gläubige Muslime während dieses Monats, in dem Muhammad am 27. Tag seine erste Offenbarung von Allah erfuhr, ein besonders religiöses und besinnliches Leben. Die fünf Gebete täglich werden strenger eingehalten, man liest viel im Qur'an, verbringt mehr Zeit mit der Familie und spendet für die Bedürftigen. Für Muslime ist das Fasten ein wichtiges Zeichen ihrer Verbundenheit mit Allah. Von Bedeutung ist, dass nicht ein Einzelner fastet, sondern dass alle gläubigen Muslime weltweit im Ramadhan ihren Glauben besonders intensiv praktizieren und dadurch ein großes Gemeinschaftserlebnis verspüren.

Von Ausländern bzw. Nicht-Muslimen, die sich zu dieser Zeit in Oman aufhalten, wird erwartet, dass sie ebenfalls **auf Essen und Trinken verzichten – zumindest in der Öffentlichkeit.** Was in privaten Wohnungen, hinter den Türen der Hotelzimmer und in den Hotelrestaurants vorgeht, interessiert nicht weiter. Straßenrestaurants haben erst ab Sonnenuntergang geöffnet, nur die Restaurants in den Hotels öffnen auch tagsüber. Manche verfügen über einen mit Vorhängen abgetrennten Bereich, damit kein Fastender die Gaumenfreuden von außen sehen kann oder Appetit bekommt. Hier erhält man wie gewohnt alles, wonach einem der Sinn steht – außer Alkohol! Geschäftsleute sollten nicht vergessen, Einladungen zum Essen auf den Abend zu legen. Der Zimmerservice in den Hotels funktioniert einwandfrei, wenn auch mitunter etwas langsamer.

Die Supermärkte und auch die Obst- und Gemüsemärkte sind geöffnet, und das Kaufen von Lebensmitteln erweckt nicht den Unmut der Fastenden, solange man außerhalb des Geschäftes alles in Tüten oder Taschen „versteckt".

Die wohl **größte Einschränkung** bedeutet der **Verzicht auf Trinken in der Öffentlichkeit,** auch wenn die Sonne noch so brennt und der Durst noch so groß ist. Die zweitgrößte Einschränkung betrifft Raucher, die tagsüber auf ihren Nikotingenuss verzichten oder ein stilles Örtchen aufsuchen müssen.

Da Muslime während des Ramadhan ein **besonders religiöses Leben** führen, ist es auch für Touristen angebracht, sich körperbedeckter als sonst zu kleiden. Muslimische Frauen haben ihr Kopftuch besonders züchtig geknotet, und auffallend viele tragen einen weiten, schwarzen Überwurf, die „abaya".

Im Fastenmonat verläuft das öffentliche Leben tagsüber mit Einschränkungen, es ist ruhiger. Geschäfte haben tagsüber **reduzierte Öffnungszeiten,** Banken und Behörden arbeiten nur vormittags. Die Bürozeiten beginnen meist eine Stunde später als sonst und enden früher. Bei den öffentlichen Verkehrsmitteln gelten geänderte Fahrpläne mit eingeschränkter Frequenz.

Doch der Ramadhan hat auch **Vorteile:** Nahezu alle Muslime verlegen ihre (Freizeit-)Aktivitäten auf den Abend – **die Nacht wird** quasi **zum Tag.** Die Geschäfte und Souqs haben abends länger geöffnet, viele Restaurants bieten **preiswerte, üppig bestückte Büfetts** zur Zeit des Fastenbrechens (Iftar-Büfett) an und schließen oft erst in den frühen Morgenstunden. Die Stimmung in den Stunden nach dem Fastenbrechen ist etwas Besonderes. In den kleinen Cafés am Strand von Qurum (Hauptstadtregion) stehen Wasserpfeifen bereit, die Menschen sind gut gelaunt. Während des Ramadhan halten sich nur **wenige Touristen** im Land auf. Hotels bieten oft **günstige Preise** an.

Am Abend des 15. Ramadhan feiern Kinder **garga'oun.** Sie ziehen singend durch die Straßen und sammeln bei Verwandten, Freunden und in Einkaufszentren Süßigkeiten – fast wie bei den uns bekannten Sankt-Martins-Zügen.

Das Schönste am Fasten ist jedoch das **Fastenbrechen** am Ende des Ramadhan, das dreitägige Fest **Eid al-Fitr,** zu dem es viel zu essen und zu trinken gibt. Kinder werden mit Geschenken und Süßigkeiten überhäuft, alle Familienmitglieder bekommen neue Kleider und dishdashas, Familien und Freunde besuchen sich gegenseitig und wünschen sich ein „Eid mubarak", ein „gesegnetes Fest".

Zur religiösen Bedeutung des Ramadhan vgl. den Abschnitt „Religion".

Staatliche Feiertage

Der einzige staatliche Feiertag fällt auf den **Geburtstag des Sultans.** Bisher war das der 18. November, da Sultan Qaboos jedoch Anfang 2020 verstarb und sein Cousin *Haitham bin Tarik Al Said* die Nachfolge antrat, bleibt abzuwarten, ob sich das Datum nun auf den 13. Oktober verschieben oder in Gedenken an den ehemaligen Sultan weiterhin am 18. November stattfinden wird. Auf diesen Tag wurden auch die Feierlichkeiten des **National Day** gelegt, obwohl die eigentliche Staatsgründung auf den 23.07.1970 datiert ist. Der Grund liegt darin, dass die Juli-Tage schlichtweg zu heiß zum Feiern wären – und einen Anlass zum Feiern bietet der Gedenktag allemal. Landesweit finden Veranstaltungen wie traditionelle Tänze, Kamel- und Pferderennen oder andere folkloristische Darbietungen sowie Militärparaden statt. Die Städte sind mit unzähligen Sultansporträts, bunten Lichterketten und wehenden Staatsflaggen geschmückt. Dabei steht meist Muscat im Zentrum der Feierlichkeiten. Wichtig aber: Die arbeitsfreien Tage in den Betrieben sind erst ca. zehn Tage später. In diesen Tagen, bisher Ende November, herrscht dann an den beliebten Picknickplätzen in den Wadis und an den Stränden volksfestartiger Hochbetrieb.

Kulturelle Feste

An alljährlichen kulturellen Veranstaltungen finden der **National Day** (siehe oben), das **Muscat Festival** (im Januar/Februar, sehr sehenswert; siehe Muscat), das **Khareef Festival** in Salalah/Dhofar (siehe Salalah) und das **Eid-Fest** in der Region Al-Sharqiyah (mit Kamelrennen) statt.

Fotografieren und Filmen

Fotomotive/ höfliches Verhalten beim Fotografieren

Fotomotive bietet Oman in Hülle und Fülle. Großartige Naturlandschaften aus sattgrünen Palmenhainen, goldgelbe Sanddünen, schroffe Berglandschaften und weite Panoramablicke sowie antike Baudenkmäler, Kamelrennen, Wüstensafaris oder traditionelle Volkstänze verführen immer wieder zum Ablichten und füllen ganze Fotoalben.

Beim Fotografieren (und besonders beim Filmen) von **Menschen** ist jedoch Einfühlungsvermögen gefragt. Aus Höflichkeit und Respekt sollte man grundsätzlich keine Großaufnahmen von Menschen in Oman machen, ohne sie zuvor gefragt zu haben. Auch ein Fragen ohne Worte ist möglich, indem man die Fotoabsicht deutlich zu erkennen gibt und auf eine Reaktion wartet, bevor man fotografiert. Im Zweifelsfall lieber nicht auf den Auslöser drücken. Absagen sollten akzeptiert werden und dem Fotografen nicht die Laune verderben. Schließlich ist die Würde eines Menschen wichtiger als ein Foto oder Dia, das zudem nach der ersten Begeisterung oftmals in Vergessenheit gerät und verstaubt.

Hinzu kommt, dass der streng interpretierte Qur'an die Abbildung von Menschen in jeglicher Form verbietet. Arabische und insbesondere omanische **Frauen** sollte man nie fotografieren bzw. nur dann, wenn sie es ausdrücklich erlaubt haben. Männer haben es strikt zu vermeiden, unbekannte Frauen auf Fotos anzusprechen. Zahlreiche Omanis und viele der anderen im Sultanat lebenden Araber nehmen es aber mit dem **Bilderverbot** nicht so genau, besonders nicht die Städter. Immer wieder sieht man Familien vor Brunnen oder in Parkanlagen posieren, der Fotoapparat ist bei jedem Familienausflug dabei. Auch die Porträts des Sultans hängen quasi überall. Inder und Pakistanis lassen sich meist gerne fotografieren.

Streng verboten ist es, Militäranlagen abzulichten – ebenso öffentliche Gebäude wie Ministerien, Industrieanlagen, verkehrstechnische Einrichtungen (Flughäfen) und alles, was mit der Erdöl- und Gasförderung zu tun hat.

Zubehör

Speichermedien, Akkus und Batterien sind in Fotogeschäften, Supermärkten und Hotelshops erhältlich, Adressen dazu bei den praktischen Informationen zu den einzelnen Städten. **Fotolabore** gibt es in den größeren Städten. **Speicherchips** sind in Oman günstig erhältlich, außerdem kann man in Fotoläden oder Internet-Cafés den Chip auf CD/DVD brennen lassen, anschließend löschen und weiterverwenden.

Ersatzbatterien findet man in den Standardgrößen in großen Supermärkten, spezielle Größen sollte man sicherheitshalber von zu Hause mitbringen.

> Ein Erinnerungsfoto für den Gast aus Deutschland

Wichtig ist eine gute **Fototasche** zum Schutz vor Stößen, Staub und Feuchtigkeit, vor allem bei Gelände- und Wüstenfahrten.

Tipps für die Urlaubsfotografie

- **Gehen Sie möglichst nah ran!** Machen Sie keine Suchbilder, sondern fotografieren Sie formatfüllend.
- **Personen** sollten von Kopf bis Fuß auf dem Bild sein.
- **Porträts** wirken gut ab Hüfthöhe aufwärts.
- Bei Aufnahmen von Menschen achten Sie darauf, dass Kamera und Augen des Motivs auf gleicher Höhe sind, sodass ein gerader Winkel entsteht. Besonders bei Kindern ist ein Fotografieren „von oben herab" zu vermeiden.
- Nutzen Sie das **gute Licht** in den frühen Morgenstunden oder am späten Nachmittag.
- „Wo viel Licht ist, ist auch viel Schatten", daher kann ein **Aufhellblitz** auch am Tage manchmal Wunder wirken.
- **Machen Sie mehrere Aufnahmen,** besonders bei Motiven mit Menschen, und wählen Sie später die beste aus.
- Machen Sie in schwierigen Lichtsituationen zusätzliche Bilder mit **Belichtungskorrektur.**
- Auch bei Digitalkameras beeinflusst die Einstellung der **ASA-Zahl** die Qualität!
- Probieren Sie **ungewöhnliche Standpunkte** und Perspektiven aus, variieren Sie den Bildwinkel (verschiedene Objektiv-Brennweiten).
- Gehen Sie sorgsam mit Ihrer **Fotoausrüstung** um. Vermeiden Sie direkte Sonneneinstrahlung und allzu große Hitze im Auto. Vorsicht bei Sand! Vor allem bei Wanderungen und Fahrten in Dünengebieten unbedingt die Kamera dicht verpacken.

oman20_015 pf

Geld

Währung

Die Währungseinheit des Sultanats ist der **Rial Omani (RO).** Die omanischen Rial sind frei konvertierbar und im Wert an den US-Dollar gekoppelt (s. u.). Ein Rial entspricht **1000 Baisa** (**Bs,** manchmal auch Bz abgekürzt).

Die **Geldscheine** haben einen Wert von 1, 5, 10, 20 und 50 Rial sowie von 100, 200 und 500 Baisa. Sie sind sowohl mit arabischen als auch mit unseren Ziffern beschriftet (arabische Zahlen siehe im Anhang). Etwa alle zehn Jahre werden neue Scheine ausgegeben, die alten Banknoten sind aber weiterhin gültig, allerdings nur noch selten anzutreffen. Durch die gleiche Farbe unterschiedlicher Werte kann es leicht zu Verwechslungen kommen.

Münzen (5, 10, 25 und 50 Baisa) sind kaum im Gebrauch und nur mit arabischen Ziffern beschriftet. Münzsammler können bei Banken verschiedene silberne Sonderprägungen erstehen.

Die Bezeichnung „Rial" ist eine Abwandlung des spanischen *Real,* der Name „Baisa" stammt vom indischen *Paisa* ab (der Einheit unterhalb der Rupie).

Devisenwechsel

Bei den praktischen Informationen zu den einzelnen Städten finden sich die Adressen der jeweils größten Banken und Wechselstuben.

Der **Geldtransfer** vom/ins Ausland unterliegt keinen Beschränkungen, da die Ein- und Ausfuhr von Devisen und Rial in unbegrenzter Menge erlaubt ist.

In Oman können omanische Rial unter Inkaufnahme der üblichen Kursabweichungen **zurückgetauscht** werden. Bei den Banken bekommt man oft nur US-Dollar, bei den Geldwechslern häufig auch Euro oder Schweizer Franken. Solche Transaktionen nimmt man am besten in großen Banken bzw. bei Geldwechslern in der Hauptstadtregion vor.

Wechselstuben

Die **„exchange offices"** und **„money changer"** finden sich vorwiegend in der Hauptstadtregion im Souq von Mutrah und Ruwi sowie in Nizwa und Salalah, aber auch in Shopping Malls. **Zum Tauschen von Bargeld** sind sie **die beste Adresse.** Ihre Dienste sind offiziell genehmigt und völlig legal, es handelt sich also um keinen Schwarzmarkt. Sie bieten die günstigsten Wechselkurse, die Bearbeitung geht meist schnell und unkompliziert, und ihre Öffnungszeiten sind auch verbraucherfreundlicher als die der Banken. Der Grund, dass es diese Geldwechselstuben überhaupt gibt, liegt darin, dass die in Oman arbeitenden Ausländer diese für die Überweisung ihres Lohnes in die Heimat nutzen.

Die meisten Wechselstuben haben Samstag bis Donnerstag von 8/9 bis 13 und 16/16.30 bis 19/20 Uhr geöffnet.

Banken

In Oman sind **viele internationale Banken** vertreten, darunter die Habib Bank Zürich, die britische Barclay's Bank und die HSBC. Ein Bankenzentrum ist der Ruwi Business District in der Hauptstadtregion, in dem alle großen Fillialen ihren Hauptsitz haben. Kleinere Filialen finden sich meist in den Einkaufszentren der Hauptstadtregion.

Das Geldwechseln in Banken bietet **schlechtere Wechselkurse,** und die **Formalitäten** sind langwieriger als in den Wechselstuben. **Viele Banken wechseln auch gar nicht!**

Banken sind sonntags bis donnerstags von 8 bis 12 Uhr **geöffnet.** Donnerstags schließen einige bereits um 11.30 Uhr. Im Ramadhan sind die Öffnungszeiten eingeschränkt.

In den großen **Hotels** gibt es zumeist **Wechselschalter,** ihre Öffnungszeiten sind zwar besser, jedoch ist ihr Kurs der mit Abstand ungünstigste.

Bei der Ankunft am **Flughafen von Muscat** sollte man am dortigen Wechselschalter nur wenig tauschen (nur für die Visum-Gebühr, die vom Tauschbetrag direkt abgezogen wird). Besser ist es, einen Geldautomaten mit der Maestro-Karte zu nutzen (der erste steht gleich am Ausgang aus dem Flughafen).

Zahlungsmittel

Ob man **Bargeld** in Euro oder Dollar mitnimmt, ist weniger wichtig. Dollar haben den Vorteil des leicht besseren Kurses und der besseren Akzeptanz. Dafür muss man beim Kauf auf der heimischen Bank die Abweichung zum Mittelkurs tragen. In der Praxis reichen Euro völlig aus.

Kreditkarten (MasterCard/Access sowie VISA, weit weniger verbreitet sind American Express und Diner's Club) werden in (großen) Hotels und Restaurants, bei internationalen Autovermietern, in Antiquitätenläden und Boutiquen fast immer akzeptiert, im Souq dagegen eher selten. Manche Geschäfte bieten beim Bezahlen mit Bargeld allerdings Preisvorteile. Mit Kreditkarte kann man auch außerhalb der Öffnungszeiten der Banken und Wechselstuben an zahlreichen Bankautomaten zu Geld kommen. Allerdings kosten Barabhebungen per Kreditkarte je nach ausstellender Bank bis zu 5,5% Gebühr, für das bargeldlose Zahlen werden nur 1–2% für den Auslandseinsatz berechnet.

Mit der **Maestro-Karte** kann man in vielen Filialen der National Bank of Oman und der Bank Muscat sowie der HSBC Bargeld am Automaten abheben,

Wechselkurse

Durch die Kopplung des Rial an den Wert des US-Dollars unterliegt der Rial-Wechselkurs denselben Schwankungen wie der des Dollars. **1 RO entspricht 2,59 US-Dollar.** Allerdings wird man zu diesem Kurs nirgendwo auf dem Geldmarkt tauschen können, da die Provision des Geldinstitutes bzw. des Geldwechslers den tatsächlichen Kurs etwas verschlechtert.

- Die **aktuellen Kurse** werden täglich in den omanischen Tageszeitungen bekannt gegeben. Sie lassen sich anhand des Wertes des US-Dollars jederzeit errechnen. Die folgenden Werte von Anfang 2020 beziehen sich auf einen Euro-Kurs von 1,11 US-$ (SFr = 0,98 US-$):
1 RO = 2,33 Euro, 1 Euro = 0,43 RO
1 RO = 2,54 SFr, 1 SFr = 0,39 RO
- Aktuelle Kurse z. B. unter **www.oanda.com.**

die Gebühren hierfür sind günstiger als die der Kreditkarten. Ob und in welcher Höhe Kosten für die Barabhebung anfallen, ist abhängig von der kartenausstellenden Bank und von der Bank, bei der die Abhebung erfolgt; man sollte sich daher vor der Reise bei seiner Hausbank informieren, mit welcher Bank sie vor Ort zusammenarbeitet. Im ungünstigsten Fall wird pro Abhebung eine Gebühr von bis zu 1% des Abhebungsbetrags per Debitkarte mit Maestro-Logo berechnet. Es ist daher am günstigsten, größere Geldbeträge auf einmal abzuheben (je nach Hausbank sind meist bis zu 400 RO möglich). **Die Maestro-Karte ist das beste Mittel, um an omanisches Geld zu gelangen! Aufgepasst:** Maestro-Karten sind je nach Bank nicht mehr automatisch weltweit freigeschaltet! Das sollte vor Reisebeginn mit der Bank abgeklärt werden. Bankkarten mit dem V-PAY-Logo funktionieren außerhalb von Europa nicht.

Empfehlenswert ist es, einen Teil der Reisekasse in bar mitzunehmen (evtl. teilweise in US-Dollar). Zum Bezahlen größerer Beträge (Hotelrechnungen, exklusive Restaurants, teure Souvenirs und Mietwagen) ist die Kreditkarte am sinnvollsten, zum Abheben von Geld am Automaten und als Reserve eignet sich eine Maestro-Karte am besten.

Unterwegs sollte man jedoch nicht nur Plastikgeld, sondern auch bare **Rial** mitführen, da in den meisten Geschäften oder Straßenrestaurants nur cash akzeptiert wird, insbesondere jenseits der großen Städte. Wer auf Nummer Sicher gehen will, nimmt als Reserve einige US-Dollar in kleinen Scheinen mit, da man mit diesen notfalls fast überall zahlen kann. Euro werden wegen des ständig variierenden Kurses nur sehr selten angenommen.

Zum **Verlust von Zahlungsmitteln** siehe Abschnitt „Notfall und Hilfe".

Kosten und Preisbeispiele

Oman ist kein Billig-Reiseland. Das allgemeine Preisniveau entspricht in etwa dem mitteleuropäischer Länder.

Im **Dienstleistungsbereich** wirkt sich das niedrige Lohnniveau der asiatischen Gastarbeiter auf den zu zahlenden Preis deutlich aus. Ein Essen im Restaurant – egal, ob Imbiss oder Fünf-Sterne-Essen – ist weitaus günstiger als ein vergleichbares in Deutschland. Eine mehrgängige Mahlzeit oder ein Büfett in einem Luxusrestaurant eines großen Hotels kann man für etwa 15–20 RO erhalten, in einem guten Straßenrestaurant kostet es selten mehr als die Hälfte. In den Imbisslokalen wird man oft weniger als zwei Rial ausgeben.

Die **Hotel- und Nebenkosten,** die einen Touristen in den internationalen Hotels erwarten, liegen knapp unter mitteleuropäischem Niveau. Verhältnismäßig teuer sind hier alkoholische Getränke (Dose Bier 2–3 RO, Flasche Wein ab ca. 10 RO). Auch diese Kosten hängen natürlich sehr stark von den individuellen Ansprüchen ab.

Die **Kosten für öffentliche Verkehrsmittel** liegen weit unter europäischem Niveau. Eine Busfahrt Muscat – Nizwa (180 km) kostet 1,60 RO, die mehr als 1000 km bis Salalah 6–8 RO, der Hin- und Rückflug dorthin ist mit 76 RO allerdings relativ teuer. Vergleichsweise hoch sind die **Kosten für Taxifahrten,** aber nicht etwa weil die Fahrer, wie in vielen anderen Ländern üblich, einen Extrabonus berechnen, sondern weil das Lohnniveau der omanischen Taxifahrer relativ hoch ist. Trotzdem liegen die Preise weit unter mitteleuropäischen Vergleichswerten.

Wenn man im Supermarkt **Lebensmittel** einkauft, so wird man allerdings verwundert feststellen, dass die zahlreichen aus Deutschland importierten Waren nicht zwangsläufig teurer sind als zu Hause. Das liegt daran, dass die hohen Transportkosten durch die niedrigen Steuern und die geringen Löhne wieder ausgeglichen werden. Einheimische Waren oder aus Asien importierte Dinge sind oft sehr günstig.

Lebensmittel aus lokaler Produktion, Obst, Gemüse, Fleisch und Fisch, werden in jeder Stadt auf den Souqs angeboten und sind ebenfalls sehr günstig.

Das den Muslimen vom Qur'an verbotene **Schweinefleisch** ist zwar erhältlich, aber teuer und nur in einigen Supermärkten in speziellen, abgetrennten **„pork rooms"**.

Preisbeispiele für Lebensmittel

- **Mineralwasser:** 1,5 l 200 Bs
- **Cola:** Dose 150–200 Bs
- **Tee/Kaffee:** Tasse 100–200 Bs
- **Milch, Joghurt:** 1 l ca. 1 RO
- **Weißbrot:** 1 kg ca. 300 Bs
- **Fleisch/Fisch:** 1 kg ca. 4 RO
- **Möhren/Gemüse:** 1 kg ca. 300 Bs
- **Tomaten:** 1 kg ca. 200 Bs
- **Orangen, Bananen:** 1 kg ab 400 Bs
- **Papaya, Trauben:** 1 kg ab 600 Bs
- **Kostenbeispiele** für Hotels, Essen und Trinken, Mietwagen, organisiertes Reisen und Souvenirs stehen in den entsprechenden Abschnitten.

Gesundheit

Wer als gesunder Mensch nach Oman reist, braucht **keine übermäßigen Vorsorgemaßnahmen** zu treffen. Alle anderen – sowie Schwangere und ältere Menschen – sollten vor der Reise ein Gespräch mit ihrem Arzt führen und sich über Risiken beraten lassen.

Reisende, die ihre **Kinder** mitnehmen möchten, finden im Abschnitt „Reisen mit Kindern" zusätzliche Tipps zur Gesundheitsvorsorge. Infos zur **Auslandskrankenversicherung** stehen im Abschnitt „Versicherungen".

Gesundheits-Informationen stehen auch im Anhang des Buches sowie online unter www.crm.de.

Impfungen

Hausärzte, Gesundheitsämter und Tropeninstitute informieren, welche Impfungen für wen nötig oder zu empfehlen sind. Impfungen gegen Typhus, Meningitis, Tollwut und Cholera sind nicht notwendig.

Zur Einreise nach Oman ist keine Impfung vorgeschrieben, es sei denn, man reist aus einem Infektionsgebiet (z. B. Gelbfieber in Westafrika oder Cholera in Südamerika) an oder hat sich in den letzten zwei Wochen dort aufgehalten. Dann ist eine Impfung, dokumentiert im internationalen Impfausweis, unerlässlich.

Die folgenden **vorbeugenden Maßnahmen** werden von den Gesundheitsämtern empfohlen. Inwieweit sie wirklich notwendig sind, ist persönlicher Ermessensspielraum.

Kinderlähmung/Tetanus/Diphtherie

Gegen Poliomyelitis (Kinderlähmung), Tetanus (Wundstarrkrampf) und Diphtherie (Infektionskrankheit der Atemwege) sollte **jeder Erwachsene** geimpft sein. Eine Auffrischung ist nötig, wenn eine dieser Impfungen zehn Jahre oder länger zurückliegt. Da bestimmte Abstände zwischen den Impfungen eingehalten werden müssen, sollte man bei völlig fehlendem Schutz spätestens sechs Wochen vor der Abreise mit ihnen beginnen. Ansonsten reichen auch drei bis vier Wochen aus. Die Kosten dieser Schutzimpfungen werden, im Gegensatz zu den folgenden speziellen Reiseimpfungen, von den gesetzlichen Krankenkassen bzw. Ersatzkassen übernommen.

Hepatitis

Bei der **Hepatitis A** werden die Viren durch verunreinigtes Trinkwasser und Speisen übertragen – da die hygienischen Zustände in Oman hervorragend sind, ist diese Gefahr genauso gering wie zu Hause. Ein **niedriges Risiko** besteht bei ungeschältem Obst, bei kalten bzw. lauwarmen Speisen und bei nicht ausreichend erhitzten Meeresfrüchten wie Muscheln oder Austern. Wer auf Nummer Sicher gehen will, kann sich zur Stärkung seiner Abwehrkräfte gegen Hepatitis A **impfen** lassen. Wer oft auf Fernreisen geht, sollte dies ohnehin tun, der Schutz mit einem aktiv wirkenden Impfstoff reicht 6 bis 10 Jahre. Und wer ganz sicher sein will, lässt sich eine Kombi-Impfung gegen Hepatitis A und B (Übertragung durch Viren aus fremden Körperflüssigkeiten) geben.

oman054 pf

Malaria

Da laut WHO lediglich einige Gebiete Omans nach Regenfällen (z. B. der Dhofar in den Sommermonaten) zu den „Gebieten mit mittlerem Malariarisiko" gehören, sollte jeder in Abstimmung mit seinem Arzt abwägen, Vorsorgemedikamente einzunehmen oder auch nicht. **In den Städten, in Wüstengebieten sowie in Höhen über 2000 m besteht kein Malariarisiko.**

Gegen Malaria gibt es **keine Impfung,** sondern nur medikamentöse **Prophylaxe.** Dabei handelt es sich um eine Dau-

erbehandlung der Krankheit mit kleinster Arzneimitteldosis. Malaria ist eine Infektionskrankheit, bei der durch den Stich der weiblichen **Anopheles-Mücke** die krankheitserregenden Parasiten (Plasmodien) übertragen werden. Es hat in Oman in den letzten Jahren keinen Fall von Malaria mehr gegeben, bei dem die Infektion in Oman geschehen wäre.

Oman – unbeschwerter Urlaub ohne besondere Gesundheitsvorsorge

Hygiene

Die hygienischen Zustände in Oman kann man als **sehr gut** bezeichnen. Der behördliche Hygienestandard für Hotels, Restaurants, Imbiss-Stände u. Ä. ist sehr streng. Man braucht sich im Grunde nicht sehr viel mehr Sorgen um seine Gesundheit zu machen als zu Hause. Das gilt insbesondere für die großen Hotels und Restaurants. Und auch kleine Lokale außerhalb der Hotels werden tadellos sauber gehalten.

Möchte man in einfachen Gastarbeiterlokalen oder Straßenimbissen essen, so sollte man vorsichtiger sein, obwohl dort die wohl reinlichsten Zustände der gesamten arabischen Welt herrschen.

Ebenfalls nichts zu wünschen übrig lässt die Sauberkeit des Straßenbildes. Herumliegender **Müll** ist nur vereinzelt zu sehen, dafür umso öfter eifrige Müllaufsammler auf ihren allmorgendlichen Streifzügen durch die entlegensten Winkel der Grünanlagen.

Die öffentlichen **Toiletten** sind zumeist einigermaßen gepflegt. Zudem kann der Tourist die spiegelblanken sanitären Einrichtungen der großen Hotels und Restaurants nutzen. Toiletten gibt es ferner in Fast-Food-Restaurants, Museen, in Einkaufszentren, in öffentlichen Einrichtungen (Parks, Behörden) und an Tankstellen. Oft handelt es sich um die im Orient weit verbreiteten Hocktoiletten. Sieht man jedoch einmal von der für Mitteleuropäer ungewohnten Haltung ab, so muss man diesen durchaus hygienische Vorteile bescheinigen. Die stillen Örtchen, die nicht oft von Ausländern aufgesucht werden, haben **meist kein Toilettenpapier,** da die Einheimischen zur Reinigung ihre linke Hand und viel Wasser nehmen. **Man sollte daher immer einen kleinen Notvorrat Toilettenpapier oder auch Papiertaschentücher in der Hosentasche parat haben.**

oman056 pf

Krankheiten und Vorsorge

Erkältung

Die mit Abstand häufigste Auslandserkrankung ist eine ganz gewöhnliche Erkältung. Gerade in Oman, wo nahezu alle Gebäude mit **Klimaanlagen** (engl. *air condition, AC*) ausgestattet sind, sollte man sich bei einem längeren Innenaufenthalt mit einem Pullover oder einer leichten Jacke vor Unterkühlung schützen. Das Risiko einer Erkältung erhöht sich dadurch, dass die Temperaturunterschiede zwischen Draußen und Drinnen oft 20 Grad betragen können. Am besten nie direkt unter den Luftstrom einer Klimaanlage setzen – erst recht nicht, wenn man verschwitzt ist – und nicht darunter schlafen.

Durchfall

Ursache eines Durchfalls sind nicht zwangsläufig Krankheitserreger in der Nahrung, vielmehr können **Übermüdung, Hektik, Zeitverschiebung, klimatische Änderungen** oder **ungewohnte Nahrungsmittel** dafür verantwortlich sein. Daher erkranken besonders viele Menschen in den ersten Urlaubstagen.

Reiseapotheke

Auch wenn hochwertige Medikamente überall in Oman erhältlich sind, sollte man doch eine gut ausgestattete Reiseapotheke mitnehmen. Sie ist besonders für unerwartete Notfälle sinnvoll und vermittelt zudem ein gewisses Sicherheitsgefühl. Da die medizinische Versorgung im Sultanat gut ist, braucht man nur **geringe Mengen** einzupacken. Standardmedikamente gibt es in jeder Apotheke (manchmal unter anderem Namen).

Reisende, die regelmäßig eine **bestimmte Medizin** einnehmen müssen, sollten einen entsprechenden Vorrat mitnehmen. Hat man diesen vergessen, so kann man in den großen Krankenhäusern oder Arztpraxen nach einer Medikamentenliste mit internationalen Bezeichnungen fragen und sich dann das entsprechende Präparat vor Ort besorgen. Wichtige Medikamente sollten vor dem Abflug in das Handgepäck gepackt und nicht mit dem Koffer aufgegeben werden.

- Kopfschmerztabletten
- Fiebersenkendes Präparat
- Mittel gegen Magen- und Darmverstimmungen
- Verträgliche Medizin gegen Durchfall und Erbrechen
- Präparat gegen Reisekrankheit
- Sonnenschutzcreme, wasserfest, hoher Lichtschutzfaktor
- Mückenschutzmittel
- evtl. Malaria-Stand-By-Prophylaxe
- Breitbandantibiotikum
- Antibiotische Augensalbe (gegen Infektionen durch Flugsand)
- Wundsalbe und Wunddesinfektionsmittel
- Mullbinden und Pflaster
- Fieberthermometer
- Monatshygieneartikel

Med. Sprachführer (dt./engl.)

- **Notfall:** *emergency*
- **Apotheke:** *pharmacy*
- **Krankenhaus:** *hospital*
- **Schmerzen:** *pain*
- **Kopfschmerzen:** *headache*
- **Zahnschmerzen:** *toothache*
- **Magenschmerzen:** *stomach ache/upset*
- **Brechreiz:** *nausea*
- **Halsschmerzen:** *sore throat*
- **Ohrenschmerzen:** *ear pain*
- **Atembeschwerden:** *difficulty in breathing*
- **Husten:** *cough*
- **Schnupfen:** *cold, blocked nose*
- **Fieber:** *fever, high temperature*
- **Sonnenbrand:** *sunburn*
- **Sonnenallergie:** *sun allergy*
- **Schwangerschaft:** *pregnancy*
- **Durchfall:** *diarrhoe*
- **Verstopfung:** *constipation*
- **Schwindel:** *dizziness*
- **Kreislaufschwäche:** *circulatory insufficiency*
- **hoher Blutdruck:** *high blood pressure*
- **niedriger Blutdruck:** *low blood pressure*
- **Brandwunde:** *burn*
- **Vergiftung:** *poisoning*
- **Stich:** *sting*
- **Verstauchung:** *spraining*
- **Verrenkung:** *dislocation*
- **Medikament:** *medicine*
- **Antibiotikum:** *antibiotic*
- **Impfung:** *vaccination*
- **Salbe:** *ointment*
- **Verband:** *bandage*
- **vor/nach/zum Essen:** *before/after/during meals*
- **im Mund zergehen lassen:** *let (the tablet) dissolve slowly in your mouth*
- **zerkauen:** *chew*
- **schlucken:** *swallow*
- **in Wasser auflösen und trinken:** *dissolve in water and drink*

Wer nur in Restaurants der gehobenen Preisklassen isst, ist in der Regel gegen eine Magenverstimmung gefeit, zumindest werden verunreinigtes Essen oder mangelnde Hygiene kaum der Grund für Magenbeschwerden sein, eher schon die oben geschilderten Faktoren oder weil man schlichtweg zuviel geschlemmt hat …

Darmtrakt-Empfindlichen und denjenigen, die auch mal gerne einen kleinen Snack auf der Straße oder in einem kleinen Imbisslokal probieren, sei beim Essen die Befolgung der Regel **„Koch es, brat es, schäl es oder vergiss es“** angeraten. Gerade in den ersten Tagen sollte man vorsichtig sein. Leitungswasser ist zwar unbedenklich, aber besser ist es, abgefülltes Mineralwasser zu trinken.

Hat man einen **Durchfall,** so sollte man es dem Darm so leicht wie möglich machen und unbedingt Flüssigkeits- sowie Salzhaushalt ausgleichen. Hilfreich ist es, Fenchel- und Kamillentee mit etwas Salz und Traubenzucker oder Cola zu trinken sowie geriebene Äpfel, zerdrückte Bananen, Zwieback, Weißbrot oder Salzstangen zu essen. Vermeiden sollte man Milch, Fett und Eier. Hat man außerdem Fieber, Blut im Stuhl oder hält der Durchfall mehrere Tage an, so ist unbedingt ein Arzt zu konsultieren oder ein Krankenhaus aufzusuchen.

Zahnschmerzen

Es ist ratsam, seine Zähne einige Wochen vor einer Fernreise vom heimischen Zahnarzt durchsehen zu lassen, denn so lassen sich eventuelle Komplikationen mit großer Wahrscheinlichkeit vermeiden. Kommt es dennoch zu Zahnweh, so helfen fürs erste Schmerztabletten. Lässt sich der Schmerz nicht wirksam lindern, oder hat man sich im Mundraum verletzt, so sollte man einen Zahnarzt (engl. *dentist*) oder ein Krankenhaus aufsuchen. Adressen stehen in den praktischen Informationen zu den einzelnen Städten.

Reisekrankheit

Viele Menschen sind gegen die sogenannte Reisekrankheit anfällig. Es ist eine an sich harmlose Reizung des Gleichgewichtsorganes, das sich im Ohr befindet. Sie ruft **Übelkeit** hervor und tritt meist bei Reisen mit dem Flugzeug und dem Schiff auf, aber auch bei holprigen und kurvenreichen Autofahrten (z. B. bei einer Berg- oder Wüstenexkursion). Mit der Einnahme von Medikamenten ist sie leicht zu vermeiden.

Akklimatisation

Bei einer Reise in heiße Wüstenländer muss sich der gesamte Körper (Kreislauf, Wärmehaushalt, Schweißdrüsen) erst einmal langsam an das ungewohnte Klima anpassen. Besonders in den ersten Tagen wird man viel schwitzen, denn der Körper versucht mit der hervorgerufenen Wasserverdunstung die Haut zu kühlen. Körperliche Untätigkeit erschwert diese Anpassung ebenso wie übertriebene Bewegung, ein Mittelmaß wäre optimal. Sehr wichtig ist es, **viel zu trinken,** mindestens zwei Liter pro Tag. Um den **Mineralhaushalt** des Körpers auszugleichen, ist es nicht schlecht, die Speisen etwas stärker als sonst zu salzen.

Hervorragend eignen sich auch **Datteln.** Durch ihren hohen Gehalt an verschiedenen Mineralien bieten bereits 15 bis 20 Datteln eine wertvolle und leckere Nahrungsergänzung.

Sonnenbrand/ Sonnenstich/Hitzekollaps

Einen **Sonnenbrand** sollte man nicht nur vermeiden, weil er schmerzt. Viel folgenreicher sind mögliche Spätschäden, die durch zu viel und zu starke UV-Bestrahlung entstehen. Dazu gehören Hautkrebs und vorzeitige Hautalterung. Vermeiden kann man einen Sonnenbrand, indem man sich möglichst oft im Schatten aufhält, Sonnencreme mit hohem Lichtschutzfaktor mehrmals täglich aufträgt und möglichst viel Haut bedeckt. Wenn man seine Haut bräunen möchte, ist ein überlegtes Sonnenbaden wesentlich gesünder als Rösten.

Keinesfalls sollte man sich in der Mittagszeit zu lange in der prallen Sonne aufhalten, bei zusätzlicher körperlicher Anstrengung und beengender Kleidung kann es leicht zu einem **Hitzekollaps** kommen. Gefährdet sind vor allem Kinder, kreislaufschwache und ältere Menschen. Betroffene leiden unter Schwindel, Übelkeit und Benommenheit, die Körpertemperatur steigt an. Man sollte umgehend aus der Sonne in einen kühlen Raum gehen und die durch starkes Schwitzen verlorene Flüssigkeit und Salze ersetzen.

Ein **Sonnenstich** entsteht, wenn der unbedeckte Kopf zu viel Sonne abbekommt. Es kann zu einer Reizung der Hirnhäute und schließlich zu Schwindel, Kopfweh, Unwohlsein und Erbrechen kommen. Auch hier gilt es, sofort aus der Sonne heraus in einen kühlen Raum zu gehen und den Kopf mit feuchten Tüchern zu kühlen.

Skorpionstich

Skorpione gibt es **in den Wüstengebieten,** sie stechen Menschen allerdings nur, wenn sie sich angegriffen fühlen. Da sie sich gerne unter schattigen Steinen oder Baumstämmen, aber auch in leeren Schuhen oder warmen Schlafsäcken verstecken, sollte man nach einer Übernachtung unter freiem Wüstenhimmel sein gesamtes Gepäck erst einmal vorsichtig ausschütteln. Manchmal vergraben sich Skorpione auch im Sand. Deshalb ist es angebracht, feste Schuhe zu tragen und nicht barfuß durch die Dünen zu spazieren.

Die meisten Skorpionarten sind harmlos, aber eben nicht alle. Je nach Art können an der Stichstelle schnell starke Schmerzen und Schwellungen sowie Übelkeit, Erbrechen, Muskelzittern, Herzjagen, Sehstörungen, Atemnot, Krämpfe oder auch Schockzustände auftreten. Da bei manchem Skorpiongift Lebensgefahr für den Menschen bestehen kann, sollte man bei diesen **Symptomen** so schnell wie möglich einen Arzt aufsuchen, um sich behandeln und evtl. ein Gegenserum spritzen zu lassen.

Krankenhäuser/ Ärzte/Kliniken

Sollte man ärztliche Hilfe benötigen, so stehen in den praktischen Informationen zu den einzelnen Städten Krankenhäuser und Kliniken mit **Adressen** und Telefonnummern. An der Hotelrezeption oder von der Reiseleitung kann man weitere Adressen erfahren oder einen Arzt rufen lassen. Möchte man einen **deutschsprachigen Arzt** konsultieren, kann man bei der Botschaft/dem Konsulat des Heimatlandes anrufen und sich Adressen nennen lassen. Bei den „Praktischen Tipps“ zu Muscat sind ebenfalls einige genannt.

Oman verfügt über ein **gut organisiertes Gesundheitssystem.** Die medizinische Grundversorgung ist gewährleistet, der Standard der medizinischen Versorgung sehr hoch – besonders in der Hauptstadtregion. Im Verhältnis zur Bevölkerungszahl gibt es ausreichend Ärzte und Krankenhausbetten. Die Technik ist auf dem neuesten Stand, die Sauberkeit vorbildlich. **Fast alle Ärzte haben im Ausland studiert,** viele Spezialisten sind Ausländer und sprechen gut englisch.

Für die Omanis und Ausländer, die für die Regierung arbeiten, ist die medizinische Versorgung in den Regierungskrankenhäusern, staatlichen Krankenstationen und Gesundheitszentren kostenlos. In den zahllosen Privatpraxen müssen die Behandlungen allerdings selbst bezahlt werden. Die medizinische **Notfallversorgung** in den Krankenhäusern ist für alle **kostenlos** oder es wird nur ein minimaler Betrag genommen.

Touristen müssen für alles, was über die medizinische Notfallversorgung hinaus geht, bezahlen. Wer zu Hause eine private Auslandskrankenversicherung abgeschlossen hat, was unbedingt zu empfehlen ist, bekommt diese Kosten nach Vorlage von Quittungen und Bescheinigungen im Normalfall erstattet (Näheres siehe „Versicherungen“).

Neben staatlichen und privaten Krankenhäusern gibt es zahlreiche **private Arztpraxen** und **„Clinics“,** die meist nichts anderes sind als Gemeinschaftspraxen verschiedener Fachärzte (auch Zahnärzte) in einem Gebäude.

Apotheken

In allen größeren Ortschaften in Oman findet man Apotheken (engl. *pharmacy*) vor. Die meisten von ihnen haben stets ein **umfangreiches Sortiment** an Medikamenten internationaler Pharmakonzerne vorrätig. Die Preise für Arzneimittel werden staatlich kontrolliert und sind meist niedriger als in Deutschland.

Apotheken haben, von einer Mittagspause abgesehen, **von frühmorgens bis zum Abend** geöffnet. Das Apothekenpersonal spricht üblicherweise sehr gut englisch. Apotheken mit wechselndem **Nachtdienst** gibt es in jeder größeren Stadt. Die Orte, Apotheken und deren Telefonnummern werden (in englischer Sprache) zum einen in den Tageszeitungen bekannt gegeben, zum anderen erscheinen sie im Anschluss an die Nachrichtensendungen im Fernsehen.

Wie bei uns sind in den großen Apotheken auch medizinisches Zubehör, Babynahrung, Kosmetika und Ähnliches erhältlich.

Bei den praktischen Informationen zu den Städten stehen **Adressen** und Telefonnummern von Apotheken. Auf den ersten Seiten des Telefonbuches findet sich eine Liste mit Apotheken.

Rettungsflüge

Sollte man im Urlaub so schwer erkranken oder verletzt sein, dass man nicht in Oman behandelt werden möchte/kann, besteht je nach Zustand des Patienten die Möglichkeit, sich mit einem Rettungsflug nach Hause fliegen zu lassen.

Hat man eine Auslandskrankenversicherung (siehe „Versicherungen") abgeschlossen und bescheinigt der behandelnde Arzt die Notwendigkeit eines Rettungsfluges, so trägt die Versicherung die nicht geringen Kosten. Hinweis: Es sollte die Kostenübernahme eines ärztlich angeordneten „medizinisch sinnvollen" und nicht nur „medizinisch notwendigen" Rettungsfluges vertraglich vereinbart werden.

Man kann aber auch Mitglied bei einem **Rettungsflugdienst** werden, im Notfall zahlen diese dann die Aufwendungen.

- **Deutsche Rettungsflugwacht**
Postfach 23 04 23, 70624 **Stuttgart,**
Tel. 0711-70070, www.drf.de
- **Flugdienst des Deutschen Roten Kreuzes**
Auf'm Hennekamp 71, 40225 **Düsseldorf,**
Tel. 0211-9174990, www.drkflugdienst.de
- **Ärzteflugambulanz OAFA**
Albertgasse 1A, 1080 **Wien,**
Tel. 01-40144, www.oafa.at
- **Rettungsflugwacht REGA**
Postfach 14 14, 8058 **Zürich-Flughafen,**
Tel. 01-6543311, www.rega.ch

Informationsstellen

Tourismusministerium

- **Ministry of Tourism**
P.O. Box 200, P.C. 115, Madinat Al-Sultan Qaboos, **Muscat,** Sultanate of Oman, Tel. 00968-80077799, www.omantourism.de, www.omantourism.gov.om
In Deutschland: c/o Interface International GmbH
Gertraudenstraße 10-12, D-10178 Berlin
Tel. 030-42088012, Fax 030-42256286
www.experienceoman.om

Informationen im Internet

Im riesigen Angebot des World Wide Web findet man auch Interessantes über Oman. Die richtigen Adressen als Startpunkt erleichtern die Suche erheblich, da die gängigen Suchmaschinen meist zu viele uninteressante Seiten auflisten.

Weitere Adressen sind in diesem Buch an den inhaltlich passenden Stellen aufgelistet.

Speziell zu Oman

- **www.omantourism.gov.om**
(Tourismus-Infos)
- **www.trekkingoman.com**
(Infos zum Wandern und einige Routen)
- **www.deutschoman.de**
(Deutsch-Omanische Gesellschaft)
- **www.oman-shop.com**
(keine Informationsstelle, sondern ein Online-Shop mit Produkten aus und rund um Oman)

- **www.omannews.com/english** (Oman News Agency)
- **www.omantel-yellowpages.com** (Gelbe Seiten)
- **www.omaninfo.com** (Oman Information Center)
- **www.omanet.om** (omanisches Informationsministerium)
- **www.omantel.net.om** (Oman Telecommunications Company)
- **www.omanonline.com** (Oman Online)
- **www.squ.edu.om** (Sultan Qaboos University)
- **www.omanair.com** (Oman Air, Inlandsflüge)
- **www.om.map24.com** (Adresssuche und Routenplanung)
- **www.plus968.com, www.daleel1010.om** (Hotel-, Restaurant- und Shoppingguides, auch als App)

Arabische Länder allgemein

- **www.arabia.com** (Arabia.com)
- **www.arab.net** (Arab Net)
- **www.al-bab.com** (Al-Bab)
- **www.arabicnews.com** (Nachrichtensammlung)
- **www.middleeastdaily.com** (Middle East Daily)
- **www.ttnonline.com** (Travel and Tourism News Middle East)
- **www.qantara.de** (gute deutschsprachige Seite)

Ein freundlicher Kassierer am Eingang zum Fort von Nizwa

oman055 th

Zum Thema Islam

- **www.islam.de**
(Zentralrat der Muslime in Deutschland, mit Qur'an-übersetzung)
- **www.answering-islam.de**
(Christen antworten Muslimen)
- **www.islam-guide.com/de**
(Wegweiser für Nichtmuslime)
- **www.koranuebersetzung.de**

Sonstige Stellen

- **Deutsch-Omanische Gesellschaft e.V.**
Kronenstr. 69, 10117 Berlin, Tel. 0179-2925074, www.deutschoman.de
Hat sich zum Ziel gesetzt, die Freundschaft zwischen Deutschland und Oman zu stärken und die Zusammenarbeit auf verschiedenen Gebieten zu fördern; veranstaltet Seminare, Konferenzen und wechselseitige Besuche.
- **Oman Studies Centre**
Dieselstr. 4, 75173 **Pforzheim** (unabhängiges privates Dokumentationszentrum), www.oman.org (wird leider seit Längerem nicht mehr aktualisiert)

Die folgenden Gesellschaften und Interessenverbände sind nicht ausschließlich auf Oman ausgerichtet, sondern beziehen ihre Arbeit auf den gesamten arabischen Kulturkreis oder auf Reisen allgemein. Man kann auf Anfrage jedoch auch spezielle Informationen über das Sultanat erhalten. Der Versand von Informationsmaterial erfolgt meist nur gegen Übersendung eines Porto- und Unkostenbeitrages.

- **Deutsch-Arabische Gesellschaft e.V.**
Calvinstr. 23, 10557 **Berlin,** Tel. 030-80941992, www.d-a-g.de
Initiiert länderübergreifende Wirtschafts- und Studienreisen, Infotreffen, Sprachunterricht, beantwortet Fragen der wirtschaftlichen Zusammenarbeit.
- **Euro-Arabischer Freundeskreis e.V.**
Trautmannstr. 5, 81373 **München,** Tel. 089-7604498, www.eaf-ev.de
Förderung und Ausbau der Beziehungen der Völker in kulturellen, zwischenmenschlichen und politischen Bereichen, Infos und Tipps zu Kultur und Touristik, Infohefte- und Treffen, Diaabende.
- **Deutsches Orient-Institut/Deutsche Orient Stiftung/Nah- und Mittelost Verein**
Jägerstr. 63, 10117 **Berlin,** Tel. 030-20641021, www.deutsches-orient-institut.de
Forschung, Information und Dokumentation mit den Staaten des Nahen und Mittleren Ostens und Nordafrikas, Publikationen, Bibliothek, Archiv, Zeitschrift „Orient".

Deutsche Arbeitsgemeinschaft Vorderer Orient für gegenwartsbezogene Forschung und Dokumentation e.V. (DAVO)
Geographisches Institut der Universität Mainz, 55099 **Mainz,** Tel. 06131-3922701, www.davo1.de
Gegenwartsbezogene Forschung und Dokumentationen zum Vorderen Orient.

Deutsche Zentrale für Globetrotter e.V.
Postfach 22, 66284 **Quierschied,** Tel. 0700-45623876, www.globetrotter.org
Größte deutsche Weltenbummler-Vereinigung.

Kinder auf Reise

Die **Menschen in Oman** sind ausgesprochen **kinderfreundlich.** Auch fremde Kinder werden überall mit offenen Armen empfangen, jeder Wunsch wird ihnen von den Augen abgelesen. Oft bekommen sie Geschenke und können sich so wie ein „kleiner Sultan" fühlen. Manchmal erleichtern Kinder so auch den Kontakt zu den Omanis.

In den **Hotels** kann man sich überall ein Zusatzbett aufstellen lassen und zahlt lediglich einen Aufschlag auf den Doppelzimmerpreis. Je nach Hotel und Alter des Kindes kann dieser Service auch gratis sein.

Alles, was man so braucht, wenn man mit Kindern verreist, bekommt man auch in Oman, sodass nicht alles vorratsweise mitgebracht werden muss. Es ist nicht schlimm, wenn man das ein oder andere vergisst, denn von der Babynahrung über Windeln, Puder und Schnuller bis hin zu Spielzeug und Kleidung gibt es einfach alles zu kaufen. Viele Marken sind von zu Hause bekannt, denn es überwiegen Importe. In den großen Supermärkten gibt es ein vielfältiges Sortiment an Nahrungs- und Körperpflegeartikeln. Gläschen mit Fertignahrung gibt es aber meist nur in der gezuckerten Obstvariante, sehr selten mit Gemüse. Selbst in kleinen Kramläden findet man zumindest Plastikwindeln (Pampers fallen übrigens oft etwas kleiner aus als in Europa). Das Spielzeug- und Bekleidungsangebot in den Souqs und Kaufhäusern ist umfassend.

In den vielen öffentlichen **Parks** gibt es immer eine Anzahl von **Spielgeräten** und für Frauen und Kinder reservierte Tage. In zahlreichen **Restaurants** stehen extra **Familienräume** oder -bereiche bereit. Die weit verbreiteten Fast-Food-Restaurants verfügen über einen **Kinderspielbereich.** Man sollte immer bedenken, dass Omanis und viele Gastarbeiter, die im Sultanat leben, meist mehrere Kinder haben, und dass viele Bereiche kinderfreundlicher ausgestattet sind als bei uns.

Viele Buchten fallen flach ins Wasser ab, in den großen Hotels sind oft Kinderpools und Spielgeräte vorhanden.

Wer mit Kindern verreist, sollte besonders genau **auf ihre Gesundheit achten.** Beruhigend ist, dass Oman frei von den in tropischen Entwicklungsländern vorkommenden Ansteckungskrankheiten ist. Die im Abschnitt „Gesundheit" erwähnten Tipps sind bei Kindern besonders zu beherzigen. Zusammenfassend gilt:

[>] Kinder werden in Oman überall mit offenen Armen empfangen

Da Kinder infolge des veränderten Klimas besonders gegenüber Infektionskrankheiten oft anfälliger sind als Erwachsene, müssen sie über einen ausreichenden **Impfschutz** verfügen (Tetanus, Diphtherie, Kinderlähmung, Masern, Mumps, Röteln, Hepatitis A, Meningitis, Typhus). In jedem Falle sollten sich die Eltern vor einer Fernreise von einem Kinderarzt beraten lassen, sowohl über Impfungen, als auch über gut verträgliche Reisemedikamente.

Auch **Magen-Darm-Störungen** treten bei Kindern leichter als bei Erwachsenen auf, und man sollte die Ursachen so gut es geht vermeiden. Wird ein Säugling nicht gestillt, sondern erhält Flaschennahrung, so sollten Flasche und Sauger sorgfältig gesäubert, und die Milch nur mit Mineralwasser zubereitet werden. H-Milch, Milchpulver und sonstige Kindernahrung bekannter internationaler Firmen sind in jedem Supermarkt erhältlich.

Gerade **kindliche Haut** ist besonders empfindlich gegenüber Sonnenstrahlen, und ausreichender Sonnenschutz sollte immer gewährleistet sein. Eltern sollten darauf achten, dass ihr(e) Kind(er) genug trinken. Auch das Risiko, dass sich die Kids infolge des ständigen Wechsels von der Hitze draußen zu den klimatisierten Räumen drinnen erkälten, ist bei ihnen höher als bei Erwachsenen.

In der Regel sind **Flugreisen** für Kinder unproblematisch, wenn auch etwas stressig. Da Kinder aufgrund der noch nicht komplett ausgebildeten Nebenhöhlen besonders empfindlich auf Druckveränderungen reagieren, sollte man ihnen etwas zum Kauen bzw. kleinen Kindern die Flasche geben, denn dann gelingt der Druckausgleich besser. Kinder mit akuten Infektionskrankhei-

oman20_016 pf

ten wie einer Mittelohrentzündung oder Nasen-Rachen-Infektion dürfen nicht fliegen.

Wegen der für fast jedermann unerträglich heißen Temperaturen sollte man **darauf verzichten, in den Sommermonaten mit Kindern auf die Arabische Halbinsel zu reisen.**

Checkliste Reisegepäck

- Geld, Maestro- und/oder Kreditkarte, Pass (auch für Kinder), Führerschein, Flugbuchungsbestätigung (eTicket), Kopien aller Dokumente
- Passfotos (falls man weiterreist)
- Geldgürtel für Papiere
- Geldbörse für Kleingeld
- Reiseliteratur
- Reiseapotheke und Medikamente, die regelmäßig benötigt werden
- Mückenschutzmittel, Vitamin- und Mineralsalztabletten
- Sonnencreme (hoher Lichtschutzfaktor!), Sonnenbrille oder/und Sonnenhut
- Badeschuhe (zum Schutz gegen Verletzungen durch scharfe Felsen)
- Fotoapparat oder Videokamera, Zubehör (Staubschutz) und Ersatzbatterien, ausreichend Speicherchips
- Handy oder Tablet mit Offline-GPS-Navi-App
- Für Schnorchler und Taucher die entsprechende Ausrüstung; Tipp: Kamera-Unterwassergehäuse
- Tagesrucksack für Ausflüge
- Für Trekkingtouren: stabiler Rucksack, Wanderschuhe, Regenschutz und ggf. Campingausrüstung
- Für Naturliebhaber und Vogelbeobachter lohnt sich ein Fernglas
- Bequeme und luftige Reisekleidung
- Körperhygiene-/Monatshygieneartikel
- Kosmetik-/Pflegeartikel

Kleidung und Gepäck

Kleider machen Leute – das gilt auch für Touristen. Kurze Hosen, Miniröcke, tiefe Dekolletés oder enge T-Shirts sind bei Frauen nicht nur unpassend, sondern auch unhöflich. Angebrachter ist es, so viel Haut wie möglich zu bedecken, das schützt nebenbei noch vor Sonnenbrand. Shorts und Muskelshirt sollte „Mann" sich für den Strand oder den Pool vorbehalten.

Übermäßige Anpassung dagegen kann auch lächerlich wirken, z. B. traditionell omanische Kleidung. Eine *dishdasha* ist durchaus ein schönes Souvenir, sollte aber nicht im Sultanat getragen werden.

Wegen der klimatischen Bedingungen sind leichte **Naturfasern** wie Baumwolle, Leinen, Seide oder Viskose bzw. moderne Mikrofasern empfehlenswert. Da viele Räume klimatisiert sind und es in den Wintermonaten am Abend kühler werden kann, sollte man auch an eine leichte **Jacke** (möglichst wind- und auch wasserdicht) oder einen **Pullover** denken. Dickere Nachtbekleidung darf beim Campen in den Bergen nicht fehlen.

Die **Schuhe** müssen luftdurchlässig, leicht und bequem sein. Der Großteil der männlichen Omanis trägt Ledersandalen, Frauen legen Wert auf teure und gepflegte Schuhe. Für Ausflüge in die Wüste oder die Berge ist gut passendes und robustes Schuhwerk wichtig.

Badebekleidung gehört allein an die Swimmingpools und an die Strände. Beim Strandbummel sollte man etwas überziehen und keinesfalls in Badebekleidung in benachbarte Dörfer oder durch die Hotellobby in sein Zimmer spazieren. Für Frauen ist „oben ohne" sowohl an den Pools als auch an den Stränden strikt verboten.

Geschäftsleute sollten mindestens einen Anzug, aber auch legere und elegante Abendbekleidung einpacken.

Klima und Reisezeit

Klima

Das Klima im Sultanat unterscheidet sich von Region zu Region stark voneinander, ist feucht-heiß an der Küste und trocken-heiß im Landesinnern. Es gibt grob gesehen zwei Jahreszeiten: Der **Sommer,** der **von Mai bis September** dauert, ist mit Tageshöchsttemperaturen zwischen 35 und 48°C für die meisten Europäer unerträglich heiß. Insbesondere in Muscat, der Hauptstadt, die von einem hitzestauenden Felsenkessel umgeben ist, können die noch einmal höheren Temperaturen und die kaum abkühlenden Nächte die Assoziation eines „Höllenfeuers" aufkommen lassen. Ein weiterer Nachteil der Sommermonate, gerade in den Küstenregionen, ist die **extrem hohe Luftfeuchtigkeit,** die mit Werten von über neunzig Prozent so manchem Kreislauf mehr zu schaffen macht als die eigentliche Hitze.

Wesentlich milder ist der **Winter von Mitte/Ende Oktober bis Ende März.** Die „kalte Jahreszeit" bringt, auch für Europäer, relativ angenehme Temperaturen zwischen 20 und 30°C. Die Luft ist trocken und klar, und nur hin und wieder **regnet** es. In den Bergen fällt mehr Niederschlag als an den Küsten, und insbesondere gegen Ende des Winters von Ende Febraur bis Anfang April kann es auch mal kräftige Gewitter geben.

In den **Bergen** liegen die Temperaturen das gesamte Jahr über um einige Grad niedriger, in den **Wüstengebieten** um einige Grad höher als an den Küstenstreifen. Dafür ist in der Wüste die Luftfeuchtigkeit weitaus geringer, sodass das Wüstenklima insgesamt als weniger unangenehm empfunden wird. Da es in der Wüste zudem nachts extrem abkühlt, bringen die Nächte ausreichend Erfrischung und Erholung.

Sonnenschein und blauen Himmel kann man fast das gesamte Jahr über genießen. Die Sonnenscheindauer liegt in den Wintermonaten bei durchschnittlich neun Stunden pro Tag.

In fast allen Innenräumen, ebenso in den meisten Autos, sorgen **Klimaanlagen** (engl. *air condition,* Abk. AC) für willkommene Kühlung, insbesondere in den Sommermonaten.

Omans südlichste Provinz **Dhofar** ist die einzige des Landes, in der regelmäßig Niederschläge fallen. Jeden Sommer beginnt Mitte Juni die **Monsunzeit.** Die vom Meer kommenden feuchten und kühlen Luftmassen des Südwestmonsuns „khareef" stauen sich an den Hängen des Dhofar-Gebirges und hüllen die Küstenebene in dicke Nebelschwaden. Binnen kürzester Zeit überzieht ein grüner Teppich die kargen Berghänge. Nicht nur grasende Kamele haben daran ihre Freude, sondern auch Touristen aus dem Norden des Landes und aus den benachbarten Golfstaaten, die dieses auf der Arabischen Halbinsel einmalige Naturschauspiel aus Wind, Wolken, Nebel und Regen sowie das mit etwa 30°C für sie „milde" Sommerklima erleben wollen. Wegen der starken Winde kann man dann allerdings nicht baden, und Ausflüge können wegen zu dichtem Nebel durchaus ins Wasser fallen – im wahrsten Sinne des Wortes. Außerdem bereitet die Luftfeuchtigkeit von 96 Prozent alles andere als Wohlbehagen. Westlichen Touristen sei es daher dringend empfohlen, erst gegen Ende der Monsunzeit, also ab September/Oktober, in den Dhofar zu reisen. Dann hat das kühlere und trockenere Winterklima bereits begonnen, aber die Natur ist immer noch von der „Dusche" der letzten Monate erblüht.

Mehr zu Wetter und Klima im Abschnitt „Klima" im Kapitel „Naturraum".

Zyklon „Gonu"

Auch wenn es im Winter öfter regnet als in den Sommermonaten – die Sommerunwetter haben meist die größere Kraft. Am **7. Juni 2007** zog der Wirbelsturm „Gonu" (im Gebiet des Indischen Ozeans Zyklon genannt) über den Nordosten Omans hinweg und richtete verheerende Schäden an. **Am schlimmsten war die Küste zwischen Sur und Muscat betroffen,** im Landesinneren hielten sich die Auswirkungen in Grenzen.

Es gab **große Verwüstungen** durch den Sturm, aber mehr noch infolge der Regenmengen, die in den Wadis zusammenflossen und alles überfluteten. Besonders betroffen waren die Wadis Shab und Wadi Tiwi bei Sur, die nun nur noch ansatzweise so schön sind wie zuvor. Über die Hälfte der Palmen wurde weggeschwemmt. Insgesamt waren **70 Tote** zu beklagen, die Schäden wurden auf 1,5 Mrd. RO geschätzt. Die Räumungsarbeiten und der Wiederaufbau waren ein großer kollektiver Kraftakt. Bis die Wadis Shab und Tiwi wieder aussehen wie früher, wird es aber noch Jahre dauern.

Reisezeit

Aus dem Klima Omans ergibt sich, dass Oktober bis Mai, besser noch **November bis März,** eine ideale und angenehme Reisezeit sind. In den **Dhofar** kann man, mit gewissen Einschränkungen, auch in der Zeit des Sommermonsuns zwischen Juni und September reisen – wegen der touristischen Hochsaison sollte man dann rechtzeitig ein Hotel reservieren.

Wer dennoch im **Sommer** verreisen will oder dies aus geschäftlichen Gründen muss, der sollte es ebenso machen wie die Omanis und sich möglichst wenig außerhalb des Einflussbereiches einer Klimaanlage aufhalten. Ein stabiler Kreislauf sowie eine lange und ruhige Eingewöhnungsphase erleichtern es dem Europäer, sich an die klimatischen Bedingungen anzupassen. Die Sommermonate bieten die Vorteile, dass die Hotels nicht so voll sind und die Preise häufig niedriger liegen.

LGBT+

Jegliche Form sexueller Orientierung, die nicht heterosexuell ist, sollte in Oman **nicht öffentlich** ausgelebt werden und nur im Verborgenen stattfinden! Lesbische, schwule, bisexuelle, transgender, transsexuelle und intersexuelle Menschen sollten ihre Sexualität keinesfalls offen/öffentlich zeigen, sonst drohen Strafen bis zu Gefängnis.

Maße und Gewichte

Offiziell gilt in Oman das metrische System. Allerdings sind durch das lange Verhältnis zu England **noch viele britische Maße gebräuchlich.** Bei Dezimalbrüchen und zur Abtrennung der Stellen ab 1000 ist die britische/amerikansche Schreibweise üblich, d. h. Komma und Punkt werden genau gegenteilig verwendet wie bei uns.

Längenmaße

- **1 Fuß** entspricht 30,48 cm
- **1 Inch** entspricht 2,54 cm
- **1 Yard** entspricht 91,44 cm
- **1 Meile** entspricht 1,6093 km

Wandern (im Bild auf Musandam) sollte man in den kühleren Monaten

oman17-001 pf

Volumenmaße

- **1 Pint** entspricht 568,26 ml
- **1 Gallone** entspricht 4,54 l
- **1 Barrel** entspricht 159 l

Gewichtsmaße

- **1 Unze** entspricht 28,35 gr
- **1 troy ounce** entspricht 31,035 gr
- **1 metric carat** entspricht 0,2 gr
- **1 Pfund** entspricht 453,59 gr

Medien

Nahezu alle Hotelzimmer sind mit TV und Radio ausgestattet. Zu sehen sind Oman Television und via Satellit auch Kanäle aus Europa oder Asien. Besonders oft laufen ägyptische und indische Liebes- oder Gewaltfilme und Seifenopern. Amerikanische oder europäische Spielfilme kann man via Sat-TV ebenso empfangen wie neueste Musikvideos. Es laufen auch amerikanische Sitcom-Serien, Quizsendungen und Cartoons, die auch bei uns wohlbekannt sind.

Englischsprachige Nachrichtensendungen kommen regelmäßig, ausgestrahlt werden auch Sendungen in Französisch, Indisch, Urdu (Pakistanisch) oder Bengali.

Fernsehen

Oman Television

Das **omanische Fernsehen** existiert **seit November 1974.** Bis dahin wurden Nachrichten quasi auf dem Kamel- oder Pferderücken im Land verbreitet. Regierungsentscheidungen wurden so den walis in den entlegensten Dörfern mitgeteilt, die dann, von Trommelschlägen angekündigt, öffentlich ausgerufen wurden. Heute sendet das unter der Schirmherrschaft des Informationsministeriums stehende „Oman Television" landesweit, vornehmlich eigene Produktionen. Jeden Abend um 20 Uhr läuft eine **englischsprachige Nachrichtensendung,** es werden auch englischsprachige Spielfilme mit arabischen Untertiteln gezeigt. Sehenswert sind die Naturfilme und Dokumentationen zur Landesentwicklung sowie die vielen Einspielungen mit traditionellen Tänzen und Gesängen. Immer wieder flimmern Spots des Umwelt- und Gesundheitsministeriums über die Mattscheibe und unterrichten die Omanis über die Bedeutung des Naturschutzes sowie der Schonung der Wasserressourcen und liefern Informationen zur gesundheitlichen Aufklärung. Auch die Reden des Sultans und die Sitzungen der Majlis al-Shura werden öffentlich übertragen. Ansonsten prägen Familien- und Kulturprogramme, eigens produzierte Historien-Spielfilme, omanische Seifenopern und Kinderfilme à la „Heidi auf Arabisch" das TV-Programm. Viel Sendezeit entfällt auf religiöse Sendungen wie Qur'anlesungen, vor allem während des Ramadhan. Es werden auch klassische Konzerte des königlichen Symphonieorchesters übertragen.

Internationale Satellitenprogramme

Über „Euro-Sat", „Asia-Sat" und „Arab-Sat" wird eine bunte Palette von Programmen (inkl. Sprachverwirrung) präsentiert, z. B.:

- **Deutsche Welle TV,** asiatische Variante der Deutschen Welle, gesendet wird wechselweise in verschiedenen Sprachen
- **BBC World Service Television,** britischer Nachrichtensender
- **CNN,** US-amerikanischer Nachrichtensender
- **Star Plus,** indische und amerikanische (Comedy-)Serien, Quizsendungen, Spielfilme usw.
- **Star Movies,** überwiegend indische und amerikanische Serien und Spielfilme
- **Channel V/MTV,** englischsprachige, indisch geprägte Musiksender

Radio

1970 konnten die Omanis in der Hauptstadtregion und in Salalah erstmals Radiosendungen empfangen.

„Radio Oman" sendet heute auch in englischer Sprache: im Hauptstadtbereich von 7–22 Uhr auf UKW (FM) 90,4 und in Salalah auf 94,3 MHz.

In der Hauptstadtregion kann man auf 15.575 kHz **BBC World Service Radio** hören (rund um die Uhr, halbstündlich Weltnachrichten).

Auch die **Deutsche Welle** sendet ihr Programm weltweit. Der Empfang ist in Oman nicht immer gut, daher empfiehlt sich ggf. der Internetstream. Auf diesem Wege lassen sich natürlich auch alle anderen Sender weltweit hören.

Zeitungen und Zeitschriften

Die Palette **arabischsprachiger** Zeitungen und Zeitschriften ist weitaus umfangreicher als die englischsprachige. Überall werden die lokalen Nachrichten deutlich ausführlicher behandelt als die internationalen.

Ausländische Zeitungen und Zeitschriften, vorwiegend britische und deutsche, werden in den großen Hotels, in Supermärkten und in Buchläden mit englischsprachiger Literatur verkauft; Adressen unter den praktischen Informationen zu den Städten.

Deutschsprachige Zeitungen und Zeitschriften kann man nur mit einigen Tagen Verspätung bekommen, was im Internetzeitalter immer unatrraktiver und daher auch seltener wird.

Omanische Tageszeitungen (engl.)

- **Muscat Daily,** www.muscatdaily.com
- **Oman Daily Observer,** www.omanobserver.om
- **Oman Tribune,** www.omantribune.com
- **Times of Oman,** www.timesofoman.com
- **Online-Nachrichten** auch von der Oman News Agency: **www.omannews.com**

Tageszeitungen für die gesamte Golfregion (engl.)

- **Gulf News,** www.gulfnews.com
- **Khaleej Times,** www.khaleejtimes.com
- **Gulf Today,** www.godubai.com/gulftoday

Omanische Magazine (engl.)

- **Business Today** und **Oman Economic Review,** omanische Wirtschaftsmagazine www.businesstoday.co.om
- **Meed – Middle East Business,** wöchentliches Wirtschaftsmagazin, www.meed.com

Nachtleben

Das omanische Nachtleben ist sehr überschaubar, denn es spielt sich **größtenteils in den internationalen Hotels** ab. Auch Alkohol kann dazugehören. Da der öffentliche Genuss allerdings untersagt ist und Alkohollizenzen nur an Hotels oder große Restaurants vergeben werden, beschränkt sich das feuchtfröhliche Feiern auf relativ wenige Etablissements. Die meisten Möglichkeiten der Abendgestaltung findet man in der Hauptstadtregion.

Die großen **Restaurants** bieten in wöchentlichem Wechsel diverse **Themenabende** an, z. B. Steak-, Seafood-, Vegetarian-, Pasta-, Grill-, Indonesian-, Maghrebian-, Chinese-, Lebanese-, French-, Thai-, Mongolian-, Surprise-, Olé-Olé-Nights. Meistens werden die landestypischen Spezialitäten in Form eines Büfetts serviert – natürlich mit Alkoholausschank.

In den **Bars und Pubs, Nachtclubs, Cocktail-Lounges und Discos der Hotels** sorgen Live-Musik von internationalen Bands, Performances von Tänzern, Spielshows, Verlosungen oder ein wechselndes Abendprogramm für Unterhaltung – wenn auch nicht immer den europäischen Geschmack treffend. Doch zumindest ansehen sollte man sich das Spektakel schon einmal.

Viele Bars und Nachtclubs bieten dem weiblichen Publikum auch spezielle **„Ladies Nights"**. Überall kann man auch etwas zu essen bestellen, und fast überall

oman091 th

gibt es zur **„Happy Hour“** verbilligte alkoholische Getränke. Meist fallen diese „glücklichen Stunden“ auf den frühen Abend zwischen 18 und 20 Uhr. Viele Bars, Pubs und Cocktail-Lounges haben schon mittags oder ab dem späten Nachmittag geöffnet. Näheres zu den Öffnungszeiten steht in den praktischen Informationen zu den einzelnen Städten.

Kinos sind fest in der Hand der indischen Gastarbeiter. Die in diesen „Hindi-Höhlen“ vorgeführten Filme sind nur interessant für Liebhaber intrigendurchsetzter Historiendramen, rührender Liebesromanzen, schnulziger Familienkomödien oder brutaler Gewaltszenen, die allesamt hochdramatisch gespielt und en masse produziert werden.

Auf den Straßen der Hauptstadtregion ist es bis etwa 21 Uhr belebt, denn bis zu dieser Zeit haben viele Geschäfte, Souqs, Einkaufszentren und auch viele öffentliche Parks geöffnet. Auch kaum ein Straßenrestaurant oder Imbiss schließt seine Türen vor 23 Uhr. Der größte Betrieb herrscht in den frühen Abendstunden, wenn die Hitze vorüber ist und die Einheimischen nach Arbeitsschluss ihren bevorzugten Freizeitbeschäftigungen nachgehen: dem Bummeln durch die Parks, Schaufenstergucken und Einkaufen. Hierbei kann man deutlich unterscheiden zwischen dem omanischen und dem indischen Vorabendleben.

Im **Ramadhan** verlagert sich nahezu das gesamte Freizeitleben auf die Abend- und Nachtstunden (siehe hierzu „Feste und Feiertage“).

◁ Das Angebot an süßen (und uns unbekannten) Leckereien ist groß in Oman

Notfall und Hilfe

- Zu **Krankheitsfällen und Rettungsflügen** siehe unter „Gesundheit“. Die Telefonnummern und Adressen von Krankenhäusern stehen bei den praktischen Informationen zu den einzelnen Städten.
- **Die Telefonnotrufnummer für Polizei und Feuerwehr lautet 9999.**
- Informationen zur **konsularischen Hilfe von Deutschen im Ausland** siehe unter: www.konsularinfo.diplo.de/Vertretung/konsularinfo/de.

Unfall

Bei **Verkehrsunfällen** müssen sofort die **Polizei** und die **Mietwagenagentur informiert** werden. Jeder noch so geringfügige Autounfall muss der Polizei gemeldet werden, denn ohne offizielle Schadensmeldung darf keine Werkstatt ein Unfallauto reparieren, und auch die Versicherung zahlt nicht. Wer mit einem beschädigten Wagen umherfährt, kann sofort von der Polizei gestoppt und nach diesem Protokoll gefragt werden. Durch diese Regelung will man Fälle von Fahrerflucht verhindern.

Folgende **Daten** sind wichtig: Name, Anschrift des Unfallgegners; Angaben über seine Versicherung und deren Adresse; Name und Anschriften von Zeugen; Angaben zum Unfallhergang.

Man sollte eine **Kopie des Polizeiprotokolls** ausgehändigt bekommen.

Die Frage, ob man direkt nach einem Verkehrsunfall besser an der Unfallstelle stehen bleibt, oder die Unfallwagen beispielsweise an den Seitenstreifen oder auf einen Parkplatz fährt, wird unterschiedlich beurteilt. Sollte es gefahrlos möglich sein, genau an der Unfallstelle stehen zu bleiben, so ist dies die bessere Option. Ist der Unfall aber nicht so schlimm, oder ist es offensichtlich, wer Schuld hat, und blockiert man zudem eine vielbefahrene Strecke oder steht an einer gefährlichen Stelle, kann man auch den Weg freimachen. Allerdings sollte man sich zuvor mit allen in den Unfall verwickelten Personen verständigt haben und es sollte bestenfalls eindeutig sein, wer Schuld ist.

Bei einem **schweren Unfall** behält die Polizei üblicherweise Personal- und Autopapiere der Beteiligten ein, bis die Schuldfrage geklärt ist. Kamen Personen zu Schaden, kann – je nach Sachlage – der vermutete Verursacher auch in Haft genommen werden. Dort kann man so lange festgehalten werden, bis die Schuldfrage geklärt ist. Ist jemand bei dem Unfall gestorben, muss die Zahlung des **Blutgeldes** geregelt werden. Die Zahlung dieses Entschädigungsgeldes gründet auf einer alten arabischen Sitte, nach der der Familie des Opfers ein Schuldausgleich zusteht. Ein Ausnahmefall ist es, wenn die Opferfamilie kein Blutgeld fordert, etwa weil das Opfer (mit)schuldig war.

In letzteren Fällen sollte man die **diplomatische Vertretung** seines Heimatlandes sowie einen **Rechtsanwalt** kontaktieren (Botschaften und Konsulate können Anwälte benennen).

Verlust von Reisepapieren

Hat man das wichtigste Personaldokument, den **Reisepass,** verloren, so kann man sich bei den diplomatischen Vertretungen des Heimatlandes melden und sich nach dem Ersatz erkundigen. Dazu muss man eventuell eine Verlustbestätigung der Polizei vorlegen. Außerdem muss man sich auch ausweisen können, z. B. durch die Vorlage eines Personal-

oman058 pf

⊡ In der Rub al-Khali lässt sich Hilfe nur per Satellitentelefon anfordern ausweises. Wer dies nicht kann, der muss damit rechnen, dass die Auslandsvertretung zuerst Kontakt mit dem Heimatland aufnimmt, um die Identität zu überprüfen. Dadurch können unter Umständen einige Tage vergehen. Kopien des Originaldokumentes erleichtern die Arbeit der Auslandsvertretung. Wenn dies alles erfüllt ist, kann ein Antrag auf Ausstellung eines „Reiseausweises als Passersatz zur Rückkehr in das Heimatland" gestellt werden. Dieser Ersatz berechtigt aber nur zur direkten Heimreise. Wenn man einen Pass zur Weiterreise in andere Länder benötigt, müssen Zeitverluste in Kauf genommen werden. Dann muss die Auslandsvertretung die Passbehörde des ständigen Wohnsitzes des Antragstellers mit der Ausstellung eines neuen Passes beauftragen. Möchte man einen Europapass, so kann es aufgrund der zentralen Herstellung und des Ver-

sandweges zu einer Wartezeit von bis zu acht Wochen kommen. Kurzfristig kann aber auch ein in der Regel auf ein Jahr befristeter vorläufiger Reisepass durch die örtliche **Auslandsvertretung** ausgestellt werden (siehe „Diplomatische Vertretungen").

Auch in **dringenden Notfällen,** z. B. medizinischer oder rechtlicher Art, bei der Vermisstensuche, Hilfe bei Todesfällen, Häftlingsbetreuung o. Ä., sind die Auslandsvertretungen bemüht, vermittelnd zu helfen.

Beim **Verlust von nicht unbedingt benötigten Dokumenten** wie Personalausweis oder Führerschein braucht man die Botschaften nicht zu kontaktieren, denn diese Papiere können sowieso nur von den Behörden des Heimatortes ersetzt werden.

Verlorene **Flugtickets** sind dank Einführung der eTickets kein Problem, da der Pass zum Einchecken ausreicht.

Verlust von Geld

Geht die gesamte Reisekasse, die niemals nur aus Bargeld bestehen sollte, verloren, so kann man Angehörige im Heimatland mit einer **Auslandsüberweisung** beauftragen. Es ist kein Problem, Geld nach Oman zu überweisen, wenn auch die Gebühren der heimatlichen Banken teilweise sehr hoch sind (ca. 16 Euro pro Vorgang). Meist wird der Betrag innerhalb weniger Tage auf dem Konto gutgeschrieben. Schneller geht es mit **Western Union.** Man muss dazu die Person, die das Geld schicken soll, vorab benachrichtigen. Diese muss dann bei einer Vertretung von Western Union (in Deutschland u. a. bei der Postbank) ein entsprechendes Formular ausfüllen und dem Geldempfänger den Code der Transaktion telefonisch oder anderweitig übermitteln. Dann geht man mit dem Code und dem Reisepass zu einer beliebigen Vertretung von Western Union in Oman. Nach Ausfüllen eines Formulares wird das Geld ausgezahlt. Je nach Höhe der Summe muss der Absender eine Gebühr zahlen (2000 Euro nach Oman kosten 75,50 Euro Gebühr). Die nächstgelegene Repräsentanz kann man im Telefonbuch oder unter www.westernunion.com nachschlagen.

Zur Überbrückung helfen die diplomatischen Auslandsvertretungen des entsprechenden Landes im Extremfall mit einem Notfallkredit aus.

Verlust von Geldkarten

Bei Verlust/Diebstahl der Kredit- oder Maestro-Karte sollte man diese umgehend sperren lassen. Für deutsche Geldkarten gibt es im Ausland die **einheitliche Sperrnummer 0049-30-4050 4050.**

Für österreichische und schweizerische Karten gelten:

- **Maestro/Bankomat,** (A-)Tel. 0043-1-2048800; (CH-)Tel. 0041-44-2712230, UBS: 0041-800888601, Credit Suisse: 0041-800800488.
- Für **MasterCard, VISA, American Express und Diners Club** sollten Österreicher und Schweizer sich vor der Reise die Rufnummer der kartenausstellenden Bank notiert haben.

Öffentliche Verkehrsmittel

Welche öffentlichen Verkehrsmittel zwischen den omanischen Orten verkehren, wo sie abfahren und was sie kosten, steht ausführlich im dritten Teil dieses Buches („Unterwegs in Oman"). Zu den Entfernungen im Land vgl. auch die Angaben auf der letzten Buchseite.

Stadtverkehr

Taxis

Die praktischsten und wichtigsten öffentlichen Verkehrsmittel für Touristen sind Taxis. Die meist **weißen Fahrzeuge** erkennt man leicht an ihrer großen, runden Plakette, dem Taxischild auf dem Dach und den grell-orange lackierten Kotflügeln. Funkruftaxis finden sich nur in der Hauptstadtregion (siehe dort).

Entweder man hält ein Taxi durch Winken an, oder man steigt in einen Wagen, der an den Taxiständen bzw. vor den Hotels steht. **Taxameter** gibt es erst seit Kurzem, aber nach und nach sollen alle Taxis umgerüstet werden. Andernfalls sollte der **Fahrpreis** vorab erfragt werden. Im Gegensatz zu vielen anderen arabischen und asiatischen Ländern wird man in Oman nicht, oder zumindest nur selten, übers Ohr gehauen. Die Fahrpreise sind, verglichen mit den anderen Golfstaaten, recht hoch, liegen jedoch noch immer deutlich unter den in Deutschland üblichen. Die gängigen Strecken – beispielsweise zum Flughafen (10–12 RO) oder Streckenabschnitte entlang der Hauptstraßen, z. B. Qurum – Mutrah (3 RO) – haben einen Festpreis, die Hotel- oder Flughafentaxis nehmen allerdings durchweg höhere Tarife.

Der Preis richtet sich neben der Entfernung auch nach dem Umstand, ob man das Taxi alleine mietet (engl. **engaged**) oder ob unterwegs noch weitere Fahrgäste mitgenommen werden (engl. **service**). Dabei wird der Preis auf die Anzahl der Mitfahrenden umgerechnet und beträgt meist nur einige hundert Baisa. Bei Touristen gehen die Fahrer davon aus, dass sie keine weiteren Mitfahrer aufnehmen sollen – insbesondere, wenn man nicht irgendwo auf freier Strecke ein Taxi heranwinkt, sondern vor einem Hotel einsteigt.

Die Taxifahrer, die vor Hotels warten, sprechen meist relativ gut englisch. Alle Taxifahrer sind Omanis (Ausländer erhalten keine Lizenz) und kennen sich daher meist relativ gut aus. Jedoch ist es in Oman so, dass nur wenige **Straßennamen** gebräuchlich sind. Am besten ist es, sich vor Fahrtantritt selber grob kundig zu machen und einen in der Nähe des Wunschziels gelegenen **Orientierungspunkt** zu nennen, etwa ein Hotel, einen Verkehrskreisel, eine Mall, eine Moschee oder ein markantes Bauwerk. Unbekannte Adressen lassen sich besser finden, wenn man zuvor kurz dort anruft und sich den Weg und die nahen Orientierungspunkte beschreiben lässt.

Busse

Ein einigermaßen gut ausgebautes Netz an Stadtbussen gibt es **nur in der Hauptstadtregion.** Näheres dazu bei Muscat.

Fernverkehr

Entfernungen

Die folgenden Entfernungsangaben sind Richtwerte und beziehen sich auf die Straßenkilometer. Detailliertere Kilometerangaben finden sich in den Streckenbeschreibungen und Karten des Reisekapitels „Städte, Regionen, Routen“.

- **Muscat – Sohar:** 235 km
- **Muscat – Sohar – Buraimi:** 330 km
- **Muscat – Sohar – Buraimi – Dubai/V.A.E.:** 460 km
- **Muscat – Sohar – Buraimi – Abu Dhabi/V.A.E.:** 490 km
- **Muscat – Shinas:** 280 km
- **Muscat – Shinas – Fujairah/V.A.E.:** 315 km
- **Muscat – Shinas – Hatta:** 355 km
- **Muscat – Shinas – Hatta – Dubai/V.A.E.:** 425 km
- **Muscat – Ibra:** 175 km
- **Muscat – Ibra – Sur:** 335 km
- **Muscat – Quriat:** 90 km
- **Muscat – Quriat – Sur:** 210 km
- **Muscat – Nizwa:** 180 km
- **Muscat – Salalah:** 1040 km
- **Nizwa – Salalah:** 870 km
- **Nizwa – Buraimi:** 290 km
- **Muscat – Nizwa – Buraimi:** 470 km
- **Muscat – Nizwa – Buraimi – Dubai/V.A.E.:** 600 km
- **Muscat – Nizwa – Buraimi – Abu Dhabi/V.A.E.:** 630 km

Sammeltaxis

Die zahlreichen Sammeltaxis, weiße japanische **Kleinbusse mit Taxischild** oder auch ganz normale Pkw-Taxis, sind die beste Option, mit öffentlichen Verkehrsmitteln von Stadt zu Stadt zu fahren. Sie starten an festen Plätzen und haben einen fixen Endpunkt. Man teilt sich das Auto mit weiteren Reisenden (vier bis sechs insgesamt), die dasselbe Ziel haben. Sammeltaxis fahren in der Regel erst ab, wenn sie voll sind, der Fahrpreis pro Person ist festgelegt. Ist noch ein Platz frei, steigen unterwegs evtl. Mitfahrer zu – auch für kurze Strecken.

Überlandbusse

Die meisten größeren Orte Omans sind an das Netz der **„Mwasalat“** angeschlossen. Diese Gesellschaft ist der Nachfolger der ehemaligen ONTC. Durch die Umbenennung wollte man 2015 die Modernisierung deutlich machen. Allerdings wurde das Netz durch die Umstellung ausgedünnt, und es steht zu hoffen, dass dies wieder besser wird.

Die **Expressbusse** sind schnell unterwegs, haben einen hohen Fahrkomfort und sind mit Klimaanlage und Video ausgestattet. Auch nach Salalah (Rückfahrticket ca. 15 RO), nach Nizwa und Ibri, zu den Erdölfeldern von Marmul und nach Dubai/V.A.E. fahren täglich solche Expressbusse.

Die **Abfahrtszeiten und Zielorte** sind an den Bushaltestellen durch ein Schild kenntlich gemacht, Fahrpläne (vgl. auch Tabelle rechts) kann man z. B. in dem Fahrkartenhäuschen von Mwasalat in Ruwi bekommen, **Infos** auch unter folgenden Telefonnummern: Azaiba: 2449 2948; Ruwi: 24708522; Salalah: 2329 2773; Dubai: 00971-4-2950000; zudem online unter www.mwasalat.om.

Inlandsflüge

Die **nationale Fluglinie Oman Air** verbindet Muscat mit Salalah und Khasab (Flugtage siehe bei den Städten). Eine **Reservierung** sollte **rechtzeitig** erfolgen, am besten mehrere Wochen vor Flugantritt. Flugverzögerungen sind keine Seltenheit und müssen einkalkuliert werden, insbesondere nach Khasab. Daher sollte man seinen Flug von diesen Orten zurück nach Muscat nicht zu kurzfristig vor den Heimflug oder den Ablauf seines Visums legen.

- **Infos bei Oman Air** in Muscat, Tel. 24707222, 24750812, www.omanair.com; Infos und Reservierung auch in großen Reisebüros (siehe bei Muscat).
- **Salam Air** hat als Low-Cost-Airline den Betrieb 2017 aufgenommen und fliegt auf den Strecken Muscat – Salalah und Sohar – Salalah; www.salamair.com.
- Zu **internationalen Flügen** siehe vorn im Kapitel „Anreise".

Überlandbusse („Long distance coaches")

Alle genannten Busse fahren täglich. Durch die Umstellung von der Busgesellschaft ONTC auf das Unternehmen Mwasalat ändern sich die Routen und Zeiten derzeit. **Infos unter www.mwasalat.om und an den Busbahnhöfen in Ruwi und in Azaibah/Muscat.**

Ab Azaibah (Muscat)

Route/Zeit/Ziel

- **36**/14.05 Bani Bu Ali über Tiwi und Sur
- **41**/6.50, 13.20, 16.20/ Buraimi über Sohar
- **52**/6.40/Duqm über Sinaw
- **53**/9.30, 15.30/Buraimi über Ibri
- **54**/6.05, 14.00/Yanqul über Nizwa
- **55**/7.50, 14.50/Sur über Ibra, Mintirib
- **100**/7.25 10.25, 19.25/Salalah
- **101**/6.25, 10.25/Marmul über Haima
- **201**/6.20, 15.20, 23.20/Dubai

Ab Salalah

- **100**/7.00, 10.00, 19.00/Muscat

Ab Marmul

- **101**/7.00, 12:50/Muscat

Ab Duqm

- **52**/6.40/Muscat über Sinaw

Ab Sur

- **55**/6.00, 14.30/Muscat über Ibra

Ab Bani Bu Ali

- **36**/5.30/Muscat über Sur

Ab Yanqul

- **54**/6.00, 12.30/Muscat über Nizwa

Ab Buraimi

- **41**/7.00, 13.00, 17.00/Sohar, Muscat
- **53**/7.50, 17.00/ Ibri, Muscat

Ab Dubai (Abu Hail Station)

- **201**/7.30, 15.30, 23.00/Muscat

Fähren

Auf der Strecke **Shinas** (mit Anschlussbus von Muscat) – **Khasab/Musandam – Muscat** verkehrt zweimal pro Woche eine **Expressfähre,** die sogar Autos an Bord nimmt. Nach **Masirah** fahren die Fähren mehrmals täglich, ebenfalls inkl. Autotransport. Eine weitere Verbindung ist von Khasab nach Qeshm und Bandar Abbas im Iran geplant. Nähere Infos bei den praktischen Hinweisen zu den Orten sowie unter www.nfc.om (National Ferries Company).

oman13-010 pf

Öffnungszeiten

In Oman sollte man nicht vergessen, dass das **muslimische Wochenende der Freitag und der Samstag** sind; dementsprechend gelten die Büro-, Geschäfts- und Öffnungszeiten. Zur Zeit des wichtigen **Gebetes am Freitagmittag** haben viele Geschäfte, Geldwechsler, Imbisse, Restaurants oder sonstige Einrichtungen, die übers Wochenende und über Mittag offen sind, ungefähr zwischen 11.30 und 13.30 Uhr geschlossen.

Im muslimischen Fastenmonat **Ramadhan** gelten andere Öffnungszeiten, die vormittags stets reduziert und am Abend ausgeweitet werden.

An den ersten zwei Tagen der beiden **Eid-Feste** (siehe „Feste und Feiertage") ist praktisch **alles geschlossen,** Wochenmärkte finden nicht statt.

Behörden, öffentliche Einrichtungen und Firmen

- **Behörden** wie Ministerien, Botschaften, Konsulate usw. haben Fr und Sa geschlossen; offizielle Öffnungszeiten: So bis Do von 7.30/8–13/14 Uhr.
- **Private Firmen** arbeiten meist So bis Do vormittags von 9–13 Uhr nachmittags von etwa 16–19 oder 20 Uhr.
- **Banken** haben So bis Do meist zwischen 8 und 12 Uhr offen, Do schließen viele bereits um 11 Uhr. Während des Ramadhan öffnen sie erst um 9 Uhr.
- **Wechselstuben** öffnen Sa bis Do etwa von 8–12/13 Uhr und von 16–19/20 Uhr.
- Die meisten **Postämter** haben So bis Mi vormittags von 7.30/8–13.30/14 Uhr sowie nachmittags von 15.30/16–18.30 oder 21 Uhr geöffnet; einige auch am Samstag, Freitags sind sie geschlossen. Die

jeweiligen Postöffnungszeiten stehen bei den praktischen Informationen zu den einzelnen Städten.

■ Bei **Museen, Forts und anderen Sehenswürdigkeiten** gibt es keine einheitlichen Öffnungszeiten. Museen haben meist nur vormittags von 7.30–14 Uhr (Forts bis 16 Uhr) geöffnet, sonst hat fast alles über Mittag geschlossen. Die einzelnen Öffnungszeiten stehen im Reiseteil dieses Führers unter „Sehenswertes". Besonders in kleineren, selten besuchten Festungen gibt es meist keine festen Zeiten, sondern die Öffnung ist davon abhängig, ob ein Verantwortlicher anwesend ist.

Geschäfte und Märkte

■ Öffnungszeit der meisten **Geschäfte** und **Boutiqen** auf der Straße und in den Einkaufszentren, der **Apotheken, Reisebüros, Tourveranstalter** und **Fluggesellschaften** ist Sa bis Do von 8/9–13 und 16–21/22 Uhr.

■ Die Geschäfte in den großen **Souqs** haben vormittags die gleichen Ladenzeiten, nach der Mittagspause öffnen auch sie gegen 16 und schließen gegen 21 Uhr. Der Souq von Mutrah schließt ebenfalls gegen 21 Uhr. Souqs und Märkte in kleineren Orten sind mitunter nur vormittags offen.

■ Die meisten großen **Supermärkte** öffnen von 8–22 Uhr, manche auch bis Mitternacht. Auch viele **kleine Lebensmittelgeschäfte** haben durchgehend und bis in den späten Abend hinein offen.

■ **Freitagvormittag** bleiben viele Läden geschlossen. Dagegen herrscht auf den Souqs in Nizwa und Bahla zu dieser Zeit Hochbetrieb, denn dort finden Freitagvormittag die beliebten und sehenswerten Freitagsmärkte (arab. *souq al-jama'a*) statt.

Restaurants und Bars

Bei den praktischen Informationen zu den einzelnen Städten sind die Öffnungszeiten der Restaurants, Bars und Nachtclubs erwähnt. Da sie sich aber schnell ändern können, dienen sie eher als Orientierung und erheben keinen absoluten Anspruch auf Richtigkeit. Wer vor einem exklusiven Mahl oder einem Geschäftsessen auf Nummer Sicher gehen will, sollte vorher anrufen und sich kurz nach den aktuellen Öffnungszeiten und evtl. nach dem Thema des Büfett-Abends erkundigen und einen Tisch reservieren.

■ Die meisten **Restaurants,** insbesondere die der Hotels, haben über Mittag und am Abend geöffnet. Die Öffnungszeiten liegen im Allgemeinen zwischen 12 und 15 sowie 19 und 23 Uhr. Freitags öffnen sie allerdings erst nach dem Mittagsgebet, ab etwa 13 Uhr.

■ Die **Coffeeshops und Lounges** der großen Hotels haben oft rund um die Uhr oder zumindest von frühmorgens bis spätabends geöffnet.

■ **Restaurants und Cafés in den Einkaufszentren** haben meist die oben erwähnten Öffnungszeiten, auch wenn die benachbarten Geschäfte und Boutiquen zu sind.

■ **Nachtclubs** öffnen meist erst gegen 19 Uhr, manche Bars oder Pubs haben aber auch über oder ab Mittag geöffnet. Discos sind oft kombiniert mit Bars oder Nachtclubs, Tanzmusik wird dann aber meist erst ab 22 Uhr gespielt. Viele Bars und Nachtclubs drehen den Bierhahn ab 23 Uhr zu.

■ Da es **im Ramadhan** untersagt ist, tagsüber öffentlich zu essen oder zu trinken, haben Straßenrestaurants, Imbisse und Cafés vor Sonnenuntergang geschlossen und dafür abends länger offen. In den großen Hotels bekommt man in fast allen Restaurants auch tagsüber Essen. Cafés und Lounges in den offenen Empfangshallen sind allerdings tagsüber zu. Manchmal wird in einer Ecke allerdings ein Bereich mit einem Vorhang blickdicht abgetrennt und man kann dahinter eine Erfrischung oder einen Snack zu sich nehmen. Alkoholische Getränke gibt es nicht (nur in wenigen Hotels am Abend).

Post

Noch 1970 gab es in Oman nur ein Postamt, die Beförderung von Briefen hing vom Entgegenkommen Reisender ab. Doch das omanische Postwesen hat sich schnell entwickelt und entspricht heute mitteleuropäischem Standard.

Die meisten **Postämter** haben über Mittag, Donnerstagnachmittag und Freitag geschlossen. Kleinere Filialen haben auch nachmittags zu. Die Adressen der Postämter und die Öffnungszeiten stehen bei den praktischen Informationen zu den einzelnen Städten.

Luftpostporto nach Europa

- Briefe bis 20 Gramm: 600 Bs
- Briefe bis 50 Gramm: 1 RO
- Briefe bis 100 Gramm: 1,80 RO
- Briefe bis 250 Gramm: 3,50 RO
- Briefe bis 500 Gramm: 5 RO
- Einschreiben: 600 Bs Aufschlag
- Aerogramme: 150 Bs
- Pakete bis 1000 Gramm: 17 RO (jedes weitere kg ca. 3 RO)

Luftpost nach Europa ist knapp eine Woche unterwegs, im Ramadhan etwas länger.

Porto innerhalb Omans

- Briefe bis 20 Gramm: 200 Bs

Porto in die Golfstaaten (Luftpost)

- Briefe bis 20 Gramm: 1,20 RO

Briefmarken kann man zudem in den Hotelshops und manchmal sogar an den Kassen der Lebensmittelgeschäfte kaufen. Oman bringt regelmäßig neue, teilweise sehr schöne Briefmarken heraus. Viele sind historischen, nationalen oder kulturellen Ereignissen gewidmet oder bilden Motive wie traditionelle Kleidung oder Tiere ab. **Sammler** finden eine große Auswahl auch an älteren Marken, Jahrgangsalben, Blöcken und Ersttagsbriefen im Philatelic Department im ersten Stock des Hauptpostamtes von Ruwi (beim Turm der Rundfunk und Fernsehgesellschaft).

Kurierdienste

- In Muscat und Salalah gibt es eine Anzahl verschiedener, auch international arbeitender Kurierdienste (z. B. **DHL, TNT**). Einige sind bei den praktischen Informationen zu den Städten erwähnt.
- **data-post** und **EMS** (Express Mail Service) sind staatliche, weltweit operierende Eilzustelldienste; in vielen Postämtern der Hauptstadtregion und in Salalah.

Postadressen

Möchte man Post nach Oman schicken, so muss man bei den Adressenangaben **immer das Postfach** (engl. Abkürzung: **P. O. Box**) und den **postal code** angeben (z. B. Ruwi 112, Sohar 321). Der *postal code* ordnet jedem Postamt eine dreistellige Nummer zu und soll eine schnellere Zustellung gewährleisten. Eine Angabe der Straße kann man sich sparen. Es gibt in Oman keine Briefträger – jeder hat ein Postfach, an dem er sich seine Briefe abholt. Die Postfächer vieler Omanis oder Firmen befinden sich aber nicht in dem Stadtteil, in dem sie wohnen, sondern mitunter bei einem ganz anderen Postamt, das beispielsweise günstig auf dem Weg zur Arbeit liegt. Am besten ist es, die Adressen in großen, deutlich geschriebenen Buchstaben zu notieren, und die P. O. Box und den *postal code* eindeutig zu kennzeichnen.

Kommt die Post mit einem **Kurierdienst,** so ist das Postfach nicht nötig. Wichtig sind genaue Ortsangaben, zur Sicherheit aber auch den Straßennamen vermerken.

Keinesfalls sollte man von einem angegebenen *postal code* auf die Wohnadresse des Empfängers schließen!

Reiseveranstalter

Bei einer ganzen Anzahl von Reiseveranstaltern **in Deutschland, Österreich und der Schweiz** kann man seinen Urlaub pauschal buchen bzw. nur sein Hotel und/oder seinen Mietwagen. Viele bieten auch die Möglichkeit der Kombination mit anderen Ländern der Region. Auf konkrete Empfehlungen sei an dieser Stelle verzichtet, man erkundige sich im Internet, in Fachzeitschriften oder Reisebüros.

Tourveranstalter in Oman

Denjenigen, die ihr Reiseprogramm nicht pauschal im Heimatland buchen möchten, weil sie nicht den ganzen Urlaub über in einem festen Veranstaltungsprogramm eingebunden sein wollen, bieten zahlreiche qualifizierte Tourveranstalter (engl. **tour operator**) in Oman die Möglichkeit, vor Ort **einzelne Ausflüge und Touren** zu organisieren. Das Angebot ist sehr vielfältig, es reicht von **Stadtrundfahrten und Tagesausflügen** zu den sehenswertesten Orten (Nizwa, Jabrin, Bahla, Rustaq, Nakhl, Sur) über **Bergtouren** (Jebel Shams, Dhofar-Gebirge), **Wadi- und Wüstenfahrten** (Wadi Shab, Wadi Bani Khalid, Ramlat al-Wahiba) mit oder ohne Übernachtung bis hin zu **Kamel- und Campingsafaris** und **Dhaufahrten.** Auch Touren in der omanischen Exklave **Musandam** können gebucht werden. Exkursionen in die Berge und durch die Wadis werden immer mit einem Allradwagen auf Pistenstrecken oder in der Wüste auch offroad abseits aller Wege gefahren. Nur so lassen sich die Naturschönheiten Omans wirklich erschließen. Die meisten Tourveranstalter bieten auf Anfrage auch **Mietwagen** an, die man selber steuern kann. Bei **Übernacht-Touren** wird oft an den reizvollsten Stellen gecampt, die nötige Ausrüstung stellen die Veranstalter.

Ist man in einer kleinen Gruppe von drei Personen unterwegs oder lernt andere Reisende kennen, kann man sich zusammentun und gemeinsam einen **Wagen mit Fahrer** mieten, der dann die sehenswerten Ziele ansteuert.

Hat man ein besonderes Interesse, z. B. an geologischen, archäologischen, sportlichen (Kameltrecks, Reiten, Bergsteigen, Höhlenforschen, Tauchen und Schnorcheln, Hochseefischen) oder sonstigen (Vögelbeobachten, Dhaufahrten) Themen, so bieten nahezu alle Veranstalter den Service, ein an diesen Wünschen orientiertes **individuelles Pro-**

gramm auszuarbeiten und zu organisieren. Längere, mehrwöchige Reiseverläufe sollte man frühzeitig reservieren und am besten von zu Hause ausarbeiten lassen, kürzere Touren können auch kurzfristig organisiert werden. Der Preis richtet sich dabei nach der Reisedauer und der Anzahl der Fahrzeuge, nicht unbedingt nach der Anzahl der Personen. Es ist also wesentlich günstiger, diesen „tailor made", also „maßgeschneiderten", Service mit mehreren Personen in Anspruch zu nehmen.

Die Tour- oder Reisebegleiter sprechen meist englisch oder deutsch. Bei den renommierten Veranstaltern kommen sowohl die Guides als auch die Fahrer aus Europa und Oman. Preiswertere Agenturen heuern Inder an, deren Fahrpraxis und kulturelles Wissen über Oman nicht selten einiges zu wünschen übrig lassen.

Ausflugsbeispiele

Die folgenden **Standardtouren** bieten in ähnlicher Form viele Veranstalter an. **Geländewagenfahrten** werden in komfortablen, klimatisierten Großraumfahrzeugen durchgeführt. Safaris und Bergtouren führen teils durch unwegsames Gelände und sind nichts für Kranke, Schwangere, kleine Kinder oder alte Leute. Bei Halbtages- und Tagesausflügen sind zumeist Softdrinks im Preis eingeschlossen, bei Tagestouren oft auch Mahlzeiten. Im Sommer fallen Touren eventuell aus.

Die folgende **Auflistung** beschreibt „Standardtouren", die bei ausreichender Gruppengröße regelmäßig, meist einmal pro Woche, stattfinden und an denen jedermann nach kurzfristiger Anmeldung teilnehmen kann. Die Liste dient der Orientierung und erhebt keinen Anspruch auf Vollständigkeit. Vollständige Programme und genaue Preise können bei den einzelnen, unten genannten Veranstaltern angefordert werden. Die nachfolgend genannten Preise sind unverbindlich, Kinder bekommen meist eine Ermäßigung.

Preise bei Buchung als Einzelperson

- **Halbtagesstadtrundfahrt Muscat im Bus:** ca. 12 RO
- **Dhau-Fahrt** etwa 2 Std. vor Muscat: ca. 10 RO
- **Ganztagesausflüge mit einem Bus und Mittagessen,** z. B. von Muscat nach Nakhl, Rustaq, Al-Hazm sowie nach Nizwa, Bahla, Jabrin oder in die Städte der Küstenebene Batinah: 30–35 RO
- **Ganztagesexkursion von Muscat mit einem Allradwagen und Mittagessen,** z. B. auf den Jebel Shams; nach Al-Mudhaybi und Manah; über Quriat nach Sur; diverse Wadifahrten (z. B. Wadi Dhayqah oder Wadi Bani Khalid) oder in die Wahiba Sands: 40–50 RO
- **Übernacht-Fahrten, 1½ Tage mit Allradwagen:** ca. 80 RO

Preise pro Auto inklusive Fahrer

- **Halbtagesstadtrundfahrt Muscat:** ca. 40 RO
- **Ganztagesausflüge ohne Allradwagen** (im Pkw) z. B. von Muscat nach Nakhl, Rustaq und Al-Hazm oder nach Nizwa, Bahla und Jabrin: 80–90 RO
- **Ganztagesexkursion von Muscat mit einem Allradwagen** z. B. auf den Jebel Shams; nach Quriat und Sur; diverse Wadifahrten oder in die Wahiba Sands: 140–160 RO

⊡ Entspannung am spektakulären Pool des Hotels Sahab am Jebel Akhdar

Adressen von Tourveranstaltern in Oman

Viele der im folgenden genannten omanischen Firmen bieten neben der Organisation von oben genannten Halbtages- und Tagesausflügen auch Serviceleistungen eines Reisebüros (engl. **travel agency**) wie Hotelzimmerbuchung, Autoverleihservice, Flugreservierung, -buchung oder -rückbestätigung. In den praktischen Informationen zu den einzelnen Städten finden sich weitere Reisebüroadressen.

Die meisten der hier genannten Veranstalter bieten feste Tagestouren oder längere Reisen nach individueller Ausarbeitung an. Kleinere lokale Spezialisten finden sich in den praktischen Informationen der Regionen bzw. Städte.

- **Afaq Travel & Tourism**
www.afaqtourism.com, Tel. 99563755
Standard- wie auch individuelle Touren.
- **Alwan Travel & Tourism**
www.alwantour.com, Tel. 99833325
Derzeit der einzige Veranstalter, der neben Privattouren auch diverse Tagesausflüge im Kleinbus zum Zubuchen anbietet, 35 RO pro Person und Tag.
- **Arabica Orient Tours**
www.arabicaorient.com, Tel. 24490500
Standardtouren, Wüsten-, Campingsafaris.
- **Bahwan Tours**
www.bahwantravelgroup.com, Tel. 24704455
Standardtouren, Kamel-, Campingsafaris.
- **Desert Thunder Travel & Tourism**
www.desertthunder-oman.com, Tel. 24693554
Wüsten- und Bergtouren.
- **Eihab Travels**
www.eihabtravels.com, Tel. 24683900
Standardtouren, Tauchen sowie Campingsafaris.

oman15-002 pf

Enjoy Oman
www.enjoy-oman.com, Tel. 92882065
Wander- und Trekkingtouren.

Golden Oryx Tours
www.goldenoryx.com, Tel. 24489853
Standardtouren, Campingsafaris.

Gulf Ventures
www.gulfventures.ae, Tel. 24559985
Standardtouren, Trekking, Tauchausflüge, Touren in und um Salalah.

Kurban Tours
www.kurbantours.com, Tel. 24699886
Standard- und Individualtouren.

Mark Tours
www.marktoursoman.com, Tel. 24567996
Standard- und Abenteuertouren.

Mezoon Travels
www.mezoontravel.com,
Tel. 24796680/Muscat, Tel. 23297846/Salalah
Standardtouren, Tauchausflüge, Kamelsafaris, Touren in und um Salalah.

National Travel and Tourism
www.nttoman.com, Tel. 24566046
Diverse Standardtouren, Tauchausflüge, Kamel- und Campingsafaris.

Nomadic Adventures & Tours
www.nomadicdesertcamp.com, Tel. 99336273
Individuelle Programme, Kamel- und Wüstentouren, von Beduinen geführt.

Oman Orient Tours
www.orient-tours-uae.com, Tel. 24485066
Diverse Standardtouren ab Muscat und Salalah, Kamel- und Campingsafaris.

Oman World Tourism
www.omanworldtourism.com, Tel. 24565288
Unterschiedliche Touren, inkl. Abenteuerreisen und Touren zu See.

Travco Oman
www.travcotravel.com/oman, Tel. 24698500
Internationale Firma, Standardtouren.

Travelstore
www.travelstoreoman.com, Tel. 94481519
Standard- wie auch individuelle Touren.

Zahara Tours
www.zaharatours.com,
Tel. 24400844/Muscat, Tel. 23291145/Salalah
Auf Großgruppen spezialisierte Reiseagentur, diverse Standardtouren, Kamel- und Campingsafaris, Touren in und um Salalah.

Sicherheit

Die Sicherheit im Sultanat Oman ist vorbildlich, Kriminalität ist nahezu ein Fremdwort und wird hart bestraft. Bei aller Sicherheit sollte man seine Wertgegenstände aber trotzdem nicht zu nachlässig beaufsichtigen, wertvollen Schmuck oder Fotosachen nicht zu auffällig tragen, Wertsachen, Papiere und Bargeld in den Hoteltresor schließen lassen und wenn, dann nur in einem Bauchgürtel mit nach draußen nehmen. Am Pool sollte man seinen Zimmerschlüssel nicht unbeaufsichtigt lassen. Insbesondere in Muscat ist es in letzter Zeit gelegentlich – wie in allen Großstädten – zu Taschendiebstählen gekommen. Beim Parken an einsamen Stränden sollte man keine Wertsachen im Wagen lassen.

Aktuelle Reisehinweise und Hinweise zur allgemeinen Sicherheitslage zu allen Ländern erteilen:

Deutschland, Auswärtiges Amt:
www.auswaertiges-amt.de, www.diplo.de

Österreich, Außenministerium:
www.bmeia.gv.at

Schweiz, Eidgenössisches Departement für auswärtige Angelegenheiten:
www.dfae.admin.ch

Souvenirs

Es gibt eine **Vielzahl von Artikeln,** die man als Souvenir mit nach Hause nehmen kann. Bei den Tipps zu „Sehenswürdigkeiten“ und den praktischen Informationen zu den einzelnen Städten finden sich konkrete Hinweise, wo man etwas besonders gut, preiswert, exklusiv oder in großer Auswahl kaufen kann.

Die im Folgenden aufgelisteten **traditionellen Gegenstände** eignen sich hervorragend als originelles Souvenir. Man findet sie in großer Auswahl in den **Souqs von Mutrah, Nizwa und Salalah.** Exklusivere Stücke gibt es in Antiquitätenläden in Muscat (Adressen bei den praktischen Informationen). Hintergründiges zu Bedeutung und Gebrauch steht in zahlreichen Abschnitten des Kapitels „Land und Leute“.

Und einige Artikel aus Oman gibt es auch online zu kaufen: **www.omanshop.com.**

- **Krummdolche** („khanjar“), deren Schaft teilweise aufwendig mit Silberschmiedearbeit verziert ist; dazu gehört auch ein mit Silberfäden handbestickter Gürtel; je nach Qualität ab 50 bis zu mehreren hundert RO
- **Trad. Silberschmuck:** Halsketten, Anhänger, Armreifen, Fingerringe, Ohrringe, Gürtel, Haarschmuck, Fußreifen, Zehringe in vielen Variationen, zum Teil auch Importe aus Indien, bezahlt wird nach Gewicht (ca. 200 Bs/Gramm)
- **Historische Münzen:** alte Silbermünzen wie die schweren „Maria-Theresia-Taler“ oder kleinere indische Rupien
- **Trad. Kajal-Behälter:** „kohl“, aus Silber
- **Rosenwassersprinkler:** aus Silber; Rosenwasser gibt es in jedem Souq und Supermarkt
- **Kaffeekannen:** „dallah“, mit dem markanten Schnabelausguss
- **Schwerter:** in gerader Form „saif“, gebogen „kitarah“, das dazugehörige Lederschild heißt „turse“
- **Kleine Dolche oder Messer:** ihr Schaft ist oft mit Silber verziert
- **Alte Vorderlader-Gewehre:** „abu fatilah“
- **Silberdosen:** in verschiedenen Größen und Formen, meist indischer Herkunft
- **Weihrauchverbrenner:** „mubkhar“, aus Ton oder Silber, das Weihrauchharz nicht vergessen
- **Weihrauch:** arab. „luban“, engl. „frankincence“; je heller, desto besser die Qualität, da er dann umso weniger verunreinigt ist; zu kaufen abgepackt in den Supermärkten oder lose in den Gewürzsouqs, 100 Gramm einfacher Qualität ca. 200 Bs, mittlerer Qualität ca. 400 Bs
- **Omanische Kappen:** „kumma“, gibt es in allen Farben und diversen Qualitäten: maschinengefertigte Importwaren ab 3 RO, aus Salalah 10 RO, handbestickte von den Philippinen 20 RO, aus Oman 35–40 RO, sehr hochwertige omanische Handarbeitsstücke sind auf Bestellung lieferbar
- **Antike Holztruhen:** „sanduk“, einst von den Beduinen genutzt
- **Holzschränkchen, Kisten und Figuren:** meist indische Massenware, aber dennoch teilweise sehr originell
- **Handgeknüpfte Teppiche:** Importware aus dem Iran, Afghanistan und Pakistan, wertvolle Stücke in guten Antik- und Teppichläden
- **Töpferwaren:** unglasierte Wasserkrüge, Schalen, Vasen aller Größen in Bahla und Mutrah
- **Flechtarbeiten** aus Palmzweigen: Matten, Körbe und Windfächer, in Musandam und Mutrah
- **Turbantücher:** „massar“, viele Farben, die erlesensten sind aus Kashmirwolle und müssen so fein sein, dass man sie durch einen Fingerring ziehen kann, je nach Qualität und Bestickung 3–60 RO
- **Trad. Frauenkleidung:** weite, bunte, an den Fesseln bestickte Hosen, „sirwal“; bunte bestickte Überkleider, „kandoura“; große bunte Kopftücher, „lahaf“

- **Gesichtsmasken:** „burqa“, gelb oder violett schimmernd, auf den Beduinenmärkten
- **Parfüm** und individuell gemischte **Duftöle,** ebenso **Moschus** und **Amber,** in unzähligen Parfümerien und Kosmetikläden in den Souqs oder Einkaufszentren erhältlich
- **Räucherwerk:** Sandelholz, Myrrhe, Duftmischung „bokhur“ (verschiedene Arten aus Sandelholz, Weihrauch, Myrrhe, Moschus, Rosenblättern, Ölen und Blüten)
- **Wasserpfeifen:** auch für Nichtraucher klasse, denn der aromatische Rauch wird wassergekühlt und dadurch deutlich milder
- **Wasserpfeifentabak:** den klebrigen Tabak gibt es entweder „pur“ oder auch aromatisiert mit Erdbeer-, Apfel-, Aprikosen-, Kirschen-, Bananengeschmack, im Souq und auch in Supermärkten.
- **Orientalische Gewürze:** Kardamom, Kurkuma, Safran oder die omanische Mischung „bizar“; sich einfach durch die Souqs schnuppern oder abgepackt im Supermarkt
- **Datteln:** in Souqs und Lebensmittelläden in vielen Qualitäts- und Preisstufen
- **Halwa:** eine typisch omanische Süßspeise, die sich aber deutlich von der bei uns bekannten türkischen Halwa unterscheidet
- **Omani Dolls:** Stoffpuppen, die in Handarbeit von einem Workshop der Omani Woman Association angefertigt wurden und die in detailgetreuen, traditionellen Trachten der verschiedenen Regionen gekleidet sind; die Jungen heißen Rashid, die Mädchen Zuwaina; erhältlich in den Family Bookshops
- Frauen können sich in einem **Hennastudio** ihre Hände oder Füße mit Mustern aus dem absolut hautverträglichen Naturfarbstoff bemalen lassen. Einfache Muster kosten pro Handseite ab 1 RO und halten ca. drei Wochen.

Auch die folgenden Dinge kann man preiswert erstehen:

- **Gold- und Juwelenschmuck:** In den Einkaufszentren der Hauptstadtregion sowie im Souq von Mutrah und Salalah wird eine große Auswahl an 18-, 22- oder 24-karätigem Gold, auch bestückt mit Juwelen oder Perlen, angeboten. Die Stile der kunstvollen Verarbeitung sind meist arabisch oder indisch. Die Preise der Schmuckstücke setzen sich in erster Linie aus dem Gewicht, dem entsprechenden aktuellen Goldpreis und einem geringen Aufschlag für die Verarbeitung zusammen.
- **Stoffe und Saris:** aller Qualitätsstufen und Farben, lange Saribahnen und Meterware, Baumwolle, Kashmirwolle, Spitze, Seide oder Brokat, vorwiegend vom indischen Subkontinent, in allen Souqs erhältlich, größte Auswahl im Souq von Mutrah
- **Preisgünstige Bekleidung:** im Souq von Mutrah große Auswahl an Importwaren vom indischen Subkontinent und aus Südostasien
- **Maßgeschneiderte Anzüge oder sonstige Kleidungsstücke:** überall preiswerte Schneiderstuben, bessere nur in den großen Städten, am einfachsten passendes Musterstück mitnehmen
- **Bildbände:** großformatige Bände mit superben Hochglanzfotos, erhältlich in großen Buchläden mit englischsprachiger Literatur

Sport und Freizeit

In Oman kann man aus einem breiten **Angebot** an Sport- und Freizeitaktivitäten auswählen. Was in den einzelnen Städten angeboten wird, steht ausführlich in den praktischen Informationen zu den Orten.

Sportmöglichkeiten wie **Pool, Tennis, Squash oder Fitnessraum** bieten in erster Linie die großen Hotels. Diese Einrichtungen können von den Hotelgästen kostenlos benutzt werden. Alle weiteren Angebote werden extra berechnet, die Preise können von Hotel zu Hotel stark schwanken. Auch Nicht-Hotelgäste können die Sportanlagen benutzen; dazu zahlt man einen Beitrag für eine **Tagesmitgliedschaft** im Hotel-Sportclub. Natürlich kosten Unterricht und Sonderleistungen extra.

Wassersport

Das im Winter angenehme Klima, die warmen Wassertemperaturen, der Sonnenschein, die schönen Sandstrände und das saubere, azurblaue Meer lassen Oman zu einem Paradies für Wasserratten und Wassersportler werden. Die **Strandhotels und Beach Resorts** bieten diverse Sport- und Freizeitangebote an und stellen die entsprechende Ausrüstung bereit. Das Angebot umfasst **Wasserski, Windsurfen, Segeln, Katamaranfahrten, Hochseefischen** (Barrakudas, kleine Haie, King-Fish, Hamour), **Schnorcheltrips** und **Tauchen.**

Baden

Das Sultanat erstreckt sich mit über 1700 Kilometern Küstenlinie entlang des Indischen Ozeans. Es gibt kilometerlange **Sandstrände,** die mit ihrem feinen weißen Sand und glasklarem Wasser zum **Baden und Schwimmen** einladen.

An den ausgedehnten **Stränden** der luxuriösen Strandhotels oder Beach Resorts kann man einige ruhige Badetage verbringen. In den meisten von ihnen gibt es eine breite Palette an Sport- und Freizeitaktivitäten.

Daneben sind auch sehr saubere **öffentliche Strände** vorhanden, die, mit Schattenschirmen, Spielplätzen und Toilettenhäuschen versehen, zum Badevergnügen einladen. An kilometerlangen einsamen **Strandstücken** hingegen wäre es unangebracht, im knappen Badedress in der Sonne zu liegen oder zu schwimmen. Sie sind aber ideal für lange Spaziergänge.

Trotz aller Modernität und Aufgeschlossenheit der Omanis sollte man nicht vergessen, dass sie **strenggläubige**

An unsere geschätzten Bürger und Besucher

Ein Wahrzeichen der modernen Gesellschaft: die Erhaltung der Natur! Erhalten Sie die großartige Schönheit von Omans Natur und schützen Sie die Gebiete des Landes; halten Sie sie sauber. Die Buchten, Strände und Seen Omans sind ein Geschenk; sie bieten viele Möglichkeiten für Wassersport und Picknick in prächtigen Lagen.

Damit Sie ihre Freizeit genießen können, ist die Regierung bemüht, die natürliche Umgebung zu erhalten und sie vor Verschmutzung und Ausbeutung zu bewahren.

Beim Bestreben, Sicherheit und Genuss der **Strandbenutzung** zu steigern, ist es untersagt, Abfälle zu hinterlassen und sich mit Fahrzeugen auf dem Strand zu bewegen.

Falls gestattet und die Bewilligung vorliegt: Oman bietet einmalige Möglichkeiten, **Schildkröten** auf ihren Bruststränden zu beobachten.

Als moderne Menschen sollten wir zusammenarbeiten und bestrebt sein, die Schönheit und den Reichtum des Meereslebens zu erhalten.

(Zusammenfassung einer Informationsschrift des „Zentrums für Meereswissenschaft und Fischerei")

Muslime sind. Muslimische Frauen entkleiden sich niemals, wenn Männer, mit Ausnahme ihres eigenen, sie sehen. Viele omanische Männer und auch Frauen empfinden das Zeigen von zu viel Haut als ein Ärgernis, als Beleidigung und als Verletzung ihres Schamgefühles. **„Oben ohne“** und FKK sind streng **verboten.**

Um sich nicht an **scharfkantigen Felsen** zu verletzen, sollten Badeschuhe getragen werden. Hin und wieder kann es sein, dass man einem stachligen Seeigel oder einer giftigen **Qualle** begegnet, deren Berührung unangenehme Hautreizungen nach sich zieht – im Falle eines Falles: Nicht reiben und die Haut mit Meerwasser oder weißem Essig (kein Leitungswasser) gründlich abspülen. **Kleine Haie,** wie man sie auf jedem Fischsouq sehen kann, leben ebenfalls in den omanischen Gewässern. Sie bevorzugen aber größere Tiefen, außerdem sind sie sehr scheu, und wenn sie sich von einem Menschen bedroht fühlen, nehmen sie meist Reißaus. An der Südküste Omans lauert dagegen eine viel größere Gefahr in Form von **Hammerhaien.** Sie sind nicht nur größer, sondern auch angriffslustiger, und zudem jagen sie auch in Küstennähe.

Sonstige Sport- und Freizeitangebote

Die **Fahrt auf einer Dhau,** einem traditionellen Holzschiff, bietet die Möglichkeit zum Sightseeing der besonderen Art. In Muscat kann man so die einmalige Lage der Altstadt in ihrer versteckten Bucht am besten vergegenwärtigen. Der Anblick des monumentalen Palastes und der hoch auf den Felsen thronenden Forts ist fantastisch. Diverse Tourveranstalter bieten eine **Dhaucruise** an: Man kann ein ganzes Schiff samt Crew auch ganztags oder halbtags mieten, aus Kostengründen ist dies zu mehreren Personen empfehlenswert. In Musandam kann man mit einer Dhau durch die tief eingeschnittenen Buchten fahren, eingefleischte Seebären können auf einem mehrtägigen Törn auch die gesamte Nordspitze umrunden.

In den Strandhotels von Muscat können **Ausflüge, Schnorcheltrips und Angeltouren** mit einem **Schnellboot** gebucht werden.

Für **Kiteboarding** gibt es sogar einen Spezialanbieter, der die Sportart hauptsächlich auf Masirah anbietet: www.kiteboarding-oman.com/de.

Wer lieber höher in die Luft geht und die grandiosen Landschaften Omans aus der Vogelperspektive betrachtet, kann auch **Rundflüge** (Hubschrauber oder Propellermaschine) buchen.

Zum **Spazierengehen und Wandern** bieten sich besonders die Berglandschaften an; im Reiseteil finden sich diverse Anregungen. Eine gute und attraktive Möglichkeit ist es, dem Verlauf eines Wadis (Trockenflusstal) zu folgen – natürlich vorausgesetzt, dass es vorher keine lang anhaltenden Regenfälle gab und es auch nicht nach Regen aussieht. Nach Regen kann in so manchem Wadi urplötzlich ein zerstörerischer Fluss entstehen. Für größere, mehrtägige Trekks sollte man einen ortskundigen Führer dabei haben, die omanischen Tourveranstalter helfen weiter. Diverse Reiseveranstalter in Deutschland haben längere Trekks in ihrem Programm – verschiedene lokale Tourveranstalter arbeiten in-

Die Seeseite des Sultanats – Tauchen und Schnorcheln in Oman

von Peter Franzisky und Kirstin Kabasci

Die Gewässer Omans präsentieren sich allen Unterwassersportbegeisterten von ihrer schönsten Seite. Dementsprechend finden immer mehr Menschen Gefallen an Omans Meereswelt: Der Tauchsport ist eine der Freizeitaktivitäten mit dem schnellsten Wachstumsfaktor. Allerdings muss man dabei auch berücksichtigen, dass dieser Sport noch vor kurzem praktisch bei Null begonnen hat. Vor allem die in Muscat lebenden Europäer und Amerikaner begeistern sich für das Tauchen, doch zunehmend wagen sich auch Omanis unter Wasser.

Durch die **1700 km lange Küstenlinie** weist das Sultanat eine sehr abwechslungs- und artenreiche Meeresflora und -fauna auf. Die Gewässer sind reich an Nahrung, was auch durch die stetige Vermischung von wärmeren und kühleren Wasserströmungen des Indischen Ozeans und des Golfes von Oman bedingt wird. Das Ergebnis ist eine Vielzahl an Fischen, wirbellosen Meeresbewohnern sowie Hart- und Weichkorallen. Allerdings gibt es in Oman aufgrund der Strömungskräfte keine riesigen Korallenriffe wie beispielsweise im Roten Meer. In geschützten Buchten finden sich dennoch ansehnliche Hartkorallenbänke, wohingegen die sehr variationsreichen Weichkorallen an zahlreichen Stellen wachsen und gedeihen.

Dennoch ist Oman auch für diejenigen Taucher ein interessantes Ziel, die schon die schönsten Tauchreviere der Welt kennen. Die Vielzahl an Doktorfischen, Clownfischen, Soldatenfischen, Papageienfischen, Lippfischen, Kugelfischen, Igelfischen, Tintenfischen, Meerengeln, Gauklern, Drachenköpfen, Schnäppern, Stören, Kardinalbarschen, Barrakudas, Muränen, Mantas und vielen mehr ist beeindruckend. Auch diverse Schildkrötenarten und Meeressäuger tummeln sich in omanischen Gewässern, wovon Wale und Delfine (siehe auch Exkurs „Zauberer einer blauen Welt: Delfine und Wale") am auffälligsten sind.

Ebenfalls heimisch ist der **Walhai** – doch entgegen dem gefährlich klingenden Namen sind diese Giganten harmlos, denn sie ernähren sich ausschließlich von kleinen Fischen und Plankton, die sie aus dem Wasser filtern. Diese weltgrößte Fischart kann die stolze Länge von 18 Metern und ein Gewicht von 10 Tonnen erreichen – ein Traum für jeden Taucher, einmal einem solchen Riesen nahe zu kommen. Auch vor den verschiedenen Arten von Riffhaien braucht man sich nicht übermäßig zu fürchten, denn sie sind eher scheu und greifen nur an, wenn sie sich bedroht oder eingeengt fühlen. Gegenüber den meist in Felsspalten heimischen Muränen sollte man die übliche Vorsicht walten lassen.

Wegen des üppigen Nahrungsmittelangebotes kommen viele Fische in großen Schwärmen vor. Andererseits wäre es auch nicht allzu ungewöhnlich, einer unbekannten Art zu begegnen. Die Zahl an Tauchzentren ist in den letzten Jahren stetig gestiegen. Sie alle bieten neben dem Verleih von Schnorchel- und Tauchausrüstung Schnuppertauchgänge, Tauchausflüge sowie den Erwerb von internationalen Tauchscheinen und Tauchlehrerausbildungen an. Auch Nachttauchgänge, Wracktauchen, Unterwasserfotografie und Videofilmen sind als „specialities" im Programm. Die Ausstattung der omanischen Diving-Centres entspricht den internationalen Standards, das Leihequipment ist in der Regel bestens und die Instruktoren gut ausgebildet und verantwortungsbewusst. Eine Dekompressionskammer befindet sich allerdings erst in 150 km Entfernung von Muscat in einem Marinestützpunkt in der Batinah.

Die „Oman Diving Federation" überwacht die Sicherheitsstandards der Tauchschulen, koordiniert deren Aktivitäten, publiziert Informationsschriften (u. a. „Dive Oman") und organisiert Ausstellungen sowie Projekte. Außerdem sollte sich jeder Taucher, der ohne die Organisation einer Tauchbasis tauchen gehen möchte, unbedingt an die Federation wenden, um den aktuellen Stand der benötigten Genehmigungen zu erfragen.

Mit viel Engagement widmet sich die Oman Diving Federation auch dem Schutz der Meeresflora und -fauna, wozu sie eng mit den staatlichen Ministerien und Behörden zusammenarbeitet. So standen in den letzten Jahren die geschützten Daymaniyat Inseln im Zentrum eines vorbildlichen Öko-Tourismus Projektes: Jeder, der dort tauchen wollte, musste sich bereit erklären, auf dem Meeresgrund aufzuräumen, also Müll, alte Fischernetze und mit vereinten Kräften auch Schiffsanker einzusammeln. Jeder Taucher könnte sich verantwortlich zeigen und bei den omanischen Tauchzentren nachfragen, ob solche oder ähnliche Programme aktuell sind und ob es möglich wäre, dabei zu helfen. Doch grundsätzlich sollte es für alle Taucher selbstverständlich sein, die sensiblen maritimen Ökosysteme so wenig wie möglich zu belasten.

Die optimale **Tauchsaison** für die Hauptstadtregion, Musandam und Daymaniyats liegt **zwischen April und Juli,** wenn das Wasser am ruhigsten und am klarsten ist. In den Wintermonaten macht oft starker Wind eine weitere Ausfahrt unmöglich. Gerade aber rund um Muscat lässt sich immer ein interessanter, aber geschützter Platz finden. Dies ist ein großer Vorteil für die Basen in Muscat verglichen mit Sawadi, wo man auf die Ausfahrt zu den Daymaniyats angewiesen ist, oder zu Musandam, wo fast alle schönen Plätze nur im Rahmen einer längeren Bootstour erreichbar sind.

Hauptstadtregion

Rund um Muscat finden sich trotz aller Modernität und der weitgehenden Erschließung der Küstenlinie sehenswerte Tauchreviere nicht weit entfernt in ruhigen Buchten oder bei vorgelagerten Felseninseln. Interessant für Taucher und Schnorchler ist das Gebiet um die Insel Fahal (auch wenn diese vor dem Hafen Mina al-Fahal mit seinem Ölverladeterminal liegt), Cat Island bei Bandar al-Rowdah zwischen Muscat und Al-Bustan sowie die korallenüberwachsenen Buchten von Bandar Jissah und Bandar Khayran mit ihren bis zu 30 Meter tiefen Abbrüchen. Etwas weiter in Richtung Südosten liegt Ras Abu Daoud, wo man sich den Weg durch ein Felsenloch und durch dichte Fischschwärme bahnen kann. Der zweite Tauchgang dieser Ausfahrt führt üblicherweise zum Wrack bei Quriat (14 m Tiefe, 1982 gesunken). Weitere Wracks liegen z. B. direkt beim Al-Inshirah Restaurant zwischen Mutrah und Muscat (10 m Tiefe, ca. 1970 gesunken) und bei der Insel Fahal (in ca. 27 m Tiefe).

Halbinsel Musandam

Im hohen Norden Omans erwartet Taucher eine besondere Attraktion. In den vielen fjordähnlichen Buchten und um unzählige Felseninseln herum eröffnet sich ihnen eine besonders faszinierende Szenerie. Diese einsame und unberührte Natur präsentiert Korallen in einer breiten Farbpalette, und durch die vielfältige Unterwasserlandschaft kommen anspruchsvolle und erfahrene Taucher voll auf ihre Kosten. Diese Erfahrung ist aufgrund der starken Strömungen aber auch notwendig. Die schönsten Stellen liegen im Norden und Osten der Halbinsel. Der Westen dagegen ist wie der übrige Persisch-Arabische Golf weniger interessant. Schnorchler finden rund um die Inseln im geschützten Khor Shimm einige Riffe.

Daymaniyat-Inseln

Diese in Nordoman dem Ras al-Sawadi vorgelagerte Kette aus neun kleinen Felseninseln steht unter Naturschutz. Wenn Sie in diesem maritimen Wunderland tauchen möchten, können Sie dies nur über die lokalen Tauchzentren arrangieren. Denn um Zugang zu erhalten, ist eine Genehmigung nötig. Auch wenn die weißen Sandstrände noch so locken: das Betreten der Inseln bleibt selbst mit Tauchgenehmigung fast überall verboten, denn auf ihnen nisten seltene Seevögel.

Mit einem Motorboot erreicht man die Juzor al-Daymaniyat ab Muscat in rund 50 Min., ab Ras al-Sawadi in etwa 20 Min. Ausgedehnte Riffe, steile Felsenwände, Abbrüche und vielfältige Korallengärten umgeben die Inseln. Eine mächtige Wand südlich von Kharabah, der östlichsten der Daymaniyats, reicht 40 Meter in die Tiefe. Ansonsten liegt die maximale Tiefe der meisten Tauchstellen bei 20–25 m. Rund um die Daymaniyats ist die Chance, auf Großfische wie den Walhai oder auf Schildkröten zu treffen, besonders gut.

Barr al-Hekman, Insel Masirah

Die von großen Schlickebenen geprägte Landzunge Barr al-Hekman ist ein attraktiver Anziehungspunkt für seltene Vogelarten, denn sie endet in einer einzigartigen Flachwasserzone. Weite Seegrasfelder bilden einen idealen Futterplatz für die seltene Art der „Unechten Karettschildkröte", deren weltgrößte Population rund um die Insel Masirah vorkommt. Auch zahlreiche Buckeldelfine ziehen ihre Kreise. Vom südlichen Ende der Landzunge verläuft ein 14 km langes Korallenriff zur Insel Masirah. Dieses Riff formiert sich ausschließlich aus einer Korallenart: aus der verschlungenen „cabbage coral".

Die Unterwasserwelt von Masirah ist, wie die der gesamten Küste Ost- und Südomans, geprägt von saisonalen Meeresumwälzungen. Diese Umwälzungen sind ein direktes Ergebnis des Sommermonsuns, dessen Zentrum weiter im Süden in der Provinz Dhofar liegt. Über vier Monate pro Jahr, zwischen Juni und September, trägt der Monsun kühlere, äußerst nahrungsmittelreiche Meeresströmungen heran. Diese fördern das Wachstum von riesigen Seetangwäldern, die nichts mit denen in Europa gemeinsam haben, sondern eher mit den berühmten Seetangfeldern vor der Küste Kaliforniens. Allerdings dominieren in Oman zwei Tangarten, von denen eine sogar der Wissenschaft bislang unbekannt war. In diesem Seetang-Dschungel tummelt sich eine Vielzahl an Meeresgetier, doch je näher die Wintermonate rücken und die Wassertemperatur nach dem Monsun wieder ansteigt, desto lichter wird ihr Bewuchs.

Tauchen in dieser Region stellt für Touristen allerdings ein logistisches Problem dar, da es keinerlei Tauchbasen gibt.

Dhofar

Auch vor der Küste des Dhofar dehnen sich zur und nach der Monsunzeit weite Seetangwälder aus. In ihnen zu tauchen übt eine besondere Faszination aus, stellt aber auch eine Herausforderung dar. Die beste Zeit zum Tang-Tauchen ist im September/Oktober, wenn die Monsunstürme abgeflaut sind und die See sich beruhigt hat. Ansonsten beginnt die beste Tauchsaison für den Dhofar etwa im Februar und wird ab etwa

Anfang Juni durch den Monsun unmöglich. Die besten Tauchgebiete liegen bei Mirbat, wo sich auch eine Tauchbasis im Marriott Hotel befindet.

Doch es muss nicht immer gleich Tauchen sein. Für jedermann interessant ist **Schnorcheln** – und selbst „nur" mit Maske, Schnorchel und Flossen lassen sich viele Reize der omanischen Seewelt erkunden. Eindrucksvolle und einfach zu erreichende Schnorchelreviere gibt es genug, am einfachsten zu erreichen sind die vorgelagerten Inseln bei Ras al-Sawadi und bei Bandar Jissah. Hier kann man auch kleine Boote anmieten, um ein Stück hinauszufahren.

Wenn Sie sich eine Maske kaufen oder leihen, so sollten Sie darauf achten, dass sie gut passt. Zum Druckausgleich (also bei zugehaltener Nase ausatmen bis man ein leichtes Knacken im Trommelfell spürt) muss man die Nase noch umfassen können. Eine Maske sollte dicht auf Ihrem Gesicht sitzen bleiben, wenn man ohne um den Kopf geschnalltes Gummiband tief durch die Nase einatmet. Das Glas sollte auf jeden Fall Sicherheitsglas sein und eine Dichtlippe aus Silikon ist Gummi klar vorzuziehen. Schnorchelneulinge sollten beachten, dass man niemals minutenlang „auf Vorrat" atmen sollte. Denn danach gibt der Körper zu viel Kohlendioxid ab, und man verspürt keine Notwendigkeit mehr, frische (sauerstoffreiche) Luft einzuatmen – was zur Bewusstlosigkeit führen kann. Das Sauerstoff-Aufnahmevermögen des Blutes ist ohnehin begrenzt, sodass zwei- bis dreimaliges tiefes Einatmen ausreicht.

oman065 pf

Literaturtipps

- *Rod Salm, Robert Baldwin:* **Snorkelling and Diving in Oman.** Motivate Publishing (praktischer Tauch- und Schnorchelführer)
- *John E. Randall:* **Coastal fishes of Oman.** Crawford House Publishing.

Tauchzentren

- **Al-Marsa Diving**
Im Hafen von Dibba, im Angebot sind ein- und mehrtägige Tauchfahrten entlang der Küste Musandams, Tel. 26836995,
www.almarsamusandam.com
- **Euro Divers**
In der Marina Bandar Rawdah, Tel. 95035815,
www.euro-divers.com/scuba-diving-oman
- **Extra Divers**
Im Kairaba Hotel östlich von Salalah, im Shangri-La Hotel in Muscat, im Sifawy bei Muscat und im Six Senses in Dibba/Musandam,
www.extradivers-worldwide.com
- **Global Scuba L.L.C.**
Im Civil Aviation Club in Athaibah,
Tel. 99317518, www.global-scuba.com
- **Muscat Hills Resort**
Tauchbasis in einer Privatbucht bei Bandar Jissah südlich von Muscat, mit netter Unterkunft in ordentlichen Hütten (das ehemalige Oman Dive Centre), Tel. 24853000,
www.muscathillsresort.com

< In den Gewässern um Musandam lässt es sich gut schnorcheln und tauchen

- **Arabian Beach Tourism Salalah**
Im Crowne Plaza Hotel und im Hilton Salalah, Tel. 99894031, 99894032, www.abtoman.com

Tauchsafaris: Außer den mehrtägigen Dhautouren ab Dibba gibt es derzeit nur ein Schiff, auf dem „Live-aboard-Tauchen" möglich ist: die „Saman" unter Leitung des Tauchzentrums Extra Divers (s. o.). Im Winter und Frühjahr fährt das Boot von Mirbat zu den Hallaniyat-Inseln, im Herbst von Sifah zu den Daymaniyats.

Preisbeispiele

- Mit eigener Ausrüstung (außer Flasche und Blei): ein Tauchgang ca. 14 RO, zwei ca. 24 RO
- Mit komplett geliehener Ausrüstung:
ein Tauchgang ca. 22 RO, zwei ca. 37 RO
- Schnuppertauchgang (Theorie,
Pool- und Meerestauchgang): 35 RO
- Open Water Course: 150 RO
- Advanced Open Water: 100 RO
- Halbtages-Schnorchelausflug
mit Ausrüstung: ca. 15 RO

Checkliste für Taucher

- **Unbedingt mitbringen:** gut passende Taucherbrille, Schnorchel und evtl. Flossen; Tauchschein und Logbuch, sofern schon vorhanden
- **Auch vor Ort ausleihbar:** Lungenautomat, Jacket, Taucheruhr/-computer, Tauchanzug (außer in den Wintermonaten Januar bis März reichen 6 mm Stärke)
- **Zu Hause lassen und ausleihen:** Flasche und Bleigurt

dividuelle Touren aus. Zwei Buchtipps: *A. Dale* u. *J. Hadwin,* „Adventure Trekking in Oman" und „Oman Trekking" aus der Serie Explorer Publishing.

Wer **klettern** möchte, kann sich von omanischen Tourveranstaltern über die Möglichkeiten beraten lassen oder die Website www.omanclimbing.com nutzen. Das Buch „Rock Climbing in Oman" von *M. A. McDonald* beschreibt zahlreiche Felswände, Klippen, Canyons und Gipfel verschiedener Schwierigkeitsstufen. Fotos und Diagramme veranschaulichen die Routen.

Die Strände und Parks der Hauptstadtregion eignen sich ideal zum **Joggen,** vorausgesetzt man wählt dazu den frühen Morgen oder frühen Abend, um der Hitze zu entgehen. Joggen ist auch unter den Hauptstädtern sehr verbreitet, am besten kann man das gegen Abend am Strand Shati al-Qurum und im Gebiet der Qurum Heights beobachten.

Von Zeit zu Zeit werden von den weltweit sehr aktiven Hash House Harriers auch leichte Querfeldeinläufe, sog. **fun runs,** organisiert.

Golfer finden in Muscat gleich mehrere Plätze mit gutem Standard.

Eine typisch einheimische Freizeitbeschäftigung ist ein zünftiges **Picknick.** Omanis wie Gastarbeiter sind die reinsten Picknick-Fans, und so treffen beide Kulturen an den Wochenenden in trauter Einigkeit unter schattigen Bäumen im Park oder unter Sonnenschirmen am Strand zusammen. Die in Oman lebenden Europäer sind größtenteils auch schon in diese Fangemeinde eingegliedert. Hotels stellen auf Anfrage üppig gefüllte Picknickkörbe zusammen, gut nutzen lässt sich dazu auch der „take-away-service" vieler Restaurants.

Sport zum Zuschauen

Wenn sich die Gelegenheit ergibt, ist der Besuch eines **Kamelrennens** unbedingt ein „Muss", jedoch finden sie nur in den Wintermonaten und meist nur am Wochenende oder an Feiertagen statt. Fünf Kamelrennbahnen gibt es in Oman. Die aktuellen Termine der Rennen werden nicht immer vorab in den Tageszeitungen angekündigt, und wenn, dann oft sehr kurzfristig. Die jährliche Rennserie **„National Camel Race Festival"** hat (noch) keine Website, doch ggf. kann eine kurzfristige Google-Suche helfen. Eventuell bringt einen auch die Facebook-Seite der Oman Camel Racing Federation weiter.

Genau wie Kamelrennen sind auch **Pferderennen** in Oman sehr beliebt. Die Rennen, Springturniere und Showparaden finden meist an Feiertagen statt und locken Tausende von Zuschauern auf die Tribünen und vor die Fernsehgeräte. Von besonderem Reiz sind die traditionellen Rennen und Reiterspiele im Landesinneren. Die Ankündigung dieser Events ist aber genauso lückenhaft wie die der Kamelrennen.

Kaum zu glauben und kein Scherz: **Stierkampf** am Indischen Golf. In den Orten der Küstenebene Batinah werden im Winter regelmäßig sog. **bull-fights** veranstaltet – völlig unblutig und daher einen Besuch wert (siehe Exkurs „Bullfight in der Batinah").

Das **Straßenradrennen „Tour of Oman"** Mitte Februar (www.tourofoman.om) hat sich zu einem hochkarätig besetzten Saison-Vorbereitungsrennen entwickelt. Vor allem die Zielankunft auf der Corniche in Mutrah ist ein

Spektakel. Aber auch wer sich nicht für Fahrradrennen interessiert, sollte die Streckenführung im Auge behalten (siehe in den Tageszeitungen), da viele Straßen vorübergehend gesperrt werden.

Strom

Da Oman seinen Strom durch die Verbrennung von Erdgas in großen Kraftwerken erzeugt, ist die Versorgung gesichert, Engpässe bestehen nicht.

Die **Spannung** im Stromnetz beträgt **220–250 Volt, 50 Hertz.** Es gibt keinerlei Probleme beim Betrieb von europäischen und japanischen Geräten.

Für den Anschluss braucht man englische, dreipolige Stecker. Flache Eurostecker kann man mit etwas Geschick ohne **Adapter** einstecken, für Schukostecker benötigt man allerdings einen. In den Hotels ist zumindest eine Steckdose (im Bad) damit ausgestattet, weitere Adapter erhält man auf Anfrage. Ebenso kann man in den großen Hotels ein Bügeleisen und ein Bügelbrett bekommen. Viele Badezimmer sind mit einem Fön ausgestattet. Es lohnt sich kaum, einen Adapter für viel Geld zu Hause zu kaufen. In Oman ist er billig in jedem Elektrogeschäft und größeren Supermärkten erhältlich.

Telekommunikation

Die omanische Telekommunikation hat sich in den letzten zwei Jahrzehnten rasant entwickelt und entspricht heute mitteleuropäischem Standard. Digitale Übermittlung von Daten, Satellitenkommunikation, Mobiltelefondienst, sonnenenergiebetriebene Kartentelefone und Internet sind für Omanis Alltag.

Telefon

Das **Telefonnetz** des staatlichen Betreibers Omantel (*Oman Telecommunications Company,* www.omantel.net.om) ist **hervorragend ausgebaut.**

Im gesamten Land gibt es **keine Städtevorwahlen,** sondern nur achtstellige Teilnehmernummern, die bei internationalen Gesprächen direkt nach der **Landesvorwahl 00968** gewählt werden.

Öffentliche Telefone sind mit dem Siegeszug des Mobiltelefons deutlich seltener geworden. Man findet sie meist in Kaufhäusern, Supermärkten, an Tankstellen, in Parks, an Bushaltestellen und in öffentlichen Gebäuden. Praktisch alle Apparate sind Kartentelefone. **Telefonkarten** gibt es überall dort zu kaufen, wo ein kleiner, rechteckiger schwarzer Aufkleber oder ein selbst gemaltes Schild mit der Aufschrift „Pay Phone Cards“ an der Ladentür oder in der Auslage zu sehen ist, z. B. an den Kassen der kleinen Lebensmittelläden und der großen Supermärkte.

Weit verbreitet sind Mobiltelefone. Die Gebühren sind im internationalen Vergleich etwas teurer, aber nachts zwischen 20 und 6 Uhr und freitags gibt es verbilligte Tarife.

Inhaber von Mobiltelefonen können – abhängig von Netzanbieter und Vertragsart – ihr Gerät in Oman nutzen, da man dort auch GSM 900 MHz betreibt. Man muss bei Nutzung eines europäischen Gerätes in Oman jedoch mit **hohen Roaming-Kosten** rechnen. Auf der Website seines Anbieters kann man nachschauen, welcher der Roaming-Partner günstig ist und diesen per manueller Netzauswahl voreinstellen. Nicht zu vergessen sind die Kosten der Rufweiterleitung ins Ausland, die der Empfänger bezahlt (also Mailbox eventuell abstellen). Der Empfang von SMS ist in der Regel kostenfrei. Besonders gewarnt seien Nutzer von **Smartphones,** denn die Nutzung des Datapacks im Ausland ist mit horrenden Kosten verbunden. Empfehlenswert und preiswert ist Telefonieren über das Internet, z.B. mit Apps wie Viber oder Justalk (Skype und das Telefonieren über Whatsaapp funktionieren in Oman ohne VPN nicht!). Voraussetzung ist eine WLAN-Verbindung z. B. im Hotel oder eine Datenverbindung des Telefons über das Mobilfunknetz.

oman068 th

Mobiles Internet funktioniert sehr gut, wenn das Mobiltelefon **SIM-lockfrei** ist, d. h. keine Sperrung anderer Provider vorhanden ist, und man eine SIM-Karte von einem der beiden omanischen Mobilfunkbetreiber **Oman Mobile** oder **Ooredoo** kauft. Diese sind für etwa 2 RO erhältlich (davon ist ca. die Hälfte Gesprächsguthaben; bei Oman Mobile und Ooredoo nachfragen, es gibt immer wieder Sonderaktionen; Schalter befinden sich auch in der Ankunftshalle am Flughafen; Infos unter www.omanmobile.om und www.ooredoo.om). Jedermann, der mit Prepaid Cards telefoniert, bekommt eine neue (omanische) Telefonnummer. Diese Option lohnt sich sehr schnell, vor allem, wenn man angerufen wird.

◁ Mobil telefonieren – auch in Oman eine Selbstverständlichkeit

Beide Telefongesellschaften bieten **günstige Datentarife** an, sodass man mit dem Smartphone oder per Laptop und Surfstick online gehen kann. Bei Oman Mobile kann man beispielsweise mit dem Code *141*1000# ein Datenpaket dazubuchen (1 GB für 5 RO, 1 Monat gültig).

Diebstahl und Verlust

Sollte das Mobiltelefon im Ausland verloren gehen oder gestohlen werden, sollte man bei einem Laufzeitvertrag, aber auch bei bestimmten Prepaid-Abonnements die **Nutzung der SIM umgehend beim Provider sperren lassen.** Dazu muss man in der Regel folgende Angaben machen können, die man sich vorab irgendwo notieren sollte: Rufnummer, SIM-Kartennummer (auf der SIM-Karte vermerkt), Kundennummer oder Kundenkennwort.

Ebenfalls vorher notieren sollte man die **IMEI-Nummer** (elektronische Zulassungsnummer), die nach Eingabe des Tastencodes Stern-Raute-null-sechs-Raute auf dem Display erscheint – diese muss man in der Regel auch bei der Polizei bei der Diebstahl- oder Verlustmeldung angeben.

Englischsprachige Servicenummern

- **Telefonauskunft national:** 198; **Telefonauskunft international:** 143; **Vermittlung international:** 195
- **Zeitansage:** 140
- **Störungsstelle:** 192
- **Wettervorhersage:** 1103
- **Schlagzeilen und Notfallapotheken:** 1105
- **Wechselkurse:** 1106
- **Flughafen:** 24521174
- **Inlandsflüge:** 24519230

Internationale Telefongespräche

Eine Direktwahl nach Europa ist von allen öffentlichen Fernsprechern möglich. Das Telefonnetz ist so gut, dass dies meist problemlos klappt und die gute Verbindungsqualität eher ein Inlandsgespräch vermuten lässt. Gespräche nach Deutschland, Österreich und in die Schweiz kosten etwa 250 Baisa pro Minute (von 22 bis 8 Uhr ca. 120 Bs.).

Am teuersten sind Auslandstelefonate vom Hotelzimmer aus. Dazu muss man vor der internationalen Vorwahlnummer noch die Nummer für das Amt wählen.

Internationale Vorwahlnummern

Nach der internationalen Vorwahl muss man die Null der Ortskennzahl weglassen.

- **Oman: 00968** (in Oman gibt es keine Ortsnetzzahlen, man wählt direkt die Teilnehmernummer)
- **Deutschland: 0049**
- **Österreich: 0043**
- **Schweiz: 0041**
- **V. A. Emirate: 00971**

Telefax

Wer unbedingt ein Fax senden möchte oder muss, kann dies gegen Gebühr **in den Hotels** oder **in Postämtern** absenden (eine DIN-A-4-Seite nach Europa kostet ca. 1 RO).

Internet/E-Mail

Webzugang und die Gelegenheit zum Mailen bestehen in den Businesszentren großer **Hotels** und in **Internet-Cafés** (Adressen bei den einzelnen Städten). Durch die sehr verbreitete Nutzung von Smartphones sind Internet-Cafés inzwischen aber eher selten, sodass man selbst über eine lokale SIM-Karte mit Datentarif nachdenken sollte, wenn man regelmäßig online sein möchte.

Öffentliche WLAN-Netze werden immer zahlreicher. Oft sind sie offen und ungeschützt, sodass man sie mitbenutzen kann. Hotels und Cafés bieten den Zugang meist kostenlos an, man muss sich nur Nutzernamen und Passwort geben lassen.

Bei omanischen Websites kann es leicht zu Verwechslungen kommen: Die offizielle Landesendung ist **.om,** was leicht zu **.com** werden kann – im Zweifelsfall beides probieren!

Praktisch alle omanischen Firmen und auch sehr viele Privatleute haben eine **E-Mail-Adresse.** Leider hat man den Vorteil einer dauerhaften Adresse noch nicht überall erkannt, und so passiert es häufig, dass man sich alle paar Monate eine neue zulegt und die alte nicht mehr abgerufen wird …

Unterkunft

Hotels

Im gesamten Land gibt es inzwischen **rund 315 Hotels und Gästehäuser** mit über 16.000 Betten – und die Kapazitäten werden ständig erweitert. Allerdings wächst die Zahl der Besucher momentan noch schneller, sodass zur Hauptreisezeit immer wieder Engpässe auftreten. Die größte Auswahl an Hotels verschiedener Klassen findet sich in der Hauptstadtregion.

In den großen Orten außerhalb der Hauptstadt stehen meist mehrere Häuser. Wer dort übernachten möchte, sollte vorher ein Zimmer reserviert haben. Die **Adressen** nahezu aller omanischen Hotels finden sich bei den praktischen Informationen zu den einzelnen Städten, ebenso die **Zimmerpreise,** die sich allerdings auf **Direktbuchungen** beziehen. Bei einer Preisanfrage sollte man sich erkundigen, ob die bis zu **17-prozentige „municipality tax and service charge“** schon enthalten ist. Alle Angaben in diesem Buch sind inklusive dieser Aufschläge. Bucht man über einen Reiseveranstalter, so sind die Zimmer oft etwas preiswerter (zumindest die hochpreisigen Hotels).

Ein Großteil der omanischen Hotels gehört zur **Mittel- und Luxusklasse** (3 bis 5 Sterne). Der Standard ist hoch, und insbesondere Service und Ausstattung der Luxushotels zählen zu den besten der Welt. Alle Zimmer haben Klimaanlage, Badezimmer, Minibar, Fernseher und Radio sowie einen 24-Stunden-Zimmerservice. Zu den Hotels gehören meist mehrere Restaurants, ein Café, eine Cocktail-Lounge, eine Bar oder ein Nachtclub mit Disco, ein Coffee Shop, ein Zeitschriftengeschäft, Tagungs- und Seminarräume, ein Business-Centre, ein Ballsaal, diverse Sport- und Freizeiteinrichtungen (Pool, Sauna, Fitnessraum, Tennis, Squash).

Einige der Häuser sind als **Hotel-Resort** mit Strand und einer Fülle an Sport- und Freizeitangeboten konzipiert. Dies fehlt den reinen **Business-Hotels,** die dafür aber ausgesprochen zentral liegen. In der Wintersaison sind die omanischen Mittel- und Luxusklasse-Hotels gut besucht. Über Weihnachten, zu wichtigen Messen oder vor Feiertagen kann es leicht passieren, dass alles ausgebucht ist. Daher sollte man in jedem Fall **rechtzeitig** vor seiner Ankunft Zimmer **reserviert** haben.

Preise

- In einem **5-Sterne-Hotel** beträgt der Preis für ein Doppelzimmer (DZ) **ab 120 RO.** Eine Suite kostet mehrere hundert Rial.
- **Mittelklassehotels** verlangen für ein DZ **ab 60 RO,** und auch sie besitzen meist ein oder mehrere Restaurants und einen Pool; die Zimmer sind klimatisiert und haben ein Telefon, einen Fernseher sowie ein eigenes Bad.
- Es gibt auch diverse **einfache** und preiswerte **Hotels;** hier kann man ein DZ für **20 RO** bekommen. Westliche Touristen trifft man nur selten an, obwohl die Hotels über ein kleines Restaurant verfügen und die Zimmer mit Bad, Klimaanlage und TV ausgestattet sind. Man darf jedoch nicht immer perfekte Sauberkeit erwarten – wer ganz sichergehen will, nimmt einen dünnen Jugendherbergsschlafsack und ein eigenes Handtuch mit.

Buchungsportale

Als Ergänzung zu den Unterkunftsempfehlungen in diesem Buch können Buchungsportale wie Booking.com, Agoda.com oder Airbnb.de dazu genutzt werden, **aktuelle Preise** und die Bewertungen anderer Reisender einzusehen sowie Unterkünfte direkt zu buchen. Die Plattformen listen Unterkünfte aller Art auf und machen sie für Reisende leicht auffindbar. Sie übernehmen bürokratische Aufgaben wie die Abwicklung der Bezahlung oder stellen den Kontakt zwischen Unterkunft und Unterkunftssuchenden her.

Hilfreich bei der Entscheidungsfindung sind die **Bewertungen anderer Kunden** in diesen Portalen. Gäste bewerten eine Unterkunft nach oder während ihres Aufenthalts und sorgen im besten Fall für aussagekräftige Benotungen (1–10, 10 ist das Optimum). Je mehr Nutzer eine Bewertung abgegeben haben, desto verlässlicher ist das Ergebnis. Vorsicht ist geboten, wenn nur sehr wenige Nutzer ihre Meinung äußern. Aber auch sonst lohnt es sich, **kritisch** zu **lesen:** Achtet man auf die zu den Rezensionen verfassten Texte, so erhält man oft Aufschluss über die Echtheit der Bewertung. Auch lassen sich Veränderungen im Qualitätsstandard erkennen, wenn eine insgesamt positiv bewertete Unterkunft in jüngster Zeit zahlreiche schlechte Bewertungen erhalten hat.

Über die Plattform **Airbnb** können private und gewerbliche Vermieter ihr „Zuhause" oder einen Teil davon anbieten. Auch hier vermittelt das Portal zwischen Anbieter und Kunde. Es werden zusätzlich Touren und Aktivitäten mit Einheimischen vermittelt, bisher jedoch nur in touristischen Ballungsgebieten.

Tripadvisor ist ein reines Bewertungsportal, das die Nutzer bei Bedarf an Buchungsportale und/oder die Websites von Unterkünften bzw. Restaurants weiterleitet und sich besonders für Gastronomietipps eignet.

Ob man sich für die Buchung über ein Online-Buchungsportal entscheidet, hängt von der Präferenz der Nutzer ab. Zur generellen **Sondierung der Marktsituation** und zur Einschätzung von Unterkünften sind die Portale meist empfehlenswert. Die Nutzung ist für Endkunden zunächst kostenlos, für die Betreiber der Unterkünfte fällt jedoch eine Provision an – die im Zweifel irgendwann eingepreist wird. Die Haltung der Betreiber ist unterschiedlich: Während manche über das Portal sogar günstigere Preise anbieten, freuen sich andere ausdrücklich, wenn man persönlich und direkt bucht.

Gästehäuser

Diese sogenannten **Rest Houses** stehen an Überlandstraßen und sind nichts anderes als preiswerte, zweckmäßig ausgestattete Hotels. Für Doppelzimmerpreise **ab 15 RO** steht immer auch ein Restaurant zur Verfügung. An Wochenenden und Feiertagen ist eine Reservierung zu empfehlen.

Jugendherbergen

Ein Netz von Jugendherbergen ist seit Ewigkeiten **in Planung.** Bislang gibt es erst eine einzige in Al-Ashkhara an der Ostküste, die aber auch eher ein Hotel ist. Eine weitere entsteht zwischen Al-Hamra und Misfah im westlichen Hajar.

Camping

In Oman gibt es **keine offiziellen Campingplätze.** In der freien und einsamen Natur, insbesondere in der Wüste, hat aber niemand etwas gegen ein Nachtlager einzuwenden, vorausgesetzt, es liegt nicht zu nah an Dörfern und die Camper benehmen sich ordentlich und zurückhaltend, stören niemanden und hinterlassen keinen Müll.

Niemals sollte man unmittelbar in einem **Wadibett** campen, vor allem wenn es regnet oder regnerisch aussieht. Das Wasser versickert nämlich nur sehr langsam in den ausgetrockneten und harten Böden, und von den kahlen Felswänden rinnt es ungehindert ab. Bei ergiebigen Regenfällen – die vielleicht auch in einiger Entfernung fallen – sammelt sich das Wasser im Wadi sehr schnell und kann mitunter zu einem schnellen und reißenden Strom werden. Immer wieder kommt es zu tragischen Todesfällen unachtsamer Ausflügler.

Nahezu jeder omanische Tourveranstalter hat einen Ausflug in die Berge oder in die Wüste im Programm, letzteren oft mit **Übernachtung in Beduinenzelten oder unter freiem Sternenhimmel,** manche in Verbindung mit einer Kamelsafari. Auch viele heimische Reiseanbieter neigen dazu, die Schönheiten Omans auf naturnahe Weise zu vermitteln und schlagen an den schönsten Stellen ihre Camps auf. Näheres und **Adressen dazu** im Abschnitt „Reiseveranstalter“ und bei den praktischen Informationen zu Muscat, wo auch Adressen von Geschäften mit **Campingzubehör** aufgelistet sind.

Versicherungen

Für alle abgeschlossenen Versicherungen sollte man die **Notfallnummern** notieren und mit der **Policenummer** gut aufheben! Im Notfall sollte die Versicherungsgesellschaft sofort telefonisch verständigt werden!

Der Abschluss einer **Jahresversicherung** ist in der Regel kostengünstiger als mehrere Einzelversicherungen. Günstiger ist auch die **Versicherung als Familie** statt als Einzelpersonen. Hier sollte man nur die Definition von „Familie" genau prüfen.

Auslandskrankenversicherung

Die Kosten für eine ärztliche Behandlung in Oman werden von den gesetzlichen Krankenversicherungen in Deutschland und Österreich nicht übernommen, daher ist der Abschluss einer privaten Auslandskrankenversicherung **unverzichtbar.**

Bei Abschluss einer Auslandskrankenversicherung zu Hause – die es mit bis zu einem Jahr Gültigkeit gibt – sollte auf einige Punkte geachtet werden. Zunächst sollte ein **Vollschutz ohne Summenbeschränkung** bestehen, im Falle einer schweren Krankheit oder eines Unfalls sollte auch der **Rücktransport** übernommen werden. Diese Zusatzversicherung bietet sich auch über einen **Automobilclub** an, insbesondere wenn man bereits Mitglied ist. Diese Versicherung bietet den Vorteil billiger Rückholleistungen (Helikopter, Flugzeug) in extremen Notfällen. Wichtig auch, dass im Krankheitsfall der **Versicherungsschutz über die vorher festgelegte Zeit hinaus** automatisch verlängert wird, wenn die Rückreise nicht möglich ist.

Schweizer sollten bei ihrer Krankenversicherung nachfragen, ob die Auslandsdeckung auch für Oman gilt. Wenn nicht, kann man sich kostenlos bei Soliswiss über mögliche Krankenversicherer informieren (www.soliswiss.ch).

Zur **Erstattung der Kosten** benötigt man ausführliche **Quittungen** (mit Datum, Namen, Bericht über Art und Umfang der Behandlung, Kosten der Behandlung und Medikamente).

Andere Versicherungen

Ist man mit einem Fahrzeug unterwegs, ist der **Europaschutzbrief** eines Automobilclubs eine Überlegung wert, denn er hilft zumindest weiter bis man Europa verlässt.

Ob es sich lohnt, weitere Versicherungen abzuschließen wie eine Reiserücktritts-, Reisegepäck-, Reisehaftpflicht- oder Reiseunfallversicherung, ist individuell abzuklären, denn sie enthalten **viele Ausschlussklauseln,** sodass sie nicht immer Sinn machen.

Die **Reiserücktrittsversicherung** für 35–80 Euro lohnt sich nur für teure Reisen und gilt für den Fall, dass man vor der Abreise einen schweren Unfall hat, schwer erkrankt, schwanger wird, gekündigt wird oder nach Arbeitslosigkeit einen neuen Arbeitsplatz bekommt, die Wohnung abgebrannt ist u. Ä. Nicht gelten hingegen: Terroranschlag, Streik, Naturkatastrophe etc.

Die **Reisegepäckversicherung** lohnt sich seltener, da z. B. bei Flugreisen verlorenes Gepäck oft nur nach Kilopreis und auch sonst nur der Zeitwert nach Vorlage der Rechnung ersetzt wird. Wurde eine Wertsache nicht im Safe aufbewahrt, gibt es bei Diebstahl auch keinen Ersatz. Kamera und Laptop dürfen beim Flug nicht als Gepäck aufgegeben worden sein. Gepäck im unbeaufsichtigt abgestellten Fahrzeug ist ebenfalls nicht versichert. Die Liste ist endlos … Überdies deckt häufig die Hausratsversicherung schon Einbruch, Raub und Beschädigung von Eigentum auch im Ausland. Ist etwas passiert, muss der Versicherung als Schadensnachweis ein Polizeiprotokoll vorgelegt werden.

Eine **Privathaftpflichtversicherung** hat man in der Regel schon. Hat man eine **Unfallversicherung,** sollte man prüfen, ob diese im Falle plötzlicher Arbeitsunfähigkeit aufgrund eines Unfalls im Urlaub zahlt. Auch durch manche (Gold-)**Kreditkarten** oder eine **Automobilclubmitgliedschaft** ist man für bestimmte Fälle schon versichert. Die Versicherung über die Kreditkarte gilt aber meist nur für den Karteninhaber!

Zeit

Zeitverschiebung

Oman ist der mitteleuropäischen Zeit **in der Winterzeit um drei,** während **der Sommerzeit um zwei Stunden voraus.** In den V. A. Emiraten ist die Zeit gleich der in Oman, in den anderen Golfstaaten liegt sie eine Stunde zurück.

Islamische Zeitrechnung

Der islamische Kalender richtet sich im Unterschied zu unserem gregorianischen Kalender nach dem **Stand des Mondes** und nicht nach der Sonne. Ein Mondjahr hat rund 354,5 Tage und ist somit im Durchschnitt elf Tage kürzer als unser „Sonnenjahr“. Ein Mondmonat hat 29 oder 30 Tage.

Die **islamischen Monate** heißen: *Muharram, Safar, Rabi'a al-Awwal, Rabi'a al-Thani, Jumad al-Awwal, Jumad al-Thani, Rajab, Sha'aban, Ramadhan, Shawwal, Dhul-Qa'dah* und *Dhul-Hijja.* Die Anfangszeiten der islamischen Monate rücken genau wie die Termine religiöser Feste und Feiertage jedes Jahr etwa elf Tage nach vorne.

Die endgültigen Termine religiöser Feste und Feiertage werden nach dem aktuellen Stand des Mondes ermittelt, wodurch es sein kann, das sie von Land zu Land leicht unterschiedlich sind.

Der **Beginn der muslimischen Zeitrechnung** ist das (gregorianische) **Jahr 622,** in dem der Prophet *Muhammad* von Mekka nach Medina auswanderte. **Am 1. September 2019 hat das islamische Jahr 1441 begonnen.**

■ Eine **Umrechnungsmöglichkeit** findet man online unter de.calcuworld.com/kalender-rechner/islamischer-kalender.

Zollbestimmungen

Oman

Die Einfuhr alkoholischer Getränke ist in geringen Mengen (zwei Flaschen pro Person) **erlaubt.** Der persönliche Reisebedarf einschließlich Computer, Mobiltelefon, Foto- und Videokamera plus Zubehör kann problemlos eingeführt werden. Bespielte Datenträger werden gelegentlich geprüft und können konfisziert werden – genau wie Zeitungen oder Zeitschriften mit „pornografischen" oder auch nur allzu freizügigen Abbildungen (wozu schon so manches Titelbild von „Spiegel" oder „Stern" zählt).

Die Einfuhr von pornografischen Artikeln sowie Falschgeld, Drogen und Waffen ist strengstens verboten, genau wie ihr Erwerb und die spätere Ausfuhr. Zudem untersagt ist es, **frische Lebensmittel,** Nutzpflanzen, Blumen und Knollen einzuführen. Wer **Haustiere** mitbringen will, muss eine mehrwöchige Quarantäne einkalkulieren.

Streng verboten ist die Ausfuhr von **Fossilien, Korallen, archäologischen Fundstücken** und bedeutenden **historischen Kulturgütern.**

Die Ein- und Ausfuhr von **Devisen** (und auch der omanischen Währung) unterliegt keiner Beschränkung.

Rückeinreise nach Europa

Bei der Wiedereinreise in die Europäische Union und die Schweiz gelten verschiedene **Freigrenzen, Verbote und Beschränkungen.** Die in den Urlaub mitgenommenen Waren des persönlichen Bedarfs unterliegen keinen mengen- oder wertmäßigen Einfuhrbeschränkungen.

- Die Waren sollten für den persönlichen Gebrauch bestimmt sein.
- Bei **Einfuhr in ein EU-Land** gelten folgende Mengen- und Wertgrenzen (für mind. 17-Jährige): 200 Zigaretten oder 100 Zigarillos oder 50 Zigarren oder 250 g Tabak bzw. anteilige Zusammenstellung; 1 l Spirituosen über 22 Vol.-% oder 2 l bis max. 22 Vol.-% oder anteilige Zusammenstellung und 4 l nicht schäumende Weine und 16 l Bier; andere Waren bis zu einem Warenwert von 430 Euro (Reisende unter 15 Jahren nur 175 Euro nach Deutschland, 150 Euro nach Österreich).
- Für die Einreise von Nicht-EU-Ländern **in die Schweiz** gelten folgende Freimengen (für mind. 17-Jährige): 250 Zigaretten/Zigarren oder andere Tabakprodukte; 1 l Spirituosen über 18 Vol.-% oder 5 l bis max. 18 Vol.-%; andere Mitbringsel bis zu einem Warenwert von 300 SFr in die Schweiz.
- Falls die Reisemitbringsel diese Freigrenzen überschreiten, sind Einfuhrabgaben zu entrichten.
- **Einfuhrverbote und -beschränkungen** bestehen z.B. für Tiere, Tierprodukte, Pflanzen (Vorsicht auch bezüglich Saatgut und Artenschutz!), Medikamente, Betäubungsmittel und Drogen, Feuerwerkskörper, Lebensmittel, Fälschungen, Kulturgüter, Waffen und Munition; in Deutschland und Österreich auch für Pornografie und verfassungswidrige Schriften, Rohdiamanten; in der Schweiz auch für Radarwarngeräte u.v.m.

Nähere Informationen

- **Deutschland:** www.zoll.de; App „Zoll und Reise"
- **Österreich:** www.bmf.gv.at; BMF-App
- **Schweiz:** www.ezv.admin.ch; QuickZoll-App

Die drei Apps sind gratis für Android und iOS.

Bevölkerung und Gesellschaft | 539
Fauna | 439
Flora | 435
Geografie | 416
Geologie | 421
Geschichte | 469
Klima | 434
Kultur und Traditionen | 555
Natur und Umweltschutz | 506
Religion – der Islam | 451
Staat und Politik | 494
Wirtschaft | 511

oman13-012 pf

8 Land und Leute

< Schnappschuss auf dem Muscat Festival

Geografie

Das Sultanat Oman liegt im äußersten Südosten der **Arabischen Halbinsel,** am sogenannten „Horn von Arabien". Mit einer Fläche von rund 309.000 km² ist das Land etwas kleiner als Deutschland (ungefähr 357.000 km²). Im Westen grenzt es an die Vereinigten Arabischen Emirate und an Saudi-Arabien, im Süden an den Jemen. Im Osten des Landes stellen der Golf von Oman und der Indische Ozean die natürliche Grenze dar, die Oman eine **1700 km** lange, teilweise sehr schöne **Küstenlinie** bescheren. Eine Besonderheit ist die **Exklave Musandam** an der Straße von Hormuz. Ganz von den Vereinigten Arabischen Emiraten umgeben, gehört sie doch zum Sultanat Oman.

Das geografische Relief des Landes ist relativ klar gegliedert. Im Norden wie im Süden erheben sich **Gebirgszüge,** denen ein schmaler **Küstenstreifen** vorgelagert ist. Dazwischen nimmt eine riesige Ebene den größten Teil des Landes ein. Im Osten reicht sie bis an den Indischen Ozean, im Westen bis an die Sandwüste **Rub al-Khali,** das „Leere Viertel".

Geografisch lässt sich das Land in **sieben Regionen** aufteilen. Dieser Unterteilung folgt nicht nur die folgende Beschreibung von Geografie und Geologie, sondern auch der dritte Teil dieses Buches „Unterwegs in Oman". Lediglich die Ebene im Landesinneren ist im Kapitel „Dhofar" beschrieben, da sie kaum touristisch Sehenswertes zu bieten hat.

Muscat und Umgebung (Capital Area)

Die dicht besiedelte Hauptstadtregion rund um das historische Muscat ist das moderne Herz des Landes und das **politische wie wirtschaftliche Zentrum.** Sie reicht von Seeb im Westen bis nach Quriat im Osten.

Im Westen verläuft die **Küste** bis Ras al-Hamra flach mit einem langen Sandstrand. Im Osten reichen die Felsen bis ans Meer, sodass viele Buchten noch heute nur per Boot zugänglich sind.

Die Hauptstadt **Muscat** liegt ebenfalls in einer solchen Bucht, die der Stadt in ihrer bewegten Geschichte häufig Schutz bot. In der Nachbarbucht liegt **Mutrah** mit dem Hafen Mina Qaboos, bereits in vergangenen Zeiten das Handelszentrum der Region. Diese beiden Städte blicken auf eine lange Besiedlungsgeschichte zurück. Andere Stadtteile wie Ruwi, Qurum oder Medinat Qaboos, die weiter im Westen entstanden sind, sind jüngeren Datums.

Die nördliche Küstenebene (Batinah)

Westlich der Hauptstadtregion beginnt die nördliche Küstenebene, die Batinah. Sie ist das **Hauptanbaugebiet landwirtschaftlicher Produkte** und zieht sich über 250 km in Richtung Norden bis in die V.A.E. Die Batinah ist vom Fuß der Hajar-Berge bis zum Meer 15 bis 30 km breit, Landwirtschaft ist jedoch nur auf einem schmalen Streifen von wenigen Kilometern direkt am Strand möglich.

Entlang der **flachen Küste** verläuft ein langer Sandstrand, dem ein bis zu 15 m hoher Strandwall aufgelagert ist. Dieser Wall schützt die Siedlungen vor dem Meer und verhindert, dass das Regenwasser aus den Bergen nutzlos ins Meer fließt. So entstand ein Lagunenstreifen parallel zum Meer, der heute zu einem fast lückenlosen **Oasengürtel** geworden ist. Die Lagunen hat man trockengelegt und in Gärten verwandelt, die durch Kanäle aus dem Gebirge im Hinterland und über Grundwasserbrunnen bewässert werden.

Durch die Fruchtbarkeit dieses Oasenstreifens ist die Batinah **dicht besiedelt.** Die Menschen leben von der Landwirtschaft und der Fischerei. Die Geröllebene zwischen Meer und Bergen ist dagegen kaum bewachsen und praktisch nicht bewohnt. Erst unmittelbar am Fuße des Hajar sind Dörfer entstanden.

Inner-Oman (Al-Dakhiliyah)

Bestimmend für die Region Al-Dakhiliyah (von arab. *dakhl* = innen) ist das **Oman-Gebirge,** der **Hajar.** Diese Bergkette wird vom Wadi Suma'il, das zugleich der einzige einfache Zugang nach Inner-Oman ist, getrennt. Westlich des Wadis befindet sich der Hajar al-Gharbi, das „Westliche Felsengebirge", östlich davon der Hajar al-Sharqi, das „Östliche Felsengebirge", das zur Region Al-Sharqiyah zählt.

Im westlichen Teil erreicht der Hajar im Bergmassiv des **Jebel Akhdar** die größte Höhe. Der Gipfel des **Jebel Shams,** des „Bergs der Sonne", ist 3009 m hoch. Die Nachbarmassive erreichen eine Höhe von bis zu 2000 m, in Richtung Norden fallen sie auf etwa 1000 m ab.

Am Südrand des Hajar finden sich zahlreiche **tief eingeschnittene Wadis,** die unterirdisch Wasser führen und die Grundlage für das **Kanalsystem der aflaj** bilden. Die zunächst unterirdisch, später an der Oberfläche verlaufenden Leitungen versorgen die vielen Oasen an den Wadiausgängen mit dem notwendigen Wasser. In der Vergangenheit war diese Oasenregion rund um Nizwa das Kernland Omans, das auch **„Proper Oman"**, das „eigentliche Oman", genannt wurde.

Südlich dieser Oasen schließt sich eine von den Wadis aufgeschüttete Geröllebene an. Sie geht in die **Jiddat al-Harasis** im Landesinneren über.

Die **Region Al-Dhahirah,** die den westlichen Teil Nordomans bildet, ist ein nur dünn besiedeltes Wüstengebiet. Es reicht von der Südflanke des Hajar-Gebirges, wo sich die meisten Orte befinden, bis an die Sandwüste Rub al-Khali. Ganz im Westen liegt die Oase Buraimi zwischen der Grenze zu den V.A.E. und den Bergen.

Der Osten (Al-Sharqiyah)

Diese Region, die eine große landschaftliche Abwechslung bietet, wird vom **östlichen Teil des Hajar-Gebirges,** dem **Hajar al-Sharqi,** bestimmt. Das Gebirge erreicht hier eine Höhe von bis zu 2151 m. Kahle Kalksteinfelsen mit ähnlichem Aufbau wie im westlichen Oman-Gebirge prägen das Bild. Auch hier finden sich tiefe Wadis: sowohl auf der Seite, die zum Meer steil abfällt, wie auch auf der landeinwärts gelegenen, flacheren Seite. Am Südrand der Berge liegt ein **Oasengürtel,** es ist das dichtbesiedeltste Gebiet der Sharqiyah.

Südlich der Oasen befindet sich eine von Wadis aufgeschüttete Geröllebene, die im Osten von den Dünen der Sandwüste Ramlat al-Wahiba begrenzt wird.

Die **Küste** der Sharqiyah ist bis kurz vor Ras al-Hadd, dem östlichsten Punkt Omans, steil und felsig. Es gibt nur wenige Buchten, die Fischfang zulassen. Dementsprechend ist das Gebiet dünn besiedelt, da es hier auch keinen fruchtbaren Küstenstreifen wie in der Batinah gibt. Lediglich an den Austritten der Wadis zum Meer ist stellenweise Landwirtschaft möglich.

Das Landesinnere

Die riesige, fast unbesiedelte Fläche zwischen Nordoman und der Südprovinz Dhofar wird nach dem hier lebenden Beduinenstamm der *Harasis* **Jiddat al-Harasis** genannt. Sie beginnt südlich der letzten Ausläufer des Hajar-Gebirges bei Adam. Es handelt sich um eine **Wüstenebene,** die etwa 150 m über dem Meeresspiegel liegt. Auf ungefähr 500 km Länge findet sich fast keine Erhebung in der monotonen Geröll- und Schotterwüste. Ihre Breite zwischen Indischem Ozean und der großen Sandwüste Rub al-Khali beträgt 250–300 km.

Die Region ist aufgrund ihrer **klimatischen Extremwerte** und Vegetationslosigkeit kaum bewohnt. Es sind hauptsächlich Beduinen, die hier leben, und in neuerer Zeit auch Arbeiter auf den Erdölfeldern, die der Region eine so große Bedeutung für den Staatshaushalt verschaffen.

Im Westen und Nordosten hat der beständig wehende Wind riesige **Sanddünengebiete,** die Rub al-Khali und die Ramlat al-Wahiba, geschaffen. Am Südrand der Wahiba liegt die Region Barr al-Hekman, ein Gebiet aus Salzebenen (arab. *sabkha*), die gelegentlich vom Meer überspült werden. Im Nordwesten der Jiddat al-Harasis befindet sich die Umm al-Samim, „die Mutter des Giftes", mit gefährlichen Treibsanden.

oman001 pf

Die **Ostküste** verläuft durch geologische Verwerfungen zickzackartig. Die Flachküste ist teilweise eintönig, es finden sich jedoch auch sehr schöne Abschnitte. Vorgelagerte Riffe erschweren die Schifffahrt. Als Folge ist die Küstenregion ebenfalls nur dünn besiedelt.

Zwei vorgelagerte **Inseln** bzw. Inselgruppen sind erwähnenswert: Südöstlich der Ramlat al-Wahiba liegt die **Insel Masirah** und weiter im Süden die Gruppe der **Kuria-Muria-Inseln.** Die wenigen Bewohner leben hauptsächlich von der Fischerei.

Bei Al-Harf (Musandam) liegt der nördlichste mit dem Auto erreichbare Punkt des Landes

Der Süden (Dhofar)

Die südlichste Provinz Omans, der Dhofar, nimmt etwa ein **Drittel der gesamten Landesfläche** ein. Ein großer Teil davon, Wüste, gehört geografisch eher zum Landessinneren. Zum eigentlichen Dhofar zählen die Küstenebene rund um die Hauptstadt Salalah, das küstennahe Gebirge, das bis zu 1500 m aufragt, und das unmittelbar anschließende Hinterland der Berge. Dieses Gebiet ist das **historische Weihrauchland,** denn hier findet der Weihrauchbaum seine optimalen Lebensbedingungen.

Naturräumlich ähnelt die Region eher dem angrenzenden Jemen als dem Rest Omans. Das **Dhofar-Gebirge,** das parallel zum Meer liegt, ist ein Ausläufer der südlichen Randschwelle der Arabischen Tafel, die sich im Gefolge des Grabenbruchs des Roten Meeres bildete. Die Berggipfel sind nicht markant, sondern eher wie Hochebenen, durchzogen von tiefen Wadis. Landeinwärts flacht das Gebirge langsam ab und geht in eine Wüstenebene über, den sog. **Nejd,** der sich bis zur Rub al-Khali fortsetzt. Im Osten geht er in die **Jiddat al-Harasis** über, im Westen setzt er sich in der jemenitischen Landschaft Mahra fort.

An der **Küste** des Dhofar reicht das Gebirge, das plötzlich zum Meer hin abbricht, bis nahe ans Wasser heran. Am Fuß der Berge ist Landwirtschaft kaum möglich, sodass die Bewohner der kleinen Dörfer hauptsächlich vom Fischfang leben. Lediglich rund um Salalah lässt eine fruchtbare Ebene Plantagenanbau zu. Die meeresseitigen Hänge der Berge sind mit Bäumen und Büschen bewachsen und nach dem Monsun von einem grünen Teppich überzogen.

Der Norden (Musandam)

Die Exklave Musandam liegt im äußersten Norden Omans an der Straße von Hormuz. Sie ist durch einen Korridor von etwa 90 km Breite, der zu den V.A. Emiraten gehört, **vom restlichen Oman abgetrennt.** Das knapp **2000 km² große Gebiet** wird von mächtigen Bergen bestimmt, die eine geologische Fortsetzung des Oman-Gebirges sind. Die Kalksteinfelsen aus den Zeiten des Oberen Jura und der Unteren Kreide gehören zu den **schönsten Bergwelten der Arabischen Halbinsel.** Die Felsen werden von den Einheimischen „Ru'us al-Jibaal", „Köpfe der Berge", genannt.

Seine größte Höhe erreicht das Gebirge mit 2087 m am **Jebel Harim.** Die steil zum Wasser abfallenden Berge bilden **fjordähnliche Buchten,** die Musandam den Beinamen „das Norwegen Arabiens" eingebracht haben.

Musandam teilt den Golf von Oman und den Persisch-Arabischen Golf. Die Halbinsel ragt steil in die Straße von Hormuz hinein, und die vorgelagerten Quoin-Inseln engen die schmale Meerenge weiter ein. Durch seine Lage hat Musandam eine **hohe strategische Bedeutung.** Wichtige Militärstützpunkte wurden hier errichtet (vgl. auch den Exkurs „Das Handelsreich Hormuz und der Persisch-Arabische Golf").

Zur Provinz Musandam gehört auch die kleine **Exklave Madha,** die mit einer Fläche von nur wenigen Quadratkilometern inmitten der V.A.E. nördlich von Fujairah liegt.

Geologie

von Petra Maissenbacher

Geologisches Weltwunder

Warum diese Überschrift? Ganz einfach: Das Gebirge Omans ist das größte geologische Museum der Welt! Und dazu noch das am besten erhaltene. Nirgendwo auf der Welt kann man einen **Querschnitt durch alle Gesteine** unseres Planeten so einfach erkennen wie hier. Weder Vegetation noch die Wassermassen der Ozeane verbergen diese Gesteine. Ohne Mühe kann man Erdmantelgesteine wie auch die Gesteine der kontinentalen und ozeanischen Erdkruste studieren. Und wir finden ein weiteres Weltwunder: **Sämtliche geologischen Alter** sind hier repräsentiert. Manche Gesteine sind über 1000 Millionen Jahre alt und beherbergen die ersten primitiven Lebewesen. Andere, wie die Sedimentgesteine, entstanden in den heutigen Wadis.

Natürlich kommen auch Fossilienfreunde auf ihre Kosten. Es finden sich zahlreiche **versteinerte Lebewesen** aller Gattungen: 600 Millionen Jahre alte Stromatolithen, wie wir sie auch im Great Barrier Reef vor der Ostküste Australiens antreffen, ebenso wie rezente Palmen in Travertin. In Dhofar und im Norden Omans wurden sogar seltene Wirbeltierknochen entdeckt.

Klimatisch gesehen ist Oman heutzutage eine Wüste, doch das war nicht immer so. Während seiner geologischen Geschichte änderte sich das Klima mehrfach. Alte **glaziale Ablagerungen** von vor etwa 600 Millionen Jahren erinnern daran, dass der arabische Kontinent sogar in der Nähe des Südpols lag. Und dies gleich zweimal, sodass zu diesen Zeiten ein kaltes Klima herrschte. Deutlich wärmer, ja fast tropisch war es, als Arabien während der Kreidezeit vollständig untergetaucht war. Aus diesem **tropischen Meer** stammen marine Fossilien wie Korallen, Schnecken und Muscheln, die wir heute auf dem Jebel Shams finden. Millionen Jahre später gab es wieder ein eher mäßiges Klima, in dem Wälder heranwuchsen, aus denen Kohle entstand. Heute findet man tertiäre Kohle südlich von Sur.

Oman hat aber noch weitere Highlights: Zwischen Fins und Tiwi im Nordosten liegt die **weltweit zweitgrößte Höhlenkammer** verborgen. Ihre Eingangshalle misst über vier Millionen Kubikmeter. Sie liegt im Selma-Karstplateau im Gebirge Jebel Bani Jabir.

Fährt man weiter nach Süden in Richtung Salalah und lässt die Gebirgskette hinter sich, so sieht man aus der wüstenhaften Ebene größere Hügel aufsteigen. Es sind riesige **Salzdome,** die scheinbar wahllos verstreut und mit unterschiedlicher Ausdehung dem Landesinneren Omans ein exotisches und geisterhaftes Gesicht geben. Diese Salzdome können Ausmaße von über 8000 m im Durchmesser haben. Beispiele hierfür sind die Salzdome Qarn Sahmah, Qarat Kibrit und Jebel Majayiz. Diese Dome entstanden im Kambrium vor 500 bis 550 Millionen Jahren und brachten durch ihren diapirischen Aufstieg etwa 600 Millionen Jahre alte Gesteine zu Tage, die heutigen **Erdöllagerstätten** Omans. Solche Lagerstätten finden wir im Landesinnern im Gebiet des Huqf: Die Sandsteine der Al-Khlata-Formation speichern insgesamt mehr als 3,5 Milliarden Barrel Öl (1 Barrel = 159 l). Damit sind sie einer der wichtigsten Ölspeicher des Landes.

Semail-Ophiolith

Im Norden Omans, genauer im Hajar-Gebirge, liegen Gesteine an der Erdoberfläche, die normalerweise Tausende Meter unter dem Meeresspiegel zu finden sind. Wir können tatsächlich auf **Gesteinen des Meeresbodens** spazieren gehen: auf dem berühmten Semail-Ophiolith.

Wie kann das sein? Welche Gesteine entstanden dort am Meeresboden, und wo finden wir sie heute?

Vor etwa 270 Millionen Jahren – im geologischen Zeitalter Perm – bildete sich im Osten des Superkontinents Pangäa ein riesiger Ozean, den man **Tethys** nennt. Dieser Ozean blieb 190 Mio. Jahre bestehen, bevor er durch tektonische Prozesse wieder geschlossen wurde. Auf seinem Meeresgrund enstanden die Gesteine, die wir heute in Oman an der Erdoberfläche betrachten können.

Ein Ozean wie Tethys entsteht aus einem **Grabenbruch,** auch Riftzone genannt (engl. *rift:* Riss, Spalte). Hierbei dehnt sich die Erdkruste, es bilden sich Risse und Bruchsysteme und die Kruste wird dünner. Auslöser für die Bildung eines solchen Grabenbruchs ist ein Manteldiapir, ein pilzförmiges Gebilde, in welchem zähes Erdmantelmaterial nach oben steigt. Dabei bildet sich Schmelze, die als Basalt an der Oberfläche austritt. Solche Basaltgesteine können interessierte Beobachter in Oman als ganz eigentümliche Gebilde studieren: als sog. **Kissenlaven** (engl. *pillow lavas*). Diese entstehen, wenn glutflüssige Lava in Kontakt mit Wasser kommt und ihre Oberfläche schockartig abkühlt. Eine dünne glasartige Kruste entsteht, die von nachdrängender Lava durchbrochen wird und aufplatzt – ein neues Kissen formt sich. In Oman kann man die weltweit am besten erhaltenen Kissenlaven betrachten, z. B. im Wadi Na'am oder Wadi Jizzi.

Oman082 pf

☒ Die Ophiolith-Berge rund um das Al-Bustan Palace Hotel in Muscat

Die Kissenlaven sind das oberste Stockwerk des Ophiolith-Komplexes. Auf dem Weg ins Erdinnere begegnen wir einem weiteren magmatischen Gestein, dem **Gabbro,** der aus den dunklen Mineralen Olivin und Pyroxen sowie aus dem hellen Mineral Plagioklas besteht. In ca. 5 km Tiefe ist die Grenze zwischen Erdkruste und Erdmantel, die „Moho", erreicht. Benannt wurde diese Grenzfläche nach dem kroatischen Geophysiker *Andrija S. Mchorovicic.* Er fand heraus, dass an dieser Fläche die Geschwindigkeit von Erdbebenwellen sprunghaft ansteigt. Zu bewundern und vor allem auch zu bewandern ist die Moho in vielen Wadis, berühmt ist eine Lokalität im Wadi Abyad.

Nähern wir uns der Hauptstadtregion des Sultanats, sehen wir schon von weitem auffällige schokoladenfarbige Gesteine, auf die z. B. auch der Sultanspalast in Muscat gebaut wurde. Wir sind bei den unterhalb der Moho auftretenden Erdmantelgesteinen angekommen, den **Peridotiten.** Entstanden sind diese im Erdinnern unter Drücken von bis zu drei Gigapascal Über 50% der Gesteine des Semail-Ophiolithen bestehen aus diesen Erdmantelgesteinen, die häufig

durchzogen sind von weißen Magnesit-Lagen (Mg-Karbonat).

Die komplette Einheit aus Erdkrusten- und Erdmantelgesteinen nennt man **Ophiolith,** aber erst, nachdem sie an Land geschoben wurde und dort zu sehen ist. Unter dem Meeresspiegel spricht man von der sogenannten Ozeanbodenabfolge. Der Name „Ophiolith“ stammt wahrscheinlich vom griechischen Wort „ophis“ für Schlange und „lithos“ für Stein. Ein sehr wichtiges grünes Mineral in den Gesteinen des Ophioliths ist der **Serpentin,** welcher, so sagt man, das Gestein anfühlen lässt wie die Haut einer Schlange.

Wir sehen in Oman aber nicht nur dunkle Gesteine, immer wieder blitzen bunte Lagen hervor. Diese Tiefseesedimente enstanden in der Tethys in mehrereren tausend Metern Tiefe in einem anoxischen Milieu. Heute können wir sie als schwarze bis weiße, rote und grünliche, stark verfaltete Chertlagen der Hawasina-Sedimente betrachten. **Cherts** sind mikrokristalline Sedimentgesteine, reich an Silizium, die überwiegend aus Mikro-Fossilien bestehen. Man kann sie mit Flintsteinen vergleichen. Ihre bunten Farben resultieren aus ihrem Gehalt an Spurenelementen, außerdem färbt zweiwertiges Eisen die Gesteine grünlich, dreiwertiges rot. Fast senkrecht stehende Bänke der Hawasina-Sedimente finden sich am Straßenrand auf dem Weg zum Wadi Bani Khalid.

In eher flachen küstennahen Warmwasserbereichen lagerten sich zur gleichen Zeit die **Flachwasserkalke der „Oman Exotics“** ab. Diese Gesteine enthalten flachmarine Riffkalke mit Korallen, Seelilien und Stromatolithen. Teilweise wurden die Kalke metamorph überprägt, also durch große Hitze und hohen Druck umgewandelt, sodass aus ihnen Marmor wurde. Charakteristisch für diese Kalke ist ihre helle, fast weiße Farbe, die in starkem Kontrast steht zu den dunklen Gesteinen des Ophioliths. Die Oman Exotics finden wir hauptsächlich südlich des Jebel Akhdar. Sie bilden teils riesige Gebirge wie den Jebel Kawr, Jebel Misht und Jebel Misfa.

Am Kontinentalrand von Arabien lebten zahlreiche Tierarten im warmen Wasser. Starben sie ab, sanken sie nieder und lagerten sich als Flachwasserkalke in einem sauerstoffreduzierten Milieu ab. Die Folge davon ist die dunkelgraue Farbe des entstandenen **Kalkgesteins des Hajar-Gebirges.** Es enthält zahlreiche Fossilien: solitäre und stockbildende Korallen, Gastropoden und Rudisten. Diese grauen Flachwasserkalke bilden die beeindruckenden Berggipfel der Gebirgskette des nördlichen Oman. Man findet sie überall auf dem Jebel Shams und entlang der Wadis und tiefen Schluchten des Jebel Akhdar – dem Grand Canyon Omans – und Jebel Nakhl (Wadi Mistal, Wadi Bani Kharus, Wadi Sahtan, Wadi Bani Awf).

Wie kam nun der Semail-Ophiolith an Land? Als gegen Ende der Kreidezeit – vor etwa 90 Millionen Jahren – die Kontinente von Eurasien und Afrika-Arabien kollidierten, schloss sich das Tethysmeer. Während dieses tektonischen Prozesses wurden die Gesteine der gesamten Ozeanbodenabfolge in ihre heutige Lage verfrachtet. Es entstand eine riesige antiklinale Falte. Die Obduktion, also die Überschiebung über die bestehende arabische Landmasse, dauerte ca. 20 Millionen Jahre. In den folgenden 60 Millionen Jahren war Oman erneut

Oman – ein Paradies der Geologie

von Dr. Ingeborg Guba

Edle Metalle und Erze, wertvolle Mineralien, dekorative Gesteine, seltene Edelsteine und reiche Ölvorkommen – Oman hat alle diese Schätze. Die bizarre Landschaft mit majestätischen Bergen, wilden Schluchten, glühenden Wüsten und goldenen Stränden ist unglaublich vielfältig. Wie in keinem anderen Land der Welt haben in Oman vor Millionen von Jahren hochdramatische Geschehnisse der Erdgeschichte die Landschaft geformt.

Ein Fenster in die Vergangenheit

Was zu sehen ist: Großstrukturen – Omans Grand Canyon – Schichtgesteine – tektonisches Fenster – Gesteinsabfolge über 600 Millionen Jahre – Erosionsformen – Dom-Kollaps

Wo es zu sehen ist: Jebel Akhdar – Jebel Shams – Saiq-Plateau – Saih Hatat/Wadi Adai – Rusayl/Al-Jafnain

Von den kühlen Höhen des Jebel Akhdar kann man hinunterschauen in Omans größten Canyon, der ein „tektonisches Fenster" darstellt; d. h. man steht auf einer Gesteinsschicht, die ca. 90 Mio. Jahre alt ist, und blickt die gesamte Abfolge der Sedimentgesteine hinunter und zurück in die Erdgeschichte auf das Grundgebirge (Abb. 2b), dessen Gesteine 600 Mio. Jahre alt sind! Wie kommt ein solches Fenster zustande? Im früheren intakten Zustand des Jebel Akhdar bildeten alle Gesteinseinheiten durchgehende Schichten von Rustaq im Nordosten bis Nizwa im Südwesten. Der Jebel Akhdar war früher also etwa doppelt so hoch wie heute (Abb. 2a). Beim Herausheben des Gebirges wurden die obersten Schichten im Scheitelpunkt des Faltensattels so stark gedehnt, dass ein Bruchsystem mit fast senkrechten Spalten entstand. Nun boten sich der Verwitterung viele Angriffsflächen; Regen und Wind transportierten das zerbrochene Gestein auf beiden Seiten bergabwärts, wo es am Fuß des Berges abgelagert wurde. Im Laufe der Jahrmillionen entstand durch Erosion eine Lücke in der Überschiebungsdecke, welche die darunterliegenden älteren Gesteine zum Vorschein kommen ließ. Ein tektonisches Fenster entstand. Das erodierte Material wurde in die Küstenebenen im Nordosten wie ins Landesinnere nach Südwesten transportiert.

Die tektonischen Fenster von Saih Hatat/Wadi Adai und Rusayl/Al-Jafnain schließen nur Teilabschnitte bzw. ältere und jüngere Etagen der Erdgeschichte auf.

Die Marmorpaläste der Jinnen

Was zu sehen ist: Kalkstein-Marmorvorkommen „Oman Exotics"

Wo es zu sehen ist: Bei Suwaiq/am Fuß der Berge entlang der Küstenebene von Muscat nach Sohar – Auf der Südseite des Wadi Jizzi Staudammes auf der Straße von Sohar nach Buraimi – In der Gegend von Ibra auf der Straße nach Sur – Am Straßenabschnitt von Izki nach Nizwa – Jebel al-Kawr, Jebel Misht, Jebel Misfah entlang der Südflanke des Jebel Akhdar – Der Felsen, auf dem die Festung Nakhl steht

Die weißen Marmorfelsen der „Oman Exotics" erheben sich majestätisch von einem Sockel aus dunklem Basaltgestein. In den alten Legenden sind die Marmorfelsen wegen ihrer strahlenden Reinheit als bevorzugte Wohnsitze der gutwol-

Abfolge, Alter und Art der Gesteine und die tektonischen Bewegungsabläufe in den Omanbergen

Abb.1

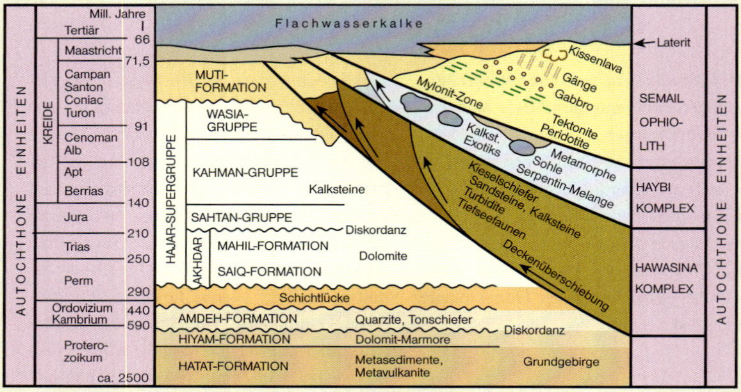

Schematische Darstellung (nicht maßstäblich) der geologischen Situation Omans vor ca. 100 Mill. Jahren in einem Schnitt von der Arabischen Platte zum Tethys-Meer. Entstehung und Herkunft der Ophiolithdecke, die eine große Fläche der Berge Nordomans bedeckt.

Abb.2a

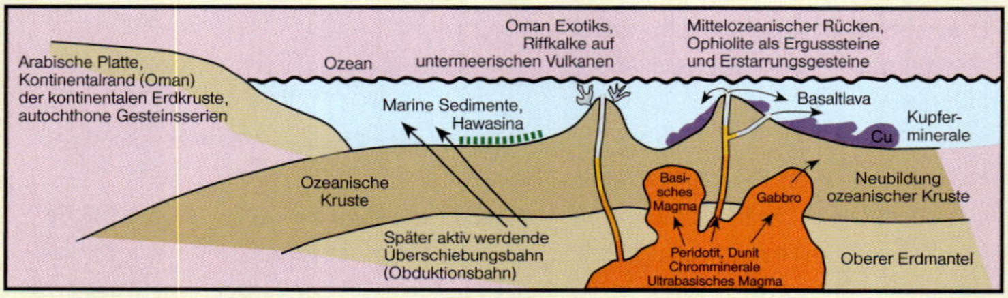

Schematische Darstellung (nicht maßstäblich) der heutigen geologischen Situation Omans in einem Schnitt durch die Omanberge vom Landesinneren im Südwesten zur Küstenebene und zum Oman-See im Nordosten. Innerhalb der Decken treten mehrfache Überschuppungen auf, so dass Gesteinsserien sich oft wiederholen oder in umgedrehter Reihenfolge vorliegen.

Abb.2b

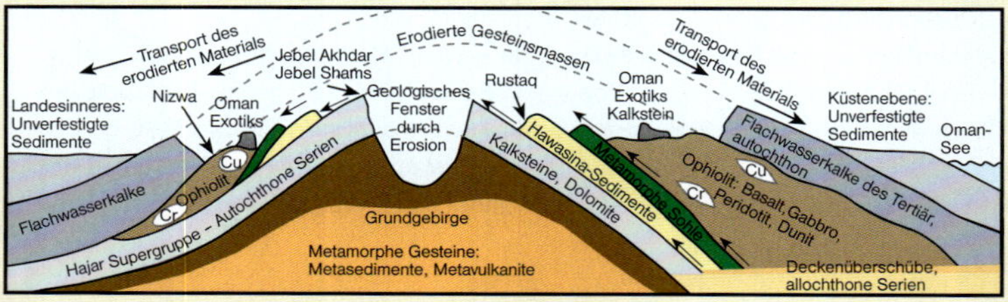

lenden Jinnen beschrieben; von den Zinnen ihrer glänzenden weißen Marmorschlösser und -paläste können sie sich frei in die Lüfte erheben, um Menschen in Not zu Hilfe zu kommen.

Das schöne Gestein wird auch von den Menschen sehr geschätzt – wird doch der Marmor von Oman allerorten zum Bau der schönsten Paläste und Gotteshäuser benutzt.

Es handelt sich eigentlich um einen fossilreichen Riffkalkstein, der vor mehr als 100 Mio. Jahren auf untermeerischen Erhebungen und Vulkanen massive isolierte Blöcke formte (Abb. 1, 2a, 2b). Bei der Deckenüberschiebung der Ophiolithe wurde der Kalkstein samt basaltischer Unterlage auf den Kontinent aufgeschoben und durch die Reibungshitze teilweise in Marmor umgewandelt.

Vier omanische Firmen bauen den Marmor z. Z. ab und verarbeiten ihn zu Boden- und Wandfliesen, Terrazzokacheln, Mosaiken, Säulen und dekorativen Gegenständen.

Edle Steine

- **Was zu sehen ist:** Farbige Steine, Schmucksteine der Quarzfamilie
- **Wo es zu sehen ist:** Im ganzen Lande, in Wadis, in Klüften im Gestein, in der Wüste, an den Stränden. Die Fundorte wertvoller Steine werden natürlich von den Entdeckern geheimgehalten!

Nach schönen Farbsteinen, die zu Schmuck verarbeitet werden können, braucht man in Oman nicht lange zu suchen: Jede Gesteinsart, sei es in der Wüste oder in den Bergen, hat ihre besonderen Schätze an Mineralien. In den dunklen magmatischen Gesteinen der Ophiolithabfolge oder -sequenz findet man in den Klüften weißen Magnesit und grünes verkieseites plattiges oder faseriges Falkenauge, ein vorwiegend aus Quarz und eingelagertem asbestartigem Krokydolith bestehendes Gestein mit streifig-glänzendem Aussehen, sowie den jadeähnlichen Bowenit. Im Gabbro kommen der bleiche Mondstein und der rosa Zoisit vor. In den Basalten treten in Verbindung mit den Kupferlagerstätten hellblaue Chalzedone, farbige Achate, gemeine Opale, oranger Karneol, blauschwarzer Hämatit und roter Eisenjaspis auf.

Ein faszinierender Edelstein ist unter dem Namen **„Oman's Magic Perfume Gemstone"** auf dem Markt. Es handelt sich um ein äußerst seltenes Opal-Mineraliengemisch. Von Natur aus opak und von unscheinbarer weiß-grünlicher Farbe, verwandelt er sich vor den Augen des Betrachters in einen durchscheinenden, geheimnisvoll schimmernden glasigen Stein, wenn man ihn in Parfüm- oder Aromaölen tränkt. Er absorbiert das Öl und behält den Duft jahrelang bei – ein echter Wunderstein aus 1001 Nacht!

Die Farbsteine aus den Sedimentgesteinen gehören meist in die Familie der Quarze: Bergkristalle, Quarzdrusen (kristallgefüllte Hohlkugeln), heller Amethyst, Zitrin, schwarzer Feuerstein, roter, grüner, türkiser und hellgelber Kieselschiefer, farbloses Wüstenglas, verkieseltes Holz. Die metamorphen Gesteine beherbergen einen wunderschönen achatähnlichen Bänderquarzit in allen Farben.

„Ein Ausflug in die Hölle"

- **Was ist zu sehen:** Chromitlagerstätte – Ultrabasische Ophiolithe von der Moho
- **Wo es zu sehen ist:** Straße von Nakhl nach Rustaq, 9,5 km hinter der Einfahrt nach Nakhl; beim Wegweiser „Tawaiyah" nach rechts abbiegen; ca. 1 km auf dem Kiesweg bis zum Wadi und dem Hügelchen der Chromitlagerstätte

Die Hölle ist ein schrecklicher Ort tief unten in der Erde, wo es so heiß ist, dass die Gesteine schmelzen und sich in dieser Feuerglut rabenschwarze giftige Substanzen niederschlagen. Hier in Oman können wir dieses höllischen Material direkt an der Oberfläche sehen, da die Gesteinsmassen des oberen Erdmantels (ultrabasische Ophiolithgesteine der Moho) auf die kontinentalen Landmassen geschoben worden sind (Abb. 1, 2a, 2b). Der schwarzglänzende Chromit, ein Chrom-Eisen-Oxid, das hauptsächlich als Stahlveredler in der Industrie Verwendung findet, hat sich bereits in der Magmenkammer von der übrigen Schmelze abgesetzt und kommt nun in linsenförmigen kleinen Erzkörpern im Gestein der Moho vor. In Tawaiyah geht der Abbau voran; möglicherweise sind in Zukunft dort nur noch ein paar Reste zu besichtigen. Aber die Ophiolithe beherbergen noch mindestens 500 weitere solcher kleinen Chromitlinsen!

Krach mit dem mächtigen Nachbarn

Was zu sehen ist: Wirkungen der rezenten Plattentektonik – Arabische Platte – Kollision mit der Eurasischen Platte

Wo es zu sehen ist: Küstenlinie von Muscat nach Musandam

Stücke der Erdkruste, sogenannte „Platten", „schwimmen" auf dem plastischen Material des Erdmantels umher und driften auseinander und zusammen wie erkaltete Wachsplatten auf Honig. Ein solches Krustenstück ist die „Arabische Platte", die sich von der Arabischen See und Oman bis weit in den Norden nach Syrien erstreckt. Diese Platte driftet seit Jahrmillionen von Südwesten, wo sie sich von Afrika abgespalten hat, nach Nordosten, wo sie entlang einer Nordwest-Südost-Zone in der Golfregion und in den iranischen Zagrosbergen mit der mächtigen „Eurasischen Platte" zusammenstößt. Die Wirkung der Kollision ist ungeheurer: Im Süden Irans finden nach wie vor Gebirgsbildungsprozesse statt, mit der Folge, dass immer wieder die Erde bebt und die Straße von Hormuz immer weiter zugeschoben wird.

Ein Blick auf die Karte von Nordoman genügt, um zu sehen, dass sich die Küstenebene gen Norden immer mehr verschmälert; in Musandam ist sie schließlich völlig verschwunden. Die Fischer an den Meeresufern im Norden müssen ihr Boot jedes Jahr ein paar Zentimeter weiter den Strand hinaufziehen: Die Arabische Platte taucht unter die Eurasische Platte ab. Die Driftgeschwindigkeit Richtung Nordosten beträgt ca. 2 cm pro Jahr, d. h. in ca. 2,5 Mio. Jahren wird die Straße von Hormuz geschlossen sein!

Auf dem Meeresboden

Was zu sehen ist: Helle Kalksteine und Mergel mit Massen mariner Fossilien

Wo es zu sehen ist: Strände von Bandar Jissah, Qantab, Yiti – Wadi Kabir in Richtung Al-Bustan Palace Hotel – Mina al-Fahal – Qurum-Anhöhen – In einer Kette nordöstlich vor den Omanbergen entlang der Küstenebene von Muscat nach Sohar – Entlang der Küste von Quriat nach Sur – Wadi Bani Khalid – Jebel Ja'alan – Die Inseln bei Al-Sawadi – Weite Gebiete des Dhofar

Fährt man durch das Wadi Kabir in Richtung Al-Bustan Palace Hotel, blickt man bei den Pferde-Monumenten nach links auf einen hohen Berg, wo auf den dunklen Erdmantelgesteinen des Ophiolithkomplexes hellgelbe Sedimentgesteine des Tertiär liegen. Diese Kalksteine sind einstmals auf dem Meeresgrund entstanden! Sie sind die jüngsten Sedimentgesteine Omans (Abb. 1, 2a, 2b) und breiten sich über riesige Gebiete aus. Massenhaft marine Fossilien wie Schnecken, Muscheln und Korallen sind in diesen Schichten zu finden. Besonders die „Nummuliten" sind weit verbreitet und oft gesteinsbildend. Diese „Münzensteine" sind einzellige Großforaminiferen mit einem linsenförmigen Gehäuse aus Kalk. Eingelagert in den knolligen Flachwasserkalken gibt es auch kontinentale Sedimente in Form von Kohleflözen (Al-Kamil/Wadi Masawi) und Gips (Salalah/Dhofar), sowie Töpfer- und Strukturtone (Sur/Landesinneres).

Der weiche Kalkstein löst sich leicht in Wasser, und so kommt es zur Bildung von Karsthöhlen und zur Formung von Tropfsteinen. Die zweitgrößte Höhle der Welt, Majlis al-Jinn, befindet sich in den Kalksteinbergen bei Tiwi zwischen Quriat und Sur. Auch die Sinkholes von Bimah/Dibab sind durch Kalklösung entstanden.

Dinosaurier auf Muscats Straßen

Was zu sehen ist: Dinosaurierknochen aus der Oberkreide

Wo es zu sehen ist: Nur in Muscats naturkundlichem Museum!

Vor mehr als 65 Mio. Jahren, als der erste Auftritt des Menschen und das Herumflitzen glänzender Autos auf Muscats Straßen noch lange auf sich warten ließen, stapften hier die Monster der Urzeit herum. Die Deckenüberschiebung des Ophiolithkomplexes (Abb. 1) auf die kontinentalen Landmassen geschah in etwa zeitgleich mit einem großen Artensterben, dem in der Oberkreide auch Omans letzte Dinosaurier zum Opfer fielen. Den großen tektonischen Ereignissen zu dieser Zeit ist es wohl anzurechnen, dass sich bisher in Oman kein vollständig intaktes Dinosaurierskelett gefunden hat, sondern nur Teile. Diese aber zeigen, dass Oman während seiner langen geologischen Entwicklung mehrmals Klimaumschwünge, Meeresbedeckung, Heraushebung und Absenkung, Wüstenbildung und tropische Vegetation mitgemacht hat – ja sogar von Eis bedeckt war! Die Sedimente, die von den Gletschern abgelagert wurden, spielen heute bei der Ölgewinnung eine bedeutende Rolle.

Gestaltwechsel

Was zu sehen ist: Metamorphe Gesteine – Schiefer, Phyllite, Quarzglimmerschiefer, Blauschiefer, Griffelschiefer

Wo es zu sehen ist: Saih Hatat/Wadi Adai entlang der Straße von Muscat nach Quriat – Boden der Ghubrah Bowl/Fahrt ins Wadi Mistal – Boden des Wadi Sahtan im Verbindungsstück mit dem Wadi Bani Awf – Al-Sifah – Wadi Tayin

Eine Fahrt durch das tektonische Fenster Saih Hatat (siehe „Ein Fenster in die Vergangenheit") erfreut den Betrachter durch die Reflexion des Lichtes an glatten Flächen des Gesteins: Hier leuchtet das Gestein grünschwarz, dort blitzt es rosa-silbern, und daneben schimmert es seidig in silbergrauen Farben. Verantwortlich für dieses Lichtspiel sind hauchdünne, glatte blättrige Minerale, meist Glimmer. Derartige Gesteine entstehen in der Erdkruste, wenn eine Gesteinsmasse erhöhtem Druck und erhöhter Temperatur ausgesetzt ist. Dann verändern die ursprünglichen Mineralien ihre Zusammensetzung, kristallisieren erneut und wachsen oft in Abhängigkeit von der Druckrichtung. Das Gestein vollzieht eine Metamorphose. Manchmal bewirkt gerichteter Druck eine als Schieferung bezeichnete Aufspaltung des Gesteins in dünne Platten (Dachschiefer); manchmal zerschneidet er das Gestein in lange dünne Stengel, sog. „Griffel". Diese sind besonders gut in der untersten Etage (Grundgebirge, siehe Abb. 2a) der geologischen Fenster des Jebel Akhdar zu sehen.

Auf den Spuren der verlorenen Stadt im Dhofar

Was zu sehen ist: Großstrukturen – Landschaftsformen – Wadis – Schichtgesteine – Biologische Verwitterung – Gips – Inselberge – Geoden – Fata Morgana – Wüstenpflaster – Wadikiese – Wüstenlack – Archäologische Stätte Shisr – Karsthöhle – Oase

Wo es zu sehen ist: Straße von Salalah durch Jebel Qara nach Thumrait und Shisr

Die **Strecke von Salalah über Thumrait nach Shisr** zeigt in unübertrefflicher Weise, wie die geologischen Gegebenheiten eines Gebietes das Klima, die Vegetation und die Landschaftsformen prägen.

Topografie, Entwässerung

Die Ebene von Salalah ist unterlagert von Blöcken sedimentären Gesteins, die sich ursprünglich auf der Höhe der umgebenden Berge des Jebel Qara befanden. Diese Blöcke sind vor Jahrmillionen entlang von Verwerfungen stufenartig nach Süden zum Meer hin abgerutscht, während die ehemals horizontalen Gesteinsschichten auf der Bergseite nun leicht nach Norden zur Wüste hin unter die Sande des „Leeren Viertels" abkippen.

Durch diese Bewegungen haben sich die Dhofarberge um Salalah herum zur Wasserscheide entwickelt: Die Monsunwolken, die vom Meer kommen, regnen in den Bergen ab; ein Teil des Oberflächenwassers fließt rasch mit hoher Reliefenergie in Richtung Meer, schneidet dabei

oman003 pf

tiefe steilwandige Täler ein und transportiert das erodierte Material in die Küstenebene von Salalah. Der andere Teil des Wassers fließt mit geringem Gefälle auf den Schichtflächen nach Norden zur Wüste hin, wo es verdunstet oder im Sand versickert. Die Wadis sind daher hier sehr breit, flach und eben.

Sedimentgesteine

Die Fahrt von Salalah aus nach Norden auf der Straße 31 führt uns durch die Erdgeschichte von der Oberkreide und dem Eozän bis ins Pliozän (Tertiär, siehe Abb. 1). Die Hunderte von Metern mächtigen sedimentären Schichten repräsentieren einen Ablagerungszeitraum von ca. 53 Mio. Jahren!

Weiße, beige, ockerfarbene, gelbe, rote und hellbraune karbonatische Gesteine und Mergel sind in den Wadis angeschnitten. Die knollige Ausbildung der Kalksteine und Kreidekalke ist ein Anzeichen dafür, dass diese Gesteine im marinen Flachwasserbereich unter Einwirkung der Wellen abgelagert wurden.

Biologische Verwitterung

Alle dem Wetter ausgesetzten Gesteinsflächen und auch die Häuserwände in dieser Gegend sind von einer dünnen schwärzlichen Schicht überzogen: Hier siedeln sich Flechten und Moose an, die bei der hohen Luftfeuchtigkeit ideale Lebensbedingungen finden.

Gips

Auf der Hochebene vom Jebel Qara nach Thumrait, ca. 60 km nördlich von Salalah, sind an einigen Stellen entlang der Straße mächtige Gipsschichten angeschnitten. Das reinweiße Kalziumsulfat ist ein evaporitisches Mineral, das durch die Verdunstung salzreichen Meerwassers in flachen lagunenartigen oder abgeschlossenen Becken ausfällt. Das hochwertige Mineral wird aus mehreren Steinbrüchen zur Benutzung in der Bauindustrie gewonnen.

Inselberge

Nördlich der Wasserscheide haben die flach nach Norden hin entwässernden Wadis eine eigentümliche Inselberglandschaft geschaffen. Kleine spitze Hügelchen wurden aus den ursprünglich geschlossenen Schichtflächen herauspräpariert. Härtere Lagen stehen hervor und bilden Überhänge über stärker erodierten weicheren Schichten.

Quarzdrusen/Geoden

10 bis 20 km südlich von Thumrait ist ein El Dorado für Mineralienjäger: Auf der westlichen Straßenseite (die östliche ist militärisches Sperrgebiet) sind aus den Kalksteinen und Mergeln kartoffelgroße Feuersteinknollen und Drusen (in Oman auch oft Geoden genannt) herausgewittert. Die Flintknollen sind innen schwarz und glasglänzend und oft konzentrisch gebändert. Die Drusen erkennt man am geringen Gewicht, da sie innen hohl sind. Die Innenwand ist mit kleinen glitzernden farblosen, milchigen, hellgelben oder hellblauen Quarzkriställchen ausgekleidet.

Fata Morgana

Nördlich von Thumrait biegt man von der Asphaltstraße auf eine Kiesstraße nach Nordwesten in Richtung Shisr ab. Die Fahrt geht 82 km durch eine flache Wüstenlandschaft mit herrlichen Luftspiegelungen: Am Horizont scheinen sich große Wasserflächen auszubreiten; kleine Hügelchen schweben abgelöst vom Boden in der Luft; Büsche verdoppeln sich zu großen Bäumen; Kamele verlängern ihre Beine und staksen als riesige urtümliche Monster in der Ferne herum.

◁ Die sandigen Weiten der Rub al-Khali

Wüstenpflaster

Orangerote, beige, hellgelbe und graue Farben prägen diese Wüstenstrecke. Die feinen Sande sind vom Wind herangeweht – wie aber sind die Steinfelder entstanden, auf denen unzählige Steine gleicher Größe gleichmäßig verteilt liegen? Enorme Temperaturunterschiede zwischen Tag und Nacht ließen horizontale Gesteinsschichten „aufspringen": Es bildeten sich Klüfte, aus denen der Wind feine Partikel herausbläst (Deflation), wobei größere Körner wie ein Sandstrahlgebläse wirken. Übrig bleibt eine aride Landschaftsform, das Wüstenpflaster.

Wadikiese

Wie kommen aber abgerundete und polierte Kieselsteine hier in die Wüste? Bei genauerem Hinsehen entpuppt sich das Kiesfeld als Wadi, in dem die Steine durch Rollen im Wasser aus den höher gelegenen Gegenden hierher transportiert wurden.

Wüstenlack

Die den Wüstenboden bildenden Steine scheinen auf einer Seite schwarz angemalt zu sein! Dreht man sie nämlich herum oder schlägt sie auf, zeigen sie ihre ursprünglichen hellen Farben. Dieser „Wüstenlack" entsteht durch den Tau, der sich nachts auf den Steinen niederschlägt, in die Poren eindringt und dort Mineralien, meistens Mangan- oder Eisenoxide, herauslöst. Tagsüber verdunstet der Tau und bringt die gelösten Stoffe an die Oberfläche des Steines, wo sie sich als farbiger Überzug absetzen.

Archäologische Stätte Shisr („Ubar")

Die archäologische Stätte von Shisr liegt auf einer alten Handelsroute, auf der das im Altertum äußerst wertvolle Weihrauchharz *(Frankincense)* aus Dhofar nach Norden transportiert wurde. Hier rasteten die Karawanen und versorgten sich mit Wasser und Lebensmitteln. Die Anlage ruht auf einem kleinen Hügelchen auf gelblichen Kalksteinschichten, die von glasharten muschelig zersplitternden bunten Kieselschieferlinsen sowie von Feuersteinknollen und -lagen durchzogen sind. Die eingelagerten Mergel- und Kreideschichten sind voller Muschelfossilien und Spurenfossilien, z. B. den Grabgängen von Würmern.

Karsthöhle, Oase

Die von einer Mauer umgebene Anlage wurde wohl aus Gründen der Wasserversorgung direkt über einer Karsthöhle gebaut. Die Höhle ist schon im Altertum teilweise eingebrochen. Dabei ist ein Großteil der archäologischen Bauten mit in das Loch hineingerissen und verschüttet worden. Eine Karsthöhle entsteht in Kalksteinen durch Auflösung und Abtransport des Kalziumkarbonats durch unterirdische fließende Wässer. Shisr liegt genau auf einem unterirdischen Wasserlauf, der vom Regen in den Bergen im Süden gespeist wird. Die üppigen Pflanzungen der Oase Shisr werden auch heutzutage durch das aus der Karsthöhle gepumpte Wasser versorgt.

Weiterführende Literatur

- *Ingeborg Guba:* **Oman. Wunderland der Geologie.** Sultan Qaboos University Press 2002 (nur in Oman erhältlich). Reich illustriertes Buch für geologisch Interessierte. Die Autorin versucht wissenschaftliche Hintergründe mit der Schönheit der Natur zu verbinden.
- *G. Hoffmann, M. Meschede, A. Zacke, M. al Kindi:* **Field Guide to the Geology of Northeastern Oman,** Borntraeger 2016. Tolles Taschenbuch inkl. Anfahrtsbeschreibungen wichtiger geologischer Orte. Leider nur auf Englisch, aber ein Muss für jeden geologisch interessierten Reisenden.

> Berglandschaft am Jebel Akhdar

■ *Michael Hughes Clarke:* **Oman's Geological Heritage,** PDO 2006. Großformatiger, umfangreicher englischsprachiger Bildband mit erklärenden Grafiken, Texterläuterungen und Glossar.

■ *Samir S. Hanna:* **Fieldguide to the Geology of Oman.** „The Historical Association of Oman" 1995. Englischsprachiges Handbuch für Studenten, Wissenschaftler und geologisch Interessierte, die vor Ort unterwegs sind. Inhaltlich ausführlich und korrekt ist das Buch aufgrund der veralteten Lokalitätsbeschreibungen eher für Ortskundige gedacht.

■ *Geological Society of Oman:* **The Geo-Tourism Guide to Omani.** Nur in Oman erhältliches Büchlein mit CD (allerdings nur auf Arabisch). Beschreibt verschiedene Orte aus geologischer Sicht, jedoch nicht besonders übersichtlich.

■ *Adolphe Nicolas:* **Die ozeanischen Rücken. Gebirge unter dem Meer.** Springer Verlag Berlin 1995. Standardwerk des französischen Geowissenschaftlers, der seit über 35 Jahren in Oman arbeitet. Ein Muss für alle, die sich näher mit dem berühmten Semail-Ophiolith beschäftigen wollen, vor allem für Studenten und Wissenschaftler der Geowissenschaften geschrieben. Trotzdem leicht verständlich, da der Text durch zahlreiche, meist farbige Abbildungen illustriert wird.

Weiterführende Links

■ **www.mineralienatlas.de**
Umfangreiche Enzyklopädie mit Schwerpunkten auf Mineralogie, Paläobiologie, Geologie, Bergbau sowie Lagerstätten (Fundstellen)

■ **www.scinexx.de/geowissen/**
Scinexx, ein sehr übersichtlich und informativ gehaltenes Wissensportal. In der Rubrik „Geowissen" findet man unter anderem „Earthview", eine Übersicht über aktuelle geologische Ereignisse. In der Rubrik „Lernwelten" findet sich alles über Vulkanismus und Plattentektonik.

■ **play.google.com**
Im Google App-Store gibt es eine Android App „Geological Heritage of Oman", die einige Informationen zu geologischen Sehenswürdigkeiten enthält.

■ **geology.oman-museum.com**
Ansprechend gestaltete englischsprachige Seite zur Geologie Omans mit zahlreichen 360-Grad-Panoramabildern.

oman20_018 pf

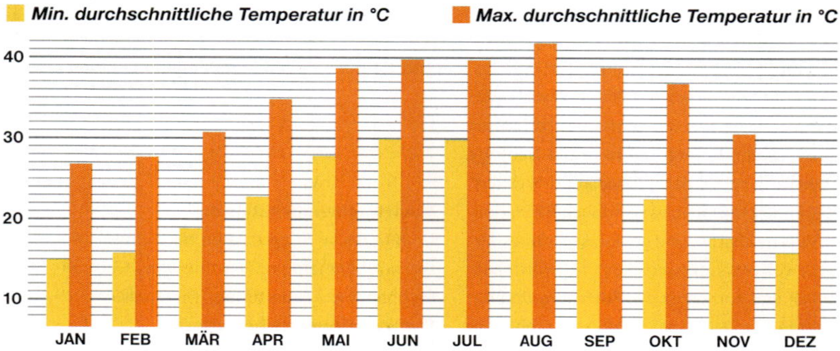

von einem flachen warmen Meer überschwemmt, in dem tropische Schnecken, Muscheln, Seeigel und Korallen lebten. Allmählich senkte sich der Meeresspiegel und die überschobenen Decken des Ophioliths waren starker Erosion ausgesetzt. Im Scheitelpunkt der Antiklinalen entstand ein **tektonisches Fenster,** das dem Betrachter Einblicke in die tieferen und damit älteren Gesteinsschichten gewährt. Weitere klimatische Veränderungen ließen Täler und Senken in die Gebirgsregionen modellieren. Noch heute dauert die Gebirgsbildung dieser riesigen Semail-Ophiolith-Kette an, die eine Breite von 80 km und eine Länge von 500 km einnimmt.

Klima

Aufgrund der geografischen Gliederung Omans unterscheidet sich das Klima von Region zu Region. Alle sind sie jedoch von klimatischen Extremen geprägt. **Drei Zonen bestimmen die klimatischen Gegebenheiten des heutigen Oman:** Im Norden und Osten entlang der Küste ist es heiß und feucht. Im Süden wird das Land vom Monsun gestreift, der im Sommer Feuchtigkeit bringt. Dazwischen liegt die riesige Inlandswüste, die ganzjährig von einer extremen Trockenheit gezeichnet ist.

Die **Küstenebene** im Norden am Golf von Oman und die meeresseitigen Hänge des Hajar-Gebirges weisen ein **subtropisches Klima** auf. Die Sommer sind heiß und bringen dazu eine hohe Luftfeuchtigkeit, die die Hitze noch unerträglicher macht. Die durchschnittlichen Tageshöchsttemperaturen liegen über 40°C, das Thermometer kann aber auch mal auf über 50°C klettern. In der Nacht ist es noch immer 25–30°C warm. Im Winter herrschen dagegen angenehme Temperaturen. Die Maximalwerte erreichen dann um die 30°C, Baden ist also auch im Winter möglich. Der Nordost-Monsun bringt dem Küstenstreifen im Winter zwar nur wenig Niederschlag, aber die feuchte Luft regnet sich an den Hängen des Gebirges ab und füllt die Grundwasserreserven auf.

Der **Gebirgszug des Hajar trennt die Klimazonen** des Nordens und der Mitte des Landes. Die zum Binnenland gelegene Seite der Berge steht unter dem Einfluss des trockenen Wüstenklimas. Im Sommer wird es noch heißer als an der Küste, jedoch ist die Luftfeuchtigkeit bedeutend geringer. Im Winter ist es mäßig warm, und in den Höhen des Jebel Akhdar im zentralen Hajar kann es nachts sogar zu Temperaturen unter 0°C kommen. Hier oben ist es sogar im Hochsommer mit etwa 32°C relativ kühl. Ganzjährig sind die Schwankungen zwischen Tag und Nacht sehr hoch. Je weiter man von den Bergen im Norden landeinwärts kommt, und je weiter man sich von der Küste im Osten entfernt, desto trockener wird das Klima. Niederschläge fallen nur sporadisch oder aber episodisch. Dies bedeutet, dass es im Einflussbereich der Rub al-Khali im Westen Omans nur alle paar Jahre regnet, dieser Niederschlag aber sehr heftig sein kann. Die Temperaturen sind im Winter warm, im Sommer bis über 50°C heiß. Die Tag-Nacht-Schwankungen sind ganzjährig beträchtlich und liegen im Durchschnitt bei mehr als 25°C, was im Winter sogar zu Nachtfrösten führen kann. Trotz dieses extremen Klimas ist das Reisen im Landesinneren durch die extrem geringe Luftfeuchtigkeit und den leichten Wind relativ angenehm. Die Austrocknung des Körpers allerdings ist sehr groß, sodass reichliches Trinken unabdingbar ist.

Im Süden schließt sich an diese trockene Wüste die **Region des Dhofar** an. Die küstennahen Gebiete dieser einzigartigen Landschaft werden von Juni bis September vom **Südwest-Monsun,** dem „khareef", erreicht. Er entsteht durch die unterschiedlich schnelle Erwärmung des asiatischen Kontinents und des Meeres. Die Folge sind bodennahe Winde, die feuchtwarme Luft von Süden nach Norden transportieren, um den unterschiedlichen Luftdruck auszugleichen.

Ausläufer dieses Monsuns streifen auch die Küste des Dhofar und bewirken ein **tropisches Klima** mit schwül-heißen Sommern und warmen Wintern, wobei die Durchschnittstemperaturen im Winterhalbjahr sogar höher als im Sommer liegen. Die höchsten Temperaturen werden unmittelbar vor Einsetzen des Monsuns im Mai/Juni erreicht, der dann Abkühlung bringt. Die meisten Niederschläge fallen als Nebel, aber gelegentlich auch als richtige Regengüsse, die dann trockene Wadis in Bäche verwandeln. Die Berghänge wechseln ihre Farbe von trockenem Braun zu urwaldähnlichem Grün. Doch schon wenige Kilometer landeinwärts, hinter dem Bergkamm des parallel zur Küste verlaufenden Gebirges, nehmen die Niederschläge schnell ab. Die landeinwärts gelegenen Berghänge sind noch als Steppe zu bezeichnen, direkt dahinter beginnt das trockene Wüstenklima.

Flora

Die Pflanzenwelt Omans ist wesentlich **vielfältiger als das trockene Klima es vermuten lässt.** Abhängig ist das Vorkommen von Pflanzen in erster Linie vom verfügbaren Wasser. Wo Wasser ist, ist Leben. Doch nicht nur dort, wo man es sieht, ist es vorhanden. Eine Reihe von Pflanzen hat sich darauf eingestellt, dass in den Wüstengebieten nur selten und unregelmäßig Niederschläge fallen. Nach einem Regenfall erblüht die Wüste im wahrsten Sinne des Wortes. Innerhalb kurzer Zeit keimen die im Boden liegenden Samen, treiben aus, blühen und bilden neue Samen. Diese überdauern dann vielleicht Jahre, bis sie der nächste Regenguss zum Leben erweckt.

Wildpflanzen

An der 1700 km langen **Küste** Omans wachsen nur wenige wilde Pflanzenarten. In der Batinah ist der Oasenstreifen fast vollständig kultiviert, da hier vergleichsweise viel Grundwasser vorhanden ist. Die übrige Küste ist nur spärlich bewachsen. Außer einigen Dauergräsern in den Dünen sowie kleineren Büschen und Bäumen trifft man vor allem auf **Mangroven.** Sie gedeihen bevorzugt in geschützten Buchten, wie beispielsweise im Schutzgebiet von Qurum bei Muscat oder bei Bandar Khayran südöstlich der Hauptstadt. Diese busch- bis baumgroßen Pflanzen erhalten durch ihre Wurzeln, die weit über dem Boden beginnen, das Aussehen eines Pfahlhauses. Im Schutz dieses Wurzeldickichts finden Fische und Krebse Unterschlupf.

In den **Bergen** und am **Fuße der Gebirge** hängt der Bewuchs stark vom vorhandenen Wasser ab. Die meisten Pflanzen findet man daher in den **Wadis,** den Trockenflusstälern, in denen unterirdisches Wasser vorhanden ist. Auf Gräser und Schilf trifft man am häufigsten, daneben aber auch auf verschiedene Akazienarten und Oleander.

Am Rande der Trockenflusstäler gedeiht der **Lotusbaum,** der im Hocharabischen „sidr“ heißt, von den Einheimischen aber „'ilb“ genannt wird. Sein lateinischer Name *Ziziphus spina christi* entstand aus dem Umstand, dass die Dornenkrone Christi aus den Zweigen dieses Baumes gemacht sein sollte. Dieses Kreuzdorngewächs wurde in Arabien bereits im Altertum kultiviert. In der altägyptischen Heilkunde war der Baum in den medizinischen Rezeptsammlungen enthalten. Die griechische Mythologie erwähnt ihn in den Erzählungen des Odysseus, in den Schilderungen über das Volk der Lotusesser, die sich im Wesentlichen von den Früchten dieses Baumes ernährt haben. Der Qur'an erwähnt Lotusbäume und Tamarisken im Zusammenhang mit dem Untergang des altarabischen Reiches Saba (Sure 34, Vers 16). Noch heute wird der Lotusbaum auf vielfältige Weise genutzt. Seine kirsch- bis pflaumengroßen gelben Früchte sind essbar und wegen ihrer Süße sehr beliebt. Getrocknet, gemahlen und mit Wasser angerührt werden die unreifen Früchte als Haarshampoo benutzt. Mit kalter Milch angerührt ergibt das Pulver einen nahrhaften Brei. Die frischen Zweige mit noch grünen Blättern waren in der Vergangenheit wichtiges Viehfutter. Das Holz eignet sich hervorragend zum Haus- und Bootsbau. Und Fladenbrot wird ganz besonders schmackhaft, wenn im Ofen (arab. *tanur*) das Holz des sidr verfeuert wird.

Auf den weiten **Kies- und Schotterflächen** im Inneren Omans ist die Vegetation sehr spärlich. Neben verschiedenen **Dornenbüschen und Akazien** findet man Gräser, die für die Ziegen und Schafe züchtenden Nomaden als Futter für ihre Tiere von lebenswichtiger Bedeutung sind.

▷ Ein Weihrauchbaum wird zur Gewinnung des Harzes angeritzt

In der **Wüste** schließlich, in den Dünen der Ramlat al-Wahiba, sieht man einen stärkeren Bewuchs als man es von einer Sandwüste erwarten würde. Neben verschiedenen Gräsern und Büschen sind es die **Ghaf-Bäume,** typische Wüstenbäume (lat. *Prosopis spicigeradie*), die mit ihren langen Wurzeln das Grundwasser erreichen und die Dünen stabilisieren.

Kulturpflanzen

In den **Oasengärten** Omans trifft man auch heute noch auf den typischen **Drei-Etagen-Anbau.** Die Dattelpalmen (siehe auch unter „Landwirtschaft"), die die Grundlage der Landwirtschaft in den Oasen bilden, schützen die unteren Pflanzen vor der sengenden Sonne. Auf der mittleren Etage findet man kleinere Obstbäume wie Bananen, Orangen und Zitronen, daneben wachsen auf dieser Zwischenetage auch Hibiskus- und Hennasträucher. Auf dem Boden schließlich werden verschiedene Gemüsesorten angepflanzt.

Die **modernen Farmen** in der Küstenregion Batinah und im Dhofar bauen neben Viehfutter *(Alfalfa)* verschiedene Getreidesorten einschließlich Mais und Hirse an. Außerdem wird durch den Anbau verschiedener Gemüsesorten, aber auch von Melonen und Tabak, versucht, den Eigenbedarf der Omanis möglichst zu decken.

In den **Höhen des Jebel Akhdar** auf dem Saiq-Plateau findet sich eine Vegetation, die der am Mittelmeer ähnelt. Das gemäßigte Klima und relativ häufige Niederschläge lassen auch den Anbau von Granatäpfeln, Pfirsichen, Feigen, Aprikosen, Pistazien, Walnüssen, Mandeln und Weintrauben zu. Daneben trifft man immer wieder auf Rosensträucher, aus deren Blüten das berühmte Rosenwasser des Jebel Akhdar hergestellt wird.

Pflanzen im Dhofar

Die Pflanzenwelt der südomanischen Region Dhofar unterscheidet sich grundlegend vom Rest des Landes.

Am charakteristischsten ist sicherlich der **Weihrauchbaum** (siehe auch Exkurs „Weihrauch – das duftende Goldharz des glücklichen Arabien"). Eigentlich gleicht er eher einem Strauch, denn wirklich große Exemplare sind selten. Der knorrige Baum mit kleinen Blättern, aus dessen Stamm das so begehrte Harz gewonnen wird, wächst nur wild und bevorzugt auf der landeinwärts gelegenen Seite des omanischen Küstengebirges.

In der Ebene von Salalah trifft man auf eine **tropische Vegetation. Plantagen** mit Kokospalmen, Bananen, Papayas und Mangos bestimmen das Bild. Papayas und Mangos sind sich auf den ersten Blick ähnlich: Beide sind grün und haben eine ovale Form. Papayas werden jedoch wesentlich größer und schwerer. Sie besitzen in ihrem Innern eine Vielzahl von kleinen Kernen, Mangos dagegen nur einen dicken Kern, von dem das Fruchtfleisch oft nur schwer zu trennen ist.

Einmalig für Oman, wenn nicht für die gesamte Arabische Halbinsel, sind die **Baobab-Bäume,** die man im Wadi Hinna am Rand des Jebel Samhan findet. Diese Baumart, die an Flaschenbäume erinnert, kommt sonst hauptsächlich in Ostafrika vor, und belegt die enge Verwandtschaft zwischen der Vegetation des Dhofar und der Ostküste des schwarzen Kontinents.

In den **Gärten und Farmen** rund um Salalah werden neben den oben genannten tropischen Früchten auch Gemüse und vor allem Futtergras angebaut. Es wird günstig an die Viehzüchter in den Bergen abgegeben, um die dünne Vegetationsdecke der Gebirgshänge zu schonen. Durch Überweidung droht diesen mit Gras, Büschen und Bäumen bewachsenen Flächen die Verödung.

In den **Wüstenregionen** im Inneren Dhofars findet man eine Vegetation wie im übrigen Landesinneren.

Fauna

Auch wenn durch die intensive Jagd bis Anfang der 1970er Jahre der Bestand an größeren wilden Tieren in Oman stark geschrumpft ist, so ist die Vielfalt der Arten für ein wüstenhaftes Land noch immer sehr groß.

Zwei Projekte stehen im Mittelpunkt des omanischen Artenschutzprogrammes: Die **Arabische Oryx-Antilope,** die in Oman schon ausgerottet war, ist im Landesinneren wieder heimisch geworden (siehe Exkurs „Oryx – Königin der Antilopen"), und die letzten Exemplare der scheuen **Bergziegenart Tahr** haben am Jebel Aswad in der Sharqiyah einen geschützten Lebensraum gefunden.

Nur noch vereinzelt leben in Oman **Wildtiere** wie Steinböcke, Gazellen, Hyänen, Füchse, Wölfe, Leoparden und Wildkatzen. **Kleintiere** wie Echsen, Schlangen, Igel (darunter eine schwarze, nur in Oman vorkommende Art), Mäuse (darunter die Wüstenspringmaus) und Fledermäuse findet man dagegen sehr häufig. Auch Skorpione leben in Oman.

Ebenso häufig wie artenreich sind die **Insekten.** Schmetterlinge, Käfer, Spinnen, Bienen und Wespen findet man im gesamten Land – einige Arten haben sich sogar auf das Überleben in der regenlosen Sandwüste spezialisiert.

Wilde Kamele gibt es auf der Arabischen Halbinsel **nicht mehr.** Jedes Dromedar, auch wenn es noch so einsam in der Wüste umherläuft, hat einen Besitzer. Bei näherem Hinsehen ist dies am Brandzeichen auch zu erkennen.

oman007 pf

> Gazellen leben hauptsächlich in der Jiddat al-Harasis im Landesinneren

Das Kamel – O-man's best friend

von Kirstin Kabasci und Peter Franzisky

„Das ist doch gar kein Kamel, das ist ein Dromedar!" – werden jetzt sicher einige von Ihnen denken. Ja, das stimmt, aber andererseits auch nicht. Richtig ist, dass das auf der Arabischen Halbinsel heimische einhöckrige Kamel streng gesehen ein Dromedar ist. Jedoch gehören auch die Dromedare zur Familie der Kamele. Der ewige Streit, ob nun Kamel oder Dromedar, ist also eigentlich gar keiner, denn es ist beides.

Den klimatischen Verhältnissen der Wüste ist das Kamel ideal angepasst. Selbst wenn die Temperaturen über 50 Grad steigen, braucht es nur jeden vierten Tag Wasser, ansonsten je nach körperlicher Anstrengung und Nahrungsangebot nur etwa alle zwei Wochen. Aber wenn ein Kamel einmal trinkt, so können es durchaus an die 150 Liter sein. Im Notfall halten es Kamele bis zu 25 Tage ohne Wasser aus und vertragen sogar Salzwasser. Aufgrund von Wasserverlust können Kamele bis zu 40% ihres Körpergewichtes verlieren, wohingegen Menschen bereits bei einem Verlust von 14% aufgrund der Eindickung des Blutes an Herzversagen sterben. Bei extremen Temperaturen kann es seine Körpertemperatur auf bis zu 42 Grad ansteigen lassen. Dieses „kontrollierte Fieber" verhindert Schwitzen und spart Wasser. Ein Kamel ist äußerst genügsam. Es frisst dürre Halme, Dornengestrüpp, trockene Blätter und, wie manchmal gescherzt wird, „even old newspapers".

Seit 3000 bis 3500 Jahren sind diese robusten Tiere in Süd- und Zentralarabien domestiziert. In einer Inschrift des zwischen 1115 und 1074 v. Chr. regierenden assyrischen Königs *Tiglatpilesar I.* wird das Kamel zum ersten Mal schriftlich erwähnt. Die alten Semiten nannten es in ihrer Umgangssprache „gammalu", benutzten beim Schreiben allerdings das Keilschriftzeichen für „Meer" und nannten es „Tier der Meerländer". Dies bekräftigt die Annahme, das Kamel sei vom Persisch-Arabischen Golf, den man damals „Oberes Meer" nannte, auf die Arabische Halbinsel gekommen.

Erst die spätere **Domestizierung** des Kamels ermöglichte es auch den Menschen, in der Wüste zu überleben. Aus endlosen Wüsten wurden Meere, die man durchschreiten konnte. Mit Hilfe des „Wüstenschiffes" konnte sich in der Wüste eine nomadische Lebensform entwickeln. Als Reit- und Lastentier ermöglichte es Mobilität und die Durchführung von langen Wanderungen, Handelskarawanen und Raubzügen (arab. *ghazu*). Das Wohl der Kamele hatte bei den Beduinen stets Vorrang vor dem eigenen, so wurden bei der Ankunft an einem Brunnen nach einer harten Reise als erstes die Kamele entladen und mit Wasser versorgt. Der gesamte Lebensalltag von Beduinen und Karawanenführern war noch vor wenigen Jahrzehnten eng mit dem Kamel verknüpft. So maß sich die Dauer einer Reise in Kameltagen, Gewichtseinheiten wurden in Kamellasten gerechnet und ein Tag in zwei Melkzeiten eingeteilt. Frisch gemolkene Kamelmilch war oftmals die einzige Nahrung. Um an die in der Wüste so wertvolle Kamelmilch zu gelangen, müssen die Beduinen die Natur leicht „beschummeln": Nachdem eine Kamelmutter ihr Kalb etwa sechs Wochen lang gestillt hat, verhüllen sie ihr Euter mit einem Sack und geben dem Kalb nur von der am Morgen und am Abend gemolkenen Milch zu trinken, bis es im Alter von neun Monaten entwöhnt ist. Die Stute kann dann, wenn sie inzwischen nicht erneut gedeckt wird, etwa vier Jahre lang Milch geben. Wenn ein Kamelfohlen geschlachtet wird oder stirbt, ehe es entwöhnt ist, so lassen die Beduinen die Mutter vor dem Melken an einem Stück Haut des toten Tieres riechen, denn durch diese Illusion gibt sie weiter Milch. Kamelfleisch wird aber nur zu besonderen Anlässen und Zeremonien verspeist.

Nicht nur die Milch vermochten die Beduinen zu nutzen: Der Dung stellte wertvolles Brennmaterial dar, und die Wolle wurde zu strapazierfähigen Stoffen weiterverarbeitet. Zur Fleischversorgung hielten die Beduinen Ziegen. Kamelfleisch wurde nur zu besonderen Anlässen, wie Hochzeiten oder die Ankunft eines Gastes, aufgetischt. Meist wurden männliche Kamele geschlachtet, denn die weiblichen Tiere waren von größerem Nutzen, da sie Milch lieferten und letztendlich die Nachkommenschaft garantierten. Auch verkauft wurden die Tiere nur in Notzeiten oder wenn große Mengen Bargeld benötigt wurden. Ein sehr seltener und besonderer beduinischer Festtagsschmaus stellte „gefülltes Kamel" dar: Dazu wurde ein ca. acht Monate altes männliches Babykamel geschlachtet, gehäutet, ausgenommen, mit Dattelessig eingerieben und mit gekochtem Hühner- und Lammfleisch, Mandeln, Pistazien, Kardamom, Zimt und einer Unmenge Reis gefüllt. Gegart wurde das Ganze zwei Tage lang in einer unterirdischen Grube, die mit heißen Steinen ausgelegt war.

Schon immer brachte der Besitz von möglichst vielen Kamelen mit möglichst edler Abstammung seinem Eigentümer ein hohes Ansehen. Die Durchführung von Handelskarawanen stellte zudem ein einträgliches Geschäft dar.

Beduinen haben das Kamel immer als Kamerad angesehen und ihm viel Achtung und Zuneigung entgegengebracht. Es existieren 160 arabische Bezeichnungen für das Kamel. Die gebräuchlichste, „al-jamal", ist auch der Begriff für „Zuneigung", „Verehrung" und „Bewunderung". Die sprachliche Wurzel von „Kamel" und „Schönheit" ist dieselbe. Es sind unendlich viele Gedichte geschrieben worden, es gibt unendlich viele Redensarten, Weisheiten und Gleichnisse über das Kamel. Eine alte arabische Legende lautet: „Allah schuf sich die Wüste, damit es einen Ort gebe, darinnen er in Ruhe lustwandeln könne. Aber bald sah er seinen Irrtum ein, und er korrigierte ihn. Er rief den Südwind, den Nordwind und alle anderen Winde und befahl ihnen, sich zu vereinigen. Sie gehorchten ihm, er nahm eine Handvoll des Gemisches und so entstand zum Ruhme Allahs, zur Schande seiner Feinde und zum Nutzen der Menschen das Kamel. Er band an dessen Füße das Mitleid, legte auf seinen Rücken die Beute und in seine Flanken den Reichtum. Er gab ihm – auch ohne Flügel – den Flug der Vögel, und das Glück war an seinem Schwanze angeheftet."

Heute haben die Beduinen, die früheren „Herren der Wüste", ihren Lebensraum verlassen und sich in den Städten angesiedelt. Modernisierung und Landflucht führten dazu, dass das Kamel eine **nur noch untergeordnete Rolle als Fortbewegungs- oder Transportmittel** spielt. Doch entgegen aller Erwartungen, die technische Revolution und das moderne Straßennetz habe es zur Nutzlosigkeit verurteilt, erfreuen sich die Kamele unveränderter Wertschätzung. Die Beduinen haben ihren treuen Begleiter in die Gegenwart mitgenommen.

Wild lebende Dromedare gibt es nicht mehr. **Jedes Tier,** auch wenn es frei in (scheinbar) einsamen Wüstengegenden herumläuft, **hat einen Besitzer.** Kamele gehören jedem Einzelnen und sind kein Familien- oder Stammesbesitz. Die Tiere sind zwar meist mit einem Brandzeichen (arab. *wasm*) am Hals oder an der Flanke gekennzeichnet, doch da manche Stammesgruppen dieselben Zeichen benutzen, ist es gut, dass jedermann seine Tiere ohnehin am Körperbau und Gesichtsausdruck identifizieren kann. Während der Brunftzeit, zwischen Dezember und März, ist es besonders wichtig, zu kontrollieren, welche Tiere zusammen sind. In einer Herde von 20 bis 30 weiblichen Kamelen befindet sich ein Hengst, der – um die Herde zusammenzuhalten und unerwünschte „Kontakte" zu vermeiden – meist angebunden oder eingezäunt wird. Während dieser Zeit sind die Hengste stets darauf bedacht, ihre Potenz zu zeigen und ihre Weibchen zu verteidigen. Kämpfe mit Konkurrenzhengsten können bis zum Tod gehen. Entsprechend aggressiv sind sie: Sie brüllen, fletschen ihre Zähne und stülpen eine lose rote Schleimhautblase seitlich aus dem Maul heraus. Kamele vollziehen den Paarungsakt im Sitzen und dabei muss ihnen der Mensch assistieren. Die Kamelfohlen werden über ein Jahr später geboren, nur alle zwei bis drei Jahre wird eine Stute trächtig. Eine reine Abstammung ist in der Kamelzucht des Sultanats selbstverständlich. Omanische Kamele sind klein und von geringem Gewicht und daher schnell. Die ruhmreichste omanische Kamelrasse, die rötlich gefärbte „mussiaha", wird in der Küstenebene Batinah gezüchtet. Auch Kamele des Wahiba-Stammes, aus der Sandwüste Wahiba, sind auf der ganzen Arabischen Halbinsel begehrt.

Besonders lukrativ ist die **Zucht von Rennkamelen.** Die Preise für erfolgreiche Renner aus Oman sind astronomisch, ihr Wert kann locker den eines Rolls Royce übersteigen. Doch die Käufer aus den reichen Golfstaaten, wo Kamelrennen ein wahrlich millionenschweres Business sind, zahlen diese Beträge in der Hoffnung auf mindestens ebenso hohe Siegessummen. Anders als z. B. in den benachbarten V.A.E. sind Kamelrennen in Oman von der Tradition geprägt, nicht von der Jagd nach Preisgeldern und Trophäen. Den Gewinnern ist Ruhm wichtiger als cash. So liegen die Siegessummen der größten Rennen in Oman, der Eid Rennen in Al-Felaij in der Batinah, bei „nur" 400 RO. Auch werden in Oman (noch) keine kleinen Gastarbeiterkinder oder Roboter auf die holprigen Rennmaschinen geschnallt. Die Jockeys in Oman sind ausnahmslos Omanis, meist Bedukinder, die schon in jungen Jahren angefangen haben zu reiten und quasi auf dem Kamelrücken groß geworden sind. Das „Office of Camel Affairs" plant eine Regelung, nach der nur Kinder älter als 15 Jahre an Wettläufen teilnehmen dürfen. Aber auch erwachsene Omanis reiten Rennen – standesgemäß in hochgebundener dishdasha.

oman20_019 pf

[>] Auf dem Markt von Sinaw

Ein gut trainiertes Rennkamel kann eine Geschwindigkeit von 60 km/h erreichen. In ihrer Topform befinden sich die meisten Tiere in einem Alter von drei bis vier Jahren, also zu Beginn ihrer Laufbahn als Rennkamel, die viele erst mit 15 Jahren beenden. Das Trainingsprogramm ist hart und besteht aus Schritt-, Trab- und Galopppassagen, die eine Distanz von 25 km betragen können. Um fit und vital zu sein, beinhaltet ihr Ernährungsplan auch Honig, Butter, Gerste, Alfalfa, Eier und Datteln – guten Appetit.

Wir selbst sind inzwischen zu echten Kamelfans geworden. Ein langer Ritt auf diesem sanft schaukelnden „Wüstenschiff" ist wesentlich angenehmer und weicher als der auf einem Pferderücken. Die besondere Mischung ist der stets liebenswert erhabene, aber absolut arrogante Blick mit der seltsamen Gestalt des Kamels – plump und elegant zugleich. Wir werden niemals verstehen, warum dieses **störrische und eigenwillige Tier** am Ende doch immer das macht, was sein Besitzer von ihm fordert. Doch nach lautem und markerschütterndem Protestgebrüll folgt stets wieder der gleiche gelangweilte, hochnäsige und stolze Gesichtsausdruck. Für diesen selbstbewussten und „coolen" Blick liefert eine alte Legende eine einleuchtende Erklärung: „Es gibt hundert Namen für Allah, doch Muhammad verriet seinen Anhängern nur neunundneunzig davon. Den hundertsten flüsterte er eines Tages seinem weißen Lieblingskamel ins Ohr als Dank dafür, dass es ihm im Momente einer Gefahr zur Flucht verhalf. Diese Nachricht wurde unter den anderen Kamelen schnell verbreitet. So kommt es, dass nun alle Kamele den hundertsten Namen Allahs kennen, die Menschen jedoch nicht. Und dies ist der wahre Grund, weshalb alle Kamele so entsetzlich blasiert, stolz, überheblich und hochnäsig sind, denn sie sind wissend."

Haus- und Nutztiere

Das **Kamel,** genauer gesagt das einhöckrige Dromedar, ist das typischste und für die Menschen wertvollste Tier Omans (siehe Exkurs).

Zahlenmäßig das am häufigsten vertretene Nutztier Omans ist die **Ziege.** Für die Nomaden war sie einst Existenzgrundlage. Sie ist bis heute nicht nur Fleischlieferant, sondern gibt auch ihre Haare für Zeltplanen und Seile. **Schafe** sind ebenfalls weit verbreitet.

Pferde spielten vor allem in der Vergangenheit Omans eine wichtige Rolle als Exportgut. Doch auch heute erfreuen sie sich wachsender Beliebtheit und Wertschätzung.

In den unzugänglichen Bergregionen ist der **Esel** nach wie vor ein unentbehrliches Transportmittel.

oman20_020 pf

Im Dhofar werden seit Jahrtausenden **Rinder** gezüchtet. Es handelt sich um Tiere einer kleinen und genügsamen Rasse, sodass sie auch die karge Zeit zwischen den Monsunen überstehen. Sie geben nur wenig Milch.

Die **Milchkühe** auf den modernen klimatisierten Farmen stammen aus europäischen Züchtungen. Sie lassen eine moderne Milchwirtschaft zu.

Das Halten von **Katzen** und **Hunden** ist in arabischen Ländern wesentlich weniger verbreitet als in Europa. Hunde gelten als unrein: Eine Ausnahme macht nur der **Saluki,** eine Windhundrasse, die schon fast als heilig verehrt wird.

Vögel

Oman gilt mit über vierhundert Arten schon fast als **Vogelparadies.** Neben den zahlreichen einheimischen Vogelarten sind es vor allem Zugvögel und Wintergäste, die die Vogelwelt Omans so vielfältig machen (siehe auch Exkurs). Die Regierung ist sich dieses reichen ornithologischen Schatzes und seiner Bedrohung durch den sich immer weiter ausbreitenden Menschen bewusst. Durch die Einrichtung von **Vogelschutzgebieten** bei Ras al-Sawadi und Bandar Khayran, in Salalah, in der Ramlat al-Wahiba, in der Jiddat al-Harasis und auf dem Jebel Akhdar versucht man, den Vögeln einen möglichst ungestörten Lebensraum zu bieten.

Ein Kormoran vor Musandam

Die in anderen Ländern der Arabischen Halbinsel so beliebte **Falkenjagd** ist in Oman nicht besonders populär, außer bei einigen Stämmen in der Al-Dhahirah-Region.

Meerestiere

Die Unterwasserwelt an der omanischen Küste ist **äußerst vielfältig.** Ein Blick auf den frischen Fang, der auf den Fischmärkten verkauft wird, macht die Bandbreite des Meereslebens deutlich. Das Angebot reicht von Sardinen über Makrelen bis zu verschiedenen Barscharten. Auch **Haie** werden des Öfteren gefangen und angeboten.

Delfine sind entlang der gesamten Küste sehr häufig zu sehen, gelegentlich auch **Wale** (siehe Exkurs „Zauber einer blauen Welt: Delfine und Wale"). Auch gefährlichere Arten wie Rochen, Muränen und Seeschlangen kommen in den Gewässern vor.

An den Korallenbänken, die der Küste teilweise vorgelagert sind, tummeln sich **tropische Fischarten.** Daneben leben hier unzählige Muschelarten, Seeschnecken, Seeigel und Krebse, darunter Langusten und Krabben. Letztere kann man ebenso wie Einsiedlerkrebse leicht am Strand beobachten.

Die Ostküste und die Strände Masirahs sind wichtige Brutgebiete für **Meeresschildkröten** (siehe Exkurs „Meeresschildkröten im Mondschein").

☑ An der Ostküste kommen Meeresschildkröten zur Eiablage an den Strand

oman006 pf

Oman für Ornithologen

von Kirstin Kabasci

Vogelfreunde kommen in der abwechslungsreichen Landschaft Omans voll auf ihre Kosten: Die offizielle „Oman Bird List" (zusammengestellt von „Oman Bird Records", Adresse siehe unten, auch in großen Buchläden und im naturhistorischen Museum in Qurum zu kaufen) nennt **436 Arten.** Diese Artenvielfalt verblüfft, ist Oman doch ein überwiegend arides Land ohne große Seen und Wälder. Nur etwa 80 Arten sind im Sultanat beheimatet, die meisten Vögel kommen als Gäste, die das Sultanat als Zwischenstopp auf ihren jährlichen Zugrouten aus paläarktischen Regionen nach Afrika und zurück nutzen oder hier überwintern. Warum Oman so viele Vogelarten anzieht, erklärt ein Blick auf die Landkarte: Das Sultanat bildet eine Landbrücke zwischen Asien und Afrika und somit einen idealen Rastplatz zwischen den Kontinenten.

Endemische Arten gibt es in Oman zwar nicht, doch unter den Besuchern sind **zahlreiche seltene Spezies,** die hier leichter zu finden sind als irgendwo sonst. Ein Paradies dafür ist die Insel Masirah, auf der Wissenschaftler jedes Jahr während der Zugzeit mehrere bislang in Oman nicht gesichtete Arten entdecken.

Ein engagierter Ornithologe kann zur günstigsten Jahreszeit bei einer zwei- bis dreiwöchigen Reise durch das Sultanat mit etwas Glück und viel Ausdauer an die 200 verschiedene Arten vor sein Fernglas bekommen. Wer möglichst viele Arten beobachten möchte, muss sowohl den **Norden wie auch** den **Süden** bereisen. Dabei wird man in Nordoman auf vorwiegend europäische und asiatische Spezies treffen, wohingegen jenseits einer knapp 1000 km breiten Wüstenbarriere (die keinesfalls völlig vogelfrei ist) in der südomanischen Region Dhofar afrikanische Arten dominieren.

Die beste Zeit zum Vogelbeobachten bietet sich, wenn Zugvögelschwärme **zwischen September und Oktober sowie zwischen Februar und April** über das Sultanat fliegen. Im September/Oktober ist es allerdings noch relativ heiß, und die unausgefärbten Jungvögel erschweren ihre Bestimmung. Um möglichst viele Arten zu Gesicht zu bekommen, empfehlen sich der späte Herbst und das späte Frühjahr, insbesondere aber das Frühjahr, denn dann zeigen sich zahlreiche Spezies wegen der bevorstehenden Brutzeit in ihrem prächtigsten Federkleid.

Vögel, die in Oman überwintern, kommen meist aus bis zu 5000 km entfernten Gebieten, wo sie während des dortigen Sommers mit seinen langen Tagen gebrütet haben. Ein bedeutender Landstrich für Tausende von Wintervögeln bilden die seichten, nahrungsreichen Schlickebenen an der Landzunge Bar al-Hikman, an der fast unbewohnten Ostküste Omans.

Ebenfalls an der Küste überwintern zahllose **Möwen und Seeschwalben.** Sie kommen im September, allerdings liegt ihre Heimat nicht ganz so weit entfernt in Europa und Zentralasien. Die großen Raubseeschwalben fühlen sich das ganze Jahr über wohl im Sultanat. Ab dem frühen Januar erreicht die größte Möwenart, die Fischmöwe, ihre Wahlheimat an den Stränden von Yiti und am Ras al-Hadd. In ihrem Winterkleid hat sie zwar einen weißen Kopf, doch im Brutkleid macht sie ihrem englischen Namen „Black-headed Gull" alle Ehre.

Ende März verlassen viele Wintergäste das Land, und es fliegen diverse **Sommerbesucher** ein, so auch die aus ihren Überwinterungsquartieren im östlichen und südlichen Afrika kommenden omanischen Brutvögel, wie z. B. Blauwangenspinte und Bienenfresser. Letztgenannte brüten in der nordomanischen Batinah-Ebene, wo sie tiefe Brutröhren in sandige Steilwände graben.

Der südomanische Dhofar dient in den Sommermonaten manchen Arten aus den genannten afrikanischen Regionen als „Überwinterungsplatz", denn aus Sicht ihrer eigentlichen Heimat jenseits des Äquators (wo sie brüten) verbringen sie hier die Wintermonate. Aufgrund des Sommermonsuns ist im Dhofar das Nahrungsangebot weitaus üppiger als in der winterlich trockenen Steppe Afrikas. Unter ihnen sind sehr farbenprächtige Spezies wie die Waaliataube, der Graukopffliest und der Goldkuckuck, der kein eigenes Nest baut, sondern die Gilbweber seine Jungen ausbrüten und aufziehen lässt.

Es folgt eine Aufzählung typischer und interessanter Arten, die in Oman beobachtet werden können. Die Nennung erfolgt zuerst mit dem deutschen, dann mit dem wissenschaftlichen und zuletzt mit dem englischen Namen. In Klammern folgt ihr Status in Oman (J = Jahresvogel, W = Wintervogel, S = Sommervogel, B = Brutvogel, D = Durchzügler).

Hauptstadtregion

Parks und Gärten

- **Hinduracke** / Coracias benghalensis / Indian Roller (J)
- **Palmtaube** / Streptopelia senegalensis / Palm Dove (J)
- **Streifenprinie** / Prinia gracilis / Graceful Warbler (J)
- **Weidensperling** / Passer hispaniolensis / Spanish Sparrow (J)
- **Haussperling** / Passer domesticus / House Sparrow (J)
- **Purpur-Nektarvogel** / Nectarinia asiatica / Purple Sunbird (J)
- **Haubenlerche** / Galerida cristata / Crested Lark (J)
- **Malabarfasänchen** / Euodice malabarica / Indian Silverbill (J)

Natural Reserve Park in Qurum und Al-Ansab Süßwasser-Lagune bei Bowshar

- **Schelladler** / Aquila clanga / Greater Spotted Eagle (W)
- **Habichtsadler** / Hieraaetus fasciatus / Bonelli's Eagle (J)
- **Steppenadler** / Aquila nipalensis / Steppe Eagle (W)
- **Kaiseradler** / Aquila heliaca / Imperial Eagle (W)
- **Ohrengeier** / Torgos tracheliotus / Lappet-faced Vulture (J)
- **Schmutzgeier (Aasgeier)** / Neophron percnopterus / Egyptian Vulture (J)
- **Rüppellseeschwalbe** / Sterna bengalensis / Lesser Crested Tern (D)
- **Weißwangenseeschwalbe** / Sterna repressa / White-cheeked Tern (B)
- **Eilseeschwalbe** / Sterna bergii / Swift Tern (J)
- **Wüstenregenpfeifer** / Charadrius leschenaultii / Greater Sand Plover (J)
- **Küstenreiher** / Egretta gularis / Western Reef Heron (J)
- **Moorente** / Aythya nyroca / Ferruginous Duck (W)
- **Bruchwasserläufer** / Tringa glareola / Wood Sandpiper (W)
- **Rohrweihe** / Circus aeruginosus / Marsh Harrier (W)
- **Tüpfelsumpfhuhn** / Porzana porzana / Spotted Crake (D, im Herbst)
- **Zwergsumpfhuhn** / Porzana pusilla / Baillon's Crake (D, im Herbst)
- **Graureiher** / Ardea cinerea / Grey Heron (W)
- **Krickente** / Anas crecca / Common Teal (W)
- **Zwergstrandläufer** / Calidris minuta / Little Stint (W)
- **Temminckstrandläufer** / Calidris temminckii / Temminck's Stint (W)

Sichelstrandläufer / Calidris ferruginea / Curlew Sandpiper (W)
Stelzenläufer / Himantopus himantopus / Black winged Stilt (B)
Bruchwasserläufer / Tringa glareola / Wood Sandpiper (W)
Waldwasserläufer / Tringa ochropus / Green Sandpiper (W)
Teichwasserläufer / Tringa stagnatilis / Marsh Sandpiper (W)
Schwarzhalstaucher / Podiceps nigricollis / Black-necked Grebe (W)
Zwergtaucher / Tachybaptus ruficollis / Little Grebe (B)
Löffler / Platalea leucorodia / Common Spoonbill (W)
Sichler / Plegadis falcinellus / Glossy Ibis (W)
Bachstelze / Motacilla alba / White Wagtail (W)
Weißbartseeschwalbe / Chlidonias hybridus / Whiskered Tern (W)
Weißflügelseeschwalbe / Chlidonias leucopterus / White-winged Black Tern (D)
Raubseeschwalbe / Sterna caspia / Caspian Tern (J)

Yiti, Bandar Khayran

Weißkopfmöwe / Larus cachinnans / Yellow-legged Gull (W)
Fischmöwe / Larus ichthyaetus / Black-headed Gull (W)

Küstenebene Batinah

Hinduracke / Coracias benghalensis / Indian Roller (J)
Smaragdspint / Merops orientalis / Little Green Bee-eater (J)
Blauracke / Coracias garrulus / European Roller (D)
Bienenfresser / Merops apiaster / European Bee-eater (S)
Blauwangenspint / Merops persicus / Blue-cheecked Bee-eater (J)
Rötelfalke / Falco naumanni / Lesser Kestrel (D, im April/Mai)

oman008 pf

Hinduracke / Indian Roller

Ras al-Sawadi und vorgelagerte Inseln

■ **Fischmöwe** / Larus ichthyaetus / Black-headed Gull (W)
■ **Schieferfalke (Blaufalke)** / Falco concolor / Sooty Falcon (B, Juni bis Okt.)
■ **Rotschnabel-Tropikvogel** / Phaethon aethereus / Red-billed Tropicbird (B)
■ **Schwarzgesichtsscharbe** / Phalacrocorax nigrogularis / Socotra Cormorant (J)

Ostküste

Ras al-Hadd

■ **Reiherläufer** / Dromas ardeola / Crab Plover (J)

Bar al-Hikman und Insel Masirah

■ **Rosaflamingo** / Phoenicopterus ruber / Greater Flamingo (J)
■ **Reiherläufer** / Dromas ardeola / Crab Plover (W)
■ **Sumpfläufer** / Limicola falcinellus / Broad-billed Sandpiper (W)
■ **Rauchschwalbe** / Hirundo rustica / Barn Swallow (D)
■ **Blauracke** / Coracias garrulus / European Roller (D)
■ **Sandlerche** / Ammomanes cincturus / Bar-tailed Desert Lark (B)
■ **Anadyr-Knutt** / Calidris tenuirostris / Great Knot (W)

Jiddat al-Harasis, z. B. Oase Dauka

■ **Braunbauchflughuhn** / Pterocles exustus / Chestnut-bellied Sandgrouse (B)
■ **Tropfenflughuhn** / Pterocles senegallus / Spotted Sandgrouse (J)
■ **Kronenflughuhn** / Pterocles coronatus / Crowned Sandgrouse (B)
■ **Wüstenläuferlerche** / Alaemon alaudipes / Hoopoe Lark (J)
■ **Heckensänger** / Cercotrichas galactotes / Rufous Bush Robin (D)
■ **Adlerbussard** / Buteo rufinus / Long-legged Buzzard (J)

Dhofar

Südhänge des Jebel Qara und Jebel Samhan

(insbesondere Quellen wie Ain Razat, Ain Hamran, das Tawi Attair Sinkhole sowie Wadi Haluf, Wadi Darbat, Wadi Hinna)

■ **Wellenflughuhn** / Pterocles lichtensteinii / Lichtenstein's Sandgrouse (B)
■ **Tristramstar** / Onychognathus tristramii / Tristram's Grackle (B)
■ **Borstenrabe** / Corvus rhipidurus / Fan-tailed Raven (B)
■ **Schwarzkopfsteinhuhn** / Alectoris melanocephala / Arabian Partridge (B)
■ **Graukopfliest** / Halcyon leucocephala / Grey-headed Kingfisher (S)
■ **Gilbweber (Pirolweber)** / Ploceus galbula / Rüppell's Weaver (J)
■ **Jerichonektarvogel** / Nectarinia osea / Palestine Sunbird (B)
■ **Silberschnäbelchen** / Euodice cantans / African Silverbill (B)
■ **Bergammer** / Emberiza tahapisi / African Rock Bunting (B)
■ **Goldkuckuck** / Chrysococcyx caprius / Didric Cuckoo (S)
■ **Waaliataube** / Treron waalia / Bruce's Green Pigeon (B)
■ **Schlangenadler** / Circaetus gallicus / Short-toed Eagle (W)
■ **Kaiseradler** / Aquila heliaca / Imperial Eagle (W)

■ **Afrikan. Paradiesschnäpper** / Terpsiphone viridis / African Paradise Flycatcher (B)
■ **Schwarzrücken-Steinschmätzer** / Oenanthe lugens / Mourning Wheatear (B)
■ **Seidenreiher** / Egretta garzetta / Little Egret (W)

Vogelschutzgebiet Khor Salalah

(Zutritt nur in einem kleinen Teil gestattet; auch jenseits des Zaunes lassen sich interessante Arten beobachten), Khor Rouri, Khor Taqah und Khor Mughsayl

■ **Rosaflamingo** / Phoenicopterus ruber / Greater Flamingo (J)
■ **Spießente** / Anas acuta / Pintail (W)
■ **Zwergtaucher** / Tachybaptus ruficollis / Little Grebe (B)
■ **Löffler** / Platalea leucorodia / White Spoonbill (J)
■ **Sichler** / Plegadis falcinellus / Glossy Ibis (J)
■ **Seidenreiher** / Egretta gazetta / Little Egret (W)
■ **Wasserfasan** / Hydrophasianus chirurgus / Pheasant-tailed Jacana (W)
■ **Weißbartseeschwalbe** / Chlidonias hybridus / Whiskered Tern (W)
■ **Maskentölpel** / Sula dactylatra / Masked Booby (D, im Frühherbst)
■ **Rostgans** / Tadornaferruginea / Ruddy Shelduck (W)
■ **Reiherente** / Aythya fuligula / Tufted Duck (W)
■ **Fisch-/Graureiher** / Ardea cinerea / Grey Hereon (W)

Farmland

■ **Weißstorch** / Ciconia ciconia / White Stork (W)
■ **Kuhreiher** / Bubulcus ibis / Cattle Egret (W)

Adressen

■ **Oman Bird Records Committee**
Muscat, Tel. 24605400 (Informationen für Ornithologen, Oman Bird News, Oman Bird List, Breeding Atlas of Oman, nimmt gerne auch aktuelle und detaillierte Beobachtungslisten an)
■ **Ornithological Society of the Middle East**
OSME, www.osme.org (Informationen zur Vogelbeobachtung und Beobachtungslisten zwischen Armenien und Jemen, Online-Magazin „Sandgrouse", nehmen gerne Seltenheitsbeschreibungen an)
■ **www.birdsoman.com**
Internetseite der beiden Ornithologen und Autoren zahlreicher Bücher *Hanne* und *Jens Eriksen* mit ausführlicher Bildergalerie

Buchtipps

■ **Birdwatching Guide to Oman**
H. & J. Eriksen, P. & D. Sargeant, Al-Roya Publishing, Muscat (ca. 10 RO, gut aufgemachter und informativer Führer)
■ **Common Birds in Oman**
H. & J. Eriksen, Al-Roya Publishing, Muscat (ca. 10 RO, Bestimmungsbuch)
■ **Oman Bird List**
Liste aller in Oman beobachteten Vogelarten, Oman Bird Records Committee
■ **Pareys Vogelbuch.** Alle Vögel Nordeuropas, Nordafrikas und des Nahen Ostens.
H. Heinzel, R. Fitter, J. Parslow; Parey, Hamburg (Feldführer, nur noch antiquarisch)

Religion – der Islam

Wohl kaum eine andere Gegend der Erde ist so stark vom Islam geprägt wie die Arabische Halbinsel. Hier, genauer im heutigen Saudi-Arabien, lebte vor gut 1300 Jahren der **Prophet Muhammad.** Ihm wurde das heilige Buch der Muslime, **der Qur'an,** offenbart. Damit begann die rasante Ausbreitung des Islam, dem heute weltweit über eine Milliarde Menschen angehört. In Oman bekennt sich die überwiegende Mehrheit der Bevölkerung zum Islam. Lediglich unter den Gastarbeitern ist auch ein kleiner Anteil von Hindus und Christen, die ihren Glauben frei ausüben können.

Das **arabische Wort Islam** bedeutet **„vollständige Hingabe,** Ergebung und Unterwerfung in den Willen Allahs". **Muslim** bezeichnet jemanden, der den Islam ausübt. Religion und Leben lassen sich im Islam nicht voneinander trennen, denn der **Alltag soll gelebter Glaube sein.** So wäre es für einen Muslim unmöglich, seinen Glauben distanziert vom normalen Leben in Klöstern zu praktizieren. Daher orientiert sich der Islam an den Bedürfnissen des alltäglichen Lebens und gibt konkrete Richtlinien für nahezu jede Lebenslage: Tischsitten, Verhalten beim Niesen oder Händeschütteln, Vorschriften zur Almosengabe, Grundsätze zur Erziehung, **Rechtsprechung (Shari'a),** Erb- und Staatsrecht, gesellschaftliche Aufgaben von Mann und Frau und selbstverständlich religiöse Grundsätze. Damit ist er weit mehr als „nur" eine Religion.

Der Islam ist ein **streng monotheistisch ausgerichteter Glaube, es gibt nur einen Gott (arab.: Allah).** Es ist derselbe Gott, an den auch die Christen glauben. **Muhammad ist der Gesandte Gottes, also ein Mensch.** Er wird nicht als Sohn Gottes angesehen, da Allah keinen Sohn haben kann. Deshalb würde sich auch kein Muslim selber als „Mohammedaner" bezeichnen. Manche sehen das sogar als Beleidigung an.

Geistliche und Priester haben im Islam keine Existenzberechtigung. Zwischen Schöpfer und Geschöpf soll kein Mittler stehen, da der Glaube die direkte Angelegenheit zwischen ihnen ist. *„Allah ist den Menschen näher als die eigene Halsschlagader"*, heißt es im Qur'an. Alle Menschen sind vor Allah gleich und bilden zusammen die **umma,** die Gemeinschaft der Gläubigen.

Die **Gemeinsamkeiten von christlichem und muslimischem Glauben** sind größer als oft angenommen. Zahlreiche biblische Stammväter und Propheten wie *Abraham, Moses* und *Jesus* werden als wichtige Wegbereiter des Islam angesehen. Doch Muhammad war der letzte und endgültige Prophet, dem der Qur'an als das Wort Gottes übermittelt wurde. Er basiert teilweise auf dem Alten Testament, viele Grundideen der beiden anderen „Buchreligionen" Christentum und Judentum finden sich im Qur'an wieder. Nach muslimischer Auffassung ist der Islam jedoch die endgültige Gestalt der Religion. Auch Bibel und Thora gelten als heilige Bücher, und der Qur'an ruft in der 60. Sure zur Gerechtigkeit gegenüber den anderen Buchreligionen auf.

Wie steht es also um die weit verbreiteten **Vorurteile,** der Islam sei eine gegenüber Andersgläubigen intolerante, grausame und kriegerische Religion? Der Qur'an selber sagt: *„Und tötet die heidnischen Gegner, wo immer ihr sie zu fassen bekommt, … denn das ist der Lohn der Ungläubigen …"* (Sure 2, Vers 191). Doch dieses Zitat steht ohne den notwendigen inhaltlichen Zusammenhang. Dem Aufruf des Qur'an, die Ungläubigen zu ermorden, folgt im Vers 192: *„… greifen sie euch an, dann schlagt sie tot, … aber wenn sie ablassen, ist Allah verzeihend und barmherzig, … so sie ablassen, sei keine Feindschaft."* Es finden sich zahlreiche Qur'anstellen, in denen Gnade und Frieden gefordert oder verheißen werden. Die Worte „Islam" und „Muslim" sind verwandt mit „Salam", dem „Frieden", denn sie basieren auf der gleichen Wurzel s–l–m.

Ähnlich steht es mit der **Pauschalisierung,** den „Jihad" als „Heiligen Krieg des Islam gegen die Ungläubigen" zu bezeichnen. „Jihad" beinhaltet die Wurzel j–h–d, die übersetzt „sich anstrengen" bedeutet. Gemeint ist die Anstrengung auf dem Weg des Glaubens. Es ist in erster Linie die „Anstrengung des Geistes", der Kampf gegen den eigenen Unglauben. Doch durch das Einfügen des Buchstaben *Alif,* eines langen a, und die daraus entstehende andere Betonung, wird der Jihad zum „Kampf". Der wiederum ist nach der Auslegung des Qur'an nur als Verteidigung des Islam gegen Ungläubige erlaubt. Die Übersetzung sollte besser „Kampf um die heilige Sache" lauten, denn der Krieg an sich ist nicht heilig. Die Kämpfe zwischen muslimischen Staaten untereinander oder gegen andere waren und sind meistens politisch motiviert, auch wenn die Religion oft als Rechtfertigung für einen Krieg herhalten muss.

Die Entwicklung des Islam

Der Prophet Muhammad

Im Jahre **570 n. Chr.** wurde der Prophet Muhammad („Der Gepriesene") geboren. Zu dieser Zeit waren die Bewohner der Arabischen Halbinsel zum größten Teil Beduinen und streng in Stämmen organisiert. Doch es zeigten sich auch die ersten Anzeichen einer Struktur, die über die Stämme hinausging. Es entstanden eine gemeinsame Literatursprache und ein Handelssystem mit Märkten und Kleinstädten. Die Ka'aba in Mekka war schon in vorislamischer Zeit ein Heiligtum der Beduinen. Allah war einer ihrer Götter, der allerdings eine nur untergeordnete Rolle spielte. Bedeutsamer waren die lokalen Gottheiten.

Muhammad gehörte dem bedeutenden **Stamm der Quraish** an. Sein Vater war Kaufmann, starb allerdings früh, sodass er bei seinem Onkel aufwuchs. Um seinen Lebensunterhalt zu verdienen, arbeitete er als Karawanenführer für die Kaufmannswitwe *Khadija,* die er später heiratete. Durch die weit reichenden Handelsverbindungen erhielt er schon früh Kenntnisse über andere Völker und andere Religionen. Im Alter von vierzig Jahren erschien ihm der Engel *Gabriel,* der ihm nach und nach die Worte Allahs, den „Qur'an", übermittelte. Nachdem Muhammad begann, die neue monotheistische Religion des Islam zu verkünden, standen ihm viele Einwohner Mekkas feindselig gegenüber. Sie fürch-

Zawawi-Moschee in Al-Khuwair/Muscat

teten, dass ihre Stadt ihre Position als Wallfahrtsort und damit als Wirtschaftszentrum verlieren könnte.

622 n. Chr. zog Muhammad mit seinem Gefolge von Mekka nach Yathrib. In seiner Heimatstadt sah er keine Möglichkeit, die neue Religion gegen die alteingesessenen Priester und Händler durchzusetzen. Der **Hijra,** der „Auswanderung", wird in der islamischen Welt eine so große Bedeutung beigemessen, dass sie den **Beginn der islamischen Zeitrechnung** markiert. Yathrib wurde fortan *Medinat al-Nabi,* „die Stadt des Propheten", genannt, was sich später zu Medina verkürzte. Hier fand Muhammad schnell weitere Anhänger, und er begann, feste Regeln für das Miteinander der Gläubigen aufzustellen.

Muhammad erhob sein Wort gegen den gesellschaftlichen und moralischen Niedergang der damaligen Zeit. Spannungen, Konflikte und auch Kriege zwischen den Stämmen waren an der Tagesordnung. Der Übergang von der matrilinearen zur patrilinearen Stammesorganisation war in vollem Gang, gesellschaftliche Missstände spitzten sich immer mehr zu. Ein schweres Los hatten die Frauen, denn sie galten zunehmend als eine Art Ware, die man kaufen, verkaufen oder vererben konnte. Muhammad wollte nicht nur diese **sozialen Missstände** beseitigen, er hatte auch die Vision, die **Stammesgesellschaft** zugunsten einer großen Gemeinschaft aller Gläubigen, der *umma*, zu überwinden.

Mit den Bewohnern seiner Heimatstadt Mekka begann eine kriegerische Auseinandersetzung, die mit einem **Sieg Muhammads** und seiner Anerkennung als Führer endete. Die Pilgerfahrten zur Ka'aba mit ihrem heiligen Stein wurden wieder aufgenommen, und die neue Religion breitete sich innerhalb kurzer Zeit über fast die gesamte Arabische Halbinsel aus. Teilweise geschah dies durch Kämpfe und Eroberungen, zum Teil wurde der Glaube – so wie in Oman im Jahre 630 – freiwillig angenommen (siehe unter „Geschichte", „Der Einzug des Islam").

Muhammad starb im Jahre 632 in Medina, wo auch seine Grabesmoschee steht.

Die Zeit nach Muhammad

Nach dem Tode Muhammads entbrannte ein **Streit um die Führung** der Gläubigen, da der Prophet keinerlei Verfügungen für seine Nachfolge erlassen hatte. So kam es auch in Oman zu einer Rebellion gegen Khalif Abu Bakr in Mekka, die jedoch niedergeschlagen wurde.

Die **ersten vier Khalifen** (arab. *khalifa,* Nachfolger bzw. Stellvertreter) **Abu Bakr, Omar, Othman** und **Ali** werden auch „die Rechtgeleiteten" genannt. Unter ihnen breitete sich der neue Glaube innerhalb von nur etwa dreißig Jahren bis zum heutigen Afghanistan im Osten und bis Libyen im Westen aus, wenig später sogar bis auf die Iberische Halbinsel. Omanis spielten bei dieser Verbreitung eine wichtige Rolle.

Es gab verschiedene Gründe für die **rasche Ausbreitung des Islam.** Vor allem gelang es, die zuvor zerstrittenen Stämme zu vereinen, die fortan gemeinsam im Dienste Allahs kämpften. Der Islam zeigte zudem die erstaunliche Fähigkeit, Elemente anderer Kulturen wie der hellinistischen, persischen und indischen aufzunehmen und zu etwas Neuem zu verschmelzen. So taten sich auch die Besiegten leichter, die neue Religion anzunehmen. Der Ausbreitung kam aber auch zugute, dass die mächtigen Reiche der damaligen Zeit – Perser, Byzantiner und Römer – gegen große innere Probleme anzukämpfen hatten, bzw. im Untergang begriffen waren.

Um die Führung dieses Reiches gab es immer wieder Zwist. Nach der Ermordung des vierten Khalifen Ali, dem Schwiegersohn und Vetter Muhammads, spitzte sich der Streit um die Macht zu – die Folge war die endgültige **Spaltung des Islam in Sunniten und Schiiten.** Die Schiiten („Shi'a Ali“, „die Partei Alis“) erkennen nur die Nachkommen Alis als rechtmäßige Khalifen an, während die Sunniten Blutsverwandtschaft mit dem Propheten als nicht unbedingt notwendig ansehen. Sie sind den Schiiten zahlenmäßig weit überlegen und stellen heute einen Anteil von über 80 Prozent aller Muslime. In dieser frühen Zeit entstand jedoch noch eine weitere Glaubensrichtung, die der Kharijiten, aus denen wiederum die **Ibaditen** hervorgingen. Sie wurden von den Sunniten verfolgt und fanden u. a. in den Bergen Omans Schutz. Die **Mehrheit der omanischen Bevölkerung** bekennt sich heute zur ibaditischen Lehre, die als gemäßigt gilt.

Tolerant und liberal – der Ibadismus in Oman

Die Anhänger der *Ibadiyya,* wie die Lehre auf Arabisch genannt wird, werden üblicherweise als eine Splittergruppe der Kharijiten angesehen. Sie selbst erachten sich als unabhängig. Beide Gruppierungen haben ihren **Ursprung unter dem dritten Khalifen Othman.** Nach seiner recht kurzen Regierungszeit war seine Nachfolge im Amt des Khalifen ungeklärt. *Ali,* der Schwiegersohn Muhammads, und *Mu'awiya,* der spätere Begründer der Dynastie der Omayyaden, erhoben Anspruch auf das Amt. Ali wurde zwar Khalif, aber schon bald ermordet. So begann die Zeit der Omayyaden unter Mu'awiya. Dies brachte nicht nur die Spaltung der Gläubigen in Sunniten und Schiiten mit sich, sondern es entstand in dieser Zeit auch die Gruppe der **Kharijiten,** die weder Ali noch Mu'awiya anerkannten.

> „Im Namen des barmherzigen und gnädigen Gottes“

Zur Zeit des ersten Omayyadenkhalifen entwickelte **Abdallah ibn Ibad** die Lehre der Kharijiten in Basra weiter. Er sah seine Glaubensrichtung als authentischen Fortlauf des Islam unter Muhammad und den ersten beiden Khalifen *Abu Bakr* und *Omar* an.

Doch schon nach einer kurzen Zeit des Dialogs zwischen Ibaditen und Sunniten kam es zum Streit und zu **Verfolgungen** der Anhänger der ibaditischen Lehre. Als Ungläubige verfolgt, flohen sie in ihre ursprüngliche Heimat, Oman und Nordafrika. Ihr wichtigstes Rückzugsgebiet waren die nur schwer zugänglichen Berge in Oman. Hier konnten sie sich gegen Repressionen abschotten, und von hier aus kam es zu Aufständen und Kriegen, sogar zur Eroberung der Heiligen Stätten von Mekka für eine kurze Zeit.

Die Ibaditen sind jedoch alles andere als kriegerisch. In ihren Augen darf die Religion nicht für Kriege und Auseinandersetzungen missbraucht werden. Mit ihrer **liberalen Einstellung** gegenüber Andersgläubigen und ihren demokratischen Strukturen sind sie eher als gemäßigt und tolerant zu bezeichnen. Trotz ihrer puritanischen Auffassung kann man sie auch als Modernisten sehen: Sie sind der Meinung, dass der Qur'an und andere Glaubensinhalte immer neu der Zeit entsprechend interpretiert werden können.

Im Unterschied zu den Sunniten und Schiiten soll bei den Ibaditen der **Führer** (der **Imam**) frei von der *umma,* der Gemeinschaft der Gläubigen, gewählt werden. Jeder gläubige und theologisch gebildete Muslim kann sich für das Amt bewerben, sofern er seine religiöse Gelehrsamkeit *('ilm)* und sein politisches Geschick *(wilaya)* unter Beweis stellt. Von welchem Stamm er kommt, spielt keine Rolle.

Eine dynastische **Herrschaft** mit einer automatischen Übertragung des Amtes vom Vater auf den Sohn ist **ausgeschlossen.** Allerdings blieb der Titel des Imams zumeist doch innerhalb einer Familie, wobei sich aber jeder neue Imam der Wahl zu stellen hatte. Die Gemeinschaft erwartete von ihrem Imam, dass er sich nach innen für Gerechtigkeit und nach außen für Sicherheit einsetzte. In schwierigen Fragen hatte er die **ulema,** die gelehrten Stammesnotablen, zu Rate zu ziehen. In der Auffassung der Ibaditen besteht zwischen Volk und Imam eine Art Sozialabkommen. Für seine Rechte als Führer hat der Imam auch seinen Pflichten nachzukommen, ansonsten droht ihm die **Abwahl,** die jederzeit möglich ist.

[<] „Der Heilige Qu'ran"

Die theoretische Form des Imamats lässt Parallelen zu den **politischen Prinzipien der Stammesgesellschaft** erkennen, die sich in Oman bis heute in weiten Teilen erhalten hat (siehe Abschnitt „Bevölkerungsgruppen und Sozialstruktur“). Genau wie die Stammesführer war auch der Imam in der Regel von „edler“ Abstammung, musste jedoch seine persönliche Eignung erst unter Beweis stellen. Und genau wie sie musste auch der Imam bei der Ausführung seines Amtes auf ein hohes Maß an Konsultation und Konsens achten. Hat also das Imamat dazu beigetragen, dass sich die Strukturen der Stammesgesellschaft bis heute erhalten haben? Es war wohl umgekehrt: Durch die Verwurzelung in diesen Strukturen erhielt das Amt des ibaditischen Imams seine Plausibilität.

Das Amt des Imams blieb **unbesetzt,** wenn sich kein geeigneter Führer fand. Der Imam besaß religiöse Autorität, jedoch weniger weltliche Macht als der Khalif der Sunniten. Daher bildete sich in Oman daneben ein zweites Amt, das des **Sultans,** heraus. Beide Ämter konnten durchaus von einer Person ausgeübt werden, wenn sie von den Gläubigen für fähig gehalten und gewählt wurde.

In der Geschichte kam es zu ständigen Kämpfen, sodass der Sultan zeitweise regierte, ohne als Imam anerkannt zu sein. Für eine kurze Zeit Anfang des 20. Jahrhunderts gab es sogar einen Vertrag, der das Herrschaftsgebiet der beiden Kontrahenten regelte: Der Sultan war weltlicher Herrscher an der Küste, der Imam geistlicher Führer in Inner-Oman. Erst in den 1950er Jahren setzte sich der Sultan endgültig gegen den Imam durch. Das Amt des Imams gibt es seither in Oman nicht mehr.

Die Blütezeit des Islam

Nach dem Tode Alis wurde das Amt des Khalifen erblich. Es folgte ihm zunächst die Dynastie der **Omayyaden** in Damaskus, anschließend die der **Abbasiden** in Bagdad. Wirtschaftlich und kulturell erlebte die gesamte arabisch besetzte Welt eine glänzende Zeit. Die Araber übersetzten zahlreiche Bücher des antiken Griechenland ins Arabische und entwickelten deren Kenntnisse weiter. Die Wissenschaften nahmen einen enormen Aufschwung. Doch den Abbasiden gelang es nicht, das riesige Reich zusammenzuhalten. In Spanien, dann auch in Ägypten und Syrien, übernahmen andere Dynastien die Macht. Das Reich der Khalifen ging endgültig unter, als 1258 die Mongolen Bagdad eroberten.

Im frühen Mittelalter herrschte zunächst noch Toleranz zwischen den drei Buchreligionen. Diese endete zur Zeit der **Kreuzzüge,** die das Grab Jesu zum Ziel hatten. Schon bald nach Beginn des ersten Kreuzzuges wurde Jerusalem gestürmt und ein Blutbad unter der muslimischen und jüdischen Bevölkerung angerichtet. Dies war der Beginn der offenen Feindseligkeiten zwischen Muslimen und Christen. Die **Rückeroberung Spaniens,** die 1492 mit der Einnahme Granadas endete, wurde von Verfolgungen, Zwangstaufen und der Vertreibung von Muslimen und Juden begleitet.

Kaum hatten die Europäer die Muslime im Westen verdrängt, sahen sie sich einer neuen Bedrohung von Osten gegenüber gestellt. Das Reich der **Osmanen** dehnte sich vom 15. bis 17. Jahrhundert stark aus. Nachdem die Herrschaft von Byzanz gebrochen war, tauften sie Konstantinopel in Istanbul um und er-

oberten sehr schnell den Nahen Osten. Ihr Herrschaftsbereich umfasste nahezu die gesamte arabische Welt (außer Teilen der Arabischen Halbinsel und Marokkos), schloss zeitweise sogar Kroatien und Ungarn ein und reichte 1529 und 1683 bis vor die Tore Wiens. Doch mit der zweiten (erfolglosen) Belagerung der österreichischen Hauptstadt hatte die Macht der Osmanen ihren Höhepunkt überschritten. Langsam wurden sie zurückgedrängt. Obwohl sie die Christen nur in Ausnahmefällen zur Konvertierung gezwungen hatten, hinterließen sie in Albanien und Bosnien große muslimische Gemeinden.

Mit dem Niedergang des osmanischen Reiches begann für viele muslimische Länder die Zeit der **Kolonialisierung.** Sie hatten den Anschluss an die moderne Entwicklung verloren. Aus der jahrhundertelangen Überlegenheit der islamischen Welt wurde eine **Rückständigkeit gegenüber Europa.** Mitte des 18. Jahrhunderts übernahmen die Briten die Macht in Teilen von Indien. Die

⌃ Kuppel der Großen Moschee in Muscat

oman010 pf

Franzosen landeten zunächst 1798 in Ägypten, dann eroberten sie 1830 Algerien und 1881 Tunesien. Marokko wurde unter Frankreich und Spanien aufgeteilt, Ägypten fiel an die Briten, Libyen an die Italiener. Diese Entwicklung setzte sich nach der endgültigen Vernichtung des Osmanenreiches im Ersten Weltkrieg auch im Nahen Osten und auf der Arabischen Halbinsel fort. Fast alle arabischen Länder befanden sich nun in Abhängigkeit der europäischen Großmächte. Oman war zu dieser Zeit zwar keine Kolonie, befand sich jedoch in faktischer Abhängigkeit von Großbritannien (siehe „Geschichte: Großbritannien als Schutzmacht“).

Nach dieser Phase der Fremdherrschaft, die erst im Laufe des 20. Jahrhunderts endete, sind viele arabische Staaten heute auf der **Suche nach der eigenen Identität.** Die Verweltlichung, die Trennung von Religion und Staat, aber auch soziale Probleme sind die Ursache für die immer lauter werdende Forderung nach einer Rückbesinnung auf den Islam. In Oman sind diese Tendenzen bisher allerdings praktisch nicht zu erkennen. Das Land hat es geschafft, ein modernes Staatswesen mit den Grundprinzipien der islamischen Religion zu vereinbaren.

Die Grundsätze des Islam

Der Qur'an (Koran)

Die wichtigsten Grundsätze des Islam sind im Qur'an („das Gelesene“, „der Vortrag“), dem **heiligen Buch der Muslime,** niedergeschrieben. Er besteht aus **114 Suren** (Abschnitten), die weder historisch noch thematisch geordnet sind. Vielmehr ist die Reihenfolge durch die Länge der Suren bestimmt: Mit Ausnahme der ersten stehen die längsten Suren am Anfang, die kürzesten am Ende des Qur'an. Die **erste Sure** ist zugleich eine der bedeutendsten und wird zudem für ihre Poesie gerühmt, die allerdings in der deutschen Übersetzung weitgehend verloren geht:

Im Namen des barmherzigen und gnädigen Gottes. Lob sei Gott, dem Herrn der Menschen in aller Welt, dem Barmherzigen und Gnädigen, der am Tag des Gerichts regiert!

Dir dienen wir, und dich bitten wir um Hilfe. Führe uns den geraden Weg, den Weg derer, denen du Gnade erwiesen hast, nicht den Weg derer, die deinem Zorn verfallen sind und irregehen!

Der Prophet **Muhammad empfing diese Offenbarungen** über einen Zeitraum von 23 Jahren. Die Chronologie der Offenbarung der einzelnen Suren war jedoch in den meisten Fällen gegenteilig der späteren Reihenfolge im Qur'an: Die kürzeren Suren gehörten zu den ersten, die längeren empfing Muhammad erst später in Medina.

Der Qur'an gibt **neben den religiösen Leitlinien auch lebenspraktische Dinge** vor. Es ist bestimmt, was Muslime essen und trinken dürfen (beispielsweise kein Schweinefleisch und keinen Alkohol), dass Männer maximal vier Ehefrauen haben dürfen (zur Zeit des Propheten eine Beschränkung), das Verbot des Zinses und viele weitere Vorschriften, auf denen die **Shari'a,** die **islamische Rechtsordnung,** basiert. Auch das Verbot menschlicher Abbildungen geht auf den Qur'an zurück, womit die Anbetung von Götzenbildern, wie sie in der vorislamischen Zeit in Mekka üblich war, abgeschafft werden sollte.

Die Inhalte wurden von Allah selbst offenbart (Sure 69, Vers 43: „*... eine Offenbarung vom Herrn der Menschen ...*"). Muhammad war im Grunde nur ein „Sprachrohr" Allahs. Der Qur'an ist für Muslime das **unverfälschte Wort Gottes** und besitzt absolute Autorität. Deshalb muss dem Buch der entsprechende Respekt entgegengebracht werden. Es darf nur an sauberen Orten – im hygienischen und moralischen Sinne – aufbewahrt und gelesen werden, es darf kein anderes Buch auf ihm abgelegt werden, und bevor man in ihm liest, sollte man sich waschen.

Der Qur'an wird nicht nur wegen seiner Inhalte geschätzt, sondern auch wegen seiner Sprache. In den Augen vieler ist das heilige Buch ein **Meisterwerk der Prosa.** Dieser literarische Rang gilt als ein Beweis seines göttlichen Charakters.

Es ist nicht einfach, Qur'an-Texte sinngemäß und treffend aus dem Arabischen zu übersetzen. Für viele Wörter gibt es keine gleichwertigen und eindeutigen anderssprachigen Ausdrücke. **Jede Übersetzung ist** somit **eine Interpretation.** So wird beispielsweise die Segensformel „Bismillah ar-Rahman ar-Rahim" mit „Im Namen des barmherzigen und gnädigen Gottes" übersetzt. Das arabische Wort „Rahman" steht aber allein für die Gnade und das Erbarmen Gottes, während das deutsche Wort „Erbarmen" auch eine menschliche Eigenschaft sein kann. Daher erkennen Muslime den Qur'an nur in Arabisch an, und weltweit wird er nur in der arabischen Sprache gelehrt. Bis heute gilt es für einen ernsthaften Muslim als besonders verdienstvoll, einmal im Leben den kompletten Qur'an von Hand abzuschreiben oder ihn auswendig zu lernen.

Die Sunna

Für die Sunniten ist neben dem Qur'an die Sunna („Tradition", „Brauch"), die **Taten und Zitate des Propheten Muhammad,** eine wichtige religiöse Richtschnur und eine wichtige Quelle des islamischen Rechts. Die Schiiten erkennen die Sunna zwar auch an, daneben ist für sie aber die Lebenspraxis ihrer Imame von großer Wichtigkeit.

Das Leben Muhammads gilt den Muslimen als beispielhaft, sie sammeln deshalb die Berichte über seine Worte und Taten. Im 9. und 10. Jahrhundert wurden sechs mehrbändige Sammlungen zusammengestellt. Diese **Hadithe** („Aussprüche", „Gespräche") gelten als eine Art „Gebrauchsanweisung" für die Religion und den Alltag. Ein Hadith fordert zum Beispiel beim Essen zum Benutzen der Finger der rechten Hand auf, andere beschreiben Grußformeln und Gebetsriten oder geben Hinweise über vorteilhafte Schlafstellungen. Dort heißt es *„In der Eile liegt keine Tugend"*, und *„Der Beste unter euch ist derjenige, der eine Frau am besten behandelt"*.

Die Sunna hat zugleich einen großen **Einfluss auf die Interpretation des Qur'an.** Unter den Gelehrten hat sich die Meinung durchgesetzt, dass der Text des Qur'an nur auf der Basis der Sunna zu verstehen ist. Daher werden für unklare Qur'anstellen oft Hadithe zur Interpretation hinzugezogen.

Die Moschee

Die Moschee ist der **heilige und zentrale Ort des muslimischen Glaubens.** Hier sollen die Gebete stattfinden, hier trifft man sich zu religiösen Diskussionen, und auch die ersten islamischen Universitäten entstanden in Moscheen. Daneben ist sie natürlich auch ein Platz zum Beten, Sammeln und Besinnen. Der arabische Begriff „masjid", aus dem sich „Moschee" ableitet, bedeutet übersetzt „Ort der Niederwerfung", also **Ort des Gebets.** Daneben hat sie eine wichtige soziale Funktion: Sie ist ein Treffpunkt der Gläubigen zum täglichen Gespräch. Die Atmosphäre in den meisten Moscheen ist nicht mit der in einer Kirche zu vergleichen.

Für ein muslimisches Gebetshaus ist **keine bestimmte Bauform** vorgeschrieben. Es kommt dafür jeder Raum in Frage, der im Inneren religiös rein und von außen allen Muslimen zugänglich ist. So heißen auch die Gebetsräume, die sich an Flughäfen oder großen Rasthäusern befinden, *masjid*, Moschee. Die ersten Moscheen waren einfache Häuser, ohne Minarett (Moscheeturm) und ohne die heutzutage oftmals aufwendigen ornamentalen Verzierungen.

Die großen Moscheen, die *masjid al-jami'*, dienen in erster Linie dem **Freitagsgebet.** Am Freitag, dem *yom al-jama'a* (Versammlungstag), treffen sich die Bewohner der ganzen Stadt oder des Stadtteils in der Freitagsmoschee. Der Prediger, der *khatib*, hält an diesem Tag eine Ansprache, die *khutba*. Das Ziel dieser Versammlungen ist es (oder war es in der medienfreien Vergangenheit), einmal in der Woche eine städtische Öffentlichkeit herzustellen.

Im Allgemeinen beten Männer und Frauen zu den Gebetszeiten in getrennten Bereichen oder verschiedenen Räumen, außerhalb dieser festen Zeiten aber auch nebeneinander. Beten sie gemeinsam, stehen die Frauen in den hinteren Reihen. Nicht aus Diskriminierung, sondern so soll verhindert werden, dass ein betender Mann durch einen Frauenpo vor ihm abgelenkt und auf „unreine" Gedanken gebracht wird.

Omanische Moscheen sind zumeist sehr schlicht, da die eher puritanische ibaditische Lehre keine großartigen Ornamente zulässt. Lediglich der *mihrab*, die Gebetsnische, ist reich mit Stuckarbeiten verziert und die Eingangstür oft mit Schnitzereien versehen. Ein Minarett gehört nicht unbedingt zu einer ibaditischen Moschee. Der Gebetsausrufer kletterte in früheren Tagen, als es elektrische Lautsprecher noch nicht gab, für gewöhnlich über einige Stufen direkt auf das Dach der Moschee, um von hier die Gläubigen zum Gebet zu rufen.

Viele historische Moscheen in Oman sind renoviert worden. An den alten Moscheen kann man sehr gut erkennen, dass sie, wenn möglich, immer an einem Bewässerungskanal (arab. *falaj,* siehe unter „Landwirtschaft") erbaut sind. So konnten die Gläubigen vor dem Gebet ihre rituellen Waschungen vornehmen. Mit der Verfügbarkeit von Leitungswasser hat dieser Aspekt heute keinerlei Bedeutung mehr.

In Omans Moscheen ist nur Muslimen der Zutritt gestattet. Einzige offizielle **Ausnahmen** sind die Sultan-Qaboos-Moscheen in Muscat, Nizwa, Bahla und Salalah.

Glaubensinhalte

Der Glaube an Gott

Für Muslime ist der Glaube an Gott, **an den einen und ewigen Gott,** dem keiner gleich kommt, in der 112. Sure festgeschrieben und bildet die herausragende Forderung des Islam. Sie sehen Gott als Schöpfer des Himmels, der Erde und seiner Geschöpfe sowie als Herrn des Jüngsten Gerichtes an.

Der Glaube an Gottes Engel

Im Dienste von Gott steht eine unbekannte Zahl geschlechtsloser und unsichtbarer Engel, die den Gläubigen leiten, begleiten, Fürbitte einlegen und ihm Botschaften vermitteln. Jedem Menschen sind zwei namenlose Schutzengel zugeteilt. Engel dienen nur Gott, sie sind aus Licht erschaffene Wesen, die über Raum und Zeit stehen, aber über Vernunft und Sprache verfügen.

Im Qur'an sind **vier Erzengel** erwähnt, darunter *Gabriel,* der Muhammad die Offenbarungen Gottes vermittelte, und *Michael,* der Gottes Befehle in der außerirdischen Welt ausführt.

Der Glaube an Gottes Bücher

Qur'an und **Hadith** sind Schriften verschiedener Art. Im Qur'an findet sich das verkündete Wort Gottes, wohingegen die Hadith Überlieferungen der Worte und Taten Muhammads (Sunna) aufzeichnet.

Der Glaube an Gottes Gesandte

Gott beauftragte diverse Auserwählte mit der Verkündung seiner Botschaften. Sein erster Gesandter war **Adam,** sein letzter **Muhammad,** doch auch **Noah, Abraham, Moses** und **Jesus** verkündeten Gottes Worte. Doch da die Menschen deren Aussagen oftmals missverstanden und verzerrt haben, sandte Gott Muhammad, damit er Gottes wahre Worte kundtun sollte. Nach Muhammad wird es keine weiteren Offenbarungen geben, weshalb Muslime die von Muhammad verkündeten Botschaften als letzte und unveränderliche Religion ansehen. An Muhammad und alle anderen Gesandten zu glauben, ist Pflicht eines jeden Muslim.

Der Glaube an die göttliche Vorbestimmung

Für Muslime liegt ihr Schicksal allein in Gottes Hand. Der Mensch besitzt zwar einen freien Willen, nach dem er handelt, doch über diesem stehen Gottes Bestimmungen. Alles, was war, und alles, was sein wird, alle guten und alle bösen Taten sind demnach vorbestimmt. **„Insha'allah", „so Gott will",** lautet die **Grundeinstellung der Muslime.** Dennoch sollen sie ihr Leben verantwortungsbewusst und zielstrebig führen und sich nicht willen- und tatenlos der Erwartung, Gott würde alles fügen, hingeben. Der Qur'an betont nachdrücklich, dass Vernunft, Denken, Wissen und Erkenntnis vom Menschen als zugängliche Fähigkeiten gebraucht werden sollen (Sure 30, Vers 24, 28; Sure 10 Vers 24; Sure 6, Vers 97). Ferner lässt der Glaube an die göttliche Vorbestimmung Schicksalsschläge leichter verkraften.

Der Glaube an die Wiederauferstehung am Jüngsten Tag

Für Muslime bedeutet Leben einen vorübergehenden Zustand, und nach dem Tod besteht der Glaube an ein **Fortleben im Jenseits.** Sie glauben, dass die Seele nach dem Tod in einem traumlosen Schlafzustand dahindämmert, empfindungslos und ohne Zeitgefühl, aber in Gottes Nähe. Am Jüngsten Tag, den Gott bestimmt, wird Gott Gericht halten und diejenigen, die in der irdischen Zeit ein gläubiges, rechtschaffenes und verdienstvolles Leben geführt haben, ins Paradies einlassen.

Religiöse Pflichten

Diese sind auch als die **„fünf Pfeiler des Islam"** bekannt:

Das Glaubensbekenntnis

Das Glaubensbekenntnis (arab. **shahada**) eines jeden Muslim lautet „La ilaha illa Allah, Muhammad rasul Allah", „Es gibt keinen Gott außer Gott, und Muhammad ist sein Gesandter". Mit diesem Zeugnis nimmt der Gläubige die Pflichten als Muslim auf

Der Gebetsruf lautet:

„Allahu akbar. Allahu akbar.
Gott ist größer. Gott ist größer.
Ashhadu 'an la illaha illa Allah.
Ich bezeuge, es gibt keinen Gott außer Gott.
Ashhadu 'an Muhammad rasul Allah.
Ich bezeuge, Muhammad ist der Gesandte Gottes.
Haiya ala-s-salat!
Auf zum Gebet!
Haiya ala-l-falah!
Auf zum Erfolg!
Allahu akbar. Allahu akbar.
Gott ist größer. Gott ist größer.
La illaha illa Allah.
Es gibt keinen Gott außer Gott."

الله أكبر. الله أكبر.
أشهد أن لا إله إلا الله.
أشهد أن محمدا رسول الله.
حي على الصلاة.
حي على الفلاح.
الله أكبر. الله أكبر.
لا إله إلا الله.

In der anbrechenden Morgendämmerung fügt der Muezzin dem Gebet noch die Zeile „Das Gebet ist besser als der Schlaf" ein.

oman013 pf

sich. Theoretisch tritt jeder, der dieses Bekenntnis in ernster Absicht und mit der Einleitung „Ich bezeuge" vor muslimischen Zeugen ausspricht, dem Islam bei. Der **Eintritt in die muslimische Glaubensgemeinschaft** (arab. **umma**) ist irreversibel, eine Abkehr kann nur durch den Tod erfolgen.

Die Pilgerfahrt nach Mekka

Jeder Muslim, der dazu gesundheitlich und finanziell in der Lage ist, sollte einmal in seinem Leben an der jährlich im 12. Monat des islamischen Jahres stattfindenden Pilgerfahrt (arab. **hajj**) nach Mekka mitmachen (Sure 2, Verse 194 ff). Der Besuch der heiligen Stätten Mekka und Medina (heute in Saudi-Arabien) und die Teilnahme an allen zugehörigen Wallfahrtszeremonien stellt für Muslime den Höhepunkt ihres Lebens dar. Am 10. Tag des Pilgermonats beginnt das Opferfest (arab. **Eid al-Adha**), das höchste islamische Fest. Weltweit schlachtet jeder Muslim, der es sich leisten kann, ein Opfertier (Schaf, Ziege, Rind oder Kamel), verteilt Fleisch an die Armen und verzehrt den Rest in der Gemeinschaft anderer.

Das Fasten

Es gibt eine Reihe von Zeiten, zu denen das Fasten fromme Sitte der Muslime ist. Pflicht ist es allerdings während des **Ramadhan,** dem **9. Monat des islamischen Kalenders.** In diesem erhielt Muhammad seine erste Offenbarung, weshalb der Ramadhan heilig ist. Das Fasten (arab. **saum**) bedeutet für alle Muslime, dass sie einen Monat lang von Sonnenaufgang bis Sonnenuntergang auf Essen, Trinken, Rauchen und geschlechtliche Beziehungen verzichten (Sure 2, Vers 183 ff). Zudem soll jeder seine bösen Gedanken besiegen und ein vorbildliches und religiöses Leben führen. Mit dem Konsumverzicht soll zum Nachdenken über den Sinn dieses Gebotes angeregt und eine symbolische

Der Qu'ran, die Grundlage des Islam

Gleichheit zwischen Arm und Reich angestrebt werden. Die Nächte des Ramadhan dagegen sollen eine gesegnete Zeit sein, denn es war in einer Nacht, in der Muhammad Gottes erste Bestimmung erhielt (Sure 97, Verse 1–5). Und so wird in den Nächten des Ramadhan üppig gegessen und man trifft sich mit Freunden. Der Rhythmus des Ramadhan soll bestimmt sein von der asketischen Anstrengung der Tage und der Entspannung der Nächte.

Alle gesunden Muslime sind ab der Pubertät zum Einhalten des Ramadhan verpflichtet. Alte, Kranke, Reisende, Schwangere und stillende Mütter dürfen das Fasten brechen, müssen die Fastentage jedoch nachholen.

Die Almosengabe

Das Geben von Almosen dient als symbolischer Beitrag, um die soziale Spannung zwischen armen und reichen Muslimen gering zu halten. Dabei wird zwischen freiwilligen Gaben, arab. **sadaka,** und jährlichen Pflichtalmosen, arab. **zakat,** unterschieden. Zakat bedeutet übersetzt sowohl „moralische Reinheit" als auch „Wachstum". In Sure 9, Vers 60 des Qur'an ist geregelt, welchen Personengruppen diese Schenkung zukommen soll. Wer wann wieviel zu zahlen hat, ist allerdings hart umstritten. Jeder wohlhabende Städter soll, sofern er finanziell dazu in der Lage ist, einmal im Jahr 2,5 Prozent seines Vermögens als zakat zahlen.

Das Beten

Theoretisch sollte jeder Muslim (Ausnahme: Kinder und Frauen während ihrer Periode und nach der Niederkunft) **fünfmal am Tag zu festgesetzten Zeiten** beten (arab. **salat**): zur Morgendämmerung, am Mittag, am Nachmittag, bei Sonnenuntergang und am Abend. Diese Pflichtgebete können überall verrichtet werden, doch gilt es als besonders verdienstvoll, sie gemeinsam in der Moschee auszuführen. Daher schallen zu den Gebetszeiten die Gebetsrufe der Muezzine („Ausrufer") von den Moscheetürmen (Minarett).

Neben diesen täglichen Gebeten gibt es zwei weitere Arten von Pflichtgebeten: die **Freitagsgebete** sowie die **Festgebete** zum Ende des Fastenmonats und zum Opferfest. Diese Gebete sind nur gültig, wenn sie unter der Anweisung eines Vorbeters (arab. *imam*) vorgenommen werden. Daneben sind **persönliche Gebete** (arab. **du'a**) zu jeder Zeit möglich.

Vor und während der Gebete sind genaue Vorschriften, Reihenfolgen und Bewegungsabläufe zu beachten, denn Beten ist eine rituelle Handlung die nur in einem Weihezustand (arab. ihram) vorgenommen werden darf. Diesen erreicht der Muslim durch Loslösung von der profanen Umgebung, durch rituelle Waschungen und Aussprechen der Formel „Allahu akbar", „Gott ist allmächtig".

Beim Gebet verneigen sich die Gläubigen in Richtung Mekka, die in Moscheen durch eine halbrunde Wandnische, den *mihrab,* angezeigt wird.

Die Stellung der Frau im Qur'an

Um die Stellung der muslimischen Frau ranken sich oftmals viele **stereotype Vorstellungen und Vorurteile:** Harem, Bauchtanz, Schleier und Unterdrückung sind nur einige davon. Gerade in unserer abendländischen Gesellschaft herrscht bei vielen eine Art Schreckensbild der entrechteten, zwangsweise versteckten und in unansehnliche schwarze Tücher gehüllten Muslima.

Will man sich mit der Rolle und Position der Frauen im Islam beschäftigen, so muss man bedenken, dass im Laufe der Jahrhunderte trotz dieser allumfassenden Religions- und Lebensideologie eine Vielfalt von Meinungen und Ausformungen möglich war, in die **kulturelle, ethnische und politische Faktoren** eingriff. Die heutige Stellung der Frauen in den Gesellschaftssystemen verschiedener muslimischer Länder ist unterschiedlich, auch innerhalb der jeweiligen Gesellschaften gibt es zum Teil stark **konträre Auffassungen** zwischen den verschiedenen islamischen Rechtsschulen sowie zwischen muslimischen Reformisten und Fundamentalisten. Einzelne muslimische Frauen beurteilen ihre gesellschaftliche Position oft sehr unterschiedlich und verhalten sich – wenn das politische System und ihr familiäres Umfeld es zulassen – in einer Bandbreite, die sozusagen von „streng gläubig" bis „emanzipiert" reicht.

Als sich der **Islam im 7. Jahrhundert** ausbreitete, war er mehr als „nur" eine Religion, mit der die vorherrschende „Vielgötterei" bekämpft werden sollte. Der Islam war zugleich eine **sozialreformerische Bewegung.** So wurden Frauen Rechte und Pflichten zuerkannt, und insbesondere im Erb- und Eherecht **verbesserte der Islam die Position der Frauen erheblich.** Von nun an bedurfte es bei einer Eheschließung der Einwilligung der Frau. Das Recht des Ehemannes, seine Frau jederzeit zu verstoßen, wurde eingegrenzt. Um sicher zu gehen, dass die Frau zum Zeitpunkt der Trennung nicht schwanger war, galt die Scheidung erst nach einer Wartezeit von drei Monaten als endgültig vollzogen. Die Frau durfte nun auch eigenständig Güter erben, einen Beruf ausüben und selber vor Gericht ziehen. Die im Qur'an festgeschriebenen Gesetze garantieren den Frauen, dass sie ihr ganzes Leben versorgt sind.

Auch das heute bei uns oft vorurteilhaft als „Vielweiberei" angesehene **Recht auf vier Ehefrauen** (Sure 4, Vers 3) bedeutete in dieser Zeit eine Beschränkung auf „nur" vier. Zuvor war keine Ausnahme, dass ein Mann mehrere Geliebte oder Konkubinen unter seinen Sklavinnen hatte und Ehen nach seinem Belieben lösen konnte. Laut Qur'an müssen jedoch alle Ehefrauen absolut gleich und gerecht behandelt werden. Islamische Reformisten und moderne Muslime legen diese Qur'anstelle so aus, dass sie eigentlich die **Polygamie** untersage, denn eine Gleichbehandlung mehrerer Ehefrauen sei im Grunde nicht realisierbar. Ihrer Meinung nach kann man dieses Qur'angebot auch nicht zeitlos sehen, denn der erste Teil des Verses lasse darauf schließen, dass es hier vor allem um die Versorgung der nach den Schlachten in den ersten Jahren der Islamisierung zurückgebliebenen Witwen und ihrer Töchter ging.

Eine Offenbarung bedeutete für die Frauen jedoch, dass sie den **Vorrang des Mannes in Gesellschaft, Familie und Ehe** anerkennen mussten: *„Die Männer stehen für die Frauen (in Verantwortung) ein, wegen dessen, was Allah den einen vor den anderen gegeben hat und weil sie von ihrem Geld (für die Frauen) auslegen"* (Sure 4, Vers 34). Die männliche Überlegenheit ist gottgewollt, sie wird begründet durch natürliche Vorzüge und damit, dass die Männer die Frauen ökonomisch unterhalten. Damit war das Fundament für eine **patriarchalische Gesellschaftsordnung** gelegt.

[>] Beduinenfrau mit burqa in der Ramlat al-Wahiba

oman014 pf

Vor der Islamisierung waren die Stämme Arabiens – im Gegensatz zu heute – nicht durchweg patrilinear strukturiert. Viele Stämme führten sich auf ihre Ahninnen mütterlicherseits zurück und waren matrilinear organisiert. Etwa ab 400 n. Chr. geriet diese matrilineare Organisationsform ins Wanken. Die Übernahme der patrilinearen Erbfolge hatte auch zur Folge, dass die Frau in die Familie des Ehemannes eingegliedert wurde. Die Familie der Frau wurde mit einem **Brautgeld** dafür entschädigt. Es diente als eine Art Ausgleich, den der Vater dafür erhielt, weil er eine Tochter großgezogen hatte, die – anders als Söhne – ab dem Zeitpunkt ihrer Heirat in einer anderen Familie lebte und in deren Haushalt half. Das Geld war auch eine Kompensation, weil dem Stamm der Frau die Söhne, die sie gebären würde, verloren gingen.

Die **sozialen Strukturen** sollten auf dem Idealbild der Großfamilie, auf der **Anerkennung des Mannes als Patriarchen** und auf der Ehrung alter Frauen und Männer basieren. Der Mann besaß durch seine Rolle zwar Privilegien, er hatte aber auch die Verantwortung und musste vielen Verpflichtungen gegenüber seiner Familie und Verwandtschaft entsprechen – ökonomisch, rechtlich und moralisch. Blutsverwandtschaft, Abstammung und Familienehre waren wichtige Werte, über die er zu wachen hatte. Diese Verantwortungen des Mannes, verbunden mit den Prinzipien der familiären Ehre, haben seine Stellung gegenüber der Frau verstärkt.

Von der Mitte des 8. Jahrhunderts an, als mit dem Sieg der Abbasiden über die Omayyaden **persische Einflüsse** die arabisch-islamische Gesellschaft nachhaltig zu prägen begannen, widmeten sich die Rechtsgelehrten verstärkt der Frauenfrage, insbesondere der **Verschleierung.** Vornehme Bürgerinnen der Handelsstadt Mekka trugen schon in vorislamischer Zeit einen Schleier. Und auch in Persien, das erst später von den Muslimen erobert wurde, gab es den Schleier bereits. Im alten Orient bei den Assyrerinnen und Babylonierinnen kennzeichnete der Schleier Standesunterschiede. Nur die freie Frau durfte ihn tragen.

Sure 24, Vers 31 ist wichtig, sagt in den Augen vieler Religionsgelehrter aber eigentlich nichts Eindeutiges über die Verschleierung aus: *„Und sagt den gläubigen Frauen, sie sollen ihre Augen niederschlagen, und sie sollen darauf achten, dass ihre Scham bedeckt ist ..., daß sie ihren Schal über den Schlitz des Kleides ziehen ...“.* Auch aus der Aussage von **Sure 33, Vers 59:** *„Oh Prophet, sprich zu deinen Gattinnen und Töchtern und den Frauen der Gläubigen, dass sie sich in ihrem Überwurf verhüllen. So werden sie als ehrbar erkannt und werden nicht belästigt ...“* lässt sich keine verbindliche Verschleierungspflicht für alle Frauen ableiten. Aber das Tragen eines Schleiers breitete sich schnell aus – zumindest in höheren Gesellschaftsschichten. Auf dem Lande und bei den Beduinen wurde diese Sitte nicht unbedingt beachtet. Allerdings war das Tragen einer Kopfbedeckung gegen Wind und Sonne durchaus üblich.

Die „Pflicht“ für die Frauen, einen Schleier zu tragen, wurde erst unter Muhammads Nachfolgern, den **Khalifen,** etwa ein Jahrhundert nach seinem Tod eingeführt. Allerdings geschah dies damals weniger in der Absicht, den Frauen „Fesseln“ anzulegen, als vielmehr, um sie vor den Blicken, Zudringlichkeiten und Nachstellungen der Männer zu schützen und um soziale Ungleichheiten zu verdecken.

So zweideutig manche Qur'anverse auch interpretiert werden können, die meisten Gebote in Bezug auf die Frau wurden damals so formuliert, um ihnen einen **Status als Rechtssubjekt** zukommen zu lassen. Vor dem Hintergrund der europäischen Aufklärung mag Nichtmuslimen manches nachteilig erscheinen, doch es ist wichtig, die Vorschriften in die gesellschaftlichen und historischen Zusammenhänge ihrer Entstehungszeit einzubetten. In der von gesellschaftlichen Missständen geprägten arabischen Welt zur Zeit Muhammads, in der Frauen ähnlich rechtlos wie die damaligen Sklaven behandelt wurden, waren all diese Neuerungen wichtige Errungenschaften.

Heute wird in vielen muslimischen Ländern das Familienrecht den aktuellen, teilweise gewandelten gesellschaftlichen Verhältnissen angepasst, sodass es nicht mehr auf dem eigentlichen islamischen Recht basiert.

Geschichte

Schon vor etwa 5000 Jahren entstand die erste Hochkultur, als in den Bergen Omans **Kupfer** gewonnen wurde. Der **Weihrauch** brachte später dem Süden des Landes Wohlstand. Nach dem friedlichen Einzug des Islam im 7. Jahrhundert begann eine Phase reger Handelsbeziehungen, die das Land über die nächsten Jahrhunderte zu einer der wichtigsten Mächte am Indischen Ozean werden ließ. Bis ins 19. Jahrhundert war Oman wegen seiner weitläufigen Kontakte eine Art Bindeglied zwischen den Kulturen des fernen Ostens, Indiens und Ostafrikas. Diese Einflüsse verschmolzen auf eine ganz eigenständige Weise mit der islamisch-arabischen Kultur – und prägen heute noch den Alltag der Omanis.

Frühgeschichte

Die Frühgeschichte Omans ist erst in Ansätzen erforscht. Aufgrund der politischen Situation und der Isolierung des Landes konnte mit systematischen Forschungen erst in den 1970er Jahren begonnen werden. Da man zunächst Grabbauten untersuchte, sind die **archäologischen Perioden** nach **Fundorten solcher Gräber** benannt.

In **Wattayah**, einem Ortsteil Muscats, hat man Besiedlungsspuren gefunden, deren Alter auf fast 10.000 Jahre geschätzt wird. Die wichtigste Fundstelle der frühgeschichtlichen Epoche ist jedoch **Ras al-Hamra,** ebenfalls in der Nähe von Muscat. Anhand von sogenannten Muschelhaufen, eigentlich Abfallberge, konnte man Rückschlüsse auf Siedlungs- und Lebensweise der Menschen im 5. Jahrtausend v. Chr. ziehen. Sie lebten in einfachen Hütten und ernährten sich von Jagd und Fischfang. Das angrenzende Mangrovengebiet mit seiner Vielfalt an Tieren und Pflanzen stellte ebenfalls einen Teil ihrer Existenzgrundlage dar. In den Gräbern, die als einfache Gruben angelegt wurden, lagen Beigaben wie Steinwerkzeuge, Perlen und Schildkrötenpanzer. Das Meer bildete schon zu dieser Zeit die Lebensgrundlage der Menschen. Funde von Bootsteilen belegen, dass die Menschen schon damals zur See fuhren.

In den Jahrtausenden vor der Einführung des „falaj-Systems" im 6. Jahrhundert v. Chr. war die **Wasserversorgung** das größte Problem der Menschen. Sie lebten in den Unterläufen großer Wadis (Andam, Batha, Ibri, Samad, Halfayn), in denen sich Niederschläge sammelten. Dort fließen sie, anders als in den Bergen, nicht ab, sondern versickern langsam im Schotterbett des Wadis. Das Gestein vermag das Wasser wie ein Schwamm zu speichern, sodass es in den Unterläufen der Wadis auch zu Trockenzeiten Wasser gibt, das durch Brunnenschächte zutage gefördert werden kann. Archäologische Funde von Dattelkernen bezeugen, dass so **schon vor 5000 Jahren Dattelpalmen landwirtschaftlich genutzt** wurden. Da die Bäume allerdings viel und vor allem kontinuierlich bewässert werden müssen, fiel die Ernte eher dürftig aus. War der Boden ausgelaugt oder blieben die Wasserströme aus, so verlegten die Menschen ihren Ort wadiauf- oder abwärts.

Während die Siedlungsgeschichte vieler Epochen noch unerforscht ist, hat man von den **Bestattungsformen** der frühgeschichtlichen Bewohner Omans ein recht gutes Bild gewonnen. Durch die Beigaben von Schmuck, Werkzeug und anderen Gegenständen sollte das nächste Leben des Toten möglichst angenehm gestaltet werden.

Anhand der verschiedenen Grabtypen hat man die archäologische Ge-

schichte in Perioden eingeteilt. Aus der **Hafeet-Periode** von 3000–2700 v. Chr. sind an verschiedenen Orten in den Bergen Omans oberirdische Grabbauten entdeckt worden. Benannt ist diese Epoche nach dem ersten Fundort der **„Bienenkorbgräber“** am Jebel Hafeet bei Buraimi, die für diese Zeit typisch waren. Sie wurden aus Bruchsteinen aufgeschichtet und erinnern mit ihrem runden Grundriss und dem kuppelförmigen Dach an Bienenkörbe. Die wichtigste Siedlung dieser Zeit, **Hili,** liegt ebenfalls in der Nähe von Buraimi.

Geschichtlich wie archäologisch sehr interessant ist die unmittelbar nachfolgende Periode, die **Umm-al-Nar-Kultur (2700–2000 v. Chr., Frühe Bronzezeit),** die ebenfalls zur Kupferzeit gerechnet wird. Sie ist nach der Insel Umm al-Nar („Mutter des Feuers“) bei Abu Dhabi (V. A. Emirate) benannt. Die archäologische Erforschung des Südostens Arabiens begann im Jahr 1958, als ein dänisches Grabungsteam unter der Leitung von *Geoffrey Bibby* etwa fünfzig große Rundgräber freilegte. Die Bauten der Umm-al-Nar-Kultur sind die größten und schönsten Grabbauten der Golfregion und wurden aus sorgfältig behauenen Steinen errichtet. Typisch für sie sind eine runde Form und ein Boden aus Steinplatten. Ob sie nach oben hin offen waren oder eine Kuppel trugen, ist noch unklar, da man bisher noch kein komplett erhaltenes Grab entdeckt hat. Der Innenraum wurde durch Mauern aus Stein in mehrere kleinere Räume unterteilt. Der Eingang konnte jederzeit wieder geöffnet werden, da die Gräber für Kollektivbestattungen über einen langen Zeitraum genutzt wurden.

☐ Motiv einer 4000 Jahre alten Felsgravur in Hili

Die wichtigsten **Fundorte von Gräbern** aus dieser Zeit sind Bat bei Ibri, das Wadi Samad und Hili bei Buraimi. In Bat und in Maysar im Wadi Samad entdeckte man auch die Reste von Siedlungen, zu denen große Türme gehörten. Ihr genauer Zweck – ob nun Fluchtburg, Lagerhaus oder Wohnsitz – ist noch nicht geklärt.

Bei Maysar im Wadi Samad hat man Schmelzöfen für Kupfer entdeckt. Die **Umm-al-Nar-Periode** war die erste **Glanzzeit des Kupferabbaus und seiner Verhüttung.** In sumerischen Keilschrifttexten ist vom Land Magan die Rede, von dem heute angenommen wird, dass es auf dem Gebiet des heutigen Nordoman lag.

Die Menschen lebten in kleinen Dorfgemeinschaften, meist an den Rändern der Wadis, und betrieben Landwirtschaft durch Überflutungsbewässerung. Sie wohnten in Häusern aus Stein sowie in zum Teil heute noch gebräuchlichen Palmwedelhütten, den *areesh* (engl. *barasti*, siehe im Kapitel „Kultur und Traditionen“). Als Transportmittel nutzten sie Esel und wohl auch schon Kamele (die spätestens zu dieser Zeit domestiziert wurden), um ihre Waren zur Verschiffung an die Küste zu bringen.

Die folgende Zeit ist geschichtliche Dunkelzone. Archäologisch gesehen werden die folgenden Epochen **Wadi-Souq-Periode** (2000–1500 v. Chr., Mittlere Bronzezeit), **Späte Wadi-Souq-Periode** (1500–1200 v. Chr., Späte Bronzezeit), **Lizq-Periode** (1200–300 v. Chr., Frühe Eisenzeit) und **Samad-Periode**

(300 v. Chr.–900 n. Chr., Späte Eisenzeit) genannt. Auch sie sind nach Fundorten von Gräbern benannt.

Aus der **Wadi-Souq-Periode** sind zahlreiche Gräber bekannt. Die Toten wurden nun zumeist einzeln in Grubengräbern bestattet, weitaus seltener in länglichen Kollektivgräbern mit dreißig bis sechzig Skeletten.

Der Begriff Eisenzeit ist für die folgende **Lizq-Periode** eigentlich nicht ganz zutreffend, denn in Oman wurde weiterhin hauptsächlich Bronze verwendet. Die Bezeichnung wird jedoch von der Epocheneinteilung im Vorderen Orient übernommen, wo die Nutzung des Eisens schon zu dieser Zeit begann.

Die Gewinnung von Kupfer erlebte in der Folgezeit einen neuen Aufschwung, da man erstmals auch unter Tage abbaute. Die Kenntnisse aus dem Bau der Stollen haben möglicherweise auch zur erfolgreichen Einführung des Bewässerungssystems durch falaj-Kanäle geführt, das etwa 600 v. Chr. durch die Perser nach Oman gebracht wurde.

Die Herrschaft der Perser

Es wird vermutet, dass die Perser schon vor Beginn des 1. Jahrtausends v. Chr. Einfluss auf Oman gewannen. Historisch gesichert ist die **persische Eroberung durch den Achämenidenkönig Kyros II. im Jahre 563 v. Chr.** Für die nächsten ungefähr eintausend Jahre wurde Oman durch Herrscher verschiedener persischer Dynastien (Achämeniden, Parther und Sassaniden) regiert. Auch in der Zeit, als Persien unter griechischer Besatzung stand, übten die Perser ihre Macht in Oman aus.

Aus der Zeit der persischen Herrschaft sind vor allem zwei wichtige Dinge überliefert: Sie führten die im persischen Hochland entwickelten **„falaj-Kanäle“** auch in Oman ein. Diese bis heute erhaltene Technik ermöglichte eine stetige Bewässerung der Felder, sodass man nicht mehr auf die unregelmäßige Überflutungsbewässerung angewiesen war.

Außerdem kam es zum **Wiederaufschwung des Überseehandels.** Handelsbeziehungen zu Indien, Ceylon und Ostafrika wurden intensiviert, sodass der römische Schriftsteller *Plinius* kurz nach der Zeitenwende in seiner Beschreibung der arabischen Küste drei bedeutsame omanische Hafenstädte nennt: *Omana* (wahrscheinlich das heutige Sohar), *Batrasave* (wohl das heutige Ras al-Khaimah) und *Dabenegoris Regio* (heute Dibba). *Plinius* beschreibt Omana als eine sassanidische Besitzung, was den dauerhaften Einfluss der Perser zumindest auf Teile des Landes belegt.

Die Perser waren jedoch nicht die einzigen Invasoren in Nordoman. Andere kamen friedlich, so wie der arabische **Stamm der Azd,** der ab etwa 200 n. Chr. von Südjemen her einwanderte. In der omanischen Geschichtsschreibung wird davon ausgegangen, dass die Azd den Jemen verließen, nachdem der große Staudamm von Marib gebrochen war und sie ein neues Siedlungsgebiet suchten.

Laut *Sirhan ibn Said,* einem omanischen Autor aus dem 18. Jahrhundert, führte **Malik ibn Fahm** eine Gruppe von 6000 Mann nach Nordoman. Hier traf er auf den persischen Regenten, den er um Land zum Siedeln bat. Nachdem ihm dies verwehrt wurde, kam es zu einer dreitägigen Schlacht. Nach der Legende tötete Malik persönlich den persischen

Führer am dritten Tag, worauf die Perser einen Waffenstillstand suchten. Malik wählte Nizwa als Residenz und wurde zum Herrscher über weite Teile Omans – er gilt als der erste Regent über Oman einschließlich des Dhofar.

In der Folgezeit wanderten weitere **arabische Stammesangehörige** ein, die ihren Einfluss auf das Land ausdehnen konnten. Sie erreichten sogar ein Abkommen mit den sassanidischen Persern. In ihm wurde festgelegt, dass die Perser nur noch das Gebiet um Sohar, das sie damals *Mazoon* nannten, behalten durften, und dass sie den Führer der Azd als Herrn über den Rest Omans anerkennen mussten. Die Azd hatten nun Kontrolle über den größten Teil des Landes, ihr Führer war den Sassaniden als *Julanda* bekannt – ein Name, der zum Familienname der herrschenden Azd-Führer werden sollte.

Dhofar – Reichtum durch Weihrauch

Die Südprovinz Omans entwickelte sich vollkommen **unabhängig vom Norden des Landes.** Der Dhofar (siehe auch Exkurs „Archäologie im Dhofar“) war vor allem durch zwei Dinge geprägt: den Weihrauchhandel und den daraus resultierenden relativen Wohlstand sowie durch die zeitweilige Abhängigkeit von anderen südarabischen Reichen, deren Kerngebiete im heutigen Jemen lagen (siehe Exkurs „Weihrauch – das duftende Goldharz des glücklichen Arabien“).

Der Einzug des Islam und die ersten Imame

Nachdem der Prophet Muhammad 622 n. Chr. von Mekka nach Medina umgezogen war, breitete sich der neue Glaube schnell über die Arabische Halbinsel aus. Dies geschah nicht nur durch Kriegszüge, sondern Muhammad versuchte zunächst, die Völker zur **freiwilligen Übernahme** des Islam zu bewegen. Dazu schickte er Boten aus, die den jeweiligen Herrschern Briefe überbrachten. Darin forderte er die Menschen auf, ihn als den Propheten Gottes anzuerkennen und sich zum Islam zu bekennen. Im Jahre 630 n. Chr. erhielten auch die Brüder *Abd* und *Jaifar al-Julandi,* die regierenden Söhne des Al-Julanda-Königs

oman20_052 pf

> Die Küste bei Salalah

Archäologie im Dhofar

von Peter Franzisky nach einem Interview mit Prof. Dr. Juris Zarins

Die geschichtlichen Anfänge der Arabischen Halbinsel liegen im Zeitalter des **Pleistozän.** Diese Periode, vereinfacht auch als **Eiszeit** bezeichnet, begann vor etwa einer Million Jahren und dauerte bis vor ungefähr 10.000 Jahren. Zwei Dinge waren während dieser Zeit von entscheidender Bedeutung für die Arabische Halbinsel: Wegen des Eises auf der Erde lag der Wasserspiegel des Meeres hier wesentlich niedriger. Während der verschiedenen Phasen, in denen es mal wärmer und mal kälter war, sank dementsprechend der Wasserspiegel ab und stieg wieder an. Zudem regnete es während der wärmeren Perioden sehr viel. In dieser Zeit breiteten sich die Menschen von Afrika über die ganze Erde aus. Arabien wurde vor etwa einer Million Jahren erstmals von Menschen bevölkert.

Aufgrund der trockenen und nassen Zeiträume während der Eiszeit führten auch die **Flüsse in Arabien** mal Wasser, mal nicht. Aus archäologischer Sicht ist dies von großer Bedeutung, denn die Flüsse gruben sich immer tiefer in den Grund ein, bildeten nach und nach Terrassen. Die Menschen lebten an ihren Ufern und wohnten somit in jeder Epoche auf einer anderen Terrasse. Eine Zuordnung des Alters von Siedlungsresten aus dieser Zeit ist also relativ einfach.

Vor etwa 10.000 Jahren endete die Eiszeit – jedenfalls wird das so angenommen, es könnte sich auch lediglich um eine Zwischenzeit handeln. Am Nordrand der Arabischen Halbinsel wurden die **Menschen sesshaft** und begannen erstmals, Landwirtschaft zu betreiben. Ihre Lebensgewohnheiten änderten sich zu dieser Zeit grundlegend. Pflanzen und Tiere wurden domestiziert, größere Siedlungen entstanden.

Von etwa 6000 bis 2000 v. Chr. waren die Lebensbedingungen auf der Arabischen Halbinsel sehr gut, da es ausreichend regnete. Der Sommermonsun im Dhofar reichte wesentlich weiter landeinwärts als heute. Auf dem Gebiet der Rub al-Khali existierten Seen. Rinder wurden gehalten, denn Weideflächen gab es reichlich.

Doch **vor etwa 4000 Jahren** veränderte sich das Klima. Die Seen trockneten aus, die Flüsse wurden zu Wadis. Das Wasser aus den Regenphasen hat sich jedoch im Boden gesammelt. Wenn man heute also einen tiefen Brunnen in der Wüste bohrt, so stößt man zunächst vielleicht auf 6000 Jahre altes Wasser, in tieferen Schichten auf immer älteres.

Dem **veränderten Klima** mussten die Menschen ihre Lebensgewohnheiten anpassen. Sie zogen in die Oasen, in denen das Grundwasser aus dem Boden trat. So entstanden die ersten größeren Siedlungen in Arabien. Zugleich musste man auf das Halten von Rindern verzichten, sie benötigten zu viel Wasser. In diese Zeit fällt die **Domestizierung des Kamels,** das den neuen Gegebenheiten besser angepasst ist. Mit seiner Hilfe war auch Handel zwischen den Oasen möglich. In Nordoman, in Magan, begann dieser Handel schon früher, da man mit anderen Reichen der Golfregion in Kontakt stand.

Im Süden Omans trieb man **Handel mit Weihrauch,** dessen Bäume damals auch weiter landeinwärts noch wuchsen. Als es trockener wurde, und der Monsun das Landesinnere nicht mehr erreichte, zogen die Menschen im Dhofar in die Berge. Hier war es weiterhin grün genug, um Rinder zu halten. Die Berge des Dhofar sind heute der einzige Ort der Arabischen Halbinsel, an dem das freie Halten von Rindern möglich ist. Hier konnten die Bewohner auch den Weihrauch ernten und den Handel mit ihm kontrollieren. Eine der Aufgaben der Archäologie ist es, diesen Handel zu rekonstruieren. Es gab zwei Möglichkeiten, den Weihrauch zu transportieren: landeinwärts durch die Wüste oder über die Berge ans Meer und weiter per Schiff. Der Seeweg wurde durch die Römer bekannt, die sich allerdings nur für den Weihrauch interessierten. Über die Menschen, die im Dhofar lebten, haben sie nichts berichtet. Die Route durch die Wüste ist auf der Karte des griechischen Geografen *Ptolemäus* vermerkt. Er hat Orte eingezeichnet, von denen ihm berichtet wurde, dass sie wichtig seien. So wurde begonnen, nach Plätzen aus seiner Epoche etwa 100 n. Chr. zu suchen. Der beste Ort dafür war Shisr, denn hier gibt es Wasser. Es wurde eine fortähnliche Anlage freigelegt, und man fand Material aus der Zeit kurz nach der Zeitenwende. Man geht davon aus, dass es sich um Ubar handelt, das legendäre **„Atlantis der Wüste"** (siehe entsprechenden Exkurs). Es war die wichtigste Station der alten Weihrauchstraße vor dem Leeren Viertel, der Rub al-Khali. Die Karawanen zogen durch das Leere Viertel, und man hat auch auf der saudiarabischen Seite Reste von Karawansereien gefunden.

von Oman, einen solchen Brief. Sie nahmen den neuen Glauben nach Beratung mit den Rechtsgelehrten an. Die Perser, die zu dieser Zeit nur noch die Gegend um Sohar besetzt hielten, wurden ebenfalls zur Annahme des Islam aufgefordert, lehnten jedoch ab. Für sie bedeutete dies das Ende ihrer Besatzung in Oman, sie wurden von den Azd aus dem Land getrieben. Der Bote des Briefes, **Amr ibn al-As,** blieb noch bis zum Tode Muhammads in Oman, wo er Unterricht in der islamischen Lehre gab. Ein Großteil der Menschen in Oman war bereits zum Islam übergetreten als der Prophet im Jahre 632 n. Chr. starb.

Die **Wirren um die Nachfolge Muhammads,** der für diesen Fall keinerlei Verfügungen getroffen hatte, hatten auch Einfluss auf Oman. **Dhu't Taj Lakit,** ein Konkurrent der Julanda-Brüder um die Macht über Oman, erklärte sich selbst zum neuen Propheten. Die Julan-

Grabmoschee bei Qalhat im Nordosten Omans

oman015 as

das zogen sich in das unwegsame Hajar-Gebirge zurück, von wo aus sie gemeinsam mit dem Nachfolger Muhammads, dem Khalifen *Abu Bakr,* gegen den selbst ernannten Propheten vorgingen. Bei Dibba, nahe den Bergen Musandams, kam es um das Jahr 633 zu einer großen Schlacht. *Dhu't Taj Lakit* und seine Anhänger wurden geschlagen, der Ausbreitung des Islam stand in Oman nichts mehr im Wege.

An der schnellen Durchsetzung der neuen Religion unter den Nachfolgern Muhammads hatten die Omanis großen Anteil. Da sie den Glauben freiwillig angenommen hatten, bildeten sie eine wesentliche Stütze der Truppen im Osten des neuen islamischen Reiches. Die Stadt **Basra** im heutigen Irak wurde zu einer Metropole, von der aus das persische Imperium erobert werden sollte. Nach und nach gelangte Basra unter den **Einfluss der omanischen Azd.** Dies gipfelte darin, dass die Stadt etwa sechzig Jahre nach Muhammads Tod *Basra al-Muhallab* nach dem Führer der Azd, *Muhallab,* genannt wurde.

Doch nach dem Tod von Muhallab fand die Macht der Azd ein Ende. Der Khalif der Omayyaden in Damaskus sah sich in seinem Reich verschiedener Oppositionen ausgesetzt, die noch aus der Zeit der Machtkämpfe zwischen Ali, dem vierten Khalifen, und Mu'awiya, dem Begründer der Omayyaden-Dynastie, stammten. Er sandte den Gouverneur und **Feldherrn Hajjaj** nach Basra, der die Schiiten und Kharijiten, die das sunnitische Khalifat stürzen wollten, bekämpfen sollte. Hajjaj verhaftete den Sohn Muhallabs und brach zu einem Feldzug nach Oman auf.

Oman wurde zu dieser Zeit von *Sulaiman* und *Said al-Julanda,* Enkel des *Abd al-Julanda,* regiert. Sie mussten sich den einfallenden Truppen *Hajjajs* letztendlich geschlagen geben und aus dem Land flüchten – Oman stand nun unter dem direkten Einfluss des Khalifen in Damaskus. Auch aus Basra mussten die letzten der hier lebenden Azd, die inzwischen der ibaditischen Lehre des Islam anhingen, nach einer verlustreichen Schlacht gegen den Omayyaden-Khalifen im Jahr 720 n. Chr. fliehen. Sie kehrten in ihre Heimat Oman zurück.

Nach dem Tod des letzten Khalifen der Omayyaden 750 n. Chr. strebte Oman nach Unabhängigkeit. Inzwischen war der ibaditische Glaube fest etabliert, und man wählte 751 n. Chr. den **ersten ibaditischen Imam.** Dem Imam **Julanda bin Mas'ud,** der den in der Ideologie der Ibaditen wahren muslimischen Staat führen sollte, war jedoch nur eine kurze Amtszeit beschert. Er starb im Kampf gegen den ersten Abbasiden-Khalifen, der von seiner neuen Hauptstadt Bagdad Oman zum sunnitischen Glauben zurückführen wollte. Die Omanis ließen jedoch nicht von der ibaditischen Lehre ab und wählten nach einer Phase der Tyrannei und des Chaos im Jahre 801 n. Chr. einen neuen Imam. In den folgenden Jahrhunderten konnte sich das Imamat trotz wiederholter Angriffe von außen etablieren. Die Macht der Abbasiden reichte nicht mehr bis nach Oman, sodass das Land sogar vom Ende des Khalifats 1258, als Bagdad von den Mongolen eingenommen wurde, unberührt blieb.

◁ Der verlassene Ortsteil vom Imti bei Nizwa

Der Imam war für die **religiöse, politische und militärische Führung** des Landes verantwortlich. Allerdings war seine Macht im weltlichen Bereich begrenzt, da die politischen Strukturen der Stämme eine starke Position ihrer Shaikhs mit sich brachten. Diese musste der Imam bei allen wichtigen Entscheidungen um Rat fragen.

Oman wird zur führenden Handelsmacht

Seit der Wahl des ersten Imams muss man die **Geschichte des Landes von zwei Seiten betrachten:** von der des ibaditischen Imamats im Landesinneren und von der der Küstenregion, die vornehmlich von Sunniten und Schiiten bewohnt wurde und intensiven Fernhandel betrieb.

Die **Küstenregion** erlebte im 10. Jahrhundert einen enormen Aufschwung, Sohar wurde sogar zur wichtigsten Hafenstadt des gesamten islamischen Reiches. Der **Seehandel** der Omanis hat eine lange Tradition. Die Lage an der Straße von Hormuz, durch die schon vor fast 5000 Jahren Handelsschiffe verkehrten, ließ omanische Händler schon früh am Warenaustausch teilhaben. Sumerische Inschriften aus dem dritten vorchristlichen Jahrtausend belegen diese Seehandelsbeziehungen. Teakholz wurde von Dilmun (Bahrain) nach Sumer (Mesopotamien) verschifft. Das Herkunftsland des Holzes war jedoch Indien. Auch der Kupferhandel Magans wurde zum großen Teil von Sohar über den Persisch-Arabischen Golf und den Indischen Ozean abgewickelt.

Während man zunächst immer in Sichtweite der Küste nach Indien segelte, wurde zur Zeit der Griechen erstmals der direkte Weg über den offenen Ozean bekannt. Man hatte den **Monsunwind** entdeckt, der alle sechs Monate seine Richtung wechselt. Es war nun möglich, direkt nach Indien oder Ostafrika zu segeln und sechs Monate später mit dem gedrehten Wind die Rückreise anzutreten. Aus römischer Zeit ist bekannt, dass sich die Handelsbeziehungen verstärkten und bis zum heutigen Malaysia reichten. Auch der Handel mit Ostafrika wurde intensiviert und lag fest in arabischer Hand.

Unter der persischen Dynastie der Sassaniden verlagerte sich ab dem 3. Jahrhundert n. Chr. der Indienhandel vom Roten Meer zum Persisch-Arabischen Golf. Es gelang ihnen auch, in den indischen Häfen ein Handelsmonopol zu erlangen. Zur Kontrolle des Weges nach Indien wählten die Sassaniden **Sohar,** dessen erneuter Aufstieg als **Handelsmetropole** nun begann.

Im 9. und 10. Jahrhundert erlebte die Stadt ihre Blüte. **Omanische Händler segelten bis Kanton,** wo sich eine Kolonie von arabischen Händlern niedergelassen hatte. Von hier brachten die Omanis chinesisches Porzellan, Moschus, Seide und Juwelen mit nach Hause, exportierten dafür hochwertige Produkte aus Leinen, Baumwolle und Wolle sowie Teppiche und möglicherweise Datteln. Hinzu kamen Waren wie Elfenbein, die omanische Seefahrer aus Ostafrika mitbrachten und die von Oman weiterverschifft wurden.

878 n. Chr. endete der direkte Chinahandel, als es in Kanton zu einem Aufstand kam, bei dem die ausländischen Händler ermordet wurden. Der Warenaustausch lief jedoch weiter, arabische und chinesische Händler trafen sich im malaiischen Kalah. Erst 100 Jahre nach dem Massaker von Kanton segelten omanische Schiffe wieder bis China.

Neben dem Handel mit China waren zwei andere Gebiete von großer Bedeutung für Oman. Zum einen **Indien,** von wo man das für den Schiffsbau benötigte Teakholz sowie Reis einführte. Daneben war es die **Ostküste Afrikas,** die in den folgenden Jahrhunderten immer weiter unter omanischen Einfluss geriet. Die Monsunwinde nutzend, fuhren omanische Seeleute bis Mombasa und Sansibar, um dort Elfenbein, Gold und Gewürze zu laden. Die Omanis hatten sich ein **Seeimperium** geschaffen, **das nahezu den gesamten Indischen Ozean** umfasste.

Immer wieder hatte sich Oman aber auch gegen Angriffe von außen zu wehren. Als Folge von inneren Streitigkeiten wandten sich die Stämme, die aus dem inneren und nördlichen Arabien eingewandert waren, an den Khalifen und baten ihn um Hilfe. Eine Armee von rund 25.000 Mann überrannte daraufhin 893 n. Chr. das Land und verwüstete es. Die falaj-Kanäle wurden verschüttet, ibaditische Bücher verbrannt.

Erst im Laufe des nächsten Jahrhunderts konnte sich Oman von dieser Invasion erholen. Es profitierte dabei vom Niedergang des Khalifats, das in viele kleine Herrschaftsbereiche zerfiel. Doch auch diese kurze Phase der Ruhe endete bald. Aus Bagdad setzte sich 965 n. Chr. eine Flotte der **Buyiden,** die faktisch die Macht des Khalifen übernommen hatten, in Bewegung. Sie landete bei Julfar (heute Ras al-Khaimah in den Vereinigten Arabischen Emiraten), marschierte weiter nach Sohar, legte die Stadt in Schutt und Asche, versenkte die omanischen Schiffe und tötete fast alle Bewohner. Die blühende Handelsmetropole war mit einem Schlag ausgelöscht.

Die Herrschaft der Buyiden im Golf war jedoch nicht von langer Dauer. 1055 n. Chr. fiel eine Welle von **Seldschuken** aus Zentralasien ein und besetzte zunächst Persien. Neun Jahre später starteten sie zu einer Invasion nach Oman und eroberten das Land. Eine äußerst instabile Epoche begann, die für rund 300 Jahre anhalten sollte.

Die Seldschuken konnten ihre Herrschaft etwa über 80 Jahre halten, bevor sie in der Folgezeit von anderen Invasoren aus Basra, aus Persien und von der Insel Qais abgelöst wurden. Kurzzeitig kontrollierten auch Omanis aus dem Landesinneren die Küstengebiete.

Der arabische Chronist *Sirhan ibn Said* berichtet, dass er von 1153 bis zur Herrschaft von Imam *Habis ibn Muhammad,* der 1406 starb, keinerlei Anzeichen

oman096 pcm

Gebetsraum der Kuppelmoschee in Bani Bu Ali

für einen ibaditischen Imam finden konnte. Die einstige Position Sohars, das nun als ein Dorf in Ruinen beschrieben wird, übernahm zunächst Qais, später dann Hormuz, beides kleine Inseln im Golf nahe der persischen Küste. **Hormuz** konnte sich als führende Macht in der Golfregion etablieren (siehe Exkurs „Das Handelsreich Hormuz und der Persisch-Arabische Golf"). Im 13. Jahrhundert landeten Truppen aus Hormuz unter der Führung ihres Emirs *Mahmud ibn Ahmad al-Kusi* an der omanischen Küste. Ihr Interesse galt den Hafenstädten, um ihre Machtposition im Seehandel weiter zu untermauern. Sohar und Muscat entwickelten sich unter ihrer Kontrolle zu wichtigen Zentren. Zum wichtigsten Ort auf omanischem Territorium erblühte **Qalhat,** östlich von Muscat; es wurde bald als **Zwillingsstadt von Hormuz** bezeichnet. Zahlreiche Reisende wie *Ibn Battuta* und *Marco Polo* beschrieben es voller Begeisterung in ihren Reiseberichten. Doch im 15. Jahrhundert setzte ein verheerendes Erdbeben der Glanzzeit von Qalhat ein Ende. Den Rest erledigten die Portugiesen, die 1507 in Oman einfielen.

Die Herrschaft der Portugiesen

Das Eintreffen der Portugiesen in Oman hatte zum Ziel, mit den wichtigen Hafenstädten den **Seehandel nach Indien kontrollieren** zu können. Indien und der Ferne Osten waren zu sagenumwobenen Märchenländern geworden, aus denen der Strom der Luxuswaren wie Gewürze und Stoffe nie zu enden schien. Interessant wurde dieser Seeweg, da die Osmanen 1453 Konstantinopel erobert hatten und der Landweg vom Arabischen Meer zum Mittelmeer nun in Gefahr zu geraten schien. Daneben wollten die Portugiesen aber auch das Monopol brechen, das arabische Seefahrer, insbesondere Omanis, seit Jahrhunderten im Ostasienhandel inne hatten. Sie besaßen eine wichtige Position als Zwischenhändler, die den großen Händlerfamilien in Europa ein Dorn im Auge war.

Marco Polos Reisen im 13. Jahrhundert waren ein erster Versuch, die Herkunft der Luxusgüter zu erkunden. Doch ernsthafte Unternehmungen wurden erst im ausgehenden 15. Jahrhundert gestartet. Der Portugiese **Bartolomeo Diaz** war 1497/98 der erste Europäer, dem es gelang, die **Südspitze Afrikas** zu **umsegeln.** Sein Landsmann **Vasco da Gama** folgte ihm kurze Zeit später. In Ostafrika angekommen, war es angeblich ausgerechnet ein Omani – der berühmte Seefahrer **Ahmad ibn Majid** – der da Gama den weiteren Weg nach Calicut in Indien zeigte. Das arabische Monopol auf dieser Strecke war damit gebrochen.

Die Reise von *Vasco da Gama* veränderte den Handel Europas entscheidend. Die Portugiesen verstärkten ihr Engagement im Indischen Ozean, und der portugiesische König schickte 1506 **Afonso de Albuquerque** mit einer Flotte von fünf Schiffen auf die Reise in den Osten. Sein Auftrag lautete, im Indischen Ozean ein **portugiesisches Kolonialreich** aufzubauen. Als persönlichen Anreiz für ihn wurde er auch direkt zum Gouverneur Indiens ernannt – was freilich erst noch zu erobern war.

Albuquerque sollte vor allem den **Seehandel kontrollieren** helfen, indem er die Einfahrten in das Rote Meer, das „Tor der Tränen", und zum Persisch-Arabischen Golf, die „Straße von Hormuz", blockierte. Durch diese beiden Engstellen war seit Jahrhunderten der Strom der Luxuswaren geflossen. Die heute zum Jemen gehörende Insel Soqotra wurde zuerst erobert und bildete den Stützpunkt für die Blockade des Roten Meeres. Von hier segelte Albuquerque weiter in Richtung Norden, wobei jedes arabische Schiff, das ihm in den Weg kam, versenkt wurde.

Die **omanischen Hafenstädte** als bedeutende Zentren des Indien-Handels waren seine nächsten Ziele. Überrascht vom blühenden Leben fielen ihm in Qalhat, Muscat und Sohar die Gärten, aber auch der Handel mit Datteln und Pferden sowie die reich mit Getreide gefüllten Märkte auf.

Qalhat wurde zunächst noch von Albuquerque verschont, seine nächsten Stationen, Quriat und Muscat, jedoch **geplündert und niedergebrannt,** die Bewohner getötet. Schließlich schlug Albuquerque auch die Flotte von Hormuz und nahm die Insel ein. Hier errichtete er ein großes Fort – das erste einer ganzen Reihe im Golf und im Indischen Ozean. Auf seinem Rückweg entlang der omanischen Küste fiel dann auch Qalhat seinem grausamen Feldzug zum Opfer. Albuquerque starb 1515 in Goa, hatte also sein großes Ziel Indien erreicht, hinterließ jedoch eine Spur der Verwüstung. Möglich waren diese schnellen Erfolge der Portugiesen nur, weil sie mit ihren schweren Kanonen den Arabern **militärisch überlegen** waren. Auch in den folgenden Seeschlachten blieben ihre Gegner ohne Chance.

In der Folgezeit brachten die Portugiesen weite Teile des Handels im Indischen Ozean unter ihre Kontrolle. An den Küsten legten sie Stützpunkte an, die sie durch **wehrhafte Forts** sicherten. In dieser Zeit entstanden die Festungen Mirani und Jalali in Muscat, weitere in Khasab und Quriat.

Auch wenn die Portugiesen eigentlich nie mehr besaßen als einige Forts, in denen sie abgekapselt von der Bevölkerung lebten, und auch nicht in die historisch gewachsenen Handelsbeziehungen eindringen konnten, so gelang es ihnen durch ihre militärische Übermacht doch, das **Gewürzmonopol** für Europa zu erlangen und einen direkten Handel zwischen Fernost und Lissabon aufzubauen. Die portugiesische Hauptstadt entwickelte sich für die nächsten fünfzig Jahre zum führenden Handelshafen Europas.

Mehrere Male hatten sich die Portugiesen der **Türken** zu erwehren. Diese hatten 1517 Ägypten erobert; 1538 schickten sie eine große Flotte, die die Blockade des Roten Meeres beenden sollte. 1550 konnten sie zwar kurzzeitig Muscat einnehmen, nicht jedoch die Macht der Portugiesen brechen. 1581 erfolgte ein erneuter Versuch, ebenfalls ohne dauerhaften Erfolg.

Ende des 16. Jahrhunderts begann der Stern der Portugiesen zu sinken. Ihre Macht in Europa schwand, zudem mischten nun auch die **Briten und Niederländer** kräftig im Indien- und Afrika-Handel mit. Sie gründeten Niederlassungen und fügten den Portugiesen in einer Seeschlacht vor der indischen Küste eine Niederlage zu.

Nachdem die Portugiesen 1622 Hormuz an die von Großbritannien unterstützten Perser verloren, konzentrierten sie sich auf ihre Festungen in Oman. Doch der 1624 gewählte **Imam Nasir bin Murshid al-Ya'aruba,** der Begründer der späteren Al-Ya'aruba-Dynastie, einte die omanischen Stämme, und es gelang ihnen, die Portugiesen aus allen Orten außer Muscat zu drängen. 1649 starb Imam Nasir, ohne die Besatzer gänzlich vertrieben zu haben. Sein Nachfolger, ebenfalls ein Al-Ya'aruba, wagte 1650 den Angriff auf die beiden Forts von Muscat von der Landseite. Die Portugiesen hatten sich sicher gefühlt, da sie einen Angriff nur von der Seeseite erwartet hatten, von der die Forts praktisch uneinnehmbar waren. Sie wurden überrascht und mussten sich ergeben. Mit dieser Niederlage war die **portugiesische Herrschaft in Oman und am Golf beendet.** Nicht durch Europäer waren sie besiegt worden, sondern durch Omanis. Oman wurde in der Folgezeit nie wieder von ausländischen Truppen besetzt, wenn man von einer kurzen persischen Besatzungszeit im 18. Jahrhundert absieht.

Die Al-Ya'aruba-Dynastie

Die Epoche der Al-Ya'aruba-Herrscher, an deren **Anfang Imam Nasir** stand, sollte etwa 100 Jahre dauern. Sie begann mit der Vertreibung der gehassten Portugiesen, brachte einen Wiederaufschwung des Seehandels, den Bau von mächtigen Forts und endete tragisch: im Bürgerkrieg. Die Omanis wichen in dieser Zeit erstmals von ihrem Grundsatz ab, dass der Würdigste – unabhängig von seiner Herkunft – das Amt des Imams übernehmen solle. Zwar wurden die Imame auch weiterhin gewählt, aber es wurden ausschließlich Angehörige der Familie der Al-Ya'aruba zum Herrscher erkoren.

Der erste Al-Ya'aruba-Imam **Nasir** und sein Nachfolger **Sultan bin Saif** erlangten durch ihre Erfolge gegen die Portugiesen **großes Ansehen** in der Bevölkerung. Die Auseinandersetzungen mit den Südeuropäern waren jedoch noch nicht zu Ende. In Indien und in Ostafrika hielten sie noch wichtige Hafenstädte besetzt, nach denen die Omanis trachteten, um ihre Vorherrschaft im Indischen Ozean zurückzugewinnen. 1652 wurden die Portugiesen aus Sansibar, 1698 aus Mombasa vertrieben. Damit hatten sie alle ihre ostafrikanischen Besitzungen nördlich von Madagaskar verloren. Oman war nicht nur im Golf, sondern auch vor der Küste Ostafrikas die **führende Seemacht.**

Auch die stabilen Zustände im Landesinneren brachten dem Land eine Phase von großem Wohlstand. Sie wurde nur kurz unterbrochen, als es zwischen dem Nachfolger Sultans, **Imam Bil'arub bin Sultan,** und seinem Bruder **Saif bin Sultan** sowie dem Rest des Familienclans zu **Auseinandersetzungen um die Regierungsmacht** kam. Saif nahm nach und nach die wichtigen Forts des Landes ein und setzte sogar noch während der Amtszeit seines Bruders seine Wahl als Imam durch. Er nahm schließlich mit Hilfe einer großen Armee Jabrin ein, wo sich sein Bruder Bil'arub verschanzt hielt. Bil'arub starb kurze Zeit später und wurde in Jabrin begraben.

Saif führte das Land mit starker Hand, kämpfte weiter gegen die Portugiesen in Übersee und profitierte vom aufkommenden **Sklavenhandel.** Es heißt, er habe 700 männliche Sklaven besessen. Doch er nutzte den Reichtum auch zum Aufbau des Landes: Falaj-Kanäle wurden gegraben oder repariert und große Mengen von Palmen gepflanzt – Saif galt als der „Onassis seiner Zeit“.

Sein Sohn **Sultan bin Saif II.** setzte die Politik Saifs fort, doch er regierte nur sieben Jahre, bis er 1718 in Al-Hazm starb. Mit seinem Tod endete die Glanzzeit der Al-Ya'aruba-Imame.

Während der Al-Ya'aruba-Dynastie entstanden die größten und bedeutendsten **Forts** Omans. In der Zeit der ersten zwei Imame *Nasir* und *Sultan* wurde Rustaq erbaut, Sultan ließ anschließend auch die gewaltige Festung von Nizwa errichten, sein Sohn *Bil'arub* das Fort von Jabrin, und Sultan bin Saif II. schließlich fügte mit Al-Hazm eine weitere mächtige Anlage hinzu.

Der Bürgerkrieg

Ausgelöst wurde der Bürgerkrieg, der mehr als zwanzig Jahre dauern sollte, durch die **umstrittene Nachfolge von Imam Sultan bin Saif II.** Das Volk erwartete nach der langen Regierungszeit der Dynastie, dass auch jetzt der direkte Nachfahre in das Amt des Imams folgen würde. Doch *Saif,* der Sohn des verstorbenen Imams, war noch minderjährig. Die **ulema,** die Gruppe der gelehrten Männer, argumentierte, dass Saif nicht einmal über seinen eigenen Besitz verfügen dürfe, wie könne er dann ein Land führen? Sie hielten **Muhanna bin Sultan** für den richtigen Nachfolger.

Trotzdem beugte sich die ulema der Meinung des Volkes und proklamierte den jungen *Saif* als neuen Imam. Doch schon im folgenden Jahr schmuggelte sie *Muhanna* in das Fort von Rustaq ein und riefen ihn zum **Gegenimam** aus. Für eine kurze Weile konnte Muhanna das Land regieren. Obwohl es den Menschen unter seiner Regierung wirtschaftlich nicht schlecht ging, war ihm das Volk nicht wohl gesonnen. Diese Stimmung nutzte **Ya'rub bin Bila'rub,** Sohn des ehemaligen Imams Bila'rub. Er belagerte Rustaq, forderte Muhanna auf, sich zu ergeben, lockte ihn aus dem Fort und ermordete ihn.

Zum Imam gewählt, zog Ya'rub nach Nizwa, wohin er den jungen Saif mitnahm. Dies erzürnte die Stämme, die der

Meinung waren, das Imamat müsse für Saif reserviert bleiben, bis er volljährig sei. Eine Revolte brach aus, die von *Bila'rub bin Nasir* mit Unterstützung der Bani Hina angeführt wurde. **Ya'rub musste zugunsten von Saif abdanken,** der zum zweiten Mal zum Imam gewählt wurde.

Doch was zu einer Phase der Ruhe hätte führen können, schlug ins genaue Gegenteil um. Alte Rivalitäten zwischen den **Bani Ghafir (Ghafiri)** und den **Bani Hina (Hinawi),** den beiden größten Stammesfraktionen des Landes, brachen wieder auf. Die Ghafiri befürchteten, dass die Hinawi den noch minderjährigen Saif benutzen könnten, um selbst die Macht zu übernehmen.

Ein **blutiger Bürgerkrieg** erfasste das gesamte Land. Schließlich wurde es zweigeteilt: Die Hinawi hielten Rustaq, Jabrin und die Batinah-Küste, die Ghafiri Nizwa, große Teile des Landesinneren und die Sharqiyah. Als die Stammesführer beider Parteien kurz nacheinander starben, übernahm der inzwischen zum dritten Male gewählte *Saif* das Gebiet der Hinawi und *Bila'rub bin Himyar,* der als Gegenimam gekürt worden war, das Gebiet der Ghafiri.

Saif fühlte sich Bila'rub unterlegen, und in seiner Not rief er erstmals ein Söldnerheer aus Balutschistan von der anderen Golfseite zu Hilfe. Doch auch mit ihnen war er Bila'rub nicht ebenbürtig. Er schrieb an *Nadir Shah,* den Herrscher von Persien, und bat ihn um Unterstützung. Zwar wurde Bila'rub nun geschlagen, doch ein Jahr später musste Saif einsehen, dass die Perser keineswegs nur gekommen waren, um ihm zu helfen. 6000 Mann trafen bei Julfar (heute Ras al-Khaimah/V.A.E.) ein, besetzten die Region Al-Dhahirah und führten sogar Steuern ein.

Saif wandte sich an die Ghafiri, um sie zu überzeugen, sich mit den Hinawi **gegen die Perser** zu verbünden. Die Ghafiri akzeptierten sogar seinen Anspruch auf das Imamat, und gemeinsam konnte man die Besatzer zurückdrängen. Saif befreite zwar das Volk von den Persern

Stammbaum der Al-Bu-Said-Dynastie

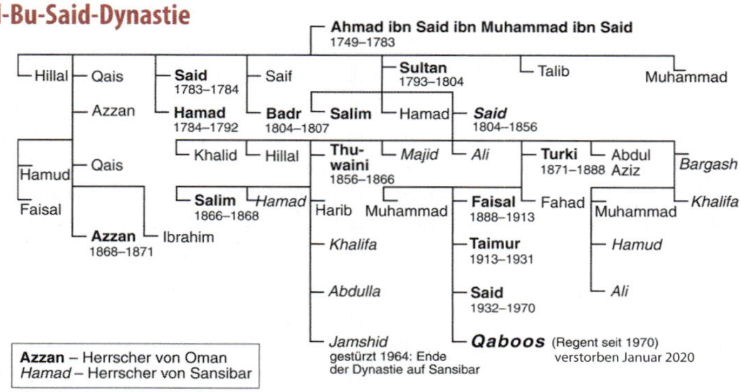

und ihren Steuern, doch bei der ulema fand er noch immer wenig Gegenliebe. Im Jahr 1741 ernannte sie *Sultan bin Murshid al-Ya'aruba* zum neuen Imam.

Zwei rivalisierende Imame – für das Land bedeutete das **erneut Krieg.** Nach dem Verlust von Muscat wandte sich Saif wiederum an die Perser, die noch in Julfar stationiert waren. Doch nicht nur die kamen, sondern noch eine zusätzliche Flotte, sodass die Perser in kurzer Zeit die gesamte Batinah-Küste bis Muscat eroberten. Die ganze Küste? Nein, im Fort von Sohar leisteten die Bewohner unter der Führung von *Ahmad bin Said,* dem Begründer der heute noch herrschenden Al Bu Said-Familie, erbitterten Widerstand gegen die Belagerer. Es gelang den Persern nicht, das Fort einzunehmen.

1743 starben beide Imame: Sultan im Kampf gegen die Perser, Saif angeblich mit gebrochenem Herzen, weil es ihm nach Sultans Tod nicht gelang, die Perser wieder aus dem Land zu treiben. Die Linie der Al-Ya'aruba-Dynastie war damit unterbrochen, denn es stand kein weiterer Anwärter für das Amt des Imams bereit.

Die Al-Bu-Said-Dynastie

Ahmad bin Said, der **Begründer der Al-Bu-Said-Dynastie,** wurde in Adam, südlich von Nizwa, geboren. Es heißt, schon in seiner Jugend sei ihm prophezeit worden, er würde einmal zum Imam ernannt werden. Nach dem Tod von Saif und Sultan lag es in seiner Hand, den Kampf gegen die Perser fortzuführen. Ihm gelang es, die neunmonatige persische Belagerung von Sohar zu beenden, wofür er ihnen allerdings Muscat zugestehen musste. In Barka ließ er einen großen Markt entstehen, um Muscat als Handelsmittelpunkt abzulösen. Schließlich holte er **1747** zum entscheidenden **Schlag gegen die Perser** aus, als er sie zu einem Festessen nach Barka einlud. Doch als die Trommel des Forts geschlagen wurde, gab der Ausruf „Jeder, der einen Groll gegen die Perser hegt, möge nun Rache nehmen" den Startschuss zu einem **Massaker.** Lediglich 200 der Besatzer überlebten.

Ahmad bin Said wurde zum neuen Imam gewählt (der offizielle Beginn seiner Herrschaft variiert in den Geschichtsbüchern zwischen 1741 und 1749). Doch die **Spaltung des omanischen Volkes** verschwand nicht von heute auf morgen. Zunächst kam es zu einem Kampf zwischen den Hinawi unter Ahmad und den Ghafiri unter dem ehemaligen Imam Bila'rub. Bei Nizwa wurden Bila'rubs Truppen geschlagen und er selbst getötet. Später wollte der Emir von Julfar Unstimmigkeiten zwischen Ahmad und seinen Söhnen nutzen und belagerte Rustaq. Doch die Solidarität zwischen Vater und Söhnen war größer, und die Belagerer wurden mit vereinter Kraft vertrieben. Eine weitere Oppositionsbewegung der Ghafiri konnte Ahmad durch eine Heirat beilegen, die ihn zum Schwager des Ghafiri-Anführers machte.

Ahmad überwand nicht nur die **innenpolitischen Schwierigkeiten,** sondern er etablierte Oman auch nach außen wieder als wichtige Macht. Er konnte die Kontrolle über den Handel im Golf gewinnen und stärkte auch den omanischen Einfluss in Ostafrika. Mit den Portugiesen schloss er ein Abkommen zur Abgrenzung der Interessensgebiete zwischen beiden Ländern. Die Portugiesen begnügten sich mit den Gebieten südlich von Sansibar, Oman erhielt alle nördlich gelegenen.

Als Ahmad 1783 in Rustaq starb, war er bekannt für seinen Führungsstil, der auf einer starken Zentralgewalt beruhte. Seine Nachfolge war umstritten. Sein Sohn *Hillal,* der als der geeignetste Anwärter erachtet wurde, hielt sich zu einer Kur in Pakistan auf und kehrte nie zurück. So wurde sein Bruder **Said** zum Imam gewählt, obwohl er im Volk alles andere als beliebt war. Bald schon wurde seine Ablösung vorangetrieben.

Saids Sohn **Hamad** konnte von Muscat aus weite Teile des Landes unter seine Herrschaft bringen. Sein Vater blieb weiterhin in Rustaq, wo er den Imamstitel bis zu seinem Tode 1811 beanspruchte. Hamad legte keinen Wert darauf, sich zum Imam wählen zu lassen, sondern konzentrierte sich auf die Ausübung der weltlichen Macht. Der Einfluss der Al-Bu-Said-Dynastie auf das Landesinnere schwand in der Folgezeit und eine **Spaltung des Landes in Sultanat und Imamat** war die Folge.

Hamad – und seine Nachfolger – ließ sich als **„Sayyid"** (Herr) anreden. Den Titel „Sultan" erhielten die omanischen Herrscher erst später durch die Briten. Hamad hatte große Ambitionen, baute Forts in Ruwi und Barka, wollte Mombasa und Bombay einnehmen. Doch dazu kam es nicht, denn er starb bereits 1792.

Hamads Vater, *Imam Said,* kam zwar zur Beerdigung nach Muscat, doch kehrte er schon bald nach Rustaq zurück, ohne ernsthaftes Interesse am Regieren. So wurde sein Bruder **Sultan bin Ahmad,** der im Land sehr angesehen war, neuer Herrscher in Muscat und hatte schon bald die Kontrolle über weite Teile des Landes.

Unter seiner Regierung etablierte sich Muscat als der wichtigste Umschlaghafen, über den fünf Achtel des gesamten Handelsvolumens des Golfes mit den Häfen im Indischen Ozean liefen. Sultan garantierte den Händlern in Muscat Unabhängigkeit für sie persönlich und für ihren Besitz. Er selbst profitierte vom Handel durch die Zölle, die auf alle Waren erhoben wurden. Engländer und Franzosen erkannten Sultan als Herrscher an, und der eigentliche Imam spielte nach außen keinerlei Rolle.

Sultan geriet in der Folgezeit in die Auseinandersetzungen zwischen den beiden europäischen Mächten. Die französischen Ambitionen im Indischen Ozean nach der Einnahme Ägyptens durch Napoleon heizten die Feindschaft zwischen den zwei Staaten weiter an. Die Briten hatten inzwischen ihren Einfluss in Indien gefestigt und begannen nun einen Wettlauf mit den Franzosen um die Gunst des omanischen Herrschers.

Die **Briten** schlossen 1798 ein **Abkommen mit Sultan,** das die Omanis verpflichtete, sie in internationalen Angelegenheiten zu unterstützen, und weder den Franzosen noch den Holländern die Einrichtung eines Stützpunktes oder einer Vertretung in Oman zu ermöglichen, solange der Krieg zwischen ihnen und den Briten andauerte.

Zwei Gründe waren ausschlaggebend für die Zustimmung Sultans zu diesem Abkommen: Zum einen brachen in der zweiten Hälfte des 18. Jahrhunderts **alte Stammesrivalitäten** zwischen den Omanis und dem Stamm der **Qawasim** in Ras al-Khaimah auf, die die Macht des

Herrschers in Muscat nicht anerkannten. Von Ras al-Khaimah griffen sie immer wieder omanische und britische Schiffe an, was der Gegend bald den Beinamen „Piratenküste" einbrachte.

Zum anderen gestalteten sich die **Wahhabiten** zu einer zunehmenden Bedrohung für Oman. Diese religiöse Bewegung, gegründet von *Muhammad ibn Abdul Wahhab,* forderte eine Rückbesinnung auf den Glauben an den einen Gott und die wörtliche Befolgung des Qur'an. Schon bald gewannen sie die Al Sa'ud-Shaikhs Inner-Arabiens für ihre Glaubensrichtung, und nach dem Tode des Muhammad ibn Abdul Wahhab übernahm ein Al Sa'ud das Amt des Imams der Wahhabiten. Durch regelrechte Feldzüge dehnten sie ihr Einflussgebiet zunehmend aus, unterwarfen die Qawasim und marschierten gemeinsam mit ihnen im Jahre 1800 sogar in Buraimi ein.

Briten und Omanis gingen nun gemeinsam daran, die Überfälle der Qawasim auf Schiffe im Persisch-Arabischen Golf zu unterbinden. Diese hatten seit dem Einzug des Wahhabismus unter den Qawasim noch zugenommen, da man nun eine religiöse Legitimation für den Kampf gegen die Briten gefunden hatte: Er wurde als *jihad* bezeichnet, was allerdings einen Missbrauch des Begriffs für den „Heiligen Krieg gegen die Ungläubigen" darstellte (siehe „Religion – der Islam"). Oman und Großbritannien waren nun aufeinander angewiesen.

Der Kampf mit den Wahhabiten und Qawasim verstärkte sich, als diese Barka an der Batinah-Küste einnahmen. Sultan brach 1804 mit 14 Kriegsschiffen zu einer Strafexpedition auf, wurde aber auf dem Rückweg nach Muscat von den Qawasim getötet.

Die Regierungszeit von Said bin Sultan

Der Tod Sultans verursachte Auseinandersetzungen um seine Nachfolge. *Badr bin Saif,* ein Neffe Sultans, kam schon nach drei Jahren unter mysteriösen, nicht ganz geklärten Umständen ums Leben. Die beiden Söhne Sultans, *Said* und *Salim,* wurden nun zu gemeinsamen Herrschern ernannt, deren Regierungsbeginn offiziell auf 1804 datiert wird. Salim blieb bis zu seinem Tode 1821 Mitregent, doch die erste Hälfte des 19. Jahrhunderts steht klar im Zeichen von *Said bin Sultan,* der bis 1856 regierte und unter dessen Herrschaft **Oman** seine **größte Ausdehnung** erreichte. Zwar konnte er den Dhofar nicht unter seine Kontrolle bringen, aber er beherrschte weite Gebiete der gegenüberliegenden Seite des Golfes (Bandar Abbas, Bandar Lingeh und Gwadur) und zudem die Insel Sansibar und Teile der ostafrikanischen Küste.

In seiner Ära festigten die Briten ihren Einfluss auf die Golfregion weiter, und man ging gemeinsam gegen die Qawasim vor. Doch es dauerte bis 1820, bis sie entscheidend geschlagen werden konnten. Die Gegend hieß fortan nicht mehr „Piratenküste", sondern „Waffenstillstandsküste" **(Trucial Coast).**

Möglich geworden war dieser Erfolg durch den Niedergang des Wahhabitenreiches, das 1818 durch den Angriff der Türken und die Hinrichtung ihres Emirs erheblich geschwächt worden war. Doch die Wahhabiten erholten sich schnell und erlangten durch den Stamm der Bani Bu Ali auch Einfluss in Oman (siehe Kapitel „Der Osten: Rundfahrt durch den Ja'alan"). Die Auseinandersetzungen mit den Wahhabiten blieben auch in der Folgezeit ein ständiger Konfliktherd, und nur durch die Unterstützung der Briten konnten sich die Omanis vor einer Invasion retten.

Said, der auch *Said der Große* genannt wird, konzentrierte sich auf die **Besitzungen in Ostafrika.** 1829 nahm er Mombasa ein und beendete die Herrschaft der Mazari, einer ebenfalls omanischen Dynastie. Sansibar wurde zu seiner zweiten Hauptstadt, wohin er später sogar seinen Amtssitz verlegte.

Sansibar entwickelte sich unter Sultan Said zum wirtschaftlichen Mittelpunkt des Sultanates. Zwei Dinge waren hierfür ausschlaggebend: Zum einen wurde die aus Indonesien eingeführte **Gewürznelke** verstärkt angebaut, sodass man Mitte des 19. Jahrhunderts praktisch sogar eine Monopolstellung in diesem Bereich erlangte. Darüber hinaus war Sansibar eines der Zentren des **Sklavenhandels,** dessen Zwischenhandel fest in der Hand von Omanis lag.

Zu dieser Zeit hatte der Verkauf von Menschen, in den Araber wie Europäer gleichermaßen verstrickt waren, seinen Höhepunkt allerdings schon überschritten. Die Briten waren bestrebt, die Sklavenarbeit in ihren Kolonien abzuschaffen, woraufhin Said notgedrungen zusagte, auch den Handel zu unterbinden. Doch erst eine Verschärfung dieses Verbots und die Kontrolle von Schiffen durch die britische Kriegsflotte brachten einen Niedergang des lukrativen Geschäfts.

1856 starb *Said* auf dem Seeweg von Muscat nach Sansibar. Streitigkeiten um seine Nachfolge waren entscheidend für das **Auseinanderbrechen des Sultanates** in zwei Teile.

Großbritannien als Schutzmacht

Zwei der noch lebenden 36 Kinder Saids stritten nach seinem Tod um die Herrschaft im Sultanat. **Majid** versuchte die Macht in Sansibar zu übernehmen, wo er schon zuvor während der Abwesenheit seines Vaters regiert hatte. **Thuwaini,** der älteste Sohn Saids, beanspruchte dagegen die Führung des gesamten Sultanates für sich. Keiner konnte sich jedoch gegen den anderen durchsetzen, und so kam es de facto zu einer **Teilung des Landes.** Man einigte sich auf eine Ausgleichszahlung, die das reichere Sansibar dem Mutterland jährlich zu leisten hatte. Als Majid sich 1860 weigerte zu zahlen, schickte Thuwaini eine Flotte auf den Weg nach Sansibar. Die Briten griffen ein, verhinderten eine kriegerische Auseinandersetzung und setzten die formelle Teilung des Landes in ein **„Sultanat von Sansibar"** und ein **„Sultanat von Muscat und Oman"** durch. Sansibar wurde zur Zahlung der Abgabe verpflichtet, entwickelte sich jedoch fortan völlig unabhängig vom Rest Omans. Die omanische Dynastie der Al Bu Said bestand noch fort, bis sie 1964 durch eine blutige Revolution beendet wurde. Sansibar vereinigte sich mit Tanganyika (zeitweise deutsche Kolonie) zum Bundesstaat Tansania.

Für das Kernland Omans bedeutete die Abtrennung Sansibars und der übrigen ostafrikanischen Besitzungen einen herben Verlust, da der größte Teil der Handelseinnahmen wegfiel. Doch es traf das Land noch schlimmer: Die **Öffnung des Suez-Kanals** brachte dem Land einen schnellen **wirtschaftlichen Verfall.** Die internationalen Schifffahrtsrouten verlagerten sich, da das Rote Meer nun die Hauptstrecke in den Indischen Ozean bildete. Der mühsame Weg um die Südspitze Afrikas hatte ausgedient. Die Briten etablierten eine Dampfschifflinie zwischen dem Golf und Indien und versetzten damit dem omanischen Seehandel den endgültigen Todesstoß. Mit den geringeren Staatseinnahmen schwand die Macht der Al Bu Said-Sultane auch in Muscat. Viele Stämme im Landesinneren wandten sich von ihnen ab.

Innenpolitisch begann eine **turbulente Zeit.** *Thuwaini* sah sich 1861 der Opposition seines Bruders *Turki* gegenübergestellt; 1864 gelang es nur mit Hilfe der Briten, einen erneuten Angriff der Wahhabiten, die bis Sur vordrangen, zurückzuschlagen. Zwei Jahre später endete seine Regierung, er wurde von seinem eigenen Sohn *Salim* erschossen.

Doch Salims Ende kam schnell. *Azzan bin Qais,* der aus einer Seitenlinie der Al-Bu-Said-Dynastie stammte, nahm 1868 Barka, Mutrah und Muscat ein und zwang Salim, das Land zu verlassen. **Azzan wurde zum Imam gewählt** – der erste seit Imam Said, der 1784 entmachtet worden war – und führte das Land mit starker, konservativer Hand. Seine größte Tat war die Vertreibung der Wahhabiten aus Buraimi.

Auch Azzan war nur eine kurze Regierungszeit vergönnt. Sein Bruder **Turki** besiegte ihn mit Unterstützung der Shaikhs von Dubai, Ajman und Ras al-Khaimah (heute alle V.A.E.) in einer Schlacht. Turki wurde 1871 von den Briten als Sultan anerkannt. Seine Regentschaft war wie die seines Sohnes und Nachfolgers **Faisal** von ständigen innenpolitischen Schwierigkeiten gekennzeichnet. Die Rivalitäten zwischen Hinawi und Ghafiri bestanden weiter, und 1895 musste *Faisal* sich sogar eines Umsturzversuches aus Sansibar erwehren.

Der **britische Einfluss** nahm weiter zu. Nicht zuletzt die leeren Staatskassen brachten den Sultan in völlige Abhängigkeit. Nach einer Beulenpest-Epidemie übernahmen die Engländer sogar noch das Gesundheitssystem.

Nachdem die letzten Jahre seiner Regierung recht ruhig verlaufen waren, starb *Faisal* 1913. Sein Nachfolger *Taimur bin Faisal* wurde jedoch sofort wieder in Machtkämpfe mit den Stämmen im Landesinneren verstrickt. Nach einer Zeit ohne Imam (der letzte, *Azzan,* war

1868 gewählt worden) wurde 1913 in Inner-Oman erneut ein Imam gewählt. **Salim bin Rashid al-Kharusi** gelang es, Hinawi und Ghafiri zu einem Kampf gegen den Sultan zu vereinen. Erst vor den Toren Muscats konnten britische Truppen die Stämme stoppen. Eine Verhandlungsrunde zwischen Imam und Sultan scheiterte, doch 1920 wurde der **„Vertrag von Seeb"** geschlossen. Er legte die Einflussbereiche von Imam und Sultan fest. Für die Zusage des Imams, die Macht des Sultans an der Küste zu respektieren und keine weiteren Auseinandersetzungen zu beginnen, machte auch der Sultan weitreichende Zugeständnisse. Er versicherte, sich nicht in die inneren Angelegenheiten des Imams einzumischen, nicht mehr als fünf Prozent Zoll auf Waren aus dem Landesinneren zu erheben und den Stämmen Zugang zu den Küstenstädten zu gewähren.

Diese Zweiteilung sollte für gut **30 Jahre Frieden** bringen. Doch die Staatskasse Sultan *Taimurs* blieb weiterhin leer. In seiner Not ernannte er den Briten *Bertram Thomas,* der als Arabist und Reiseautor zu großer Bekanntheit gelangte, zu seinem Finanzberater, später sogar zu seinem Minister. Nach und nach setzte sich der Sultan nach Indien ab und verbrachte nur noch drei Monate im Jahr in Oman. Kaum hatte sein Sohn *Said* die Volljährigkeit erreicht, übergab er ihm 1932 sein Amt und vergnügte sich den Rest seines Lebens in Asien. 1965 starb er in Bombay.

Die Briten knüpften hohe Erwartungen an **Said bin Taimur.** Er war in Indien ausgebildet worden, sprach fließend englisch und entsprach genau ihren Erwartungen an einen Herrscher, der Oman aus der Phase des Niedergangs herausführen könnte. An der Abhängigkeit von den Briten hatte sich nichts geändert. Said war klar, dass er eine Unabhängigkeit für sein Land nur erreichen konnte, wenn er den gewaltigen Schuldenberg abbauen und den Staatshaushalt ausgleichen würde. Sein Ziel war es auch, die **Kontrolle über das Landesinnere** zu erreichen. Schließlich hatte man inzwischen das **erste Öl** in der Golfregion gefunden. Ölgesellschaften waren bereit, hohe Summen für Konzessionen zu zahlen, doch dafür musste der Sultan das ganze Land regieren. Said begann, hohe Stammesshaikhs nach Muscat einzuladen und mit Geld zu beschenken. 1945 hatte er die Ghafiri-Stammesfraktion auf seine Seite gebracht und die Neutralität der Hinawi erreicht.

Anfang der 1950er Jahre sah sich der Sultan **neuen Auseinandersetzungen** gegenübergestellt. Die Wahhabiten besetzten erneut Buraimi und zwangen so den Sultan, wieder einmal die Hilfe der Briten in Anspruch zu nehmen. Erst 1955 wurden die Saudis endgültig aus Buraimi vertrieben.

Im Landesinneren war es der neu gewählte **Imam Ghalib bin Ali,** der einen unabhängigen Staat errichten wollte und nach internationaler Anerkennung strebte. Die vermuteten Erdöl-Vorkommen trugen zur Verschärfung des Konfliktes zwischen Sultan und Imam bei. Der Sultan konnte eine völlige Abspaltung Inner-Omans nicht tolerieren, marschierte mit seinen Truppen ein und stieß auf nur wenig Widerstand. Der Imam zog sich in sein Heimatdorf zu-

Eingangsportal der Großen Moschee in Muscat

rück, doch sein Bruder und Mitkämpfer entkam nach Saudi-Arabien.

Er kehrte 1957 zurück und sammelte eine Reihe von Gefolgsleuten um sich, darunter auch **Sulaiman bin Himyar.** Als oberster Shaikh der Bani Riyam galt er als der „Herr des Jebel Akhdar". Gemeinsam wollten sie Nizwa zurückerobern, doch bei Firq, wenige Kilometer südlich von Nizwa, wurden sie von den Truppen des Sultans und der Briten geschlagen. Wieder gelang den Führern die Flucht, und sie zogen sich an den Fuß des Jebel Akhdar zurück. 1959 beendete die britische Luftwaffe endgültig den Aufstand und legte den Ort Tanuf in Schutt und Asche.

Dem Sultan brachte diese Auseinandersetzung zwar die **Herrschaft über ganz Oman,** doch sein Ziel, die Unabhängigkeit, erreichte er nicht. Die Niederschlagung der Aufstände hatte ihn viel Geld gekostet, sodass er sogar Gwadur auf der anderen Seite des Golfs von Oman verkaufen musste.

1958 verabschiedete sich Said aus Muscat, um fortan in Salalah zu residieren. Er sollte die Hauptstadt nie wieder betreten. Für den Rückzug gab es verschiedene Gründe: Zum einen fühlte er sich im Dhofar sicherer, zum anderen hatte er hier die größte Freiheit vor den Briten. Er wollte das 20. Jahrhundert von Oman und insbesondere vom Dhofar fernhalten, nur so sind Anordnungen wie das Rundfunk- und Sonnenbrillenverbot zu verstehen. Straßen, Schulen und Krankenhäuser wurden nicht gebaut, Ausländer erhielten kein Visum. Die Einnahmen aus der beginnenden Erdölsuche flossen in seine Taschen, ohne dass die Bevölkerung davon Nutzen hatte. Damit setze er eine Entwicklung gegen sich selbst in Gang. Zunächst begann 1965 mit Unterstützung des sozialistischen Südjemen der Krieg im Dhofar (siehe Kapitel „Dhofar"), dann **stürzte ihn 1970 sein eigener Sohn.**

Die „Renaissance" unter Sultan Qaboos

Am **23. Juli 1970** endete die Regierung von Sultan Said, und eine **neue Ära unter** seinem Sohn **Qaboos** begann. In einer (fast) unblutigen Palastrevolte wurde Said entmachtet. Lediglich er selbst wurde leicht verletzt und flog direkt ins Exil nach London, wo er zwei Jahre später starb. *Qaboos* reiste nach Muscat, präsentierte sich dem Volk als neuer Sultan und wurde begeistert empfangen. Die „Renaissance" Omans, das „Wiederaufleben" des Landes, konnte beginnen.

Die weitere Geschichte des Landes ab 1970 wird in den folgenden Abschnitten beschrieben.

oman017 ud

Überblick: Geschichte Omans

um 10.000 v. Chr.: Erste steinzeitliche Siedlungsfunde.

3000–2000 v. Chr.: Hafeet-Periode, dann Umm-al-Nar-Kultur; Grabfunde im Nordoman; erste Blütezeit des Kupferhandels; Magan wird in mesopotamischen Texten erwähnt.

563 v. Chr.: Persische Eroberung durch *Kyros II.;* Einführung der „falaj-Bewässerung".

ab 200 n. Chr.: Einwanderungswellen aus Süd- und Zentralarabien.

630: Durch einen Boten gelangt der Islam friedlich in den Oman; Vertreibung der Perser.

751: Wahl des ersten ibaditischen Imams *Julanda bin Mas'ud.*

893: Eroberung Omans durch Truppen des Khalifen aus Bagdad.

10. Jh.: Sohar wird zur wichtigsten Hafenstadt des islamischen Reiches; intensiver Überseehandel mit China, Indien und Ostafrika.

1064: Invasion der Seldschuken.

14. Jh.: Unter der Herrschaft von Hormuz wird Qalhat zu einer blühenden Stadt.

1507: Invasion durch die Portugiesen.

1550/1581: Türkische Angriffe auf Muscat.

1624: Wahl von *Nasir bin Murshid,* dem ersten Imam der Al-Ya'aruba-Dynastie.

1650: Imam Sultan *bin Saif* vertreibt die Portugiesen aus dem Oman, anschließend auch aus Ostafrika.

1718: Beginn des Bürgerkriegs; persische Invasionen.

1747: *Ahmad bin Said,* erster Herrscher der Al-Bu-Said-Dynastie, vertreibt die Perser und beendet den Bürgerkrieg.

1784: *Hamad bin Said* regiert von Muscat aus, ohne sich als Imam wählen zu lassen; Beginn der Spaltung in Sultanat und Imamat.

1792: Unter Sultan *bin Ahmad* wird Oman zur führenden Macht im Golf.

1804: Beginn der Regierung von *Said bin Sultan,* unter dem Oman seine größte Ausdehnung erreicht; Bund mit Großbritannien im Kampf gegen die Qawasim.

1829: Sansibar wird zur zweiten Hauptstadt, später sogar Amtssitz des Sultans.

1856: Tod von *Said bin Sultan* und Teilung des Landes in die Sultanate von Oman und Sansibar; Oman gerät in Abhängigkeit von den Briten.

1913: Auseinandersetzung zwischen Sultan *Taimur* und dem Imam.

1920: Vertrag von Seeb, der das Land zwischen Sultan und Imam aufteilt.

1955–59: Aufstand im Jebel Akhdar gegen den Sultan; Ende des Imamats.

1965–75: Krieg im Dhofar.

1970–2020: Herrschaft von Sultan *Qaboos,* der am 10. Januar 2020 stirbt; sein Cousin *Haitham bin Tariq* wird als neuer Sultan vereidigt.

Staat und Politik

Staatsorganisation und Verwaltung

Das Sultanat Oman ist ein **arabischer und islamischer Staat,** in dem viele Lebensbereiche von der Tradition und vom **Qur'an** bestimmt werden. So bildet auch die islamische Gesetzgebung, die **Shari'a,** die Grundlage für die Rechtsprechung im Land.

50 Jahre lang, von **1970 bis 2020,** war **Sultan Qaboos bin Said Al Said das Staatsoberhaupt Omans.** *Qaboos* war für die Omanis ein Landesvater im wahrsten Sinne des Wortes; er führte das Land behutsam und umsichtig aus quasi mittelalterlichen Verhältnissen in die Neuzeit und wurde dafür innig geliebt. Nach seinem Tod am 10. Januar 2020 wurde sein Cousin **Haitham bin Tariq bin Taimur Al Said** neuer Sultan und somit Staatsoberhaupt.

Parteien und ein gesetzgebendes Parlament gibt es nicht. **Alle Macht geht vom Sultan aus,** der die oberste exekutive, legislative und judikative Gewalt ausübt. Alle Gesetze werden vom Sultan persönlich als „Königliche Erlasse" verabschiedet. Die Erlasse sowie ministerielle Beschlüsse oder internationale Vertragsunterzeichnungen werden in einem Amtsblatt veröffentlicht.

Das omanische **Staats- und Regierungssystem** versucht eine Balance zwischen vielen Elementen des traditionellen islamischen Herrschaftssystems und den Erfordernissen einer modernen Staatsverwaltung und -führung. Das Kabinett aus Ministern, Staatssekretären und diversen Sonderbeiräten wird vom Sultan bestimmt und ist ihm direkt verantwortlich. Er selbst hat die Posten des Premierministers sowie des Verteidigungs-, Finanz- und Außenministers inne. Wenn ein Staatsangehöriger sich von der Verwaltung ungerecht behandelt fühlt, kann er mit seinen Problemen oder Anliegen direkt ein Gespräch mit dem zuständigen Minister führen, ohne einen zermürbenden Weg durch die Mühlen der Bürokratie zu nehmen. Bis 1970 war das Innenministerium übrigens das einzige Ministerium im Land. 2003 wurde zum ersten Mal eine Frau zur Ministerin ernannt.

1981 gründete Sultan *Qaboos* den **„Konsultativen Staatsrat".** Das Prinzip orientierte sich an den alten Stammesbräuchen (siehe „Bevölkerungsgruppen und Sozialstruktur"). Die zunächst 35, später 55 vom Sultan ernannten Mitglieder stammten sowohl aus der Regierung als auch aus dem Volk. Sie sollten ihre Meinungen untereinander austauschen und somit eine ergänzende Zusammenarbeit zwischen der Regierung und den Bürgern einleiten.

1991 wurde der Konsultative Staatsrat durch die **Majlis al-Shura** abgelöst. Auch sie ist ein beratendes Gremium, besteht aber nur aus Volksvertretern ohne Regierungszugehörigkeit. **„Konsultation" und „Beratung"** (arab. *shura*) sind als wesentliche Elemente der muslimischen Gesellschaftsordnung auch im Qur'an (Sure 42) festgeschrieben. Zu den Hauptaufgaben der Majlis gehört die Prüfung aller von den Ministerien ausgearbeiteten Gesetzesvorlagen. Innerhalb der Versammlungen hat jeder uneingeschränkte Redefreiheit, die Sit-

Sultan Qaboos (1940–2020)

Sultan *Qaboos bin Said Al Said* wurde am 18. November 1940 in Salalah, in der Südprovinz Dhofar, geboren und starb am 10. Januar 2020. Er war in direkter Linie der **achte Nachkomme der Al-Bu-Said-Dynastie,** die 1744 von Imam *Ahmed bin Said,* der das Land nach vielen Jahren des Bürgerkriegs einigte, begründet wurde.

Qaboos war Nachfolger und der einzige Sohn seines 1972 verstorbenen Vaters Sultan *Said bin Taimur.* Seine Kindheit verbrachte der Sultan in Salalah, bis er mit 16 Jahren von seinem Vater auf eine **Privatschule in England** geschickt wurde. 1960 trat er als Kadett der Königlichen Militärakademie in Sandhurst bei. Während seiner zweijährigen Ausbildung leistete er sechs Monate seiner Dienstpflicht auch bei einer britischen Infanteriebataillon in Deutschland (als Offizier bei der „Rheinarmee") ab. Danach studierte er in England Verwaltungswesen und unternahm im Anschluss daran eine dreimonatige Weltreise.

1964 kehrte Sultan *Qaboos* nach Oman zurück und verbrachte auf Wunsch seines Vaters die nächsten sechs Jahre in Salalah. Während dieser Zeit beschäftigte er sich mit dem Studium des Islam und der kulturellen und historischen Vergangenheit seines Landes. Im Juli 1970 sah er die Chance zur Öffnung und **Modernisierung** seines isolierten, verarmten und von einem Guerillakrieg geplagten Landes und löste seinen Vater ab. Nach dessen Abdankung übernahm *Qaboos* die Regierungsgeschäfte und zog nach Muscat. Dort wurde er von seinem Volk stürmisch begrüßt.

Am Tag seiner **Thronbesteigung am 23. Juli 1970** wandte er sich mit den folgenden Worten an sein Volk: „Ich verspreche Euch, dass ich umgehend mit dem Aufbau einer modernen Regierung beginnen werde. Meine erste Maßnahme wird sein, mit sofortiger Wirkung alle unnötigen Bestimmungen, die Euer Handeln einschränken, aufzuheben.

Mein Volk, ich werde so schnell wie möglich damit beginnen, Euch ein Leben und eine **Zukunft in Wohlstand** aufzubauen. Ein jeder von Euch muss seinen Beitrag dazu leisten. Unser Land war einst stark und berühmt. Wenn wir mit vereinten Kräften arbeiten, werden wie diese ruhmreiche Vergangenheit wieder aufleben lassen und den uns angemessenen Platz in der Welt einnehmen können.

Mein Volk, meine Brüder, gestern herrschte völlige Dunkelheit, aber mit der Hilfe Gottes wird morgen ein neues Licht über Muscat, Oman und seinem Volk scheinen.

Möge Gott uns alle segnen, und möge er unseren Bemühungen Erfolg schenken."

oman200 moi

zungen werden unzensiert vom Fernsehen übertragen. Doch viele Aufgaben des Rates werden in Komitees bearbeitet, deren Sitzungen unter Ausschluss der Öffentlichkeit stattfinden.

Die **Ernennung der Majlis-al-Shura-Mitglieder** geschieht wie folgt: Jeder der Regierungsbezirke entsendet den Vertreter, der mit den meisten Stimmen gewählt wurde. Zunächst waren nicht alle Omanis wahlberechtigt, sondern nur die Oberschicht – unabhängig vom Geschlecht. Seit 2003 sind alle Staatsbürger ab 21 Jahren wahlberechtigt – und machen hiervon auch regen Gebrauch. Die Anzahl der Mitglieder wurde von 59 auf nun 84 erhöht, und es gehören dem beratenden Staatsrat auch Frauen an. Eine Amtsperiode beträgt vier Jahre, eine erneute Kandidatur ist jedoch möglich. Der Präsident der Majlis wird durch den Sultan ernannt.

Nicht nur diese Maßnahmen weisen deutlich darauf hin, dass sich Oman auf seinem Weg in eine eigenständige islamische Demokratie befindet: **1996** wurde auf Geheiß von Sultan *Qaboos* die **Verfassung** des Staates verkündet. In 81 Artikeln werden alle Aspekte des Staatsapparates geregelt und die Richtlinien zur Thronfolge formuliert. Mit dem Erlass dieser Verfassung hat der Sultan eine solide Grundlage für soziale und politische Stabilität und die Garantie der Rechte und Freiheiten des Individuums geschaffen. Das Parlament wurde um eine zweite Kammer erweitert, den **Staatsrat** (arab. *Majlis al-Dawla*), der in Zusammenarbeit mit der Majlis al-Shura Entscheidungsprozesse erleichtern und die Zusammenarbeit zwischen dem Volk und der Regierung fördern soll.

Hoheitszeichen des omanischen Staates sind **Staatsflagge und -wappen.** Die omanische Flagge hat drei Farben: Weiß für Frieden und Wohlstand, Rot für Kraft und Stärke, Grün für die Fruchtbarkeit des Landes. Das Staatswappen zieren zwei Schwerter und ein Krummdolch.

oman20_055 pf

[<] Das Museum Bait al-Safah in der Altstadt von Al-Hamra

Der „Arabische Frühling" in Oman

Der sogenannte arabische Frühling, der 2011 in Tunesien und Ägypten mehr oder weniger unblutige Umstürze zur Folge hatte, in Libyen und Syrien aber auch Bürgerkriege, ist auch an Oman nicht spurlos vorübergegangen.

Im Frühjahr 2011 kam es im ganzen Land zu **Streiks und Demonstrationen.** Die wichtigsten Forderungen dabei waren bessere Lebensbedingungen und weniger Korruption. Die Entwicklung in anderen arabischen Ländern und der Druck auf die Regierungen lässt auch die Omanis Missstände anprangern. Man muss dies aber auch vor dem Hintergrund sehen, dass aufgrund des gestiegenen Ölpreises und des Wirtschaftsaufschwungs in Oman die **Inflation** in den vergangenen Jahren bei bis zu 10 % lag – ohne dass die Löhne entsprechend angeglichen wurden. Bei den Demonstrationen gab es keinerlei Proteste gegen die Person oder Position des Sultans.

Bis auf eine Ausnahme in Sohar verliefen **alle Proteste friedlich.** Als es in Sohar zu einem Todesfall gekommen war, führte dies spontan zu einer großen Pro-Sultan-Demonstration.

Sultan *Qaboos* reagierte umgehend mit **Reformen.** Ein wichtiger Punkt dabei war die Stärkung des Parlaments, das nun nicht nur beratende, sondern auch gesetzgebende Funktion hat. Unbeliebte Minister wurden entlassen, Reformen im Polizei- und Justizsystem durchgeführt. Rundfunk und Fernsehen unterstehen nicht mehr dem Informationsministerium, haben also zumindest eine Chance auf etwas Unabhängigkeit. 50.000 neue Stellen wurden im Staatswesen geschaffen, die **Anhebung des Mindestlohns** für Omanis auf 200 RO im Monat angeordnet (der bis 2018 auf 325 RO inkl. Zulagen im privaten und auf 400 RO im öffentlichen Bereich stieg), eine Absicherung im Falle von Arbeitslosigkeit eingeführt und viele weitere finanzielle Zuwendungen zugesichert.

All dies hat die Gemüter der (grundsätzlich recht gelassenen) Omanis schnell wieder beruhigt. Die Maßnahmen nur als Schnellschuss-Reaktion von Sultan *Qaboos* abzutun, wird seiner langfristigen Politik aber nicht gerecht – vieles hätte er früher oder später wahrscheinlich sowieso in Angriff genommen.

Innenpolitik

Die Verwaltung ist seit einer großen Reform 2011 in elf **Regierungsbezirke** sowie 64 Gemeindebezirke (arab. *wilayat,* Einzahl *wilaya*) aufgeteilt.

An der Spitze jedes Gemeindesbezirkes steht der **wali**, der **Gemeindeverwalter.** Die walis stellen eine wichtige Verbindung zwischen alten Traditionen (siehe „Bevölkerung und Gesellschaft") und moderner Verwaltung dar. Sie haben in administrativen Fragen ihres Verwaltungsbereiches eine große Entscheidungsbefugnis. Den walis fällt die Aufgabe zu, Regierungsangelegenheiten in ihrem Zuständigkeitsgebiet zu koordinieren, wichtige Angelegenheiten mit dem Innenministerium zu beraten und staatliche Anliegen oder Richtlinien an die Stammesoberhäupter weiterzuleiten, die diese dann wiederum der Allgemeinheit kundtun. Die walis diskutieren auch die Angelegenheiten ihres wilayas mit den Stammesältesten und anderen hohen Würdenträgern. Jeder Omani kann zur **monatlichen Audienz** seines wali, der **barzah,** gehen, um seine Bitten oder Beschwerden vorzutragen. Auch bei der Schlichtung von Streitfällen kommt dem wali eine bedeutende Rolle zu.

Die meisten walis sind angesehene **Stammesshaikhs,** deren Ernennung in der Vergangenheit außerhalb ihres Stammesgebietes geschah, damit ihre Neutralität gewahrt blieb. Einst standen ihnen auch bewaffnete Truppen zur Aufrechterhaltung von Gesetz und Ordnung zur Verfügung. Heute sind dafür die Königlich Omanische Polizei und die Gerichtshöfe mit ihren Richtern *(qadi)* zuständig.

Gesetzgebung und Rechtsprechung folgen in Oman der **Shari'a,** der islamischen Gesetzesordnung, denn im Islam sind **Justiz und Religion** eng miteinander verknüpft. Daher wurden seit dem Amtsantritt von Sultan *Qaboos* Justiz- und Religionsangelegenheiten von ein und demselben Ministerium, dem **„Ministerium für Justiz, Awqaf und Islamische Angelegenheiten"** verwaltet. Unter „Awqaf" versteht man Spenden und Vermächtnisse an religiöse oder gemeinnützige Stiftungen, die das Ministerium zusammen mit der *zakat*-Steuer (siehe „Religion – der Islam: Die Almosengabe") einsammelt, verwaltet und verteilt.

Dem Ministerium unterstehen die knapp **fünfzig Shari'a-Gerichte** des Landes, an denen **sowohl Zivil- als auch Strafprozesse** geführt werden. Für die strafrechtlichen Fälle gibt es ein Gericht erster Instanz, das leichte Vergehen verhandelt, und ein Gericht höherer Instanz, das sich mit schwereren Fällen befasst, sowie ein Berufungsgericht und seit 2003 einen Obersten Gerichtshof in Muscat. Zudem sind in allen Gebieten des Landes regionale Gerichtshöfe eingerichtet. Die Shari'a bildet die Grundlage des Familienrechts und regelt Scheidungs- und Erbschaftsangelegenheiten. Doch für Rechtsfälle, auf die sich nicht die Shari'a-Gesetze anwenden lassen, wurden **unabhängige Gerichte** eingerichtet. Davon betroffen sind z. B. Handelsdispute und alle Fälle, in denen ein Ausländer angeklagt ist. Das Studium der Rechtswissenschaften wird am Institut für „Shari'a-Recht, Beratung und Religiöse Betreuung" in Muscat gelehrt, ein höheres Institut für Rechtswissenschaften bildet Richter und Rechtsgelehrte in Nizwa heran.

Auf Verbrechen wie Mord und Straftaten wie Drogenhandel steht die **Todesstrafe,** die auch vollstreckt wird, sofern der Sultan nicht von seinem Begnadigungsrecht Gebrauch macht.

Auch für Bau, Unterhalt, Verwaltung und Restauration von Moscheen, islamischen Bibliotheken und über 400 Qu'ranschulen, in denen Jungen und Mädchen vor ihrer Schulzeit mit religiösen Lehren, Lese- und Schreibübungen vertraut gemacht werden, ist das Ministerium für Justiz, Awqaf und Islamische Angelegenheiten zuständig. Außerdem stellt es religiöse Dienste und geistige Beratung in den Moscheen zur Verfügung und betreut die Ausbildung und Ernennung neuer Imame.

Ein weiteres, innenpolitisch bedeutendes Ministerium ist das „Ministerium für den öffentlichen Dienst". Vor 1970 gab es in Oman keinen **öffentlichen Dienst,** da die damals wenigen Regierungsaufgaben von einer Handvoll Bediensteter erfüllt wurden. Um den Erfordernissen einer modernen Entwicklung und Staatsverwaltung nachzukommen, stieg die Zahl der Regierungsbediensteten sprunghaft an. Das Ministerium soll den Regierungsapparat modernisieren und ihm unterstützende Dienstleistungen erbringen sowie die Verwaltung kontrollieren. Ein Schwerpunkt des öffentlichen Dienstes ist, den zahlreichen omanischen Schulabgängern den Erwerb angemessener Qualifikationen zu ermöglichen, um ihnen eine attraktive und gesicherte Zukunftsperspektive zu bieten und sie ihren Fähigkeiten entsprechend an der Entwicklung ihres Landes beitragen zu lassen.

Die Schaffung von Arbeitsplätzen in Regierung und Verwaltung und die staatlich geförderte qualifizierte Ausbildung von Einheimischen soll den **Prozess der Omanisierung** unterstützen. Ziel dieses Prozesses ist es, einen Großteil der ausländischen Arbeitskräfte durch Omanis zu ersetzen. Im öffentlichen Sektor hat man bereits eine Quote von fast 100 Prozent erreicht. In anderen Bereichen werden Anteile zwischen 20 und 80 Prozent vorgegeben.

Um dieses Ziel zu erreichen, wurden konkrete **Ausbildungsprogramme** entworfen, in denen die Berufsanwärter eng mit den ausländischen Fachkräften zusammenarbeiten, um ihre Fertigkeiten zu entwickeln. Mit solchen Programmen soll die berufsbezogene Kompetenz der Omanis nicht nur im öffentlichen, sondern auch im privaten Sektor verbessert werden (siehe auch Abschnitt „Gastarbeiter" weiter unten). Zudem muss für jede Arbeitskraft, die einen bestimmten Mindestlohn verdient, vom Arbeitgeber eine jährliche Abgabe an die Berufsausbildungsbehörde gezahlt werden.

Außenpolitik

Nach Jahrhunderten reger Kontakte und Beziehungen zu Ländern innerhalb und außerhalb der arabischen Welt fiel das Land 1856, als *Sayyid Said bin Sultan* starb und eine Abtrennung von den ostafrikanischen Besitzungen Omans stattfand, über hundert Jahre in einen Zustand der Isolation, der erst unter Sultan *Qaboos* endete. Dieser stand bei seinem Amtsantritt 1970 vor der Aufgabe, sein Land international bekannt zu machen.

Zu den **Grundsätzen von Sultan Qaboos** gehörten eine gute Nachbarschaft, die Nichteinmischung in die inneren Angelegenheiten anderer Länder, gegenseitige Achtung, friedliche Koexistenz und gute Zusammenarbeit mit den benachbarten Staaten. Auch zu den westlichen Industriestaaten unterhielt und unterhält Oman intensive Beziehungen. Sultan *Qaboos* betrachtete internationale Kontakte, diplomatische Beziehungen sowie den persönlichen Austausch als äußerst wichtig beim Streben nach Weltfrieden und Völkerverständigung.

Diese Politik war erfolgreich, denn in den wenigen Jahren, die der omanische Staat besteht, konnten **zu über 120 Ländern diplomatische Beziehungen** aufgebaut werden.

Bereits 1971 trat Oman der „Arabischen Liga", den „Vereinten Nationen" (UN), dem „Internationalen Währungsfond" (IWF) und der „Weltgesundheitsorganisation" (WHO) bei. 1972 schloss sich das Land der „Islamischen Konferenz", der „Weltorganisation für Erziehung, Kultur und Wissenschaft" (UNESCO) und „Interpol" an. 1973 vollzog sich mit dem Beitritt zur „Organisation der Blockfreien Staaten" ein politisch bezeichnender Schritt. 1981 war das Sultanat **Gründungsmitglied des „Arabischen Golf Kooperationsrates" (GCC),** der die sechs Golfstaaten (Oman, V.A.E., Saudi-Arabien, Kuwait, Qatar, Bahrain) umfasst. Der GCC ist eine Art Entsprechung zur „Europäischen Union", dessen Mitglieder eine enge Zusammenarbeit auf wirtschaftlicher, politischer und kultureller Ebene anstreben. Dabei nimmt die Frage gemeinsamer Sicherheit eine zentrale Rolle ein.

Im Januar 1994 wurde Oman zum Mitglied des Sicherheitsrates der „Vereinten Nationen" gewählt, was man als große Anerkennung der eigenen Politik betrachtet hat.

Obwohl ein Großteil seines Staatshaushaltes derzeit aus der Erdölförderung stammt, legt das Land auf eine Mitgliedschaft in der machtvollen und zum Teil marktbestimmenden „Organisation erdölexportierender Länder" (OPEC) keinen Wert.

Nach der **Ölkrise** im Jahr **1973** gaben erdölabhängige westliche Industrienationen Oman besonders gerne Aufbaukredite, denn man wollte das Vertrauen des zwar neuen, aber offenbar weisen und tatkräftigen Staatsmannes am Golf gewinnen. Zum einen, um in Zukunft mit Öl beliefert zu werden, zum anderen, um in dieser strategisch wichtigen Region einen umsichtigen Partner zu haben. Nach dem Sturz des Schah von Persien und dem Krieg von *Saddam Hussein* gegen *Khomeinis* Iran wurde das politisch stabile und berechenbare Sultanat zu einer Art **„Wächter am Golf"** erkoren.

Der Beginn der **Golfkrise 1990** stellte die Region vor ernste Schwierigkeiten. Sultan *Qaboos* setzte sich für eine friedliche Lösung ein und unterstützte die

oman20_022 pf

UN-Resolution nach einem Rückzug des Irak aus dem besetzten Kuwait. Gleichzeitig bot er den fliehenden Kuwaitis eine sichere Zuflucht. Als die Krise sich jedoch immer mehr zuspitzte, handelte Oman in voller Übereinstimmung mit dem GCC, stellte sich auf die Seite der von den USA angeführten Alliierten und entsandte ein Kontingent zu ihrer Unterstützung. Während andere GCC-Staaten sich erst ab diesem Zeitpunkt zu einer engeren militärischen Kooperation mit dem Westen veranlasst sahen, hatte Oman bereits zehn Jahre früher diese Richtung festgelegt. Auch in dem von den Amerikanern und ihren Verbündeten geführten Krieg in Afghanistan Ende 2001 unterstützte Oman den Westen, den Irak-Krieg 2003 lehnte das Land jedoch ab. Insgesamt verfolgt Oman seither eine strikt neutrale Position und versucht sich immer wieder als Vermittler im Hintergrund zu engagieren. Bei den Verhandlungen um Irans Atomprogramm und auch im Syrienkrieg ist Oman ein anerkannter und respektierter Schlichter gewesen.

Die **Palästinenserfrage** ist noch immer der Hauptkonfliktherd im Nahen Osten. Oman fördert das palästinensische Volk bei der Gründung eines unabhängigen Staates und fordert den Rückzug der israelischen Truppen aus dem Südlibanon. Zugleich unterstützt es die Verhandlungen zwischen Israel und Palästina, die zu einer friedlichen Lösung führen sollen. Außer Ägypten und Jordanien, die mit Israel Frieden geschlossen haben, war es das einzige Land im Nahen Osten, das den damaligen israelischen Ministerpräsidenten *Yizhak Rabin* zu einem Staatsbesuch empfing. Seither schwanken die omanisch-israelischen Beziehungen je nach Kurs der israelischen Regierung stark, stets versuchte Oman aber, vermittelnd und ausgleichend einzuwirken.

1995 hat Oman mit seinem Nachbarland, der Republik Jemen, eine Vereinbarung über den gemeinsamen **Grenzverlauf** abgeschlossen, nachdem Anfang der 1970er Jahre die ehemalige Republik Südjemen die Widerstandsbewegung im Dhofar unterstützt und den Sturz des Sultans gefordert hatte. Im selben Jahr unterzeichnete Oman auch mit Saudi-Arabien ein Abkommen, das den Verlauf der gemeinsamen Grenze endgültig festlegt. Somit sind heute alle Landgrenzen eindeutig geregelt.

☐ Ausflugs-Dhau
in den Gewässern von Musandam

Schul- und Bildungssystem

Vor 1970 gab es neben den auf die Vermittlung religiöser Werte ausgerichteten Qur'anschulen nur drei Schulen im gesamten Land: je eine Knabengrundschule in Muscat, Mutrah und Salalah mit insgesamt gerade mal 909 Schülern und dreißig Lehrern.

Das **Verlangen nach Wissen** war in den ersten Jahren nach dem Neuanfang so groß, dass Schulen in Zelten entstanden, und die Schüler in Schichten unterrichtet wurden. Da es nur wenige qualifizierte omanische Lehrkräfte gab, wurden LehrerInnen aus anderen Ländern (meist aus Ägypten) angeworben. Lehrpläne mussten erst ausgearbeitet, Lehrbücher gedruckt und Prüfungsnormen festgelegt werden.

2018 gab es rund **1800 staatliche und private Schulen** mit etwa 750.000 Schülern und über 65.000 Lehrern. Das gesamte staatliche Bildungswesen ist **kostenlos.** Gemäß dem Bevölkerungsanteil sind knapp die Hälfte der Schüler Mädchen – ein Verhältnis, das viele arabische Länder leider nicht erreichen, da Mädchen dort der Schulbesuch oft verwehrt wird. Etwa ein Viertel der Zivilausgaben des Staatshaushaltes entfallen auf das Erziehungs- und Bildungssystem. Beispielhaft ist, dass auch im Landesinneren ein flächendeckendes Netz an Schulen entstand. Insgesamt besuchen heute weit über 90 Prozent der Jungen und Mädchen eine Grundschule, in denen übrigens etwa 80 Prozent der Lehrer Omanis sind. Ihr Anteil soll noch weiter ausgebaut werden.

Das omanische Schulsystem orientiert sich an dem britischen Schulaufbau, der aus drei Stufen, einer **Grund-, Mittel- und Oberstufe,** besteht. Der Oberschulabschluss berechtigt dazu, die Ausbildung an höheren Bildungseinrichtungen fortzuführen.

Mit dem Hauptziel, junge omanische Männer und Frauen auszubilden, die zur Modernisierung und Entwicklung des Landes beitragen, eröffnete 1986 die **Sultan Qaboos University** in Al-Khoudh im Westen von Muscat. Damals wurden 520 Studierende zugelassen, und 1990 entließ die Universität die ersten im eigenen Land ausgebildeten Hochschulabsolventen. Heute können sich die Studierenden in **sieben Fakultäten** einschreiben: Erziehung und islamische Wissenschaften, Medizin, Naturwissenschaften, Ingenieurwesen, Agrarwirtschaft, Handel- und Wirtschaftswissenschaft sowie Kunstgeschichte. Die Einrichtung weiterer Fachbereiche ist geplant. Über 17.000 Studierende sind derzeit an der Universität eingeschrieben, davon mehr als die Hälfte Frauen. Die Hochschule verfügt über eine moderne Ausbildungsklinik, die als Lehrstätte für die Ausbildung von omanischen Fachärzten dient.

Die Verantwortung über die Universität hat das **Ministerium für höhere Bildung,** womit es in Oman neben dem Ministerium für Erziehung ein weiteres Ministerium für das Bildungswesen gibt. Ihm unterstehen auch vier **private Hochschulen** in Muscat und Sohar, an denen eine weiterführende Ausbildung in Unternehmensverwaltung, Wirtschaft, Handel und Computeranwendung vermittelt wird. Nach dem Abschluss haben die Absolventen die Zugangsberechtigung, um an ausländischen Universitäten zu studieren. Zudem gibt es diverse **Fachhochschulen und Ausbildungsinstitute.**

Um den Prozess der Omanisierung zu beschleunigen und den Standard der technischen und beruflichen Ausbildung anzuheben, wurden an Fach- und Hochschulen grundlegende Veränderungen bezüglich des Niveaus und der Dauer der Lehrpläne vorgenommen und Programme zur **„Allgemeinen Nationalen Berufsqualifikation"** eingeführt. Mit einem solchen Ausbildungsabschluss kann der um die 16 Jahre alte Absolvent entweder direkt in das Berufsleben einsteigen oder sich an einer weiterführenden Schule einschreiben. Ein breites Spektrum an Berufsbereichen wird in arabischer Sprache in privaten Ausbildungsinstituten angeboten.

Getreu dem Motto „Bildung für alle" verläuft die **Erwachsenenbildung** parallel zum normalen Erziehungssystem.

oman20_053 pf

Landesweit stehen ungefähr 250 Erwachsenen- und 180 Alphabetisierungszentren jedem omanischen Bürger offen. Insbesondere ältere Frauen in ländlichen Regionen nutzen das Angebot, denn viele von ihnen hatten in ihrem bisherigen Leben noch nicht die Möglichkeit, Lesen und Schreiben zu erlernen oder eine Ausbildung zu erhalten.

Gesundheitssystem

1970 gab es in ganz Oman lediglich ein Krankenhaus mit 23 Betten – es lag in Mutrah, wurde von amerikanischen Missionaren geleitet, und eine Behandlung war kostenpflichtig. Im Land herrschte die damals weltweit höchste Sterblichkeitsrate bei Säuglingen, Krankheiten wie Tuberkulose oder Malaria waren an der Tagesordnung. Es gab einen einzigen ausgebildeten und qualifizierten omanischen Arzt, der jedoch in den Vereinigten Arabischen Emiraten tätig war. Zur Thronbesteigung von Sultan *Qaboos* kehrte er zurück, und kurz darauf wurde er zum ersten omanischen Gesundheitsminister ernannt.

2019 gab es in Oman **59 moderne staatliche Krankenhäuser** und **über 100 ambulante Kliniken,** davon zwölf integrierte medizinische Zentren. Dazu kamen etwa **500 private Kliniken** (Ambulanzen) und **zehn private Krankenhäuser.** Die Königlich Omanische Polizei und die Erdölgesellschaft PDO stellen ihren Angestellten und deren Familien medizinische Versorgungsdienste und Einrichtungen zur Verfügung.

⌃ Eine uralte Tradition und auch heute noch beliebt – Kamelrennen

Über 90 Prozent aller Geburten finden in Krankenhäusern statt, und statistisch gesehen leben nur noch 5 Prozent der Bevölkerung mehr als eine Stunde von einem Gesundheitszentrum oder Krankenhaus entfernt. Abgelegene Ortschaften werden durch mobile Einheiten betreut. Jeder omanische Staatsbürger kann sämtliche staatlichen medizinischen Leistungen, einschließlich Medikamenten, Krankenhausaufenthalten oder Spezialoperationen, **kostenfrei** für sich in Anspruch nehmen.

Diverse Gesundheitsprogramme und Projekte führten in den wenigen Jahren seit Bestehen des omanischen Staates zu beträchtlichen Erfolgen. In den 1980er Jahren begannen **Massenimpfungen** für Kinder, in denen fast alle kleinen Omanis gegen Tuberkulose, Diphtherie, Keuchhusten, Tetanus, Kinderlähmung, Masern, Röteln – und ab 1990 auch gegen Hepatitis B – immunisiert wurden. Die Erfolge sprechen für sich, denn schon zwei Jahre nach dem Start des Kontrollprogrammes sank die Zahl der Tuberkulose-Erkrankungen auf knapp ein Drittel, seit Mitte der 1990er Jahre verzeichnet man keine Fälle mehr von Diphtherie, Kinderlähmung und Tetanus. Insgesamt wurde die **Kindersterblichkeitsrate** erheblich gesenkt: von statistisch 118 Todesfällen pro 1000 Geburten 1972 auf etwa zehn im Jahr 2018. Die allgemeine **Lebenserwartung** stieg von 49,3 auf etwa 76 Jahre.

Besonders schwer war es, die **Malaria** unter Kontrolle zu bringen, denn gegen das Wechselfieber gibt es keine Impfung. 1990 gab es immerhin noch über 32.000 Erkrankte, seit 2001 sind keine Fälle mehr aufgetreten, bei denen die Infektion in Oman erfolgte (lediglich eingeschleppte Krankheitsfälle).

oman20_054 pf

Mit der rapiden Entwicklung des Landes und dem sich ändernden Lebensstil stieg in den letzten Jahren die Zahl **nicht-übertragbarer Krankheiten** wie Diabetes, Herz- und Venenleiden stetig an. Um dem vorzubeugen, werden zahlreiche Aufklärungsprogramme, etwa gegen das Rauchen und für eine gesunde Ernährung, geschaltet. Ein ernst zu nehmendes Problem ist auch die steigende Zahl von **Verkehrsopfern:** Im Durchschnitt sterben in Oman jeden Tag 1,4 Menschen durch Verkehrsunfälle. Staatliche Gesundheitsprogramme widmen sich auch der Aufklärung über Aids und Hepatitis, die man auch einzudämmen versucht, indem man bereits 1990 die Einfuhr von Blut und Blutprodukten stoppte. Gerade in den Anfängen steckt der Aufbau eines psychiatrischen Gesundheitsdienstes.

Im Hinblick auf die hohe Geburtenrate, die dazu führt, dass sich die Bevölkerungszahl in nur zwanzig Jahren verdoppelt, steht auch die **Geburtenkontrolle** im staatlichen Interesse. Aufklärungskampagnen propagieren, dass Familienplanung und Geburtenkontrolle nicht im Gegensatz zu den Traditionen des Landes oder zur Religion stehen, sondern notwendig sind, um das Wohlergehen der gesamten Familie und des Landes zu sichern.

[<] Halwa – die Süßspeise ist ein Zeichen omanischer Gastfreundschaft

Sozialsystem

Das **Ministerium für Soziale Angelegenheiten** war eines der ersten Ministerien, das in den frühen 1970er Jahren gegründet wurde. Durch seine Arbeit verfügt das Sultanat heute über ein sehr gut ausgebildetes Wohlfahrtssystem.

Nach dem omanischen Sozialgesetz haben folgende Staatsbürger einen Anspruch auf **Sozialhilfe:** Familien, die aufgrund von Arbeitsunfähigkeit oder Tod des Ernährers oder zu geringem Einkommen bedürftig sind, Alte, Witwen, Waisen, Geschiedene, verlassene Frauen und Frauen von Inhaftierten.

Auch die Integration und Rehabilitation körperlich und geistig **Behinderter** liegt im Aufgabenbereich des Ministeriums. Um ihnen reelle Ausbildungs- und Arbeitsmöglichkeiten zu schaffen, wurde eine Sonderwohlfahrtsabteilung eingerichtet. Es gibt diverse hochmoderne Behindertenzentren, in denen sie nicht nur betreut, sondern auch berufsorientiert ausgebildet werden. Öffentlichkeitsarbeit und der Abbau von Vorurteilen in der Bevölkerung werden hier großgeschrieben. Viele Projekte finden in Zusammenarbeit mit UNICEF statt.

Das Ministerium erteilt auch Katastrophenhilfe, organisiert Mutter-Kind-Programme, kümmert sich um Studien zu Sozial- und Gesellschaftsfragen, unterhält karitative Einrichtungen, die omanische Frauenorganisation, Ausbildungszentren für Frauen, Kindertagesstätten, (mobile) Bibliotheken, Kinder- und Frauenwohlfahrt, es beaufsichtigt Qur'anschulen, führt Programme für die Entwicklung ländlicher Gemeinden durch, schützt Arbeiter vor berufsbedingten Gefährdungen u.v.m.

Für Bürger mit niedrigem Einkommen existieren vom Ministerium für Wohnungsbau getragene Maßnahmen des **sozialen Wohnungsbaus.** Auch zinsfreie Kredite zum Bau, Kauf oder Ausbau eines Hauses und Wohnbeihilfen können Omanis in Anspruch nehmen.

Traditionell existiert in der omanischen Gesellschaft bereits seit Jahrhunderten das **zakat-System,** eine der fünf Säulen des Islam. Es ist eine **Art religiöse Steuer** (über deren Zahlung aber keine weltliche Finanzinstanz wacht), die etwa fünf bis zehn Prozent der Erträge des Besitzes eines jeden Gläubigen betragen sollte. In Oman gehen diese Einkünfte an das Ministerium für Justiz, Awqaf und Islamische Angelegenheiten, und sie werden auch von ihm an Bedürftige verteilt (siehe auch Abschnitt „Innenpolitik").

Natur- und Umweltschutz

Oman ist ein relativ sauberes Land. In den Straßen und Grünanlagen liegt kaum Müll, die Strände sind größtenteil gepflegt und das Wasser in den Wadis klar. Allmorgendlich entsorgen fleißige Müllaufsammler entlang der weitläufigen Straßenbegrünung und Strände jeden noch so vereinsamten Zigarettenstummel. Allerdings gibt es auch eine andere Seite: Insbesondere nach Feiertagen, an denen sich alle zum Picknicken ins Freie begeben, liegt viel Müll herum.

Verkäuferin auf dem Muscat Festival

oman021 pf

Auch an Stellen, wo die Müllaufsammler nicht regelmäßig vorbeikommen, kann es Probleme geben.

Dem Staat ist dieses Verhalten der Bevölkerung durchaus bewusst, daher haben **Natur- und Umweltschutz** in der omanischen Politik einen **hohen Stellenwert.** Vor 1970 war das Land gänzlich abgeschnitten von allen modernen industriellen und wirtschaftlichen Entwicklungen. Es gab keine Luft verpestenden Fabriken, kaum Autos und keine großen Städte. Bis auf die äußeren Auswirkungen der globalen Umweltverschmutzung war die Natur Omans noch völlig intakt. Um dies möglichst zu bewahren, war Oman **1974** der erste arabische Staat, der Umweltschutzgesetze erließ und ein **Ministerium für Umweltschutz** gründete; das Ministerium trägt die Verantwortung für die Einhaltung der Schutzvorschriften. Neue Industrieunternehmen, Straßen, Neubaugebiete, Einkaufszentren, Hotels etc. dürfen ohne eine ministerielle Umweltverträglichkeitsbescheinigung nicht gebaut werden.

Das Sultanat hat immer versucht, bei der Landesentwicklung auch den Erhalt einer intakten Umwelt im Auge zu behalten. Damit spielt es eine **Vorreiterrolle in der arabischen Welt** und hat internationale Anerkennung gefunden. Das „Umweltprogramm der Vereinten Nationen" (UNEP) hat Oman als ein Land gewürdigt, das mit die besten Ergebnisse im Umweltschutz ausweist, um Land, Luft und Wasser zu schützen und das ökologische Gleichgewicht zu wahren. Zudem hat UNEP eine Reihe von Umweltschutzvorschlägen des Sultanats angenommen. 1989 wurde Sultan *Qaboos* im UNESCO-Hauptquartier in Paris für seine Umweltschutzpolitik geehrt.

Praktizierter Umweltschutz

Touristen können in Oman einiges für den Naturschutz tun und die nachstehenden Punkte (die natürlich auch für Omanis gelten) beachten.

Verboten sind

- das achtlose Wegwerfen von Abfall;
- Autofahren abseits der Straßen und Pisten, insbesondere am Strand;
- das Einsammeln, der Erwerb und die Ausfuhr von Korallen, Hummern, Langusten, Seesternen, lebenden Muscheln sowie Eiern von Schildkröten und Vögeln;
- das Jagen oder Stören wild lebender Tiere, vor allem der Meeresschildkröten;
- das Fischen mit Speer und Harpune.
- Sportangeln mit Haken und Leine ist nur mit Genehmigung des Directorate of Fisheries erlaubt.

Keep your country clean

Oryx – Königin der Antilopen

von Kirstin Kabasci

Der Morgennebel der nahen Küste liegt tief über der Jiddat al-Harasis, der großen omanischen Zentralwüste, und überzieht die öde Kiesebene mit einem dünnen Feuchtigkeitsfilm. An den wenigen und dürren Pflanzen sammeln sich lebensspendende Tautropfen. Doch einige Stunden später wird die Feuchtigkeit durch die glühende Sonne verschwunden sein, die Temperatur steigt auch im Winter fast jeden Tag über die 30-Gradmarke.

In diesem Glutofen lebt die Königin aller Antilopenarten: die **schneeweiße arabische Oryx (Oryx leucoryx).** Das Auffälligste an den edlen Tieren ist ihre schwarze Kopfzeichnung und ihre spitzen knapp einen Meter lang und spiralförmig gedrehten Hörner. Die sechzig bis achtzig Kilogramm schweren Spießböcke ernähren sich von vertrockneten Wüstengräsern und Kräutern, für die sie in ihrer kargen und unwirtlichen Umwelt oft weite Wege auf sich nehmen müssen. Manche Tiere durchstreifen einen Lebensraum von über 10.000 km². Oryx können besser als jedes Kamel sehr lange ohne Wasser leben. Ihnen reicht die Feuchtigkeit, die sie durch die Nahrung und den Morgentau aufnehmen – der längste bekannte Zeitraum ohne zu trinken beträgt elf Monate. In den heißen Sommermonaten grasen die anspruchslosen Antilopen nur nachts oder in den kühlen Morgen- und Abendstunden. Den Rest des Tages verbringen sie dösend im Schatten eines Baumes und vermeiden jegliche Anstrengung. Trotz ihrer blendend weißen Farbe sind die Oryx sehr gut getarnt, denn im gleißenden Sonnenlicht und der flimmernden Hitze scheinen sie nahezu „unsichtbar". Einst waren sie auf der gesamten Arabischen Halbinsel und im Nahen Osten verbreitet, doch erlegten 1972 (ausländische) Wilderer die letzten freilebenden omanischen Oryx. Die Tiere wurden Opfer eines brennenden Jagdfiebers, das durch das Aufkommen von Allradwagen ausbrechen konnte – sogar aus Hubschraubern wurden sie unter Beschuss genommen.

Schon zehn Jahre zuvor wurde vom „World Wildlife Found" und von der „Fauna and Flora Preservation Society" in London die **„Operation Oryx"** ins Leben gerufen und von diversen arabischen Herrschern unterstützt. Das Projekt sollte das edle weiße Tier vor dem endgültigen Aussterben retten und bewirkte, dass neun der seltenen Tiere im Zoo von Phoenix/Arizona Stammväter und -mütter einer „Weltherde" wurden. In einem Aufzuchtprogramm wurden die Antilopen so erfolgreich vermehrt, dass sie schon nach wenigen Jahren in andere Zoos und Tierparks gegeben werden konnten.

Sultan *Qaboos* rief 1979 ein Projekt ins Leben, das die Spießböcke **wieder in die omanische Wüste zurückbringen** sollte. Vier Jahre später erreichte die erste Herde von zehn Tieren das **geschützte Wildreservat in der Jiddat al-Harasis.** Sie wurden zunächst in einem 1 km² großen Gehege im Wadi Ja'alouni gehalten, wo sie sich langsam an Klima und Nahrung gewöhnten und zu vermehren begannen. Dann wurden die Tiere ausgewildert und in die Freiheit der großen omanischen Kieswüste entlassen.

Im **Camp von Ja'alouni** siedelten sich diejenigen Familien der Harasis-Beduinen an, deren Männer sich von der Regierung als Wildhüter anlernen und einstellen lassen wollten. Aber auch alle anderen Beduinen in dem riesigen Schutzgebiet unterstützen das Projekt und erhalten vom Sultan eine Finanzhilfe. So ist das Oryx-Projekt auch für einige der Harasis ein Glücksfall, denn so brauchen sie sich keine neuen Jobs (z. B. auf den nahen Ölfeldern) suchen und können in ihrer traditionellen Lebensweise weiterleben. Zusammen mit europäischen Zoologen sorgen die Ranger dafür, dass die Antilopen ungestört durch ihren Lebensraum ziehen können. Sie begleiten die scheuen Tiere in fürsorglicher Distanz bei ihren **Wanderungen von Weidegrund zu Weidegrund.** Oft sind sie tagelang unterwegs und melden jeden Standortwechsel, Paarungen, Geburten, Nahrungsgewohnheiten, Veränderungen in der Gruppenzugehörigkeit oder Besonderheiten im Verhalten per Funk an das Camp in Ja'alouni, wo alle Daten notiert werden. Wohl kaum eine andere Tierart der Welt erfährt solch eine Fürsorge und Dokumentation wie die Oryx. So hat auch jede Antilope einen Namen – es sind die gleichen, die auch die Frauen und Töchter der Harasis tragen.

Von jedem Tier ist der **Stammbaum** und die Familiengeschichte bis ins kleinste Detail bekannt. Die Abstammung ist für das Zuchtprogramm enorm wichtig, denn das Erbgut soll kontrolliert verteilt werden, da so die Überlebenschancen in der Wüste steigen, und Inzucht vermieden wird.

Ende 1994 wurde das Oryx-Reservat in die UNESCO-Liste der Weltkulturgüter aufgenommen. Doch nachdem 2007 die Fläche des Schutzgebietes drastisch reduziert wurde, um auch hier nach **Öl und Gas** zu suchen, wurde der UNESCO-Titel aberkannt.

Heute leben etwa **350 Oryx-Antilopen** in der Jiddat al-Harasis. Durch Wilderei war der Bestand zurückgegangen, und man hat nun die Schutzmaßnahmen verstärkt. Ein großes Gehege von rund 3500 km² wurde eingezäunt, in dem etwa 50 Tiere (die erwachsenen männlichen Oryx) umherstreunen. Die Jungtiere und Weibchen befinden sich unter Aufsicht in einem kleineren Gehege von 25 km².

Das **Arabian Oryx Project,** Haylat Jaaluni Field Headquarter, steht einer **limitierten Besucherzahl** offen, jedoch muss man unbedingt vorab eine Genehmigung beantragen (beim Office of the Adviser for the Conservation of the Environment im Diwan of Royal Court in der Hauptstadtregion (Tel. 24693537). Dies ist jedoch nicht ganz unkompliziert, und in der Regel ist es sinnvoll, über einen omanischen Tourveranstalter anzufragen.

oman022.pf

Besonders in den letzten Jahren hat der Staat mit einer **Vielzahl von Umweltschutzprojekten** begonnen. Viele befassen sich mit der Eindämmung der Bodenerosion, der Lärmvermeidung, der Grundwasserreinhaltung und der Abwasserbeseitigung, angepassten und Grundwasser sparenden Bewässerungsmethoden, der Trinkwasseraufbereitung und der verstärkten Nutzung der Sonnenenergie. Durch Informationsbroschüren und Fernsehsendungen wird die Bevölkerung immer wieder auf den Wert der intakten Natur und die Bedeutung des Umweltschutzes aufmerksam gemacht – auch in der Schule sind diese Themen fest im Lehrplan verankert. Die alljährlich im Oktober stattfindende Aktion „Monat der Gemeinden", in dem vorbildlich umweltbewusst handelnde Dörfer mit Preisen geehrt werden, findet in der Bevölkerung großen Anklang. Ebenfalls alljährlich seit 1996 begeht Oman jeden **8. Januar** den **„Tag der Umwelt"**. Das Jahr 2001 wurde sogar zum „Jahr der Umwelt" ausgerufen.

Da das Sultanat der Bewahrung seiner reichen Tier- und Pflanzenwelt sehr große Bedeutung zumisst, wurden zahlreiche **Naturschutzgebiete und Wildreservate** eingerichtet und strenge Jagdbeschränkungen erlassen. So können die vom Aussterben bedrohten **Meeresschildkröten** in verschiedenen Schutzgebieten an der Küste und an den vorgelagerten Inseln ungestört brüten, in der großen Zentralwüste Jiddat al-Harasis entstand ein Reservat für die in freier Wildbahn ausgerottete weiße **Oryx-Antilope.** Das Wadi Sarin im östlichen Hajar-Gebirge wurde der seltenen **Arabischen Tahr,** einer Wildziegenart, zur neuen geschützten Heimat eingerichtet. Auch zahlreiche Lagunen und Buchten sowie zahlreiche bedrohte Tier- und Pflanzenarten stehen unter Naturschutz. Da die Küste verstärkt durch städtische Entwicklung gefährdet war, wurde eine siebenjährige Studie zur Erfassung des ökologischen und ökonomischen Potenzials der 1700 km langen Küstenlinie abgeschlossen. Dabei wurden zahlreiche neue Fisch- und Korallenarten sowie bislang unbekannte Brutgebiete seltener Vögel und Meeresschildkröten entdeckt. Aus den umfassenden biologischen, geologischen und ökologischen Erkenntnissen dieser Studie sollen Projekte hervorgehen, die zum Ziel haben, die wertvollen Ressourcen und die einmalige Natur für kommende Generationen zu schützen und zu bewahren. Mit alledem zeigt das Sultanat, dass ein Gleichgewicht zwischen Modernität und Ökologie hergestellt werden kann.

Einen schönen Überblick über die verschiedenen Projekte gibt die gut gemachte Website der **Environment Society of Oman: www.eso.org.om.**

Wirtschaft

Bis zu Beginn der Erdölproduktion Ende der 1960er Jahre verfügte Oman über eine nur spärlich entwickelte Wirtschaft, die sich in erster Linie auf den **Agrarbereich** und die **Fischerei** beschränkte. Die Exportgüter umfassten Datteln, Limonen, Fisch, Gemüse und Rindsleder. Bis auf die Einfuhr von Reis konnte sich das Land weitgehend selber mit Nahrungsmitteln versorgen.

Es fehlte aber nahezu an allem, was für eine moderne Wirtschaft unerlässlich ist. Straßen, Häfen, Flughäfen, allgemeinbildende und berufsqualifizierende Schulen waren weitgehend nicht vorhanden, moderne Kommunikationsmittel gab es nicht oder nur in sehr bescheidenem Maße.

Seit dem **Beginn der Erdölexporte** im Jahr **1967** entwickelte sich dieser Wirtschaftszweig zur Stütze und Haupteinnahmequelle des Staates. In den ersten Jahren machte Rohöl nahezu die gesamte Exportbilanz aus. Zunächst waren weitreichende Investitionen in die Infrastruktur sowie den Ausbau anderer Wirtschaftszweige notwendig, doch dank der Petrodollar ging der Aufbau des modernen Oman rasant voran. Innerhalb von nur zwei Jahrzehnten entwickelte das Land sich vom verarmten Agrarland zum wohlhabenden Ölstaat. Dies führte zu einer großen **Abhängigkeit vom internationalen Ölpreis,** dem Dollarkurs und ausländischen Absatzmärkten. Die negativen Folgen wurden Mitte der 1980er Jahre deutlich, als der Rohölpreis von 30 auf unter 10 Dollar pro Barrel (159 Liter) fiel und der Rial daraufhin um mehr als 11% abgewertet wurde. Seither ist der Kurs fest an den Dollar gekoppelt, auch wenn dies für die Zukunft in Frage steht. Zur Zeit des ersten Golfkrieges stieg der Ölpreis auf über 30 Dollar an. Nach einem erneuten Tief 1998 bei etwa 10 Dollar erreichte er 2008 neue Rekordhöhen von fast 150 Dollar, um dann im Zuge der Weltwirtschaftskrise ab 2009 wieder auf etwa 50 Dollar zu fallen.

Nach dem erneuten Ölpreisverfall in den Jahren 2014 bis 2016 wurden **Sparmaßnahmen und Steuererhöhungen** eingeführt bzw. geplant. Große Bauprojekte wie die Eisenbahn und neue Straßen wurden auf Eis gelegt bzw. nur noch langsam vorangetrieben. Die Einführung einer Mehrwertsteuer – bislang in Oman völlig unbekannt – ist für 2020 geplant.

Auch wenn der Ölpreis sich bald wieder erholt: Stets bleibt eine Planungsunsicherheit durch die hohe Abhängigkeit von der Preisentwicklung bei Erdöl und Erdgas, da rund 80% der Staatseinnahmen aus deren Export stammen. Es ist nun vorrangiges Ziel, diese Abhängigkeit zu verringern.

Eine der Maßnahmen besteht darin, sich beim Ausbau der Industrie und Infrastruktur stärker auf **private und ausländische Investoren** zu stützen. Und im Gegensatz zu anderen Golfstaaten baut Oman auch auf Staatseinnahmen durch Steuern auf Unternehmergewinne und Gebühren. Etwa ein Drittel der Staatsausgaben fließt in die Verteidigung, rund 23% gehen als Gehälter in den öffentlichen Dienst.

Der **Wirtschaftsboom der letzten Jahre,** ausgelöst durch die hohen Öleinnahmen, hat Licht- und Schattenseiten:

Auslandsinvestitionen in Oman

Oman steht Auslandsinvestitionen offen gegenüber. Begrüßt werden Investitionen in der verarbeitenden Industrie, in der Petrochemie, im Präzisionsmaschinenbau, in der Landwirtschaft und Fischerei, im Handel und Tourismus sowie in Produktionszentren für multinationale Unternehmen. Projekte, die dazu beitragen, Importe zu ersetzen, die weitgehend lokale Rohstoffe verwenden, viel Kapital und Entwicklungstechnologien einbringen, Naturgas als Hauptenergiequelle nutzen und möglichst viele omanische Arbeitskräfte beschäftigen, sind besonders willkommen.

An **Standortvorteilen** bietet das Sultanat eine günstige geografische Lage, politische Stabilität, billige und ergiebige Energiereserven (Erdgas), eine gut ausgebaute Infrastruktur, freie, wettbewerbsorientierte Marktstrategien, ein modernes Bankenwesen, eine stabile Währung mit voller Konvertibilität, freien und unkontrollierten Devisentransfer, stabile Preise, Langzeitpacht von Grundstücken zu niedrigen Preisen.

Hinzu kommen **subventionierte Strom-, Wasser- und Energietarife,** die Erstellung von Anfangsdurchführbarkeitsstudien (engl. *Initial Feasibility Studies*), die Befreiung von der Einkommenssteuer für fünf Jahre mit einer möglichen Verlängerung auf zehn Jahre, die Befreiung von Zollgebühren beim Import von Fabrikausstattungen und Rohmaterialien für herstellende und Schlüsselindustrien (ansonsten 5% Einfuhrsteuer).

Investitionsgesetze gestatten eine ausländische **Beteiligung bis zu 49% an omanischen Unternehmen.** Auf Empfehlung des „Komitees für ausländische Kapitalanlagen" (engl. *Foreign Capital Investment Committee*) kann dieser Anteil auf 65% erhöht werden. Sollte das Projekt von nationaler Bedeutung sein und ein Mindestkapital von 500.000 Rial einbringen, kann nach einer Empfehlung durch den Minister für Handel und Industrie vom „Entwicklungsrat" (engl. *Development Council*) ein 100%iger Besitz genehmigt werden.

In der **Freihandelszone im Hafen von Salalah** sollen die Möglichkeit 100%igen ausländischen Besitzes, Zollfreiheit und eine nur 10%ige Omanisierungsquote in Verbindung mit der guten Infrastruktur des Hafens ausländische Firmen anlocken. In **Duqm** an der Ostküste entsteht eine ähnlich Zone, die noch größere Ausmaße haben soll. Und auch der neue Hafen in **Sohar,** der den Hafen von Muscat ablöst, hat eine ähnliche Freihandelszone.

Eine neue Regelung bewirkt, dass Ausländer in bestimmten ausgewiesenen Gebieten Grund und Boden sowie **Immobilien** erwerben können. Größter Vorteil ist, dass mit dem Erwerb des Hauses auch ein **dauerhaftes Residence-Visum** verbunden ist.

Das erste Projekt dieser Art ist **„The Wave"** bei **Seeb** (www.thewavemuscat.com).

Drei weitere Projekte dieser Art werden in **Sifah** südöstlich von Muscat (www.jebelsifah.com), bei **Salalah** (www.salalahbeach.com) und in **Muscat Hills** südlich des Flughafens (www.thelinks.om) verwirklicht und sind schon recht weit fortgeschritten.

Alle ausländischen Investoren genießen gesetzlich garantierten **Investitionsschutz**. Unternehmen mit ausländischem Kapital dürfen weder beschlagnahmt noch enteignet werden.

Informationsstellen in Deutschland

- **Auswärtiges Amt**
www.auswaertiges-amt.de

■ **Bundesministerium für Wirtschaft und Technologie,** www.bmwi.de
■ **Bundesagentur für Außenwirtschaft** www.bfai.de
■ **Deutsches Institut für Wirtschaftsforschung,** Mohrenstraße 58, 10117 Berlin, Tel. 030/897890
■ **Deutsches Orient-Institut/Deutsche Orient Stiftung/Nah- und Mittelost Verein** www.deutsches-orient-institut.de
■ **Deutscher Industrie und Handelstag** www.diht.de
■ **Ghorfa – Arabisch-Deutsche Vereinigung für Handel und Industrie e.V.** www.ghorfa.de

Informationsstellen in Österreich

■ **Bundesministerium für Wirtschaft und Arbeit,** www.bmwa.gv.at
■ **Wirtschaftskammer Österreich** http://portal.wko.at, callcenter@wko.at

Informationsstellen in der Schweiz

■ **Office Suisse d'Expansion Commerciale** www.osec.ch

Informationsstellen in Oman

■ **Ministry of Commerce and Industry** Gegenüber dem Sheraton Hotel, Ruwi, Tel. 24799500, www.mocioman.gov.om
■ **Oman Chamber of Commerce and Industry** Gegenüber dem Sheraton Hotel, Ruwi, Tel. 24707674, www.chamberoman.com

oman11_004 pf

Positiv ist, dass die Infrastruktur noch zügiger ausgebaut werden kann. Neue Straßen, Stromleitungen, Krankenhäuser und Schulen entstehen überall im Land. Das Einkommen der Bevölkerung ist deutlich gestiegen. Doch auf der anderen Seite gibt es erstmals eine spürbare Inflation, die offiziell zwar nur bei 3% liegt, de facto aber für den Normalbürger bis zu 10% betragen kann. Die weltweite Wirtschafts- und Finanzkrise seit 2008 hat Oman zwar auch getroffen, doch hat sich die Lage wieder stabilisiert.

In der Entwicklungsstrategie der Regierung sind neben **Omanisierung** (siehe „Staat und Politik") **Privatisierung und Diversifizierung** die Schlagworte, mit denen wirtschaftliche und finanzielle Stabilität erreicht und die Vorsorge für das Wohl der kommenden Generationen getroffen werden sollen. Sie bieten auch Wege, jungen omanischen Schul- und Studienabgängern gute Perspektiven auf dem Arbeitsmarkt zu eröffnen.

Die Regierung will ihre Wirtschaftspolitik umorientieren. Auf der Grundlage des freien Wettbewerbs wird dem **privaten Sektor** eine **Schlüsselrolle** eingeräumt. Daher werden immer mehr Regierungsanteile in freie Unternehmerhände verkauft, und auch der öffentliche Dienst übergibt seine Verantwortung zunehmend an den Privatsektor. Dazu wurde das „Omanische Zentrum zur Förderung von Investitionen und der Entwicklung des Exportes" unter der Schirmherrschaft des Handels- und Industrieministeriums gegründet. Seine Hauptaufgabe besteht darin, die wirtschaftliche Entwicklung Omans durch Maximierung des Investitionsbeitrages des Privatsektors voranzutreiben. Davon betroffen ist die bis vor Kurzem zu 100 Prozent staatliche **Energieversorgung:** Das erste private Kraftwerk aller Golfstaaten wurde 1996 in Manah eröffnet – allerdings wird es nach einem festgelegten Zeitraum in den Besitz der Regierung übergeben. Auch soll das Kapital der regierungseigenen Fernmeldeorganisation Omantel nach dem Zwischenstadium einer staatseigenen Aktiengesellschaft schrittweise über die Börse zum privatwirtschaftlichen Erwerb angeboten werden. Zudem soll Privatisierung auch eine Abwanderung des Kapitals ins Ausland drosseln. Diesen Zweck verfolgt ebenfalls die 1989 errichtete **Börse (Muscat Securities Market).**

Oman will verstärkt in vom Erdöl unabhängige Bereiche investieren, denn die **Zeit nach dem Öl** liegt in nicht allzu ferner Zukunft. Grundlage ist, dass das Sultanat im Unterschied zu anderen Staaten der Golfregion neben dem Kohlenwasserstoffsektor auch über andere Wirtschaftszweige verfügt. Die wichtigsten sind die Landwirtschaft, die Fischerei, der Abbau der mineralischen Bodenschätze, die Leichtindustrie und der Tourismus.

Eine verstärkte **Förderung des Industriesektors** und der Produktion von Verbrauchsgütern soll zu einer weiteren Ausdehnung des Handels, des Finanzwesens und des Dienstleistungssektors führen. Dies ist insbesondere für eine stabile Erweiterung der privatwirtschaftlichen Aktivitäten von großer Bedeutung. Unternehmen, die exportorientiert produzieren, lokale Materialien verwerten und einheimische Arbeitskräfte einstellen, können zinsgünstige Kredite und Exportbürgschaften in Anspruch nehmen. Auch für ausländische Investoren bietet die Regierung eine breite Palette von Anreizen und Hilfestellungen (siehe Exkurs oben). Diese **Öffnung für das Auslandskapital** soll die Struktur der omanischen Wirtschaft erweitern.

Zu guter Letzt dienen alle diese Maßnahmen auch einer Anpassung der omanischen Wirtschaft an weltwirtschaftliche Verhältnisse, denn Oman ist im Jahr 2000 der **Welthandelsorganisation** WTO als 139. Mitglied beigetreten. Eine weitere Liberalisierung und Privatisierung ist daher unausweichlich.

Gastarbeiter

Von den gut 4,6 Millionen Einwohnern Omans sind etwa **43% Nicht-Omanis.** In der Hauptstadtregion ist der Ausländeranteil mit etwa 60% am höchsten. Zum Vergleich: In den benachbarten Vereinigten Arabischen Emiraten liegt der Ausländeranteil bei über 85%, in Deutschland bei ca. 13%.

Ein Großteil der Ausländer lebt als **Gastarbeiter** in Oman. Über die Hälfte von ihnen stammt aus **Indien** und ist im Handel, im Dienstleistungsgewerbe und auf dem Bau tätig. **Pakistan, Bangladesch, Sri Lanka** und die **Philippinen** stellen den größten Teil der übrigen Arbeitsmigranten. In Oman werden asiatische Gastarbeiter vor denen arabischer Länder bevorzugt. Ohne dieses Heer an Hilfskräften wäre die Errichtung des modernen Staates Oman in der kurzen Zeit seit 1970 nicht gelungen.

Die Konzeption und Organisation des Landesaufbaus war – und ist – dagegen in der Hand **europäischer Experten.**

Gemäß **Ausländergesetz** brauchen alle Gastarbeiter für eine Aufenthaltsgenehmigung einen einheimischen Bürgen für ihr Visum (Sponsor). Dem Gesetz nach dürfen die Generalinspekteure der Polizei Ausländer des Landes verweisen, wenn sie beispielsweise die „moralische Ordnung Omans" stören.

Gab es früher zu wenig qualifizierte Omanis, so hat sich diese Situation aufgrund des guten Bildungswesens in den letzten Jahren gewandelt. Immer mehr einheimische Fachleute ersetzen die ausländischen. Das ist ganz im Sinne der **Omanisierungs-Politik,** wonach der Ausländeranteil im Sultanat langfristig nur noch 10 bis 15% betragen soll. Die Kapazitäten der Universität und der anderen Ausbildungsstätten genügen jedoch noch nicht, um den gesamten Wirtschaftsausbau in omanische Expertenhände zu geben.

Im Bereich des öffentlichen Dienstes ist die Situation anders, denn diese Jobs sind höher bezahlt und bieten bessere Arbeitszeiten als die in privaten Bereichen und sind daher bei den Omanis sehr begehrt, sodass es dort an Stellen mangelt. Die **Arbeitsplatzproblematik** der Omanis wird dadurch noch verstärkt, dass der dominierende Kohlenwasserstoffsektor vergleichsweise wenig Arbeitsplätze bietet. Hinzu kommt, dass über die Hälfte aller Omanis jünger als 15 Jahre ist und allmählich auf den Arbeitsmarkt drängt. Die Regierung bemüht sich, dem entgegenzusteuern. So wurde zusätzlich zu den bestehenden Regelungen eine **„Ausländersteuer"** eingeführt, die sowohl private Unternehmen als auch Haushalte betrifft und nach der Ausländer nur eingestellt wer-

den dürfen, wenn sich kein Omani für die ausgeschriebene Stelle meldet. Bestimmte Berufe wie der des Fischers, Handwerkers und Taxifahrers bleiben Ausländern generell verwehrt.

In Zukunft sollen Omanis auch einen Großteil der weniger attraktiven Stellen im Dienstleistungsgewerbe, im Handel und in der Baubranche besetzen. Die Begeisterung der Omanis für solche Tätigkeiten hält sich jedoch in Grenzen, und damit besteht die Gefahr, dass die Omanisierungs-Kampagne ins Leere läuft.

Erdöl

Ölerträge machen fast 80% der gesamten Staatseinnahmen aus. Als am 1. August 1967 das erste Schiff mit omanischem Öl an Bord auslief, bedeutete dies für das damals noch unterentwickelte und verarmte Land den **Anbruch eines neuen Zeitalters.** Die Gewinne wurden zunächst vorrangig für die Vergrößerung und Aufrüstung der omanischen Streitkräfte verwendet oder als Sonderzahlungen zur Befriedung der vom Bürgerkrieg betroffenen Provinzen weitergeleitet. Erst mit Beginn der Herrschaft von Sultan *Qaboos* und dem Mitte der 1970er Jahre im gesamten Land hergestellten Frieden kam es verstärkt zu Investitionen in umfassende Modernisierungsmaßnahmen.

Von **Fahud**, dem damals größten Ölfeld am Rande der unwirtlichen Rub al-Khali an der saudiarabischen Grenze, wurde eine unterirdische Pipeline durch Wüste und Berge zum Hafen von **Mina al-Fahal** nahe der Hauptstadt an der Küste des omanischen Golfes gelegt. Mina al-Fahal entwickelte sich zum Exportterminal und zum Verschiffungshafen für das gesamte landeseigene Erdöl. 1982 entstand dort auch eine **Raffinerie (Oman Refinery),** die lange Zeit die einzige des Sultanats war und erst 2007 Unterstützung durch eine zweite in Sohar erhalten hat. In Duqm an der Ostküste ist weitere in Planung.

Die gesamte Menge des geförderten Erdöls wird aus den etwa 100 erschlossenen Ölfeldern über **Pipelines** Hunderte von Kilometern quer durch das Land nach Mina al-Fahal gepumpt. Dieser gigantische technische Aufwand ist immer noch kostengünstiger als die Errichtung eines zweiten Ölhafens im Süden des Landes. Da es keinen natürlichen, ausbaufähigen und geschützten Standort für einen Hafen solcher Größenordnung gibt, müsste mit viel technischem Aufwand und noch mehr Geld ein künstlicher Hafen gebaut werden.

Schätzungen des Ministeriums für Erdöl und Bodenschätze besagen, dass die **Ölvorräte** Omans sich auf etwa 50 Milliarden Barrel (ein Barrel = 159 Liter) belaufen. Bei der aktuellen Fördermenge (2019) von durchschnittlich ca. 1 Mio. Barrel pro Tag würden diese noch rund 15 Jahre reichen (zum Vergleich: Die tägliche Fördermenge von Kuwait beträgt ca. 2,5 Mio., die von Saudi-Arabien mehr als 10 Mio. Barrel). Oman steht mit seiner Fördermenge an 19. Stelle der Erdöl exportierenden Länder.

Die Omanis erwarten aber, dass durch die Entdeckung neuer Ölfelder und die Verbesserung der Fördertechniken das omanische Erdölzeitalter deutlich länger anhält. Diese Hoffnungen stützen sich darauf, dass in den vergangenen Jahren stets mehr Öl entdeckt als gefördert wurde. Insbesondere im Offshore-Bereich werden weitere bedeutende Vorkommen vermutet. Die neuen Techniken sind jedoch teuer, daher trifft der Verfall des Erdölpreises das Land umso härter.

25 Prozent der heutigen Fördermenge decken den Inlandsbedarf, der Export geht vor allem nach China, Indien, Japan und Südkorea.

In den späten 1980er Jahren gründete die Regierung die **Oman Oil Company,** um so in ausländische Unternehmen und Ölhandelsgesellschaften investieren zu können. Der **Hauptölproduzent** im Sultanat ist die Gesellschaft **„Petroleum Development Oman", PDO.** Sie fördert rund 90% des omanischen Erdöls und ist zu 60% in Staatsbesitz. Der Rest gehört Shell (34%), Total (4%) und Partex (2%).

Erdgas

In den 1990er Jahren entdeckte man große Mengen Erdgas in Oman. Die Erwartungen waren hoch, in späteren Jahren sollten die Einnahmen aus der Erdgasförderung sogar über den Erträgen aus dem Ölexport liegen. Inzwischen ist die Euphorie verflogen, und das Land muss sogar Gas für den gestiegenen Eigenbedarf importieren. Zugleich wird weiterhin Gas aufgrund langfristig geschlossener Verträge exportiert. Zukünftig soll das omanische Erdgas hauptsächlich für den Eigenbedarf (v. a. zur Stromerzeugung) genutzt werden.

Mit einem Milliardenprojekt hat die **Oman LNG LLC** (LNG = engl. *Liquified Natural Gas*) versucht, die internationale Vermarktung ihres Erdgases voranzutreiben: Im November 1996 legte der Sultan in der Nähe von Qalhat am Indischen Ozean den Grundstein für eine **Gasverflüssigungsanlage,** im Jahr 2000 wurde die erste Schiffstankladung nach Korea exportiert. Die Baukosten wurden mit 2 Milliarden Dollar angegeben. Dies war nicht nur das bislang umfangreichste Industrieprojekt in Oman, sondern auch eines der größten Gasprojekte weltweit. An der Finanzierung beteiligt waren sieben internationale Finanzierungsbanken, unterstützt von diversen Exportkreditgesellschaften. An der Oman-LNG-LLC-Gesellschaft ist die Regierung mit 51% größter Teilhaber. Sie wurde auf königlichen Erlass hin gegründet und ist für alle anfallenden Verarbeitungs- und Vertriebsprozesse verantwortlich.

Oman hat begonnen, seine Stromversorgung umzustellen und verstärkt **Gaskraftwerke** (statt mit Diesel betriebene Anlagen) zu bauen. Ein neues Pipelinesystem bis nach Salalah und Sohar sollte dafür sorgen, dass einheimische Industrieanlagen verstärkt Gas einsetzen können. Doch inzwischen zeigt sich, dass die Vorräte deutlich geringer sind als erhofft, und man muss – da man an Exportverträge gebunden ist – sogar Gas über eine Pipeline aus Qatar importieren. Zugleich hofft man aber, die Verflüssigungsanlage sinnvoll nutzen zu können: Da Iran keine eigene derartige Technik besitzt, soll Gas über eine Pipeline nach Oman importiert, dort verflüssigt und dann per Schiff wieder nach Iran geliefert werden.

Landwirtschaft

Bis zur Abtrennung Omans von seinen ostafrikanischen Gebieten Mitte des 19. Jahrhunderts erlangte das Land seinen Reichtum vor allem aus diesen Besitzungen und dem Überseehandel. Danach war die Wirtschaft gänzlich auf Agrarwesen und Fischerei aufgebaut und erlaubte eine eher bescheidene Subsistenzwirtschaft – und das trotz der Wasserknappheit, des ariden Klimas und der Tatsache, dass **weniger als fünf Prozent des Staatsterritoriums landwirtschaftlich kultiviert** werden können.

Als unter Sultan *Qaboos* die wirtschaftliche Aufwärtsentwicklung einsetzte, wanderten immer mehr Omanis aus ihren Dörfern ab, da sie glaubten, in den Städten höhere Löhne als in der Landwirtschaft zu erlangen. Der Regierung war der hohe Stellenwert der Landwirtschaft bewusst, und sie läutete direkt umfangreiche und wirkungsvolle Maßnahmen ein, um die **Abwanderung** zu stoppen und die Bauern in ihren Berufen zu halten. Die Einnahmen der Öl- und Gasindustrie dienten daher auch einer umfassenden Modernisierung sowie der Schaffung von Ausbildungsmöglichkeiten im landwirtschaftlichen Bereich.

Heute ist ländliche Abwanderung kein so großes Problem mehr, ein hoher Prozentsatz der Omanis lebt in infrastruktu-

oman13-015 pf

rell gut entwickelten Dörfern, in denen **traditionelle Kleinbetriebe** das Bild bestimmen. Auch viele Stadtbewohner besitzen Land und Eigentum in dörflichen Gebieten. Obwohl die Regierung im Zuge ihrer Wirtschaftsdiversifizierung zahlreiche neue Beschäftigungsmöglichkeiten geschaffen hat, arbeitet über die Hälfte der omanischen Bevölkerung in den Bereichen Landwirtschaft und Fischerei. Dennoch erreicht die Lebensmittelindustrie nur eine Eigenversorgung von etwa 50 Prozent, weshalb das Land auf umfangreiche Importe angewiesen ist. Die Selbstversorgungsrate zu steigern, ist ein wichtiges Ziel des Landwirtschaftsministeriums. **Angestrebt ist die vollständige Eigenversorgung,** was vor dem Hintergrund eines begrenzten Potenzials an Nutzland und Wasser sowie eines jährlichen Bevölkerungswachstums von 2 Prozent nur schwer zu erreichen sein wird.

Neben der Ölindustrie stellen Landwirtschaft und Fischerei heute die bedeutendsten **Exportgüter.** Ihr Anteil am ölunabhängigen Sektor liegt bei mehr als 30 Prozent. Wichtige für die Ausfuhr bestimmten Erzeugnisse sind z. B. Datteln, Limonen, Bananen, Mangos, Kokosnüsse und Tabak. Hauptabnehmer sind die GCC-Staaten.

Viele Bauern nutzen die **staatlichen Projekte und Beihilfen** zum Ackerbau und zur Viehzucht. So werden vom Ministerium für Landwirtschaft und Fischerei landwirtschaftliche Geräte, Gewächshäuser, Dünger und Saatgut zur Verfügung gestellt bzw. bezuschusst. Die

Papayas gedeihen zwischen Dattelpalmen

„Omanische Bank für Landwirtschaft und Fischerei" verteilt großzügig Kredite an Bauern, vorrangig für Kleinbauern und landwirtschaftliche Produktionsvorhaben.

Die am intensivsten landwirtschaftlich bebaute Region Omans ist die nordwestlich der Hauptstadtregion beginnende **Küstenebene Batinah.** Neben Datteln (s. u.) werden in großen Mengen Limonen, Mangos, Bananen, Orangen, Melonen, Feigen, Trauben, Tomaten, Kartoffeln, Pfeffer, Zwiebeln, Auberginen, Tabak und Futtergras produziert. In regenreichen Jahren wird auch Getreide (Weizen, Gerste) angebaut. Die **Bewässerung** erfolgt in der Batinah ausschließlich **durch Grundwasser,** das mit Diesel- oder Elektropumpen aus den Brunnenschächten gepumpt wird. Die Brunnen werden gespeist durch Niederschläge, die im Hinterland des Hajar-Gebirges fallen und versickern, bevor sie mit den Grundwasserströmen an die Küste gelangen. Entnimmt man den Brunnen zu viel Wasser, besteht die Gefahr, dass der Grundwasserspiegel absinkt und Meerwasser eindringt. Um dies unter Kontrolle zu bringen, wurden hydrologische Studien durchgeführt und vorbeugende Maßnahmen eingeleitet. Einer gezielten und sparsamen Bewässerung widmen sich diverse Ministerien und staatliche Stellen mit großer Intensität und beachtlichen Erfolgen. Zudem wurden in den Wadis der angrenzenden Berge **Grundwasseranreicherungsdämme** und Stauanlagen angelegt. Nach ergiebigen Regenfällen stauen sie das Wasser in den Wadis auf, verhindern ein Abfließen und sorgen dafür, dass durch langsames Versickern die Grundwasseradern auf natürliche Weise aufgefüllt werden.

In den heißen und trockenen **Gebirgsebenen des Hajar** liegen landwirtschaftliche Anbauflächen in den Oasen und Wadibetten. Datteln gedeihen in diesem Klima besonders gut, daher sind sie das Hauptanbauprodukt der Gegend. Dank der **Bewässerung durch das ausgeklügelte falaj-System** (s. u.) ist im Schatten der Dattelpalmen aber auch die Anpflanzung anderer Obst- und Gemüsesorten möglich und durchaus ertragreich. In der Jebel-Akhdar-Region ist die Kultivierung von Rosen zur Gewinnung von Rosenwasser bedeutsam.

In der südlichsten Provinz Omans, im **Dhofar,** gedeihen aufgrund der hohen Luftfeuchtigkeit und der Monsunwinde neben zahlreichen Obst- und Gemüsesorten tropische Früchte wie Kokosnüsse, Mangos, Bananen und Papayas besonders gut. Auch Viehfutter wird auf großen Flächen intensiv angebaut. In bestimmten Regionen wachsen Weihrauchbäume, aus denen das berühmte Weihrauchharz gewonnen wird (siehe auch Exkurs „Weihrauch – das duftende Goldharz des glücklichen Arabien"). In den Bergen des Dhofar befinden sich die traditionellen Weidegründe des Jebali-Stammes, der neben Kamelen auch Kühe züchtet.

Falaj – sprudelnder Lebensquell omanischer Oasen

Die UNESCO hat der Bedeutung der omanischen falaj-Bewässerungssysteme Rechnung getragen, indem sie im Jahre 2006 fünf besonders wichtige Kanäle in die **Liste des Weltkulturerbes** aufgenommen hat (Nizwa, Birkat al-Mauz, Izki, Rusaq und Al-Jailah).

Landwirtschaft ist nahezu im gesamten Land nur mittels **intensiver künstlicher Bewässerung** möglich. Die Landwirtschaft verbraucht die unglaubliche Menge von 90 Prozent des vorhandenen Wassers. Regen ist die einzige Quelle für Grundwasser. Die durchschnittliche Menge an Regen liegt in weiten Landesteilen unter 50 mm pro Jahr, in den Bergen beträgt sie immerhin ca. 300 mm. Nur in der südlichen Provinz Dhofar, wo sich entlang der Küstenebene und an den seewärts gerichteten Berghängen von Juni bis September leichte Monsunregen abregnen, gibt es regelmäßige Niederschläge.

Eine **Legende** besagt, dass **vor etwa 3000 Jahren** der sagenumwobene *Salomo,* Sohn des *David,* auf einem fliegenden Teppich über Oman schwebte. Er bemerkte die Trockenheit des Landes, das eine große Dürreperiode im Griff hatte, und fragte die hungernden Menschen, ob er ihnen helfen könne. Sie baten ihn um Wasser für die Gärten, woraufhin er seinen Geistern, den *jinnen,* befahl, Bewässerungskanäle zu bauen. In sieben Tagen erbauten die fleißigen Geister ein 7000 km langes Netz an unterirdischen Tunneln, die das Leben spendende Nass aus den Bergen zu den ausgedörrten Feldern führten.

Diese sagenhaften, unterirdischen Kanäle gibt es noch heute in Oman, sie werden *aflaj* (Sing. *falaj*) genannt und ihre **Ursprünge** liegen tatsächlich in der Zeit des Salomo. Im 6. Jahrhundert v. Chr. wird diese Bewässerungsmethode das erste Mal in historischen Quellen erwähnt. **Im persischen Hochland** entwickelt, wurde sie aller Wahrscheinlichkeit nach von dort nach Nordoman eingeführt, das damals unter der persischen Herrschaft von *Kyros dem Großen* stand. Aber auch in anderen Regionen der Welt wurden ähnliche unterirdische Wassersammelsysteme unter anderen Namen verbreitet: in Ost-Turkestan als *korag,* in Afghanistan und Balutschistan als *karez,* im Jemen als *ghayl* und in Nordafrika als *foggara.* Von Nordafrika aus gelangte das Wissen über diese Bewässerungstechnik weiter auf die Iberische Halbinsel und von dort sogar bis in das lateinamerikanische Hochland.

Das **Bauprinzip** dieser Anlagen ist mehr oder weniger gleich. Das Wasser wird in **unterirdischen Sickergalerien** oder Stollen mit leichtem Gefälle talabwärts geleitet, um dann am Ende in einer offenen Rinne in die Siedlung oder die Gärten zu fließen. Die Kunst, die vorhandenen Wasservorräte bestmöglichst zu nutzen, ist von den Omanis über Jahrhunderte perfektioniert worden. Falaj-Kanäle, diese regelrechten Lebensadern, findet man in Oman in zahlreichen Oasen **beidseitig des Hajar-Gebirges.** Eine Ausnahme bildet die Exklave Musandam, wo das Regenwasser in Zisternen *(birkah)* gesammelt wird. In der Küstenregion fließt das Grundwasser weniger tief als in Inner-Oman, deshalb kann man hier Brunnen *(bir)* in die Grundwasseradern bohren.

Man unterscheidet in Oman **zwei Arten von aflaj-Anlagen:** die ghayl-aflaj und die qanat-aflaj. Bei den **ghayl-aflaj** dient unterirdisch gestautes Wasser als Quelle, wohingegen beim **qanat-aflaj** grundwasserführende Erdschichten angezapft werden. Bei seinem Bau gräbt man zunächst breite, vertikale Schächte in den Erdboden, die dann unterirdisch durch einen horizontalen Stollen *(umm-falaj)* miteinander verbunden werden.

Falaj-Bewässerungssysteme

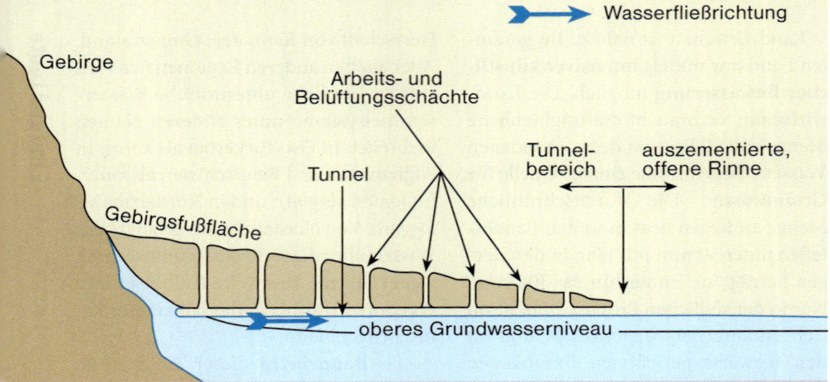

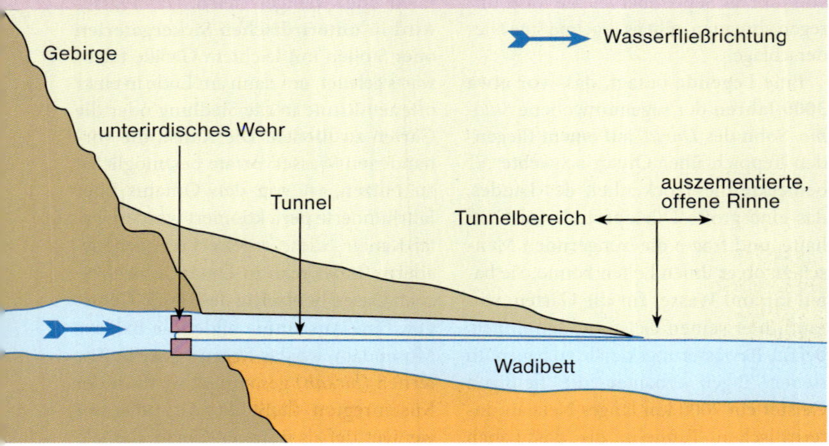

Der teils mannshohe Tunnel muss bis in eine grundwasserführende Schicht hineingegraben werden. Sein Gefälle darf nicht mehr als 0,5 Prozent betragen, da sonst die Erosion das System zerstören würde. Die Schächte dienen den Arbeitern als Einstieg in den Stollen und stellen zugleich ihre Luftversorgung sicher. Von oben sehen sie aus wie große Maulwurfshügel, denn die Erde wird um die Schachtöffnung herum aufgeschüttet. Später können von diesen Schächten aus Wartungs- und Reparaturarbeiten im Stollen erledigt werden. Diese Inspektions- und Ventilationsschächte haben den qanat-aflaj den irreführenden deutschen Namen „Kettenbrunnen“ gegeben. Bei den meisten qanat-aflaj fließt das Wasser ganzjährig in etwa ausgeglichener Menge. Sollte es aber dennoch zu Schwankungen kommen, oder droht das Wasser gar zu versiegen, kann man den Stollen so lange verlängern oder Seitenstollen anlegen, bis sie auf eine Felsbarriere treffen. Andernfalls bleibt nur die Möglichkeit, einen neuen, tieferen Wassertunnel zu graben.

Ghayl-aflaj können nur in Wadis angelegt werden, und auch nur dann, wenn die oberste Erdschicht nicht zu mächtig ist und man in nicht allzu großer Tiefe auf eine wasserundurchlässige Schicht trifft. Ghayl-aflaj erschließen das im Wadibett unterirdisch durch ein natürliches Hindernis (Felsbank) gestaute Wasser. In vielen Fällen wird auch eine künstliche Sperre geschaffen, indem eine unterirdische Mauer in den Schotter des Flussbettes eingegraben wird. Hinter der Barriere beginnen Stollen oder Kanäle, durch die das Wasser dann in die Oasen geleitet wird.

Der Bau von aflaj-Anlagen ist nicht nur sehr arbeitsaufwendig, sondern auch risikoreich. Darüber hinaus sind ein hohes Maß an Geschick und großes Wissen über hydrogeologische und geomorphologische Zusammenhänge nötig. Unbestrittene **Wasserexperten** Omans sind die **Al-Awamir,** ein in der Sharqiyah ansässiger Stamm. Sie sind landesweit die kompetentesten Fachleute, und ihnen kam noch bis vor wenigen Jahren sowohl beim Bau als auch bei der Wartung der aflaj eine Monopolstellung zu. Wohlhabende Dörfer beauftragten die Awamir mit der Wartung und Ergänzung ihrer Bewässerungssysteme, ärmere Orte ließen sich nur beraten und führten die Arbeiten selber aus. Heute kümmert sich der Staat um diese wichtige Aufgabe.

Sobald das Wasser an die Erdoberfläche tritt, werden die weiteren Sanierungs- und Bauarbeiten von der Dorfgemeinschaft durchgeführt. Am Ende des Stollens wird es in offenen, gemauerten oder auszementierten **Kanälen** weitergeleitet. Dank der Baufertigkeit der Omanis können diese auch entlang fast senkrechter Felswände verlaufen, über Aquädukte führen oder durch einen Siphon Straßen und Wadis unterqueren.

Die meisten aflaj werden von allen Oasenbewohnern genutzt *(amwal)*, es gibt aber auch Farmen, die ihren eigenen falaj besitzen *(mazra)*. Da dem Wasser eine so große ökonomische Bedeutung zukommt, ist seine **Verteilung** an die einzelnen Teilhaber **genau geregelt.** Kleine Tore, die wie Rechen aussehen, teilen den falaj-Kanal in mehrere gleich große Rinnen. Je nachdem, wie groß die Wasserrechte eines Oasenbauern sind, bekommt er ein oder mehrere solcher Tore zugeteilt. Kleine Stauwehre, die mit Steinen geöffnet oder verschlossen werden können, bilden den Eingang in die einzelnen Gartenparzellen. Auch die Zeiten, zu denen Wasser in die Gärten geleitet wird, sind nach einem traditionellen **Rotationssystem (dawran)** streng festgelegt. Während des Sommer- und Winterhalbjahres sind diese Rotationen unterschiedlich bemessen. Über die Richtigkeit der Wasserverteilung wacht der **waqil,** quasi der Chef eines Gemeinschafts-falaj. Für die Pflege und Wartung der Kanäle und aller zugehörigen Anlagen ist der **arrif** mit seinen Arbeitern zuständig; die Wassergebühren sammelt der **qabidh,** der „Zahlmeister", von allen Teilhabern ein. Bei Problemen beraten sich die Besitzer von Wasseranteilen in einer Versammlung.

Auch wenn heute Armbanduhren die traditionellen Bewässerungs-Sonnenuhren und den Sternenkalender ersetzt haben, so wird an den Grundsätzen dieser Wasserzuteilungsprinzipien festgehalten, denn sie haben sich jahrhundertelang bewährt. Um ihren Wasserbedarf zu decken und unabhängig von Rechten und Rotationszeiten zu sein, haben viele Garteneigner allerdings zusätzliche, **mit Motorpumpen betriebene Brunnen** installiert. Durch diese neue Technik besteht die Gefahr, dass dem Boden zuviel Wasser entnommen wird und der Grundwasserspiegel schneller sinkt, als er sich wieder auffüllen kann. Die Existenz mancher aflaj könnte also ernsthaft in **Gefahr** geraten. Das „Ministerium für Wasserressourcen", dessen Ziel die Erhaltung natürlicher Wasservorkommen ist, versucht dem entgegenzulenken. Zu seinen Aufgaben gehören auch die Erteilung von Genehmigungen zum Brunnenbau und der Bau von Dämmen, die das Abfließen von Regenwasser in den Wadibetten verhindern, damit sie auf natürliche Weise langsam in das Grundwasser einsickern können.

Dient ein falaj neben der Bewässerung auch zur **Versorgung der Siedlung,** so wird das Wasser, bevor es in die Gärten fließt, noch für andere Zwecke genutzt: Kurz hinter dem Austritt des Stollens in die Oase liegt zunächst die Stelle der Trinkwasserentnahme. Auch wenn viele Oasenbewohner ihr Wasser durch den Wasserhahn ins Haus geliefert bekommen, wird das Wasser aus dem falaj wegen seiner Reinheit und Qualität besonders geschätzt. Unterhalb liegen in Moscheennähe die Plätze für die rituellen Waschungen, noch weiter kanalabwärts die Tränkstellen für das Vieh. Es folgen die von hohen Mauern umgebenen Waschplätze der Männer und Frauen, die Plätze zum Wäschewaschen und

Auf dem Jebel Akhdar sind die falaj-Kanäle besonders spektakulär angelegt

oman025 pf

schließlich ein Becken, an dem die Leichen vor der Bestattung gereinigt werden. Erst dann wird das kostbare Nass zum Bewässern der Felder genutzt.

Noch vor wenigen Jahren bezogen alle privaten Haushalte ihr Wasser aus den schätzungsweise 4000 aflaj-Systemen oder aus Brunnen, heute verbraucht die Landwirtschaft nahezu all das aflaj-Wasser. Den in den letzten Jahren durch die wachsende Bevölkerungszahl und den höheren Lebensstandard drastisch gestiegenen Wasserbedarf hätten die traditionellen Systeme auf Dauer nicht decken können. Daher stammt das Haushaltswasser der Küstenbewohner, die den größten Teil der Bevölkerung darstellen, nahezu ausschließlich aus **Meerwasserentsalzungsanlagen,** die über das ganze Land verteilt sind. Die größte Anlage ist die Entsalzungs- und Krafterzeugungsanlage von Al-Ghubrah bei Muscat, die täglich über 100 Millionen Liter Trinkwasser produziert. Dort verwendet man das **Destillationsverfahren:** Mit Erdgas wird das Meerwasser auf 90 bis 130°C erhitzt. Es verdampft und kondensiert in mehreren Destillationsanlagen – das Salz bleibt zurück. Dem in Al-Ghubah entsalzten Wasser wird Grundwasser aus Brunnen im Wadi Dhayqah und Wadi al-Khoudh beigemischt. Die meisten der kleineren Meerwasserentsalzungsanlagen bedienen sich der **Technik der Umkehrosmose,** wobei Salzwasser durch eine halb durchlässige Membran, die zwar das Wasser, nicht aber das Salz passieren lässt, gepresst wird. Entlegene ländliche Gebiete werden entweder mit traditionellen Methoden oder aus

Im Schatten von Dattelpalmen wachsen Bananen und Gemüse

oman024 pf

Tankwagen mit Trinkwasser versorgt. Um die Versorgung entlegener Ortschaften in den Wüstenregionen zu sichern und zu erleichtern, werden Versuche durchgeführt, unter der Verwendung von Solarenergie brackiges Grundwasser zu entsalzen. Andere Methoden sollen das Brackwasser mittels Windenergie zu Umkehrosmoseanlagen pumpen, um ihm dort das Salz zu entziehen.

Datteln – Süße Früchte vom „Baum des Lebens“

Seit Menschengedenken spielt die Dattelpalme eine bedeutende Rolle im Leben der Wüstenvölker. Ausgrabungen lassen den Schluss zu, dass Datteln **schon vor 8000 Jahren** eine wichtige Nahrung der Wüstenbewohner waren, schriftliche Aufzeichnungen der Griechen belegen, dass Oman bereits im Jahre 80 n. Chr. Datteln nach Indien exportierte. In den Jahrhunderten der großen omanischen Seefahrerzeit waren sie die **wichtigste Handelsware:** So wurde die Frachtkapazität einer Dhau in Dattelsäcken bemessen. Die nahrhaften Früchte waren zusammen mit Fisch die Hauptnahrung der Seefahrer, die dank ihnen nicht an Skorbut erkrankten. In den Zeiten des kriegerischen Mittelalters waren die Lagerräume der Forts stets bis unter die Decke gefüllt mit Dattelsäcken, und auch jeder Haushalt hatte seinen Dattelvorrat, der in Tonkrügen über mehrere Jahre haltbar war.

Von Muhammad stammt der Ausspruch: *„Wer eine Dattelpalme pflanzt, spendet Schatten in der Hölle und hilft einem hungernden Bruder zu überleben“.* Der Qur'an erwähnt den Baum mit seinen Leben spendenden Früchten in 26 Textstellen. Er wird **„Baum des Lebens“** genannt und als ein **Geschenk Allahs** angesehen.

Doch der größte Nutzen dieses Wunderbaumes liegt in der Verwendung der Datteln, die wegen ihrer **langen Haltbarkeit** und ihres **hohen Nährwerts** besonders wichtig und bemerkenswert sind. Die getrockneten Früchte sind sehr eiweiß- und kohlehydrathaltig sowie reich an Vitamin A, D und B, außerdem an Magnesium, Kalzium, Kalium und Eisen. Der hohe Zuckergehalt von durchschnittlich 70 Prozent setzt die sog. Wasseraktivität herab, verhindert so die Vermehrung von Mikroorganismen und erleichtert das Dörren. In Fällen von Nahrungsmittelknappheit ist dieser hohe Zuckergehalt zum raschen Energiespenden durchaus vorteilhaft. Hundert Gramm (ungefähr 15 Stück) getrocknete Datteln enthalten ca. 270 Kilokalorien. In dieser geringen Menge ist nahezu der gesamte Tagesbedarf eines Erwachsenen an einem Großteil wichtiger Mineralien enthalten. Eine Hand voll Datteln, zusammen mit Kamel- oder Ziegenmilch, war – und ist – für viele Nomaden auf ihren langen Wüstenwanderungen die einzige Nahrung. Diese geringe, aber überaus wertvolle Menge, sicherte ihr Überleben.

Vor der Entdeckung des Erdöls waren Datteln einer der wenigen **Exportartikel** des Sultanates. Sie sind noch immer begehrte und teure Handelsprodukte und in der ganzen arabischen Welt für ihre hohe Qualität bekannt.

Die Dattelpalme bringt jedoch nicht nur süße und nahrhafte Früchte hervor. Ihr **Holz** war noch vor wenigen Jahren ein wichtiges Material beim Hausbau

(Deckenbalken und Türen) und neben Tierdung das einzige Brennmaterial. Die **Palmwedel** werden zum Herstellen von Seilen, Matten, Säcken, Taschen, Kleiderständern, Fischreusen, Körben, Fischerbooten *(sasha)* und Hütten *(areesh)* verwendet. Selbst die **Dattelkerne** sind kein Abfall, sie eignen sich zum Auspressen von Öl und können zerrieben als Kaffee-Ersatz oder als Futter für die alles fressenden Ziegen, Esel und Kamele genutzt werden.

Dattelpalmen *(Phoenix dectylifera)* gibt es reichlich in Oman – schätzungsweise nicht weniger als sieben Millionen. Sie bedecken eine Fläche von 20.000 Hektar und wachsen im ganzen Land bis zu einer Höhe von 700 Metern. Eine Ausnahme bildet der Dhofar, denn dort ist das Klima für Datteln zu feucht – dafür gedeihen dort Kokospalmen umso besser. Dattelbäume benötigen neben trockener Luft und viel Sonne reichlich Wasser. Nach einem alten arabischen Sprichwort gehören „ihr Kopf ins Feuer und ihre Füße ins Wasser". Sie vertragen durchaus auch leicht salzhaltiges Wasser, weshalb mehr als die Hälfte der omanischen Dattelbäume in der nördlichen Küstenebene Batinah gedeiht. Jedoch sind die dort geernteten Früchte klein und nur von minderer Qualität. Die besten Datteln kommen aus dem westlichen und östlichen Hajar, aus Buraimi, Rustaq, Nizwa, Suma'il und Ibri.

In Oman wachsen **157 Sorten von Dattelpalmen**, daher ist Dattel genauso wenig gleich Dattel wie Palme gleich Palme. Die omanische Königin der Datteln ist die Sorte „khalas". Ihr Geschmack ist so hervorragend, dass die glücklichen Dattelbauern sie nicht gerne verkaufen, sondern lieber zusammen mit ihrer Familie genießen. Andere Sorten haben so blumige Namen wie „halawi" („die Süße"), „qushsh zabad" („wie Butter"), „qushsh lahm" („wie Fleisch"), „qushsh mozah" („wie eine Banane").

Im Wadi Quriat und in Al-Kamil werden in zwei großen staatlichen **Zuchtbetrieben** hochwertige Palmen kultiviert. Im Wadi Quriat stehen alle 157 Sorten der omanischen Dattelpalme. Sie bilden eine Art genetische Samenbank, um neue ertragreiche und standortgerechte

oman026 pf

⊡ Der Palmenhain von Misfat al-Ibriyeen

Sorten zu züchten. In einem 1992 eröffneten gentechnischen Labor werden Dattelpalmensetzlinge gezogen. Es ist nicht einfach, eine neue Dattelpalme aus einem Ableger zu ziehen. **Ein Baum** produziert in seinem langen Leben von sechzig bis achtzig Jahren höchstens **zwanzig Ableger,** die aber alle seine guten Qualitäten erben. Daher zieht man Dattelkeime nicht aus Kernen, denn diese Bäume sind nur von schwachem Wuchs und produzieren kaum Früchte, die noch dazu von schlechter Qualität sind. Mit den gentechnisch gezüchteten jungen Palmen sollen bald über zehn Millionen Stück in Oman stehen.

Datteln wachsen zwar auch von alleine, doch nicht in den Mengen und der Qualität wie mit der mühevollen **Pflege des Oasenbauern,** des **bidr.** Neben regelmäßigem Wässern, Düngen und Beschneiden des Baumes fällt der Bestäubung und der weiteren Pflege der heranreifenden Früchte eine wichtige Rolle zu. Von allen Palmen sind gerade einmal fünf Prozent männlich, denn da sie keine Früchte tragen, werden sie auch nicht in den Dattelhainen angepflanzt. So legt der Oasenbauer bei der **Befruchtung** seiner weiblichen Bäume selber Hand an. Dazu muss er während der Blütezeit, die je nach Art zwischen Januar und März liegt, zunächst die männlichen Pollen auf dem Souq einkaufen. Auf allen großen Märkten werden sie feilgeboten. In einer einzigen Kapsel befinden sich genügend männliche Pollenwedel, um über 200 Palmen zu bestäuben. Wenn die weiblichen Bäume in voller Blüte stehen, klettert der bidr die Stämme hinauf und bindet in mühevoller Kleinarbeit immer mehrere Blütenrispen mit einer Pollenrispe zusammen. Zum Schutz wickelt er noch ein Palmblatt außen herum, denn schon ein einziger Regenschauer oder starker Sturm kann den Erfolg der ganzen Arbeit zunichte machen, und die Blüten müssten erneut bestäubt werden. In den Monaten bis sie ihre volle Größe erreichen und eine gelbliche oder rote Farbe annehmen, brauchen sie viel Pflege und einen besonderen Schutz vor starkem Wind, der Sand auf die weichen, klebrigen Datteln wehen könnte. Zur **Ernte** steigt der bidr auf die Bäume, legt einen Strick um ein stabiles Stück Baumrinde und knotet es an das Stängelende der Dattelbüschel. Dann schneidet er den Stiel durch, und ein oder zwei Männer seilen die schweren Bündel vom Boden aus ab. Zwischen zehn und zwanzig solcher Büschel können an einer Palme wachsen, und ein Ernteertrag von über hundert Kilo Datteln ist pro Saison möglich. Früher war es die Aufgabe von Verwandten, Frauen und Kindern, bei der Pflege und Ernte der Früchte zu helfen, besonders bei kleinen Familienbetrieben. Heute haben jedoch immer mehr Bauern ausländische Lohnarbeiter angestellt.

Wegen der Artenvielfalt kann man in Oman die ganze Zeit zwischen Juni und November erstklassige **frische Datteln (rutab)** kaufen und genießen. Der Prophet Muhammad empfiehlt, das Fastenbrechen im Ramadhan mit frischen und saftigen Datteln zu begehen. **Getrocknete Datteln (tamr)** kann man in großen Lebensmittelgeschäften und in jedem Souq kaufen. Besonders gut sind mit Mandeln gefüllte Datteln, oder solche, die in kleinen geknüpften Taschen aus Palmblättern verkauft werden. In der traditionellen omanischen Küche hat die Dattel ihren festen Platz, nicht nur als

Amouage – das kostbarste Parfüm der Welt

von Kirstin Kabasci

Amouage – **„Wellen des Duftes"** – so heißt das wertvollste Parfüm der Welt, das von der gleichnamigen omanischen Firma vertrieben wird. **Gold, Weihrauch und Myrrhe,** die drei Königsgeschenke an den Gottessohn, verleihen Amouage seinen spektakulären Ruf. Unscheinbar ist hingegen das Firmengebäude, das unweit des Sahwa-Tower-Kreisverkehrs an der Straße nach Nizwa in einem grünen Garten liegt.

Amouage ist die „Krönung aller Duftstoffe", in dieser Symphonie klingen Essenzen der Rock Rose von einem Berg im Jebel Akhdar, Myrrhe aus Sansibar, Patschuli von den Seychellen, Sandelholz aus Indien und Ylang Ylang aus Marokko mit. In Amouage vereinen sich **über 120 seltene natürliche Zutaten aus aller Welt** zu einem einzigartigen Duft, für den die Umschreibung „blumig-fruchtig" gewiss zu einfach wäre. Aber wie soll man schon Düfte in Worte fassen können? Ebenso blumig, und zudem geheimnisvoll, klingt der Name: „Amouage" erweckt die Vorstellung von Noblesse, wogenden Gefühlen und Leidenschaft – das französische „amour" klingt mit.

Und eigentlich ist Amouage auch ein französischer Traum, den der große Parfümdesigner und Geruchskünstler **Guy Robert** im Auftrag von Sultan *Qaboos* kreiert hat. *Guy Robert* steht für die dritte Generation einer Familie von weltberühmten Parfümherstellern aus Paris, die schon Meisterwerke für die Häuser „Chanel", „Coty", „Dior", „Lanvin", „Hermes" und „Gucci" geschaffen haben. Ohne Rücksicht auf die Kosten verwendete er alle erdenklichen und edlen Ingredienzien und schuf diesen, in der Jahrtausende alten Geschichte der Parfümherstellung einmaligen Duft.

Dieses kostbare Parfüm gehört natürlich nicht in irgendeine Verpackung – nur das Beste ist gut genug – und so wird Amouage in mit 24-karätigem Gold veredelten Sterlingsilber- oder französischen **Bleikristall-Flacons** verkauft. Die privilegiertesten Juweliere der Welt, z. B. „Asprey" aus Londons Bond Street, stellen diese Schmuckstücke in Handarbeit her. Für das Männerparfüm bilden die Flacons die Form eines traditionellen und stilvoll verzierten *khanjars,* auf die ornamentverzierten Quader der Frauenparfüm-Flacons ist als Deckel eine Moscheekuppel aufgesetzt.

50 ml Amouage-Gold-Frauenparfüm im Goldflacon kosten knapp 300 Euro, allerdings können diejenigen, deren Reisekasse dadurch zu sehr strapaziert würde, das Parfüm zollfrei am Flughafen in Seeb erwerben oder Eau de Parfum oder Eau de Toilette in weniger aufwendigen Verpackungen und zu deutlich günstigeren Preisen kaufen. Es gibt inzwischen etwa 20 weitere (auch frischere, weniger schwere) Duftnoten, die man im Amouage-Laden oder in Parfümerien (z. B. im SABCO Centre in Muscats Ortsteil Qurum) erschnuppern kann.

■ **Infos:** www.amouage.com

süße Nachspeise, sondern auch als Zutat zu vielen Suppen und Soßen sowie Reis- und Fleischgerichten. Sehr beliebt ist auch Dattelsirup oder Marmelade, die sowohl mit Mandeln als auch mit Kardamom und Pfeffer verfeinert sein kann. Die vielseitigen Früchte vom „Baum des Lebens“ sind zugleich Lebensspender, Alltagsnahrung, Delikatesse und Luxusgeschenk. Sie sind auch ein bedeutendes Zeichen der Gastfreundschaft, das man nie ausschlagen, sondern in Ruhe genießen und würdigen sollte.

Viehzucht

Oman ist der größte Viehzüchter der Arabischen Halbinsel. Seit den 1970er Jahren hat das Land verstärkt mit seiner eigenen industriellen Fleischversorgung begonnen. Vollklimatisierte Farmen für Kühe und Hühner, die neben Fleisch auch Milch und Eier produzieren, gibt es heute landesweit in ansehnlicher Zahl. Da die Inlandsproduktion von Rind- und Hammelfleisch jedoch nicht zur Eigenversorgung ausreicht, ist eine Steigerung der Produktion geplant.

Neben dieser industriellen Fleischproduktion hält sich jede omanische Familie wie seit Jahrhunderten einen **Eigenbestand an Ziegen, Schafen, Hühnern oder Kamelen.** Insbesondere die anspruchslosen und alles fressenden Ziegen sieht man überall. Kamele werden meist von den Beduinen gezüchtet. Im Dhofar gibt es die einzigen frei lebenden Kühe auf der Arabischen Halbinsel. Insgesamt werden in Oman jährlich etwa 30.000 Tonnen industrielle Fleischwaren produziert – die gefangene Fischmenge ist fünfmal so hoch.

Fischerei

Das Sultanat besitzt eine 1700 km lange Küste und den Reichtum von **150 verschiedenen Fisch- und Schalentierarten,** von der Sardine über die Makrele, den Schwertfisch und Barracuda bis zum Thunfisch. Unter ihnen sind alleine 35 Arten aus der Familie der Barsche, in Oman „hamour“ genannt. Als hochwertigster Fisch gilt die **Königsmakrele,** der **kingfish.** Die unzähligen kleinen Sardinen, die überall an den Stränden zum Trocknen ausgebreitet sind, werden mit Fangnetzen gefangen und seit jeher als Viehfutter und Düngemittel verwendet. Die omanischen Fangmengen übersteigen bei weitem den nationalen Bedarf, sodass ein Großteil in die benachbarten Golfstaaten, die USA, nach Japan oder Europa exportiert werden kann. In jedem omanischen Dorf wird frischer Fisch verkauft, der höchstens einen Tag zuvor direkt am Strand in Kühlwagen gepackt wurde.

Die Fischerei zählt schon immer zu den wichtigsten Wirtschaftszweigen des Landes, und Oman ist stolz auf seine lange und **traditionsreiche Fischereigeschichte.** Vor 1970 gab es weder Kühlhäuser noch Transportmöglichkeiten, sodass der Großteil der gefangenen Fische von den Küstenbewohnern selbst verbraucht wurde. Ein bescheidener Handel bestand mit manchen Beduinenstämmen, die Datteln gegen getrockneten Fisch tauschten und die Waren mit ihren Kamelen transportierten. Die Fischer besaßen Holzboote, kleine Dhaus oder ruderten mit einfachen, aus Palmwedelstrünken erbauten sashas aufs Meer hinaus. Sie entwickelten eine Reihe von ausgeklügelten Fischfangtechniken, die man auch heute manchmal noch beobachten kann.

Ähnlich wie in der Landwirtschaft versuchten Anfang der 1970er Jahre zahlreiche Fischer, in der neu entstehenden Ölindustrie einen Geld versprechenden Job zu finden und hängten ihr Fischernetz an den Nagel. Auch diese Entwicklung konnte durch ein Hilfsprogramm gestoppt werden. **Finanzielle Beihilfen** zur Anschaffung neuer Glasfaserboote, dieselbetriebener Außenbordmotoren und technischer Ausrüstung erwiesen sich als äußerst wirksam.

Auch heute noch erhalten kleine Fischereibetriebe und Fischfangunternehmen günstige Kredite, und Fischer können ihre technischen Geräte in ministeriumseigenen Werkshallen kostenlos instand setzen lassen. Große Fortschritte werden auch durch die Errichtung von Fischereihäfen, die Ansiedlung von Fisch verarbeitenden Betrieben, Kühllagern, Verarbeitungsvorrichtungen sowie bei der Schaffung von Transportmöglichkeiten gemacht. In Musandam, wo die Menschen fast ausschließlich vom Fischfang leben, leistet die Regierung besonders intensive Beihilfe. Und schließlich können nur omanische Staatsangehörige eine Fischereilizenz erwerben. So stieg die Zahl der omanischen Fischer in den letzten 20 Jahren stetig an: 2019 waren rund 35.000 Omanis in der Fischereiwirtschaft beschäftigt. **Fischereiprodukte sind nach Erdöl die wichtigsten Exportwaren.**

Parallel zum Ausbau der Fischereiindustrie hat das Ministerium für Landwirtschaft und Fischerei eine Reihe von Maßnahmen ergriffen, um die **Fischbestände** zu **erhalten** und Überfischung zu verhindern. So werden Gebiete, Tiefen,

Auf dem Tiermarkt von Nizwa

oman027 pf

Mengen und Fischarten für den kommerziellen Fang genau definiert, für diverse Fischarten Fangzeiten eingeschränkt und die Größe von Netzen und Geräten festgelegt. Kommerzielle Fischerei ist auf 15 Prozent des gesamten Fanges beschränkt.

In Zusammenarbeit mit der Sultan Qaboos University erstellt das **„Zentrum für Meereskunde und Fischerei"** in Sidab bei Muscat wissenschaftliche Untersuchungen über die verschiedenartigen Vorkommen, die Meeresbeschaffenheit und die zukünftige effektive, aber dennoch schonende Nutzung der omanischen Fischbestände. Besonderer Nachdruck wird auf die Erhaltung der Ökosysteme und bedrohter Tierarten gelegt. Das Zentrum untersucht zudem die Zuchtmöglichkeiten von Weichtieren (Miesmuscheln, Austern, Jakobsmuscheln) und diverser Fischarten (Königsmakrelen und Barsche). Um die Gewässer vor Überfischung zu schützen, sind Meerwasser-Zuchtanlagen im großen Stil geplant, denn die Zukunft der omanischen Fischereiwirtschaft soll in der Fischzucht, der sog. Aquakultur, liegen. Die in Sidab entwickelten Methoden können später von den Fischern übernommen werden.

Handel

Bereits zur Zeit der Kupferexporte Magans vor 5000 Jahren war Oman ein wichtiges Handelszentrum. Vom 7. bis 15. Jahrhundert erlebte Omans Seehandel seine Blütezeit. Heute werden in erster Linie **Erdöl und -gas** exportiert, ansonsten ist das Sultanat eher ein bedeutender Absatzmarkt. Das Angebot in den Geschäften prägen seit den 1970er Jahren Importwaren. Omanische Produkte sind mit Ausnahme von landwirtschaftlichen Erzeugnissen und Fisch in der Minderheit. Der externe Handel ist für Oman von existenzieller Bedeutung.

Außenhandel

Durch die staatlichen Diversifizierungsmaßnahmen wachsen Omans ölunabhängige **Exporte** zwar an, dennoch dominiert der Ölexport den Außenhandel klar. 2019 machten **Öl- und Gasexporte** rund 65% der Gesamtexporte aus.

Um die Nachfrage im Land zu befriedigen, ist Oman auf den **Import** einer Vielzahl von Waren angewiesen. 2019 führte das Sultanat Güter im Wert von rund 11 Mrd. Rial ein. Der größte Anteil entfiel auf elektronische und elektrotechnische Erzeugnisse, Fahrzeuge und Nahrungsmittel. Hauptlieferländer waren die V.A.E., Japan, die USA, Großbritannien und Deutschland.

Die **V.A.E.,** der wichtigste Handelspartner im Nicht-Ölbereich, fungieren als **Mittler zwischen Erzeugern und Abnehmern.** Sie bilden mit ihren besser ausgebauten Häfen (insbesondere Dubai) eine Zwischenstation für den omanischen Überseehandel. Der Warenverkehr von und in die V.A.E. wird hauptsächlich über die Straßen oder über kleine Frachtschiffe, die Dhaus, abgewickelt. Doch selbst Waren, die aus Drittländern nach Oman geliefert werden sollen, kommen oft auf indirektem Weg über die V.A.E. ins Land.

Der **Handel mit den Nachbarländern** des GCC (V.A.E., Bahrain, Qatar, Saudi-Arabien und Kuwait) wird in Zukunft wohl noch an Bedeutung gewinnen, denn die Zusammenarbeit wird zunehmend enger. Seit 2003 besteht eine Zollunion, aus der ein gemeinsamer Binnenmarkt entstehen soll. Bis 2010 sollte eigentlich eine gemeinsame Währung die bisherigen Landeswährungen ablösen, das Vorhaben liegt jedoch auf Eis, und es ist sehr unwahrscheinlich, dass es jemals verwirklicht wird.

Vom insgesamt wachsenden Schiffsverkehr in der Region hat das Sultanat erstmals in den Jahren des ersten Golfkrieges etwas abbekommen. Damals liefen viele Reedereien Oman an, weil es außerhalb des Krisengebietes lag, und damit keine teuren Risikoaufschläge an die Schiffsversicherer zu zahlen waren. Der einzige **Container-Überseehafen** Omans war bis 1998 **Mina Qaboos** in Mutrah. Seit 2015 wird er zu einem Hafen für Kreuzfahrtschiffe umgebaut und der Handel in den neuen Hafen in **Sohar** verlegt. Bereits 1998 wurde **Port Salalah** eröffnet, wo auch große Containerschiffe be- und entladen werden können. Mit diesen Häfen will sich Oman als Umschlagplatz für die Region etablieren, da die Schiffe auf dem Weg nach Südostasien sich nun den Umweg in den Golf nach Dubai sparen und damit die immer wieder krisenbedrohte Straße von Hormuz umgehen können. Freihandelszonen sollen diese Entwicklung weiter voranbringen und ausländische Investoren anlocken.

Das **Handelsverhältnis zu Deutschland** gestaltet sich gespalten. Unter den Lieferanten Omans steht Deutschland immerhin auf Rang fünf, doch die omanischen Exporte nach Deutschland sind fast zu vernachlässigen und beschränken sich hauptsächlich auf Fische und Fischzubereitungen. Erdöl bezieht die Bundesrepublik seit 1991 nicht mehr aus Oman. Im deutschen Export war in den letzten Jahren eine Steigerung zu verzeichnen. Dabei standen Kraftfahrzeuge, Produkte des Maschinenbaus sowie elektrotechnische und chemische Erzeugnisse an der Spitze. Das Ungleichgewicht in den deutsch-omanischen Handelsbeziehungen ist stark, doch wird das zu Lasten des Sultanats gehende Defizit teilweise durch die wachsende Zahl deutscher Touristen ausgeglichen, die die größte Gruppe westlicher Reisender stellen (siehe auch „Tourismus“).

Lokaler Handel

Die Zentren des lokalen Handels sind die **Souqs.** Hier erlebt der Besucher **„Orient pur“**, mit all den wechselnden Eindrücken, den Gerüchen und dem unumgänglichen Handeln um den günstigsten Preis. Es gibt verschiedene **Märkte** für Obst und Gemüse, Fleisch, Fisch und Tiere, die von den anderen Souqs, auf denen allerlei Waren des täglichen Bedarfs angeboten werden, räumlich getrennt sind. Allwöchentlich abgehaltene Souqs (wie die vielen Freitagsmärkte, arab. *souq al-jama'a*) finden unter freiem Himmel statt

Traditionell waren Märkte und Souqs ein wichtiger Ort, an denen die sesshaften Oasenbauern, Händler, Handwerker und Beduinen ihre Waren untereinander umschlagen konnten. Die Souqs befanden sich in abgegrenzten Vierteln, die oftmals durch mächtige Tore verschlossen werden konnten. In diesen Bezirken lagen die eingeschossigen Geschäfte dicht an dicht und nach Branchen ge-

oman028 pf

ordnet. Nicht selten gehörten die Läden ganz oder zum größten Teil der lokalen Freitagsmoschee, an die die Händler eine Pacht zu zahlen hatten (waqf-Eigentum). Durch die Souqs zogen sich schmale Gassen, die meist überdacht waren und so vor der sengenden Sonne schützten. In einem Bereich oder in einer Gasse wurden Bekleidungsartikel und Stoffe, in einer anderen Schmiedearbeiten, Silberwaren, Seile, Matten, Töpferartikel, Trockenfisch, Satteltaschen, Gewürze oder Kosmetika feilgeboten.

Solch traditionelle Souq-Anlagen sind in Oman vergleichsweise selten, und auch das Warenangebot hat sich zu Gunsten der Importwaren aus aller Welt gewandelt. In der Hauptstadtregion wurden sie ersetzt von **Kaufhäusern,** in unzähligen anderen Orten durch **Straßensouqs,** also einer Reihe von Geschäften entlang der Hauptdurchgangsstraße, deren Waren- und Dienstleistungsangebot auf die durchreisende Kundschaft zugeschnitten ist (Imbisse, kleine Lebensmittelläden und Werkstätten).

Annähernd **historische Souqs** finden sich noch in **Bahla** und **Ibri** in Inner-Oman. Omans schönste alte Souq-Anlage in der Lehmstadt Al-Hamra am Jebel Akhdar-Massiv wurde leider schon vor Jahren aufgegeben.

Die **größten Souqs** mit der ausgewogensten Warenvielfalt sind die von **Mutrah** (Hauptstadtregion) und **Nizwa** (Inner-Oman). Beide sind heute renoviert, haben dadurch aber nicht unbedingt an Reiz verloren. Mutrah und Nizwa sind bekannt für ihr großes Angebot an orna-

⌃ Auf dem Muscat Festival wird traditionelles Handwerk vorgestellt mentreichem Silberschmuck, der in Nizwa auch hergestellt wird. Der Souq von Mutrah ist durch seine Hauptgasse zweigeteilt: in den Bereich des Einzelhandels und in den des Großhandels (engl. *whole sale*) samt Lagern.

Handwerk

Das **traditionelle Handwerk** ist fest in omanischer Hand, jedoch ist **nur noch wenig erhalten** geblieben. Seit 1970 nimmt die Zahl der Brunnenbauer, Färber, Ziegelhersteller, Maurer, Sattler, Palmwedelmattenmacher, Schiffsbauer, Seilemacher, Gerber, Töpfer und Weber stetig ab. Nur noch wenige junge Menschen erlernen einen dieser Berufe, denn die Löhne sind gering und erreichen nicht das Niveau, das Verwaltung und Industrie vorgeben. Außerdem verliert die Produktion traditioneller Handwerksgüter wegen der Massenimporte preiswerter Produkte aus asiatischen Billiglohnländern immer mehr an Bedeutung. Omanische Töpferei und Weberei spielen kaum noch eine Rolle, die jahrhundertealte Silberschmiedekunst (siehe unter „Kultur und Traditionen") scheint nur noch durch den Tourismus erhalten zu werden. Immer mehr Schmiede geben die Herstellung von Silberschmuck auf, denn es ist billiger, die Stücke in Indien oder Pakistan in Auftrag zu geben. Lediglich die Herstellung von Krummdolchen ist wie eh und je ein einträgliches Geschäft. Die Regierung hat dies erkannt und versucht durch finanzielle Förderung und den Aufkauf einiger Produkte die Handwerkstraditionen am Leben zu erhalten. In Nizwa ist die Errichtung eines traditionellen Dorfes geplant, in dem omanische Handwerker ihre traditionsreichen Zünfte ausüben können.

Moderne handwerkliche Tätigkeiten (Mechaniker, Elektriker, Schreiner etc.) werden in Oman kaum von Einheimischen ausgeführt. Bis sich durchschlagende Erfolge der Omanisierungspolitik zeigen, werden sie auch weiterhin eine Domäne der vielen Gastarbeiter bleiben.

Industrie

Infolge der Anstrengungen zur Diversifizierung der Wirtschaft hat das Sultanat eine relativ zügige Industrialisierung erfahren, dennoch befindet sich der **Nichterdölsektor** noch in der Aufbauphase. Klein- und Leichtindustrie sowie Handel prägen die Wirtschaftsstruktur. Der Anteil des ölunabhängigen Industriesektors am Bruttosozialeinkommen soll von weniger als 10% bis zum Jahr 2025 auf 30% steigen. Die industriellen Unternehmen beschäftigen fast 40.000 Arbeiter, mehr als die Hälfte produziert Zementprodukte und Metalle.

Ziel der omanischen Industrialisierung ist ein schnelles Wachstum lebensfähiger Industrien unter größtmöglichem **Einsatz lokaler Rohstoffe und einheimischer Arbeitskräfte.** Industriezweige, die dies berücksichtigen, sollen ebenso Vorrang haben wie die, die auf Produktion der Landwirtschaft und Fischerei aufbauen. Bei dieser Entwicklung spielen das private Unternehmertum und der freie Wettbewerb untereinander eine führende Rolle.

Um das Industriewachstum zu beschleunigen, kommt der **Errichtung von Industriegebieten,** in denen sich in-

Bodenschätze in Oman

und ausländische Firmen der Leicht- und Mittelindustrie ansiedeln, eine große Rolle zu. 1983 begann man mit dem Aufbau des **Industriegebietes von Rusayl,** knapp 50 km südwestlich der Hauptstadt an der Straße nach Nizwa. Heute ist es voll erschlossen mit einem eigenen Kraftwerk, eigener Wasserversorgung, Unterkünften und Geschäften. Unternehmer können die Grundstücke mit kompletter Infrastruktur, teils auch mit fertigen Fabrikgebäuden, zu einem sehr günstigen Preis erwerben. Sie brauchen auf bestimmte Warengruppen keine Importzölle zu zahlen und sind die ersten Jahre von der Körperschaftssteuer befreit. Die über neunzig Fabriken in Rusayl produzieren hauptsächlich exportorientiert, da der Binnenmarkt nur klein ist. Landesweit gab es 2019 insgesamt über 6000 Industriebetriebe, die in weiteren Industriegebieten wie etwa in Sohar im Norden und in Raysut im Süden des Landes liegen. Um den industriellen Aufschwung in den Provinzen zu fördern, stehen weitere Industriegebiete in Sur (im Osten des Landes), Buraimi und Nizwa (im Landesinneren) sowie Khasab (Musandam) in Vorbereitung.

Die aktuell größten **Industrieprojekte** sind die Werft bei Duqm, eine Düngemittelfabrik bei Sur sowie ein Aluminiumschmelzwerk und eine Petrochemiefabrik bei Sohar.

Bodenschätze und Bergbau

Oman ist – nicht nur in Bezug auf Öl und Gas – eines der an Bodenschätzen reichsten Gebiete der Arabischen Halbinsel. Zu den bekannten zählen Kupfer, Chrom, Gold, Kohle, Eisen, Magnesit, Nickel, Mangan und Zink. Von den großen **Vorkommen** an industriellem Gesteinsmaterial wie Silikatsand, Dolomit, Kalkstein, Marmor, Asbest, Ton, Steinwolle oder Barit werden bislang nur einige genutzt. Bergbau gehört zu jenen Wirtschaftszweigen, die Oman nach dem Ölzeitalter eine gute Grundlage bieten, denn durch ihn ergibt sich die Möglichkeit, den Sektor der weiterverarbeitenden Industrie auf- und auszubauen.

Der Bergbau in Oman blickt auf eine lange Geschichte zurück. Bereits 3000 Jahre v. Chr. baute man z. B. im Wadi Jizzi in Nordoman im beachtlichen Ausmaß **Kupfererz** ab. Um seine Qualität zu verbessern, wurde es mehrmals geschmolzen und dann in die alten Reiche jenseits des Golfes exportiert. Auch in der jüngsten Geschichte wird Kupfer aus denselben Minen gewonnen, denn 1984 eröffnete dort eine hochmoderne Kupfer- und Schmelzhütte. Das bei Sohar zu hochwertigen Kupferkathoden veredelte Metall hat einen Reinheitsgrad von 99,9 Prozent und geht hauptsächlich in den Export. 1994 waren die alten Minen zwar erschöpft, es wurden jedoch neue erschlossenen und weitere Kupfervorkommen im Wilaya Yanqul entdeckt. Die Reserven werden auf 14,3 Millionen Tonnen geschätzt.

Ebenfalls im Norden des Landes gibt es **Chromeisenerz,** dessen Vorkommen mehr als zwei Millionen Tonnen betragen soll. Für Goldgräberstimmung sorgen die **Goldvorkommen,** von denen das Sultanat bereits eine halbe Tonne pro Jahr exportiert. Gefördert wird es bei Ibri im Landesinneren, weitere Minenprojekte sind in Planung. Im zentralen Oman lagert Silikatsand, der für den Aufbau einer Glasindustrie verwendet werden soll. In der Nähe von Sur gibt es ausgedehnte **Kohlevorkommen,** schätzungsweise über 120 Millionen Tonnen. Untersuchungen haben ergeben, dass beim südomanischen Ort Shuwaymiya große Reserven von hochwertigem **Gips** lagern. Die günstige Lage an der Küste machen diese Vorkommen äußerst attraktiv für den Export.

Tourismus

Oman hat Urlaubern viel zu bieten – und in Zukunft soll der Tourismus eine immer finanzkräftigere Rolle in der Wirtschaft des Sultanates spielen. Gegenwärtig trägt er nur einen kleinen Teil zum Bruttoinlandsprodukt bei. Die Regierung ist sich jedoch durchaus der negativen Folgen einer zu starken „Vermarktung“ des Landes und zu großer Touristenzahlen bewusst. Die Schäden für Bevölkerung und Umwelt sollen vermieden werden, „Billigtourismus" lehnt die Regierung ab.

Das Sultanat hat sich erst **Ende der 1980er Jahre vorsichtig dem internationalen Tourismus geöffnet.** Zu Anfang wurden nur wenige Reisegruppen ins Land gelassen, sozusagen zum „Antesten", wie die Bevölkerung – insbesondere die Fremde kaum gewohnte Landbevölkerung – auf die Besucher reagieren würde. Die Touristenzahlen stiegen langsam an, und seit 1988 werden nicht nur Business-, sondern auch Touristenvisa ausgestellt. Zwei Jahre später erarbeitete die „Welttourismusorganisation" im Auftrag der Regierung einen Rahmenplan für die touristische Entwicklung des Sultanats. Dieses Konzept bestätigt die begonnene Politik der Regierung und stellt einen Planungs- und Entwicklungsrahmen auf, in dem der **anspruchsvolle Reisende** die Kultur und die Naturschönheiten Omans kennen lernen soll. **„Qualitativ hochwertiger Tourismus"** lautet die Zauberformel der omanischen Tourismuspolitik, Massentourismus soll vermieden werden. Auch der Umweltschutz soll nicht zu kurz kommen, so arbeitet das Umweltschutzministerium eng mit der Tourismusabteilung zusammen, um Umwelt- und Naturschäden beim Bau neuer **Tourismusprojekte** abzuwenden. Solche Projekte umfassen z. B. den Bau von Luxushotels in der Hauptstadtregion und in Salalah, die Errichtung diverser Motels und Rasthäuser auf dem Lande sowie den Aufbau von mehreren speziellen Touristenzentren aus verlassenen alten Dörfern. Dabei ist die Regierung bemüht, den Privatsektor maßgeblich an der Entwicklung des Fremdenverkehrs zu beteiligen, und im Zuge der Omanisierung sollen auch immer mehr Omanis in der Tourismusbranche Beschäftigung finden.

Im Zuge der Diversifizierung der Wirtschaft wird dem Tourismus zukünftig ein deutlich höherer Stellenwert eingeräumt. Dem wurde im Jahr **2004** duch die **Einrichtung eines eigenständigen Tourismusministeriums** Rechnung getragen. 2020 ist Oman offizielles Partnerland der ITB in Berlin, der größten Tourismusmesse der Welt.

oman17-002 pf

[<] Riesige Dimensionen – in der Großen Moschee von Muscat

2019 gab es landesweit **rund 370 Hotels,** Gasthäuser und Apartmentanlagen mit etwa 20.000 Betten – eine beachtliche Entwicklung, bedenkt man, dass 1970 gerade mal ein einziges kleines Hotel in Mutrah stand. Um die steigende Anzahl an Gästen auch in Zukunft beherbergen zu können, werden beim Ausbau der touristischen Infrastruktur vor allem die Kapazitäten der Hotels erweitert. Allerdings stieg zunächst die Zahl der Hotels schneller als die Anzahl der Besucher, was fallende Auslastungsquoten und einen verstärkten Konkurrenzkampf zur Folge hatte. Insbesondere der Rückgang der Touristenzahlen nach dem 11. September 2001 hat die Touriswirtschaft hart getroffen. Seit Jahren ist jedoch ein regelrechter **Boom** zu verzeichnen. Die Strandhotels in Muscat sind im Winter gut gebucht, was die Preise in die Höhe treibt.

Viele der insgesamt 3,2 Millionen Besucher pro Jahr (2018) kommen aus geschäftlichen Gründen in das Sultanat. Die Luxushotels offerieren entsprechende Einrichtungen wie gut ausgestattete Geschäfts- und Konferenzzentren.

Die Zahl der „echten" Touristen ist schwer zu schätzen. Man geht jedoch von knapp **100.000 Besuchern allein aus Deutschland** aus (2018). Die europäischen Gäste lieben insbesondere das milde, meist sonnige Winterklima, die Vielfalt und Schönheit der Natur, die Gastfreundschaft der Omanis und die interessante Mischung aus Tradition und Moderne im Land. Die meisten ausländischen Gäste kommen aber aus den benachbarten Golfstaaten für einen Kurzurlaub.

Bevölkerung und Gesellschaft

Einwohnerzahlen und Besiedlung

2011 wurde die Einwohnerzahl offiziell mit 2,77 Millionen Menschen angegeben, davon waren rund 70% Omanis. Nach Schätzungen für das Jahr 2018 liegt die Zahl inzwischen bei etwas über **4,6 Millionen.** Der Ausländeranteil ist auf rund 43% gestiegen.

Das **Bevölkerungswachstum** beträgt ca. **3%** und ist über die Jahre zurückgegangen. Zuvor war die Bevölkerungszahl aufgrund des guten Gesundheitssystems mit niedriger Säuglingssterblichkeit und **hoher Lebenserwartung (76 Jahre)** rasant angestiegen. Über die Hälfte der Bevölkerung ist 15 Jahre oder jünger.

Etwa 60% der Einwohner leben in der Hauptstadtregion und in der nördlichen Küstenebene Batinah, der Rest des Sultanats ist nur punktuell besiedelt. Die durchschnittliche **Bevölkerungsdichte** liegt in diesem Land, das knapp so groß ist wie Deutschland, bei **etwa 15 Einwohnern pro km²** (in Deutschland sind es ca. 230 pro km²). Damit gehört Oman zu den 20 am dünnsten besiedelten Ländern der Erde.

Herkunft

Die Besiedlung des omanischen Gebietes reicht Schätzungen zufolge über 50.000 Jahre zurück, jedoch ist nicht bekannt, woher diese frühen Bewohner ursprünglich stammten. Vor mehr als 5000 Jahren entwickelte sich eine der ältesten bisher bekannten Kulturen – heute bekannt unter dem Namen **Magan.** Als um 500 v. Chr. die **Perser** (unter der Dynastie der Achämeniden) einfielen, trafen sie auf die Nachfolger der Begründer von Magan, die sich energisch gegen die Eindringlinge verteidigten, letztendlich aber doch geschlagen geben mussten.

Wenige Jahrhunderte später wanderten **Araber** nach Oman ein. Eine Gruppe stammte aus dem südwestlichen Jemen, aus dem Gebiet um Marib, damals Mittelpunkt des südarabischen Reiches Saba (ca. 1000 v. Chr. bis 200 n. Chr.). In **Marib,** einem strategisch wichtigen Rast- und Umschlagplatz an der Weihrauchstraße, war – dank seines berühmten Staudammes (er gilt als achtes Weltwunder) – eine ausgedehnte landwirtschaftliche Bewirtschaftung möglich. Nach mehreren Dammbrüchen (siehe auch Qur'an, Sure 34, Vers 15–18) und dem Bedeutungsverlust der Weihrauchstraße gaben die Bewohner Marib auf und siedelten sich auf der gesamten Arabischen Halbinsel an. Der Hauptteil des Stammes zog in Richtung Mekka und Medina. Zwischen 100 und 200 n. Chr. wanderten in mehreren Einwanderungswellen **Mitglieder der Azd** (auch als „yamani", „Jemeniten" bezeichnet) nach Oman ein (auch die heutige Herrscherfamilie stammt von dieser Stammesgruppe ab). Unter der Führung von *Malik bin Fahm* gelangten sie in das Oman-Gebirge und vertrieben die dort machthabenden Perser. In den Jahren zwischen 150 und 600 n. Chr. beherrschten die Azd weite Teile des omanischen Kernlandes.

oman084 pf

oman029 as

Im 4. und 5. Jahrhundert gelangte eine andere Gruppe von Arabern, die den **Adnan** *(Nizari)* angehörte, aus Zentralarabien (Hejas, Nejd, Sarat) nach Oman. Mit weiteren Einwanderern aus dem südlichen und südöstlichen Jemen bildete die arabische Bevölkerung wenige Jahrhunderte nach der christlichen Zeitrechnung die Mehrheit in Oman.

Bevölkerungsgruppen und Sozialstruktur

Die meisten Omanis sind Araber und gehören einem bestimmten Stamm an. Alle Stämme sind patrilinear organisiert, richten sich also nach der vaterrechtlichen Abstammung. Die gesellschaftliche Stellung eines jeden wird vornehmlich dadurch definiert, welchem Stamm er angehört, wie dessen Ruf ist und welche Position er in ihm einnimmt *(qabili)*.

Das größte Ansehen genießt der **Stammesführer,** der **Shaikh,** der meist auch der Stammesälteste ist. Aber auch andere weise und würdevolle ältere Stammesangehörige tragen den Titel Shaikh, den mit hohem Ansehen verbundenen Ehrentitel. Selbst jüngere Personen werden manchmal als Shaikh bezeichnet. Bis 1970 hatten die Shaikhs direkte Verantwortung gegenüber dem Vertreter des Sultans oder dem Wali.

Die Shaikhs eines Stammes bilden als Gruppe den **Stammesrat,** die sog. **majlis.** Jeder hat das Recht, den Shaikhs seine Probleme vorzutragen, die sich dann im Stammesrat um eine Lösung oder Rechtsprechung bemühen. Dieses System findet sich in seinen Grundzügen in Form der „Majlis al-Shura" auch in der modernen Staatsführung (siehe auch „Staat und Politik"). Manche Stämme bestimmen ihr Oberhaupt durch Abstimmung. In langen Diskussionen werden die Plus- und Minuspunkte des Kandidaten gegeneinander abgewogen. Hat man sich auf einen Führer geeinigt, so wird dieser durch die persönliche Zustimmung der Stammesmitglieder in seinem Amt bestätigt.

Wurde ein neuer Shaikh von einem Teil des Stammes nicht anerkannt, kam es in der Vergangenheit häufig zu einer **Spaltung des Stammesverbandes.** Infolge dieser Abspaltungen oder auch durch Verselbstständigungen von Teil- oder Unterstämmen, hat sich die Zahl der Stämme im Laufe der Zeit erhöht. Die Frage nach ihrer heutigen Anzahl lässt sich wegen der Schwierigkeit der Definition in einzelne Stammesgruppen, Föderationen, Fraktionen, Familienclans, Unterstämme oder Teilstämme und dem damit verbundenen Selbstverständnis der einzelnen Gruppen nicht eindeutig beantworten. Ihre Anzahl beläuft sich auf mehrere hundert, doch kann man die Mehrheit **zwei Hauptfraktionen,** den **Hinawi und Ghafiri,** zuordnen. Beide Gruppen führen ihren Stammbaum auf die ersten arabischen Einwanderer aus Süd- und Zentralarabien zurück, doch die Polarisierung beruht auf politischen Spannungen, die in den Streitigkeiten um das Nachfolgeamt des Imam im 18. Jahrhundert entstanden. Die Folge war ein landesweiter Bürgerkrieg zwischen den Hinawi und den Ghafiri (zur Geschichte des Bürgerkrieges siehe auch im Kapitel „Geschichte", „Die Al-Ya'aruba-Dynastie"). In diesem komplexen und tief wurzelnden Konflikt spielen auch Streitigkeiten zwischen den

Studieren in Oman

von Alexander Kückes

Neben mir ertönt ein charakteristischer Pfiff. Am Anfang dachte ich, das muss eine Art Kuckucksuhr sein. Aber inzwischen habe ich mich daran gewöhnt, dass das der Standardton ist, wenn jemand auf seinem Smartphone eine Whatsapp-Nachricht empfangen hat.

Es ist die Zeit nach einer Vorlesung, in der viele Studenten erst einmal ihre Geräte aus der Tasche holen und anfangen zu tippen. Schnell habe ich begriffen, dass ein Großteil der Kommunikation unter den Kommilitonen über **Sofortnachrichten** auf dem Handy läuft. Für mich eine gute Gelegenheit, Arabisch zu lernen, denn im Gegensatz zum gesprochenen Wort kann man sich die Unterhaltung auf dem Handy später noch einmal durchlesen und Vokabeln besser merken.

Durch ein Jahresstipendium des Deutschen Akademischen Austauschdienstes konnte ich zwei Semester an der **Sultan-Qaboos-Universität (SQU) in Omans Hauptstadt Muskat** studieren. Die SQU wurde 1986 gegründet und ist bis heute die einzige staatliche Universität im Sultanat. Alle neun Fakultäten liegen auf einem gemeinsamen Campus und decken zusammen mit der Uni-Klinik alle wichtigen wissenschaftlichen Bereiche ab. Meine Kurse fanden in der Fakultät für Literatur und Gesellschaftswissenschaften statt. Das war insofern interessant, als hier mit den Abteilungen für Arabische Sprache, Geografie, Geschichte, Musik, Englisch, Tourismus und Soziologie Fachrichtungen zusammentreffen, die man so in Deutschland nicht unbedingt in einer Fakultät vereint findet.

An der SQU wird streng darauf geachtet, dass der **Kontakt zwischen Frauen und Männern möglichst gering** gehalten wird: In den Vorlesungen sitzen Studenten vorne, Studentinnen hinten und weiter oben, während in den Seminarräumen die Jungs rechts sitzen und die Mädchen links. Es gibt extra Gänge und Aufenthaltsräume für Studentinnen, und in der Studentenmensa schaut man sich vergeblich nach Frauen um. Während der gesamten Zeit an der SQU habe ich niemals beobachtet, dass sich ein männlicher Student während eines Seminars zu seiner Kommilitonin umblickt, wenn sie etwas zu einer Diskussion beiträgt – das würde dem Anstand widersprechen. Sogar bei einem Vortrag oder einer Präsentation blickt ein Mann nur gleichgeschlechtliche Mitstudenten an – es sei denn, eine Studentin stellt eine Frage. In den Bibliotheken gibt es getrennte Bereiche, und bei einer Talentshow in der großen Aula war unten und auf der linken Tribüne alles voller weißer Dishdashas, während auf den gegenüberliegenden Tribünen die schwarzen Abaya-Umhänge der Frauen dominierten.

Diese Einstellung hat weniger mit Zwang zu tun und auch nichts mit Unterdrückung, sondern verdankt sich vielmehr der kollektiven Einsicht, dass die jungen omanischen Frauen das kostbarste Gut der Gesellschaft sind. Die Studierenden kommen nämlich aus allen Teilen des Landes, und wenn Studentinnen während der Vorlesungszeit auf dem Campus leben, übernimmt die Universität gegenüber den weit entfernt wohnenden Eltern die Verantwortung für deren Töchter. Denen soll nichts zustoßen, was ihre **Reinheit** in Frage stellen könnte. Damit erklärt sich auch der Umstand, dass nur Studentinnen in den Wohnheimen auf dem Campus zugelassen sind und sie sich frei auf dem Campus bewegen dürfen. Um weibliche Studierende nach

Einbruch der Dunkelheit aus den Toren zu lassen, benötigt die Universität allerdings in vielen Fällen das Einverständnis der Eltern.

Das hört sich für europäische Ohren zunächst fremd an, wird hier aber als selbstredend aufgefasst und trägt dazu bei, den **Anspruch als Elite-Einrichtung** des Landes aufrechtzuerhalten. Zur Zeit ihrer Gründung vor knapp 30 Jahren war es für die Region überaus fortschrittlich, Frauen überhaupt zum Studium zuzulassen. Die scheinbar übertriebene Fürsorge trug wesentlich dazu bei, dass Eltern sich bereit erklärten, ihre Töchter für eine höhere Ausbildung „freizugeben". Heute ist die Zahl der Studentinnen und Studenten in den verschiedenen Fachrichtungen annähernd gleich, und es heißt, es gebe sogar eine Männerquote, um die gleiche Gewichtung an Immatrikulationen zu gewährleisten …

Ganz anders ist es an der „GUtech", der 2007 gegründeten **German University of Technology in Oman,** die 2012 in ein neues, sehr modernes und preisgekröntes Gebäude am Stadtrand von Muskat einzog. Sie ist die erste Hochschule auf der arabischen Halbinsel, die mit einer deutschen Bildungseinrichtung assoziiert ist. Sie steht in engem Austausch mit der RWTH Aachen und ist die erste private Universität im Sultanat, deren Studiengänge international akkreditiert wurden. Hier fällt auf, dass sehr viel mehr Studentinnen als Studenten eingeschrieben sind. Das mag damit zusammenhängen, dass viele wohlhabende Eltern ihre Söhne für eine möglichst gute höhere Bildung ins Ausland schicken, während viele Töchter die teuerste private Universität des Landes besuchen. Für Omanis kostet ein Semester hier knapp 6000 Euro, für Nicht-Omanis noch mehr.

Eine Gender-Trennung wie an der öffentlichen Sultan-Qaboos-Universität kann man hier kaum beobachten. Ich hatte mich an der SQU schon daran gewöhnt, den nötigen Abstand zu omanischen Studentinnen zu halten. Als ich für ein Praktikum an die GUtech kam, habe ich deshalb zuerst gezögert, mich in der Mensa ohne Weiteres neben eine verschleierte junge Frau zu setzen, aber der Umgang zwischen den Geschlechtern ist sehr viel offener und lockerer als in der 20 Minuten entfernten größeren Universität. Im modernen Innenhof oder draußen auf der Treppe sieht man auch mal, wie ein Student und eine Studentin sich ungezwungen näher kennenlernen oder angeregt diskutieren.

Beiden gemeinsam ist die **konservativ gehaltene Kleiderordnung.** Studentinnen tragen den für die Hauptstadt typischen schwarzen Umhang, die Abaya, dazu den Hijab. Neben dem Smartphone macht eine schicke Handtasche das Bild perfekt. Die Jungen setzen sich zur weißen Dishdasha eine Haube aufs schwarze Haar, die Kumma. Deren Farben passen elegant zur Tarbusha, einer Quaste, die wie ein Wimpel neben dem Halsverschluss der Dishdasha baumelt. Omanische Professoren und Angestellte der Universitäten tragen über der Kumma noch den bunten, eng anliegenden Turban, den Massar.

Wüstenstämmen (bedu) und der **sesshaften Küstenbevölkerung (hadr)** hinein, denn deren Interessen sind konträr: Die Ghafiri sind mehrheitlich bedu, wohingegen das Siedlungsgebiet der Hinawi sich auf die Orte in der Batinah und um Muscat konzentriert. Bedingt durch den saisonalen Wechsel von Sesshaftigkeit und Nomadentum können hadr und bedu auch dem gleichen Stamm angehören (siehe unten).

Wie die Mehrheit aller Omanis gehören beide Fraktionen dem **muslimischen Glauben** an, knapp zwei Drittel der Bevölkerung zählt zu den **Ibaditen** (siehe „Religion – der Islam"). Die zweitwichtigste Rolle spielen die Sunniten shafiitischer Richtung. Schiiten (meist von der Sekte der Khojahs in Mutrah) und Wahhabiten (vornehmlich im Ja'alan und in Buraimi) sind Minderheiten islamischer Glaubensrichtungen in Oman.

Wenn auch die meisten Einwohner Omans Araber sind, so leben daneben zahlreiche **andere Bevölkerungsgruppen** – mehr als in jedem anderen Land der Arabischen Halbinsel.

Auffallend viele Omanis erscheinen stark afrikanisch oder negrid. Sie werden allgemein als **Sansibaris** bezeichnet, und die meisten von ihnen sind Nachkommen der in die ehemals **omanisch-ostafrikanischen Gebiete** ausgewanderten und später zurückgekehrten Omanis. Diese Auswanderer lebten oft mehrere Generationen in Afrika, behielten aber ihre sozialen Beziehungen zu ihrem Herkunftsland bei. Viele von ihnen verfügen über einen sehr hohen Bildungsstand, da sie in den Zeiten vor der omanischen Renaissance an Universitäten in den USA, Großbritannien oder Britisch-Ostafrika studiert haben. Somit waren sie zusammen mit westlichen Experten maßgeblich am technischen und administrativen Aufbau des Landes beteiligt. Obwohl sie den arabischen Stammesstrukturen relativ gering verhaftet sind, ist ihr sozialer Rang nicht unbedingt niedrig, denn heute haben viele Sansibaris hohe und einflussreiche Posten in der Verwaltung inne. Sie halten neben ihrer omanischen auch ihre afrikanische Identität, z. B. durch die Sprache Swahili, lebendig.

Ebenfalls zu den „Neu-Omanis" gehören die **Inder, Pakistani** oder **Balutschi,** die **in der Küstenregion Nordomans** leben. Alle drei ethnischen Gruppen sind nichtarabischer Abstammung und sprechen ihre heimische Sprache (Hindi, Urdu), jedoch gehört die Mehrzahl der Pakistanis und Balutschi einer muslimischen Glaubensrichtung an. Die Balutschi gelangten über den bis 1958 zum Sultanat gehörenden Hafen Gwadur in Westpakistan ins Land. Viele Angehörige dieser Volksgruppen leben seit Generationen mit ihren Familien im Land. Seit Beginn des internationalen Seehandels ließen sie sich in den Küstenstädten nieder. Heute sind sie nationalisiert und gehören als Händler, Kaufleute, Betreiber von Handwerksbetrieben oder mittlere Bedienstete im privaten und staatlichen Sektor zur omanischen **Mittelschicht.** Die breite Masse der Menschen vom indischen Subkontinent sowie aus Südostasien kam allerdings erst mit Anbruch des

[>] Stämme prägen das soziale Gefüge Omans

Erdölzeitalters als Gastarbeiter in das Sultanat und zählt eher zur sozialen **Unterschicht.**

Zur omanischen **Oberschicht** gehören alle Angehörigen der Herrscherfamilie. Weiterhin zählen Oberhäupter und Stammesälteste *(shaikhs)* traditionell bedeutender Stämme, Minister und hohe Angestellte in staatlichen und halbstaatlichen Institutionen, Inhaber von hohen Posten im Militär und bei der Polizei, reiche „Neu-Omanis", einflussreiche Geschäftsleute und westliche Experten zu dieser Schicht.

Im Norden und Süden Omans zeigt sich eine andere Zusammensetzung der Bevölkerung. In der **Exklave Musandam** leben die zu den Hinawi zählenden sunnitischen **Shihuh,** eine Volksgruppe, die sowohl arabische als auch persische Elemente aufweist. Die Shihuh leben bzw. lebten meist vom Fischfang, doch manche Stammesgruppen zogen bis vor wenigen Jahren als Halbnomaden umher, allerdings gaben viele diese Lebensform auf und nahmen Jobs in den benachbarten V. A. Emiraten an.

In der südlichsten **Provinz Dhofar** gibt es **mehrere Volksgruppen:** In der Küstenzone überwiegen Araber, die vom Typ her mit den kleinen schlankwüchsigen Jemeniten aus dem Hadramaut verwandt sind. Im Gebirge leben viehzüchtende und nomadisierende *Jebalis,* die ihren eigenen, dem Arabischen ähnelnden Sprachdialekt sprechen. Daneben gibt es im Dhofar diverse Stämme, deren Mutterdialekt nicht arabisch ist, und die zusammenfassend als *hadarah* bezeichnet werden. In einigen abgeschiedenen Bergtälern sind Menschen ansässig, die eine dem Semitischen zuzuordnende Sprache sprechen, deren Herkunft jedoch weitgehend unbekannt ist.

oman030 pf

Traditionelle und neuzeitliche Lebensformen

Die Lebensformen der Omanis stehen seit jeher in engem Zusammenhang zur naturräumlichen Landesgliederung und sind charakterisiert durch **Fischerei, Oasenbewirtschaftung und Nomadentum.** Von wirtschaftlicher Bedeutung ist weiterhin der **Handel** (früher See- und Karawanenhandel). Das traditionelle **Handwerk** dagegen spielte schon immer eher eine Nebenrolle. Die Zahl der dort Beschäftigten war noch nie allzu groß, und nur ein kleiner Teil der Handwerker fand in seinem Beruf eine Vollbeschäftigung. Seit Beginn der „omanischen Renaissance“ 1970 sterben Berufe dieser Zunft langsam aus. Das **städtische Leben** gibt es in Oman eigentlich erst wenige Jahre.

Sesshaftes Leben

Obwohl Ansiedlungen von Händlern und Fischern bereits im 4. Jahrtausend vor der christlichen Zeitrechnung in Oman bestanden, gibt es keinerlei Anzeichen für eine entwickelte **städtische Zivilisation** in dieser frühen Zeit. Noch in den 1960er Jahren gab es lediglich drei Siedlungen, die die Bezeichnung „Stadt“ verdienten: Muscat, Mutrah und Sur. Alle anderen Orte Omans waren relativ klein und besaßen einen ländlichen Charakter, denn die Existenz ihrer Bewohner basierte überwiegend auf der Oasenlandwirtschaft und der Bewirtschaftung der Dattelpalme.

Ein Großteil der Omanis lebt heute sesshaft in festen Siedlungen, entweder in einem der unzähligen kleinen **Fischerdörfer,** in einer der **Hafenstädte,** in der **Hauptstadtregion** oder in **Oasen.** Insbesondere die Oasen unterschieden sich früher durch ihren Standort, ihre Größe, ihre Bedeutung als Regionalzentrum und ihrer funktionalen Ausstattung noch stärker voneinander als heute.

Leben an der Küste

An der 1700 km langen Küste haben sich die Menschen in ihrer Lebensform schon seit Jahrhunderten seewärts orientiert. Vom 7. bis 15. Jahrhundert erlebte der internationale **Seehandel** seine Glanzzeit in Oman. Einheimische Navigatoren segelten bis zu den Häfen Chinas, Schiffe aus aller Welt legten in den damals blühenden omanischen Hafenstädten an. Ab Mitte des 17. Jahrhunderts war Oman Mittelpunkt eines Handelsreiches, das sich über den gesamten Indischen Ozean erstreckte.

Reich wurden allerdings nur wenige Händler und Seefahrer, die breite Masse der Küstenbewohner musste sich mit den vergleichsweise bescheidenen Verdienstmöglichkeiten der **Fischerei** oder des Bootsbaus (siehe „Kultur und Traditionen“, „Jahrhundertealte Schiffsbautraditionen – Dhaus“) zufrieden geben. Fisch sicherte nicht nur die Ernährung der Küstenbewohner; getrocknet war er auch eine wichtige Proteinquelle der inneromanischen Oasenbewohner und Beduinen. Der Handel mit Trockenfisch stellte daher ein einträgliches Geschäft dar, an dem sowohl die Fischer als auch die bedu beteiligt waren.

Seit der Ausbreitung des britischen Herrschaftsgebietes östlich von Suez

Mitte des 19. Jahrhunderts stieg die internationale Seefahrt in Oman zur Bedeutungslosigkeit ab. Das omanische Handelsimperium verfiel. Die Fischerei allerdings verlor vergleichsweise wenig an Gewicht. Noch immer sichert der inzwischen modernisierte Fischfang das Einkommen zahlreicher Küstenbewohner nicht zuletzt dadurch, dass Oman große Mengen an Fisch exportiert. Allerdings ist der Handel mit Trockenfisch heute kaum noch von Bedeutung, da der Fang in Kühlwagen frisch ins Landesinnere transportiert werden kann.

Die bedeutenden **Küstenoasen entlang der Batinah** (Shinas, Sohar, Barka) waren bis Anfang der 1970er Jahre von einem Fort oder einer Fluchtburg dominiert. In seinem Schutz standen der Souq und der Fischmarkt, daran schlossen sich Hütten und Gehöfte in traditioneller Bauweise aus Palmzweigen an (zu Festungsarchitektur und *areesh* siehe „Traditionelle Bauweise" im Kapitel „Kultur und Traditionen"). Palmenhaine und Gärten *(bustan)* umgaben die Siedlungen. Dort besaßen die Gartenbesitzer früher weitere Hütten, in die sie zur Zeit der Dattelernte zogen. In der Sommerhitze war dies eine gute Möglichkeit, sich der unerträglich hohen Luftfeuchtigkeit der Strandnähe ein wenig zu entziehen. Heute hält die intensive landwirtschaftliche Nutzung der Küstenebene an, jedoch haben feste Steinhäuser mit Klimaanlage die Palmzweighütten ersetzt. Eine schnurgerade Küstenautobahn durchzieht die Batinah, das Leben samt Handel und Dienstleistungssektor orientiert sich entlang dieser Linie.

In der **Hauptstadtregion** verläuft das Leben der rund 1.000.000 Einwohner in anderen Bahnen. In diesem riesigen, sich in Ost-West-Richtung 60 km ausdehnenden Gebiet gab es vor 1970 lediglich die beiden regionalen Hafenstädte Muscat und Mutrah sowie wenige kleine Oasensiedlungen und Fischerorte. Sie waren nur über holprige Pisten oder per Boot zu erreichen. Dank der Petrodollar und der Politik von Sultan *Qaboos* entwickelte sich die **Capital Area** in weniger als dreißig Jahren zu einem bedeutenden Entwicklungspol und zu der modernen „Stadt", die sie heute ist. Der Ausbau einer modernen Infrastruktur ist weitgehend abgeschlossen. Die Bewohner lieben die **neuzeitlichen Errungenschaften** wie klimatisierte Einkaufszentren, mehrspurige Autobahnen, imposante Regierungsgebäude, prachtvolle Villen, noble Restaurants, luxuriöse First-Class-Hotels, grüne Parks, die verschwenderisch Wasser speienden Brunnenskulpturen, gepflegte Strände, Golf- und Tennisplätze sowie Kinos.

Leben im Landesinneren

War das Leben an der Küste über Jahrhunderte von fremden Mächten und Einflüssen geprägt, so können die Orte Inner-Omans als typisch omanisch angesehen werden. Bei den inneromanischen Orten kann man unterscheiden zwischen den großen Oasen entlang der wichtigen **Wadis des westlichen Hajar (Hajar al-Gharbi)** und denen **des östlichen Hajar (Hajar al-Sharqi)** in der Region Sharqiyah.

Die bedeutenden **Oasen des westlichen Hajar**, wie Nizwa, Birkat al-Mauz, Suma'il, Fanja, Ibri, Bahla, Rustaq und Nakhl, werden von einem mächtigen Fort oder einer Stadtburg (*hisn,* in der

oman032 pf

Geschichte oftmals auch Sitz des herrschenden Imam) dominiert. Häufig bestehen diese Oasen aus zwei geografisch getrennten Ortsteilen: Den wadiabwärts gelegenen bezeichnet man mit dem Zusatz *sufalat*, den wadiaufwärts gelegenen mit *alayat*. Das Zentrum der Oase bildet das **Fort** mit dem angegliederten Souq und der Freitagsmoschee. Die teilweise durch eine Mauer geschützten Wohnquartiere *(harat)* liegen verstreut um die mittels falaj-Kanälen bewässerten Datelgärten *(bustan)*.

Eine Sonderform nehmen die **kleinen Gebirgsoasen** im Wadi Bani Kharus, Wadi Sahtan, auf dem Saiq-Plateau oder am Fuße des Jebel Akhdar ein. Sie befinden sich auf Hochebenen oder sind Adlerhorsten gleich an Berghängen errichtet. Das Baumaterial stammt vom umgebenden Gestein, das grob gebrochen und teils ohne Mörtel zu dicken, standfesten Hausmauern aufgeschichtet wurde. Steile, in den Fels gehauene Treppen verbinden die Häuser. Ihre Felder haben die Bewohner mühevoll in Terrassenform angelegt, das Wasser für die Bewässerung stammt aus Hang- oder Karstquellen. Neben der Landwirtschaft sichert die Ziegenhaltung die Ernährung der Menschen.

In der Sharqiyah gibt es im Gegensatz zur westlichen Hajar-Region kaum mächtige Forts. Wichtige Ortsteile sind als ein geschlossenes Viertel von einer Stadtmauer umgeben. Wachtürme und wehrhafte Wohnhäuser komplettierten den Schutz vor feindlichen Angreifern (z. B. in Al-Kamil und Al-Mudayrib).

⌃ Die Kleidung der Frauen im Landesinneren ist farbenfroher als in Muscat

Seitdem der Fortschritt in Oman Einzug gehalten hat, unterliegen auch die großen inneromanischen Oasen einer **Wandlung.** Strom- und Wasserversorgung, Schulen, Krankenhäuser, Verwaltungsgebäude und neue Moscheen entstanden. Asphaltstraßen schlossen sie an den Rest des Landes an, Tankstellen, Werkstätten oder kleine Restaurants eröffneten neue Verdienstmöglichkeiten und bedeuteten Zugang zu den neuen Jobs der Hauptstadtregion oder zu den Ölfördergebieten. Obwohl die Bewohner ihre alten Lehmhäuser verließen und in moderne Neubausiedlungen zogen, sind die historischen Oasenzentren nicht etwa verwaist oder dem Verfall preisgegeben. Die Regierung finanziert die aufwendige Restaurierung der alten Bausubstanz. Oft entstehen am Rande der alten Orte auch moderne Satellitenstädte im Kleinformat oder Areale des sozialen Wohnungsbaus.

Die kleinen Gebirgsoasen werden trotz staatlicher Beihilfe (Brunnenbau, Vermarktung der Ernteerzeugnisse, Errichtung von Schulen und Krankenstationen, kostenloser Waren- und Personenlufttransport) von immer mehr Bewohnern verlassen, die auf bessere Verdienstmöglichkeiten und ein leichteres, moderneres Leben hoffen.

Nomadisches Leben

Die **nomadisierenden Araber** – im Arabischen **bedu** genannt – repräsentieren die älteste und traditionsreichste Lebens- und Wirtschaftsform Omans. Die ab dem 2. Jahrhundert n. Chr. eingewanderten arabischen Stämme waren nomadische Hirtengemeinschaften, die dann immer mehr zur Sesshaftigkeit übergingen. Anfang der 70er Jahre des 20. Jahrhunderts lebte immerhin noch etwa die Hälfte der Bevölkerung nomadisch. Heute sind die Nomaden den Sesshaften jedoch zahlenmäßig weit unterlegen, ihr Anteil an der Gesamtbevölkerung ist nur noch minimal.

Die meisten omanischen Nomaden lebten als **Kamel-, Schaf- und Ziegenzüchter** in der Weite des wüstenhaften Binnenlandes. Ziegen und Schafe sicherten als Milch- und Fleischlieferanten ihre Ernährung, waren aber auch wichtige Handelsgüter. Die Kamele dienten neben der Versorgung mit Milch und Leder auch als Transporttier (siehe Exkurs „Das Kamel – O-man's best friend"). Mit ihren Herden suchten die Beduinen wechselnde Weidestandorte auf, und als Ergänzung ihrer Ernährung nutzten sie auch den **Oasengartenbau,** den **Karawanenhandel** oder die **Fischerei.**

Der **Sommer** war die Zeit der **Dattelernte,** daher zogen die Nomaden dann mit ihren Familien und Tieren in die Oasen. Viele Gruppen besaßen dort eigene oder gepachtete Pflanzungen und führten die Ernte selbst durch oder überwachten sie. Weniger wohlhabende bedu halfen als Pflücker. Einige Gartenbesitzer aus der Wüstenregion Wahiba rekrutierten Oasenbewohner als Erntehelfer, während die Männer in dieser Zeit der Tierzucht oder der Ausführung von Transportaufträgen, z. B. von Datteln, Tierhäuten oder Butterfett zu entfernten Märkten, nachgingen. Zur Zeit der Ernte lebten die Nomaden in einfachen, aus Palmzweigen gefertigten areesh-Hütten, die zusammen mit Vorratshütten für Datteln und Heu in einiger Entfernung zu den Gärten standen (siehe Abschnitt „Traditionelle Bauweise"). Die Ziegen und Schafe gehörten den Frauen, die die Tiere mit Hilfe der Kinder täglich nach dem Tränken zu wechselnden Weiden trieben. Kamele waren im Besitz der Männer und wurden von Hirten *(rayi)* auf entferntere Weiden geführt. Je länger die Nomaden in den Oasen lebten, desto größer wurde die Überweidung, die oft zu Streitigkeiten führte und in Futterknappheit endete. Daher blieben die bedu nur so lange in Oasennähe, wie es die dort erforderliche Arbeit nötig machte.

Spätestens Ende September zogen die Familien oder Sippen wieder in ihre angestammten **Winterweidegebiete.** Die je nach Futter- und Wasserangebot im wechselnden Rhythmus aufgesuchten verschiedenen Winterlager lagen meist in Wadis und in der Nähe von Brunnen oder Wasserlöchern. Manche Stämme in der Sandwüste Wahiba holten das Wasser auch aus etlichen Kilometern Entfernung zu den Familienlagern. Dort lebten die bedu, anders als in den Oasen, nicht in Hütten, und auch die sonst typischen schwarzen Ziegenhaarzelte findet man in Oman nicht. Schirmartige Bäume oder große Büsche wurden mit Palmzweigmatten umgeben und bildeten im wahren Wortsinn ihr „Dach" über dem Kopf. Oft haben die bedu noch nicht einmal diese Wände aufgestellt, ihre Dattelvorräte und Habseligkeiten wurden dann unerreichbar für das Vieh in die Äste gehängt. Die Kamele zogen frei umher und suchten sich ihr Gras selbst. Da sie nicht allzu weit laufen sollten, wurden den Leittieren entweder die Vorderbeine zusammengebunden oder ein Vorderhuf am Knie festgewickelt. Die Kleintiere wurden tagsüber von Hirten zu den Weiden geführt, nachts wurden sie in aus Reisig gesteckten Pferche gesperrt, um sie vor Wildtieren zu schützen.

In den Winterlagern hielten sich oft nur Frauen, Kinder und einige Hirten permanent auf. Die Männer zogen zeitweise mit einigen Lastkamelen an die Küste, um dort in der **Fischerei** zu arbeiten. Gesalzener Trockenfisch war neben Fleisch, Milch und Datteln ihre wichtigste Nahrung. Außerdem diente er als Tauschobjekt (in den Oasen gegen Datteln, Getreide oder andere landwirtschaftliche Produkte).

Bei einigen Stämmen der Sharqiyah spielte die Tierhaltung im Vergleich zur Fischerei und Oasenwirtschaft eine nur untergeordnete Rolle. So bei den Einwohnern der **Orte südöstlich von Al-Kamil.** Im Sommerhalbjahr arbeiteten sie in ihren eigenen oder, gegen Entlohnung in Naturalien, in fremden Gärten, führten mit ihren Kamelen Warentransporte durch oder übten einen handwerklichen Beruf aus. Nur wenige widmeten sich der Viehzucht. Ende September verließen alle Familienmitglieder die Oasen und wanderten in wenigen Tagen bis zur Küste. Hier wie dort lebten sie in areesh. Die Männer gingen dem Fischfang nach, den Frauen oblag neben dem Haushalt die Versorgung des Kleinviehs und die Beschaffung des Trinkwassers aus den zum Teil weit entfernten Quellen.

Zahlreiche **Stämme des östlichen Inner-Oman** betrieben gar keinen Fischfang, denn ihnen fehlte der Zugang zum Meer. Sie bauten dagegen **Salz** ab und verkauften es in den Souqs oder bei den Erzeugern von Trockenfisch.

In der **Bergregion Nordomans** lebten die **shawawi-Bergnomaden.** Im westlichen Hajar siedelten sie in entlegenen Gebirgsoasen und betrieben neben dem Anbau auf ihren Terrassenfeldern auch **Ziegenzucht.** Sie nutzten das Futter- und Wasserangebot der verschiedenen Höhenstufen und wanderten somit nicht wie alle anderen Nomaden horizontal, sondern vertikal. Im östlichen Hajar zogen die shawawi innerhalb der Wadis umher, denn im dort vorwiegend aus vulkanischem Gestein aufgebauten Gebirge sind Quellen selten. Außerdem sind die Hänge meist zu steil, sodass dort die Anlage von Siedlungen und der Terrassenfeldbau nur bedingt möglich war.

In der südlichsten Provinz Omans, im **Dhofar,** lebten noch bis vor wenigen Jahrzehnten einige nomadische Stämme von der Tierzucht, der Landwirtschaft, dem Fischfang und auch vom Weihrauchsammeln.

Das Leben der omanischen Nomaden unterlag in den letzten Jahrzehnten einem starken **Wandel.** Nur noch wenige ziehen umher, die meisten sind weitgehend sesshaft geworden. Ein Großteil von ihnen lebt in einer nomadischen „Zwischenform", bei der die Winterlager nicht mehr als eine Landrover-Stunde von den Oasen entfernt liegen. Dort wohnen die Familien in besseren Häusern, in der Wüste auch in einfachen Hütten. Die einstigen Wirtschaftsformen Tierhaltung und Fischfang spielen kaum noch eine Rolle. Geländewagen haben das Kamel in seiner Funktion als Reit- und Lasttier ersetzt. Viele bedu-Kinder werden auch aus weit entfernt gelegenen Winterlagern mit dem Auto in die Schule gefahren. Viehfutter wird mit dem Auto in die Wüstencamps transportiert, ebenso die Tiere, die auf dem Markt in der Stadt verkauft werden sollen. Selbst Wasser in großen Tanks kommt mit dem Pick-up. Wohlhabende bedu-Familien leisten sich sogar einen Zweitwagen für ihre Frauen, die damit zu den Weidegründen fahren.

Den traditionellen Tauschhandel gibt es nicht mehr, denn **Geld regiert** seit knapp einem Vierteljahrhundert auch die bedu-Welt. So arbeiten viele Männer auf den Ölfeldern in Inner-Oman oder in den benachbarten Emiraten, wenn auch zum Teil nur für einige Monate. In dieser Zeit kümmern sich die Frauen alleine um den Haushalt, jedoch bleibt die Pflege der Kamele reine Männersache – auch wenn dafür Gastarbeiter angestellt werden müssen. Die Ernährung wird bestimmt durch die Faszination an neuen, importierten Lebensmitteln: Milchpulver statt frischer Ziegen- oder Kamelmilch, konservierte Ananas und Pfirsiche statt nahrhafter Datteln, Thunfisch und Sardinen in Dosen statt getrocknetem Fisch, amerikanisches Corned-beef statt Ziegenbraten ... Die Hoffnung, dass die einstigen Herren der Wüste ihre traditionelle Lebensweise nicht ganz aufgeben, wird mit jedem Tag geringer.

Der **britische Forschungsreisende Wilfred Thesiger,** mit Beduinen von 1945 bis 1950 in Oman und den angrenzenden Wüstengebieten unterwegs, formulierte seine Gedanken zum Wandel des nomadischen Lebens so: *„Man hat mich oft gefragt: „Weshalb leben die bedu in der Wüste unter den furchtbaren Bedingungen, die Sie schildern? Weshalb verlassen sie die Wüste nicht, um anderswo ein leichteres Leben zu führen?" Und ich stieß fast immer auf Unglauben, wenn ich antwortete: „Sie leben aus freien Stücken in der Wüste." ... Ich war mir darüber klar, daß die bedu, mit denen ich* *gelebt hatte und gereist war und in deren Gesellschaft ich mich wohlgefühlt hatte, dem Untergang geweiht waren. Manche Menschen sind der Ansicht, es wird den bedu in Zukunft besser gehen, da sie die Entbehrungen und die Armut der Wüste gegen die Sicherheit einer materialistischen Welt eintauschen werden. Ich teile diese Ansicht nicht. Ich werde nie vergessen, wie oft ich mir diesen analphabetischen Hirten gegenüber armselig vorgekommen bin, weil sie soviel großzügiger, soviel mutiger, ausdauernder, geduldiger und ritterlicher waren als ich. Bei keinem anderen Volk der Erde habe ich je ein ähnliches Gefühl der Minderwertigkeit verspürt … Dennoch wußte ich, daß die Menschen nicht an der Härte ihres Daseins zugrunde gehen würden, sondern nur an der Langeweile und Ohnmacht, die sie empfanden, wenn sie diesem Leben entsagen müßten. Die Tragödie bestand darin, daß die Entscheidung darüber nicht bei ihnen lag. Wirtschaftliche Faktoren, die sich ihrem Einfluß entzogen, würden sie schließlich in die Städte treiben, wo sie dann als ‚ungelernte Arbeiter' an den Straßenecken lungerten."* (Quelle: W. Thesiger, Die Brunnen der Wüste. Piper Verlag 1997, S. 339– 342)

▷ Markttag in Nizwa: Oft bestimmen die Frauen im Hintergrund das Geschehen

Frauen in Oman

In Oman wird jeder Besucher schnell feststellen, dass die Frauen entgegen gängiger Vorurteile **keineswegs aus dem öffentlichen Leben „verbannt"** sind. In den Souqs verkaufen sie ihre Waren und feilschen als Käuferinnen lautstark um den Preis, heiter flanieren sie mit ihrer Familie durch Parks und Einkaufszentren, genießen im Café mit Freundinnen einen Eisbecher und steuern ihre Jeeps selber durch die Straßen. Sie arbeiten auf Postämtern, in Banken, Verwaltungsbüros, Ministerien, Museen und sogar bei der Polizei. Als Labortechnikerin, Lehrerin oder Fernsehmoderatorin stehen sie selbstbewusst und engagiert „ihren Mann" – als Angestellte und oft auch in leitenden Positionen. Für ihre Arbeit bekommen sie den gleichen Lohn wie ihre männlichen Kollegen – ein Zeichen von **Gleichberechtigung,** das in „westlichen" Ländern noch längst nicht überall erreicht ist.

In ihren farbenfrohen Kleidern strahlen omanische Frauen ein natürliches und starkes **Selbstbewusstsein** aus – das Trugbild der unterdrückten arabischen Frau zerstören sie grundlegend. Das Leben der Landfrauen unterliegt natürlich – wie in vielen Gesellschaften – noch weitaus stärker traditionalistischen Einflüssen.

Das Ziel Muhammads und des Qur'an, die Rechte der Frauen zu stärken, wird von den Omanis erfolgreich fortgeführt. Ein Grund liegt darin, dass nach Auffassung der **Ibaditen** die islamischen Glaubensgrundsätze immer wieder überdacht und angepasst werden müssen. Nur in der Aktualität kann der Islam seine Kraft bewahren (siehe „Religi-

oman033 as

on – der Islam", Abschnitt „Tolerant und liberal – der Ibadismus in Oman"). Ein weiterer entscheidender Grund lag in der Politik des langjährigen Sultans *Qaboos.* Nur wenige arabische Herrscher engagierten sich wie er für die Gleichstellung der Frauen. Schon in den frühen Jahren seiner Herrschaft betonte er, es sei kein Problem und durchaus mit dem Islam vereinbar, wenn Frauen sich nicht verschleiern. In politischer Hinsicht gelten Frauen als ein ebenso **staatstragender Teil der Gesellschaft** wie Männer. In seinen Reden betonte *Qaboos* immer wieder, dass Frauen ihre Rolle bei der Staatsentwicklung wahrnehmen sollten und dass es ihr Recht sei, ihre Gedanken und Ansichten über die Angelegenheiten ihres Landes einzubringen. So können auch Frauen als Volksvertreter in die „Majlis al-Shura", den beratenden Staatsrat, gewählt werden. In Regierungsposten wie auch in anderen Berufen ist es selbstverständlich, dass sie wichtige und leitende Stellungen einnehmen.

Nach Auffassung von Sultan *Qaboos* konnte eine ungebildete Frau keine freien Kinder erziehen. Daher kommt der **Bildung** der Frauen in Oman eine wichtige Rolle zu. Der Mädchenanteil an den Grundschulen liegt entsprechend des Bevölkerungsanteils bei knapp der Hälfte, ähnlich hoch ist der Prozentsatz der Absolventinnen an den Fachschulen zur Lehrerausbildung und am „Technical College". In staatlichen Ausbildungs- und Wohlfahrtszentren nutzen Frauen die Chance zur Weiterbildung. Landesweit gibt es das Netz der omanischen **Frauenorganisationen** (OWA), von denen die erste 1971 in Muscat gegründet wurde. Auch hier können die Frauen sich bilden und je nach Interesse an Ernährungs-, Koch-, Näh-, Literatur-, Handarbeits-, Schreibmaschinen-, Computer-, Englisch-, Tanz- und Erste-Hilfe-Kursen teilnehmen. Viele Programme und Aktivitäten sind speziell auf die Verbesserung der sozialen und medizinischen Lage der Landfrauen zugeschnitten. Soziale Aufgaben in den örtlichen Gemeinden können Frauen in Frauenverbänden wahrnehmen.

Auch in finanzieller Hinsicht werden Frauen vom Staat unterstützt, denn das **Sozialgesetz** sichert sowohl Witwen als auch geschiedenen und verlassenen Frauen Sozialhilfe zu.

Der Sprung von einer traditionell-patriarchalischen Gesellschaft in die Moderne benötigt behutsame Anpassung. Der **Prozess der Modernisierung und Verwestlichung,** der in Oman in den 1970er Jahren einsetzte, ging nicht auf Kosten tradierter Gesellschaftsstrukturen. Auch dies beruht zum einen wieder auf den Lehren des Ibadismus und seiner Toleranz, zum anderen auf der klugen Politik von Sultan *Qaboos.* Die Omanis gehen bewusst mit den Traditionen um und nehmen nicht alles Neue kritiklos und uneingeschränkt an. So sind den Frauen an der Universität bestimmte Bereiche wie Appartements, Pausenräume oder Benutzerzeiten der Bibliotheken reserviert. Daher fällt es auch denjenigen Eltern, die ihre Töchter streng traditionell und rollenspezifisch erzogen haben, leichter, sie diesen Schritt in die Fremde und in die „Emanzipation" gehen zu lassen. Jedoch sollte man Emanzipation nicht im Sinne so mancher Frauenrechtlerin unserer Gesellschaft verstehen, sondern immer den Rahmen des sozio-kulturell Machbaren bedenken.

Ein Beispiel, wie omanische Frauen sich in diesem Rahmen **gesellschaftsangepasst „emanzipieren"** und dabei Neuerungen und westliche Einflüsse kritisch aufnehmen und ihrem Lebensstil anpassen, zeigt die Modebranche. 1993 fand unter der Schirmherrschaft von Sultan *Qaboos* im Al-Bustan Hotel die erste arabische Modenschau des Mittleren Ostens, die **Omani Fashion Parade,** statt. Solche Modenschauen, auf denen ausschließlich die Kollektionen junger omanischer Modedesignerinnen gezeigt werden, finden inzwischen mehrmals im Jahr statt. In anderen arabischen Ländern wären solche Vorführungen undenkbar, doch für die Omanis sind schöne und unverschleierte Frauen nichts Neues. Das, was gezeigt wird, ist geprägt von traditionellen omanischen Einflüssen, von langen Gewändern, verspielten Schals, elegant geschlungenen Kopftüchern und weiten Übermänteln – alte Formen mit neuen Stoffen und neuen Farben, die – von den Models stilvoll präsentiert – auf großes Interesse in der internationalen Modewelt stoßen. Dies ist zum einen ein Balanceakt zwischen traditioneller und moderner Mode, zum anderen aber auch eine interessante Neufusion. Bezeichnend ist, dass die omanische Modetradition nicht verändert, sondern modernisiert werden soll: Die schwarzen abayas sollen nach den Worten der omanischen Stardesignerin Kifah Sadiq Abduwani in bunte getauscht werden.

Kultur und Traditionen

Tradition und Moderne – Symbiose statt Widerspruch

Bis zu Beginn der „omanischen Renaissance" durch die Herrschaft von Sultan *Qaboos* im Jahr **1970** lebten die Omanis **fernab jeglicher Moderne.** Es klingt unglaublich, aber unter der Herrschaft seines Vaters Sultan *Said bin Taimur* gab es weder Rundfunk noch Fernsehen, nur drei Knabenschulen, eine Krankenstation, ein Postamt und gerade mal zehn Kilometer asphaltierte Straßen (die natürlich zum Palast führten). Es war verboten, Fahrrad zu fahren, ein Radio zu besitzen oder Sonnenbrillen zu tragen. Der Import von Büchern wurde mit Gefängnis bestraft. Die Menschen lebten in einfachen Häusern aus Lehmziegeln oder Hütten aus Palmblättern, Strom und Wasseranschlüsse gab es dort nicht. Ausländern war es kaum möglich, das Sultanat zu besuchen, und Omanis nicht gestattet auszureisen, denn für beides benötigte man eine Sondergenehmigung des Sultans. 1970 ging eine Epoche zu Ende, in der das Land für mehr als einhundert Jahre fast vollständig **von der Außenwelt abgeschirmt** war.

Etwa die Hälfte aller Omanis lebte nomadisch. Oasenbauern und Fischer waren die häufigsten Berufe. Den meisten Menschen gelang damit gerade einmal die Selbstversorgung, einen gewissen Reichtum konnten lediglich wenige Händler erwirtschaften – denn auch der Handel wurde von *Said bin Taimur* unterdrückt. Wirtschaftlich gesehen war Oman ein Entwicklungsland.

Die Menschen lebten damals noch stärker als heute in ihrer **traditionellen Sozialstruktur und Rollenverteilung,** die im engen Zusammenhang mit dem Islam stehen. Dabei obliegt es alleine dem Mann, für seine Familie zu sorgen und sich um die Angelegenheiten in der Gemeinde zu kümmern. Das Aufgabenfeld der Frau liegt im häuslichen Bereich und in der Erziehung der Kinder. Auch waren der Zusammenhalt der einzelnen Stämme und die inneren **Stammesstrukturen** vor 1970 wesentlich bedeutsamer als heute – was nicht heißt, dass sie inzwischen bedeutungslos sind. In keinem anderen Land Arabiens, außer dem Jemen, waren die alten Gesellschaftsstrukturen noch so lebendig und die Stammesgesetze noch so machtvoll wie in Oman.

Im Jahr 1970 läutete Sultan Qaboos dann sozusagen **die „Neuzeit" ein.** Oman gelang in nur wenigen Jahrzehnten ein gewaltiger Schritt vom Mittelalter in die moderne Zeit der Computer und Datenbanken. Die Lebensbedingungen und die wirtschaftliche Situation der Menschen haben sich stark verbessert. Basis dafür waren die Einnahmen aus der Erdölförderung, die Sultan *Qaboos* sinnvoll in die Entwicklung des Landes investierte. Schon bald konnte jeder ein Steinhaus errichten, einen Stromanschluss legen lassen, seinen Esel oder sein Kamel gegen ein Auto eintauschen, das Wasser für seine Felder mit Dieselpumpen fördern, eine Klimaanlage installieren und Nachrichten aus aller Welt im Fernsehen verfolgen. Heute sind diese Neuerungen auch in abgelegenen Landesteilen kein Fremdwort mehr. Die Hauptstadtregion zeigt sich heute als großes Stadtgebiet mit allen modernen Errungenschaften. Im weiten Rest des Sultanats setzte sich der Fortschritt allerdings nicht in dem Maße und nicht mit dieser Schnelligkeit durch, sodass ein „Kulturschock" weitgehend ausblieb.

Omanis wollen keine „Modernisierung um jeden Preis". Sie haben erkannt, dass man die alten Lebensweisen nicht vollständig aufzugeben braucht, und dass Fortschritt nicht zwangsläufig mit dem totalen Verlust der **kulturellen Identität** einhergehen muss. Diese Fehler der Industrialisierung, die man im Westen oder in Entwicklungsländern beobachten kann, sollen nach Möglichkeit vermieden werden. Anlehnung, aber nicht Abhängigkeit, lautet der goldene Grundsatz. So nehmen die Omanis die für sie nützlichen Errungenschaften des Fortschritts behutsam und kritisch

oman036 pf

[<] Bereit für das große Fest

an – und bewahren bewusst ihre kulturelle Eigenart und ihren Lebensrhythmus. Auch omanische Architekten bemühen sich, eine Verbindung moderner und traditioneller Stilelemente zu schaffen. Besonders beliebt ist es, Elemente der alten Festungsarchitektur aufzugreifen, z. B. Zinnen und kleine Wehrtürme bei Telefonzellen. Dachterrassen sind häufig durch eine Mauerkrone eingefasst, Wassertanks auf den Terrassen den Türmen der Forts nachempfunden. Als Ergebnis zeigt sich eine **Einheit von Tradition und Moderne.** Im Gegensatz zu anderen Ölstaaten am Persisch-Arabischen Golf hat Oman die Entwicklungsfehler seiner Nachbarstaaten vermieden und die Petrodollar nicht in verspiegelte Hochhausfassaden oder Golfplätze der Superlative investiert.

Die Bewahrung der eigenen Kultur ist ein wichtiges politisches Ziel. Es gibt es sogar ein „Ministerium für Nationales Erbe und Kultur". Es restauriert im ganzen Land erhaltenswerte historische Bauwerke (vor allem Forts), veröffentlicht Bücher, engagiert sich um den Erhalt alter Handschriften und Dokumente, organisiert inländische Ausstellungen und Kulturwochen im Ausland, organisiert archäologische Ausgrabungsprojekte und richtet mobile Büchereien ein. Daneben unterhält es zahlreiche **Museen,** u. a. das „Oman Museum", das „Nationalmuseum" und das „Naturgeschichtliche Museum", die alle in der Hauptstadtregion beheimatet sind und im praktischen Reiseteil beschrieben werden.

Einen Ausdruck dieses Nationalstolzes findet man in den allgegenwärtigen „Kunstwerken" der **„beautification".** Diese englische Vokabel bezeichnet nicht nur das staatliche Verschönerungsprogramm und das neue stadtplanerische Schönheitsideal, sondern steht als Synonym für den aktuellen Zeitgeist nationaler Selbstdarstellung. Dieses Phänomen erschließt dem Fremden trefflich den spielerischen, stolzen und unbekümmerten Umgang der Omanis mit ihrem kulturellen Erbe. Getreu dem Motto „Unser Land soll schöner werden" trifft man am Rande der Straßen, inmitten von Verkehrskreiseln oder in Parks überall auf **Monumente der neuen omanischen Landesfolklore:** Krummdolche, Schwerter oder funkelnde Schnabelkannen aus Plastik auf zylindrischen Sockeln, Betonpalmen mit Blumenkübeln, überquellende Schatztruhen, lebensgroße Pferde, überdimensionale Weihrauchbrenner-Brunnen samt nachgebildeter Glut, riesige, mit Glocken bestückte Uhrtürme, Wasser speiende Fische, hausgroße Fortnachbauten, lebensecht wirkende Gazellen, die teilweise in eine (echte) Felswand gestellt sind usw. In der Hauptstadt ist das Aufkommen dieser postmodernen Schaustücke außerordentlich dicht. Besonders futuristisch mutet das strahlend weiße, gigantische „Ufo" an der Straße von Muscat nach Mutrah an. Für westliche Augen kaum erkennbar stellt es einen traditionellen Weihrauchbrenner dar, den in Oman jedes Kind (er)kennt. Einzig echt ist die vor dem Al-Bustan Palace Hotel stehende Dhau „Sohar", die noch vor wenigen Jahren bis nach China segelte (siehe Exkurs „Timothy Severin und die Sohar"). Touristen sollten den praktischen Wert der Skulpturen als Orientierungshilfen nicht unterschätzen.

Wer durch Oman reist, wird neben all den anderen Reizen wie den atemberaubenden Landschaften auch ein Auge für die verschiedenen Formen der **Symbiose von traditionell-omanischer Lebensweise und Moderne** haben. Dank dieses Phänomens können Urlauber sowohl die Annehmlichkeiten einer modernen Infrastruktur genießen als auch auf Entdeckungstour nach Traditionellem gehen. Die Omanis mit ihrer offenen, toleranten Art und ihrer Gastfreundschaft tragen ihren Teil dazu bei, dass diese Suche erfolgreich sein wird.

Ein Blick hinter die Maske – traditionelle Kleidung

Auch heute noch erfreut sich traditionelle Kleidung bei allen Omanis größter Beliebtheit; **„modische" Anzüge, Blue Jeans, Kleider oder Kostüme sind selten.** Besonders bei wichtigen Anlässen werden selbst die „aufgeschlossensten" Omanis immer bewusst ihre traditionelle Kleidung wählen, denn sie sind sehr stolz auf sie.

Obwohl man in Farbe und Ausführung der Trachten deutliche Unterschiede zwischen den einzelnen Regionen und ethnischen Gruppen erkennen kann, gibt es durchaus bestimmte Gemeinsamkeiten.

Frauenkleidung

Die **Mannigfaltigkeit der Farben,** mit der sich omanische Frauen kleiden, widerlegt die Vorstellung der von Kopf bis Fuß in Schwarz gehüllten und stereotyp gekleideten arabischen Frau grundlegend. Omanische Frauen zeigen sich selbstbewusst und individuell in hellen, farbenfrohen Stoffen, und sie haben keinerlei Scheu, die verschiedensten Farben und Muster miteinander zu kombinieren. Zumindest auf dem Land ist diese Tradition ungebrochen, während sich in den Städten langsam schwarz als Modefarbe durchsetzt.

Die **Hose** der Frauen, der **sirwal,** ist weit geschnitten, doch an den Waden verengt sie sich. Das Stück oberhalb der Knöchel ist stets mit aufwendigen gold- oder silberfarbenen Stickereien verziert. Meist besteht die Hose aus Baumwolle, manchmal aus Seide (Sur) und in der Jebel Akhdar-Region auch aus Wolle.

Das gerade und weit geschnittene **Überkleid,** die **kandoura,** reicht bis unter die Knie und ist ebenfalls reich mit Gold- oder Silberapplikationen von geometrischer oder diamantförmiger Gestalt versehen. Frauen im Dhofar tragen ein dunkles Überkleid aus Samt, das vorne bis kurz über den Knöchel reicht, hinten jedoch einige Zentimeter lang auf der Erde schleift. Der Name dieses Kostüms lautet „Abu Dhail", „die mit einem Schwanz". Eine alte Legende besagt, dieser habe den Zweck, die Fußspuren der Frauen im Sand zu verwischen, damit sie schwerer gekidnappt werden könnten.

Das **Kopftuch (lahaf)** gibt es in vielen Ausführungen. Seine Farbpalette und die aufgedruckten Muster sind nahezu unerschöpflich, im Landesinneren und in der Sharqiyah genauso bunt wie der Rest der Kleidung. Schwarze Schals tragen meist nur die Beduinenfrauen (aus Chiffon) sowie die der Batinah, der Capital Area und des Dhofar. Die großen Tücher reichen mindestens bis unter die Schultern, meist aber bis zur Taille und im Dhofar sogar bis zu den Füßen, viele

Frauen hüllen sich auch in zwei Kopftücher. Die meisten wickeln den Stoff einmal unter dem Kinn entlang um den Kopf und befestigen ihn mit einer Goldbrosche neben der Stirn. Überhaupt tragen omanische Frauen sehr gerne und sehr viel **Goldschmuck,** auch wenn man ihn meist nicht sieht, weil er von der Kleidung bedeckt wird. Besonders prachtvollen Goldschmuck besitzen die Frauen im Dhofar. Gold hat heute größtenteils den alten traditionellen Silberschmuck ersetzt.

Besonders farbenfroh sind die Kleider der Frauen der Sharqiyah, zu bewundern auf dem einmaligen Frauensouq von Ibra. Bei den Frauen balutischer Herkunft (meist in Muscat) sind die Kleidungsstücke alle in einer Farbe gehalten und mit reichlich Goldapplikationen verziert. Auch wenn viele Frauen sich in den leichten **schwarzen Überhang,** die **abaya,** hüllen, geht es unter dieser „Tarnkappe" nicht unbedingt schwarz, sondern meist recht bunt zu. Die abaya soll zum einen die wertvollen Stoffe vor Staub und Schmutz schützen, zum anderen ist sie aber auch ein Zeichen von Anstand, Keuschheit und Religiosität und wird bei offiziellen Anlässen und im heiligen Fastenmonat Ramadhan besonders oft getragen.

Frauen mit einem Gesichtsschleier wird man in Oman kaum sehen. In der Batinah und unter den Beduinenfrauen ist das Tragen einer **Gesichtsmaske,** der **burqa,** aber weit verbreitet. Dient der Schleier in erster Linie dazu, der angeblich im Qur'an geforderten Verhüllung der Frau Sorge zu tragen, so wird die burqa aus anderen Gründen getragen. Der Hauptgrund ist, weil sie die emp-

Frauen der Sharqiyah in traditioneller Kleidung

oman035 pf

findliche Gesichtshaut vor der prallen Sonne, dem Staub und den Sandstürmen schützen soll. Die Masken der in der Wüste lebenden Beduinen bedecken das gesamte Gesicht von der Stirn bis zum Kinn und lassen nur einen ovalen Schlitz für die Augen frei. Häufig schimmert der Stoff in hellem Gelb oder in Violett, gelegentlich sind die burqas schwarz. Viele junge bedu-Frauen bringen ihre dunklen Augen mit dicken **Kajalstrichen (khol)** besonders reizvoll zur Geltung. Manchmal reiben sie sich die freie Haut um die Augen mit einer Paste aus Safran und Wasser ein – sie schützt besser als jede Sonnencreme. Die burqas der Frauen in der Batinah-Ebene oder in Musandam fallen wesentlich kleiner aus als die Beduinenmasken und sind daher als Schutz fast nutzlos. Sie bestehen oft nur aus zwei schmalen Streifen, einem über den Augenbrauen und einem über dem Mund, die mit einem Querstreben auf der Nase verbunden sind. Die Maske dient hier eher als ein Zeichen der Tradition denn als Sonnenschutz. Sie zeigt außerdem an, dass „Frau" verheiratet ist. Meist legen die Frauen die burqa wenige Tage nach den Hochzeitsfeierlichkeiten das erste Mal an – aber dann immer, wenn sie ihr Haus verlassen. Eine Ausnahme sind die Balutschen. Bei ihnen ist es üblich, dass Mädchen die burqa ab der Pubertät tragen. Natürlich dient die burqa auch dazu, die Frau vor den Blicken der Männer zu schützen.

Auch wenn die kleinen Masken die Haut nicht in dem Maße schützen wie die großen, und auch wenn weder Ehemann noch Familie verlangen, die burqa anzulegen, so tun es viele omanische Frauen, weil *sie* es möchten. Viele fühlen sich ohne sie unwohl, quasi nackt, und sie nehmen sie auch nicht ab, wenn sie mit ihren Schwestern oder besten Freundinnen alleine sind. Die Maske verleiht ihnen mehr Selbstsicherheit, Schutz, Stolz und Würde, viele Frauen sind der Ansicht, die Maske verschönere sie. So verwenden sie viel Sorgfalt damit, ihre Masken millimetergenau zu nähen oder nähen zu lassen. Manche Frauen möchten ihre Backenknochen höher oder niedriger erscheinen lassen, andere betonen mit der burqa ihr längliches Gesicht, oder sie lassen sie so schneidern, dass es rund wirkt. Burqa ist also nicht gleich burqa – jede ist so individuell angepasst wie eine Brille. Viele europäische Frauen können nicht verstehen, dass diese „Papageienmaske" verschönern soll, doch genauso wenig verstehen viele omanische Frauen, warum dies eine teure Designerbrille oder braun gebrannte Haut angeblich tut. Eine omanische Frau sagte einmal: *„Es ist nicht so, dass wir die burqa tragen, weil es schamvoll ist, sich ohne sie zu zeigen, sondern weil es schön ist, sich mit ihr zu zeigen."*

Männerkleidung

Das unverkennbare Kleidungsstück jedes omanischen Mannes ist die **dishdasha** – ein **knöchellanges Gewand,** das **stets langärmlig und gerade geschnitten** ist. Egal ob Fischer oder Minister, für jeden ist sie standesgemäß, und jeder findet sie äußerst bequem. Mit einem entsprechenden Turban, einem prachtvollen khanjar und, wenn es ganz formell oder festlich sein soll, zusätzlich mit einem eleganten Übermantel werden in einer weißen dishdasha höchste nationale und internationale Staatstreffen abgehalten. Sie hat in Oman (anders als in den Emiraten) einen runden, bestickten Kragen und wird mit einem kleinen Stoffknopf unterhalb des Halses geschlossen. Die Knopfschlaufe endet in einer kleinen Quaste, die in Parfüm, Rosenwasser oder Duftöl getaucht wird und so einen dezenten Wohlgeruch verbreitet. Die meisten dishdashas bestehen aus dünner Baumwolle, vielen Stoffen ist aber auch Synthetik zugewebt. Weiß ist die formelle Farbe: Alle Omanis im öffentlichen Dienst müssen Weiß tragen. In der Freizeit hingegen sind modische Pastelltöne sehr beliebt. Die meisten Männer bevorzugen helle Farbtöne, Beduinen dagegen dunklere. Im Gegensatz zum benachbarten Jemen tragen die Omanis nie ein Jackett über ihrer dishdasha.

Unter dem Rock trägt der Omani einen **Unterrock,** den **wizar** oder **lunghi.** Diese lange Stoffbahn besitzt keine Knöpfe, wird wie ein Badetuch fest um die Hüfte geschlungen und dann mehrere Male nach unten gefaltet, bis sie sicher und bequem hält. Früher wurde der leichte Baumwollstoff von Hand gewebt, doch wie nahezu alle Stoffe wird er heute aus Indien importiert.

Harmonische Eintracht besteht auch bei der Fußbekleidung, denn nahezu jedermann trägt luftige **Ledersandalen** – selbst hohe Würdenträger auf wichtigen Staatsempfängen.

Es fällt schwer, sich einen omanischen Mann ohne **Kopfbedeckung** vorzustellen. Er kann zwischen einer bunt bestickten Kappe, der *kumma,* und einem Turban (je nach Stil *ammama* oder *massar* genannt) wählen. Eine **kumma** besteht aus zwei Teilen: einem runden „Deckel" mit einem angenähten Rechteck als Seitenteil. Beide Teile sind mit bunten Stickereien verziert, aber erst bei näherem Betrachten erkennt man zahllose fein umstickte Löcher. Die Vielfalt der Farben und Ornamente ist erstaunlich, man wird kaum zwei gleiche handgearbeitete Kappen finden. Traditionell ist es die Aufgabe der Frau, für ihren Mann und die Söhne kummas herzustellen. Dabei kann alleine die Stickerei bei drei Stunden Arbeit täglich über einen Monat dauern. Der Preis für ein handgearbeitetes Exemplar kann bei bis zu 80 Rial liegen, doch werden in den Souqs neben handbestickten omanischen Kappen auch relativ preiswerte Importwaren sowie maschinengestickte Stücke angeboten.

oman034 as

> Beduine in der Rub al-Khali

Obwohl eine kumma sehr wertvoll sein kann, ist sie nicht die richtige Kleidung für formelle Anlässe. In solchen Fällen ist es besser, wenn „Mann“ sich einen **Turban,** einen **massar,** umwickelt. Meist besteht er aus kostbarer Kaschmirwolle, deren Ränder ebenfalls reich bestickt sind. Qualitativ hochwertigen Stoff muss man durch einen Fingerring ziehen können. Eine Eigenart der Omanis ist es, sich ihren massar nicht immer abzuwickeln, wenn sie ihn kurz ablegen. Sie nehmen den gebundenen Turban wie einen Hut ab und setzen ihn später auch so wieder auf. Manche Männer tragen unter dem Turban noch eine kleine Häkelkappe oder eine kumma.

Inhaber hoher Ämter, Shaikhs, angesehene Würdenträger und ältere Männer schmücken sich zu offiziellen oder festlichen Anlässen sowie am Wochenende mit ihrem handgearbeiteten, silbernen **Krummdolch,** dem **khanjar,** der im Abschnitt „Waffen“ weiter unten näher beschrieben wird. Ebenfalls nur zu besonderen Anlässe wird der **bisht,** ein weiter **Überwurf,** der an der Vorderseite mit einer Goldbordüre eingefasst ist, getragen.

Die **Jebalis** im Dhofar kleiden sich anders als oben beschrieben. Vom nahen Jemen beeinflusst tragen sie einen meist dunklen Fransen-Wickelrock mit Hemd oder freiem Oberkörper und einem über eine Schulter gefalteten Übertuch. Manche tragen einen dunklen Stoffturban, doch typisch für die Jebali-Männer ist es, dass sie ihr langes Haar mit einem bis zu zehn Meter messenden Lederriemen umwickeln. Am Ende des Riemens befindet sich eine in Parfüm getränkte Baumwollquaste.

Omanisches Silberhandwerk – alt, magisch und vielfältig

Geschichte und Bedeutung

Omanische Silberschmiedekunst besitzt eine lange Tradition. Die Wurzeln des schmucken Handwerks liegen in der Zeit der frühen Kulturen von Sumer, Ägypten und Somalia. Während der Jahrhunderte des Seehandels gelangten immer wieder **fremde Kultureinflüsse** ins Land und wurden allmählich ein fester Teil der omanischen Tradition. Dabei verschmolzen **verschiedene Arbeitstechniken und unterschiedliche Gestaltungsmöglichkeiten** der Silberherstellung zu eigenständigen neuen Entwicklungen, die in Oman auf hohem handwerklichen Niveau ausgearbeitet wurden. Der Islam sorgte mit seinem Abbildungsverbot für das Aufkommen von Ornamenten und einfachen geometrischen Figuren. Schmuckstücke haben oft die Form eines Halbmonds, kleiner Qur'anboxen oder der Hand von *Fatima,* der Tochter des Propheten Muhammad. Die Portugiesen führten neue Waffen ein, die von den omanischen Silberschmieden in eigener Weise verziert wurden. Omanische Arm- und Fußreifen ähneln denen aus Südindien und Pakistan, im Südiran kann man nahezu die gleichen Silberarbeiten kaufen wie im Sultanat, und die rasselnden Armbänder und Glöckchen stammen eigentlich aus China. Weitere Einflüsse sind byzantinisch, keltisch, jemenitisch, ostafrikanisch oder marokkanisch – es scheint fast unmöglich, die Ursprünge der vielen omanischen Silberhandwerks-Elemente herauszufinden. Das Silberschmiedehandwerk und der Handel mit den fertigen Produkten lag im gesamten Nahen und Mittleren Osten über Jahrhunderte zum Großteil in jüdischer Hand.

In Oman wurden – damals wie heute – **zwei Haupttechniken** angewandt: Zum einen ziseliert, prägt oder graviert man das ebene Material, zum anderen fügt man den Stücken durch Granulation, Filigranarbeit oder Applikation eine höhere Dimension an.

Silber war aber stets mehr als bloß ein gut zu bearbeitendes Material, um dekorative Gebrauchsgegenstände oder Schmuck herzustellen. Dem Silber kam schon immer eine **mystische Bedeutung** zu. Es symbolisiert die Kräfte des Mondes, und Omanis glauben, Silber würde seinen Träger vor dem „bösen Blick" schützen. Als **Talisman oder Amulett** soll es Glück und Gesundheit bringen – verstärkt wird diese Kraft durch das Einarbeiten von anderen „magischen" Materialien wie Zähnen, Münzen, Quarz oder Korallen. Letztere werden *marjan* genannt und sollen Weisheit bescheren. Besonders wichtig sind bunte Halbedelsteine oder stattdessen auch preiswertere Glas- oder Plastikstückchen, denn die Farbe beeinflusst die Wirkung des Amuletts entscheidend. Blau bannt die Kräfte des „bösen Blickes", Grün symbolisiert Fruchtbarkeit, Rot beschützt vor Krankheiten. Im Dienste dieses auch heute noch lebendigen Volksglaubens stehen sogar Bruchstücke roter Fahrradrückstrahler. Omanische Frauen bevorzugen ihre Amulette in Form von Kettenanhängern, Männer und Kinder hingegen tragen sie meist als Fingerringe.

Bis vor wenigen Jahren besaß Silber auch eine wichtige **materielle Funktion.** Der Besitz des Edelmetalles bedeutete Reichtum und Absicherung, in vielen Familien, insbesondere bei den Beduinen, stellte Silberschmuck den größten Teil des Familienreichtums dar. Der sicherste „Tresor" für diese Schätze war der Körper der Frau, da es selbst in kriegerischen Auseinandersetzungen absolut tabu war, ihn anzurühren.

Bis 1968 waren Silbermünzen in Form von „Maria-Theresia-Talern" Hauptzahlungsmittel in Oman. Diese erstmals 1751 in Österreich geprägte Münze wurde nach der 1780 verstorbenen Monarchin benannt. Ein Taler wiegt 28 Gramm und besteht zu rund 84 Prozent aus purem Silber (Feingehalt 833 1/3). Durch den standardisierten Materialwert entwickelte sich dieser Münztyp in der ersten Hälfte des 19. Jahrhunderts in der gesamten Region zwischen China, Indien, dem Mittleren Osten und Westafrika schnell zum beliebtesten Zahlungsmittel. Bis nach dem Zweiten Weltkrieg wurden sie unter Regie der Briten in Bombay geprägt. Nach dem Niedergang als Zahlungsmittel verarbeiteten die omanischen Schmiede Maria-Theresien-Taler zu Kettenanhängern, die zusammen mit kleineren Münzen ein Kollier bildeten und noch heute in großer Auswahl in den Silbergeschäften zu kaufen sind. Durch das Schmelzen der Münzen konnten sie weitere Silbererzeugnisse herstellen. In den letzten Jahrhunderten war Silber das bevorzugte Material, weil es nicht nur billiger, sondern auch leichter zu beschaffen war als Gold.

Nicht zu vergessen ist die große **soziale Bedeutung** wertvollen Schmucks und von Juwelen in der arabischen Gesellschaft. Edle Geschmeide stellen einen

Großteil des Brautgeldes dar (siehe „Traditionelle Hochzeitszeremonien" weiter unten) und sichern die Frau im Falle des Todes ihres Mannes oder einer Scheidung ab. Außerdem bedeutet Schmuck Wohlstand und verleiht nicht nur Frauen, sondern ebenfalls Männern Prestige und Ansehen.

Jedoch ist **Silberschmuck** durch den in den letzten Jahrzehnten aufgekommenen Wohlstand immer mehr aus der Mode gekommen und **durch Gold ersetzt** worden. Aus vielen omanischen Silberschmieden sind inzwischen Goldschmiede geworden, die aber zumindest einen Teil der traditionellen Formen und Muster des Silberschmucks imitieren. Gold muss allerdings mit anderen Techniken bearbeitet werden. Da der Werkstoff außerdem keinerlei farblichen Kontrast aufweist (an den vertieften, unpolierbaren Stellen schwärzt Silber durch Oxydation) verlangt Gold nach anderen und eigenen Gestaltungsideen. Viele ehemalige Silberschmiede kommen daher mit dem neuen Handwerk nicht klar. Deshalb übernehmen immer mehr Gastarbeiter diese Arbeit. Aber auch Importe aus Indien bestimmen zunehmend den omanischen Goldmarkt.

Im Landesinneren sind diese Veränderungen nicht so stark zu spüren wie in der Hauptstadtregion. Insbesondere in Nizwa und Bahla kann man die variationsreichen Schmuckstücke der omanischen Silberschmiedekunst mit ihrer Vielfalt an Ornamenten (noch) bestaunen und erwerben. Allerdings ist längst nicht mehr alles original omanische Handarbeit, denn speziell für die Touristen gefertigte **Billigimporte aus Indien und Pakistan** nehmen einen immer größeren Marktanteil an.

Schmuck

Jede omanische Frau besitzt einen schwergewichtigen Fundus traditionellen Silberschmucks, der in Form und Design **regionalen Eigenheiten** unterliegt. Die große Palette an traditionellen Schmuckstücken kann man am besten in den Souqs von Mutrah und Nizwa überblicken. Sie umfasst Halsketten, Armreife, Fußspangen, Schnallen, Broschen, Haaranhänger, Ohr-, Finger-, Nasen- und Zehenringe sowie Kappen und Spangen für den Kopfschmuck.

Besonders vielfältig präsentieren sich die omanischen **Halsketten.** An ihnen hängen unterschiedlich große quadratische oder zigarrenförmige **Boxen,** die sog. **hirz.** Qur'aninschriften, Papierstücke mit Segensformeln sowie kleine Stücke von Holz oder Blättern sollen dem Besitzer Glück bringen. Die hirz der Sharqiyah-Beduinen sind mit Goldapplikationen verziert. Ketten mit großen halbrunden, glatten oder stacheligen Silberperlen oder auch roten Keramikperlen werden nur von den Balutschi getragen. Andere Kettentypen besitzen Anhänger aus Münzen oder einer großen zentralen Scheibe, dem *sumt.* Auf dessen Rückseite ist ein gefesselter Geist *(jinn)* symbolisiert, der dem Träger kein Unheil zufügen kann. Viele Ketten bestehen auch aus einem oder mehreren Silberbändern, die von zahlreichen kleinen, klirrenden Anhängern umsäumt sind.

Die omanischen **Arm- und Fußreife** sind meist sehr dick, und da sie massiv sind, auch entsprechend schwer. Daher werden Fußreife meist nur zu besonderen Anlässen getragen. Beide gibt es immer paarweise, manche können aufgeklappt und mit einem Silberpin verschlossen werden. In hohlen Varianten sorgen Steinchen bei jeder Bewegung für rasselnde Geräusche, Kinder tragen oft Fußreife, an denen Glöckchen baumeln.

Die **Fingerringe** der Frauen bestehen aus einem **Set von fünf Ringen.** Traditionell wird an jedem Finger ein bestimmter Ringtyp getragen. Ihre Namen variieren, abhängig davon, ob sie von bedu im Landesinneren oder hadr an der Küste getragen werden. Der Daumenring ist der breiteste von ihnen. Der Ring des Zeigefingers lässt sich an seiner spitzen Form erkennen. Er heißt *al-shahid,* weil die Muslime beim Aufsagen ihres Glaubensbekenntnisses *(shahada)* mit diesem Finger gerade nach oben zeigen. Der Ring des Mittelfingers besitzt eine runde oder rhombische Form, der des dritten Fingers eine viereckige. Am auffallendsten ist der Ring des kleinen Fingers, in den Steine eingearbeitet oder Silberkugeln aufgesetzt sind. Männer tragen meist nur ein oder zwei Ringe, in die rote oder blaue Halbedelsteine eingefasst sind. Der *zar* ist ein magischer Ring, den sowohl Frauen als auch Männer bei bestimmten zeremoniellen Anlässen und Trance-Tänzen anlegen.

Nasenringe werden vornehmlich von Frauen ostafrikanischer Herkunft getragen, **Ohranhänger** dagegen von Frauen, Männern und Kindern. Sie sind sehr dick und erinnern oft eher an einen Reif mit Anhängern. Bei Frauen und Mädchen sind bis zu einem Dutzend dicker Ringe je Ohr nichts Ungewöhnliches. Sie sind so schwer, dass sie, je nach Anzahl, von einer über den Kopf verlaufenden Kette oder sogar von einer Lederkappe gehalten werden müssen.

Es gibt noch **weitere Formen des Kopf- und Haarschmucks.** Zahlreiche Frauen flechten sich kleine zylindrische Anhänger in die Haare, in die sie dann parfümierte Stoffstücke stecken. In den Zöpfen können auch flache, mit kleinen Anhängern versehene Silberstücke hängen. Unverheiratete Frauen tragen eine andere Frisur und einen anderen Haarschmuck als verheiratete. An Hochzeiten wird der Braut ein besonders hübsches und großes Schmuckstück über die Stirn gehängt. Im Süden, im Dhofar, sind zehn Silberanhänger, die an einem Wollfaden befestigt am Hinterkopf getragen werden, am gebräuchlichsten. Viele verheiratete und wohlhabende Frauen schmücken sich dort mit einer aufwendig gearbeiteten Kappe, die mit zahllosen kleinen Silberformen (Kügelchen, Blumen, Rechtecke, Rauten, Ketten), Münzen und Anhängern bestickt ist.

Waffen

Eines der ersten Schmuckstücke, die dem Besucher in Oman auffallen, ist der **Krummdolch,** der **khanjar,** den Männer bei offiziellen oder feierlichen Anlässen stolz um den Bauch geschnallt präsentieren. Diente der khanjar früher als Waffe, so ist er heute ausschließlich **Statussymbol und Festtagsschmuck.**

An der Ausstattung und Art der Verzierung von Klinge, Griff, Scheide und Gürtel können Omanis **Rückschlüsse auf Ansehen und Herkunft seines Besitzers** ziehen. Die Klinge eines guten Dolches sollte aus Vollstahl gefertigt sein, preiswertere Ausführungen sind aus dünnen Stahlblechen zusammengesetzt. Der Griff besteht heute meist aus Tierknochen oder Horn, manchmal auch aus Holz, wohingegen früher viele

oman037 pf

aus Nashorn-Elfenbein gefertigt wurden. An den meisten Griffen kann man wegen des üppigen Silberbeschlags aber nichts mehr von diesen Materialien sehen. Die omanischen khanjars haben alle einen flachen Griff – mit Ausnahme der Al Bu Saidi-khanjars, die von der Familie des Sultans getragen werden. Das Schönste und Wertvollste an einem omanischen Krummdolch ist seine fast rechtwinklig gebogene Scheide, die (im Gegensatz zu jemenitischen Dolchen) vollständig mit Silber dekoriert ist. Manche Scheiden haben auf der Rückseite eine kleine Ledertasche angenäht, in die ein Messer eingesteckt werden kann. Auch in den Gürtel des Krummdolchs sind feine Silberfäden eingewebt.

Eine weitere große Leidenschaft der omanischen Männer sind ihre **Schwerter, in gerader Form saif, in gebogener Form kitarah** genannt. Griff und Scheide zeigen sich reich mit Silberschmiedearbeiten dekoriert. Viele Klingen haben schon blutige Schlachten gesehen. Heute zücken die Omanis ihre Schwerter nur noch an Festen oder Feiertagen, wenn sie einen Hochzeits- oder alten Kriegstanz (z. B. den *habout*) zelebrieren. Bei manchen traditionellen Schaukämpfen tragen die Tänzer auch ein kleines, im Durchmesser etwa 30 Zentimeter messendes dickes **Lederschild (turse),** das einst zum Abwehren der Schwertschläge diente. Die Omanis sagen, sie bräuchten kein größeres Schild, da sie mutige und geschickte Kämpfer seien. Bei manchen Exemplaren sorgt eine in der Mitte aufgesetzte Silberplatte für Verstärkung.

Auf Festen schmücken sich viele alte Männer außerdem mit einem alten **Vorderladergewehr,** der **abu fatilah,** dessen Holm und Lauf ebenfalls Silberschmiedearbeiten aufweisen. Wie Krummdolch und Schwert erfüllen auch die abu fatiylahs heute keinen militärischen Zweck mehr und sind ein Zeichen hoher Manneswürde.

Das Staatswappen des Sultanats besteht übrigens aus zwei gekreuzten Bogenschwertern *(kitarah)* und einem Al Bu Saidi-khanjar.

Andere Alltagsgegenstände

Auch **Schnabelkannen, Rosenwassersprinkler, Weihrauchbrenner, Kajal-Behälter** und kleine **Dosen** werden aus Silber geschmiedet und mit eingravierten Ornamenten und filigranen Mustern verziert. Sie dienen heute als wertvolle Gebrauchsgegenstände und Statussymbol vieler omanischer Heime.

Andere Dinge dagegen haben heute fast vollständig an Bedeutung verloren, sind aber noch immer in den Silbergeschäften zu erwerben. So der **talahiq,** ein hornförmiger, mit Silber verzierter **Behälter,** in dem einst Schießpulver aufbewahrt wurde. Interessant sind kleine Sets, bestehend aus Zahnstocher, Pinzette und einem Stäbchen zum Ohrensäubern, die an einer feinen Kette hängen und an den khanjar oder in den Kopfschmuck gehängt werden können. Mit der Pinzette zog man sich Dornen aus den Fußsohlen – noch vor wenigen Jahren liefen viele Omanis barfuß.

Orientalische Genüsse – arabische und omanische Küche

Die **arabische Küche** gibt es genauso wenig wie eine einheitlich europäische. Der Begriff umschreibt eine Vielzahl an Speisen aus diversen arabischen Ländern. Von überregionaler Bedeutung und in vielen anderen arabischen Ländern anzutreffen sind die Kochkünste der Ägypter, der Libanesen und der Syrer. Die arabische Küche ist also ein kulinarischer Mix, ein buntes Spektrum verschiedener arabischer Speisen, Gerichte und süßer Leckereien.

Die **omanische Landesküche** ist eine völlig andere als die gemein-arabische. Delikat, gehaltvoll, nahrhaft, süß, salzig, sauer, würzig sind nur wenige der Worte, mit denen man die traditionelle omanische Küche beschreiben kann. Omanische Gerichte bieten eine ungeheure Vielfalt, denn sie unterlagen im Lauf der Jahrhunderte den **Einflüssen aus Ostafrika, Indien, Pakistan und dem Fernen Osten.** Zutaten, Kräuter und Gewürze aus diesen Erdteilen prägen den Geschmack der Gerichte nachhaltig.

Die traditionelle omanische Küche ist nicht so scharf wie die vieler anderer asiatischer Länder, im Gegenteil – Omanis bevorzugen würzige, aber nicht allzu scharfe Speisen. Nicht Chili, sondern Kardamom, schwarzer Pfeffer, Kurkuma (Gelbwurz), Safran, Zimt und Rosenwasser sind die prägenden **Gewürze.** Als säuerliche Zutaten kommen in viele Speisen Tamarinde oder getrocknete Limonen (ganz oder die abgeriebene Schale). Knoblauch ist nicht nur wegen seines Geschmacks, sondern auch wegen seiner antibakteriellen Wirkung sehr beliebt.

Eine typisch omanische **Gewürzmischung,** die nahezu in allen Fleisch- und Fischgerichten verwendet werden kann, heißt **bizar.** Sie besteht aus schwarzem und rotem Pfeffer, Koriander, Cumin, Kardamom, Ingwer und Zimt und ist in jedem Souq erhältlich.

Die omanische Küche unterliegt **regionalen Eigenheiten:** Die Beduinen der Wahiba kennen andere Speisen als die Fischer von Musandam oder die Nachkommen der Sansibaris in der Sharqiyah. Dennoch werden viele Gerichte landesweit gekocht; sie können aber in der Zubereitung variieren und sogar einen anderen Namen tragen. Manches wird nur **zu besonderen Anlässen** serviert, z. B. das unterirdisch gegrillte shoowah an den Eid-Feiertagen. Einige Speisen werden im Ramadhan gekocht, und bestimmte Gerichte gibt es für freudige oder traurige Anlässe. Datteln, halwa und qahwa gibt es dagegen immer und überall.

Reis, Brot, einheimische Gemüsesorten und Datteln waren lange Zeit Hauptbestandteile der omanischen Alltagsnahrung. An der Küste erfuhr der Speiseplan eine Bereicherung durch **Fisch (samak)** und Importgüter aus dem Überseehandel.

Fleisch (laham) gab es in vielen Familien bis zu den 1970er Jahren nur an Fest- und Feiertagen. Bevorzugt gegessen werden Lamm-, Rinder-, Hühner- oder Ziegenfleisch. Der Verzehr von Schweinefleisch ist im Qur'an aus hygienischen Gründen untersagt. Nach islamischem Brauch müssen alle Tiere geschächtet werden, d. h. nach dem Aufsagen einer Segensformel wird dem Tier mit einem scharfen Messer die Kehle durchgeschnitten, sodass es schnell stirbt und gut ausbluten kann.

Reis und Brot bilden die Grundlage der meisten Gerichte. Reis (arab. **ruz,** oman. **aish** und **arous**) ist nicht gleich Reis, es gibt eine Vielzahl von Sorten, die auf unterschiedliche Weise zubereitet und serviert werden. Weißer Reis, schwarzer Reis, ungeschälter Reis, Basmati-Hochlandreis oder Langkornreis werden entweder körnig gekocht oder in Öl gebraten, dann mit unterschiedlichen Gewürzen verfeinert sowie mit Gemüse, Nüssen oder Rosinen vermischt. Viele omanische Gerichte werden auch mit Weizen gekocht, z. B. diverse Varianten des hareis.

Arabisches **Brot – khobs** – ist stets Weißbrot: rund, flach und gar nicht oder nur leicht gesäuert. Zu allen arabischen Gerichten wird ein großer Stapel Brot gereicht, denn traditionell ersetzen Brotstückchen Gabel und Löffel. Man formt aus einer kleinen Brotecke eine mundgerechte Tasche, schiebt die Speisen hinein und steckt das Ganze in den Mund. Dabei sollte nur die rechte Hand zum Mund geführt werden. Manche Brotsorten sind wie eine Art Tasche und eignen sich ideal, um daraus ein Sandwich zu machen. So auch bei dem preiswerten **Nationalimbiss shawarma,** bei dem gegrilltes Lamm- oder Hühnerfleisch samt Salat in eine Brottasche gerollt wird.

Die omanische Küche kennt auch viele **pfannenkuchenähnliche Speisen** *(khobs muhalla, khobs al-murdouf, khobs al-khameer)* oder **kleine Kuchen,** die ebenfalls als „khobs" bezeichnet werden *(khobs al-warim, khobs al-aish).*

Auch **Gemüse und Hülsenfrüchte** spielen eine wichtige Rolle in der arabischen und omanischen Küche. Gemüse ist mehr als nur Beilage, insbesondere in den heißen Sommermonaten bevorzugen Omanis leichte Gemüsekost. Wegen ihres hohen Nährwertes sind Bohnen, Erbsen und Linsen beliebt. Zudem halten sie in getrockneter Form lange.

Eier werden als Omelett gern zum Frühstück gegessen, zu anderen Mahlzeiten werden sie zusammen mit Gemüse und reichlich Gewürzen gebraten.

Qahwa – arabischer Zaubertrank mit Tradition

von Kirstin Kabasci

Was ist das bloß für ein Getränk, das in so vielen Hotellobbys in Porzellantässchen gereicht wird und dessen bitterer Geschmack den Atem stocken lässt? Klarer Fall: Es handelt sich um original **arabischen Kaffee,** pardon, Qahwa.

Der Powerdrink ist ein **Paradesymbol arabischer Gastfreundschaft.** Wie ein Zaubertrank bringt er die Menschen zusammen. In gemütlichem Beisammensein tauschen sie Neuigkeiten aus, feilschen über Geschäfte oder diskutieren über Politik – heute noch genauso wie in vergangenen Beduinenzeiten.

Ihren Ursprung hat die Kaffeepflanze in Äthiopien, wo sie wild wächst. Vor über 400 Jahren wurde sie nach Arabien importiert. Eine alte Legende besagt, ein Ziegenhirte bemerkte, dass seine Tiere nicht mehr schlafen konnten, nachdem sie die Blätter und Früchte eines seltsamen Busches gefressen hatten. So probierte er die Früchte und stellte fest, dass sie ihm Energie gaben und er nicht müde wurde. Er pflückte sich einige Beeren und nahm sie mit sich auf Wanderschaft. Nach einigen Tagen waren sie allerdings getrocknet und zum Essen zu hart. Bei dem Versuch, sie in Wasser weich zu kochen, entdeckte der Hirte das Getränk Kaffee.

Kaffee kochen kann jeder, aber die **Zubereitung** des traditionellen Qahwa birgt Geheimnisse und Finessen: Zunächst Wasser kochen, am besten in der typischen Schnabelkanne *(dallah)* aus Metall oder in einem Tonkrug. Dann heißt es Rösten – eine Hand voll Kaffeebohnen pro Kanne genügt. Richtiges Rösten ist eine schwierige Angelegenheit, die viel Erfahrung voraussetzt. Erst durch gleichmäßiges Bräunen entfalten die Bohnen ihr volles Aroma. Die Temperatur und die Länge des Röstens beeinflussen das Ergebnis entscheidend. Außerdem muss man aufpassen, dass die Bohnen nicht verbrennen, also immer alles in Bewegung halten.

Beduinen rösten über offenem Feuer, in einer Pfanne mit einem langstieligen Messinglöffel zum Wenden. Für milden Geschmack bleiben die Bohnen nur kurz über dem Feuer, wer es stark liebt, röstet entsprechend länger. Wenn die Bohnen vom austretenden Öl zu glänzen beginnen, muss man sie aus der Pfanne nehmen, denn sonst verdunsten die aromatischen Öle.

Noch heiß werden die Bohnen in einem Mörser zerstoßen. Im selben Mörser zerkleinert man das, was dem Qahwa seinen unvergleichlichen Geschmack gibt: Kardamom. Schon wenige Samenhülsen dieses ursprünglich an der indischen Malabar-Küste wachsenden Gewürzes reichen. Die gemahlene **Kaffee-Kardamom-Mischung** muss dann etwa fünf Minuten mit Wasser aufgekocht werden, dann setzt sich das Kaffeepulver ab. Kocht es zu lange, wird der Qahwa zu bitter. Ein gewisser bitterer Geschmack ist aber typisch – und auch nicht durch Zucker zu überdecken, denn im Gegensatz zu Tee wird Qahwa stets schwarz getrunken. Besonders lecker schmeckt es, wenn Safran und ein Schuss Rosenwasser hinzugegeben werden.

Normalerweise besteht **jede Qahwa-Runde aus drei Tässchen.** Wer möchte, kann gerne mehr trinken. Wer aber genug hat, sollte seine Tasse umgedreht aufs Tablett stellen oder das leere Gefäß mit lockerem Schwung aus dem Handgelenk kurz hin und her schwenken. Beides sind eindeutige und höfliche Zeichen, dass man genug hat. Doch Vorsicht: Schnell naht eine weitere Runde, und so sollte man gegebenenfalls den Rückzug vorbereiten.

Nüsse, Mandeln und **Rosinen** dienen dem Verfeinern und Garnieren, beispielsweise in Reisgerichten und Süßspeisen. Besonders beliebt sind Mandeln, Wal- und Haselnüsse, Pinien- und Cashewkerne.

Seit den 1970er Jahren haben sich die Palette der Nahrungsmittel und das **Essverhalten** der Omanis stark **gewandelt** – wie ein Blick in die Regale der Supermärkte und auf die Tische der amerikanischen Fast-Food-Restaurants zeigt. Trotz all der neuartigen kulinarischen Verführungen hat die einheimische Küche aber eine herausragende Bedeutung für die Omanis. Besonders deutlich wird dies an Fest- und Feiertagen, an denen fast ausschließlich omanische Gerichte gekocht und genossen werden. Um diesen Genuss zu erleben, bieten sich für Touristen leider nicht allzu viele Möglichkeiten, denn **Restaurants mit omanischer Küche** existieren viel zu wenige – auch wenn in den letzten Jahren einige neu eröffnet haben.

Einige Rial teurer ist die allwöchentliche **Omani Night** im Al-Bustan Hotel in Muscat, aber dafür genießt man die üppigen Gerichte im herrlichen Hotelgarten mit Beduinenzelten und traditioneller Musik.

Arabisch-indische Restaurants findet man dagegen quasi an jeder Ecke. Es gibt zahllose Imbisse, kleine und große Straßenrestaurants, exklusive Hotelrestaurants und regelmäßige Büfett-Abende diverser Restaurants.

> Mahlen wie in früheren Zeiten (vorgeführt auf dem Muscat Festival)

Omanische Hauptspeisen

- **japati:** in Fett gebackenes Fladenbrot.
- **khobs rakhal:** Brot, das wie Crêpe gebacken wird – soll so „zart wie ein Schmetterlingsflügel" sein.
- **makhbous laham:** Lammfleisch mit Limonen, Pfeffer, Zwiebeln und Knoblauch gewürzt mit Reis.
- **arous abiadh laham/samak/dijaj:** weißer Reis mit Fleisch/Fisch/Huhn.
- **arous abiadh ma awal:** weißer Reis mit getrocknetem Haifischfleisch, mit Zwiebeln, Knoblauch, Ingwer, Limone gewürzt.
- **kabouli laham/samak/dijaj:** Reis mit Rosinen, getrockneten Limonen, Zimtrinde, Pfeffer und Kardamom und Fleisch/Fisch/Huhn.
- **briyani:** ursprünglich indisches Reisgericht mit Fleisch, Gemüsesorten und Nüssen.
- **hareis laham:** gekochtes Fleisch vom Lamm mit Weizen.
- **shorbat laham:** weicher Brei aus gekochtem Lammfleisch und Weizen, beliebt im Ramadhan.
- **mashakik:** marinierte und gegrillte Fleischspieße.
- **laham ibil mageen:** gebratenes, getrocknetes Kamelfleisch.
- **ouzi:** am Spieß gegrilltes ganzes Lamm, auf einem Bett aus Reis und Nüssen serviert, sehr beliebt an Festtagen.
- **samak pablo:** Fisch in Kokosnussmilch mit Kurkuma.
- **al-ma'asour:** im Backofen/über Feuer gebackene Fischstückchen mit Limonensauce.
- **al-baqeel:** Frisches, gekochtes Haifischfleisch, mariniert in einer Knoblauch-, Zimt-, Chilisauce, dann gebraten und mit Limonensaft serviert.

Omanische Süßspeisen

- **asal tamar:** Dattelsirup oder gekochtes Dattelmus mit Gewürzen.
- **mandazi:** Dreiecke aus frittiertem süßen Teig.

al-hesauah: Reis mit Milch, Rosenwasser und Kardamom.
lokhemat: Bällchen aus ungesüßtem, mit Kardamom gewürzten Rührteig, die frittiert und in Sirup getränkt werden.
halwa al-tamar: je 1 Tasse Mehl und Butter werden mit 2 Tassen Datteln zu weicher Masse gekocht, mit Kardamom und Rosenwasser gewürzt.
halwa al-jezar: süße Masse aus Möhren, Zucker, Eiern, Fett, mit Kardamom und Rosenwasser gewürzt.
halwa al-tohum: je 1 Tasse Milch, Butter und Zucker mit Knoblauch zu süßem Brei verkocht.
assida: weicher Teig aus gekochtem Wasser mit Mehl und Zucker, mit Butter serviert, gewürzt mit Rosenwasser, Safran oder Kardamom; Zubereitung auch mit Datteln, Bananen oder Möhren.

Omanische Getränke

qahwa: Kaffee aus frisch gerösteten Bohnen mit Gewürzen (siehe Exkurs).
shai: sehr beliebt sind Tees aus Zimt, Ingwer, Thymian oder einer Mischung dieser Zutaten; **shai bil-halib:** Tee mit Milch (im Gegensatz zu anderen Arabern trinken Omanis ihren Tee auch gerne mit Milch; Wasser, Teeblätter, Kardamom und Ingwer werden erhitzt, dann wird Milch zugegeben und das Ganze aufgekocht).
laban: Joghurt mit Wasser gemischt, auch mit Thymian, Kumin oder Knoblauch versetzt.
Weihrauchwasser: sehr erfrischend; unter einem umgestülpten Tonkrug wir ca. 1 Stunde lang Weihrauch verbrannt; der Rauch zieht in den Ton und aromatisiert später hineingefülltes Wasser.

Arabische Vorspeisen

Vorspeisen **(mezze)** werden mit eingelegten Gemüsestücken *(achar)* und *khobs* gegessen. Dips aus Joghurt sind auch sehr beliebt.
tahina: Sesampaste.
hummus: Paste aus Kichererbsen und Olivenöl.
sambousa: mit Käse oder Hackfleisch gefüllte Teigtaschen.
felafel: Gemüse-Kichererbsen-Frikadellen.
tabouleh: Tomaten-Petersiliensalat mit zermahlenem Weizen und Minze.
mutabbal: gebratene und pürrierte Auberginen mit Knoblauch und Zitrone.
foul: weich gekochter Bohnenbrei, manchmal mit Zwiebeln und Tomaten.
warra ainab: mit Reis gefüllte Weinblätter.
kubbeh: gefüllte Fleischklöße.
shaurbut adas: Linsensuppe.
shaurbut al-samak: Fischsuppe.

Arabische Hauptspeisen

kebab: Fisch- oder Fleischspieße aus gegrillten Hammel-, Rind-, oder Leberstückchen auf Reis.
kibda: Leber.
kofta: gegrillte Hammelhackwürstchen auf Spießen.
ruz bil tamar: Reis mit Datteln.
foul mesdames: dicke Bohnen in Tomatensoße mit Gemüse und Zwiebeln.
koussa mashi: Zuchini mit Reis gefüllt.
mechui: gegrilltes Lammfleisch.
makbous: Lamm-Eintopf mit Reis.

Arabische Süßspeisen

umm ali: gebackener Milchauflauf mit Nüssen und Rosinen.
mehlabaiya: Reismehlpudding mit Pistazien und Rosenwasser.
kurs al-tabi: Pfannkuchen.
basboosa: Grießmandelkuchen.
halwa tamar: Dattelkonfekt.

Omans süßeste Versuchung – Halwa

von Kirstin Kabasci

Halwa ist die **klassische omanische Süßspeise,** die neben Datteln bei jeder Einladung gereicht wird. Übersetzt bedeutet Halwa „süß" – was den Geschmack der weichen, braunen Masse sehr treffend beschreibt.

Es gibt verschiedene Sorten von halwa, aber die Basismasse besteht immer aus Butter, Stärke, karamelisiertem Zucker, Eiern, Gewürzen und Nüssen. Royal-halwa ist mit 10 Rial pro Kilo die teuerste Sorte, sie enthält nur die allerbesten Zutaten. Omanischer Rohrzucker, große Walnuss- und Mandelstücke sowie ein kräftiger Schuss vom wertvollen Jebel Akhdar-Rosenwasser verleihen ihr einen einzigartigen Geschmack – aber auch die anderen Sorten sollte jeder einmal probieren. Die Süßigkeit gibt es in jedem Lebensmittelladen und auch in speziellen Geschäften, auf deren Regalen nur Emailleschüsseln, Plastikdosen oder die traditionellen Palmzweigkörbchen, die „kazkouz", gefüllt mit köstlicher halwa, stehen. Ein Kilo der Sorte Special kostet um 5 Rial, Muza'farah (viel Safran) um 2,5 Rial und die einfachen Sorten Red (mit braunem Zucker), Yellow (Safran) oder White um 1,5 Rial.

Die Herstellung der süßen Versuchung ist eine Kunst für sich. Selbst in den omanischen Fabriken wie der Omani Sweets Factory wird halwa noch wie vor Jahrhunderten hergestellt – nur in größeren Mengen (bis zu 1100 Kilo pro Tag). Die Masse muss in einem großen Kupferkessel, dem etwa 1 Meter durchmessenden und 30 Zentimeter tiefen *margil,* unter ständigem Rühren zweieinhalb bis vier Stunden gekocht werden. Kenner schwören darauf, dass der Kessel mit Holz und nicht mit Gas erhitzt wird, denn nur Holz verleihe halwa eine einzigartige Geschmacksnote. Um einen Kessel der Sorte *Muza'farah* herzustellen benötigt man: 20 l Wasser, 16 kg Zucker, 4 kg Butter, 2 kg Stärkemehl, 300 Gramm gemahlenen Kardamom, 100 Gramm Cumin, 100 ml iranisches Rosenwasser, 3–12 Gramm spanischen Safran und Nüsse zur Dekoration. Viel Übung ist nötig, die Zutaten in der richtigen Reihenfolge (erst Wasser mit Zucker, später Stärke, dann Butter und Gewürze) einzurühren, ohne dass die Mischung zu dünn oder zu dick wird oder anbrennt. Mit einem langen Löffel rührt der Koch die schwere und heiße Masse unablässig, bis nach Stunden die dickflüssige halwa fertig ist.

Vor Familienfesten und Feiertagen haben die Halwa-Kocher Hochkonjunktur, denn jede Familie bestellt sich ihre mehrere Kilo schwere Ration. In der Sommerhitze allerdings bevorzugen viele Omanis leichtere Speisen. Für Reisende ist sie ein originelles Mitbringsel, denn sie ist ein typisches Zeichen omanischer Gastfreundschaft und Genussfreude.

oman039 pf

Eid – Festtage des Glaubens und Schlemmens

Die zwei Eid-Feste sind die wichtigsten und feierlichsten Ereignisse im omanischen Kalender. Religiöse Zeremonien, Gesang, Tanz, Danksagungen, Familientreffen und Festmahle prägen die Tage – ähnlich wie bei uns zu Weihnachten. Alle haben Urlaub, die Geschäfte sind geschlossen und überall wird gefeiert. Jeder wünscht jedem ein herzliches „Eid mubarak", ein „glückliches Fest".

Die Bedeutung der beiden Eid-Feste ist religiöser Art: **Zum Fastenbrechen nach Ramadhan wird das drei- bis viertägige Eid al-Fitr zelebriert.** Allerdings sollte der Grund des Feierns nicht der sein, dass man das Fasten „hinter sich hat", sondern dass man in den vergangenen Wochen ein vorbildlich-religiöses Leben geführt und daraus spirituelle Stärkung erfahren hat. Dennoch kommt dem Schlemmen eine große Bedeutung zu. **Das Eid al-Adha, das drei- bis fünftägige große Opferfest zur Pilgerfahrt nach Mekka (hajj), wird siebzig Tage nach Ende des Fastenmonats Ramadhan begangen.**

An beiden Festen opfern Omanis, wie alle Muslime, ein Tier. Zum Eid al-Adha für gewöhnlich eine Kuh, wohingegen zum Eid al-Fitr schon eine Ziege reicht. Kaufen kann man die Tiere auf den **großen Märkten vor Eid,** den sogenannten **habta souqs,** z. B. in Seeb, Fanja, Nizwa, Suma'il und Al-Kamil. Es geht zu wie auf einem Jahrmarkt, alle freuen sich auf die bevorstehenden Festtage und kaufen ein, was die Arme tragen können. Ein Teil des Souqs ist **Tiermarkt,** auf dem Händler und Käufer lautstark und wortgewandt um die fettesten Ziegen, Schafe, Kühe, Hühner und Gänse feilschen. Die Tiere müssen sich immer wieder prüfende Kniffe in die Wirbelsäule und die Rippen gefallen lassen. Doch auf den Eid-Märkten kann man nicht nur Tiere kaufen, sondern alles, was man so für die Festtage benötigt, z. B. Schuhe und Bekleidung, denn neue Kleider gehören unbedingt zum Eid.

Die Eid-Tage verbringen Omanis zusammen mit ihrer Familie und ihren Freunden zumeist in ihrem Heimatdorf – die Capital Area wirkt nahezu entvölkert. Fährt man durch die Dörfer, so sieht man allenorts Qualm aus der Erde dringen, denn hier wird *shoowah* zubereitet. **Shoowah ist eine traditionsreiche Art, Fleisch äußerst schmackhaft unterirdisch zu garen.** Dazu wird zunächst eine etwa zwei Meter tiefe, einen Meter durchmessende und mit Steinen ausgekleidete Grube mit brennendem Holz gefüllt, das mindestens zwölf Stunden abgefackelt wird. Das ist wichtig, denn nur so nehmen die Steine die Hitze auf und speichern sie. Als nächstes zerteilen die Männer eine ganze Kuh, ein Schaf oder eine Ziege in grobe Stücke, dippen sie in eine Marinade aus Honig, Knoblauch, Kreuzkümmel sowie anderen Gewürzen und packen sie samt Haut und Knochen in Alufolie. Dann werden diese mit Bananen- und Palmblättern zu einem großen Bündel geschnürt, bevor das Ganze schließlich in Wasser getaucht und mit einem metallenen Namensschild versehen wird. Jede Familie bringt ihr Fleischpaket zu der Grube und legt es auf die restliche glimmende Holzkohle. Das Ganze wird mit einer Blechplatte bedeckt und mit Erde zugeschaufelt, um es abzudichten. Jetzt muss das Fleisch nur noch lange genug garen, in manchen Dörfern über Nacht, wohingegen andere Dörfer auf 24 oder 48 Stunden Garzeit schwören. Wie auch immer – shoowah-Fleisch schmeckt sehr aromatisch, ist butterweich und fällt quasi alleine vom Knochen. Für Omanis ist das Hirn des geschlachteten Tieres eine besondere Delikatesse – es wird samt Schädel mitgekocht. Bevor sie aber in den Genuss dieser besten Stücke kommen, werden sie zunächst den beiwohnenden Gästen angeboten – Augen zu und guten Appetit, denn Kneifen gilt als unhöflich …!

An Eid al-Fitr wird ein Drittel des Fleisches den Armen und Bedürftigen gestiftet, es ist eine Form der **Zakat al-Fitr,** einer besonderen **Almosenabgabe,** zu der jeder wohlhabende Muslim verpflichtet ist. Die Spende sollte in Form von Lebensmitteln, empfehlungsweise knapp drei Kilo Reis, Weizen, Datteln oder ähnlichem, direkt an die Bedürftigen abgegeben werden.

Weitere **Spezialitäten** an Eid sind **mashakik:** marinierte und gegrillte **Fleischspieße,** die entweder frisch gegessen oder in der Sonne getrocknet an Freunde verschenkt werden. **Al-Arsia** ist ein Gericht aus **Reis und Huhn,** das nach dem Kochen zerdrückt, dann mit Honig verrührt und zusammen mit getrockneten Grapefruits serviert wird. **Muqalab** sind mit Gewürzen und Knoblauch gekochte **Innereien.**

Omanis nehmen auch an langen Eid-Predigten in den Moscheen teil, erweisen dem Wali ihre Aufwartung und besuchen die Gräber ihrer Toten.

An den späten Nachmittagen kommen die Omanis zum **Tanzen und Singen** zusammen, Gäste sind herzlich willkommen. Eid ist eine der wenigen Gelegenheiten, traditionelle Tänze zu sehen. Beliebt sind die **razha, alte Kriegstänze,** bei denen die Männer sich in einer langen Reihe gegenüberstehen und zum scharfen Trommelrhythmus singend und mit großer Geschicklichkeit ihre Säbel *(saif, kitarah),* Gewehre *(buftilah),* Schilde *(turse)* und Kamelstöckchen *(assa)* schwingen.

In manchen Orten finden an den Eid-Vormittagen auch große Pferde- oder Kamelrennen statt, in den Oasen am Rande der Wahiba und in Seeb zum Beispiel. Aktuelle Termine der Eid-Rennen und habta-souqs stehen in den Tageszeitungen.

1001 Wohlgerüche Arabiens

Düfte spielen in der Arabischen Welt eine wichtige Rolle. Die Herstellung von zahlreichen wohlriechenden Duft- und Räucherstoffen sowie Parfümen gilt als eines der ältesten traditionellen Gewerbe der Arabischen Halbinsel. Allerdings sind Düfte nicht nur „Gerüche“, sondern vielmehr ein **wichtiger Teil der omanischen Kultur.** Sie prägen viele Bereiche des Alltagslebens und des sozialen Zusammenseins. Vielen Düften und Duftzeremonien kommt zu großen Ereignissen wie Hochzeiten, Geburten, Eid-Festen oder Todesfällen eine besonders wichtige Bedeutung zu.

Jede omanische Frau besitzt eine Vielzahl an diversen Flaschen, Flacons, Tiegeln und Döschen mit den aromatischsten Duftstoffen, aber auch viele Männer lieben es, sich zu parfümieren – anders als in unserer abendländischen Gesellschaft nicht unbedingt dezent, denn schwere Düfte oder auffällige Duftwolken gelten nicht als aufdringlich oder penetrant: Sie sind ein Wohlgeruch, der alle Sinne anregt.

Weihrauch ist der am weitesten verbreitete Duftstoff und findet in der gesamten muslimischen Welt Verwendung (siehe Exkurs „Weihrauch – das duftende Goldharz des glücklichen Arabien"). Das Duftharz ist auch Bestandteil anderer Duftmischungen, etwa dem *bokhur.*

Bokhur ist ein Sammelbegriff für eine **Vielzahl cremeartiger oder fest gepresster Mischungen** aus wechselnden Ingredienzen wie eben Weihrauch, Sandelholz, Myrrhe, Moschus, Safran, Rosenblättern oder Blütenölen. Jede Familie hat ihre eigenen Rezepte, die von der Mutter an die Tochter weitergegeben werden. Von den omanischen Frauen in Eigenproduktion hergestellt, werden die festen Stoffe zuerst zermahlen, dann mit Zucker, Wasser und Duftölen vermischt, gepresst und in der Sonne oder einem Ofen gebrannt.

Auch **oud,** ein wertvolles **Duftholz** eines 200–300 Jahre alten Baums, der vornehmlich in Indien, Malaysia und Kambodscha wächst, ist ein wertvoller Bestandteil des bokhur. Knapp 12 Gramm oud können zwischen 80 und 1000 Rial kosten. Es findet auch als **Duftöl (haloud)** Verwendung, vor den Zeiten des Aftershave war es ein beliebter Männerduft. Heute kommt haloud bei den rituellen Waschungen eines Leichnams als Vorbereitung für seine Verbrennung eine wichtige Bedeutung zu.

Mit diesen oder ähnlichen Räucherstoffen (z. B. Myrrhe und Sandelholz) parfümieren Omanis ihre Wohnräume und Kleidung. Dazu wird der Duftstoff zusammen mit glühender Kohle auf einen **Räuchertopf,** den **mubkhar,** gelegt, wo er langsam verbrennt. Traditionell sind diese Brenngefäße aus Ton gefertigt, heute gibt es aber auch elektrische mubkhars. Zum Parfümieren der Kleidung werden die einzelnen Stücke über Nacht über einen etwa sechzig Zentimeter hohen, pyramidenförmigen Holzständer gehängt, unter dem der qualmende mubkhar steht. Das Gewebe wird vom Rauch durchzogen und nimmt einen angenehmen Geruch an. Der Duft wird über mehrere Tage hinweg abgegeben und überdeckt so jeglichen Schweißgeruch – selbst Waschen beeinträchtigt diese ausgezeichnete Wirkung kaum. Zum Auffrischen heben Männer wie Frauen auch zwischendurch ihre Röcke einige Augenblicke über die Weihrauchschwaden. Mit den duftenden Rauchwolken parfümieren viele auch Haare und Bärte. Vor allem an Festtagen oder zum Empfang von Gästen verbrennen Omanis gern ihre besten Räucherstoffe. Ein Sprichwort in Oman besagt: *„Nach dem Räucherwerk gibt es kein längeres Verweilen".*

Ein ehrvoller Willkommens- oder Abschiedsgruß ist das Besprengen des Kopfes und der Hände mit **Rosenwasser** mittels einer traditionellen, aus Silber gearbeiteten Sprinklerflasche. Auch nach dem Essen beträufelt man sich die Hände gerne mit Rosenwasser oder hält sie über einen qualmenden mubkhar. Das Rosenwasser vom Jebel Akhdar ist das wertvollste Omans und bekannt für sein tiefes und schweres Aroma. Ein weiterer Duftstoff ist **attar,** eine auf Ölbasis hergestellte Parfümart, meist aus blumigen Essenzen. Attar wird sowohl von Frauen als auch von Männern auf Kleidung und Kopfbedeckung getropft. Jasmin-, Zitronen- und Limonenöle sind bevorzugte Aromen, **Amber und Moschus** sind als Aphrodisiaka beliebt.

Die Krönung aller omanischen Duftstoffe – wenn auch nicht jedermanns Geschmack – ist sicherlich **Amouage,** das kostbarste Parfüm der Welt (siehe entsprechenden Exkurs).

Aber nicht nur traditionelle oder lokale Substanzen kommen zur Verwendung, auch moderne, **„westliche" Düfte** – französisches Parfüm, Eau de Toilette, Eau de Cologne, Crèmes oder Rasierwasser – finden begeisterte AbnehmerInnen. Zu so mancher attar-Mischung gehören Estee Lauder, Chanel, Gucci oder Dior genauso dazu wie Rosenwasser, Moschus-, oud- oder Sandelöl.

Die Omanis sind nicht nur wegen ihrer unzähligen Duft- und Räucherstoffe bekannt. Sie sind auch in der Herstellung **wohlriechender Naturkosmetika** wahre Meister. Es gibt eine Vielzahl traditioneller Rezepte, deren Verbreitung regional differieren kann. Viele Mittel dienen nicht nur der Schönheitspflege, sondern auch als medizinische Hilfe, z. B. bei Hautproblemen oder als Sonnenschutz. So gibt es z. B. diverse Körperpuder aus fein gemahlenen Dufthölzern, solche zum Bleichen der Haut (eine möglichst helle Haut entspricht dem Schönheitsideal der AraberIn), pflegende Parfümöls für die Beine und Füße, eine Salbe aus eingeweichten Rosenblüten und diversen lokalen Pflanzen, eine Haarcreme mit verschiedenen Pflanzenextrakten, die mit Datteln zu einem geschmeidigen Brei geknetet wird, eine Körperlotion mit zermahlenem Moschus, Safran, oud, Rosenblättern, Öl und *nafia,* einer Muschelart.

Nahezu alle omanischen Frauen benutzen auch die beiden Substanzen *kohl* und *henna.* **Khol** wird wie **Kajal** zum Schwärzen der Augen benutzt – auch von vielen Männern. In traditionellen Rezepten wird es aus dem Rauch des verbranntem Fischöls „sal", dem gepuderten mineralischen Antimon oder aus Asche von verkohltem Holz, die mit Öl und Rosenwasser vermischt wird, hergestellt. **Henna** ist eine Pflanzenart, die, zu einer Paste zubereitet, einen pflegenden rotbraunen Farbstoff freigibt, mit dem sich die omanischen Frauen feine Ornamente auf Hände und Füße zeichnen. Näheres zum Henna steht im Exkurs „Im Hennastudio".

Neugierige können Weihrauch, bokhur und attar auf jedem größeren **Souq** kaufen. Bei Weihrauch gilt: Je heller seine Farbe, desto besser ist seine Qualität. Bokhur wird meist fertig gemischt in kleinen gold- und silberfarbenen Blechdöschen angeboten. Beim attar jedoch kann man sich durch diverse große Flaschen durchschnuppern und seine eigene Komposition aus verschiedenen Konzentraten und Ölen in einen Flacon abfüllen lassen. Die größte Auswahl an traditionellen Duftstoffen bieten der Souq von Mutrah und der Weihrauchsouq in Salalah, wo man übrigens auch eine Vielfalt an traditionellen Brenngefäßen aus lackiertem Ton findet.

Traditionelle Hochzeitszeremonien

Aufgrund der ethnischen Vielfalt in Oman haben sich im Laufe der Zeit zum Teil **unterschiedliche Hochzeitstradi-**

oman041 th

tionen und Riten entwickelt. Beduinen der Wahiba heiraten anders als Balutschi in Mutrah, Jebali im Dhofar, Shihuh in Musandam oder Oasenbauern in den Bergen und die stark ostafrikanisch beeinflusste Bevölkerung von Sur. Viele junge Paare in der Hauptstadtregion heiraten heute nicht mehr haarklein nach den althergebrachten, traditionellen Zeremonien, sie sind modernen westlichen Einflüssen gegenüber bis zu einem gewissen Grad aufgeschlossen. Es kommt immer häufiger vor, dass junge Leute heiraten, weil sie sich – unter Wahrung aller muslimischen Anstandsregeln – vorher kennen gelernt haben und mögen. Allerdings gibt es neben den moralischen auch politische Grenzen, denn im Zuge der Omanisierungs-Kampagne (siehe dazu „Staat und Politik“ und „Wirtschaft“) erließ Sultan *Qaboos* 1986 ein Dekret, das die Ehe zwischen Omanis und Ausländern zunächst verbot, später genehmigungspflichtig machte.

Obwohl der Qur'an Männern zugesteht, unter gewissen Umständen und bei Gleichbehandlung aller Frauen bis zu vier Ehefrauen zu heiraten, ist in Oman die **Einehe** üblich.

Traditionsgemäß finden junge omanische Männer und Frauen ihren Ehepartner durch **Vermittlung der Eltern.** Dabei kann es durchaus sein, dass sie sich kaum kennen oder sogar noch nie gesehen haben. Wichtige Auswahlkriterien für die Eltern eines jungen Mannes sind der ethnische und soziale Status des Mädchens, ihre Stammeszugehörigkeit und insbesondere das Ansehen ihrer Fa-

Goldschmuck ist modern, das alte Silber gilt nicht mehr als zeitgemäß milie. Aber auch die Wünsche des Sohnes werden berücksichtigt. Auf dem Lande ist es bei einfachen Familien nicht ungewöhnlich, dass eine junge Frau ihren Cousin heiratet. Eines Tages wird der Vater des zukünftigen Bräutigams zusammen mit einem weiteren männlichen Verwandten die Eltern der Auserwählten besuchen, um diese von der beabsichtigten Heirat zu unterrichten. Akzeptieren die Brauteltern, so hält der Vater des Bräutigams bei ihnen um die Hand ihrer Tochter an. Der Brautvater wird das Angebot abwägen. Meist wird auch die Braut nach ihrer Zustimmung gefragt. Letztendlich ist es ihre Einwilligung oder Absage, die zählt.

Die Antwort wird der Brautvater den Eltern des zukünftigen Bräutigams innerhalb einer Woche mitteilen. Stimmen alle zu, so setzt er die Höhe des **Brautgeldes (mahr)** fest. Es ist von der Familie des Bräutigams zu zahlen und besteht aus drei Teilen: dem „hader", dem „ghayeb" und dem „mashtara". Der Hauptteil ist das *hader,* das vor der Hochzeit in Form von Bargeld an den Vater der Braut zu zahlen ist. Das *ghayeb* ist eine Art Versicherung, die der Ehemann zahlen muss, falls er die Scheidung einreicht. Geht eine Scheidung von der Frau aus, so muss sie dem Mann das hader zurückzahlen. Das *mashtara* hat der Ehemann in Form von Einrichtungsgegenständen für das zukünftige Heim und Kleidern für die Braut zu entrichten.

Der ausschlaggebende Punkt bei der **Festsetzung der Höhe des Brautgeldes** ist, ob die Braut noch Jungfrau *(bint)* ist oder nicht mehr *(horma),* weil sie z. B. schon einmal verheiratet war. Der Brautpreis für Jungfrauen ist gewöhnlich drei- bis fünfmal so hoch. Auch muss für arabische Frauen mehr gezahlt werden als z. B. für omanische Mädchen ostafrikanischer oder balutschischer Herkunft. Zu Buche schlägt auch, ob sich der Bräutigam das Privileg leisten kann, dass die Zukünftige seine Zweitfrau wird. 1973 wurde die Höhe des Brautpreises auf maximal 300 Rial festgelegt, allerdings streiten sich die Gemüter immer wieder, was genau zu dieser Höchstgrenze zuzurechnen ist.

Im Anschluss an die Festsetzung des Brautpreises besuchen die Mutter und Schwestern des Bräutigams die Zukünftige, um das genaue Datum der Hochzeit festzulegen.

Am Tag der **Brautgeldübergabe** bringen die Dorfbewohnerinnen ihre Geschenke. Sie überreichen sie auf Tabletts, die sie auf ihrem Kopf balancieren. In ihrem Beisein packt die Braut alle Pakete aus. Es herrscht große Aufregung und Spannung, jedes Geschenk wird mit Lob überschüttet. Die Hauptgeschenke kommen natürlich von der Bräutigamsfamilie: Geld, wertvoller Schmuck, edles Parfüm, hochwertiger Weihrauch, elegante Kleidung, teure Stoffe und diverse Ausstattungsgegenstände für das zukünftige Heim.

Etwa eine Woche vor dem Hochzeitstag besucht der Mann zusammen mit Verwandten die **Moschee,** während die Frau zu Hause auf den Shaikh wartet. Sie trägt grüne Kleider und einen grünen Gesichtsschleier, denn diese Farbe symbolisiert die Fruchtbarkeit. Der Shaikh fragt die Braut dreimal, ob sie mit der Heirat einverstanden ist, und nachdem sie bejaht hat, geht der Shaikh zum Bräutigam in die Moschee. Er rezitiert Verse aus dem heiligen Qur'an und erteilt Ratschläge. Dann verlässt der Bräutigam die

Moschee, um mit der Zeremonie bei seiner Braut fortzufahren. Er legt seine Hand auf ihren (immer noch verschleierten) Kopf und sagt feierlich die wichtigsten Verse der ersten Qur'ansure auf.

Wenige Tage vor der Hochzeit wird die Braut für ihren Zukünftigen möglichst schön hergerichtet. Eine erste Zeremonie ist streng geheim, und nur die Braut und ihre engsten weiblichen Familienangehörigen dürfen mitmachen. Über viele Stunden werden Körper und Haar der Braut mit speziellen Ölen gewaschen und parfümiert und ihre Kleider mit den besten Räucherstoffen aromatisiert. In der zweiten Nacht findet eine offizielle Feier statt, an der die verschleierte Braut und alle weiblichen Verwandten und Freundinnen beider Parteien teilnehmen. Ihre Schwestern, gute Freundinnen und eine professionelle Henna-Künstlerin bemalen ihre Hände und Füße mit speziellen, besonders kunstvollen und aufwendigen Mustern. Die Braut sitzt auf einem Bett aus grünen Kissen und Stoffen, der Duft von verbranntem Weihrauch durchzieht den Raum. Die Stimmung ist ausgelassen, es wird gesungen und getanzt. Das Auftragen und Trocknen der sehr feinen Hennamotive dauert mehrere Stunden. Während dieser Zeit besucht auch der Bräutigam mit einigen engen Verwandten seine Zukünftige. Er erweist ihr Ehrerbietung und streut symbolisch Papiergeld über sie. Zuvor wurde ihm in einer zeremoniellen Waschung sein Kopfhaar abrasiert.

Einen Tag vor der Hochzeitsfeier unterzeichnen Bräutigam und Brautvater den **Ehevertrag** vor einem Richter, dem *qadi*, denn bei der Ehe handelt es sich um eine weltliche Angelegenheit. Sie hat im Islam keinen vergleichbaren Rang wie im Christentum.

Am **Hochzeitstag** trägt die traditionell gekleidete Braut ein grünes Gewand mit einem grünen Gesichtsschleier. In der Hauptstadt bevorzugen aber immer mehr Frauen ein weißes und mit Spitzen verziertes modernes Hochzeitskleid, an dem der Schleier lediglich das Haar, nicht aber das Gesicht verhüllt. Die Mutter der Braut kleidet sich häufig weniger hübsch, um damit symbolisch ihren Schmerz über den Verlust ihrer Tochter auszudrücken. Die Feierlichkeiten der Familie des Bräutigams dauern insgesamt drei Tage, die der Braut dagegen nur ein oder zwei. Die Kosten beider Hochzeitsfeste zahlt der Bräutigam. In der Hauptstadt mieten sich reiche Familien dazu einen Ballsaal in einem großen Hotel. In beiden Familien wird viel gesungen und getanzt, die Braut darf allerdings nicht mitmachen. Sie wartet, bis der Bräutigam sie abholt. Am späten Vormittag kommt er zusammen mit seinen engsten Verwandten. In einem Gesangsspiel fragen sie nach der Braut, doch ihre Verwandten antworten, sie hätten keine Braut zu übergeben. Es dauert eine Weile bis die Zukünftige mit einem heiligen Qur'an über dem Kopf zum Haus des Bräutigams geleitet wird. Vor der Eingangstür legt ein Freund seine Hände auf die Köpfe beider und der Bräutigam stellt seinen großen Zeh auf den seiner Braut, darüber wird ein Ei zerschlagen und mit Rosenwasser weggespült. Dann erst darf der Mann seine Frau ins Haus führen.

Lebt die Bräutigamfamilie auf dem Land, so verbringen manche Paare der Tradition folgend ihre **Hochzeitsnacht** in einer von Freunden des Bräutigams erbauten kleinen areesh-Hütte aus Palmzweigen, der „kille“. Im Inneren ist sie mit zahlreichen Kissen und Stoffen gemütlich eingerichtet und dekoriert. Die Jungfräulichkeit der Frau bzw. ihr Verlust muss am nächsten Morgen durch ein blutiges Taschentuch *(xalaq)* belegt werden. Andernfalls schadet das nicht nur der Ehre *(sharaf)* der Braut, sondern insbesondere dem Ansehen ihrer Familie. Sollte die Frau wider Erwarten keine Jungfrau mehr sein (was durch das fehlende Blut nach der Hochzeitsnacht manchmal auch fälschlicherweise angenommen wird), kann sich der Mann scheiden lassen und den vollen Brautpreis zurückverlangen; möchte er aber verheiratet bleiben, kann er den halben Betrag zurückfordern. Das junge Paar wird sieben Tage in Abgeschiedenheit verbringen.

Meist lebt die Braut zunächst eine Weile bei der Familie ihres Mannes, bevor das Paar seiner Wege geht. In der ersten Woche wohnt auch oft ein Freund der Brautfamilie mit im Haushalt, um zu helfen und zu sehen, ob alles klappt. Eine Woche nach der Hochzeitsnacht verbringt die Frau einen feierlichen Tag mit ihrer Familie und Freundinnen. Auch der Bräutigam feiert ein Fest, an dem oft sogar eine Ziege geschlachtet wird. Die Hochzeitsformalitäten sind damit beendet, der Ehealltag kann beginnen.

Eine **Scheidung** kann in Oman von beiden Seiten beantragt werden. Die Frau behält dann als Sicherheit den Großteil des Brautgeldes, meist kehrt sie in ihr Elternhaus zurück. Um sicher zu gehen, dass sie von ihrem geschiedenen Mann nicht schwanger ist, darf sie erst nach einer im Qur'an festgelegten Wartezeit erneut heiraten. Kinder unter fünf Jahren bleiben bei der Mutter, ältere dagegen beim Vater. Witwen und Waisen haben bis zu einer Neuverheiratung Anspruch auf finanzielle Unterstützung vom Staat.

Traditionelle Bauweise – Natur pur

Bis zu Beginn der 1970er Jahre war Hausbau in Oman noch eine traditionelle Sache – ohne moderne oder importierte Materialien. Zwei Bauformen dominierten: feste Häuser, Paläste oder Forts aus Lehmziegeln und die areesh-Hütten aus Palmzweigen (oft auch englischsprachig als *barasti* bezeichnet).

Areesh/Barasti

Alles benötigte Baumaterial lieferte die Dattelpalme: Die Stämme alter, nicht mehr ertragreicher Palmen wurden zu Balken gesägt und mit geflochtenen Palmfaserseilen zu einem Rahmen zusammengebunden. Die Decken und Wände bestanden aus Palmwedeln. Die Außenwände waren blickdicht, die Innenwände nicht unbedingt – oft bestanden sie nur aus den grob geflochtenen Strünken der Palmwedel. Es gab unterschiedliche Ausfertigungen von *areesh:* extra luftdurchlässige Sommer- sowie wind- und regendichte Winterhütten. Mit dicken Matten konnten jedoch auch die Wände der Sommer-areesh winterdicht gemacht werden.

Die luftigen areesh-Hütten und -Häuser passten sich dem heißen Klima Omans bestens an. Die stets einstöcki-

gen Häuser waren in einen Wohn- und Schlafbereich sowie in eine Küche, Lagerräume, Waschbereiche und eine Toilette unterteilt. Auch große Höfe mit Viehställen, Vorrats- und Gästehütten gab es. Einfacher gebaute Hütten dienten oft nur als Sommerlager, wenn die Beduinen z. B. zum Fischfang an die Küste zogen. Die Bauweise dieser Hütten war nicht so stabil wie die eines ständig bewohnten areesh. Heute sieht man in Oman nur noch wenige bewohnte areesh-Hütten. Die meisten dienen nur noch als Tierstall oder Abstellhütte.

Lehmarchitektur

Die **Lehmziegel-Bauweise** ist **im ganzen südarabischen Raum** und auch in Oman verbreitet, denn sie hat sich bestens bewährt – zahlreiche gut erhaltene Lehmdörfer bezeugen dies. Der größte Vorteil ist, dass die luftdurchlässigen Ziegel für ein angenehmes und kühles Wohnklima sorgen. Zudem ist der Baustoff billig, überall vorhanden und leicht zu verarbeiten.

Zunächst muss der Lehm in einer Grube mit Wasser vermischt werden, am besten durch die Füße einiger Männer, die durch den Lehmschlamm waten. Damit die Masse sich besser verarbeiten lässt, werden Strohhäxel und eventuell Gips zugemischt. Nach erneutem Kneten entsteht eine streichfähige Masse, die dann in einen Holzkasten gekippt und glatt gestrichen wird. Nach Entfernen der Form lässt man die rechteckigen Ziegel zunächst eine Weile antrocknen. Wenn sie gehärtet sind, werden sie auf einen luftigen Stapel geschichtet, um dort in der Sonne zu trocknen. Nach dem vollständigen Austrocknen können sie verbaut werden. Gebrannt werden Ziegel in Oman nicht.

Als **Mörtel** eignet sich wiederum Lehm, gemischt mit Wasser, Stroh und Gips. Zum Schluss muss das Gebäude **verputzt** werden, meist ebenfalls mit Lehmmörtel. Um zu vermeiden, dass ihr innerer Kern nass wird, sind die Ziegel häufig mit einer etwa zwei Zentimeter dicken Lehmschicht verputzt. Hat diese einmal eine größere Menge Feuchtigkeit aufgenommen, wird sie wasserabweisend wie eine Lederhaut. Wird der Putz regelmäßig ausgebessert, können Lehmhäuser unbeschadet mehrere Jahrhunderte überstehen.

Saruj ist ein **Baustoff,** der traditionell in Oman verwendet wird. Es ist eine extrem haltbare Mischung aus Lehm und Kalk, die als Mörtel und als Putz verwendet werden kann. Die Herstellung von saruj ist sehr zeit- und arbeitsaufwendig: Lehm wird zunächst mehrere Wochen in Wasser eingeweicht und in der Sonne getrocknet. Dann wird er in einem Ofen gebrannt, bevor er wieder in der Sonne getrocknet und zum Schluss mit Kalk vermischt gebrauchsfertig angerührt wird.

Zur Stabilisierung eines Bauwerkes werden in den untersten Teil häufig **grobe Natursteine** eingearbeitet, vor allem bei großen und wehrhaften Gebäuden.

Forts und Festungen

Besonders beeindruckend ist die Konstruktion der unzähligen **Forts und Festungen,** der **Wohnburgen und Wehrhäuser,** die man im ganzen Sultanat verstreut findet und die Geschichten aus längst vergangenen Zeiten erzählen. Wie Trutzburgen muten sie an, und vor dem Hintergrund grandioser Berglandschaften, inmitten von Oasengärten oder erhaben auf Felsen thronend, sind viele von ihnen nicht zu Unrecht eine der **touristischen Attraktionen** des Sultanats. In Muscat, Nizwa, Birkat al-Mauz, Jabrin, Bahla, Barka, Sur, Sohar, Nakhl, Rustaq, Al-Hazm und Buraimi stehen die berühmtesten.

Viele alte Dörfer sind von einer **Stadtmauer samt Wehrtürmen** und bewachten Stadttoren umsäumt. Etwa ab dem 10. Jahrhundert bildete diese Bauform die Norm im Landesinneren. Gute Beispiele sind Nizwa, Bahla, Muslimat, Tanuf, Fanja, Manah und Sulaif in Inner-Oman sowie Al-Kamil, Al-Minzafah und Al-Mudayrib in der Sharqiyah. Stammeskriege und Kämpfe einzelner Herrscherdynastien um die Vormachtstellung prägten die folgenden Jahrhunderte. In zahlreichen alten Dörfern stehen mächtige Wehrhäuser mit drei oder vier Etagen, Aussichtstürmen und Schießscharten, die einflussreichen Familien oder Stammesführern als sicherer Unterschlupf dienten. Musterbeispiele solcher Wohnhäuser finden sich in vielen alten Oasendörfern in der Sharqiyah, vor allem in Al-Mudayrib.

Zu all diesen Wehranlagen gesellen sich unzählige **Wach- und Wehrtürme,** die zwar einzeln stehen, meist aber zusammen mit anderen eine strategische Kette bildeten, um wichtige Karawanenwege (wie die Wadis Jizzi und Suma'il), Oasendörfer oder Wasservorkommen zu bewachen.

Die meisten großen Forts spielten eine wichtige Rolle in der bewegten Geschichte Omans. Bei der **Bauform der Forts** muss man unterscheiden zwischen denen, die von Fremden oder Einheimischen an der Küste, und denen, die von Omanis im Landesinneren errichtet wurden. Der Küstenstreifen stand jahrhundertelang unter dem Einfluss fremder Besatzer, deren Macht sich aber nie ins Landesinnere ausdehnen konnte. Das Landesinnere dagegen war von Kämpfen zwischen verschiedenen Stämmen bestimmt.

Im 16. Jahrhundert besetzten die Portugiesen die für sie strategisch wichtige Küste Omans. Dadurch waren sie in der Lage, den gesamten Warenverkehr im Indischen Ozean zu kontrollieren. Die omanischen Hafenstädte mussten als wichtige Stützpunkte entsprechend gesichert werden. So errichteten sie mächtige Forts (Muscat, Mutrah, Quriat, Sur, Barka, Sohar, Khasab), von denen sie die Städte bestens bewachen und verteidigen konnten. Viele der Anlagen wurden sozusagen als „Fertigforts" zusammengesetzt. Dazu lieferten drei bis vier Schiffe die nötige Anzahl an nummerierten Steinen, vorgefertigten Türen und schussbereiten Kanonen. 500 Bauarbeiter und 100 Steinmetze errichteten dann in Windeseile das Fort. Doch nur vergleichsweise wenige der unzähligen Festungen in Oman stammen aus portugiesischer Zeit. Die beeindruckendsten Monumente, **Jalali** und **Mirani,** stehen hoch über der felsigen Bucht von Muscat und dominieren das Stadtbild. Nachdem die Portugiesen Mitte des 17. Jahrhunderts von *Sultan bin Saif I.* endgültig vertrieben waren, erweiterten die Omanis zahlreiche ihrer Forts und versahen sie mit omanischen Elementen.

Kleinere Forts und **Fluchtburgen** (Sing. **sur,** Pl. *aswar*) dienten den Bewohnern der Fischerdörfer und Küstenoasen im Falle eines Angriffes fremder Eroberer als Unterschlupf. Ein sur ist die älteste und einfachste Form einer **omanischen Wehranlage,** bestehend aus einem ummauerten Hof und mehreren in die Mauer integrierten Türmen. Viele aswar besaßen weiterhin einen (trockenen) Burggraben, einen zweiten Mauerring oder weitere Wachtürme auf Hügeln in einiger Entfernung. Die Fluchtburgen lagen im Gemeinschaftsbesitz des Dorfes und wurden nur zeitweise genutzt. Alleine in der Batinah-Ebene stehen an die hundert aswar, allerdings sind die meisten von ihnen heute bis zur Unkenntlichkeit verfallen.

Der Einfluss der Fremdbesatzer beschränkte sich auf die Küstenebene. Die mächtigen **Forts in Nordoman,** auf beiden Seiten der Hajar-Berge, sind alle **von Omanis erbaut** – ihr Design ist arabisch, mit persischen und portugiesischen Einflüssen. Ein Großteil dieser Festungen wurde in der Ya'aruba- und Al-Bu-Said-Dynastie ab der Mitte des 17. Jahrhunderts errichtet. Sie gehören entweder zu einem befestigten Dorf oder stehen einzeln am Rande. Sie waren Militärforts oder Sitz des Wali bzw. Wohnschloss des herrschenden Imam (Nizwa, Al-Hazm, Rustaq).

Entscheidend für die **Entwicklung des omanischen Festungsbaus** sind weniger die architektonischen Einflüsse der Portugiesen, als vielmehr ihre Einführung neuer Waffentechniken. Mit Schwefel, Salpeter und Holzkohle konnte man Feuerwaffen wie Kanonen und Gewehre zwar schon seit Mitte des 14. Jahrhunderts betreiben, allerdings brachten die Portugiesen diese Technik erst viel später nach Oman. Die Mauern der Festungsanlagen und Wachtürme wurden verstärkt, eckige Türme ersetzte man durch runde. Von zwei diagonal angeordneten Rundtürmen aus konnte man feindliche Angreifer im gesamten Umland erblicken und beschießen. Die Forts von **Al-Hazm** und **Rustaq** sind gute Beispiele dieses neuen Prototyps. Die beste Verteidigungsanlage war zweifelsohne die mit nur einem einzigen, massiven, runden Geschützturm, wie sie in **Nizwa** perfekt und uneinnehmbar verwirklicht wurde. Mit Kanonen konnten Feinde bereits in großer Entfernung beschossen werden. Vorgerückte Angreifer konnte man durch zahlreiche Schießscharten und im Schutz der Zinnen vom Dach aus unter Beschuss nehmen. Massive Holztore sicherten die Eingänge – sie haben eine eingearbeitete kleine Tür, die nur einer Person Einlass gewährte und die im Notfall schneller als jedes große Tor verschlossen werden konnte. Über den Eingängen sind längliche Schlitze, durch die vom Inneren des Forts aus heißer Dattelhonig *(asal)* oder Öl über die Eindringlinge geschüttet werden konnte. Hinter dem Eingangsbereich befinden sich zunächst die Wach- und Vorräume. Im Erdgeschoss sind Waffenlager, Vorratsspeicher, Küche, Bad und Gebetsräume untergebracht, wohingegen die Wohn- und Schlafräume stets in der oberen Etage liegen. Um den Feinden das Eindringen zu erschweren, gibt es im Erdgeschoss keine Fenster, sondern nur hochgelegte kleine Lüftungsschlitze. Ein unübersichtliches Gewirr verschachtelter Räume, verschiedener Ebenen, verwinkelter Treppen mit Scheintüren und Verteidigungsschächten bot zusätzlichen Schutz. In geheimen Zwischenräumen konnten sich die Hausherren verstecken, ihre Versorgung war durch üppige Dattelvorräte und ein eigenes Wasservorkommen gesichert. Flüchten konnten sie im Ernstfall durch unterirdische Gänge oder über versteckte Seile. Gefangene wurden in Verließen oder Kerkern eingesperrt – wobei man auch an die Geschlechtertrennung gedacht hatte, denn es gab separate Gefängnisse für Männer und Frauen.

In den 80er Jahren des 20. Jahrhunderts begann das „Ministerium für Nationalerbe und Kultur“ mit einem umfassenden und kostspieligen **Wiederaufbau- und Renovierungsprogramm** der zum Teil sehr desolaten Wehranlagen. Es galt, die kulturelle Identität des Landes für die Zukunft zu bewahren. Bis weit in das 20. Jahrhundert wurden sie vielfach von den Walis als Amtssitz genutzt. Man behob auftretende Schäden wie Risse in den Wänden, morsche Deckenbalken, abgeblätterten Putz regelmäßig. Mit dem Verfall und Wandel der Machtverhältnisse sowie der Einführung neuer Militärstrategien verfielen sie immer mehr. In den letzten Jahrzehnten haben Sonne, Wind und Regen den meisten Festungen arg zugesetzt. Doch obwohl fast vollständig aus Lehm errichtet, war bei vielen die

Bausubstanz noch erstaunlich gut erhalten. Manche Forts waren allerdings völlig verfallen, glichen nur noch großen Lehmhaufen mit herausragenden Mauerstümpfen. Dennoch wurden auch viele dieser Ruinen aufwendig wieder aufgebaut, und zwar möglichst originalgetreu und mit lokalem Baumaterial nach traditionellen Methoden.

Manche dieser renovierten Forts sind **wie ein Museum** liebevoll mit alten Alltagsgegenständen eingerichtet und vermitteln einen guten Eindruck vom traditionellen Leben in vergangenen Zeiten. Leider bilden diese eingerichteten Häuser die Ausnahme – die meisten wirken eher kahl und unhistorisch. Auch von außen fehlt vielen der frisch renovierten Anlagen jede geschichtliche Ausstrahlung. In diesem makellosen Zustand passen sie zum Teil gar nicht in ihre schroffe, wilde und ursprüngliche Umgebung – jedenfalls so lange nicht, bis der Zahn der Zeit wieder ein wenig an ihrer Fassade geknabbert hat.

Jahrhundertealte Schiffsbautradition – Dhaus

Verwendung und Typen

Die traditionellen arabischen Holzdhaus sind **einer der ältesten Schiffstypen;** seit Jahrhunderten werden sie von geschickten Seefahrern und berühmten Navigatoren über die Weltmeere gesteuert. Von den Küsten der Arabischen Halbinsel segelten arabische Seefahrer bereits im 8. Jahrhundert allen Stürmen, Piraten und sonstigen Gefahren zum Trotz bis nach China (siehe Exkurs „Timothy Severin und die Sohar“). Der omanische Seefahrer *Ahmed bin Majid* gilt als der „Erfinder“ des Kompasses.

Vom Beginn des 16. bis zum Ende des 17. Jahrhunderts brachten die **Portugiesen,** die als Kolonialmacht diverse Stützpunkte entlang der Golfküste kontrollierten, **neue Einflüsse** in den arabischen Bootsbau, die mit der Zeit weiterentwickelt und „arabisiert“ wurden.

Bis ins 20. Jahrhundert dienten Holzdhaus dem gesamten **Warentransport** und der **Fischerei,** in den Staaten am Persisch-Arabischen Golf auch der Perlentaucherei. In Oman werden sie heute aber kaum noch für den Seehandel und fast nur noch zum Fischfang benutzt. Die hochseetüchtigen Dhaus haben ihren Rang zwar weitgehend an ihre modernen Konkurrenten aus Stahl abgetreten, aber die kleinen Typen sind (noch) immer gefragt, denn sie haben nur geringen Tiefgang und können so fast überall in Küstennähe fahren und auch außerhalb der Häfen ankern. In den letzten beiden Jahrzehnten wurden auch kleine Holzdhaus immer mehr von Fiberglasbooten verdrängt, denn man glaubte, sie seien leichtgewichtiger, pflegeleichter, schneller und haltbarer. Allerdings stellt sich dieser Schluss inzwischen als voreilig heraus, denn eine gut gepflegte Dhau kann die Lebensdauer ihrer Kunststoffkonkurrenz um einige Jahrzehnte übersteigen.

Der Ausdruck „Dhau“ stammt ursprünglich nicht aus dem Arabischen, sondern ist ein von Europäern benutzter Sammelbegriff für verschiedene traditionell-arabische Holzschiffstypen, den aber auch viele Araber in ihren Wortschatz aufgenommen haben.

Man unterscheidet folgende Modelle

- **Sambuq:** Plattes Heck und geknickter Vordersteven, zwei Masten, sehr wendiger und ozeantüchtiger Universaltyp, eignet sich am besten für Küstengewässer, wurde einst hauptsächlich in der Perlentaucherei im Persisch-Arabischen Golf verwendet, heute ist das Modell als Fischerboot weit verbreitet.
- **Shu'i:** Kleine Version der sambuq, allerdings mit geradem Vordersteven, meist um die 14 m lang, Standardtyp der omanischen Fischer.
- **Jailbut:** Ca. 15 m lang, zwischen vierzig und siebzig Tonnen Fracht, sowohl Küsten- als auch ozeantauglich, früher bei der Perlentaucherei im Persisch-Arabischen Golf genutzt, in Oman nur zum Warentransport.
- **Badan:** Schiff mit spitzem Bug und hoher Heckflosse, bis zu 100 Tonnen Fracht, früher im Einsatz in der Fischerei und im lokalen Handel; da man keinen Motor ergänzen kann, wird dieser Typ heute nicht mehr gebraucht, und viele Boote verrotten an den Stränden.
- **Batill:** Fischerboote in Musandam.
- **Baghlah:** Größer als sambuq, flaches Heck, spitzer Bug, bis zu 40 m lang, bis zu 400 Tonnen Fracht, Fracht-Hochseesegler, wurde in den 1950er Jahren von der kuwaitischen boom abgelöst und gibt es heute in Oman nicht mehr.
- **Boom:** Spitzes Heck und hoch aufragender Vordersteven, bis zu 40 m lang, bis zu 400 Tonnen Fracht, bis zu drei Masten, Transport von Waren bis China oder Ostafrika; der letzte Großsegeltyp, der allerdings Oman nicht mehr anläuft.
- **Ghanjah:** Der baghlah ähnlich, aber kleiner und schmaler, großer Hochseesegler für schwere Ladungen, typisch ist seine aufwendige Holzschnitzerei, die teilweise blau-weiß bemalt ist, wird heute nicht mehr gebaut.
- **Al-Huri:** 3–6 m langes, schmales Boot aus indischem Mangoholz, als Fischerboot oder zum Fährbetrieb.
- **Al-Sashah:** Ein-Mann-Ruderboot aus Palmrispen, an der Batinah-Küste in Gebrauch.

Bau einer Dhau

An einer mittelgroßen Dhau bauen sechs Schiffsleute ungefähr drei Monate. Für große Schiffstypen wie eine Sambuq oder Baghala wird knapp ein Jahr Bauzeit veranschlagt. Augenmaß und Formgefühl sind die wichtigsten Fähigkeiten eines Bootsbauers, denn **gezeichnete Baupläne gibt es nicht.** Jeder Zimmermann hat im Kopf, wie eine Boom, Sambuq oder Baghala gebaut werden muss. Daneben muss er natürlich auch großes handwerkliches Geschick und viel Erfahrung besitzen. Für die Überwachung der Arbeiten ist ein besonders erfahrener **Schiffsbauer**, der **ustadh,** verantwortlich.

Da in Oman kaum große Bäume wachsen, wird das Bauholz größtenteils aus Indien (Malabar-Küste) oder Myanmar importiert. Wie in alten Zeiten wird es hauptsächlich von Hand mit Axt, Meißel und Hobel bearbeitet. Statt einem Zollstock dienen der Unterarm und die Spanne der Finger als Längenmaße. Nur wenige Geräte wie Ketten- oder Kreissägen sowie die Bohrmaschinen werden mit Strom betrieben.

Zunächst wird der aus einem einzigen Baum beschaffene Kiel in den Sand gelegt. Daraus wächst dann langsam das Schiffsgerippe, das von außen von Krummhölzern gehalten wird. Planke für Planke (meist aus Teakholz, arab. *saj*) wird in beschwerlicher Handarbeit zurechtgesägt, individuell angepasst und mit Holzbolzen oder langen Stahlnägeln am fertigen Skelett befestigt. Hunderte, manchmal Tausende von Löchern und entsprechend viele 10 bis 20 cm lange Nägel sind notwendig, um einem Splittern des Holzes vorzubeugen. Zum Abdichten trägt man auf alle Nahtstellen einen dicken Klecks Baumharz auf. In die Ritzen zwischen den Brettern werden mit Hammer und Meißel lange, in Harz getränkte Stofftücher gestopft. Improvisierte Schattendächer schützen nicht nur die Handwerker vor der sengenden Sonne, sie verhindern auch, dass das Holz zu schnell austrocknet. Die Außenseite des Rumpfes wird zum Abdichten – sowie zum Schutz vor Muscheln, Algen und Holzwürmern – unterhalb der Wasserlinie mit Haifischfett, dass durch einmonatiges Lagern zu Tran wurde, eingestrichen. Alternativ kann man auch eine Mischung aus Ziegenfett und Limonensaft verwenden. Alle anderen Holzteile werden mit Öl oder Lack imprägniert. Später werden noch die Wände für den Laderaum und die Kabinen in das Innere des Rumpfes eingesetzt – bei traditionellen Dhaus sind keine Unterteilungswände üblich, Kabinen gibt es nur im Aufbau. Dann fehlen dem Schiff nur noch die Außenbord-Toilette und die Segel, allerdings ersetzen heute japanische Dieselmotoren die Windkraft.

Moderne Kunst

Die omanische Kunst orientierte sich viele Jahrhunderte an den althergerbrachten Traditionen. **Kunst war zumeist Kunsthandwerk** – die geschaffenen Gegenstände hatten einen praktischen Zweck zu erfüllen. Wie gefertigt oder gestaltet wurde, hing neben dem Zweck in erster Linie von überlieferten Mustern ab. Die persönliche Gestaltungsfreiheit und Kreativität des Kunsthandwerkers fand darin ihren Rahmen, sodass sich neue Tendenzen, Stilrichtungen und Inhalte nur schwer behaupten konnten. Künstlerisches Schaffen als Selbstverwirklichung gab es in Oman bis vor wenigen Jahrzehnten eigentlich nicht, Werke der „Modernen Kunst" waren unbekannt.

Besonders die **omanische Malerei** „erwachte" erst in den 1970er Jahren, doch nimmt sie heute einen festen Platz in der modernen Kunst Omans ein. Zu verdanken ist diese Entwicklung der Öffnung des Landes. Neue und „fremde" Kunsteinflüsse schwappten ins Land und wurden von den wissenshungrigen Omanis aufgegriffen.

Heute spielen die **Vermittlung von Kunst** und die **Förderung der Kreativität** schon in der Grundschule eine wichtige Rolle. An der Sultan Qaboos University können die Schulabgänger Kunstgeschichte studieren. Junge omanische Künstler bekommen Unterstützung und finden Möglichkeiten zum Austausch am **„Oman's Youth Drawing Centre"**, 1980 vom „Ministerium für Bildung und Jugend" gegründet, sowie bei der **„Omani Association For Fine Arts"**, deren Träger der „Diwan of Royal Court", das Büro des königlichen Hofes, ist. Um in einer der Gesellschaften Mitglied zu werden, muss man nicht unbedingt Kunst studiert haben, denn Begabung und Leidenschaft sind die wichtigsten Voraussetzungen. Beide Organisationen bieten nicht nur ihren Mitgliedern, sondern auch anderen interessierten Erwachsenen oder Kindern kostenfreie Kurse und Seminare zur Schulung ihrer künstlerischen Fähigkeiten sowie zum Erlernen verschiedener Techniken an. Sie veranstalten auch zahlreiche (öffentliche) Ausstellungen und finanzieren und organisieren Aufenthalte für Künstler, die zu Ausstellungen ins Ausland eingeladen werden. Beide Gesellschaften legen viel Wert auf die **Pflege des nationalen Erbes,** unterstützen aber auch andere Tendenzen wie abstrakte Malerei, die Karikatur oder Bildhauerei. Auch die Fotokunst wird gefördert und gewinnt immer mehr Liebhaber im Land.

Viele Werke der jungen omanischen Künstler sind grandiosen Landschaften gewidmet, deren Spektrum an Farben und Formen besonders breit gefächerte gestalterische Möglichkeiten bietet. Zahlreiche Maler stellen das traditionelle Leben der Omanis dar und schaffen somit eine künstlerisch-harmonische Verschmelzung von Tradition und Moderne. Ähnlich ist es bei den modernen Bildern, die sich mit der ältesten und edelsten aller arabischen Künste, der **Kalligrafie,** befassen. Nicht „nur" elegante Formen wachsen aus den schön geschwungenen Buchstaben, viel wichtiger ist der religiöse oder philosophische Kontext. Moderne omanische Kalligrafen schöpfen aus den Buchstaben auch fantasievolle surreale Gebilde sowie diverse reale traditionelle Gegenstände wie Segelschiffe oder Krummdolche.

Eine neue Entwicklung ist die künstlerische **Darstellung des menschlichen Körpers,** dem streng ausgelegten Qur'an nach eigentlich nicht gestattet. In Oman widmen sich immer mehr Künstler mit einer unerwarteten Aufgeschlossenheit diesem Thema – sei es in der Malerei oder in Form von Skulpturen.

Der Trend, das Alte neu zu gestalten, findet sich auch in einer anderen Form der modernen omanischen Kunst. In den letzten Jahren wurde es ein einträgliches Geschäft, traditionelle Gegenstände zu **repräsentativen Kunsthandwerksobjekten** umzugestalten. So werden vom Alter gezeichnete traditionelle Schwerter, Krummdolche, Schnabelkannen, Silberschmuckstücke, Musikinstrumente oder Truhen *(sanduk)* detailgetreu restauriert und als Antiquitäten in renommierten Geschäften zum Kauf angeboten. Andere Stücke erhalten eine neue Funktion: Aufwändig geschnitzte Holztüren dienen als Tischplatte oder als Türen einer ansehnlichen Vitrine, reich verzierte Fensterrahmen umranden große Spiegel, hinter Glas gerahmte prachtvolle khanjars oder seltene Silberketten können wie ein Bild an die Wand gehängt werden, aus Ziegenwolle gewebte Decken, die ursprünglich zu Satteltaschen vernäht wurden, werden heute als Teppich oder Polsterstoff genutzt. Durch diese Arbeiten erhält das omanische Kunsthandwerk neue Impulse, denn in den letzten Jahren wollten immer weniger junge Omanis diesen Beruf erlernen. Antiquitäten und „neue alte" Kunstwerke sind besonders bei den in Oman und in den benachbarten Golfstaaten lebenden Europäern beliebt, aber auch von Touristen werden sie gerne gekauft.

Autoren | 624
Glossar | 606
Landkarten und Stadtpläne | 605
Literatur | 600
Register | 614
Reise-Gesundheitsinformationen | 592
Sprache | 594

9 Anhang

< Fassadendetail an der Großen Moschee in Muscat

Reise-Gesundheitsinformationen

Stand: Anfang 2020 / © Inhalte: Centrum für Reisemedizin

Die nachstehenden Angaben dienen der Orientierung, was für eine geplante Reise in das Land an Gesundheitsvorsorgemaßnahmen zu berücksichtigen ist. Die Informationen wurden uns freundlicherweise vom Centrum für Reisemedizin zur Verfügung gestellt. Auf der Homepage **www.crm.de** werden diese Informationen stetig aktualisiert.

Einreise-Impfvorschriften

- **Bei einem Direktflug aus Europa sind keine Impfungen vorgeschrieben.**
- Bei einem vorherigen Zwischenaufenthalt (innerhalb der letzten 6 Tage vor Einreise) in einem Gelbfieber-Endemiegebiet (siehe dazu unter www.crm.de) wird bei der Einreise eine gültige Gelbfieber-Impfbescheinigung verlangt.

Empfohlener Impfschutz

- **Generell:** Allgemein zu empfehlender Impfschutz (siehe dazu unter www.crm.de) überprüfen, ggf. ergänzen bzw. auffrischen.
- Grundsätzlich zu erwägen sind **Hepatitis A** und auch **Hepatitis B** (bei Langzeitaufenthalten und engerem Kontakt mit der einheimischen Bevölkerung), ferner **Cholera** (Schutz gegen Reisediarrrhoe/ETEC) sowie **Tollwut** bei vorhersehbarem Umgang mit Tieren; Reisebedingungen: Reise durch das Landesinnere unter einfachen Bedingungen (Rucksack-/Trekking-/Individualreise) mit einfachen Quartieren/Hotels; Camping-Reisen, Langzeitaufenthalte, praktische Tätigkeit im Gesundheits- oder Sozialwesen, enger Kontakt zur einheimische Bevölkerung wahrscheinlich.

Wichtiger Hinweis: Welche Impfungen letztendlich vorzunehmen sind, ist abhängig vom aktuellen Infektionsrisiko vor Ort, von Art und Dauer der geplanten Reise, vom Gesundheitszustand sowie dem eventuell noch vorhandenen Impfschutz des Reisenden. Da im Einzelfall unterschiedlichste Aspekte zu berücksichtigen sind, empfiehlt es sich immer, rechtzeitig (4 bis 6 Wochen) vor der Reise eine persönliche Reise-Gesundheits-Beratung bei einem reisemedizinisch erfahrenen Arzt oder Apotheker in Anspruch zu nehmen.

Malaria

- Für Reisende besteht **kein relevantes Risiko.**

Ratschläge zur Reiseapotheke

- Vergessen Sie nicht, eine Reiseapotheke mitzunehmen (wenigstens Medikamente gegen Durchfall, Fieber und Schmerzen sowie Verbandstoff, Pflaster und Wunddesinfektion), damit Sie für **kleinere Notfälle** gerüstet sind.
- **Nicht vergessen:** Medikamente, die der Reisende ständig einnehmen muss!

Diese Angaben wurden nach bestem Wissen und sorgfältiger Recherche zusammengestellt. Eine Gewähr oder Haftung kann nicht übernommen werden.

oman17-010 pf

oman17-011 pf

Impressionen aus Oman (das Landschaftsbild oben zeigt das Wadi Shab)

Sprache

Die offizielle Landessprache ist Arabisch. Englisch ist die gängige Geschäftssprache, die unter den Omanis und den Gastarbeitern weitverbreitet ist. Viele im Dienstleistungssektor und Handel arbeitenden Inder können es ebenfalls fließend, wenn auch mit einer seltsamen Betonung und einigen fremden Vokabeln (**„Indlish“**). Aber auch wer nicht perfekt englisch spricht, versteht und spricht meist einen Grundwortschatz. Außerdem ist nahezu alles, vom Straßenschild bis zur Speisekarte, auch in englischen Lettern geschrieben.

Zahlreiche Omanis sind sansibarischer Abstammung. Daher kann man heute oft **Swahili** hören, vor allem im Osten des Landes wird es gesprochen. Vertreten sind auch **Urdu** (Pakistanisch) und **Farsi** (Persisch). Deutsch oder Französisch wird nur sehr selten gesprochen, hauptsächlich an den Rezeptionen der großen Hotels.

Die arabische Sprache

Arabisch gehört zur **Familie der semitischen Sprachen,** wie z. B. auch das Hebräische. Die Grammatik und der Aufbau des Arabischen unterscheiden sich grundlegend von romanischen oder indo-germanischen Sprachen.

Arabisch wird in allen arabischen Gebieten **vom Maghreb bis zur Arabischen Halbinsel** gesprochen. Jedoch gibt es eine Reihe von regionalen Dialekten, sodass sich Araber aus verschiedenen Ländern manchmal nur unter Schwierigkeiten verständigen können.

Man kann zwischen drei Varianten des Arabischen unterscheiden. Seit der Zeit des Propheten Muhammad ist das **klassische Arabisch** praktisch unverändert. Da der Qur'an als die wörtlichen Offenbarungen Gottes angesehen wird, gilt das klassische Arabisch, in dem er verfasst ist, als **auserwählte Sprache.** Allerdings hat sie heute im Alltag praktisch keine Funktion mehr. Lediglich für religiöse Themen wird das klassische Arabisch benutzt.

Eine veränderte Form des klassischen Arabisch ist das **moderne Hocharabisch.** Es hat eine vereinfachte Grammatik und benutzt zeitgemäße Vokabeln. Besonders in den Medien, im Handel und in der Politik wird es gesprochen. Es ist zugleich die **gemeinsame Schriftsprache aller arabischen Länder,** da die regionalen Dialekte nicht geschrieben werden. Da auch in der Schule Hocharabisch unterrichtet wird, ist es jedem Araber möglich – sofern er zur Schule gegangen ist – alle arabischen Zeitungen zu lesen.

Im Alltag werden jedoch Dialekte benutzt. Sie liegen vom Hocharabischen teilweise so weit entfernt wie Bayrisch vom Hochdeutschen. Der in der Golfregion gesprochene Dialekt ist zwar dem Hocharabischen relativ nahe, unterscheidet sich aber doch in einer Reihe von Punkten.

Das arabische **Alphabet** besteht aus **28 Buchstaben, geschrieben wird von rechts nach links.** Es gibt keinen Unterschied zwischen Schreibschrift und Druckschrift, da die einzelnen Buchstaben immer miteinander verbunden werden. Lediglich das a, das d, das dh, das r, das z und das w werden nie mit dem nächsten Zeichen verbunden.

Leider ist die **Transkription der arabischen Schrift in lateinische Schrift** nicht einheitlich. Es gibt zwar eine wissenschaftliche Umschrift, aber im Alltag ist sie nicht gebräuchlich. Das liegt daran, dass es Laute im Arabischen gibt, für die es im lateinischen Alphabet kein entsprechendes Zeichen gibt. In der wissenschaftlichen Umschrift hat man diesen Mangel behoben, indem man neue Zeichen eingeführt hat. **Im Alltag** wird jedoch eine Umschrift verwendet, die sich auf die **normalen lateinischen Buchstaben** beschränkt. Als Folge werden einige arabische Laute mit Hilfe von zwei Buchstaben wiedergegeben. Beispielsweise das kh (wie das ch in Bach), das eigentlich nur ein Buchstabe ist. Erschwerend kommt hinzu, dass sich verschiedene Systeme gebildet haben. In den französisch beeinflussten Ländern Nordafrikas wird eine andere Transkription als in den britisch geprägten Staaten der Golfregion benutzt.

In diesem Buch ist eine Transkription gewählt, die der in Oman gebräuchlichen englischen entspricht. Sie hat natürlich keinen wissenschaftlichen Anspruch, da sie vieles vereinfacht. Aber für einen Gebrauch im Alltag reicht sie vollkommen aus (siehe auch Tabelle auf der nächsten Seite).

Auch wer sich nicht weiter für die arabische Sprache interessiert, sollte sich die folgenden **Schreibweisen und Aussprachen** merken. Sonst ist es kaum möglich, Ortsnamen oder arabische Gerichte auf der Speisekarte verständlich auszusprechen, auch wenn sie in Englisch angegeben sind.

- **z** – weiches s, wie in See
- **s** – scharfes s
- **j** – dsch, wie in John
- **sh** – sch
- **th** – wie englisches th, scharf
- **dh** – wie englisches th, weich
- **kh** – wie ch in Bach
- **r** – gerolltes r
- **gh** – ungerolltes r
- **q** – sehr tiefes k
- **w** – weiches w, wie im engl. what
- **'** – Stimmabsatz
- **^** – langer Vokal (nur im Sprachführer)

In der englischen Transkription (und damit auch bei der lateinischen Version omanischer Eigennamen) ist es üblich, ein langes **u** mit **„oo"** und ein langes **i** mit **„ee"** zu umschreiben. Die Aussprache der übrigen Buchstaben entspricht der Aussprache im Deutschen.

Weiterführende Literatur

- *Daniel Krasa,* **Arabisch für die Golfstaaten.** Kauderwelsch Sprechführer, Reise Know-How Verlag (handliches Format mit den wichtigsten Vokabeln und Kurzgrammatik, auch als Audio-CD)
- *Kirstin Kabasci,* **Einstieg Arabisch.** Hueber Verlag (500 Vokabeln umfassender Selbstlernkurs für Anfänger, Lehrbuch und Audio-CDs)

Kleine Sprachhilfe

In dieser Sprachhilfe (dt. – engl. – arab.) gelten die genannten Transkriptionsregeln. Zusätzlich sind Vokale, die lang betont werden, durch ein Dach (^) gekennzeichnet. Im Gegensatz dazu werden die anderen Vokale kurz gesprochen, fast schon verschluckt.

Transkriptionstabelle

Arabischer Buchstabe / Name / Transkription

ا	alif	a	ر	ra	r	غ	ghain	gh
ب	ba	b	ز	za	z	ف	fa	f
ت	ta	t	س	sin	s	ق	qaf	q
ث	tha	th	ش	shin	sh	ك	kaf	k
ج	jim	j	ص	sad	s	ل	lam	l
ح	ha	h	ض	dad	d	م	mim	m
خ	kha	kh	ط	ta	t	ن	nun	n
د	dal	d	ظ	dha	dh	ه	ha	h
ذ	dhal	dh	ع	‘ain	‘	و	waw	w, u
						ي	ya	y, i

Die wichtigsten Worte und Redewendungen

ja – yes – na'am (oder aiwa)
nein – no – lâ
Bitte – please – min fadhlik (zur Frau), min fadhlak (zum Mann)
Bitte, sehr höflich – law samahti (zur Frau), law samaht (zum Mann)
Bitte (wenn man etwas anbietet) – please – tafaddhalî (zur Frau), tafaddhal (zum Mann)
Danke – thank you – shukran
möglich – possible – mumkin
unmöglich – not possible – mush mumkin
in Ordnung – all right, o.k. – tamâm
gut – good – kwayis
Gibt es …? – do you have …? – fîh …?
Ja, es gibt – yes, I have – (aiwa) fîh
Nein, gibt es nicht – no, I don't have – (lâ) ma fîh
Entschuldigung – I am sorry – 'asif
Woher kommst Du? – where are you from? – min 'ain 'anti (zur Frau)?, min 'ain 'anta (zum Mann)?
Deutschland – Germany – 'almâniyâ
Österreich – Austria – an-nimsâ
Schweiz – Switzerland – swîsrâ

Begrüßung

Hallo – hello – marhaba
Förmliche Begrüßung: as-salâm 'alaykum (Friede sei mit Dir); Antwort: wa 'alaykum as-salâm (Der Frieden sei auch mit Dir)

Wie geht's? – how are you? – kyf al-hâl?; Antwort: Mir geht es gut – I'm fine, thanks – al-hamdu li-llâh
Wie ist Ihr/Dein Name? – What's your name? – ma 'ismik (zu Frau)/ma 'ismak (zu Mann)
Ich heiße … – my name is … – 'ismî …
Willkommen – welcome – 'ahlan wa-sahlan (oder: marhaba)
Guten Morgen! – good morning – sabâh al-khair; Antwort: good morning – sabâh an-nûr (einen Morgen des Lichts)
Guten Abend! – good evening – masâ' al-khair; Antwort: good evening – masâ' an-nûr (einen Abend des Lichts)
Gute Nacht! – good night – layla sa'ida
Auf Wiedersehen! – good bye – ma'a salâma

Zeitbegriffe und Wochentage

Wie spät ist es? – what time is it? – kam sâ'a?
Es ist … Uhr – it is … o'clock – sâ'a …
Nacht – night – layla
Tag – day – yom
Woche – week – usbû'
Monat – month – shahr
Jahr – year – sana
heute – today – al-yom
gestern – yesterday – 'ams
morgen – tomorrow – bukra
jetzt – now – al-ân
später – later – ba'den

Samstag – saturday – yom as-sabt
Sonntag – sunday – yom al-ahad
Montag – monday – yom al-ithnain
Dienstag – tuesday – yom ath-thalâthâ
Mittwoch – wednesday – yom al-'arba'â
Donnerstag – thursday – yom al-khamîs
Freitag – friday – yom al-jum'a

Frühling – spring – rabî'
Sommer – summer – sayf
Herbst – autumn – kharîf
Winter – winter – shitâ'

Zahlen

eins – one – wâhid ١
zwei – two – 'ithnîn ٢
drei – three – thalâtha ٣
vier – four – 'arba'a ٤
fünf – five – khamsa ٥
sechs – six – sitta ٦
sieben – seven – sab'a ٧
acht – eight – thamânya ٨
neun – nine – tis'a ٩
zehn – ten – 'ashara ١٠
zwanzig – twenty – 'ishrîn ٢٠
dreißig – thirty – thalâthîn
vierzig – fourty – arba'în
hundert – one hundred – mi'a ١٠٠
zweihundert – two hundred – mî'atayn
dreihundert – three hundred – thalâth mi'a
vierhundert – four hundred – arba' mi'a
tausend – one thousand – 'alf ١٠٠٠
zweitausend – two thousand – 'alfâyn
dreitausend – three thousand – thalâthat 'alâf

Im Hotel/Restaurant

Restaurant – restaurant – mat'am
Essen – meal – 'akl
Wasser – water – may
Kaffee – coffee – qahwa
Tee – tea – shai
Saft – juice – 'asîr
Milch – milk – halîb, laban
Rechnung – bill – hisâb
Hotel – hotel – funduq
Zimmer – room – ghurfa
Bad – bathroom – hammâm

Einkaufen

Markt – market – souq
Gold – gold – dhahab
Silber – silver – fidda
Gewürze – spices – hawâ'ij, tâbil
Weihrauch – frankincense – bukhûr
Brot – bread – khobs
Wie teuer? – how much? – kam?, bikam?
genug – enough – bass
viel – mutch – kathîr, wagid
genug – enough – bass
Schluss! – stop! – khalâs!
teuer – expensive – gâhli
billig – cheap – rakhîs
alt – old – qadîm
neu – new – jadîd
weiß – white – abyad
schwarz – black – aswad
rot – red – 'ahmar
blau – blue – 'azraq
grün – green – 'akhdhar
gelb – yellow – 'asfar

Unterwegs/Orientierung

Museum – museum – mathaf
links – left – yasâr, shimâl
rechts – right – yamîn
geradeaus – straight on – 'alâ tûl, sîda
hier – here – hunâ
dort – there – hunâk
oben – up, above – foq
innen – inside – dâkhil
Wie viele Kilometer? –
how many kilometres? – kam kilû?
Norden / nördlich – nord – shamâl
Osten / östlich – east – sharq
Süden / südlich – south – janûb
Westen / westlich – west – gharb
Straße – street / road – shâri'
Weg – way, route - tarîq
nach – to – 'ilâ
von – from – min
in – in – fî
Auto – car – sayâra

Autobus – bus – bâs
Flugzeug – plane – ta'ira
Flughafen – airport – matâr

Krankheiten

Englische Begriffe können im Kapitel „Gesundheit" nachgelesen werden.

Wichtige arabische Worte

Polizei – shurta شرطة

Krankenhaus – mustashfâ مستشفى

Toilette – hamâm حمام

Männer – rijâl رجال

Frauen – nisâ نساء

Eingang – dukhûl دخول

Ausgang – khurûj خروج

geöffnet – maftûuh مفتوح

geschlossen – mughlaq مغلق

verboten – mamnû' ممنوع

verboten zu rauchen – mamnû' at-tadkhîn
ممنوع التدخين

Arabische Namen/Titel

Arabische Namen setzen sich traditionell aus drei, manchmal sogar vier Teilen zusammen. Dem eigenen Namen folgt der des Vaters, verbunden durch ein „bin" oder „ibn", was **„Sohn des"** bedeutet (bei Frauen „bint", **„Tochter des"**). Daran wird meist der Name des Großvaters gehängt, ebenfalls durch ein „bin" verbunden. Als letztes folgt die Herkunft. Dies kann entweder eine Stadt, eine Region (z. B. al-Balushi aus Balutschistan; al-Farsy aus Persien) eine Familie oder aber, was am häufigsten ist, ein **Stamm** sein. Ein arabischer Name könnte beispielsweise lauten: Khamis bin Sultan bin Khalifa al-Riyami. Es heißt also „Khamis, Sohn des Sultan, Sohn des Khalifa, vom Stamme der Riyami".

Heiratet eine Frau, ändert das nichts an ihrem Namen und ihrem Rang; sie bleibt trotz ihrer Ehe „bint", „Tochter des", und wird auch so angesprochen. Erwähnt ein Ehemann in einem Gespräch seine Frau, so wird auch er sie als „Tochter des" bezeichnen, nicht etwa als „meine Frau". Viele Männer bezeichnen ihre Angetraute ehrenvoll auch als **„Umm",** als „Mutter des", gefolgt vom Namen des ältesten Sohnes. Umm Mustaffa ist also die Mutter des Mustaffa, die eigentlich z. B. Aisha bint Abdullah al-Balushi heißen kann. Auch für Männer gibt es die entsprechende Bezeichnung: **„Abu"**, „Vater des", die allerdings nur selten gebraucht wird. Ebenso ist der Namenszusatz **„Hajji"** für einen Mekkapilger kaum üblich. Im alltäglichen Gebrauch schrumpfen die Namen meist auf Vornamen und Herkunft zusammen (Khamis al-Riyami, Aisha al-Balushi).

Bei der **Herrscherfamilie** wird die Zugehörigkeit durch **„Al Bu Said"** angezeigt. Groß und ohne Bindestrich steht Al nicht für den arabischen Artikel, sondern für „Familie".

Nicht nur über die Abstammung, auch über den aristokratischen Rang gibt der arabische Name Aufschluss. **„Sultan"** ist der Titel des Regenten (Sultan *Haitham bin Tariq bin Taimur Al Said*). **„Shaikh"** heißt das Oberhaupt eines Stammes, aber auch hohe Würdenträger, Adelige und deren Söhne. Als Ehrentitel ist er eine Würdigung für Religionsgelehrte, die über geistige und juristische Autorität verfügen.

Als **„His Highness"** (H.H.) werden Mitglieder der Herrscherfamilie (arab. *sayyid*) betitelt. Hohe Regierungsbeamte führen den Titel **„His Excellency"** (H.E.).

Literatur

Spezielle Literatur steht in den entsprechenden Abschnitten dieses Buches.

Geografie/Landeskunde/Bildbände

■ *Donald Hawley*
Oman and its Renaissance. London 2005 (Umfassende und reich bebilderte Landeskunde)
■ *Fred Scholz* (Hrsg.)
Die kleinen Golfstaaten. Klett Verlag 1999 (Landesentwicklung, wirtschaftlicher und gesellschaftlicher Wandel)
■ *Fred Scholz*
Muscat. Sultanat Oman. Geografische Skizze einer einmaligen arabischen Stadt. Verlag Das Arabische Buch 1990 (Interessante, detaillierte Studie zur Stadtentwicklung Muscats)
■ *Georg Popp, Juma al-Maskari*
Oman: Das andere Arabien. Höfler und Cremer Verlag 1995 (Bildband mit deutschen und arabischen Texten)
■ *Walter M. Weiss, Christian Heeb*
Oman und die Vereinigten Arabischen Emirate. Horizont Verlag 2007 (Sehr schöner Bildband)
■ *Udo Bernhart, Zeno von Braitenberg*
Die Welt erleben. Dubai Oman. Bruckmann 2011 (schöner Bildband)
■ *W. Weiss, K.-M.Westermann*
Emirate und Oman. Zwei Perlen in der Wüste. Verlag Ch. Brandstätter 2002 (Schöner Bildband mit unterhaltendem Text)
■ *Hans Peter Baumeister*
Oman: Landschaft – Menschen – Architektur. Ein Fotobuch. Königshausen und Neumann Verlag 2005 (s/w Bildband)
■ *Anne Luthardt, Christian Heeb*
Faszinierender Oman und Vereinigte Arabische Emirate. Flechsig Verlag 2008 (Schöner und günstiger Bildband)
■ *Hartmut Fiebig*
Weihrauchland: Auf alten Handelswegen von Muskat nach Mokka. Reich terra magica 20 (Hochwertiger Bildband mit informativen Texten)
■ *George Steinmetz*
Meer aus Sand. Eine spektakuläre Reise ins Herz der Rub al-Khali. Frederking & Thaler (Bildband über das „Leere Viertel")

Politik/Wirtschaft/Erdöl

■ *John E. Peterson*
Oman in the 20th century, Political Foundation of an energing state. Croom Helm Verlag London/Sydney 1978 (Sehr guter Überblick über die omanische Politik und Geschichte bis Sultan Qaboos)
■ *John Townsend*
Oman – the making of a modern state. London 1977
■ *Dieter Ferchl*
Jemen und Oman. Verlag C. H. Beck 1995 (Interessante, wenn auch alternde Landesdarstellungen)

Geschichte

■ *Bertram Thomas*
Arab rule under the Al-bu Said-Dynasty. London 1938
■ ders.: The Arabs
Dt.: Die Araber. Vorhut Verlag Berlin 1938
■ *Wendell Philips*
Unknown Oman. London 1966 (Standardwerk für alle, die „mehr" wissen möchten)
■ *G. P. Badger* (Hrsg.)
The history of the Imams and Sayyids of Oman. London 1986 (Die Herrscher Omans von 661–1856)
■ *Peter Vine, Paula Casey-Vine* (Hrsg.)
Oman in History. Immel Publishing London 1995
■ *John C. Wilkinson*
The Imamate tradition of Oman. University Press Cambridge 1987

Mokhtar Moktefi
So lebten sie in den ersten Jahrhunderten des Islam 600–1258 n. Chr. Tessloff Verlag 1986 (Eigentlich ein Kinder- und Jugendbuch, aber auch für erwachsene Leser interessant)

Geoffrey Bibby
Dilmun, die Entdeckung der ältesten Hochkultur. Rowohlt, 1973 (Ausführlicher Bericht des dänischen Archäologen über die Ausgrabungen im heutigen Bahrain und den V.A.E.)

Nicholas Clapp
Die Stadt der Düfte. Auf der Suche nach dem Atlantis der Wüste. Aufbau Verlag 2001 (Gut zu lesender Bericht über die Ausgrabungen in Shisr/Ubar)

Ian Gardiner
In the Service of the Sultan: A First-Hand Account of the Dhofar Insurgency. Pen & Sword Military 2006 (Chronik des Dhofar-Krieges)

Ulrich Haarmann (Hrsg.)
Geschichte der arabischen Welt. Verlag C. H. Beck 1994

Historische Reisebeschreibungen

Wilfred Thesiger
Die Brunnen der Wüste. Piper Verlag 1997 (Sehr lesenswerte, 1959 geschriebene Erzählung des britischen Forschungsreisenden)

Ward Philip
Travels in Oman: on the track of the early explorers. Cambridge 1986

Marco Polo
Die Reisen des Venezianers Marco Polo im 13. Jahrhundert. Hrsg. Dr. *H. Lemke,* Hamburg 1908, auch Nachdrucke erhältlich

Ibn Batuta
Reisen ans Ende der Welt. Diverse übersetzte Ausgaben seiner Reisen von 1325–1354

J. R. Wellsted
Travels in Arabia. Band I: Oman and Nakab el Hajar. Akademische Druck- und Verlagsanstalt, Graz 1978 (Reisebeschreibung aus dem Jahr 1837)

Harry Philby
Das geheimnisvolle Arabien. Entdeckungen und Abenteuer. Zwei Bände im Brockhaus Verlag, Leipzig 1925

Bertram Thomas
Arabia felix. Across the empty quarter. New York 1932

Carsten Niebuhr
Entdeckungen im Orient (1761–67); Reisebeschreibung nach Arabien und den anliegenden Ländern (1774–1837); Beschreibung von Arabien (1772), Nachdrucke in diversen Verlagen

Helen Keiser
Suche nach Sindbad. Das Weihrauchland Oman und die südarabischen Kulturen. Walter Verlag 1979 (Reise- und Erlebnisbericht aus den 1970er Jahren, als Oman in die Moderne aufbrach)

Vittoria Alliata
Harem. Die Freiheit hinter dem Schleier. Ullstein 1984 (Erlebnisbericht einer Reise u. a. durch Oman)

Gesellschaft

Samuel B. Miles
The countries and tribes of the Persian Gulf. Garnet Publishing 1994

Thomas Bierschenk
Weltmarkt, Stammesgesellschaft und Staatsformation in Südostarabien (Sultanat Oman). Bielefelder Studien zur Entwicklungssoziologie, Verlag Breitenbach Publishers 1984

Fred Scholz
Nomadismus. Theorie und Wandel einer sozio-ökologischen Kulturweise. Steiner Franz Erdkundliches Wissen 1995

Christine Eikelmann
Women and Community in Oman. New York University Press 1984

Unni Wikan
Behind the veil in Arabia. Women in Oman. John Hopkins Press Baltimore 1982 und University of Chicago Press 1991

■ *Dagmar Boerner-Josten*
Im Paradies ist es heiß: Briefe aus Oman (1982–1985). Books on Demand 2007
■ *Emily Ruete* geborene Prinzessin
Salme von Oman und Sansibar
Leben im Sultanspalast: Memoiren aus dem 19. Jahrhundert. Philo Verlagsgesellschaft 1998 (von *A. Nippa* herausgegebene gekürzte Ausgabe der zweibändigen deutschen Originalausgabe „Memoiren einer arabischen Prinzessin", Berlin 1886)

Islam

■ *Rudi Paret*
Der Koran, Übersetzung, 2 Bd., TB-Ausgabe, Kohlhammer Verlag 2004 (Diese Koranübersetzung gilt in der Islamwissenschaft als federführend und liegt den Zitaten in diesem Reiseführer zugrunde)
■ *Martin Lings*
Muhammad sowie Muhammad. Sein Leben nach den frühesten Quellen. Zwei verschiedene Bände im Spohr Verlag 2004 (Biografien des Propheten)
■ *Kirstin Kabasci*
KulturSchock Kleine Golfstaaten/Oman, Reise Know-How (Wissenswertes und Hintergründe zu Religion, Gesellschaft, Alltag, Verhalten)
■ *Annemarie Schimmel*
Im Namen Allahs, des Allbarmherzigen: Der Islam. Patmos Verlag 2002 (Informative Einführung)
■ *Islam Verstehen, Sympathie Magazin,* vom Studienkreis für Tourismus und Entwicklung e. V. (preiswerte und empfehlenswerte Broschüre)

Seefahrt

■ *Timothy Severin*
Auf den Spuren Sindbads von Arabien nach China. Eines der letzten großen Abenteuer unserer Zeit. Hoffmann und Campe Verlag 1983 (der Ire schildert die abenteuerliche Fahrt mit der traditionell gebauten Dhau „Sohar" von Muscat nach Kanton)
■ *Lorenzo Ricciardi*
Auf Sindbads Spuren. Dhaufahrt durch arabische Gewässer. Erlebnisberichte – Reisetipps – Länderkunde. Frederking und Thaler 1989
■ *Richard Hall*
Empires of the Monsoon. Harper Collins 1996
■ *Clifford Hawkings*
The Dhow. Lymington 1977

Weihrauch

■ *Rainer Scheck*
Die Weihrauchstraße. Von Arabien nach Rom. Lübbe Verlag 1998
■ *Wanda Sella, Martin Watt*
Weihrauch und Myrrhe. Anwendung in Geschichte und Gegenwart. Knaur Verlag 1997
■ *Juliet Highet*
Frankincense. Oman's Gift to the World. Prestel 2006
■ *Renate Haass, Klaus D. Christof*
Dhofar – Land des Weihrauchs sowie Weihrauch: Der Duft des Himmels. J. H. Röll Verlag 2006

Traditionelle Musik

■ *Dr. Issam El-Mellah*
Die Musik einer alten Hochkultur. Das Sultanat Oman. Doppel-CD mit Begleitheft
■ ders.: Die Rolle der Frau in der omanischen Musik. Bezug von CD und Buch über den Autor: Birkenweg 3, 86559 Adelzhausen

Fiktionale Literatur

■ *Robert Ludlum*
Der Ikarus-Plan. Roman, Wilhelm Heyne Verlag 2006 (Spannender Mix aus Fiktion und Fakten: In Oman werden 247 Angehörige der Botschaft der USA als Geiseln genommen; ein US-Kongressabgeordneter bietet daraufhin seine Hilfe an)

■ *Dieter Kühn*
Und der Sultan von Oman. Fischer Verlag 2006 (Erzählung)

■ Arabische Erzählungen: Die Geschichten aus 1001 Nacht sind in diversen Verlagen erschienen. Da die Erzählungen verschiedene Quellen haben (Indien, Persien, arabische Länder), nach und nach aufgeschrieben und über Jahrhunderte immer wieder bearbeitet wurden, variieren die Versionen. Die ältesten Märchen sind über 1500 Jahre alt.

■ Auf Deutsch gibt es keine Bücher von Autoren aus Oman; trotzdem ist es gerade auf Reisen sehr interessant, Literatur anderer arabischer Autoren (z. B. des ägyptischen Literaturnobelpreisträgers *Nagib Machfus,* des Marokkaners *Tahar Ben Jelloun,* des Syrers *Rafik Shami* oder *Salim Alafenisch* bzw. *Suleman Taufiq*) zu lesen. Zahlreiche Romane, Geschichten und Erzählungen liegen in deutscher Übersetzung vor.

■ Ins Englische wurde ein Buch von *Jokha Alharthi* übersetzt: „Celestial Bodies" erhielt sogar einen Literaturpreis, den Man-Booker-International-Preis.

In Oman erhältliche Literatur

In Oman gibt es ein vielfältiges Angebot an Literatur über die Golfstaaten allgemein und das Sultanat selbst. Das meiste stammt von britischen Verlagen und ist in englischer Sprache geschrieben. Einige dieser Bände sind auch über den internationalen Versandhandel erhältlich (z. B. www.bol.de, www.amazon.de).

Allgemeines/Golfstaaten

■ *Andrew Taylor*
Travelling the Sands. Motivate Publishing, ca. 6 RO (Berichte über die Erforschung des Leeren Viertels)

■ *Wilfried Thesiger*
The Thesiger Collection. Photographs. Motivate Publishing, ca. 8 RO

■ *Alan Keohane*
Bedouin. Nomads of the desert. Stacey International, ca. 17 RO (schöner Bildband über die Beduinen auf der Arabischen Halbinsel)

Oman

■ *Beautiful Oman Collection 1: Oman.* Al Roya Publishing, ca. 12 RO (Informat ver Reiseführer)

■ *Oman Explorer.* Explorer Publishing (Führer mit unzähligen praktischen Infos, v. a. für Muscat)

■ *Jenny Walker* und *Sam Owen*
Off-Road in the Sultanate of Oman. Motivate Publishing, ca. 7 RO (Sehr detaillierte Pistenbeschreibungen, etwas unübersichtlich)

■ *A. Dale & J. Hadwin*
Adventure Trekking in Oman. Hadwin Publishing, Aberdeen 2001, ca. 10 RO (Guter Trekkingführer)

■ Oman Trekking. Explorer Publishing, ca. 6,50 RO (Weniger ein Buch als eine Blattsammlung mit Trekkingrouten, praktisch)

■ *Khaled Abdul Malak*
12 Exceptional Wadis. Canyoning in Oman. Ministry of Information, ca. 30 RO (Sehr schönes Buch mit tollen Bildern aus den Bergen; für Canyoningfreunde ein Muss, für alle anderen schön anzusehen)

■ *Samir Hanna*
Field guide to the geological heritage of Oman. Historical Association of Oman, ca. 7 RO (Geologie, Streckenbeschreibungen)

■ *Ronald Corai*
Oman – An Arabian Album. Motivate Publishing, ca. 15 RO (Bildband mit historischen Fotos)

■ *Oman in History*
Immel Publishing, ca. 35 RO (Ausführliche Geschichtsdarstellung, etwas unübersichtlich)

■ *M. bin Musa al-Yousef*
Oil and the transformation of Oman. Stacey Int., ca. 13 RO (Geschichte und Wirtschaft)

Donald & Eloise Bosch
The Doctor and the Teacher. Oman 1955–70. APEX Publishing, ca. 20 RO (Interessante Erinnerungen des lange Zeit in Oman lebenden Ehepaars)

Salma Samar Damluji
The Architechture of Oman. Garnet Publishing, ca. 78 RO (Mächtiger, umfassender Bildband)

M. Medhi
Oman through the ages. ca. 10 RO (Fotos und viel informativer Text)

P. Vine
The Heritage of Oman. Immel Publishing, ca. 23 RO (Bildband)

Sergey Plekhanov
A Reformer on the Throne. Sultan Qaboos bin Said Al Said. Trident Press 2004, ca. 12 RO (Als Biografie gekennzeichnet, aber eher Geschichtsdarstellung)

A. bin Ali Alhinai
Ceremonies & Celebrations in Oman. Garnet Publishing, ca. 26 RO (Bildband über Feste)

Walter Dinteman
Forts of Oman. Motivate Publishing, ca. 14 RO (Bildband über die wichtigsten Forts)

Biancifiori
Works of Architectural Restauration in Oman. Edizione de Luca, ca. 20 RO (Über die Renovierung vieler Lehmbauten)

John Nowell
A Day above Oman. Motivate Publishing, ca. 13 RO (Schöner Bildband mit Luftaufnahmen)

Prof. W. Büttiker
The Wildlife of Oman and its Neighbours. Stacey International, ca. 13 RO (Bildband mit kurzen Beschreibungen)

A. G. Miller, M. Morris
Plants of Dhofar. Diwan of Royal Court, ca. 15 RO (Ausführliche Pflanzenkunde zu Südoman)

Paolo M. Costa
Musandam. Architecture and Material Culture. Immel Publishing, ca. 27 RO

Lamees Abdullah al-Taie
Al-Azaf. The Omani Cookbook, ca. 8 RO (Ausführlich und appetitanregend bebildert)

Miranda Morris, Pauline Shelton
Oman adorned. Apex Publishing 1997, ca. 80 RO (Aufwendiger Bildband über trad. Silberschmuck)

Avelyn Foster
Disappearing Treasures of Oman. Archway Books 1997, ca. 20 RO (Über trad. Beduinenschmuck)

Neil Richardson, Marcia Dorr
The Craft Heritage of Oman. Motivate Publishing 2003, ca. 50 RO (Zwei aufwendig gestaltete informative Bände über traditionelles Handwerk)

Wissenschaftlich fundierte Informationen zu bestimmten Themen wie Geologie, Naturwissenschaften, Archäologie, Geschichte, Architektur oder Ethnologie liefert das jährlich erscheinende **„Journal of Oman Studies"**, herausgegeben vom Ministry of National Heritage and Culture.

Jedes Jahr kommen zum Nationalfeiertag im November **Jahrbücher** heraus, die auch interessante Artikel zu Kunst, Kultur und Wirtschaft beinhalten.

Landkarten und Stadtpläne

Gute gedruckte **Land- und Straßenkarten** für Oman sind rar. Das in Deutschland erhältliche Material ist oft ungenau und veraltet, der eingezeichnete Zustand der Pisten unzuverlässig. Zudem ist der Maßstab nur zur groben Orientierung zu gebrauchen, im praktischen Gebrauch aber zu schlecht.

Pistenbeschreibungen mit Übersichts- und Detailkarten finden sich in den Büchern „Oman Off-Road" und „Off-Road in the Sultanate of Oman" (s. o.).

Einzige tatsächlich sinnvolle Lösung für aktuelle und **detaillierte Karten** ist das Smartphone oder Tablet. **Apps** wie Scout oder OSMand basieren auf Open-Street-Maps – man kann sich stets die neueste Version herunterladen. Auch diese Karten halten nicht ganz Schritt mit dem Bauboom in Oman, aber es gibt derzeit nichts Besseres. Google Maps ist etwas ungenauer.

■ **Oman**
1:850.000, Reise Know-How world mapping project (Momentan die beste hierzulande erhältliche Karte, mit Ortsindex und Entfernungsangaben, GPS-tauglich, mit Höhenschichten und -linien, reiß- und wasserfest und wie Papier beschreibbar)

■ **Oman Road Map**
1:1.600.000, Explorer Publishing (Brauchbare Übersichtskarte mit Stadtplänen, in Deutschland aber nur schwer erhältlich)

■ **Oman Tourist Map**
1:1.250.000, Ministry of Tourism (Übersichtskarte mit Stadtplänen und kurzen Texten zu Reisezielen, Infos unter www.omanmap.org)

■ **Sultanate of Oman**
1:1.250.000, Gizi maps (Relativ gute Karte)

■ **Britische Luftfahrtkarten**
1:500.000, Hrsg. Director of Military Survey Ministry of Defence, 1982, gute topografische Ansicht, aber völlig veraltetes Verkehrsnetz; Sheet-Nr. ONC J-7B, ONC J-7C, ONC J-7D für das omanische Kernland und ONC H-7D für Musandam.

■ **The Sultanate of Oman. Tourist Map**
1:1.500.000. National Survey Authority of Oman, 2007 (Relativ gute Straßenkarte mit geografischen Gegebenheiten und Stadtplänen, nur in Oman erhältlich). Gut als Ergänzung zur Reise-Know-How-Karte und zu den Detailkarten dieses Buches.

■ **Oman. Apex Map**
1:1.500.000. Apex Press, 2015 (als Übersichtskarte durchaus brauchbar, nur in Oman erhältlich)

Die Auswahl an guten und zuverlässigen **Stadtplänen** ist in den letzten Jahren immer größer geworden. Da die omanischen Städte rapide wachsen, können die Karten schnell veralten, daher gilt natürlich auch hier das oben Gesagte zu den Open-Street-Maps. Alle Pläne bekommt man nur in omanischen Buchläden (evtl. über internationale Versender wie Amazon probieren).

■ **Muscat Map**
Gute Karte Muscats, 1:20.000 und 1:50.000, Explorer Publishing

■ **Muscat City Maps**
Sehr genaue Kartenblätter der Hauptstadtregion, 1:20.000, National Survey Authority of Oman

■ **Salalah City Map,** 1:20.000

■ **Salalah A–Z Street Guide**
Straßenverzeichnis samt Stadtplan

■ **Sur Town Plan,** 1:10.000

Glossar

Alle aufgeführten Begriffe stammen aus dem Arabischen (sofern nicht anders vermerkt).

A

Abaya: schwarzer Frauenumhang

Abbasiden: Khalifat und Herrschaftsgeschlecht, das seine Abstammung auf *Abbas,* einen Onkel *Muhammads,* zurückführte. 750 stürzten die Abbasiden die Omayyaden und stellten bis 1258 den Khalifen. Ihr Reich dehnte sich zu seiner Glanzzeit von Pakistan bis Marokko aus, Hauptstadt war Bagdad

Abufatilah: altes Vorderladergewehr, Statussymbol der Männer

Achämeniden: persische Dynastie von 700–331 v. Chr., ab 563 v. Chr. auch Herrschaft auf omanischem Gebiet

Aflaj: Mehrzahl von falaj, traditionelles Bewässerungssystem

Ahlan wa sahlan: heißt wörtlich „Angehörige und leicht" und meint „als Angehörige (und nicht als Fremde) seid ihr gekommen und leicht sollt ihr es haben". Als Willkommensgruß weit verbreitet. Antwort darauf: „ahlan bik" bzw. „ahlan bikum" (bei mehreren Anwesenden)

Ain: „Quelle" und „Auge"

Akbar: „größer", „al-akbar" bedeutet „am größten"

al-: arabischer Artikel, der mit dem folgenden Wort zusammengeschrieben wird

Al: „Familie", eigenständiges Wort, daher in der Umschrift ohne Bindestrich

Alawi: sunnitische Religionsgemeinde mit Hauptstammsitz im Sharqiyah-Ort Ja'alan Bani Bu Hassan. Im omanischen Küstenort Sur versuchten sie ab 1923, ihre Unabhängigkeit zu proklamieren

Alayat: Bezeichnung für einen wadiaufwärts gelegenen Ortsteil

Al-Bilad: „die Länder", Bezeichnung für die fruchtbaren Ländereien in einer Oase

Alhamdulillah: „Allah sei's gelobt", wird nahezu immer dann ausgesprochen, wenn einem Gutes widerfährt; auch Antwort auf die Frage nach dem Befinden

Allah: von „Al-Illahu", „der (eine) Gott"

Al-Maghreb: Gebet bei Sonnenuntergang und arabischer Name von Marokko

Ammama: Turbanstil

Arabia Felix: (lat.) „glückliches Arabien", Südarabien z. Z. der antiken Weihrauchstraße

Areesh: luftdurchlässige Hütten aus zusammengesteckten Palmwedeln

Assa: kleiner elastischer Kamelstock

Attar: Parfüm auf Ölbasis

Ayyubiden: 1071–1250 Khalifat und Herrschergeschlecht mit der Hauptstadt Kairo

B

Bab: „Tor", auch „Meerenge"

Bait: „Haus"

Bani: arab. Namenszusatz, der den Stamm bezeichnet, „die Söhne des ..."

Balutschistan: Landstrich und Region in Südpakistan, in der zeitweise auch Oman Kolonien hatte

Barasti: (engl.) siehe Areesh

Batinah: „das Tiefland", fruchtbare Küstenebene im Norden des Landes

Bazar: (persisch) „Markt"

Beautification: (engl.) stadtplanerisches Verschönerungsprogramm

Beduine/Bedu: arabischer Nomade, eigentlich richtige Form „bedu", Pl. „badawi"

Bint: arab. Namenszusatz, „Tochter des ..."

Bir: „Brunnen"

Birkat: „Teich", „See", auch Zisterne

Bisht: Männerumhang, meist zu offiziellen Anlässen getragen

Bismillah ar-rahman ar-rahim: „Im Namen des barmherzigen und gnädigen Gottes". Leitmotiv für das ganze Leben des Muslim, auch Segensformel z. B. vor dem Essen (im Sinne von „Guten Appetit"). Steht vor jeder Qur'ansure (außer vor der neunten) und vor wichtigen Briefen

Bokhur: Sammelbegriff für duftende Räucherstoffe; im eigentlichen Wortsinn „Duft", „Rauch"
Burj: „Turm", meist Wehr- oder Wachturm
Burqa: Frauen-Gesichtsmaske, die meist von den Beduinenfrauen getragen wird. Sie soll die Haut vor dem Austrocknen durch die Wüstensonne schützen, heute wird sie oft noch aus traditionellen Gründen getragen. Diese Gesichtsmaske erfüllt nicht den Zweck der (angeblich) vom Qur'an geforderten Verhüllung des Frauengesichtes
Bustan: „Garten", Palmenhain

C

Corniche: (franz.) „Küstenstraße"
Creek: (engl.) „Lagune", „Meeresarm", arab. „khor"

D

Dakhiliyah: Bezeichnung für Inneroman, das Gebiet um Nizwa
Dallah: traditionelle Schnabelkaffeekanne, Symbol der Gastfreundschaft
Dhahirah: „das Äußere, das Hochland", Region im Nordwesten des Landes
Dhau: europäischer Sammelbegriff für trad. arabische Holzsegelschiffstypen (Sambuk, Boom, Jailbout etc.); heute meist mit Dieselmotor betrieben
Dhofar: südliche, an Jemen angrenzende Provinz; Herkunftsregion des Weihrauchharzes
Dilmun: alte Hochkultur im 2. Jahrtausend v. Chr., um das Gebiet des heutigen Bahrain
Dirwazat: befestigtes Stadttor
Dishdasha: knöchellanges, einfarbiges Männergewand
Diwan: Regierungsbüro des Sultans
Dune-bashing: (engl.) „Sanddünen prügeln" – mit einem Geländewagen durch die Dünen jagen

E

Eid: muslimische Feiertage; Eid al-Adha (großes Opferfest zur hajj), Eid al-Fitr (im Anschluss an den Fastenmonat Ramadhan)
Expatriates: (engl.) eigentlich alle Ausländer, die im Lande arbeiten; oft aber bezieht sich die Bezeichnung nur auf diejenigen aus Europa und den Vereinigten Staaten von Amerika

F

Falaj: Bewässerungskanal, Mehrzahl aflaj
Fatimiden: Dynastie in Ägypten und Syrien von 910–1071
Fatwa: religiöse Grundsatzentscheidung

G

Ghaf: typischer Wüstenbaum, lat. *Prosopis spicigera*
Ghafiri: politische Stammesfraktion
Gwadur: bis 1958 Kolonie und Hafenstadt Omans in Westpakistan

H

Hadith: „Ausspruch", „Überlieferung", Aussagen und Taten *Muhammads*, die neben dem Qur'an das Leben der sunnitischen Muslime bestimmen
Hadr: sesshafte Küstenbewohner
Hadramaut: großes Trockenflusstal im Südjemen; 400 v. Chr. bis 400 n. Chr. Königreich, dem auch der Dhofar angehörte
Hafeet: Bergmassiv bei Buraimi; archäologische Periode von 3000–2700 v. Chr.
Hajj: „Ruf nach Aufbruch", Wallfahrt zu den heiligen Stätten des Islam. Jeder Muslim sollte einmal im Leben dorthin reisen und an den Pilgerriten teilnehmen
Hajar: „Gebirge/Felsen", zentraler Gebirgszug im Norden Omans, auch Oman-Gebirge genannt. Unterteilung in Hajar al-Ghabi, westlicher Hajar, und Hajar al-Sharqi, östl. Hajar
Halwa: „süß", typische Süßspeise, die es in vielen Varianten gibt
Harasis: Beduinenstamm in Zentraloman
Harem: „geheiligter Ort", Frauenwohnbereich, vom arab. „haram", „abgeschieden"
Hejas: Gebirgszug und Landschaft in Saudi-Arabien
Henna: Pflanze (lat. *Lawsonia inermis*), von der manche Arten getrocknet und gemahlen einen Farbstoff abgeben; zum Färben der Haare und der Haut

Hijra: *Muhammads* Umzug von Mekka nach Yathrib (das spätere Medina) 622 n. Chr.; Beginn der islamischen Zeitrechnung
Hinawi: politische Stammesfraktion
Hirz: traditionelles Silberschmuckstück, Döschen mit Qur'anspruch
Hisn: „Burg", „Fort"

I

Ibadismus (Ibadiyah): islamische Glaubensrichtung
Ibn: arab. Namenszusatz, „Sohn des ..." (bin hat die gleiche Bedeutung)
Iftar: Zeit des Fastenbrechens zum Sonnenuntergang im Ramadhan
Insha'allah: „So Allah will". Wird allen Bemerkungen über Ereignisse in der Zukunft angefügt. Bedeutet daher auch „vielleicht"
Imam: religiös-geistlicher Führer, auch Vorbeter in der Moschee
Imamat: Staatsform, geistliches und weltliches Oberhaupt ist der Imam
Imsak: Beginn des Fastens im Ramadhan zu Sonnenaufgang
Islam: „Vollständige Unterwerfung und Hingabe an Allah"; es bekennen sich von Marokko bis Indonesien über eine Milliarde Menschen zum Islam

J

Ja'alan: Provinz Omans im Nordosten
Jebali: nomadisierende Viehzüchter in den Bergen der Provinz Dhofar, heute größtenteils sesshaft
Jebel: „Berg", „Gebirgszug"
Jiddat al-Harasis: omanische Zentralwüste, benannt nach dem Stamm der Harasis
Jihad: „Anstrengung" des Kopfes auf dem Weg des islamischen Glaubens; auch „Kampf" zur Verteidigung des Islam gegen Ungläubige
Jinn: „Geist", „Dämon"
Jirs: eine kleine Axt auf einem langen Stil; wird von den männlichen Stammesangehörigen der Shihuh im Norden der Emirate und auf der Halbinsel Musandam getragen

K

Kaaba: vom griech. „kubus", „Würfel", Teil der Moschee in Mekka
Kalligrafie: (griech.) „Schönschreibkunst"
Kardamom: (dt.) Gewürz, auch im traditionellen qahwa, arab. „hail"
Khalif: „Stellvertreter", „Nachfolger", Titel für die Nachfolger *Muhammads*
Khanjar: omanischer Krummdolch, meist prächtig versilbert tragen ihn die Männer nur zu besonderen Anlässen
Khobs: „Brot", flaches, rundes Weißbrot
Khol: Kajal, Mascara
Khor: Lagune, Bucht, Meeresarm
Kitarah: Bogenschwert, Teil des omanischen Staatswappens
Koran: siehe Qu'ran
Kumma: traditionelle, bestickte Kappe der Jungen und Männer
Kurkuma: Gelbwurz, Gewürz, ein Hauptbestandteil des Curry

L

Laban/Luban: „Dickmilch"; auch „Milchharz", also Weihrauch

M

Madina: „Stadt" bzw. Altstadt
Madressa: „Ort, an dem unterrichtet wird", theologische Hochschule, Schule oder auch Qur'anschule
Magan: heute wird Magan (gelegentlich auch „Makan") allgemein im Gebiet des heutigen Nordoman lokalisiert.
Majlis: „Sitzplatz", „Sitzung, Rat, Versammlung", bezeichnet auch einen Empfangsraum; die Majlis al-Shura ist ein Parlament mit beratender Funktion
Masjid: „Ort der Niederbeugung", Moschee
Massar: Turbanstil
Mekka: heiligste Stätte der Muslime und Pilgerort in Saudi-Arabien; Geburtsort des Propheten *Muhammad*
Meluhha: Hochkultur, die in sumerischen Quellen im Zusammenhang mit dem überseeischen Kupfer-

und Diorit-Handel oft gemeinsam mit Dilmun und Magan erwähnt; lag im Gebiet des Industales

Mesopotamien: (griech.) „Zweistromland", Gebiet zwischen Euphrat und Tigris im Südirak

Mihrab: Nische in der Moscheewand, zeigt die Gebetsrichtung nach Mekka an

Mina: „Hafen"

Minbar: Kanzel in der Moschee

Minarett: (dt.) Moscheeturm; von „Minare", „Lichterturm"

Mirkath: Fest- und Versammlungsplatz in der Region Sharqiyah

Misbah: Gebetskette aus 33 Perlen; dreimal durch die Finger geglitten, symbolisieren sie die 99 Namen Allahs

Monotheismus: (griech.) Glaube an einen einzigen Gott

Moschee: vom arab. „masjid", Gebetshaus und Zentrum des sozialen Lebens

Mubkhar: dient zum Verbrennen von Räucherstoffen und Weihrauch; traditionell aus Ton getöpfert, verbrennen die Duftstoffe auf glühender Kohle

Muezzin: Gebetsausrufer

Muhammad: „der Gepriesene", heiliger Prophet und Religionsstifter des Islam (um 570–623 n. Chr.)

Musandam: gebirgige Halbinsel im Norden, die von den Vereinigten Arabischen Emiraten umschlossen ist

Muscat: omanische Hauptstadt, übersetzt „Ort des Fallens"; bezieht sich einerseits auf den Ort, wo die Berge ins Meer fallen; aber auch Stelle, wo der Anker ins Meer fällt

Muslim: „der sich Hingebende (an Allah)"

Myrrhe: (dt.) Duftharz

N

Najdi: „Silberharz", Weihrauch

Nakheel: Palmenhain (*nakhl* = Dattelpalme)

Nejd: Landschaft im Dhofar

O

Omayyaden: Dynastie, die direkt nach den ersten islamischen Eroberungen ab Mitte des 7. Jahrhunderts für etwa 100 Jahre in Ägypten und im Nahen Osten herrschte; Hauptstadt war Damaskus

Ophiolith: (dt.) vulkanische Gesteinsart, die im Hajar-Gebirge über 20.000 km² bedeckt; normalerweise findet man dieses Gestein nur im Meer

Orient: (dt., frz.) „Osten", „Morgenland"

Ornament: (frz.) „Verzierung"

Oryx: seltene Antilopenart

Osmanisches Reich: von Anfang 1300 bis zum 1. Weltkrieg von den Türken eingenommenes Gebiet, das zeitweise fast ganz Nordafrika, den Nahen Osten, Teile der Arabischen Halbinsel und den Balkan bis Österreich umfasste; Hauptstadt: Istanbul

Oud: Holz, Duftholz, arabisches Saiteninstrument (Laute)

P

Parther: persische Dynastie 140 v. Chr.–227 n. Chr.

Pick-up: (engl.) Pritschenwagen

Prophet: Der Islam kennt eine große Anzahl von Propheten (bis zu 200.000), die alle Wegbereiter *Muhammads* waren, auch zahlreiche Propheten aus der Bibel. Man unterscheidet zwischen den „nabi", die zwar eine Eingebung haben, nicht aber den Auftrag, diese weiterzugeben, und den „rasul", den Gesandten Allahs

Q

Qabili: Stammesangehörige

Qadi: islamischer Rechtsgelehrter, Richter

Qahwa: traditioneller „Kaffee", oft mit Gewürzen wie Kardamon und Ingwer zubereitet; Zeichen der Gastfreundschaft

Qalam: „Stift", auch das spezielle Schreibrohr aus Schilf für die Kalligrafie

Qala'a: „Burg", „Fort"

Qasr: „Schloss"

Qur'an: „Das Vorgetragene", heiliges Buch der Muslime mit den Offenbarungen Allahs in 114 Suren

R

Ramadhan: heiliger Monat der Muslime und Fastenzeit im 9. Monat des islamischen Mondjahres

Ramlat: „Sand", Wüste
Ras: „Kopf", Felsvorsprung, Kap
Rasul: „der Gesandte", Prophet
Rechtsschule: Im sunnitischen Islam gibt es vier Rechtsschulen (Hanafiten, Malikiten, Shafi'iten, Hanbaliten), die sich vor allem durch verschiedene Haltungen zu praktischen Fragen unterscheiden
Roundabout: (engl.) „Kreisverkehr", Abk. R/A
Rub al-Khali: „Leeres Viertel", Sandwüste, die einen großen Teil der Arabischen Halbinsel bedeckt

S

Sabkha: Salzebene
Sabla: in der Region Sharqiyah typisches Versammlungshaus einzelner Familiensippen
Saif: Schwert
Salam: „Friede", auch Abk. von „As-salamu alaikum", „Der Friede sei mit dir", dem häufigsten arabischen Gruß; Antwort: „Alaikum as-salam", „Der Friede sei auch mir dir"
Salat: die Pflicht jedes Muslim, täglich 5x zu beten
Sanduk: traditionelle, teils wertvolle Truhen
Sansibar: ostafrikanische Insel vor Tansania, die im 18. und 19. Jahrhundert Teil des omanischen Handelsimperiums war
Sari: indisches Frauengewand aus einer langen Stoffbahn
Saruj: trad. Baustoff aus Lehm und Kalk
Sasha: Boot aus Palmzweigen
Sassaniden: persische Dynastie 227–642 n. Chr.
Schiiten: von „Shia", „Partei". Spalteten sich im 8. Jh. von den Sunniten ab, da sie nur den Khalifen *Ali* als rechtmäßigen Nachfolger *Muhammads* anerkennen. Sie glauben, dass es nach *Muhammad* noch weitere heilige, von *Allah* inspirierte Männer gab. Ca. 10 % aller Muslime sind Schiiten (v. a. im Iran)
Shahada: das muslimische Glaubensbekenntnis „La illaha illa Allah. Muhammad rasul Allah.", „Es gibt keinen Gott außer dem einen Gott. Muhammad ist sein Prophet"
Shaikh: „Ältester", Titel für Stammesälteste und -oberhäupter, Adelige und deren Söhne, auch ehrwürdige Religionsgelehrte
Shari'a: „Weg", Straße; auch Name für die islamische Rechtslehre
Sharqiyah: „die Östliche", Region im Nordosten Omans
Shawawi: „Hirte", Berg-Halbnomade
Shayla: schwarzer Frauenschleier
Shihuh: Stamm/Volksgruppe in Musandam
Shinhaf: trad. Schmuckstück, Dreieck, das von der Stirn bis zum Nasenrücken fällt
Shisha: Wasserpfeife
Shoowah: zu den Eid-Festen unterirdisch zubereitetes Fleisch
Shukran: „danke"
Sirwal: weite, bunte, an den Knöcheln bestickte Frauenhose, die unter dem Kleid getragen wird
Souq: „Markt"
Sponsor: (engl.) „Bürge"; jeder ausländische Arbeiter benötigt einen einheimischen Bürgen; ausländische Geschäftsleute brauchen i. d. R. einen einheimischer Partner und Teilhaber; auch Touristen aus einigen Ländern benötigen zur Visaerteilung einen „Sponsor" (z. B. Hotel, omanischen Bekannten)
Sufalat: Bezeichnung für einen wadiabwärts gelegenen Ortsteil
Sumer: Hochkultur im Gebiet des heutigen Südirak (Zweistromland), Blütezeit im 3. Jahrtausend v. Chr.
Sunna: „viel begangener Weg", „Gewohnheit", auch „Tradition", Gesamtheit der Hadithe und Lebensweisen *Muhammads;* 90 % der Muslime sind Sunniten und berücksichtigen die Sunna neben dem Qur'an in ihrer Religion und ihrem Alltagshandeln
Sur: Fluchtburg
Sure: „Grad", „Schritt", Kapitel des Qur'an

T

Tamar: Datteln
Tamarhinde: Baumart, der essbare Samen dient als Medizin oder Lebensmittel, arab. „tamar hindi", die „indische Dattel"

U

Ulema: „die Gelehrten", islamische Gesetzesgelehrte, Juristen

Umm: „Mutter von …", in Verbindung mit dem Vornamen des ältesten Sohnes ehrenvolle Anrede
Umm al-Nar: Insel bei Abu Dhabi (V.A.E.), nach der auch die archäologische Periode von 2000 bis 2700 v. Chr. benannt ist
Umma: Gemeinschaft aller Muslime
Ungläubige: Laut Qur'an (Sure 60) sind dies nicht die Angehörigen anderer Buchreligionen, also weder Juden noch Christen.

W

Wadi: meist ausgetrocknetes Flussbett bzw. Trokkenflusstal, das zeitweise auch Oberflächenwasser führen kann
Wadi-bashing: (engl.) Wadi „prügeln", legerer Ausdruck für den populären Freizeitsport, mit einem Allradwagen durch die Bergwadis zu fahren
Wahhabiten: islamische Glaubensrichtung, die sich auf die Lehren des *Muhammad ibn Abdul Wahhab* (1703–1792) beruft und eine Rückkehr zu den Wurzeln des Islam fordert
Wali: Vorsteher eines Verwaltungsbezirkes (wilaya)
Wilaya: einer der 59 omanischen Verwaltungsbezirke (pl. „wilayat")
Wizaar: Wickelunterrock der Männer

Z

Zajarah: von Tieren betriebener Ziehbrunnen
Zakat: Pflicht der Muslime, Almosen zu geben und Bedürftigen zu helfen

DIAMIR
Erlebnisreisen

DIAMIR
Mietwagenreisen
DIAMIR
Reisen weltweit

nomad
» Privatreisen für Selbstfahrer oder exklusiv mit Driverguide
» Vermietung von Dachzelten mit kompletter Ausrüstung
» Ausführliche Beratung und Routenplanung zu fairen Preisen
» Seit 26 Jahren führender Arabienspezialist
» Trekkings und Expeditionen in kleinen Gruppen
» Geländewagenexpeditionen im Rub al-Khali
» Wanderreisen und Trekkings mit Lasttieren,
Kameltreks in der Ramlat al-Wahiba
© Michael Wagner
EXPEDITIONEN SAUDI-ARABIEN
NEU IM PROGRAMM
nomad GmbH | Grüner Weg 28 | D-50825 Köln
Tel. 0221-669625-0 | Fax 0221-669625-99 | info@nomad-reisen.de
Oman-Hotline: 0221-669625-10 | 0151-28802349
www.nomad-reisen.de

Register

A

Abaya 559
Abbasiden 457
Abiyad 105
Adam 244
Adapter 405
Adnan-Stamm 541
Ain al-Kasfah 125
Ain Athoum 270
Ain Garziz 266
Ain Hamran 269
Ain Razat 268
Ain Tabrook 270
Akklimatisation 366
Al-Ain 184
Al-Aqur 154
Al-Ashkhara 232
Al-Awamir-Stamm 523
Al-Ayjah (Sur) 217, 222
Al-Ayn (Gräber) 154, 175
Al-Azaiba 59
Al-Baleed 256
Al-Bu-Said-Dynastie 33, 485, 495
Al-Bustan 47
Al-Bustan Palace Hotel 24, 47, 48
Al-Dahariz 268
Al-Dakhiliyah 131, 417
Al-Dariz 173
Al-Dhahirah 171
Al-Faiqain 149
Al-Felaij 101
Al-Ghulaji 205
Al-Hadd 225
Al-Hafah 254
Al-Hajir 164
Al-Hajj 245
Al-Hamra 160
Al-Harf 306
Al-Hawaiyah 212
Al-Hazm 128
Al-Hijra 135
Al-Hijri 353
Al-Hoota Cave 158
Al-Hoqain 177
Al-Kamil 215
Al-Khabbah 232
Al-Khaburah 108, 176
Al-Khuwair 58
Al-Maksar-Naturpark 317
Al-Mazara 190
Al-Mintirib 210
Al-Minzafah 204
Al-Mudayrib 205
Al-Mudhaybi 199
Al-Nakhar 164
Al-Naseem Park 101
Al-Qabil 206
Al-Rashid, Harun 116
Al-Sharijah 155
Al-Sharqiyah 187, 417
Al-Sifah 94
Al-Subaykhah 123
Al-Sulaif 172
Al-Suwaiq 107
Al-Thowarah 122
Al-Ulyah 124
Al-Wafi 235
Al-Ya'aruba-Dynastie 482
Albuquerque, Afonso de 481
Ali, Ghalib bin 490
Alkohol 326, 351
Allah 451
Almosen 465
Alphabet (arabisches) 594
Amouage 529
Amq 127
Anreise 329
Anreise (Musandam) 295
Apotheken 368
Aquarium (Muscat) 47
Araber 540
Arabia Felix 240, 283
Arabian Oryx Project 509

Arabisch 594
Arabisch-Persischer Golf 298
Arabische Halbinsel 416
Arabischer Frühling 321, 497
Archäologie 474
Architektur 581
Areesh 581
Arja 119
Ärzte 367
Assilah 232
Ausländer 515, 544
Auslandsinvestitionen 512
Auslandskrankenversicherung 411
Außenhandel 532
Außenpolitik 499
Auto 332
Autobahnen 337
Autofahren 337
Awabi 124
Ayoun 267
Azd-Stamm 472, 540

B

Baden 397
Bahla 166
Bahrain 335
Baisa 358
Bait Adam 64
Bait al-Baranda 53
Bait al-Falaj 57
Bait al-Marah 176
Bait al-Rudaidah 137
Bait al-Safah Museum 26
Bait al-Zubair Museum 27, 45
Bait Dalalil 45
Bait Fransa 37, 44
Bait Na'aman 103
Balad Seet 125
Bammah 192
Bandar Abbas 301
Bandar Khayran 93
Bani Bu Ali 222, 232
Bani Bu Hassan 233
Banken 358
Baobab 279, 438
Barasti 581
Bargeld 359
Barka 101
Barrierefreies Reisen 345
Bat (Gräber) 173
Batinah 97, 109, 416
Beautification 557
Bedu 544
Behinderung 328
Benzin 337
Bergbau 537
Bevölkerung 539
Bevölkerungswachstum 539
Bewässerung 521
Bidbid 135
Bildungssystem 501
Birkat al-Khaldiyah 308
Birkat al-Mauz 137
Blaue Pools 104
Blauwal 69
Bodenschätze 537
Bokhur 576
Botanischer Garten 66
Botschaften 88, 345, 384
Brautgeld 579
Briten 486
Brot 568
Buchungsportale 409
Büfett 349
Bukha 306
Bullfight 109
Buraimi 177
Bürgerkrieg 483
Burqa 559
Bussa 304
Busse 385, 386, 387
Buyiden 479

C

Camping 410
Capital Area 31, 34, 416

Carnet de Passages 332
Check-in 331
Children's Museum 62
Coleman's Rock 161
Corniche (Mutrah) 53

D
Darsayt 58
Datteln 26, 526
Dauka 249
Daymaniyat-Inseln 106
Delfine 69
Devisenwechsel 358
Dhabab 192
Dhalkut 289
Dhau 50, 219, 586
Dhofar 239, 420, 430, 438, 474
Diana's Point 154
Dibba 314
Dinosaurier 429
Diphtherie 362
Diplomatische Vertretungen 88, 345, 384
Dishdasha 560
Dromedar 440
Düfte 575
Duqm 245
Durchfall 364

E
EC-Karte 384
Edelsteine 425
Ehevertrag 580
Eid al-Adha 353, 574
Eid al-Fitr 353, 574
Einkaufen 89
Einladungen 324
Einreisebestimmungen 346
Einwohner 539
Englisch 594
Entfernungen 386
Erdgas 517
Erdöl 60, 516
Erkältung 364
Essen 326, 348
Exporte 532

F
Fähren 388
Fahrzeugverschiffung 332
Falaj-Kanäle 520
Fanja 135
Farsi 594
Fast Food 350
Fastenbrechen 574
Fastenmonat 354
Fauna 439
Feiertage 352
Feilschen 327
Felsgravuren 161, 305
Fernsehen 378
Festungen 583
Fins 193
Fischerei 530
Fizayah 287
Fleisch 568
Flora 435
Fluggesellschaften 329
Flugpreise 329
Flugzeug 329
Fort Bilad Sur 217, 221
Fort Jalali 43
Fort Khandaq 182
Fort Mirani 42
Fort Sinesilas 221
Forts 583
Fossil Valley 185
Fotografieren 356
Frauen allein unterwegs 328
Frauen im Islam 465
Frauen in Oman 552
Frauen-Souq (Ibra) 202
Frauenkleidung 558
Fremdenverkehrsamt 369
Frühgeschichte 469

G

Gastarbeiter 515
Gastfreundschaft 324
Gasthäuser 410
Gebirge 416
Geld 358, 384
Geografie 416
Geologie 421, 425
Gepäck 331, 374
Gerichte 348
Geschichte 32, 240, 469
Gesellschaft 539
Gesichtsmaske 559
Gesundheit 361
Gesundheitssystem 503
Getränke 352
Gewichte 377
Gewürze 567
Ghaf-Bäume 438
Ghafiri 541
Ghalya's Museum 55
Ghubrah 59
Ghubrah Bowl 123
Ghul 162
Golf 89
Grabtürme 207
Großbritannien 488

H

Hadash 123
Hadr 544
Hafeet-Periode 471
Hail al-Ghaf 190
Hail al-Misibt 153
Hail al-Yemen 153
Haima 248
Hajar al-Gharbi 547
Hajar al-Sharqi 187, 547
Hajar-Gebirge 97, 131
Halwa 27, 573
Hamash 179
Hamra al-Duru 171
Handel 477, 532
Handeln 327
Handgepäck 331
Handwerk 535
Haramel 46
Harasis-Stamm 248
Harem 325
Hasik 276
Hat 125
Hawiyat Najm Park 192
Henna 84
Hepatitis 362
Hinawi 541
Hisn Tamah (Fort) 166
Hitzekollaps 367
Hochzeit 577
Homosexualität 328, 377
Hormuz 298
Hotels 66, 408
Hugarah 122
Hygiene 363

I

Ibadismus 455
Ibra 201
Ibri 171
Imam 477
Imbisse 350
Impfungen 361
Importe 532
Imti 137
Industrie 535
Informationsstellen 369
Inlandsflüge 387
Innenpolitik 497
Internet 369, 408
Iran 299
Islam 451, 459, 473
Izki 136

J

Ja'alan 224
Jabrin (Palast) 168
Jadi 306

Jazirat Saghira 312
Jebalis 242, 265, 562
Jebel Akhdar 151
Jebel al-Qamar 287
Jebel Hafeet 180
Jebel Hajar 314
Jebel Harf 306
Jebel Harim 308
Jebel Misht 175
Jebel Nakhl 122, 136
Jebel Nuss 276
Jebel Qara 252, 265
Jebel Samhan 277
Jebel Shams 25, 165
Jemen 239, 289, 336
Jiddat al-Harasis 248
Jissah 47
Jugendherbergen 410

K

Kaempfer, Engelbert 35
Kaffee 26, 352, 569
Kalbooh 56
Kalligrafie 589
Kamel 27, 182, 440
Kamelmarkt (Buraimi) 182
Khadrafi 289
Khalifen 454
Khanjar 565
Khasab 296
Khatmayn 137
Khayran 94
Khor al-Butah 218
Khor al-Jarama 224
Khor Habalayn 308
Khor Kashmir 108
Khor Najd 307
Khor Qadah 305
Khor Rouri 271
Khor Salalah 256
Khor Shimm 310
Khor Suli 270
Khutwa 184
Kinder 372
Kleidung 327, 374, 558
Klima 375, 434
Königin von Saba 281
Konsulate 345
Kopftuch 558
Koran 459
Krankenhäuser 367, 503
Krankenversicherung 411
Kreditkarten 359, 384
Kreisverkehr 339
Kriminalität 394
Krummdolch 565
Küche 348, 567, 570
Kultur 555
Kumma 561
Kumzar 313
Kumzari-Stamm 294, 313
Kunst (moderne) 588
Kupfer 119, 197, 469, 537
Kurierdienste 390

L

Lailat al-Miraj 353
Landesdaten Oman 11
Landkarten 605
Landwirtschaft 518
Lasail 119
Lebenserwartung 504, 539
Lebensformen 546
Lehmarchitektur 582
Lesben 328, 377
LGBT+ 377
Literatur 600
Liwa 120
Lizq 198
Lizq-Periode 471
Lotusbaum 436

M

Madha 317
Maestro-Karte 359, 384
Magan 540

Mahdah 185
Mahsanah 124
Majlis 325, 541
Majlis al-Shura 496
Majlis al-Jinn (Höhle) 208
Malaria 362
Malerei 588
Manah 25, 150
Mangroven 436
Männerkleidung 560
Maqlab al-Bahri 312
Maria-Theresia-Taler 563
Märkte 533
Masirah-Insel 235
Masirat Rowajih 154
Masna'ah 106
Massar 562
Maße 377
Maulid al-Nabi 353
Medien 378
Medikamente 365
Meeresschildkröten 224, 226
Meerestiere 445
Meerwasserentsalzung 525
Mekka 464
Menakhar 153
Mietauto 341
Mina al-Fahal 58, 517
Mina Qaboos 54
Mirbat 275
Miskin 176
Misfah 161
Misfat al-Ibriyeen 161
Mobiltelefon 406
Mohamed al-Ameen Mosque 65
Mondjahr (islamisches) 352, 412
Monsun 239, 375, 478
Moschee 461
Muaydin 152
Mughsayl 286
Muhammad 451, 452, 460
Mukhi 305
Müll 364
Musandam 25, 291, 420
Muscat 34
Muscat Altstadt 37
Muscat Festival 26
Muscat Gate Museum 45
Muscat National Museum 25, 44
Muscat Royal Opera House 78
Muscat Sultan Qaboos
Grand Mosque 64
Muscat Sultanspalast 41
Muscat Zawawi Mosque 65
Muskatnuss 40
Muslimat 122
Mutrah 49
Mutrah Souq 24, 49
Mwasalat 386

N

Nabi Amran 259
Nachtleben 80, 380
Nadifi 311
Nakhl 122
National Day 355
National Museum 25, 44
Natural History Museum 62
Naturschutz 506
Nejd 249
Niebuhr, Carsten 35
Niz'ar 136
Nizwa 139
Nizwa Fort 26
Nizwa Souq 143
Nizwa Tiermarkt 144
Nomaden 549
Notfall 381

O

Oasen 520
Öffnungszeiten 388
Offroad 339, 342
Oman Air 387
Oman Television 378
Omanisierung 499, 515

Omayyaden 457
Orientierung 337
Ornithologie 446
Oryx-Antilope 249, 508
Osmanen 457
Ostküste 245
Oud 576

P
Palästinenser 501
Parfüm 529, 575
Perser 472, 540
Persisch-Arabischer Golf 298
Petrol Exhibition Centre 60
Pflanzenwelt 435
Pilgerfahrt 464
Planetarium (Qurum) 60
Poliomyelitis 362
Politik 494
Polygamie 466
Port Salalah 280, 533
Portugiesen 32, 480
Post 390
Preise 360

Q
Qadah 305
Qahwa 26, 569
Qalhat 195
Qanah 311
Qantab 47
Qarat Kibrit 248
Qatana 154
Qatar 336
Qur'an 459
Quriat 191
Qurum 58
Qurum Natural Reserve Park 61

R
Radio 379
Rakhyut 288
Ramadhan 353, 389, 464, 574
Ramlat al-Wahiba 213
Ras al-Hadd 225
Ras al-Hamra 31, 59, 469
Ras al-Jinz 230
Ras al-Khaimah 315
Ras al-Sawadi 106
Ras Hilf 236
Ras Madrakah 245, 246
Ras Salti Ali 305
Rawdah 197, 309
Rawdah Bowl 309
Rechtsprechung 498
Reformen 497
Regierung 494
Regionen 13
Reis 568
Reiseapotheke 365
Reisehinweise 394
Reisekrankheit 366
Reisepass 346, 382
Reiserouten 14
Reiseveranstalter 391
Reisezeit 376
Religion 451
Rest Houses 410
Restaurants 74, 348, 389
Rettungsflüge 369
Rial Omani 358
Rimal al-Sharqiyah 213
Riyam Park 55
Robert, Guy 529
Royal Opera House Muscat 78
Ru'us 153
Ru'us al-Jibal 291
Rub al-Khali 24, 263
Rusayl 133
Rustaq 125
Ruwi 56
Ruwi Souq 57, 58

S
Saarah 179
Sab 166

Sa'd 317
Sadah 276
Saham 108
Said Al Said, Qaboos bin 495
Said bin Taimur Mosque 65
Said, Ahmad bin 126, 485
Saih Hatat Bowl 189
Saiq 155
Saiq-Plateau 152
Sal al-A'la 308
Salalah 252, 430
Salut 171
Samad al-Shan 197
Samad-Periode 471
Samhuram 272
Sammeltaxis 386
Sansibar 336, 488
Sansibaris 544
Sarouj 317
Saruj 583
Sauberkeit 364
Saudi-Arabien 336
Sawjrah 153
Sayh-Plateau 308
Sayyid Faisal bin Ali Museum 62
Scheidung 581
Schiffsbau 586
Schmuck 564
Schnorcheln 399
Schwule 328, 377
Seeb 65
Seehandel 477
Seldschuken 479
Semail-Ophiolith 422
Sesshaftigkeit 546
Severin, Timothy 50
Shab 193
Shaikh 541
Shannot 153
Sharaf al-Alamayn 159
Shari'a 498
Shariah 197
Shati al-Qurum 59
Shawarma 350
Shawawi-Bergnomaden 550
Shihuh-Stamm 294, 545
Shimm 311
Shinas 120
Shisr 249, 251, 432
Shoowah 574
Shuwaymiyah 246
Sibi 311
Sicherheit 321, 394
Sidab 46
Silber 562
Sinaw 199
Sindbad der Seefahrer 116
Sital 124
Sklavenhandel 488
Skorpionstich 367
Smartphone 406
Sohar 108
Sommer 375
Sonnenbrand 357
Sonnenstich 367
Souq 533
Souvenirs 90, 395
Sozialstruktur 541
Sozialsystem 505
Speisen 570
Sport 88, 396
Sprache 594
Sprachführer (medizinischer) 365
Sprachhilfe 595
Staat 494
Staatsflagge/-wappen 496
Stadtpläne 605
Stamm 541
Stierkampf 109
Strände 397
Straße von Hormuz 298
Straßen 337
Strom 405
Studieren 542
Suez-Kanal 489
Sultan Qaboos 495

Sultan Qaboos Garden/Marah Land 61
Sultan Qaboos Grand Mosque 64
Sultan Qaboos University 542
Sultan, Said bin 487
Sultan's Armed Forces Museum 57
Sultanspalast (Muscat) 41
Suma'il 136
Sunna 460
Sur 196, 217
Sur al-Mulladah 107
Sur al-Uqdah 104
Sur Billah 106
Sur Rumais 101
Sur Tharmad 107
Süßspeisen 570
Swahili 594

T

Taimur, Said bin 490
Tankstellen 337
Tansania 336
Tanuf 157
Taqah 270
Tauchen 399
Tauchzentren 403
Tawi 305
Tawi Attair 271, 278
Tawi Attair Sinkhole 278
Taxis 385
Tee 352
Telefon 405
Tetanus 362
Thesiger, Wilfred 214, 263, 326, 551
Thomas, Bertram 263
Thumrait 249
Tiermarkt (Nizwa) 144
Tierwelt 439
Toiletten 364
Tourismus 322, 537
Tourismusministerium 369
Tourveranstalter 391
Traditionen 555
Transkription 595
Trinken 326, 348
Turban 562
Türken 482

U

Ubar 250, 432
Übelkeit 366
Umm-al-Nar-Kultur/-Periode 181, 471
Umm al-Sais 237
Umq Bowl 193
Umweltschutz 507
Unfall 381
Unterkunft 408
Urdu 594

V

Vegetarier 349
Vereinigte Arabische Emirate (V.A.E.) 119, 177, 314, 333
Verfassung 496
Verkehrsmittel/-verbindungen 82, 385
Verkehrsregeln 337
Verschleierung 468
Versicherungen 411
Verwaltung 494
Viehzucht 530
Visum 347
Vögel 444, 446
Vorwahlnummern 407

W

Wadi 340, 436
Wadi Abiyad 104, 123
Wadi Adownib 280
Wadi Afawl 287
Wadi al-Bih 309, 317
Wadi al-Fulaij 216
Wadi al-Hawasinah 176
Wadi al-Hijr 174
Wadi al-May 93
Wadi Ayoun 267
Wadi Bani Awf 25, 124
Wadi Bani Ghafir 176

Wadi Bani Habib 155
Wadi Bani Hani 177
Wadi Bani Khalid 212
Wadi Bani Kharus 124
Wadi Batha 235
Wadi Bowshar 59
Wadi Darbat 271, 277
Wadi Dhayqah 190
Wadi Ghul 162
Wadi Hajir 124
Wadi Hammam 122
Wadi Hatta 121
Wadi Hawasina 108
Wadi Hibi 108, 176
Wadi Hinna 279
Wadi Jizzi 119
Wadi Khabb Shamsi 316
Wadi Mabrah 176
Wadi Madha 317
Wadi Mayh 190
Wadi Mistal 123
Wadi Muaydin 138, 152
Wadi Nakhar 164
Wadi Qadah 305
Wadi Qurai 136
Wadi Sahtan 25, 127
Wadi Samad 197
Wadi Sejani 196
Wadi Shab 24, 193
Wadi Shuwaymiyah 246
Wadi Suma'il 136
Wadi Suwayh 190
Wadi Tanuf 157
Wadi Tayin 196
Wadi Tiwi 194
Wadi-Souq-Periode 471
Waffen 565
Wahhabiten 181, 233, 487
Wahiba-Sandwüste 24, 213
Währung 358
Wajmah 128
Wakan 123
Wale 69
Walhai 399
Wasser 352, 521
Wassersport 397
Wechselkurse 359
Wechselstuben 358
Weihrauch 91, 240,
249, 255, 256, 281, 438, 473
Winter 375
Wirtschaft 511
WLAN 408
Wochenende 352
Wüste 24, 213, 263
Wüstencamps 24, 206

Y
Yaman 136
Yankut 94
Yanqul 176
Yiti 93

Z
Zahnschmerzen 366
Zakat-System 506
Zammah 125
Zeit (islamische) 412
Zeitungen 379
Zeitverschiebung 412
Zollbestimmungen 413
Zyklon „Gonu“ 376

Die Autoren

Peter Franzisky (geb. 1966) hat Sonderpädagogik, Islamwissenschaft und Völkerkunde studiert, bevor er sich mit der auf Oman und den arabischen Raum spezialisierten Firma „Bedu Expeditionen" als Reiseveranstalter selbstständig gemacht hat. Von ihm stammen in diesem Buch die Abschnitte „Naturraum", „Geschichte", „Sprache" und „Fotografie" sowie die Mehrzahl der abgebildeten Fotos und die Aktualisierung der jeweils neuen Auflage.

Kirstin Kabasci (geb. 1968) studierte Islamwissenschaft und Pädagogik und arbeitet als Reisebuchautorin und freie Journalistin. Studien- und Arbeitsaufenthalte sowie Recherchen und Reisen führen sie regelmäßig in arabische und afrikanische Gefilde. In diesem Buch hat sie den größten Teil der Kapitel „Praktische Tipps A–Z" und „Land und Leute" erarbeitet.

Gemeinsam haben sie den gesamten Reise- und Routenteil sowie den Abschnitt „Religion" recherchiert und angefertigt.

Von beiden Autoren gibt es auch einen Reise-Know-How-Reiseführer über die Vereinigten Arabischen Emirate, *Kirstin Kabasci* hat im selben Verlag weitere Reise- und Kulturführer zur Arabischen Halbinsel sowie einen CityTrip über Köln verfasst.

oman151

dub05_312

Danksagung/Acknowledgements

Vielen Dank an/*many thanks to:* Die Autoren möchten allen herzlich danken, die uns mit so viel Gastfreundschaft empfangen und bei den Recherchen und der Erstellung dieses Buches geholfen haben. Unser spezieller Dank gilt:

- dem Ministry of Information, insbesondere *Mr. Anthony Ashworth* in Muscat und *Renate Komes* vom Pressebüro Oman in Berlin;
- dem Department for Tourism des Ministry of Commerce and Industry;
- *Shaikh Saif bin Hashil al-Maskiry,* Muscat;
- *Mohammed Ali al-Riyami,* Muscat;
- APEX Publishing, Khasab Travel and Tours sowie Bahwan Tours, Oman;
- *Prof. Dr. Juris Zarins* aus Salalah, *Nigel* aus Thumrait und *Allan* aus Nizwa;
- Omani Centre of Traditional Music, Muscat
- Oman News Agency, Muscat;
- der Deutschen Botschaft Muscat;
- *Dr. Norbert Weismann,* Kamen;
- *Nikolaus A. Siegfried,* Hamburg;
- *Dr. Ingeborg Guba,* Marburg;
- *Henning Neuschäffer,* München;
- *Petra Maissenbacher* und *Jörg Pfänder,* Freiberg;
- *Michael Pfänder,* Berlin;
- und ganz besonders *Heike* für die unermüdliche Dokumentation und Durchsicht der Aktualisierungsrecherchen sowie *Miklas, Felix* und *Lena* für ihre unendliche Geduld bei unseren Recherchefahrten;
- sowie allen Lesern, die uns durch ihre Briefe und Tipps bei der Aktualisierung der 11. Auflage geholfen haben.